UTB

UTB 2248

Eine Arbeitsgemeinschaft der Verlage

Beltz Verlag Weinheim und Basel
Böhlau Verlag Köln · Weimar · Wien
Wilhelm Fink Verlag München
A. Francke Verlag Tübingen und Basel
Paul Haupt Verlag Bern · Stuttgart · Wien
Verlag Leske + Budrich Opladen
Lucius & Lucius Verlagsgesellschaft Stuttgart
Mohr Siebeck Tübingen
C. F. Müller Verlag Heidelberg
Ernst Reinhardt Verlag München und Basel
Ferdinand Schöningh Verlag Paderborn · München · Wien · Zürich
Eugen Ulmer Verlag Stuttgart
UVK Verlagsgesellschaft Konstanz
Vandenhoeck & Ruprecht Göttingen
WUV Facultas · Wien

Karl Wagner (Hrsg.): Moderne Erzähltheorie

Grundlagentexte von Henry James bis zur Gegenwart

WUV

Die Deutsche Bibliothek – CIP-Einheitsaufnahme

Moderne Erzähltheorie : Grundlagentexte von Henry James bis zur Gegenwart /
Karl Wagner (Hrsg.). - Wien : WUV-Univ.-Verl., 2002
ISBN 3-8252-2248-9

WUV, Berggasse 5, A-1090 Wien

Einbandgestaltung: Atelier Reichert, Stuttgart
Innengestaltung: Atelier Tiefenthaler, Wien
Druck: Facultas AG
Printed in Austria
ISBN 3-8252-2248-9

Gedruckt mit Unterstützung durch das Bundeskanzleramt der Republik Österreich.

Inhalt

Einleitung

Moderne Erzähltheorie ist ein trügerisch einfacher Titel für eine Anthologie, die Texte von Romanautoren, Literaturtheoretikern und Vertretern der jungen Disziplin der Narratologie aus dem Zeitraum von über einem Jahrhundert und aus verschiedenen Ländern versammelt. Die bewusste Bevorzugung von Autoren, die sich in Theorie und Praxis intensiv mit dem Roman und seinen Erzählweisen befasst haben, wäre dennoch unter dem Titel ‚Romantheorie' falsch angezeigt. Denn offenkundig ist das Phänomen – das deswegen nicht zur Norm erhoben werden muss –, dass sich in der Literatur(theorie) der Gegenwart das Gattungssystem destabilisiert hat und der Ruf nach einer Theorie der „Non-Genre Literature" (Jonathan Culler) laut wird. Offenkundig ist auch die Tendenz, mit der sich der Begriff des Narrativen in diesem Zeitraum über die Grenzen historischer Gattungen, nationaler Traditionen und disziplinärer Felder hinweg durchgesetzt hat. Fiktionale und faktuale Erzählung, die Unterscheidung von ‚Geschichte' *(histoire/fabula)* und ‚Diskurs' *(discours/sjuzet)* sowie die Verschiebung der Aufmerksamkeit – in Theorie wie Praxis – zugunsten des Diskurses geraten so in den Blick, ohne dass sich diese Sammlung auf die Methoden des Formalismus/(Post-)Strukturalismus festlegen will. Selbst bei einer bewussten Entscheidung für ein methodisches Paradigma wäre die schrille terminologische Dissonanz nicht zu vermeiden gewesen, die dieses Forschungsfeld nicht zuletzt unter dem Druck und der Ambition, eine strenge wissenschaftliche Disziplin werden zu wollen, zu ihrem Nachteil auszeichnet. Diesen Zustand dezisionistisch zu bereinigen, liegt dieser Auswahl fern; deshalb ist sie auch kein Reader zu einer Narratologie, die zu einem begrifflich konsistenten Forschungsfeld stilisiert werden soll.

Die Vielfalt der Perspektiven und Methoden, die Verbindung von systematischen und historischen Fragestellungen sind dieser Auswahl wichtiger als die Durchsetzung eines bestimmten theoretischen Jargons. Diese wäre ohnehin an der bewussten Einbeziehung verschiedener nationaler Forschungstraditionen und deren Überblendungen gescheitert. Es sollte vielmehr die Internationalität der Debatte über das Erzählen, die Transformation von nationaler Theoriebildung durch internationalen Gebrauch oder auch historisch begründete Spätrezeption (z. B. Bachtin-Übersetzungen und -Rezeption im Westen), bewusst gemacht und nicht monologisch geschlossen werden. Die Anwendungsmöglichkeit und produktive Kritik von ‚klassischen' Konzepten der Erzähltheorie steht also im Vordergrund, weshalb manche, in diesem Band nicht präsentierte, Ansätze auf indirekte Weise, in der umformenden Applikation sichtbar werden und so ihre produktive Wirkungsmöglichkeit beweisen: etwa die aus der deutschen Tradition kommende und hier eingebürgerte Unterscheidung von ‚Erzählzeit' und ‚erzählter Zeit' (Günther Müller) bei Paul Ricœur oder die ohnedies auszugsweise nicht anthologisierbare Balzac-Analyse von Roland Barthes' *S/Z* in der dekonstruktiven Überbietung durch Barbara Johnson. Das gilt auch für die großen Abwesenden in dieser Sammlung, Lukács' *Theorie des Romans* und Benjamins vielfach anthologisierter ‚Erzähler'-Aufsatz, die gleichwohl in einigen Texten dieses Bandes sehr anwesend sind, nicht nur bei Doderer oder Adorno, wo sie explizit ins Treffen geführt werden.

Die Intention, dem internationalen Forschungsfeld der Erzähltheorie Rechnung zu tragen, hat auch Konsequenzen für das schillernde Attribut ‚modern'. Wenn der Begriff historisch nicht völlig entleert gebraucht werden soll, so wird gelten dürfen, dass er mit der Epoche der Moderne, den Prozessen gesellschaftlicher Modernisierung und deren Historizität verschlungen ist. Ein gemeinsamer Beginn lässt sich aufgrund nationaler Ungleichzeitigkeiten nicht ermitteln. Ganz abgesehen davon, dass Epochenkonzepte und -grenzen retrospektiven Determinierungen unterworfen sind, sodass etwa das, was einst als Bruch mit dem realistischen Roman verstanden wurde (Joyce, Proust) heute mitunter als dessen Fortsetzung erscheinen kann. Ähnliches gilt für die Postmoderne: Was in Raymond Federmans freizügigem „Manifest" darunter rubriziert wird, erscheint im Lichte der dichten und kontroversen Positionen der 50er Jahre (Barthes, Adorno, Nouveau Roman, Sartre) als Kennzeichen modernen Erzählens (bzw. von dessen Unmöglichkeit). Federmans Engagement für neue Formen der Fiktion – mögen sie nun „Surfiction" oder „Postmoderne" genannt werden – gleicht ohnehin eher dem Versuch, eine Tradition der „Surfiction" zu erfinden. Die Paradoxie, dass die Verabschiedung der ‚großen Erzählung' durch die Postmoderne geradezu mit einem *narrative turn* in Anthropologie, Ethnographie, Kunstgeschichte und, nicht zu vergessen, Psychoanalyse einhergeht was vielfach als Indiz für ‚postmodern' gilt, sei hier nur angemerkt.

Da der zunehmend gebräuchliche Kollektivsingular des ‚klassisch-realistischen Textes' als bevorzugtes Objekt, oft auch nur als Popanz für kritische Absetzbewegungen, narzisstische Landnahme und polemische Verwerfungen dient, beginnt diese Anthologie mit Henry James; also mit einem der großzügigsten und intelligentesten Plädoyers für den realistischen Roman und dessen Kunstcharakter. Es ist kein Zufall, dass dieses

Plädoyer die Form des ironischen Dialogs und der polemischen Auseinandersetzung hat. Nach der Einsicht Roman Jakobsons besteht das Kennzeichen des Realismus ja darin, dass er allem Bisherigen diese Qualität gerade abspricht. Virginia Woolf schlägt ihre Lieblingsgegner ebenfalls mit dieser probaten Strategie.

Eine Anthologie, die eine moderne Erzähltheorie „von Henry James bis zur Gegenwart" ankündigt, scheint auf den ersten Blick, unbelehrt von den Erkenntnissen ihres Gegenstandes, einer schlichten Teleologie zu huldigen, die das Erzählen gerade in diesem Zeitraum so verdächtig gemacht hat. Die chronologische Reihung der Beiträge ermöglicht jedoch eine Darbietungsform, die nicht den Progress, auch nicht den Progress der Krise des Erzählens, anzeigt, sondern neben der Ungleichzeitigkeit des je Gewussten auch die Persistenz von akuten Problemen des Erzählens und der Erzählbarkeit der Welt. Šklovskijs berühmt-berüchtigtes Diktum, Sternes *Tristram Shandy* sei der typischste Roman der Weltliteratur, ist nicht einfach als exzentrisches Aperçu abzutun. Seine Reverenz vor diesem außergewöhnlichen Roman des 18. Jahrhunderts ist eine strategische Intervention in aktueller Absicht. Sie will ein zeitgenössisches Problem sichtbar machen und doktrinäre Erzähl- und Systemzwänge durch den historischen Rückgriff brechen, der das realistische Erzählen bewusst ausspart. Bachtin trifft mit seiner Wahl Dostoevskijs oder Rabelais' eine analoge Entscheidung; abermals ein Beweis, dass Theoriebildung mit der Entscheidung für eine bestimmte künstlerische Praxis beginnt oder jedenfalls von ihr nicht ablösbar ist. Dass diese Anthologie mit einem Beitrag in Dialogform schließt, soll verdeutlichen, dass Erzähltheorie kein abgeschlossenes Projekt ist, sondern im Gespräch – über nationale und disziplinäre Grenzen hinweg – auch heute noch neu zu verhandeln ist. Im Dialog einer Autorin, A. S. Byatt, mit einer Psychoanalytikerin, Ignês Sodré, kommen gerade an den realistischen Romanen des 19. Jahrhunderts verdrängte Aspekte wie etwa die Motive des Märchens zum Vorschein, die das Bedürfnis nach Erzählen wie den „Antirealismus der Gefühle" (Alexander Kluge) gegen herrschende Realitätsfiktionen, also auch gegen die Fiktion vom Ende des Erzählens, bekräftigen. Dieses selbstironisch als „Tratsch" bezeichnete öffentliche Gespräch über das Erzählen scheut sich nicht, vermeintlich obsoleten oder gar tabuisierten Elementen der Erzählung wie dem „reading for the plot" (Peter Brooks) oder den Motiven und Qualitäten der fiktiven Figuren neugierig und intelligent nachzufragen – ein Akt des zivilisierten Widerstands gegen den Missbrauch von Theorie als Dogma *und* den dogmatischen Widerstand gegen die Theorie.

Quer zur chronologischen Anordnung bekundet sich unabhängig vom Erscheinungsdatum der Texte, aber in je anderer historischer Schattierung, das systematische Interesse dieser Auswahl, beharrlich und kontrovers bearbeitete Aspekte der Erzähltheorie sichtbar zu machen: die Struktur des Erzählens, die Mittelbarkeit des Erzählens, den Status (fiktionaler) ‚Charaktere' und den Wirklichkeitsbezug des Erzählten. Was solcherart systematisch getrennt erscheint, findet Henry James 1884 im Zustand einer ihn roh anmutenden Romanpraxis und willkürlicher romankritischer Werturteile vor. Seine Strategie, einem populären Romanautor und -kritiker, Walter Besant, der sich in der Rolle des Kritikers als Anwalt der Kunst des Romans exponiert hat, ironisch zu antworten und zugleich einen fingierten jungen Romanschriftsteller zu adressieren, ermöglicht ihm den Entwurf einer erst zu realisierenden ‚Kunst des Romans' (und einer ihr entsprechenden Kritik). In einer doppelten Absetzbewegung distanziert sich James von den Romanen, die er in einer Tolstoi-Anspielung wegen ihrer Kunstlosigkeit als „large loose baggy monsters" kritisiert, und einer Kritik, die sich in Typologiezwängen, Hierarchisierungen (Handlung vs. Charakter, Erzählung vs. Beschreibung, *novel* vs. *romance*, Abenteuerroman vs. psychologischer Roman) und moralischen Vorschriften erschöpft. Sein Essay ist in der Tat ein „plea for liberty"[1], das von allem Anfang an buchstäblich aufs Ganze geht. Der Wahrheits- und Wirklichkeitsanspruch des Romans wird in einer Weise postuliert, dass der Roman mit einer Wirklichkeitsaussage gleichgestellt erscheint. Gleich einem Gemälde stelle auch der Roman das Leben dar, „das Bild [ist] Realität [...] wie der Roman Historie" (S. 33). Die Wiedergabe der Wirklichkeit, des Lebens gilt als das höchste Verdienst des Romans. Es sei daher fahrlässig und ein Verrat, wenn der Romanautor vorgebe, nur ein „Glaubenmachen" zu betreiben wie Thackeray oder Trollope mit ihren Spielformen der Fiktionsironie. „Es impliziert, daß der Romanschriftsteller weniger als der Historiker damit beschäftigt ist, nach der Wahrheit zu suchen (der Wahrheit meine ich natürlich, wie er sie versteht – diese Prämisse gestehen wir ihm zu, was auch immer sie sein möge), und indem er das tut, zieht es ihm mit einem Schlage den Boden unter den Füßen weg" (S. 34). Die gewichtige Einschränkung, die James in dieser Parenthese macht („die Wahrheit, wie er sie versteht") modifiziert seine Ausgangsthese, ein Roman sei Darstellung des Lebens, entscheidend. Damit der Romanschriftsteller aber denselben Wahrheitsanspruch wie der Historiker erheben kann, wozu er nach James verpflichtet ist, dürfe er die Illusion nicht durchbrechen. In dem Manöver dieses Satzes steckt eine bis heute virulente Crux: Henry James weiß um die Wichtigkeit der

1 Henry James an Robert Louis Stevenson, 5. 12. 1884. In: Henry James: *A Life in Letters.* Hrsg. v. Philip Horne. London: Penguin 1999, S. 167.

Illusion; dass sie zugleich eine notwendige Illusion ist, bleibt indes ungesagt und dies soll – intrikaterweise – auch ungesagt bleiben. Es handelt sich also bei James um einen Willen zur Illusion, um ein Verfahren der Illusionsbildung, nicht um eine naive Hingabe an sie, wie Kritiker des Realismus behaupten. Was Roland Barthes als Zeichen für die Ideologie, ja Verlogenheit des bürgerlichen Romans, dessen „Realitätseffekte" und dessen Tricks, das Zeichen als natürlich auszugeben, brandmarkt, ist von James als Illusion erkannt, somit alles andere als „natürlich". Allerdings ist einzuräumen, dass der kühne Eröffnungszug des Essays, wonach der Romancier wie der Historiker dieselbe Aufgabe hätten, verändert worden ist. Die Wahrheit des Romans präsentiert sich für James nunmehr in seiner Treue gegenüber der Intensität einer persönlichen „Impression", es handelt sich also um eine subjektive Wahrheit. Sofern damit ein Unterschied zur „objektiveren" Wahrheit des Historikers angezeigt wird, so ist gerade heute, im Gefolge des *narrative turn*, dieser Unterschied unsicherer denn je geworden. Die Art, wie James auf den Rat Walter Besants antwortet, der Romanschreiber solle aus der Erfahrung schreiben, bezeugt, welche Bedeutung er dem wahrnehmenden Bewusstsein zumisst, durch dessen Filter („Spinnengewebe") sich das sonst durch keine Einschränkung begrenzte Leben enthüllt: „Erfahrung ist nie begrenzt und nie abgeschlossen, sie ist eine unermeßliche Sensibilität; eine Art riesiges Spinnengewebe aus feinster Seide durchzieht schwebend die Kammer des Bewußtseins und fängt jedes in der Luft befindliche Teilchen in seinem Netz. Genau das ist die Atmosphäre des Geistes, und wenn der Geist phantasievoll ist – um so mehr, sollte es zufällig der eines Genies sein –, nimmt er selbst die leisesten Andeutungen des Lebens auf, verwandelt er die bloßen Schwingungen der Luft in Offenbarungen" (S. 39). Mit der Einschränkung, dass James die Unterscheidung zwischen Autor und Erzähler (noch) nicht kennt, antizipiert er an dieser Stelle nicht nur seine eigene Exploration der Funktion der *central intelligence* im Roman, sondern auch eine anhaltende erzähltheoretische Debatte über Reflektorfiguren, Fokalisierung und Erzählperspektive (in diesem Band repräsentiert durch die Beiträge von Stanzel und Genette). Die skrupulöse Darstellung der Realität, die „Solidität der Einzelheiten" (S. 41), ist für James jedoch unproblematisch; sie macht für ihn den Vorzug des Romans aus. Um diesen Vorzug zu erlangen, gilt es alle Beschränkungen des Darzustellenden aufzubrechen. James' Realismus schließt also gerade keinen Kontrakt mit dem herrschenden Wirklichkeitsverständnis, wie dem realistischen Erzählen vorgehalten wird, sondern attackiert das komplizenhafte Verschweigen bestimmter Sachverhalte im Namen eines geforderten moralischen Zwecks der Kunst. Das Postulat, nichts auszuschließen, alles zu sehen, ist ein widerständiger Akt. Als plausibelste moralische Absicht lässt James die Absicht gelten, ein möglichst vollkommenes Kunstwerk zu schaffen. Diese Absicht manifestiere sich allein in der Durchführung, die James jedoch nicht spezifiziert.

Die Enthierarchisierung von Handlung und Charakter, die bei Aristoteles zugunsten der Handlung entschieden scheint, hat in der Folge nicht verhindert, dass in einer bezeichnenden Inversion – etwa bei Arnold Bennett – die Darstellung eines Charakters zum Prüfstein für den gelungenen Roman gemacht wird. Virginia Woolf bestreitet keineswegs die Wichtigkeit dieser Kategorie, wohl aber deren konkrete Realisierung im zeitgenössischen Roman. Ihr Plädoyer für den modernen Roman (und damit auch für ihre eigene Praxis) ist eine Destruktion der realistisch-naturalistischen Konventionen, einen Charakter als „wirklich" darzustellen. Diese Konventionen werden von ihr radikal, mit dem nur auf den ersten Blick arbiträren Datum „Dezember 1910", historisiert. Die Techniken des Realismus/Naturalismus, mittels externer Fakten eine Figur zu schaffen, verfehlten die Wirklichkeit dessen, was einen Charakter ausmache, und zwar im Roman gleichermaßen wie in der Biographie. In Frage steht für Woolf nicht nur das, was bislang als Realität behauptet wurde, sondern auch die Vorstellung von „Charakter", der sich in Fetzen aufgelöst habe. Mit diesem erkenntniskritischen und historischen Wissen, das sich literarisch durch Dostoevskijs Charaktere bestätigt sieht, verwirft sie die Romanwerkzeuge der Edwardianer. Dass den Schriftstellern ihrer Generation die Darstellung einer „wirklichen" Mrs. Brown noch nicht gelungen sei, ist der Schwierigkeit der Aufgabe geschuldet. Gelingen könne sie nur mit dem Beistand der Leser. Virginia Woolfs eigene Romane zeigen, welche radikalen Transformationen des Erzählens hin zum Nichtnarrativen die Verabschiedung von Common-Sense-Vorstellungen von ‚Realität' oder ‚Charakter' nach sich zog. Die Absorption des Erzählens durch Serien von erlebter Rede, wechselnde Perspektivik und willkürliche, nicht ausgesuchte Fragmente und Augenblicke sieht sich vor die Schwierigkeit eines ordnenden Zusammenhangs gestellt. Für Woolf ist das mit traditionellem Erzählen unvereinbar, weshalb für sie der neue Roman auch der Lyrik ähneln wird.

Fast gleichzeitig mit Virginia Woolfs Essay entwirft in Russland Viktor Šklovskij am Beispiel eines englischen Romans, Sternes *Tristram Shandy*, die Rohskizze für eine folgenreiche Theorie der narrativen Prosa. Dass Sternes Roman im Umkreis von Bloomsbury, von E. M. Forster (*Aspects of the Novel*, 1927), nur als Durcheinander wahrgenommen und in einem ahistorischen Tableau neben Virginia Woolf platziert wurde, hätte sie unter anderen Vorzeichen weniger gestört als Forsters antitheoretische

Haltung, die das „Leben“, wie es in den Romanen eines H. G. Wells erscheint, gegen James' „Kunst“ des Romans ausspielt, dessen Charaktere, so Forster, kastrierten Figuren mit großen Köpfen und winzigen Beinen ähnelten.[2]

Šklovskijs Theorie-Entwurf ist allerdings – nicht zuletzt aufgrund des Interesses der russischen Formalisten an Folklore und Märchen – an Personenkonzepten nur in Bezug auf deren (Handlungs-)Funktionen interessiert, was Vladimir Propps *Morphologie des Märchens* (1928) am nachhaltigsten zeigt. Im französischen Strukturalismus wird dieses „Methodenerbe des Formalismus“ (Tzvetan Todorov) zugespitzt und systematisiert. Für Šklovskij ist die literarische Figur, pointiert gesagt, das Ergebnis von Verfahren, die den Romanaufbau bestimmen. Mit Sternes *Tristram Shandy* wählt Šklovskij, allerdings unvorbereitet durch entsprechende Vorarbeiten, jenen Roman, der seine These, Kunst sei Verfremdung automatisierter Verfahren (und damit auch der automatisierten Wahrnehmung) und Bloßlegung ihrer Kunstgriffe, vorweggenommen hat. Parodie als bevorzugte Strategie der Offenlegung von Verfahren erscheint bei Sterne radikalisiert: Die Form des Romans wird durch sie nicht nur bewusst gemacht, sondern zugleich zum alleinigen Inhalt des Romans (vgl. S. 64). Wie nebenbei schließt Šklovkijs Zitat-Montage mit der Erinnerung an die Unterscheidung von *fabula* und *szujet* ab, wobei für ihn die ‚Fabel‘ (also die Ereignisse, die erzählte Geschichte) „nur das Material für die Sujetformung“ (S. 87) darstellt. In diesem Understatement kündigt sich aber auch ein bis heute virulenter Konflikt zwischen systematischen und historischen Erzählpoetiken an, der im Russland der 20er Jahre zwischen den Formalisten und dem Bachtin-Kreis ausgetragen wurde.

Die Kritik der formalen Methode ist für Bachtin und seine Mitstreiter (Medvedev, Vološinov) in dem darin zugrunde gelegten linguistischen Modell begründet. Bachtins Forderung nach einer „Metalinguistik“ will über Saussures Systemlinguistik mit ihrem Zeichenbinarismus hinausgelangen (also nicht eine Meta-Ebene begründen, wie das missverständliche Wort nahe zu legen scheint): Ihr Gegenstand ist das dialogische Wort. Der in diesem Band abgedruckte Auszug aus Bachtins Dostoevskij-Analyse exponiert diese grundlegende Differenz. Neben dem denotativen

2 Vgl. E. M. Forster: *Aspects of the Novel* (1927). Harmondsworth: Penguin 1971, S. 162 f. Woolf hat Forsters Buch unter dem Titel ‚The Art of Fiction‘ noch im Erscheinungsjahr besprochen und enerviert festgestellt: „What is this 'Life' that keeps on cropping up so mysteriously and complacently in books about fiction? Why is it absent in a pattern and present in a tea party? Why is the pleasure that we get from the pattern in 'The Golden Bowl' less valuable than the emotion which Trollope gives us when he describes a lady drinking tea in a parsonage?“ Zitiert nach Virginia Woolf: *A Woman's Essays.* Hrsg. v. Rachel Bowlby. Harmondsworth: Penguin 1982, S. 123.

Wort und dem Objektwort (das Wort der dargestellten Person) ist das dialogische Wort durch seine Einstellung auf ein fremdes Wort als zweistimmig charakterisiert. Das so verstandene Einzelwort als „Arena", wo gegensätzliche Sinnintentionen und unterschiedliche Wertakzente, eigene und fremde Stimme zusammentreffen, präfiguriert Bachtins Bestimmung des Romans als organisierte Redevielfalt und Vielstimmigkeit (Polyphonie). So wie im Einzelwort die Spuren seines Gebrauchs und der vergangenen Gebrauchskontexte gespeichert sind und sich überlagern, ist der dialogische Roman – für den Dostoevskij als ein Hauptvertreter geltend gemacht wird – Replik auf seine eigene Tradition und zugleich deren Überschreitung durch die Einbettung und damit Neukontextualisierung von (vorliterarischen) Redegattungen und literarischen Gattungen. Im letzten Kapitel seines Dostoevskij-Buches konzentriert sich Bachtin – in großer Nähe zu Vološinovs *Marxismus und Sprachphilosophie* – auf das dialogische Wort, zu dessen genauerer Bestimmung er eine Analyse der Redeformen und jener Verfahren vornimmt, die Dialogizität (jenseits des Dialogs der Figuren im Roman) hervortreiben. Als Nukleus von Bachtins dialogischem Denken hat es seine Aktualität bewahrt, auch wenn Bachtins wertende Dichotomien (Dostoevskij vs. Tolstoi, Roman vs. Poesie) zu Recht als überholt gelten und von der Forschung zum Teil mit Bachtins eigenen Mitteln revidiert worden sind. Neben den von den Formalisten teilweise abweichend akzentuierten Begriffen der Stilisierung, des *skaz* und der Parodie liegt Bachtins originellster Beitrag in der Bestimmung des aktiven, zweistimmigen Wortes in der versteckten Polemik oder der versteckten Replik, wo das fremde Wort sich der Aneignung entzieht und durch diesen Widerstreit sich in der Rede eines anderen geltend macht, auch ohne die Präsenz des widerstreitenden Sprechers. Bachtin hat dies vor allem an den oft in der Form des Selbstgesprächs oder des inneren Monologs gestalteten vordergründig monologischen Rechtfertigungs- und Verteidigungsreden bei Dostoevskij anschaulich gemacht. Mit diesen Typen des vielstimmigen Worts ist gewährleistet, dass selbst bei monologischer, auf Eindeutigkeit des Sinns abgestellter Autorenrede im Roman deren monologische, kontrollierende Tendenz gebrochen und pluralisiert wird. Wie bei James ist allerdings in Rechnung zu stellen, dass Bachtins Befund insofern der Reformulierung bedarf, als auch er die heute grundlegend gewordene Unterscheidung zwischen Autor und Erzähler noch nicht vornimmt.

Es ist bemerkenswert, dass Bachtins Kritik an den Voraussetzungen des Formalismus und den daran anknüpfenden Methoden eine im Westen folgenreiche Rezeption seiner Theorie im Kontext des (Post-)Strukturalismus nicht ausgeschlossen hat. Sein Konzept des zweistimmigen, dialogischen Worts (Dialogizität) ist – durch Julia Kristeva – unter dem Stichwort der Intertextualität zu einem Leitbegriff der poststrukturalistischen Poetik geworden. Eine gegenläufige Rezeption im weiteren Kontext des *cultural materialism* und der postkolonialen Kulturtheorien erinnert, historisch gesehen, an die ursprüngliche antagonistische Konstellation der Theoriebildung im Russland der 20er Jahre. In dem Maße wie in der Bachtin-Forschung zunehmend Verbindungslinien zu philosophischen und philologischen Traditionen (insbesondere Deutschlands) freigelegt werden, sind auch präzisere komparatistische Beschreibungen der Entwürfe zu einer Theorie der Großformen der Epik (Lukács, Benjamin) in den 20er und 30er Jahren des vorigen Jahrhunderts zu erwarten.

Šklovskijs Unterscheidung von ‚Fabel' und ‚Sujet' ist nach 1945 – unter allerdings unterschiedlichsten Begriffen – zum Grundbestand narratologischer Forschung geworden. Die Nuancierungen, die dieses Begriffspaar in der Aneignung durch den Strukturalismus erfahren hat, sind in Stierles Modell-Analyse nachzuvollziehen. Er erweitert die von Todorov vorgenommene Reformulierung in *histoire* (=Fabel) und *discourse* (= Sujet), die ihrerseits auf die Unterscheidung von Aussage und Aussageakt des Sprachwissenschaftlers Émile Benveniste in *Probleme der allgemeinen Sprachwissenschaft* rekurriert. Stierle spricht von Geschehen, Geschichte und Text der Geschichte (Diskurs), wobei die Diskursebene in eine Tiefen- und eine Oberflächenstruktur gegliedert wird.

Genette unterscheidet zwischen den Ebenen ‚Geschichte' (*histoire*: „die Gesamtheit der erzählten Ereignisse"), ‚Erzählung' (*récit*: „der schriftliche oder mündliche Diskurs, der von ihnen erzählt") und ‚Narration' (*narration*: „der reale oder fiktive Akt, der diesen Diskurs hervorbringt").[3] Mit dieser Trennung der Ebenen lassen sich die Umstellungen der chronologischen Folge der Ereignisse, aber auch die verschiedenen Arrangements der in der Geschichte gleichzeitig ablaufenden Geschehnisse beschreiben. Der Unterscheidung von *histoire* (engl. *story*) und *discours* (engl. zumeist *discourse*) korrespondiert die Unterscheidung in ‚erzählte Zeit' (Zeit der Geschichte) und ‚Erzählzeit' (Dauer der Erzählung). In drei Abschnitten – Ordnung, Dauer, Frequenz – integriert und systematisiert Genette bisherige Ansätze (vgl. Lämmerts *Bauformen der Erzählung*), welche die Umstellungen der Chronologie der erzählten Ereignisse (Anachronien), Rückwendungen (Analepsen) und Vorausdeutungen (Prolepsen) beschrieben haben oder die, wie Günther Müller am Verhältnis von Handlungszeit und Dauer der Erzählung gezeigt hat, durch

3 Gérard Genette: ‚Neuer Diskurs der Erzählung'. In: *Die Erzählung*. Übers. v. Andreas Knop. München: Fink 1994, S. 199.

Raffungstechniken und Aussparungen (Ellipsen) den Erzählrhythmus strukturieren. Im Kapitel „Modus" untersucht Genette, im Rekurs auf die bei Platon getroffene Unterscheidung zwischen *diegesis* (Bericht; engl. *telling*) und *mimesis* (Szene; engl. *showing*) Modalitäten des Erzählens: unterschiedliche Grade der Mittelbarkeit (Distanz) des Erzählten, verschiedene Formen der Personenrede und, in kritischer terminologischer Neufassung von Stanzels Theorie der „Erzählsituationen" (Genette spricht von „Fokalisierungen"), die Perspektivierung des Erzählten. Stanzels nützliche und weit verbreitete Typologie der Erzählsituationen unterscheidet in der gebräuchlichsten Weise zwischen auktorialer (‚allwissender'), personaler und Ich-Erzählsituation. Genette spricht von Nullfokalisierung (auktoriales Erzählen), interner Fokalisierung (Erzählen aus dem Blickwinkel einer handelnden Figur) und externer Fokalisierung (Außensicht; der Erzähler gibt keinen Einblick in die Innenwelt der Figur). Stanzels Revision seiner eigenen Typologie der Erzählsituationen in der *Theorie des Erzählens* (1979) wird im vorliegenden Band (S. 345–359) anhand der Unterscheidung von Reflektor- und Erzählermodus – die Terminologie greift bewusst auf Henry James zurück – zumindest ausschnitthaft vorgestellt.

Genette hat an Stanzels Kategorie der Erzählsituation (auch an deren Neufassung) kritisiert, dass sie nicht zwischen der Frage: ‚Wer sieht?' (Fokalisierung) und ‚Wer spricht?' (Stimme) unterscheide und den analytischen Ertrag dieser Unterscheidung herausgearbeitet. In dem komplexen Kapitel „Stimme" (S. 217–267) wird vor allem den Fragen nach dem Zeitpunkt des Erzählens, nach dem Ort des Erzählens und der Stellung des Erzählers zum Erzählten nachgegangen. Von besonderer Bedeutung ist Genettes Untersuchung zur Zeitbestimmung der narrativen Instanz (‚des Erzählers') und deren Position im Verhältnis zur erzählten Geschichte (vgl. S. 221). In der Beschreibung dieser Relation wird am offenkundigsten, dass Genettes konsequente strukturale Narratologie auf der linguistischen Unterscheidung zwischen Aussageakt und Aussage beruht. Ricœur übernimmt die narratologischen Einsichten zu den Fiktionsmerkmalen der narrativen Zeit; er bemerkt allerdings, dass diese Einsichten durch eine Bevorzugung des narrativen Aussageakts gegenüber der narrativen Aussage ermöglicht werden. Für Ricœur kommen so die Grenzen der narratologischen Analysemethoden in den Blick, weil sie die Zeitbehandlung auf narrative Techniken reduzieren, ohne sie auf eine fiktive Zeiterfahrung hin zu öffnen.

In dem Auszug aus Ricœurs *Zeit und Erzählung* – in dem Ricœurs Diskussion der Tempusfrage weggelassen werden musste –, konfrontiert Ricœur die seit Günther Müller eingeführte Unterscheidung zwischen

‚Erzählzeit' und ‚erzählter Zeit' und deren präzisierende Weiterführung durch Genette. Diese Präzisierung ist allerdings mit der Eliminierung dessen verbunden, was bei Müller im Anschluss an Goethe „Zeiterlebnis" heißt, womit ein Bezug zur Zeit des Lebens hergestellt ist. Ricœur macht auf Genettes rein textimmanent bleibende Unterscheidung dieser narrativen Zeitebenen aufmerksam und baut im Gegenzug die mimetischen Implikationen Müllers aus. Das zweistellige Schema Erzählzeit und erzählte Zeit (bzw. Aussageakt, Aussage) wird durch ein dreistelliges ersetzt: Erzählzeit, erzählte Zeit, fiktive Zeiterfahrung (bzw. Aussageakt, Aussage, Welt des Textes). Was Genette in Prousts *Recherche* als minutiös beschriebenes „Spiel mit der Zeit" erkennt, ist für Ricœur eine Reduktion, die den Spieleinsatz preisgibt. Ricœur sieht diesen Einsatz dadurch bestimmt, dass selbst in einem antinarrativen Werk der Moderne eine Zeiterfahrung artikuliert werden soll, die dieses Werk zur Welt hin öffnet. Diese von der Fiktion entworfene Erfahrung, die weit über die Alltagserfahrung von Zeit hinausgeht, ist ein Vorschlag, eben diese Alltagserfahrung zu transformieren. Neben Prousts *Recherche* hat Ricœur mit Virginia Woolfs *Mrs. Dalloway* und Thomas Manns *Zauberberg* Romane gewählt, die mit ihrer komplexen Zeitstruktur zu selbstreflexiven „Fabeln von der Zeit" werden. Weil der kurze Ausschnitt diese Implikationen nicht sichtbar machen kann, ist hier an die Prämisse Ricœurs zu erinnern, „daß zwischen dem Erzählen einer Geschichte und dem zeitlichen Charakter der menschlichen Erfahrung eine Korrelation besteht, die nicht rein zufällig ist, sondern eine Form der Notwendigkeit darstellt, die an keine bestimmte Kultur gebunden ist"[4]. Die Herausforderung der von Ricœur gewählten Romane besteht für diese These darin, dass in ihnen die „Geschichte" (im Sinne von Fabel) durch die antinarrative Wende des modernen Romans radikal in Zweifel gezogen wird.

Die Voraussetzung von Ricœurs Argument besteht zunächst in seiner Präferenz für Aristoteles zulasten Platons. Ricœur versteht nämlich Mimesis als dynamische Praxis. Als ‚Nachahmung einer Handlung' ist für ihn der aristotelische *mythos*, die Fabelkomposition, keine Kopie, sondern eine Synthese des Heterogenen, die Ricœur auch Konfiguration nennt. Dieser komplexe literarische und kulturelle Prozess der mimetischen Konfiguration schließt verschiedene Formen und Stadien menschlicher Praxis und Formen des Handelns ein. Sie umfassen das Alltagshandeln (Präfiguration), dessen künstlerische Gestaltung (Konfiguration) und den Akt des Lesens und Verstehens (Refiguration). Präfiguration, Konfigura-

4 Paul Ricœur: *Zeit und Erzählung*. III Bde. München: Fink 1988/1989/1991, Bd. I, S. 87. – Im Folgenden mit römischer Band- und Seitenzahl im Text zitiert.

tion und Refiguration sind als drei Formen von Praxis zu verstehen, die eine gewisse Autonomie besitzen, aber auf vielfältige Weise ineinander greifen. Ihre jeweiligen Charakteristika lassen sich stichwortartig so verdeutlichen:

Präfiguration ereignet sich in der Welt des praktischen Alltagswissens; sie ist das Feld des Vorverständnisses der Welt, das in der Fiktion – mit Wolfgang Iser gesprochen – als ‚Repertoire' des Textes erscheint. In dreifacher Weise schafft dieses praktische Wissen die Voraussetzung, um mimetische Erzählungen (und deren Verstehen) zu ermöglichen: durch strukturelle, symbolische und zeitliche Merkmale. In struktureller Hinsicht impliziert es die Vertrautheit mit dem Begriffsnetz der Handlung (unterschieden etwa von der physikalischen Bewegung); die symbolischen Ressourcen des Praktischen, z. B. die Tatsache, dass Handlungen immer schon symbolisch vermittelt sind, erzeugen eine grundsätzliche, öffentliche Lesbarkeit von Handlungen. Die Präfiguration kennt schließlich auch Zeitstrukturen, die von der bloßen Abfolge von ‚Jetztpunkten' entfernt sind und zum Erzählen herausfordern.

Das Handlungswissen wird auf der Ebene der *Konfiguration* zum Gegenstand bewusster und systematischer Synthesis. Es handelt sich also um eine vollständigere, ‚gereinigte' (und/oder oppositionelle) Version dessen, was in den Formen des Vorverständnisses bloß implizit bleibt. Konfiguration ist also keine bloße Replik, sondern eine Tätigkeit, die bisher (noch) nicht Gekanntes schafft und damit dem Vorbehalt der Imitation entgeht. Das dynamische Neu-Arrangieren entspringt der produktiven Einbildungskraft, denn sie erzeugt allererst die Fabelkompositionen, die nicht nur die Zeit ordnen, sondern selbst von ihr geordnet werden. Damit kommt Geschichte bzw. Tradition als Wechselspiel von Erstarrung (Schematismus) und Innovation ins Spiel.

Refiguration ist die Aktualisierung des Konfigurierten und damit dessen Verwandlung im Akt des Lesens, die jedoch im banalsten Fall auch die Reduktion auf das herrschende Vorverständnis nicht ausschließt und damit die potentielle ‚produktive Referenz' scheitern lässt.

Innerhalb dieses Rahmens ist der kurze Auszug aus *Zeit und Erzählung* zu sehen, der einen bestimmten Aspekt der Konfiguration präzisiert. Die Zeitstruktur von Erzählungen wird zu einer Gestaltungsform fiktiver Zeiterfahrung, in der sich das lebensweltliche Problem der Zeitlichkeit und der menschlichen Zeiterfahrung enthüllt und zugleich verwandelt. Die daraus abgeleitete Privilegierung der Erzählung als Form der Neubeschreibung der Welt ist dem kurzen Ausschnitt kaum anzumerken – sie steht quer zu den wie immer artikulierten Verabschiedungen der „großen Erzählung" (Jean-François Lyotard) und in auffälliger Nähe zur emphatischen Berufung auf das Erzählen bei Gegenwartsautoren wie Peter Handke oder John Berger.

Ricœurs Verknüpfung von Hermeneutik und Strukturalismus setzt die avanciertesten Einsichten strukturaler Narratologie voraus, aber auch die Praxis des modernen und postmodernen Erzählens. Das Argument, dass sich im klassischen Roman der Moderne das Gewicht von der ‚Fabel' zum ‚Sujet' verschoben habe, stellt für ihn keine Überschreitung des Formprinzips der Konfiguration dar und ist auch noch mit der aristotelischen Handlungsnachahmung vereinbar: „In einem noch subtileren Sinn gehören zur Handlung auch rein innerliche Veränderungen, wie sie an dem zeitlichen Ablauf schließlich der Empfindungen, der Emotionen vorgehen, möglicherweise auf der absichts- und bewußtseinsfernsten Ebene, die der Introspektion zugänglich ist" (II, 19). Wenn andererseits die Entfabelung zeitgenössischer Erzählkunst damit gerechtfertigt wird, dass sie durch die „angebliche Inkohärenz der Wirklichkeit" (II, 25) geboten sei, so wird damit für Ricœur Mimesis „auf ihre schwächste Funktion" reduziert, „diejenige, der Wirklichkeit durch deren Kopie zu entsprechen" (II, 25).

Der Verdacht gegen das postulierte Wahrscheinlichkeitskriterium im realistischen Roman läuft darauf hinaus, dass dieser nicht die Ähnlichkeit mit dem Wahren, sondern nur den Schein des Wahren produziere. Die Aufmerksamkeit richtet sich dementsprechend auf die Verfahren, mit denen diese Illusion der Wirklichkeitsnähe erzeugt wird. In den aus den 50er Jahren stammenden Texten dieser Sammlung wird dies auf unterschiedliche Weise thematisiert. Der Auszug aus Roland Barthes' *Am Nullpunkt der Literatur* macht mit dieser für natürlich gehaltenen Illusionsbildung kurzen Prozess. Barthes unternimmt den Versuch, eine Geschichte der Schreibweise *(écriture)* zu entwerfen. Unter Schreibweise versteht er eine von Sprache und Stil zu unterscheidende formale Realität. Sie „bedeutet die Beziehung zwischen dem Geschaffenen und der Gesellschaft, sie ist durch ihre soziale Bestimmung umgewandelte literarische Ausdrucksweise, sie ist die in ihrer menschlichen Intention ergriffene Form, die somit an die großen Krisen der Geschichte gebunden ist"[5]. In kaum versteckter Anspielung auf Sartres Entwurf einer engagierten Literatur in *Was ist Literatur?* (1947) lehnt er dessen Appell an die Freiheit der Wahl und Verantwortlichkeit des Schriftstellers zwar nicht ab, aber er sieht sie historisch je anders begrenzt: „Es ist dem Schriftsteller nicht möglich, seine Schreibweise in einer Art zeitlosem Arsenal der literarischen Formen auszusuchen. Die möglichen Schreibweisen eines bestimmten

5 Roland Barthes: *Am Nullpunkt der Literatur*. Frankfurt: Suhrkamp 1982, S. 20f.

Autors entstehen unter dem Druck der Geschichte und der Tradition. Es gibt eine Geschichte der Schreibweisen, doch diese Geschichte hat eine doppelte Natur: im gleichen Augenblick, in dem die allgemeine Geschichte eine neue Problematik der literarischen Sprache vorschlägt – oder aufzwingt –, bleibt die Schreibweise noch erfüllt von der Erinnerung an früheren Gebrauch, denn die Sprache ist niemals unschuldig, die Worte besitzen ein zweites Gedächtnis und Erinnerungen, die sich inmitten neuer Bedeutungen geheimnisvoll entfalten“[6]. Auf Frankreich bezogen ist die Geschichte der Schreibweise des Romans durch einen Bruch gekennzeichnet, der mit der Revolution von 1848 datierbar ist. Und dieser essentielle Bruch trennt die Schreibweise Balzacs von jener Flauberts. In der Epoche Balzacs ist das Erzählen, das Roman und Geschichtsschreibung umgreift, aber „nicht unbedingt ein Gesetz dieser Literaturgattung“ ist, Zeichen einer Wahl „oder Ausdruck eines geschichtlichen Augenblicks“ (S. 157). Das Tempus der Erzählvergangenheit als kennzeichnendes Merkmal (schriftlichen) Erzählens ist jedoch „nicht mehr beauftragt“, „eine Zeit auszudrücken“ (ebda), sondern deutet auf Literatur hin. Das *passé simple* (im Deutschen: das epische Präteritum) und der Gebrauch der dritten Person sind Zeichen, welche auf die ordnungstiftende Konvention des Romans verweisen: „Das ‚Er‘ ist eine typische Konvention des Romans. Wie durch die Erzählvergangenheit wird durch die dritte Person das Faktum Roman verwirklicht und gleichzeitig signalisiert“ (S. 160). Die formalsten Zeichen identifizieren den Roman und dessen Zugehörigkeit zum Ritual der Literatur und verweisen auf einen Pakt zwischen Schriftsteller und Gesellschaft. Diese Übereinkunft schließt die Lizenz ein, die Konventionen selbst als solche kenntlich zu machen: Im Bild vom Schriftsteller, der auf die Maske zeigt, die er trägt, hat Barthes diese Lizenz nach dem Bruch von 1848 allerdings als Stigma der Entfremdung gesehen: Das Pathos der Freiheit der Wahl schrumpft zu einer bloßen Geste der Wahl. Balzac konnte bei seiner Wahl noch eine Übereinstimmung zwischen der Schreibweise des Romans und gesellschaftlicher Erwartung voraussetzen, mithin eine „Geschichte, die bitter und hart, aber kohärent und ihrer selbst sicher ist und den Triumph einer Ordnung zeigt“ (S. 162). Für Flaubert ist diese Übereinstimmung „unter dem Druck der Geschichte“ zerbrochen. Mit ihm beginnt eine Kunst, „die, um ihrem schlechten Gewissen zu entfliehen, ihre eigenen Konventionen angreift und zu zerstören sucht“ (ebda).

„Die Modernität beginnt mit der Suche nach einer unmöglichen Literatur“ (ebda) – dieses geflügelte Barthes-Zitat unterhält eine enge, wenn-

6 Ebda, S. 23.

gleich kaum erforschte Beziehung zu Adornos Plädoyer für einen zeitgenössischen Roman, der das Erbe des realistischen Romans unter gänzlich anderen Voraussetzungen anzutreten hätte, „um zu sagen, wie es ist". Im Gegenzug zur Realismuskonzeption des implizierten Adressaten, Georg Lukács, führt Adorno die Errungenschaften des modernen Romans an, um das Scheitern des aufrecht bleibenden Anspruchs auf „epische Totalität" zu indizieren. Während Adorno an die in Deutschland durch den Nationalsozialismus ausgeschaltete und unterbrochene Tradition der Moderne und die Verfahren des Romans als Antiroman erinnert, will Doderers exzentrischer Traktat – über weite Strecken allerdings eine für diesen Band instruktive Paraphrase zeitgenössischer (germanistischer) Erzähltheorien – Lukács' unerfüllt gebliebene Forderung nach realisierter epischer Totalität einlösen. Anders als Adorno distanziert er sich von der Bürde des modernen Romans (Joyce, Proust, Musil), den er – Handke ist ihm darin gefolgt – als hybride Variante realistischen Erzählens begreift. Für Doderer bleibt Dostoevskij – den auch Adornos Anspielung auf Lukács' *Theorie des Romans* zum Vergleich mit den heutigen „negativen Epopöen" heranzieht – schon dehalb maßgeblich, weil er selbst mit seinem Roman *Die Dämonen* in bewusster Auseinandersetzung mit Dostoevskijs *Dämonen* die dämonische Wirkung eines gestörten Gottesbezugs verarbeitet hat (und zugleich seinen eigenen Fall in die „zweite Wirklichkeit").

Neben der Verpflichtung des Romans zur Totalität greifen Doderers Überlegungen insbesondere auch die Bestimmung des Romans als „Epopöe der gottverlassenen Welt"[7] bei Lukács auf. Im Gegenzug zu Positionen der Moderne, die eine geordnete Wiedergabe der Welt durch den Roman bezweifeln, setzt Doderer, auf der Basis religiöser Gläubigkeit, dies voraus. Doderer hat den Romanschriftsteller als „geborene[n] Thomist[en]" (S. 202) bezeichnet, als ein Individuum, „dem eine ferne Abspiegelung der analogia entis in besonders hervorstechender Weise als persönliche Eigenschaft innewohnt" (ebda). Der Ordnungszusammenhang des Romans ist dann denkbar und mit den Mitteln der Komposition zu realisieren, wenn sie die von einem Schöpfergott gestiftete Einheit des Seins voraussetzt, denn außerhalb der *analogia entis* gibt es nach der Lehre des Thomas von Aquin nur das Nichts. Vor diesem theologischen Horizont kann Doderer die Funktion des Romans in der „Wieder-Eroberung einer auf weite Strecken hin in einer zweiten Wirklichkeit erblaßten Außenwelt" (S. 204) sehen. Bei nicht verweigerter „Apperception" schießt die Fülle empirischer Fakten ein, die sich dann durch vorgängig entwickelte Kompositionsformen und Konstruktionspläne zu Romanhandlungen

7 Georg Lukács: *Die Theorie des Romans* (1920). Neuwied, Berlin: Luchterhand 1971, S. 77.

oder handlungsreichen Romanen organisieren lassen. Anders als beim späten Lukács ist damit keine Rückkehr zum Roman des 19. Jahrhunderts angezeigt, wenngleich Doderer dessen Konstruktionsformen zur Verfügung hat. Doderers außenseiterischer (und gewiss anfechtbarer) Position ist somit die von Adorno konstatierte Paradoxie fremd: „es läßt sich nicht mehr erzählen, während die Form des Romans Erzählung verlangt" (S. 170).

Stand Doderers Vertrauen in die Sprache und das Erzählen in den 50er Jahren quer zu den Befunden geschichtsphilosophisch-marxistisch inspirierter Gattungsreflexion, so wurde in Frankreich mit der Praxis des Nouveau Roman Adornos Paradoxie in einer Weise aufgelöst, die in der Folgezeit eine attraktive und durchsetzungsmächtige Allianz (bzw. Durchdringung) von Theorie und Literatur ermöglichte. Die Beschreibung avancierte zu einem Akt der Purifikation, mit dem zugleich der Bruch mit der Schreibweise Balzacs akzentuiert werden konnte. Barthes' Parteinahme für Robbe-Grillet oder Sollers indiziert die radikale Reduktion der ‚Geschichte' *(fabula)* als einen Versuch, die Leser in Bezug auf die Kunst des bürgerlichen Romans als Essenz des Realen zu dekonditionieren. Im Kontakt mit einem solchen Schreiben entwickelt Barthes das binäre Begriffspaar Schriftsteller und Schreiber, das später in der Opposition lesbarer und schreibbarer Text eine leserseitige Entsprechung und Ergänzung findet.[8] Während für den Schriftsteller Schreiben ein intransitives Verb ist, eine Tätigkeit, die auf die Sprache und die Bearbeitung des Wortes gerichtet ist, ist für den Schreiber das Wort, die Sprache ein Instrument, ein Mittel für einen Zweck, um beispielsweise das Denken in eine Ware umzuwandeln. Im Unterschied zum lesbaren (klassischen) Text, dem konsumierbaren Produkt, will der schreibbare Text durch seine Pluralität den Leser zu einem Textproduzenten machen. In solchen und verwandten Bestimmungen des Schreibens hat Barthes das ehrgeizige Projekt einer universalen Erzählgrammatik verabschiedet und – oft als seine poststrukturalistische Wende beschrieben – für die Einmaligkeit, die „Differenz" des Textes plädiert. Sein verblüffender Versuch, ausgerechnet an einer Novelle Balzacs (*Sarrasine*) das polyphone, nicht mehr fixierbare Spiel von Textstrukturen zu demonstrieren, unterminiert nicht nur die eigenen Kategorien (lesbar/schreibbar), sondern verabschiedet die strukturalistische Analyse von Erzähltexten, die er so erfolgreich wie kein anderer kurz davor propagiert hatte. Dies ist als Voraussetzung zum

8 Roland Barthes: ‚Schriftsteller und Schreiber' (1960). In: *Literatur oder Geschichte*. Übers. v. Helmut Scheffel. Frankfurt: Suhrkamp 1981, S. 44–53; zur Opposition lesbar/schreibbar vgl. *S/Z* (1970). Übers. v. Jürgen Hoch. Frankfurt: Suhrkamp 1976, bes. S. 7–10.

Verständnis von Barbara Johnsons ingeniöser Lektüre von Barthes' Balzac-Analyse notwendig, deren Pointe darin besteht, dass sie in dem lesbaren Text eine Differenz entziffert, die in Barthes' *S/Z* im Namen des Schreibbaren durch Affirmation reduziert wird. Barbara Johnsons dekonstruktive Analyse einer literarischen Erzählung und einer sie aufspaltenden Analyse markiert zweifellos die Grenze dessen, was im traditionellen Sinn unter Erzähltheorie erwartet wird. Gerade das aber rechtfertigt ihre Aufnahme in einer Sammlung, die ihren Gegenstand verfehlte, würde sie nicht historisch wie systematisch dessen Ränder oder, anders gesagt, dessen Differenz zu sich selbst aufsuchen. Immerhin beweist Federmans postmodernes „Manifest", welche Erwartungen und welche Euphorie gerade von den Rändern des Erzählens – innerhalb des (post-)strukturalistischen Paradigmas – her zu entfesseln waren.

Wolfgang Isers komprimierte Ausführungen zu ‚Mimesis und Performanz' schließen an Ricœurs dynamische Mimesiskonzeption an, die sich mit seiner Öffnung der rezeptionsästhetisch gefassten ‚Appellstruktur der Texte' seit dem *Akt des Lesens* (1976) hin zu einer literarischen Anthropologie verträgt. Was in Isers einflussreichem *Akt des Lesens* über das ‚Repertoire' der Texte gesagt wird, das durch Textstrategien neu kombiniert und durch die Selbstreflexivität, mit der sich die Fiktion als Fiktion entblößt, den Status eines ‚inszenierten Diskurses' annimmt, macht die fiktionale Erzählung zu einer Form der „Welterzeugung" (Nelson Goodman). Mit der Befreiung der Erzählung von der Abbildungsverpflichtung bzw. von dem Verdacht, bloße Kopie der ‚Wirklichkeit' zu sein, ist Alexander Kluge nicht zu überraschen. Die Vertrautheit des Filmemachers, Autors und Gesellschaftstheoretikers mit der Einsicht Adornos, dass das Erbe des realistischen Romans angesichts der veränderten Wirklichkeit nur mit veränderten künstlerischen Verfahren angetreten werden kann, ist vorauszusetzen. „Zu sagen, wie es ist", setzt für ihn die Kritik an der Ideologie voraus, „daß die Realität sich auf ihren realistischen Charakter beruft". Entgegen den neopopulären Übereinkünften hält Kluge Realismus für nichts Einfaches. Er besteht für ihn aus zwei ganz verschiedenen Haltungen, deren Dialektik er einmal so beschrieben hat: „[Die] Genauigkeit in der Wiedergabe realer Erfahrungen. Das ist das, was man eine *realistische Haltung* nennt. Die gibt es aber nicht als Naturform. Als Naturform gibt es die Ideologie, d. h. den Kontrast zwischen den Wünschen von Menschen und einer Wirklichkeit, die nicht auf diese Wünsche antwortet, die sie nicht befriedigt. So daß ein Dissens entsteht; und es ist dabei sehr unwahrscheinlich, daß so von selbst und plausibel und direkt Realismus entsteht. Die Wurzel einer realistischen Haltung, ihr Motiv: das ist eine Haltung *gegen* das, was an Unglück in den realen Verhältnissen ist; es ist also ein Antirealismus des Motivs, eine Leugnung des reinen Realitätsprinzips, eine *antirealistische Haltung*. Sie erst befähigt, realistisch und aufmerksam hinzusehen. Das ist die Dialektik des Realismus – seine praktische Seite jedoch ist noch wesentlich schwieriger." [9]

Wie jede Anthologie ist auch diese ein Kompromiss zwischen dem Wünschbaren und dem aus rechtlichen und finanziellen Gründen Möglichen. Zu hoffen bleibt, dass dieser notwendige Kompromiss, um nicht zu sagen: die Not dieses Kompromisses, dennoch eine Vorstellung von der Vielfalt der Versuche geben kann, das Erzählen als Vergnügen, als ernsthaftes oder aber auch als waghalsiges, ideologiebefrachtetes Unternehmen theoretisch zu begreifen, zu verteidigen oder zu hintertreiben. Mit dem Dank an die Rechteinhaber für die hier abgedruckten Beiträge sei der Hinweis verbunden, dass sämtliche Beiträge in sich ungekürzt sind und originalgetreu wiedergegeben werden. Das aber hat zur Folge, dass weder die Zitierweise noch die Wiedergabe fremdsprachiger Begriffe und Namen in diesem Band einheitlich sein können. Lediglich in dem Beitrag Šklovskijs wurde die Transkription russischer Namen vereinfacht (z.B. Gogol statt Gogol'). Die knapp kommentierenden Anmerkungen zu den Beiträgen (das im engeren Sinn akademisch-wissenschaftliche Textcorpus ist davon ausgenommen) möchten, soweit dies möglich war, Informationen bieten, die den Umgang mit dem Anspielungsreichtum der Texte erleichtern sollen.

9 Alexander Kluge: ‚Das Politische als Intensität alltäglicher Gefühle. Rede bei der Verleihung des Fontane-Preises für Literatur' (1979). In: *Alexander Kluge*. Hrsg. v. Thomas Böhm-Christl. Frankfurt: Suhrkamp 1983, S. 312.

Henry James: Die Kunst des Romans (1884)

Henry James (1843–1916)

Der bedeutende amerikanische Romanschriftsteller, der sich 1876 in London niederließ und 1915 britischer Staatsbürger wurde, schrieb von seinen frühen zwanziger Jahren bis nach seinem sechzigsten Lebensjahr auch zahlreiche literatur-, vor allem romankritische Artikel und Rezensionen. Ein großer Teil dieser Arbeiten wurde schon zu Lebzeiten in Sammlungen wie *French Poets and Novelists* (1878), *Hawthorne* (1879), *Partial Portraits* (1888), *Essays in London and Elsewhere* (1893) oder *Notes on Novelists* (1914) veröffentlicht. Nach seinem Tod erschienen weitere Sammelbände seiner essayistischen Arbeiten. Besonders einflußreich waren seine Vorworte zu der *New York Edition* seiner gesammelten Romane und Erzählungen (1907–1909), die durch die Ausgabe des amerikanischen Kritikers Richard P. Blackmur *The Art of the Novel* (1934) auch akademisches Ansehen erlangten. Seine romantheoretischen Überlegungen prägten nicht nur die Romantheorie des ‚New Criticism'; sein Freund und Schüler Percy Lubbock popularisierte seine Ideen in dem vielgelesenen Buch *The Craft of Fiction* (1921).

Die gesammelten literaturkritischen Schriften von HJ hat Leon Edel gemeinsam mit Mark Wilson 1984 herausgegeben: *Literary Criticism: Essays on Literature, American Writers, English Writers. Vol. 1* und *Literary Criticism: French Writers, Other European Writers, The Prefaces to the New York Edition. Vol. 2.* New York: The Library of America 1984.

Erstausgabe: ,The Art of Fiction'. In: Longman's Magazine 4 (1884), S. 502–521; erste englische Buchausgabe in *Partial Portraits* (1888). Druckvorlage: Henry James: *Die Kunst des Romans. Ausgewählte Essays zur Literatur*. Übers. v. Helga Eberhardt. Ausw. v. Joachim Krehayn. Nachw. u. Anm. v. Brigitte Leuschner. Leipzig, Weimar: © Gustav Kiepenheuer 1984, S. 5–33; die Anmerkungen in dieser Ausgabe (S. 230f.) werden im folgenden übernommen und teilweise modifiziert.

Eine unmittelbare Entgegnung auf James' Artikel brachte dieselbe Zeitschrift noch im Dezember 1884: mit Robert Louis Stevensons ,A Humble Remonstrance' beschloß die Zeitschrift eine Debatte, die im Falle von James und Stevenson in Briefen und Gesprächen fortgesetzt wurde und zu einer lebenslangen Freundschaft führte. Ein Nachdruck von Stevensons Replik findet sich in: Peter Rawlings. (Hrsg.): *Critical Essays on Henry James*. Aldershot: Scolar Press 1993, S. 27–37.

Ich hätte diesen wenigen Bemerkungen nicht einen so umfassenden 30 | 31
Titel angeheftet – entbehren sie doch notwendigerweise bei einem Thema, dessen allseitige Erörterung uns sehr weit führen würde, jedweder Vollständigkeit –, meinte ich nicht in einem kürzlich unter diesem Titel veröffentlichten interessanten Essay von Mr. Walter Besant einen Vorwand für meine Verwegenheit zu entdecken. Mr. Besants Vorlesung an der Royal Institution – die ursprüngliche Form seiner Schrift – scheint mir ein Indiz dafür zu sein, daß sich viele Leute für die Kunst des Romans interessieren und auch dem, was diejenigen, die diese Kunst ausüben, darüber zu sagen versuchen, nicht gleichgültig gegenüberstehen. Ich möchte mir darum den Vorteil einer so günstigen Assoziation nicht entgehen lassen und, im Vertrauen auf die Aufmerksamkeit, die Mr. Besant ganz ohne Zweifel geweckt hat, einige wenige Worte zum Thema beisteuern. Es liegt etwas sehr Ermutigendes darin, wie er einigen seiner Ideen über das Geheimnis des Geschichtenerzählens Gestalt gegeben hat.

Es ist ein Beweis von Leben und Wissensdrang – Wissensdrang von seiten der Bruderschaft der Romanschriftsteller wie auch von seiten ihrer Leser. Noch vor kurzer Zeit mag man angenommen haben, daß der englische Roman nicht das war, was die Franzosen *discutable* nennen. Er hatte nicht den Anschein, eine Theorie, eine Überzeugung, ein Bewußtsein seiner selbst hinter sich zu haben – Ausdruck eines künstlerischen Glaubens zu sein, das Resultat von Wahl und Vergleich. Ich behaupte nicht, daß ihm dies notwendigerweise zum Schaden gereichte: es bedürfte viel mehr Mut, als ich ihn habe, um anzudeuten, daß die Form des Romans wie Dickens und Thackeray sie (zum Beispiel) sahen, auch nur eine Spur von Unvollständigkeit hatte. Er war jedoch *naïf* (wenn ich mich eines weiteren französischen Wortes bedienen darf), und sollte es ihm bestimmt sein, in irgendeiner Weise unter dem Verlust seiner *naïveté* zu leiden, so hat er augenscheinlich jetzt eine Vorstellung, sich der entsprechenden Vorteile zu versichern. In der Periode, auf die

Walter Besant ... Vorlesung Der Romanschriftsteller (Sir) Walter Besant (1836–1901), bekannt für seine Darstellung der sozialen Verhältnisse des Londoner East End, hielt am 25. April 1884 in der Royal Institution seine Vorlesung über ‚The Art of Fiction', die kurz darauf „(With Notes and Additions)" gedruckt wurde (London: Chatto and Windus, Piccadilly 1884).

ich anspielte, gab es ein weit verbreitetes behagliches, gutmütiges Empfinden, daß der Roman ein Roman sei wie der Pudding ein Pudding und daß unsere einzige Pflicht ihm gegenüber wäre, ihn zu schlucken. Aber innerhalb weniger Jahre gab es aus diesem oder jenem Grunde Anzeichen für eine Wiederbelebung – die Ära der Diskussion schien bis zu einem gewissen Grade eröffnet zu sein. Kunst lebt von Diskussion, vom Experiment, von Wissensdrang, von der Variation der Versuche, vom Austausch der Ansichten und dem Vergleich der Standpunkte; und es ist zu mutmaßen, daß Zeiten, in denen niemand etwas Besonderes darüber zu sagen und niemand einen Grund für Ausübung oder Bevorzugung anzugeben weiß – obwohl sie Zeiten der Ehre sein mögen –, keine Zeiten der Entwicklung sind – Zeiten möglicherweise sogar von ein wenig Sterilität. Die gelungene Anwendung jeder Kunst ist ein entzückendes Schauspiel, aber auch die Theorie ist interessant, und obgleich ein groß Teil der letzteren ohne die erstere existiert, argwöhne ich, daß es nie ein wirkliches Gelingen gegeben hat, das nicht einen latenten Kern von Überzeugung hatte. Diskussion, Anregung, Formulierung, diese Dinge sind fruchtbar, wenn sie offen und aufrichtig sind. Mr. Besant hat ein ausgezeichnetes Beispiel gegeben, indem er sagt, was er für seinen Teil über die Art, in der ein Roman geschrieben werden sollte, denkt, wie auch über die Art, wie er zu publizieren sei; denn seine Ansicht über die ‚Kunst', in einem Anhang fortgesetzt, umfaßt auch das. Andere auf demselben Gebiet Arbeitende werden die Auseinandersetzung zweifellos aufnehmen, werden ihr das Licht ihrer Erfahrung leihen; und der Effekt wird sicherlich sein, unser Interesse am Roman ein wenig mehr zu dem zu machen, was es geraume Zeit nicht mehr zu sein drohte – ein ernstes, aktives, suchendes Interesse, von dem getragen dieses reizvolle Studium in seinen kühnsten Augenblicken wagen mag, ein wenig mehr darüber auszusagen, wie es sich selber begreift.

Es muß sich selbst ernst nehmen, damit die Öffentlichkeit es ernst nimmt. Der alte Aberglaube, daß Dichtung ‚verrucht' sei, ist in England zweifellos ausgestorben, aber sein Geist lebt noch fort in einem gewissen verstohlenen Blick, der auf jede Geschichte gerichtet wird, die nicht mehr oder weniger zugibt, daß sie nur ein Scherz ist. Selbst auf dem scherzhaftesten Roman lastet noch in gewissem Maße das Gewicht jener Ächtung, die einst literarischer Leichtfertigkeit widerfuhr: auch Späßen gelingt es nicht immer, vor der Orthodoxie zu bestehen. Es wird noch immer erwartet, obgleich die Leute sich vielleicht schämen, es auszusprechen, daß eine literarische Schöpfung, die ohnehin nur ein ‚Glaubenmachen' ist (denn was sonst ist eine Geschichte?), bis zu einem gewissen Grade apologetisch sein soll – auf den Anspruch verzich-

ten soll zu versuchen, das Leben wirklich wiederzugeben. Dies zu tun läßt sich natürlich jede sensible, gewitzte Geschichte herab, denn sie spürt rasch, daß die ihr unter solcher Bedingung gewährte Toleranz nur ein Versuch ist, sie, in die Gestalt von Großzügigkeit verkleidet, zu ersticken. Die alte evangelische Feindseligkeit gegenüber dem Roman, die ebenso ausgeprägt wie engstirnig war und ihn hinsichtlich unseres See- 32 | 33
lenheils kaum günstiger beurteilte als ein Schauspiel, war in Wirklichkeit weit weniger anmaßend. Der einzige Grund für die Existenz des Romans ist, daß er versucht, das Leben darzustellen. Wenn er diesen Versuch aufgibt, denselben Versuch, den wir auf der Leinwand des Malers sehen, wird er in eine Sackgasse geraten. Es wird von dem Bild nicht erwartet, daß es sich selbst demütigt, damit ihm vergeben wird; und die Analogie zwischen der Kunst des Malers und der Kunst des Romanschriftstellers ist, soweit ich sehen kann, vollkommen. Ihre Inspiration ist dieselbe, ihr Schaffensprozeß (die unterschiedliche Qualität ihrer Ausdrucksmittel berücksichtigend) ist derselbe, ihr Gelingen ist dasselbe. Sie können voneinander lernen, sie können einander erklären und unterstützen. Ihr Anliegen ist dasselbe, und die Ehre des einen ist die Ehre des anderen. Die Mohammedaner halten ein Bild für etwas Unheiliges, aber es ist lange her, daß ein Christ dies tat, und es ist daher um so merkwürdiger, daß in einem christlichen Gemüt (vielleicht uneingestanden) Spuren von Argwohn gegenüber der Schwesterkunst bis zum heutigen Tag vorhanden sein sollten. Der einzig wirkungsvolle Weg, sie auszulöschen, ist, die Analogie zu betonen, auf die ich gerade hinwies – auf der Tatsache zu bestehen, daß das Bild Realität ist wie der Roman Historie. Das ist die einzige allgemeine Beschreibung (die ihm Gerechtigkeit widerfahren läßt), die wir dem Roman geben können. Aber auch der Historie wird zugestanden, das Leben darzustellen. Von ihr wird Apologie nicht erwartet, nicht mehr als von der Malerei. Das Material der Prosadichtung ist gleichfalls in Dokumenten und Niederschriften gespeichert, und wenn sie sich nicht selbst bloßstellen will, wie man in Kalifornien sagt, muß sie mit Sicherheit, im Tone des Historikers sprechen. Gewisse perfekte Romanschriftsteller haben die Gewohnheit, sich selbst bloßzustellen, was denjenigen Tränen in die Augen treiben muß, die ihre Prosadichtung ernst nehmen. Ich war kürzlich beim Überfliegen einiger Seiten von Anthony Trollope betroffen von

Anthony Trollope Im Juli 1883 hatte HJ im Century Magazine einen Aufsatz über den 1882 verstorbenen Romancier geschrieben, in dem er Trollope (1815–1882) für dessen „suicidal satisfaction in reminding the reader that the story he was telling was only, after all, a make-believe", attackierte. S. den Auszug aus diesem Artikel in: Henry James: *The Critical Muse: Selected Literary Criticism*. Hrsg. u. eingel. v. Roger Gard. London: Penguin 1987, S. 174–180, hier S. 177, sowie die deutsche Übersetzung des gesamten Artikels in:

seinem Mangel an Diskretion in dieser Hinsicht. In einer Abschweifung, einer Parenthese oder einer Nebenbemerkung macht er dem Leser das Zugeständnis, daß er und sein vertrauensvoller Freund nur ‚fingiert' sind. Er bekennt, daß die von ihm berichteten Ereignisse nicht wirklich geschehen sind und daß er seiner Erzählung jede beliebige Wendung geben kann, wie sie dem Leser am besten behagt. Solch ein Verrat an einem heiligen Amt erscheint mir, gestehe ich, als ein schreckliches Verbrechen, es ist ebendas, was ich mit der Abbittehaltung meine, und es erschüttert mich bis ins Mark bei Trollope ebenso, wie es mich bei Gibbon oder Macaulay erschüttert haben würde. Es impliziert, daß der Romanschriftsteller weniger als der Historiker damit beschäftigt ist, nach der Wahrheit zu suchen (der Wahrheit meine ich natürlich, wie er sie versteht – diese Prämisse gestehen wir ihm zu, was auch immer sie sein möge), und indem er das tut, zieht es ihm mit einem Schlage den Boden unter den Füßen weg. Die Vergangenheit, die Handlungen von Menschen wiederzugeben und zu illustrieren ist die Aufgabe jedes Schreibenden, und der einzige Unterschied, den ich sehen kann, gereicht, je nachdem wie es ihm gelingt, dem Romanschriftsteller zur Ehre und besteht darin, daß er mehr Schwierigkeiten beim Sammeln seines Beweismaterials hat, welches so weit davon entfernt ist, ausschließlich literarisch zu sein. Dies, scheint mir, gibt ihm ein besonderes Gepräge, die Tatsache, daß er gleichzeitig so viel mit dem Philosophen und dem Maler gemein hat; diese doppelte Analogie ist ein großartiges Erbe.

Aus all dem folgt offenbar, daß Mr. Besant fündig ist, wenn er auf dem Faktum besteht, daß der Roman zu den ‚schönen' Künsten gehört, all der Ehren und Vorteile würdig, die bislang den erfolgreichen Professionen von Musik, Poesie, Malerei und Architektur vorbehalten waren. Man kann gar nicht genug auf einer so bedeutsamen Wahrheit beharren, und der Platz, den Mr. Besant für das Werk eines Romanschriftstellers fordert, ist etwas weniger abstrakt veranschaulicht, wenn man sagt, daß er nicht nur verlangt, ihm künstlerische Qualität zuzubilligen, sondern ihn tatsächlich als ein Kunstwerk anerkannt wissen will. Es ist vortrefflich, daß er diesen Ton angeschlagen hat, denn daß er es tat, deutet darauf hin, daß es nötig war, daß seine Behauptung für viele Menschen eine

Die Kunst des Romans (1984), S.67–97, das Zitat S. 83. – Der Essay ‚Anthony Trollope' wurde von HJ ebenfalls in die Sammlung *Partial Portraits* (1888) aufgenommen.
Gibbon Edward Gibbon (1737–1794), britischer Historiker, Verfasser der berühmten *History of the Decline and Fall of the Roman Empire* (1776–1788).
Macaulay Thomas Babbington Macaulay (1800–1859), britischer liberaler Historiker; sein Hauptwerk *History of England from the Accession of James II* (1848–1861) blieb unvollendet.

Neuigkeit sein mag. Man reibt sich die Augen bei dem Gedanken, doch das weitere von Mr. Besants Essay bestätigt die Offenbarung. Ich vermute wahrhaftig, daß es möglich wäre, sie noch weiter zu bekräftigen, und daß es nicht allzu falsch wäre zu sagen, daß es außer den Leuten, denen es nie einfiel, einen Roman für ein Kunstwerk zu halten, sehr viele andere gibt, die, würde ihnen diese Grundeinsicht aufgenötigt, von einem 34 | 35
unbestimmten Mißtrauen erfüllt wären. Sie fänden es schwer, ihren Widerwillen zu erklären, aber er würde sich heftig regen, um sie zu warnen. ‚Kunst', so wird in unseren protestantischen Gemeinschaften, in denen so viele Dinge auf so merkwürdige Weise miteinander verwoben wurden, in gewissen Kreisen angenommen, habe eine undefinierbare verderbliche Wirkung auf jene, die sie zu einem wichtigen Belang machen, die ihr Gewicht beimessen. Sie wird in etwas mysteriöser Weise im Gegensatz zur Moral, zum Amüsement, zur Belehrung gesehen. Ist sie im Werk des Malers verkörpert (der Bildhauer ist eine andre Sache!), weißt du, was sie ist: sie steht vor dir in der Ehrbarkeit von Rosa und Grün und einem vergoldeten Rahmen, du kannst das Schlechteste daran auf einen Blick erkennen, und du kannst auf der Hut sein. Wird sie aber in die Literatur eingeführt, wird sie hinterlistiger – es besteht die Gefahr, daß sie dich verletzt, bevor du es gewahr wirst. Literatur soll entweder belehrend oder unterhaltend sein, und in vielen Köpfen herrscht der Eindruck vor, daß diese künstlerischen Errungenschaften, die Suche nach der Form, zu keinem der beiden Ziele führen, ja tatsächlich mit beiden in Konflikt geraten. Sie sind zu nichtig, um erbaulich, und zu ernsthaft, um unterhaltend zu sein, und außerdem sind sie affektiert, paradox und überflüssig. Das, meine ich, gibt die Art und Weise wieder, in der der latente Gedanke vieler Menschen, die Romane als eine Übung im Seitenüberspringen lesen, sich selbst erläutern würde, sollte er artikuliert werden. Sie würden selbstverständlich argumentieren, daß ein Roman ‚gut' sein sollte, aber sie würden diesen Begriff auf ihre Art interpretieren, die von einem Kritiker zum anderen in der Tat erheblich variierte. Einer würde sagen, daß gut sein bedeutet, tugendhafte und strebsame Charaktere darzustellen, in herausragenden Positionen plaziert; ein anderer würde sagen, daß es von einem ‚happy end' abhängt, von einer Distribution schließlich von Preisen, Renten, Ehemännern, Ehefrauen, Babys, Millionen, von angefügten Absätzen und erheiternden Anmerkungen. Ein anderer wiederum würde sagen, daß es bedeutet, so voller Geschehen und Bewegung zu sein, daß wir am liebsten voraussprängen, um zu sehen, wer der mysteriöse Fremde war und ob das gestohlene Testament jemals gefunden wurde, und daß wir von dieser Freude nicht durch irgendeine ermüdende Analyse oder ‚Beschreibung'

abgelenkt werden. Aber alle wären sich darin einig, daß die ‚künstlerische' Idee den Spaß etwas verderbe. Der eine würde sie für all die Beschreibung verantwortlich machen, ein anderer würde sie im Mangel an Mitgefühl entdecken. Ihre Feindseligkeit gegenüber dem ‚happy end' würde offenbar, und in einigen Fällen möchte sie sogar überhaupt jedes Ende als unmöglich hinstellen. Das ‚Ende' eines Romans ist für viele Menschen wie das eines guten Dinners, eine Sache von Dessert und Eis, und in der Erzählliteratur wird der Künstler dann als eine Art lästiger Doktor angesehen, der den angenehmen Nachtisch verbietet. Es ist deshalb wahr, daß die Konzeption Mr. Besants vom Roman als einer höheren Form nicht nur auf böswillige, sondern auch auf wohlwollende Gleichgültigkeit stößt. Es macht wenig aus, daß es beim Roman als einem Kunstwerk mehr oder weniger seinem Wesen entsprechen sollte, für glückliche Enden, sympathische Charaktere und einen objektiven Ton zu sorgen, als wäre er das Werk eines Mechanikers: die Häufung von Ideen, wie unangemessen auch immer, möchte den Roman leicht erdrücken, erhöbe sich nicht von Zeit zu Zeit eine beredte Stimme, die darauf hinweist, daß er ein ebenso freier und ernst zu nehmender Zweig der Literatur ist wie jeder andere.

Gewiß mag dies manchmal bezweifelt werden angesichts der enormen Zahl von Romanen, die an die Leichtgläubigkeit unserer Generation appellieren, denn es mag leicht scheinen, daß einer so schnell und leicht produzierten Ware kein hoher Rang zukommen könne. Es ist zuzugeben, daß gute Romane durch schlechte stark kompromittiert werden und daß das Gebiet generell unter dem Mißkredit der Überfülle leidet. Ich glaube indes, daß dieser Schaden nur oberflächlich ist und daß der Überfluß an verfaßten Romanen nichts gegenüber dem Prinzip beweist. Der Roman ist vulgarisiert worden wie alle anderen Arten von Literatur, wie alles andere heutzutage, und er hat sich mehr als manches andere der Vulgarisierung zugänglich erwiesen. Aber es gibt seit eh und je einen großen Unterschied zwischen einem guten Roman und einem schlechten: der schlechte wird mit all den verschmierten Leinwänden und dem verdorbenen Marmor in irgendeine unbesuchte Rumpelkammer oder auf einen gewaltigen Müllplatz unter die Hinterhoffenster der Welt gekehrt, und der gute überdauert und verstrahlt sein Licht und erweckt in uns den Wunsch nach Vollkommenheit. Wenn ich mir die Freiheit nehme, nur eine einzige Kritik an Mr. Besant, dessen Ton so von Liebe für seine Kunst erfüllt ist, zu wagen, mag ich es ebenso gleich hinter mich bringen. Er scheint mir darin fehlzugehen, daß er so bestimmt im voraus zu sagen versucht, wie der gute Roman beschaffen sein wird. Die Gefahr eines solchen Fehlers aufzuzeigen ist der Zweck dieser wenigen Seiten; darauf hinzuweisen, daß sich bestimmte Traditionen bezüglich des Gegenstandes, a priori auferlegt, schon oft zu verantworten hatten und daß der gesunde Zustand einer Kunst, die es unternimmt, das Leben so unmittelbar zu reproduzieren, erfordern muß, daß sie völlig frei ist. Sie lebt von der Ausübung, und die eigentliche Bedeutung der Ausübung liegt in der Freiheit. Die einzige Verpflichtung, an die wir einen Roman im voraus binden können, ohne die Beschuldigung auf uns zu laden, willkürlich zu sein, ist, daß er uns berührt. Diese allgemeine Verantwortung ruht auf ihm, aber sie ist die einzige, die ich mir denken kann. Die Wege, dieses Resultat (uns zu berühren) in Freiheit zu erreichen, sind, wie mir scheint, unzählige, aber sie alle würden durch Markierungen und eingrenzende Vorschriften Schaden nehmen. Sie sind so verschieden wie das Temperament der Menschen, und sie sind erfolgreich in dem Maße, wie sie einen besonderen, von anderen unterschiedenen Geist offenbaren. Ein Roman ist in seiner weitesten Bestimmung ein persönlicher, ein unmittelbarer Eindruck vom Leben: das, um damit zu beginnen, macht seinen Wert aus, der je nach der Intensität des Eindrucks größer oder geringer ist. Aber es wird überhaupt keine Intensität und folglich keinen Wert geben, wenn es nicht die Freiheit gibt, zu fühlen und zu sagen. Das Einhalten einer zu verfolgenden Linie, eines anzuschlagenden Tones, einer auszufüllenden Form ist eine Begrenzung jener Freiheit und eine Unterdrückung gerade der Sache, auf die wir am neugierigsten sind. Die Form ist, so scheint es mir, erst nach dem Gegenstand einzuschätzen: dann ist die Wahl vom Autor getroffen, sein Standort umrissen, dann können wir die Linien und Richtungen verfolgen und Töne und Anklänge vergleichen. Mit einem Wort, dann können wir uns einer der bezauberndsten Vergnügungen erfreuen, können wir die Qualität beurteilen, können wir das Kriterium der Ausführung anlegen. Die Ausführung obliegt dem Autor allein, sie ist sein Ureigenstes, und an ihr messen wir ihn. Der Vorteil, der Luxus ebenso wie die Qual und die Verantwortung des Romanschriftstellers ist, daß es keine Grenze gibt, bis zu welcher er sich als ein Ausführender versuchen kann – keine Grenze für mögliche Experimente, Wirkungen, Entdeckungen, Erfolge. Gerade hier arbeitet er Schritt für Schritt wie sein Bruder von der Farbe, von dem wir stets sagen können, daß er sein Bild in einem Stil gemalt hat, mit dem er bestens vertraut ist. Sein Stil ist sein Geheimnis, nicht notwendigerweise ein ängstlich gehütetes. Er kann es nicht, selbst wenn er es wollte, als etwas Allgemeingültiges enthüllen, er könnte es andere nicht lehren. Ich sage dies, dessen eingedenk, auf das Gemeinsame der Methode des Künstlers, der ein Bild malt, und des Künstlers, der einen Roman schreibt, bestanden zu haben. Der Maler ‚ist' fähig, die Grundelemente seines Handwerks zu lehren, und es ist möglich, durch das Studium guter Werke (die Befähigung vorausgesetzt) beides zu lernen, wie man malt und wie man schreibt. Doch – unbeschadet des *rapprochement* – bleibt es wahr, daß der literarische Künstler verpflichtet wäre, seinem Schüler weit öfter als der andere zu sagen: ‚Nun, du mußt es machen, wie du es kannst!' Es ist eine Frage des Maßes, eine Sache des Feingefühls. Wenn es exakte Wissenschaften gibt, so gibt es auch exakte Künste, und die Grammatik der Malerei ist soviel eindeutiger, daß dies den Unterschied ausmacht.

Ich sollte indes hinzufügen, daß Mr. Besant, wenn er am Anfang seines Essays sagt, daß die ‚Gesetze der Prosa mit ebensoviel Präzision und Exaktheit festgelegt und gelehrt werden können wie die Gesetze von Harmonie, Perspektive und Proportion', er das, was überspitzt erscheinen mag, mildert, indem er seine Bemerkung auf ‚allgemeine' Gesetze bezieht und die meisten dieser Regeln in einer Art ausdrückt, daß damit nicht übereinzustimmen sicherlich ungefällig wäre. Daß der Romanschriftsteller aus seiner Erfahrung schreiben muß; daß seine ‚Charaktere wahr und solche sein müssen, wie man sie im wirklichen Leben antreffen kann'; daß ‚eine junge Dame, die in einem ruhigen Dorf auf dem Lande aufgewachsen ist, Beschreibungen des Garnisonlebens vermeiden sollte' und ‚ein Schriftsteller, dessen Freunde und persönliche Erfahrungen dem Kleinbürgertum angehören, es sorgsam vermeiden sollte, seine Charaktere in die Gesellschaft einzuführen'; daß er seine Aufzeichnungen in ein Notizbuch eintragen sollte; daß seine Figuren klar in der Kontur sein sollten; daß es eine schlechte Methode ist, sie durch einen Trick der Rede oder des Benehmens deutlich zu machen, und eine noch schlechtere, ‚sie in allen Einzelheiten zu beschreiben'; daß die englische Erzählliteratur eine ‚bewußte moralische Absicht' haben sollte; daß ‚es beinahe unmöglich ist, den Wert sorgfältiger Ausführung – das heißt des Stils – zu hoch zu veranschlagen'; daß ‚das wichtigste von allem die Geschichte ist'; daß ‚die Geschichte alles ist': dieses sind Prinzipien, mit denen nicht zu sympathisieren in den meisten Fällen gewiß unmöglich ist. Die Bemerkung über den kleinbürgerlichen Schriftsteller und sein Wissen um seinen Platz ist vielleicht recht frostig, aber was das übrige angeht, würde ich es für schwierig halten, über irgendeine dieser Empfehlungen anderer Meinung zu sein. Gleichzeitig würde ich es indes für schwierig halten, ihnen rückhaltlos beizupflichten, mit Ausnahme vielleicht der ausdrücklichen Empfehlung, seine

rapprochement Frz., Herangehen.

Aufzeichnungen in ein Notizbuch einzutragen. Sie scheinen mir kaum die Qualität zu haben, die Mr. Besant dem Romanschriftsteller zur Regel macht – die ‚Präzision und Exaktheit' der ‚Gesetze von Harmonie, Perspektive und Proportion'. Sie sind anregend, sie sind sogar inspirierend, aber exakt sind sie nicht, obgleich sie es zweifellos so sehr sind, wie es der Fall jeweils zuläßt: was ein Beweis für jene Freiheit der Interpretation ist, die ich gerade verfocht. Denn der Wert dieser unterschiedlichen – so schönen und so vagen – Vorschriften liegt ausschließlich in der Bedeutung, die man mit ihnen verbindet. Die Charaktere, die Situationen, die man als real empfindet, werden jene sein, die einen am meisten berühren und interessieren, aber das Maß der Realität ist sehr schwer zu fixieren. Die Realität des Don Quixote oder des Mr. Micawber ist eine sehr feine Schattierung; es ist eine derart durch des Autors Vision gefärbte Realität, daß man, so lebendig sie sein mag, zögern würde, sie als ein Modell vorzuschlagen: man würde sich selbst einigen sehr peinlichen Fragen seitens eines Schülers aussetzen. Es versteht sich von selbst, daß du keinen guten Roman schreiben wirst, wenn du nicht einen Sinn für die Wirklichkeit besitzt, aber es wird schwer sein, dir ein Rezept dafür zu geben, jenen Sinn ins Leben zu rufen. Die menschliche Natur ist unermeßlich, und die Wirklichkeit hat unzählige Formen, das Äußerste, was man bestätigen kann, ist, daß einige Blumen der Dichtung ihren Duft haben und andere nicht, doch dir im voraus zu sagen, wie dein Strauß zusammengestellt sein sollte, ist eine andere Sache. Es ist gleichermaßen vortrefflich wie bedenklich, zu sagen, daß man aus der Erfahrung schreiben muß; für den von uns angenommenen Kandidaten mag solch eine Eröffnung den Beigeschmack von Spott haben. Welche Art Erfahrung ist gemeint, und wo beginnt und wo endet sie? Erfahrung ist nie begrenzt und nie abgeschlossen, sie ist eine unermeßliche Sensibilität; eine Art riesiges Spinnengewebe aus feinster Seide durchzieht schwebend die Kammer des Bewußtseins und fängt jedes in der Luft befindliche Teilchen in seinem Netz. Genau das ist die Atmosphäre des Geistes, und wenn der Geist phantasievoll ist – um so mehr, sollte es zufällig der eines Genies sein –, nimmt er selbst die leisesten Andeutungen des Lebens auf, verwandelt er die bloßen Schwingungen der Luft in Offenbarungen. Die junge Dame, die auf dem Dorfe wohnt, braucht nur ein Fräulein zu sein, dem nichts entgeht, um es (wenigstens für mich) reichlich unfair erscheinen zu lassen, wenn man ihr bedeutet, daß sie sich nicht über das Militär zu äußern habe. Man hat größere Wunder gesehen als jenes, daß sie, dank ihrer Imagination, die Wahr-

Mr. Micawber Figur in Charles Dickens' Roman *David Copperfield* (1849/50).

heit über einige dieser Herren sagen sollte. Ich erinnere mich einer englischen Romanschriftstellerin, einer Frau von Genialität, die mir erzählte, daß sie sehr gelobt worden sei für den Eindruck, den sie in einer ihrer Geschichten von dem Naturell und der Lebensart der französischen protestantischen Jugend zu geben verstanden hatte. Sie sei gefragt worden, wo sie so viel über deren zurückgezogenes Dasein gelernt habe, sie sei zu ihren besonderen Gelegenheiten beglückwünscht worden. Diese Gelegenheiten bestanden darin, daß sie einstmals in Paris, als sie eine Treppe hinaufstieg, an einer offenen Tür vorbeikam, wo im Haushalt eines *pasteur* einige der jungen Protestanten nach beendeter Mahlzeit um einen Tisch saßen. Der flüchtige Einblick wurde zu einem Bild, er dauerte nur einen Moment, aber jener Moment war Erfahrung. Sie hatte ihren unmittelbaren, persönlichen Eindruck bekommen, und sie schuf ihren Typ. Sie wußte, was Jugend ist und was Protestantismus, außerdem hatte sie den Vorteil, erfaßt zu haben, was es heißt, Franzose zu sein, so daß sie diese Vorstellungen zu einem konkreten Bild verwandelte und Realität hervorbrachte. Vor allen Dingen war sie jedoch mit der Fähigkeit gesegnet, die, wenn man ihr den kleinen Finger reicht, die ganze Hand nimmt und die für den Künstler ein viel größerer Kraftquell ist als jeder Zufall des Wohnsitzes oder des Ranges in der sozialen Stufenleiter. Das Vermögen, das Ungesehene aus dem Gesehenen zu erraten, dem nachzuspüren, was den Dingen innewohnt, das Ganze von einem Teil her zu beurteilen, die Vorbedingung, das Leben im allgemeinen so vollständig zu empfinden – daß du schon weit vorangekommen bist, wenn du irgendeinen Winkel davon kennst – diese Traube von Gaben mag beinahe als das angesprochen werden, was Erfahrung ausmacht, und sie erscheinen auf dem Lande und in der Stadt und auf den verschiedensten Bildungsstufen. Wenn Erfahrung aus Eindrücken besteht, könnte man sagen, daß Eindrücke Erfahrung ‚sind', so wie sie (haben wir es nicht gesehen?) die reine Luft sind, die wir atmen. Deshalb, wenn ich zu einem Anfänger so bestimmt sagen würde: ‚Schreibe aus der Erfahrung und nur aus der Erfahrung', empfände ich, daß dies eher eine quälende Mahnung sei, wenn ich nicht sofort hinzuzufügen bedacht wäre: ‚Versuche, einer von den Menschen zu sein, die nichts gleichgültig läßt'.

Mir liegt die Absicht fern, die Bedeutung der Exaktheit – der Treue im Detail – zu schmälern. Man kann am besten von seinem eigenen Geschmack sprechen und daher wage ich zu sagen, daß das Air von Realität

englischen Romanschriftstellerin Gemeint ist wahrscheinlich der erste Roman, *The Story of Elizabeth* (1863), von Anna Isabella, (seit 1877) Lady Ritchie (1837–1919), der ältesten Tochter des Romanciers William M. Thackeray.

(die Solidität der Einzelheiten) mir die höchste Tugend des Romans zu sein scheint – das Verdienst, von dem all seine anderen Verdienste (die bewußte moralische Absicht, von der Mr. Besant spricht, eingeschlossen) hilflos und willfährig abhängen. Wenn jenes nicht da ist, sind diese alle nichts, und wenn diese da sind, schulden sie ihre Wirkung dem Erfolg, mit dem der Autor die Illusion von Leben erzeugt hat. Das Streben nach diesem Erfolg, das Studium dieses vortrefflichen Prozesses bilden, nach meinem Dafürhalten, Anfang und Ende der Kunst des Romanschriftstellers. Sie sind seine Inspiration, seine Verzweiflung, sein Lohn, seine Qual, sein Vergnügen. Eben hier konkurriert er tatsächlich mit dem Leben, eben hier konkurriert er mit seinem Bruder, dem Maler, in ‚seinem' Versuch, aus seiner Sicht die Dinge wiederzugeben, die Sicht, die deren Bedeutung vermittelt; die Farbe, das Relief, den Ausdruck, das Äußere, das Wesen des menschlichen Schauspiels zu erfassen. Eben in diesem Betracht folgt Mr. Besant wohl einer Eingebung, wenn er ihn heißt, Notizen zu machen. Er kann unmöglich zu viele machen, er kann unmöglich genug machen. Das ganze Leben verleitet ihn, und das einfachste Äußere ‚wiederzugeben', die flüchtigste Illusion hervorzubringen ist eine sehr komplizierte Aufgabe. Seine Sache wäre einfacher und die Regel exakter, wenn Mr. Besant in der Lage gewesen wäre, ihm zu sagen, was für Notizen zu machen sind. Aber dies, fürchte ich, kann er niemals aus einem Handbuch lernen, es ist die Aufgabe seines Lebens. Er muß sehr viele machen, um wenige auszuwählen, er muß sie verarbeiten, wie er es vermag, und selbst die Führer und Philosophen, die ihm am meisten zu sagen haben mögen, lassen ihn allein, wenn es um die Anwendung von Regeln geht, wie wir den Maler mit seiner Palette allein lassen. Daß seine Charaktere ‚klar in der Kontur sein müssen', wie Mr. Besant sagt, das fühlt er bis ins Mark, aber wie er sie so machen soll, ist ein Geheimnis zwischen seinem guten Engel und ihm selbst. Es wäre lächerlich einfach, wenn man ihn lehren könnte, daß ein groß Teil von ‚Beschreibung' sie so machen würde oder daß im Gegenteil das Nichtvorhandensein von Beschreibung und die Kultivierung des Dialogs oder das Nichtvorhandensein des Dialogs und die Häufung von ‚Ereignissen' ihn von seinen Schwierigkeiten befreien würde. Es ist zum Beispiel nichts wahrscheinlicher, als daß er von einer Geistesart ist, für die dieser merkwürdige literarische Gegensatz von Beschreibung und Dialog, Ereignis und Beschreibung wenig Bedeutung und Glanz hat. Die Leute sprechen von diesen Dingen oft, als schlössen sie einander aus, statt bei jedem Atemzug ineinander zu verschmelzen und aufs engste miteinander verbundene Teile einer allgemeinen Ausdrucksbemühung zu sein. Ich kann mir keine in einer Serie von Blöcken existierende

Komposition vorstellen oder in einem Roman, der es wert ist, überhaupt diskutiert zu werden, eine Passage der Beschreibung, die in ihrer Intention nicht erzählend, eine Passage des Dialogs, die in ihrer Intention nicht beschreibend ist, einen Hauch von Wahrheit, gleich welcher Art, der nicht am Wesen der Ereignisse teilhat, oder ein Ereignis, das sein Interesse von irgendeiner anderen Quelle herleitet als von der allgemeinen und einzigen Quelle für das Gelingen eines Kunstwerkes – von der, erhellend zu sein. Ein Roman ist etwas Lebendes, ganz eins und in sich geschlossen wie jeder andere Organismus, und in dem Maße, wie er lebt, wird man finden, denke ich, daß in jedem Teil etwas von jedem der anderen Teile ist. Der Kritiker, der über dem dichten Gewebe eines abgeschlossenen Werkes vorgibt, einer Geographie von Punkten nachzuspüren, wird einige Grenzen markieren, die, wie ich fürchte, ebenso künstlich sind wie einige aus der Geschichte bekannte. Es gibt eine überholte Unterscheidung zwischen dem Charakterroman und dem Ereignisroman, die dem angehenden Fabulisten, der von seiner Arbeit begeistert war, manches Lächeln gekostet haben muß. Sie scheint mir die Sache genausowenig zu treffen wie die gleichermaßen gerühmte Unterscheidung zwischen dem Roman und der ‚Romanze' – sie entspricht ebensowenig jeder Realität. Es gibt schlechte Romane und gute Romane wie es schlechte Bilder und gute Bilder gibt, doch das ist die einzige Unterscheidung, in der ich einen Sinn sehe, und ich kann mir ebensowenig vorstellen, von einem Charakterroman zu sprechen, wie ich es mir vorstellen kann, von einem Charakterbild zu sprechen. Wenn man Bild sagt, sagt man Charakter, wenn man Roman sagt, sagt man Ereignis, und diese Begriffe können nach Belieben übertragen werden. Was ist Charakter anderes als die Bestimmung von Ereignis? Was ist Ereignis anderes als die Illustration von Charakter? Was sind ein Bild oder ein Roman, die ‚nicht' Charakter sind? Was sonst suchen und finden wir denn in ihnen? Es ist ein Ereignis für eine Frau, die Hand auf dem Tisch ruhend aufzustehen und dich in einer bestimmten Weise anzusehen, oder wenn es kein Ereignis ist, wird es, denke ich, schwer sein zu sagen, was es ist. Zugleich ist es ein Ausdruck von Charakter. Wenn du sagst, du siehst es nicht (den Charakter ‚darin' – *allons donc!*), ist dies genau das, was der Künstler, der seine eigenen Gründe hat zu glauben, daß er es ‚sieht', dir zu zeigen unternimmt. Wenn ein junger Mann zu dem Schluß kommt, daß er trotz allem nicht genug Glauben hat, um der Kirche beizutreten, wie er beabsichtigte, so ist das ein Ereignis, obwohl du nicht zum Ende des Kapitels eilen solltest, um zu sehen, ob er

allons donc! Frz., nun eben! Unsinn!

es sich nicht vielleicht noch einmal überlegt. Ich behaupte nicht, daß dies außergewöhnliche oder erschreckende Ereignisse sind. Ich maße mir nicht an, den Grad des von ihnen ausgehenden Interesses abzuschätzen, denn dies wird vom Können des Malers abhängen. Es klingt beinahe kindisch, zu sagen, daß einige Ereignisse ihrem Wesen nach viel bedeutender sind als andere, und ich brauche diese Vorsorge nicht zu 42 | 43
treffen, nachdem ich meine Sympathie für die größeren mit der Bemerkung bekundet habe, daß die einzige Klassifizierung des Romans, die ich verstehen kann, die ist, in einen Roman, der Leben hat, und in einen, der es nicht hat.

Der Roman und die Romanze, der Roman der Ereignisse und der des Charakters – diese unbeholfenen Trennungen scheinen mir von Kritikern und Lesern zu ihrer eigenen Bequemlichkeit gemacht und um ihnen aus einigen ihrer gelegentlich seltsamen Kategorien herauszuhelfen, aber von wenig Realität oder Interesse für den Schöpfer zu sein, von dessen Standpunkt aus wir natürlich die Kunst des Romans zu betrachten versuchen. Dasselbe ist der Fall bei einer anderen verschwommenen Kategorie, die zu etablieren Mr. Besant anscheinend geneigt ist – der des ‚modernen englischen Romans', sollte er in dieser Sache nicht einer momentanen Verwirrung der Standpunkte erlegen sein. Es wird nicht recht klar, ob die Bemerkungen, mit denen er darauf hindeutet, didaktisch oder historisch gemeint sind. Es ist ebensoschwierig, sich einen Menschen vorzustellen, der einen modernen englischen Roman zu schreiben beabsichtigt, wie sich vorzustellen, daß er einen englischen Roman im alten Stil schreibt: das ist ein Etikett, welches dem wahren Sachverhalt ausweicht. Man schreibt den Roman, man malt das Bild in seiner Sprache und in seiner Zeit, und das nun modern englisch zu nennen wird, leider! die schwierige Aufgabe nicht leichter machen; ebensowenig wird es unglücklicherweise das Benennen dieses oder jenes Werkes eines Künstlerkollegen als Romanze, sofern es natürlich nicht einfach um der Anmut der Sache willen geschieht, so zum Beispiel, wenn Hawthorne seiner Geschichte von ‚Blithedale' diese Überschrift gibt. Die Franzosen, die es in der Theorie der Romankunst zu bemerkenswerter Vollständigkeit brachten, haben nur einen Namen für den Roman und haben nichts Geringeres darin versucht, soviel ich weiß. Ich kann mir keine Verbindlichkeit denken, die für den ‚Roman-

diese Überschrift *The Blithedale Romance* (1852). In der Reihe ‚English Men of Letters' war 1879 HJs Studie über *Hawthorne* erschienen, in der die Mängel der Romane des bewunderten Landsmannes – „a want of reality and an abuse of the fanciful element" – auch anzeigen, daß HJ zu dieser Zeit das Konzept des realistischen Romans zu profilieren und in seinem eigenen Romanschaffen – im Gegenzug zu *romance* – zu verwirklichen suchte.

zendichter' nicht in gleicher Weise gelten würde wie für den Romanschriftsteller, der Maßstab für die Ausführung ist bei jedem gleichermaßen hoch. Natürlich ist es die Ausführung, von der wir sprechen, sie ist der einzige Punkt eines Romans, der für die Auseinandersetzung offen ist. Dies wird vielleicht zu oft aus den Augen verloren, nur um endlose Verwirrung und Frage-und-Antwort-Spiele zu erzeugen. Wir müssen dem Künstler seinen Gegenstand, seine Idee, seine *donnée* gewähren, unsere Kritik ist ausschließlich auf das gerichtet, was er daraus macht. Natürlich meine ich nicht, daß wir verpflichtet sind, es zu mögen oder interessant zu finden: für den Fall, daß wir es nicht tun, ist unser Kurs ganz einfach – es in Ruhe lassen. Wir mögen glauben, daß selbst der aufrichtigste Romancier aus einer bestimmten Idee überhaupt nichts machen kann, und der Ausgang mag unseren Glauben völlig rechtfertigen; aber das Versagen ist ein Versagen bei der Ausführung, und eben in der Ausführung wird die vernichtende Schwäche registriert. Wenn wir vorgeben, den Künstler überhaupt zu respektieren, müssen wir ihm die Freiheit der Wahl zugestehen, in besonderen Fällen angesichts unzähliger Mutmaßungen, daß sie wohl keine Früchte tragen werde. Kunst bezieht einen beträchtlichen Teil ihrer heilsamen Übung daher, daß sie Mutmaßungen offen trotzt, und einige der interessantesten Experimente, deren sie fähig ist, sind im Busen gewöhnlicher Dinge verborgen. Gustave Flaubert hat eine Geschichte über die Liebe eines Dienstmädchens zu einem Papagei geschrieben, und das Werk, in hohem Maße vollendet, wie es ist, kann als Ganzes nicht gelungen genannt werden. Es steht uns völlig frei, es flach zu finden, doch glaube ich, es hätte ergreifend sein können, und ich für meinen Teil bin außerordentlich froh, daß er es schrieb, es ist ein Beitrag zu unserer Erkenntnis von dem, was man machen kann und was nicht. Iwan Turgenjew hat eine Erzählung über einen taubstummen Leibeigenen und ein Hündchen geschrieben, und die Sache ist ergreifend, liebenswert, ein kleines Meisterwerk. Er traf den Ton des Lebens, wo Gustave Flaubert ihn verfehlte, er trotzte der Mutmaßung und errang einen Sieg.

Nichts wird sicherlich den Platz der guten alten Mode einnehmen, daß jemandem ein Kunstwerk ‚gefällt' oder nicht gefällt; die vortrefflichste Kritik wird dieses primitive, dieses ultimative Kriterium nicht abschaffen. Ich erwähne dies, um mich gegen den Vorwurf zu verwahren, meiner Meinung nach komme es auf die Idee, den Gegenstand eines Romans oder eines Bildes nicht an. Nach meinem Dafürhalten

donnée Frz., Grundgedanke.
Gustave Flaubert … eine Geschichte ‚Un Coeur simple', die erste der *Trois Contes* (1877).
Iwan Turgenjew … eine Erzählung *Mumu* (1852).

kommt es in höchstem Maße darauf an, und wenn ich ein Gebet anbringen dürfte, wäre es, daß Künstler wirklich nur die reichsten auswählen möchten. Einige sind, wie ich bereits zuzugeben mich beeilte, viel lohnender als andere, und es wäre eine glücklich eingerichtete Welt, in der diejenigen, die sie zu behandeln beabsichtigen, von Verwirrungen und Fehlern verschont blieben. Dieser glückhafte Umstand wird, fürchte ich, erst an dem Tage eintreten, an dem die Kritiker für ihre Irrtümer büßen müssen. Solange, wiederhole ich, beurteilen wir den Künstler nicht mit Fairness, wenn wir nicht zu ihm sagen:

> ‚Oh, ich gewähre dir deinen Ausgangspunkt, denn wenn ich es nicht täte, schiene ich dir Vorschriften zu machen, und der Himmel verhüte, daß ich diese Verantwortung auf mich nähme. Wenn ich mir anmaße, dir zu sagen, welches Thema du nicht nehmen sollst, wirst du mich ersuchen, dir zu sagen, was du nehmen sollst, in welchem Fall ich ganz schön in der Klemme wäre. Außerdem kann ich, solange ich von dir keine näheren Angaben bekommen habe, nicht beginnen, dich zu beurteilen. Ich habe den Maßstab, die Tonhöhe, ich habe kein Recht, mich in dein Flötenspiel einzumischen und dann deine Musik zu kritisieren. Natürlich mag mich deine Idee überhaupt nicht interessieren, ich könnte sie für dumm oder fade oder unsauber halten, in dem Fall hätte ich mit dir nichts mehr zu schaffen. Ich würde mich bei dem Gedanken beruhigen, daß du keinen Erfolg damit haben wirst, interessant zu sein, aber ich werde natürlich nicht versuchen, es zu demonstrieren, und du wirst mir so gleichgültig sein wie ich dir. Ich brauche dich nicht zu erinnern, daß es alle möglichen Arten von Geschmack gibt: wer kann es besser wissen? Einigen gefällt es aus triftigen Gründen nicht, über Zimmerleute zu lesen, anderen gefällt es aus noch besseren Gründen nicht, über Kurtisanen zu lesen. Viele haben etwas gegen Amerikaner. Andere (ich glaube, es sind meistens die Herausgeber und Verleger) wollen von Italienern nichts wissen. Einige Leser lieben keine stillen, andere keine turbulenten Sujets. Einige erfreuen sich an reinen Gebilden der Phantasie, andere an dem Wissen um große Konzessionen. Sie wählen ihre Romane entsprechend, und wenn deine Idee sie nicht interessiert, werden sie sich auch nicht a fortiori für deine Ausführung interessieren.‘

Somit sind wir sehr schnell wieder bei dem, wie ich sagte, Gefallen, ungeachtet Monsieur Zolas, der weniger überzeugend argumentiert, als er darstellt und sich nicht mit dieser Absolutheit des individuellen Ge-

Zola Émile Zolas *Le Roman Expérimental* (1880) galt als Manifest des naturalistischen Romans.

schmacks abfinden wird, der glaubt, daß es bestimmte Dinge gibt, die den Menschen gefallen sollten und daß man sie dazu bringen kann, sie zu mögen. Ich kann mir überhaupt nichts vorstellen (wenigstens in Sachen Prosadichtung), was den Menschen gefallen oder nicht gefallen ‚sollte'. Die Selektion wird ganz gewiß für sich selbst sorgen, denn sie hat ein beständiges Motiv hinter sich. Dieses Motiv ist einfach Erfahrung. Wie die Menschen das Leben empfinden, so werden sie eine Kunst empfinden, die damit in engster Beziehung steht. Diese Nähe der Beziehung ist es, die wir niemals vergessen sollten, wenn wir über die Bemühung des Romans sprechen. Viele Menschen sprechen von ihm wie von einer künstlichen, einer Ersatzform, einem Produkt der Erfindungsgabe, deren Sache es ist, die Dinge, die uns umgeben, zu ändern und zu arrangieren, sie in konventionelle, traditionelle Matrizen zu übertragen. Dies ist jedoch eine Ansicht der Dinge, die uns nur sehr wenig weiterbringt, die die Kunst zu einer ewigen Wiederholung einiger weniger bekannter *clichés* verdammt, die ihre Entwicklung stagnieren läßt und geradenwegs in eine Sackgasse führt. Genau den Ton und das Eigentümliche einzufangen, den seltsamen unregelmäßigen Rhythmus des Lebens, das ist das Wagnis, dessen kühner Elan die Prosadichtung lebendig erhält. In dem Maße wie wir in dem, was er uns bietet, das Leben ‚ohne' Umgestaltung sehen, fühlen wir, daß wir die Wahrheit berühren; in dem Maße wie wir es ‚mit' Umgestaltung sehen, fühlen wir, daß wir mit einem Surrogat, einem Kompromiß, einer Konvention abgespeist werden. Es ist nicht ungewöhnlich, mit außerordentlicher Sicherheit vorgebrachte Äußerungen hinsichtlich dieses Umgestaltens zu hören, von dem oft gesprochen wird, als sei es das letzte Wort in der Kunst. Mr. Besant scheint mir in Gefahr zu sein, mit seinem recht unbedachten Gerede über ‚Auswahl' in diesen großen Irrtum zu verfallen. Kunst ist im wesentlichen Auswahl, aber sie ist eine Auswahl, deren Hauptanliegen es ist, sinnbildlich, das heißt einschließend zu sein. Für viele bedeutet Kunst rosenfarbene Fensterscheiben, und Auswahl bedeutet, ein Bukett für Mrs. Grundy auszusuchen. Sie werden dir zungenfertig versichern, daß künstlerische Erwägungen mit Unangenehmem, mit Häßlichem nichts zu tun haben, sie werden seichte Allgemeinplätze über das Gebiet der Kunst und die Grenzen der Kunst herunterrasseln, bis du selbst wiederum von einiger Verwunderung ergriffen bist, was das Gebiet und die Grenzen der Ignoranz angeht. Mir scheint, daß niemand je einen ernsthaften künstlerischen Versuch unternommen haben

Mrs. Grundy Figur in der Komödie *Speed the Plough* (1798) von Thomas Morton, die in England zum Synonym für puritanische Hyper-Schicklichkeit wurde.

kann, ohne sich – in einer Art Offenbarung – einer ins Unermeßliche wachsenden Freiheit bewußt geworden zu sein. Man wird dann – im Lichte eines himmlischen Strahls – dessen inne, daß das Gebiet der Kunst alles Leben, alles Fühlen, alle Beobachtung, alle Vision ist. Wie Mr. Besant so richtig andeutet, es ist alle Erfahrung. Das ist eine hinreichende Antwort an jene, die behaupten, daß sie die traurigen Dinge des Lebens nicht berühren dürfe, die in ihren himmlisch unbewußten Busen an Stöckchen befestigte kleine Verbotsschilder stecken, solche, wie wir sie in öffentlichen Parks sehen – ‚Es ist verboten, den Rasen zu betreten; es ist verboten, die Blumen zu berühren; es ist nicht gestattet, Hunde mitzubringen oder nach Anbruch der Dunkelheit zu bleiben; es wird gebeten, sich rechts zu halten.' Der junge Anfänger auf dem Gebiet der Prosadichtung, den wir fortfahren uns vorzustellen, wird nichts ohne Sensibilität tun, denn sonst wäre ihm seine Freiheit von wenig Nutzen, aber es wird der erste Vorteil seiner Sensibilität sein, ihm die Absurdität der kleinen Stöckchen und Schildchen zu offenbaren. Wenn er künstlerischen Sinn hat, muß ich hinzufügen, wird er auch den nötigen Freimut haben, und mein respektloser Hinweis auf jene Merkmale gerade eben sollte nicht besagen, daß sie in der Dichtung nutzlos sind. Sie sind allerdings nur eine sekundäre Hilfe, die erste ist das Vermögen, Eindrücke direkt aufzunehmen.

Mr. Besant hat einige Bemerkungen zur Frage der ‚story' gemacht, die ich, weil ich nicht glaube, daß ich sie verstehe, nicht zu beurteilen wage, obgleich sie mir seltsame Deutungen zuzulassen scheinen. Ich weiß nicht, was gemeint ist, wenn er so tut, als wäre da ein Teil des Romans, der die Story ist, und ein Teil, der sie aus mysteriösen Gründen nicht ist – wenn die Unterscheidung nicht wirklich in einem Sinne gemacht ist, in dem schwerlich anzunehmen ist, daß irgendwer versuchen sollte, irgend etwas damit zu vermitteln. Die Story stellt, falls sie etwas darstellt, den Gegenstand, die Idee, die *donnée* des Romans dar, und es gibt gewiß keine ‚Schule' – Mr. Besant spricht von einer Schule –, welche darauf dringt, daß ein Roman ganz Handhabung und nicht Gegenstand sein sollte. Sicherlich muß es etwas zu behandeln geben, jede Schule ist sich dessen völlig bewußt. Dieses Verständnis der Story als der Idee, dem Ausgangspunkt des Romans, ist das einzige, das ich sehe, von welchem als von etwas von seinem organischen Ganzen Unterschiedenem gesprochen werden kann, und da, je nachdem, wie gelungen das Werk ist, die Idee in es eindringt und es durchdringt, es beseelt und belebt, so daß jedes Wort und jedes Interpunktionszeichen in direkter Weise zum Ausdruck beiträgt, in dem Maße verlieren wir unseren Sinn für die Story, die ein mehr oder weniger aus seiner Scheide gezogener Degen ist. Die Story und der Roman, die Idee und die Form sind die Nadel und der Faden, und ich hörte nie von einer Schneidergilde, die den Gebrauch des Fadens ohne die Nadel empfahl oder den der Nadel ohne den Faden. Mr. Besant ist nicht der einzige Kritiker, wie man beobachten kann, der meint, es gäbe bestimmte Dinge im Leben, die Stories konstituieren, und bestimmte andere, die es nicht tun. Ich finde dieselbe seltsame Annahme in einem unterhaltsamen Artikel in der ‚Pall Mall Gazette', der, wie es sich trifft, Mr. Besants Vorlesung gewidmet ist. ‚Die Story ist das Wesentliche!' sagt dieser taktvolle Schreiber wie im Tone der Opposition zu einer anderen Idee. Ich sollte glauben, es war wie bei jedem Maler, der, wenn die Zeit des ‚Einsendens' seiner Bilder undeutlich in der Ferne heranrückt, sich selbst noch immer auf der Suche nach einem Gegenstand befindet – wie jeder verspätete Künstler, der sein Thema nicht festgelegt hat, mir von Herzen zustimmen wird. Es gibt einige Gegenstände, die uns ansprechen, und andere, die es nicht tun, aber derjenige müßte schon ein cleverer Mann sein, der es unternähme, eine Regel zu geben – einen Index expurgatorius –, durch welchen die Story und die Nicht-Story als getrennt verstanden würden. Es ist unmöglich (wenigstens für mich), sich eine solche Regel vorzustellen, die nicht völlig willkürlich wäre. Der Schreiber in der ‚Pall Mall' stellt den (wie ich annehme) reizenden Roman *Margot la Balafrée* gewissen Erzählungen gegenüber, in welchen ‚Bostoner Nymphen englische Herzöge aus psychologischen Gründen abgelehnt' zu haben scheinen. Mir ist die gerade bezeichnete Romanze nicht bekannt, und ich kann dem Pall-Mall-Kritiker kaum vergeben, daß er den Namen des Autors nicht erwähnt hat, aber der Titel scheint auf eine Dame hinzudeuten, die in einem heroischen Abenteuer einen Makel davongetragen haben mag. Ich bin untröstlich, daß mir diese Episode nicht bekannt ist, aber ich kann überhaupt nicht verstehen, warum es eine Story ist, wenn die Ablehnung (oder das Akzeptieren) eines Herzogs keine ist, und warum ein Grund, ein psychologischer oder ein anderer, kein Sujet ist, wenn ein Makel eines ist. Sie alle sind Partikel des vielfältigen Lebens, mit dem sich der Roman beschäftigt, und gewiß wird sich kein Dogma, welches das eine zu berühren für legitim und das andere zu berühren für illegitim erklärt, auch nur einen Augenblick aufrechterhalten

einen unterhaltsamen Artikel in der ‚Pall Mall Gazette' In der 1865 gegründeten Zeitung erschien am 30. April 1884, S. 1f., der Artikel von Andrew Lang über Besants Vorlesung.
Index expurgatorius Lat., Verzeichnis von Schriften, die von verbotenen Stellen zu reinigen sind.
Margot la Balafrée 1884 erschienener Roman von Fortuné Du Boisgobey.
den Namen des Autors Der Autor der gemeinten Novelle *An International Episode* (1878) ist HJ selbst.

lassen. Es ist das besondere Bild, das stehen oder fallen muß, je nachdem, ob ihm Wahrheit zu eigen ist oder mangelt. Mr. Besant erhellt meiner Meinung nach den Gegenstand nicht, wenn er zu verstehen gibt, daß eine Story – bei Strafe, keine Story zu sein – aus ‚Abenteuern' bestehen muß. Warum aus Abenteuern und nicht aus grünen Brillen? Er erwähnt eine Kategorie von unmöglichen Dingen, und darunter plaziert er ‚Prosadichtung ohne Abenteuer'. Warum ohne Abenteuer und nicht gleich ohne Ehe oder Zölibat oder Geburt oder Cholera oder Hydropathie oder Jansenismus? Mir scheint, dies wirft den Roman wieder auf die unselige kleine *rôle*, eines künstlichen, geschickt gearbeiteten Machwerks zurück, würdigt ihn herab, nimmt ihm den weiten, freien Charakter einer unermeßlichen und außerordentlichen Korrespondenz mit dem Leben. Und was ‚ist' Abenteuer, wenn wir schon dabei sind, und an welchem Zeichen kann der lauschende Schüler es erkennen? Es ist für mich ein Abenteuer – ein ungeheures –, diesen kleinen Artikel zu schreiben, und für eine Bostoner Nymphe ist es ein Abenteuer, einen englischen Herzog abzulehnen, nur ein weniger aufregendes, würde ich meinen, als für einen englischen Herzog, von einer Bostoner Nymphe abgelehnt zu werden. Ich sehe darin Dramen über Dramen und unzählige Aspekte. Ein psychologischer Grund ist, nach meiner Vorstellung, ein bewundernswertes malerisches Objekt, um es genau zu sagen, ich empfinde es, als könne jenes Sujet einen zu Tizianischen Leistungen inspirieren. Es gibt wenige Dinge, die mich mehr erregen als, kurz gesagt, ein psychologischer Grund, und gleichwohl behaupte ich, ist der Roman für mich die großartigste Form der Kunst. Ich habe gerade gleichzeitig die wunderbare Geschichte *Die Schatzinsel* von Mr. Robert Louis Stevenson gelesen und in weniger konsekutiver Weise, die letzte Erzählung von Monsieur Edmond de Goncourt, die *Chérie* betitelt ist. Eines dieser Werke handelt von Morden, von Geheimnissen, von Inseln furchtbaren Ruhms, vom Entkommen um Haaresbreite, von wundersamen Zusammentreffen und vergrabenen Dublonen. Das andere handelt von einem kleinen französischen Mädchen, das in einem feinen Haus in Paris lebte und an verwundeter Sensibilität starb, weil niemand es heiraten wollte. Ich nenne *Die Schatzinsel* herrlich, weil sie mir in wunderbarer Weise in dem, was sie anstrebt, gelungen zu sein scheint, und ich riskiere, kein Epitheton an *Chérie* zu vergeben, das mir den Eindruck macht, das, was

Jansenismus Kontroverse Lehre, benannt nach dem niederländischen katholischen Theologen Cornelis Jansen (1585–1638), in der die Prädestination betont, der freie Wille geleugnet und behauptet wird, die menschliche Natur sei unfähig zum Guten.
Die Schatzinsel … Cherie Stevensons Roman ist 1883, die Erzählung von Edmond de Goncourt 1884 erschienen.

es anstrebt, bedauerlicherweise verfehlt zu haben, das heißt, die Entwicklung des moralischen Bewußtseins eines Kindes zu verfolgen. Aber das eine dieser Werke empfinde ich ebensosehr als einen Roman wie das andere, und eines hat wie das andre eine ‚story'. Das moralische Bewußtsein eines Kindes ist ebensosehr ein Teil des Lebens wie die Inseln im Karibischen Meer, und die eine Art von Geographie scheint mir jene ‚Überraschungen', von denen Mr. Besant spricht, ganz genauso zu bergen wie die andere. Für mich (denn letzten Endes geht es, wie ich sage, auf die Vorliebe des Individuums zurück) hat das Bild von der Erfahrung des Kindes den Vorteil, daß ich in aufeinanderfolgenden Schritten (ein ungeheurer Luxus, der den ‚Sinnesfreuden' nahekommt, von denen Mr. Besants Rezensent in der ‚Pall Mall' spricht) zu dem, was der Künstler mir vorlegt, je nachdem ja oder nein sagen kann. Ein Kind bin ich tatsächlich gewesen, aber auf der Suche nach einem vergrabenen Schatz war ich nur in der Annahme, und es ist einfach Zufall, daß ich bei Monsieur de Goncourt meistenteils nein sagen müßte. Zu George Eliot, als sie jene Landschaft mit einer bei weitem anderen Intelligenz malte, sagte ich stets ja.

Der interessanteste Teil von Mr. Besants Vorlesung ist unglücklicherweise die kürzeste Passage – seine sehr kursorische Erwähnung der ‚bewußten moralischen Absicht' des Romans. Hier ist erneut nicht sehr deutlich, ob er eine Tatsache mitteilen oder ein Prinzip festlegen wollte; es ist sehr schade, daß er in letzterem Falle seine Idee nicht entwickelt hat. Diese Seite des Gegenstandes ist von ungeheurer Bedeutung, und Mr. Besants wenige Worte deuten auf Überlegungen von großer Tragweite hin, die nicht leichtfertig abzutun sind. Derjenige wird die Kunst der Prosadichtung nur oberflächlich behandelt haben, der nicht bereit ist, den Weg, auf den diese Überlegungen ihn führen, bis zum Ende zu gehen. Aus diesem Grunde war ich zu Beginn dieser Äußerungen darauf bedacht, dem Leser kundzutun, daß meine Reflexionen über ein so großes Thema keinen Anspruch erheben, erschöpfend zu sein. Wie Mr. Besant habe ich die Frage der Moralität des Romans bis zum Schluß aufgehoben, und schließlich merke ich, daß ich meinen Platz aufgebraucht habe. Es ist eine von Schwierigkeiten umgebene Frage, wie die allererste, die uns in Form einer definitiven Frage an der Schwelle begegnet, bezeugt. Verschwommenheit ist in solch einer Diskussion verhängnisvoll, und was ist denn unter Ihrer Moralität und Ihrer bewußten moralischen Absicht zu verstehen? Wollen Sie nicht bitte Ihre Begriffe definieren und erläutern, wieso ein Bild (ein Roman ist ein Bild) entweder moralisch oder unmoralisch sein kann? Sie möchten ein moralisches Bild malen oder eine moralische Statue meißeln: wollen Sie uns nicht

erzählen, wie Sie das in Angriff nehmen würden? Wir diskutieren die
Kunst der Prosadichtung; Fragen der Kunst sind (im weitesten Sinne)
Fragen der Darstellung; Fragen der Moral sind eine ganz andere Sache,
und werden Sie uns nicht bitte zu verstehen geben, wieso Sie es so leicht
finden, beides miteinander zu verquicken? Diese Dinge sind für Mr. Be-
sant so klar, daß er von ihnen ein Gesetz deduziert hat, welches er im 50 | 51
englischen Roman verkörpert sieht und welches ‚eine wahrhaft bewun-
dernswerte Sache und ein guter Grund zur Beglückwünschung' ist.
Wahrlich ist es ein guter Grund zur Beglückwünschung, wenn solche
dornigen Probleme so geschmeidig wie Seide werden. Ich möchte hin-
zufügen, daß, sofern Mr. Besant damit sagen will, daß der englische Ro-
man sich tatsächlich vorwiegend diesen delikaten Fragen gewidmet hat,
er für viele Menschen eine unnötige Entdeckung gemacht haben wird.
Sie werden im Gegenteil positiv beeindruckt sein von der moralischen
Zurückhaltung des gewöhnlichen englischen Romanschriftstellers, mit
seiner (oder ihrer) Abneigung, sich den Schwierigkeiten zu stellen, ge-
gen die sich allenthalben die Behandlung der Wirklichkeit sträubt. Er ist
geneigt, überaus zaghaft zu sein (wohingegen das Bild, das Mr. Besant
zeichnet, ein Bild von Kühnheit ist); und das Merkmal seines Werkes ist
hinsichtlich bestimmter Gegenstände größtenteils eine behutsame Stille.
Im englischen Roman (womit ich selbstverständlich den amerikanischen
ebenso meine) gibt es mehr als in jedem anderen einen traditionellen
Unterschied zwischen dem, was die Menschen kennen, und dem, was zu
kennen sie zugeben, dem, was sie sehen, und dem, worüber sie sprechen,
dem, was sie als Teil des Lebens empfinden und dem, dem sie in die Li-
teratur einzugehen gestatten. Kurz, es besteht ein großer Unterschied
zwischen dem, worüber sie sich im wirklichen Gespräch unterhalten und
worüber sie sich in Gedrucktem unterhalten. Äußerste moralische Ener-
gie soll das ganze Gebiet überwachen, und ich sollte Mr. Besants Bemer-
kung genau umkehren und sagen, daß der englische Roman nicht eine
Absicht, sondern daß er vielmehr eine Scheu hat. Bis zu welchem Grade
Absicht in einem Kunstwerk eine Quelle der Korruption ist, werde ich
nicht zu erkunden suchen; die einzige, die mir noch am wenigsten ge-
fährlich erscheint, ist die Absicht, ein vollkommenes Werk zu schaffen.
Was unseren Roman betrifft, so könnte ich abschließend zu diesem
Punkt sagen, daß er mir so, wie wir ihn heute in England vorfinden, in
großem Maße an ‚junge Menschen' gerichtet zu sein scheint und daß
dies in sich selbst die Mutmaßung einschließt, daß er übertrieben
schamhaft ist. Da sind gewisse Dinge, die man nach allgemeiner Über-
einkunft vor jungen Menschen nicht diskutiert, ja nicht einmal erwähnt.
Das ist sehr gut, aber das Fehlen der Diskussion ist kein Symptom für

die Liebe zur Moral. Diese Absicht des englischen Romans –, eine wahrlich bewundernswerte Sache und ein guter Grund zur Beglückwünschung' – halte ich deshalb für recht negativ.

Es gibt einen Punkt, an dem der moralische Sinn und der künstlerische Sinn sehr dicht beieinanderliegen; er besteht in der offenkundigen Wahrheit, daß der Wert eines Kunstwerks stets so hoch sein wird wie der Wert von Geist und Sinn seines Schöpfers. Je nachdem, wie schön dieser Geist ist, wird der Roman, das Bild, die Statue am Wesen von Schönheit und Wahrheit teilhaben. Ist er aus solchen Elementen gebildet, hat er aus meiner Sicht seinem Zweck Genüge getan. Kein guter Roman wird jemals einem oberflächlichen Geist entspringen, das erscheint mir als ein Axiom, welches für den schaffenden Künstler den nötigen moralischen Boden abgibt. Wenn der junge Anfänger sich dies zu Herzen nimmt, wird es ihm viele der Mysterien der ‚Absicht' erhellen. Da sind noch viele andere Dinge, die man ihm sagen könnte, aber ich bin zum Ende meines Artikels gekommen und kann sie nur streifen. Der Kritiker in der ‚Pall Mall Gazette', den ich bereits zitierte, lenkt, wenn er von der Kunst der Prosadichtung spricht, die Aufmerksamkeit auf die Gefahr des Generalisierens. Die Gefahr, die er im Sinne hat, ist, wie ich vermute, eher die des Partikularisierens, denn es gibt einige ausführliche Äußerungen, die man zusätzlich zu denen, die in Mr. Besants anregender Vorlesung verkörpert sind, ohne die Furcht ihn irrezuführen, an den unbefangenen Studenten richten könnte. Ich sollte ihn zunächst an die Großartigkeit der Form erinnern, die ihm offensteht und die so wenig Beschränkungen und so unzählige Gelegenheiten bietet. Die anderen Künste erscheinen im Vergleich dazu begrenzt und gehemmt, so starr und definitiv sind die verschiedenen Bedingungen, unter denen sie ausgeübt werden. Dem gegenüber ist die einzige Bedingung, die ich mir denken kann, an welche die Komposition des Romans geknüpft ist, wie ich schon sagte, die, wahrhaftig zu sein. Diese Freiheit ist ein großartiges Privileg, und die erste Lektion des jungen Romanschriftstellers ist, zu lernen, ihrer würdig zu sein.

> ‚Genieße sie, wie sie es verdient' (würde ich ihm sagen), ‚ergreife Besitz davon, beute sie bis aufs Äußerste aus, verkünde sie, erfreue dich daran. Das ganze Leben gehört dir, und höre weder auf jene, die dich in einen seiner Winkel sperren und dir erzählen möchten, daß Kunst nur da und da angesiedelt sein dürfe, noch auf jene, die dich überreden möchten, daß dieser himmlische Bote gänzlich außerhalb des Lebens dahinfliegt, eine superfeine Luft atmet und sein Gesicht von der Wahrheit der Dinge abwendet. Es gibt keinen Eindruck des Lebens, keine Art, es zu sehen und es zu fühlen, denen der Plan des

Romanschriftstellers nicht einen Platz anbieten könnte; bedenke, daß so ungleiche Talente wie die von Alexandre Dumas und Jane Austen, Charles Dickens und Gustave Flaubert auf diesem Gebiet mit gleichem Ruhm gearbeitet haben. Grüble nicht zuviel nach über Optimismus und Pessimismus, versuche die Farbe des Lebens selbst einzufangen. In Frankreich bemerken wir heute eine erstaunliche Bemühung (die von Émile Zola, auf dessen solides und ernstes Werk keiner, der die Möglichkeiten des Romans erforscht, ohne Respekt hinweisen kann), sehen wir eine außerordentliche Bemühung, verdorben durch einen Geist von Pessimismus auf einer schmalen Basis. Monsieur Zola ist großartig, aber der englische Leser empfindet ihn als unwissend, er hat das Air des im Dunkel Arbeitenden; hätte er soviel Licht wie Energie, wären seine Ergebnisse von höchstem Wert. Was die Abirrungen eines seichten Optimismus betrifft, ist der Boden (der englischen Prosadichtung vor allem) mit ihren zerbrechlichen Partikeln wie mit Glasscherben übersät. Mußt du dich in deinen Entschlüssen anpassen, so gib ihnen den Anstrich umfassender Kenntnisse. Besinne dich, daß es deine erste Pflicht ist, so vollständig wie möglich zu sein – ein möglichst vollkommenes Werk zu schaffen. Sei großzügig und gewitzt und trachte nach dem Preis.‘

Weiterführende Literatur und Kontexte:

S. in diesem Band die Beiträge von WOOLF, ADORNO, DODERER, GENETTE und STANZEL. – FRED W. BOEGE: Sir Walter Besant: Novelist. In: NCF 10 (1956), S. 249–280, 11 (1957), S. 32–60; ERNEST BOLL: Walter Besant on the Art of the Novel. In: English Fiction in Transition 2 (1959), S. 28–35; JOHN GOODE: The Art of Fiction: Walter Besant and Henry James. In: David Howard, John Lucas, John Goode (Hrsg.): Tradition and Tolerance in Nineteenth-Century Fiction: Critical Essays on Some English and American Novels. London: Routledge & Kegan Paul 1966, S. 243–281; MARK SPILKA: Henry James and Walter Besant: ‚The Art of Fiction' Controversy. In: Novel 6 (1973), S. 101–109. – TONY TANNER: Henry James and the Art of Nonfiction. Athens, London: University of Georgia Press 1995.

Viktor Šklovskij: Der parodistische Roman. Sternes *Tristram Shandy* (1921)

Viktor Šklovskij (1893–1984)

Vielseitiger Literatur- und Filmtheoretiker, Prosaschriftsteller und Biograph (*Leo Tolstoi*, 1963; dt. 1980/1984). Nach seinem Studium in Petersburg war VŠ Mitbegründer der ‚Gesellschaft zur Erforschung der poetischen Sprache' (‚OPOJAZ'), die sich 1916 in Petersburg bildete und 1917 mit dem ‚Moskauer Linguisten-Zirkel' (ab 1914; Roman Jakobson, Boris Tomaševskij und Petr Bogatyrev) verband. Von 1920 bis 1922 lebte VŠ u.a. mit Aleksandr A. Blok, Anna Achmatova und Osip Mandelstam im ‚Haus der Künste' in Petersburg. 1922 emigrierte er über Finnland nach Berlin, von wo er 1923 in die Sowjetunion (nach Moskau) zurückkehrte. Die ‚Formale Methode' und ihre Organisationsformen waren zu diesem Zeitpunkt weitgehend zerschlagen; VŠ arbeitete als Drehbuchautor beim staatlichen sowjetischen Kino und schrieb Auftragsliteratur u.a. für die Sowjetchemie; er war maßgeblich an der Prosakonzeption (Faktographie) der ‚Linken Front der Künste' beteiligt. In dem 1927 unter der Redaktion Boris Ejchenbaums veröffentlichten Sammelband *Poetik des Kinos* (dt. Erstausgabe durch Wolfgang Beilenhoff, *Poetik des Films*, 1974) ist VŠ mit dem Beitrag ‚Poesie und Prosa im Film' vertreten; eine weitere (vergriffene) deutsche Auswahl seiner *Schriften zum Film* erschien in der Übersetzung Alexander Kaempfes 1966. Erst nach der Stalinzeit wieder Publikationsmöglichkeiten und Auftritte in der Öffentlichkeit. Lehrte am Gorki-Institut für Literatur in Moskau.

VŠs grundlegende Arbeiten zur Theorie der Prosa erschienen in der Publikationsreihe der Formalisten: *Sammelbände zur Theorie der poetischen Sprache* (Bd I–III, 1916–1919; Bd IV–VI, 1921–1923). Die deutsche Auswahlausgabe seiner *Theorie der Prosa* (Hrsg. u. aus d. Russ. übers. v. Gisela Drohla. Frankfurt: Fischer 1966; Taschenbuch-Ausgabe 1984) ist vergriffen. Die wichtigste deutsche Arbeit über den Prosaautor VŠ hat Verena Dohrn vorgelegt: *Die Literaturfabrik. Die frühe autobiographische Prosa V. B. Šklovskijs – Ein Versuch zur Bewältigung der Krise der Avantgarde.* München: Otto Sagner 1987.

Erstausgabe: ‚*Tristram Sendi' Sterna i teorija romana*. Petrograd 1921; dann aufgenommen in: *O teorii prozy*. Moskau: Federcija 1925 (2. Aufl. 1929).
Druckvorlage: Jurij Striedter (Hrsg.): *Russischer Formalismus. Texte zur allgemeinen Literaturtheorie und zur Theorie der Prosa*. München: © Wilhelm Fink [5]1994 (zuerst 1969), S. 245–299. – Die Druckvorlage folgt der russischen Ausgabe in *O teorii prozy* von 1929. – Im Unterschied dazu liegt der Text von 1921 der englischen Übersetzung zugrunde, die 1965 erschien: Sterne's ‚Tristram Shandy': Stylistic Commentary. In: *Russian Formalist Criticism. Four Essays*. Übers. u. eingel. v. Lee T. Lemon u. Marion J. Reis. Lincoln, London: University of Nebraska Press 1965, S. 25–57.

Viktor Šklovskij: Der parodistische Roman. Sternes[1] *Tristram Shandy*

In diesem Artikel gebe ich keine Analyse des Romans von Laurence Sterne, ich verwende ihn nur zur Illustration allgemeiner Sujetgesetze. Sterne war ein extremer Revolutionär der Form. Typisch für ihn ist die Bloßlegung des Verfahrens. Die künstlerische Form wird außerhalb jeder Motivierung, einfach als solche, dargeboten. Der Unterschied zwischen Sternes Roman und dem Roman gewöhnlichen Typs gleicht genau dem zwischen einem normalen Gedicht mit Lautinstrumentierung und dem Gedicht eines Futuristen in transmentaler Sprache. Über Sterne ist noch nichts geschrieben worden, oder wenn doch, dann nur einige Banalitäten. 60 | 61

Nimmt man Sternes *Tristram Shandy* und fängt an, ihn zu lesen, dann ist der erste Eindruck der eines Chaos.

Die Handlung wird ständig unterbrochen, der Autor blickt ständig zurück oder macht einen Sprung nach vorn in die Basisnovelle, die man noch dazu nicht gleich findet, ständig werden Dutzende von Seiten, die mit grotesken Erörterungen über den Einfluß der Nase oder des Namens auf den Charakter angefüllt sind, oder Gespräche über das Festungswesen eingeschoben.

Zunächst scheint das Buch im Ton einer Autobiographie zu beginnen, verirrt sich aber dann in die Beschreibung der Geburt, doch kommt der Held die ganze Zeit nicht dazu, geboren zu werden, behindert durch das Material, das in das Buch hineingepreßt wird. Das Buch verwandelt sich in die Beschreibung eines einzigen Tages; ich gehe auf ein Zitat von Sterne über:

> Ich will diesen Satz nicht beenden, bevor ich nicht eine Bemerkung über die eigentümliche Lage der Dinge zwischen dem Leser und mir gemacht habe, in der Sie sich gegenwärtig befinden, – eine Bemerkung, die bis jetzt zu keiner Schrift seit der Erschaffung der Welt gemacht wurde. Deshalb, und sei es nur wegen ihrer Neuheit, muß Ew. Gnaden Aufmerksamkeit verdienen.
>
> Ich bin in diesem Monat ein ganzes Jahr älter als zur selben Zeit vor einem Jahr und bin, wie Sie sehen, fast bis zur Hälfte meines dritten Bandes und nicht weiter als bis zum ersten Tag meines Lebens gediehen; das beweist, daß ich jetzt 364 Lebenstage mehr beschreiben muß als zu Beginn meiner Niederschrift. Somit bin ich, statt im

1 1713–1768.

Sternes *Tristram Shandy* Laurence Sternes *The Life and Opinions of Tristram Shandy, Gentleman* erschien von 1759 bis 1767 in neun Bänden.

Verlauf der Arbeit voranzukommen, wie es gewöhnliche Schriftsteller tun, im Gegenteil, mehrere Bände in Rückstand geraten …" (*Tristram Shandy*, 3. Buch, Kap. XIII)*.

Aber wenn man anfängt, den Bau des Buches einzusehen, sieht man zu allererst, daß diese Unordnung beabsichtigt ist, daß hier eine eigene Poetik vorliegt. Das ist gesetzmäßig wie ein Bild von Picasso.

In diesem Buch ist alles verschoben und umgestellt. Die Widmung ist ins 1. Buch, Kap. VIII geraten, obwohl sie damit den drei Grundforderungen von Inhalt, Form und Ort widerspricht.

Ebenso ungewöhnlich ist das Vorwort plaziert. Es nimmt etwa einen Druckbogen ein, aber nicht am Anfang des Buches, sondern im 3. Buch, Kap. XX. Daß das Vorwort hier auftaucht, motiviert der Autor so:

„Keiner meiner Helden ist mir gerade zur Hand, das ist das erste Mal, daß ich eine freie Minute habe – ich will sie ausnützen und mein Vorwort schreiben."

Dieses Vorwort ist, natürlich, mit dem ganzen Scharfsinn der Verwirrung geschrieben. Doch wird der Gipfel aller Umstellungen erreicht, wenn im *Tristram Shandy* sogar Kapitel umgestellt sind: im 9. Buch folgen die Kap. XVIII und XIX nach Kap. XXV.

Motiviert ist das so:

„Mein einziger Wunsch ist es, der Welt eine kleine Lektion zu erteilen, daß sie die Leute nicht daran hindere, ihre Geschichten auf eigene Weise zu erzählen."

Aber die Umstellung der Kapitel ist nur die Bloßlegung eines anderen, für Sterne grundlegenden Verfahrens, das die Umstellungen der Handlung bremst.

Am Anfang bringt Sterne die Anekdote vom Geschlechtsakt, den die Frau mit einer Frage unterbricht (1. Buch, Kap. I).

Diese Anekdote ist folgendermaßen montiert. Tristram Shandys Vater hat mit seiner Frau nur am ersten Sonntag jeden Monats Verkehr, und am selben Abend zieht er auch die Uhr auf, um

„sich gleichzeitig aller häuslichen Pflichten zu entledigen und bis zum nächsten Monat Ruhe zu haben".

Daraus hat sich im Kopfe seiner Frau eine unauflösliche Assoziation ergeben: sobald sie hört, daß die Uhr aufgezogen wird, kommt ihr eine ganz andere Sache in Erinnerung – und umgekehrt (1. Buch, Kap. IV). Und mit eben der Frage:

„Sage, mein Lieber, hast du nicht vergessen, die Uhr aufzuziehen?"

unterbrach Tristrams Mutter das Werk seines Vaters.

Diese Anekdote wird folgendermaßen in das Werk eingeführt: zuerst kommt eine allgemeine Erörterung über elterliche Unachtsamkeit

* Die Sterne-Zitate werden nach dem bei Šklovskij angeführten Text übersetzt. Seitenzahlen sind durch Angabe des Buches und Kapitels ersetzt.

(1. Buch, Kap. I), dann die Frage der Mutter, von der man noch nicht weiß, worauf sie sich bezieht. Wir glauben zunächst, daß sie dem Vater ins Wort fiel. Sterne spielt mit unserem Irrtum.

> „‚Ich bin sicher', rief der Vater aus, gleichzeitig bemüht, seine Stimme zu mäßigen, ‚daß noch keine einzige Frau, solange die Welt steht, einen Mann mit einer so einfältigen Frage abgelenkt hat.' ‚Sagen Sie, wovon sprach doch Ihr Vater gerade?' – ‚Von nichts'."

Weiter folgt (1. Buch, Kap. II) eine Erörterung über den Homunkulus (den Lebenskeim), gewürzt mit anekdotischen Anmerkungen über sein Recht auf den Schutz des Gesetzes.

Und erst im Kap. IV des 1. Buches erhalten wir Aufklärung über den ganzen Bau und über die Beschreibung der eigentümlichen Pedanterie des Vaters in seinen Familienangelegenheiten.

So sehen wir im *Tristram Shandy* von Anfang an eine zeitliche Verschiebung. Die Ursachen werden nach ihren Wirkungen geschildert, der Autor legt selbst die Möglichkeiten falscher Lösungen an. So verfährt Sterne ständig. Selbst das kalauerhafte Motiv des an einen festgesetzten Tag gebundenen coitus wird im Roman zu einem durchgehenden Motiv, das von Zeit zu Zeit auftaucht und dadurch die verschiedenartigen Teile dieses meisterhaft und ungewöhnlich kompliziert gebauten Werkes verbindet.

Wenn man sich die Sache schematisch vorstellt, sieht sie folgendermaßen aus: ein Kegel symbolisiere das Ereignis, seine Spitze das Kausalmoment. Im üblichen Roman berührt ein solcher Kegel mit eben dieser Spitze die Grundlinie des Romans. Bei Sterne dagegen liegt der Kegel mit seiner Basis an der Hauptnovelle an, – sofort geraten wir in den Schwarm der Anspielungen.

Solche zeitlichen Umstellungen begegnen in der Poetik des Romans ziemlich häufig, man denke an die zeitliche Umstellung im *Adelsnest*, wo sie durch die Erinnerung Lavreckijs motiviert ist, oder an den *Traum Oblomovs*. Bei Gogol in den *Toten Seelen* erfolgen die Umstellungen ohne Motivation (die Kindheit Čičikovs und die Erziehung Tentetnikovs). Bei Sterne jedoch wird dieses Verfahren auf das ganze Werk ausgedehnt.

Die Exposition, die Vorbereitung auf eine handelnde Person wird immer erst dann vorgenommen, wenn wir schon befremdet vor einem sonderbaren Wort oder Ausruf einer neuen handelnden Person stocken.

Adelsnest *Ein Adelsnest* (1859), Roman von Ivan S. Turgenev (1818–1883).
Traum Oblomovs *Oblomovs Traum,* 1849 erschienen, später in den 1859 erschienenen Roman *Oblomov* von Ivan A. Gončarov (1812–1891) aufgenommen.
Gogol ... *Toten Seelen* Nikolai V. Gogols (1809–1852) Roman *Die toten Seelen* erschien 1842.

Hier liegt eine Bloßlegung des Verfahrens vor. Puškin hat in seinen *Geschichten von Boldino*, etwa in der Erzählung ‚Der Schuß', die zeitliche Umstellung reichlich verwendet. Wir sehen dort Silvio zuerst bei Schießübungen, danach hören wir Silvio von seinem nicht beendeten Duell berichten, dann begegnen wir dem Grafen, Silvios Feind, und erfahren die Lösung der Erzählung. Die Teile erscheinen in der Reihenfolge: II–I–III. Doch sehen wir hier eine Motivierung dieser Umstellung. Sterne lieferte sie in der Bloßstellung.

Wie gesagt ist die Motivierung bei Sterne Selbstzweck.

> „Was ich ihnen jetzt mitzuteilen habe, – schreibt er an einer Stelle (2. Buch, Kap. XIX) – scheint, ich gebe es zu, nicht so recht an seinem Platz zu stehen, denn man hätte es hundertfünfzig Seiten früher erzählen müssen; doch habe ich damals vorausgesehen, daß es später gelegener käme und gerade hier mehr auffallen würde als an der anderen Stelle."

Als Verfahren bloßgelegt ist bei Sterne auch das Zusammenflicken des Romans aus verschiedenen Novellen. Überhaupt ist bei ihm der Bau des Romans selbst pedalisiert, bei ihm wird das Bewußtwerden der Form mit Hilfe ihrer Auflösung zum Inhalt des Romans.

In der Abhandlung über den *Don Quijote* habe ich bereits auf einige kanonische Mittel des Zusammenwachsens von Novellen zu einem Roman hingewiesen.

Sterne hat sich anderer Mittel bedient oder hat bei Verwendung der alten das Konventionelle an ihnen nicht verborgen, sondern es klar hervortreten lassen und damit gespielt.

Im üblichen Roman wird die eingeschobene Novelle von der Hauptnovelle unterbrochen. Wenn zwei oder mehr Basisnovellen im Roman vorhanden sind, wechseln ihre Einzelteile miteinander ab, wie im *Don Quijote* die Szenen des Abenteuers, das der Ritter am Hof des Herzogs erlebt, mit den Szenen von Sancho Pansas Statthalterschaft. Zelinskij bemerkt etwas völlig Entgegengesetztes bei Homer. Homer stellt nie zwei gleichzeitige Handlungen dar. Selbst wenn sie dem Sinn der Ereignisse nach gleichzeitig sein müßten, werden sie dennoch als aufeinanderfolgend wiedergegeben. Gleichzeitig kann nur das Handeln eines Helden sein und die „Anwesenheit" des anderen, d. h. dessen handlungsloser Zustand.

Puškin ... *Geschichten von Boldino* Gemeint sind die von Aleksandr S. Puškin (1799–1837) 1830 in Boldino geschriebenen, 1831 publizierten *Erzählungen des verstorbenen Ivan Petrovic Belkin*, zu denen ‚Der Schuß' gehört.
In der Abhandlung über den *Don Quijote* VŠs ‚Wie ‚Don Quijote' gemacht ist' ist ebenfalls in der 1925 erschienen russ. Ausgabe seiner *Theorie der Prosa* enthalten; dt. in *Theorie der Prosa*. Übers. v. Gisela Drohla. Frankfurt: Fischer 1984.
Zelinskij Tadeusz Zielinski (1859–1944), polnischer klassischer Philologe.

Sterne hat die Gleichzeitigkeit der Handlung zugelassen, aber die Entfaltung der Novelle und ihre Auffüllung mit neuem Material „parodiert".

Als Material zur Entfaltung dient im ersten Teil die Schilderung der Geburt Tristram Shandys. Diese Schilderung umfaßt 276 Seiten, von denen aber für die Beschreibung der Geburt fast keine einzige verwendet
wird. Entfaltet wird hauptsächlich das Gespräch des Vaters des Helden 64 | 65
mit Onkel Toby.

Die Entfaltung vollzieht sich auf folgende Weise:

„‚Eigentümlich, was für ein Lärm und Gerenne da oben ist?' sagte mein Vater, indem er sich nach anderthalbstündigem Schweigen an meinen Onkel Toby wandte, der, müssen Sie wissen, auf der gegenüberliegenden Seite am Kamin saß und in stummer Betrachtung der Samthosen, die er anhatte, seine obligate Pfeife rauchte, ‚was rennen sie dort', sprach mein Vater, ‚wir können einander kaum verstehen.'

‚Ich finde', antwortete Onkel Toby, indem er die Pfeife aus dem Mund nahm und mit ihrem Kopf zwei- oder dreimal auf den Nagel des linken Daumens klopfte, bevor er seinen Satz begann, ‚ich finde', sagte er … Indes, damit Sie die Ansichten von Onkel Toby in dieser Sache richtig verstehen, müssen wir Sie erst, wenigstens teilweise, in seinen Charakter einweihen, den ich Ihnen nur in allgemeinen Zügen darlegen werde, bevor dann der Dialog zwischen ihm und dem Vater mit dem gleichen Erfolg wiederaufgenommen wird" (1. Buch, Kap. XXI).

Es beginnt eine Erörterung über die Unbeständigkeit, die so absonderlich ist, daß man sie nur wiedergeben könnte, indem man sie abschriebe. Etwas weiter unten erinnert sich Sterne …

„Indes habe ich meinen Onkel Toby vergessen, den wir die ganze Zeit die Asche aus seiner Pfeife ausklopfen ließen."

Es beginnen Gespräche über Onkel Toby, in welche die Geschichte Tante Dinahs eingeschoben wird. Im 1. Buch, Kap. XXII, besinnt sich Sterne:

„Ich schickte mich z. B. gerade an, Ihnen in großen Zügen den kapriziösen Charakter von Onkel Toby zu zeigen, als Tante Dinah mit dem Kutscher uns in die Quere kam und uns zu einer absonderlichen Abschweifung verleitete …"

Leider kann ich nicht den ganzen Sterne abschreiben und fahre daher nach einer langen Auslassung fort:

„… Sehen Sie, von Anfang an habe ich die Basis und ihre zufälligen Teile mit solchen Unterbrechungen angelegt und die digressiven mit den progressiven Bewegungen so verwirrt und verflochten, habe ein Rad in das andere eingepaßt, daß die Bewegung dieser Maschine überhaupt gewährleistet ist, und – was noch mehr ist – diese Bewegung vierzig Jahre anhalten wird, wenn mich die Quelle der Gesundheit so lange mit Leben und mit guter Gemütsverfassung segnen mag."

So endet das XXII. Kapitel, danach kommt Kap. XXIII.

„Ich fühle in mir eine starke Neigung, dieses Kapitel auf sehr ungereimte Weise anzufangen: und ich will meinem Wunsch nicht widerstreben und beginne daher so …"

Und es folgen neue Abschweifungen.

Zu Beginn des Kap. XXIV eine neue Ermahnung:

„Wenn es nicht meine moralische Überzeugung wäre, daß der Leser jegliche Geduld verloren hat in Erwartung von Onkel Tobys Charakteristik …"

Und eine Seite später beginnt die Beschreibung von Onkel Tobys „Steckenpferd", von seiner Manie. Es stellt sich heraus, daß Onkel Toby, der bei der Belagerung von Namur an der Leiste verwundet wurde, sich dem Bau von Spielzeugfestungen verschrieben hat.

Und da, endlich, zu Beginn des Kap. VI im 2. Buch, kann Onkel Toby die Handlung zu Ende bringen, die er zu Beginn des Kap. XXI begonnen hatte:

„‚… ich finde', antwortete Onkel Toby, indem er, wie gesagt, seine Pfeife aus dem Mund nahm und die Asche ausklopfte, bis er seinen Satz begann, ‚ich finde', antwortete er, ‚daß es uns nicht hindern sollte, Bruder, das Glöckchen zu läuten.' "

So verfährt Sterne ständig, und er ist sich, wie aus seinen scherzhaften Erinnerungen an Onkel Toby ersichtlich, nicht nur des Hyperbolischen der Entfaltung bewußt, sondern spielt auch damit.

Diese Art der Entfaltung ist für Sterne, wie gesagt, kanonisch. Z. B. am Ende des Kap. XVIII im 2. Buch:

„‚Ich bedaure', sagte mein Onkel Toby, ‚daß Sie nicht gesehen haben, welch ungeheure Armeen wir in Flandern hatten.' "

Anschließend beginnt die Entfaltung des Materials, das die Manie des Vaters liefert. Denn Tristram Shandys Vater verknüpft in sich folgende Manien: vom schädlichen Einfluß des Drucks, den die Wehen einer gebärenden Frau auf den Kopf des Kindes ausüben (2. Buch, Kap. XXXIV), vom Einfluß des Namens auf den Charakter eines Menschen (ein sehr detailliert ausgebreitetes Motiv) und vom Einfluß der Nasengröße auf die Fähigkeiten eines Menschen (dieses Motiv wird mit ungewöhnlicher Üppigkeit entfaltet, etwa vom Kap. XXX des 3. Buches an, danach beginnt mit einer kleinen Unterbrechung die Entfaltung des Stoffs, den die kuriosen Erzählungen über Menschen mit großen Nasen liefern. Besonders bemerkenswert ist die Erzählung von Slawkenbergius. Insgesamt kannte Tristram Shandys Vater zehn Dekaden von Erzählungen des Slawkenbergius. Die Entfaltung der Naseologie endet mit dem Kap. I des 4. Buches.)

An der Entfaltung, von der wir hier sprechen, ist der erste Punkt der Manie von Herrn Shandy beteiligt, d. h. Sterne lenkt ab, um darüber zu reden.

Zu Beginn des Kap. I im 3. Buch kehrt die Hauptnovelle wieder.

„‚Ich bedaure, Dr. Slop', sagte mein Onkel Toby, indem er noch einmal seinen Satz wiederholte, aber um eine Nuance eifriger und aufrichtiger als beim ersten Mal, ‚ich bedaure, Dr. Slop', sagte mein Onkel Toby, ‚daß Sie nicht gesehen haben, welch ungeheure Armeen wir in Flandern hatten.' "

Wieder wird Stoff zur Entfaltung eingeschoben.
Zu Beginn des Kap. II des 3. Buches heißt es erneut:

„Welch ungeheure Armeen ihr in Flandern hattet …"

Eine bewußte Outrierung der Entfaltung kann bei Sterne auch ohne die Verwendung eines verbindenden Leitsatzes erfolgen:

3. Buch, Kap. XXIX. „Sobald mein Vater auf sein Zimmer gekommen war, warf er sich der Länge nach auf das Bett in der ungezügeltsten Unordnung, die man sich vorstellen kann, zugleich aber auch in der kläglichsten Lage eines von Schicksalsschlägen getroffenen Menschen, die jemals eine Mitleidsträne ins Auge trieb."

Es folgt eine für Sterne sehr charakteristische Beschreibung der Pose:

„Die rechte Handfläche, auf die er, als er aufs Bett fiel, seine Stirn stützte und die seine Augen fast ganz bedeckte, sank langsam mitsamt seinem Kopf (der Ellenbogen wich zurück) herab, bis er mit der Nase die Steppdecke berührte. Sein linker Arm hing fühllos über den Bettrand, die Fingerknöchel ruhten auf dem Henkel des Nachttopfs, der unter dem Bettvorhang hervorschaute; sein rechtes Bein (das linke hatte er an den Leib gezogen) hing halb über den Bettrand, dessen Kante ihm das Schienbein drückte."

Herrn Shandys Verzweiflung war durch den Umstand hervorgerufen worden, daß seinem Sohn bei der Geburt durch die Geburtszangen die Nase eingedrückt worden war. Und hier wird (wie bereits erwähnt) ein ganzes Poem über Nasen eingeschaltet. Im Kap. II des 4. Buches kehren wir wieder zu dem Liegenden zurück:

„Mein Vater lag, quer über das Bett gestreckt, so unbeweglich da, als hätte ihn die Hand des Todes hingestreckt, ganze anderthalb Stunden lang, bevor er begann, mit den Zehen seines über den Bettrand hängenden Fußes auf den Boden zu klopfen."

Ich kann mich nicht enthalten, einige Worte über Posen bei Sterne allgemein zu verlieren. Sterne hat als erster die Beschreibung von Posen in den Roman eingeführt; sie werden bei ihm immer sehr befremdlich – genauer gesagt – verfremdet dargestellt.

Ich führe noch ein Beispiel an. 3. Buch, Kap. II:

„‚Bruder Toby', antwortete mein Vater, indem er mit der rechten Hand die Perücke vom Kopf nahm und mit der *linken* ein gestreiftes indisches Schnupftuch aus der [rechten] Tasche zog …" usw.

Ich gehe gleich auf Kap. III des 3. Buches über.

„Es ist unter keinem König eine leichte Sache (außer wenn man eine so hagere Person ist wie ich), den Arm diagonal über den ganzen Leib zu strecken, um der gegenüberliegenden Tasche auf den Grund zu kommen …"

Diese Art der Beschreibung von Posen ist von Sterne auf L.Tolstoj übergegangen (Ejchenbaum), aber in abgeschwächter Form und mit psychologischer Motivierung.

Zurück zur Entfaltung. Ich führe einige Beispiele der Entfaltung bei Sterne an, wobei ich einen Fall auswähle, in dem die Intention deutlich auf das Verfahren selbst gerichtet ist, d.h. der Inhalt des Werks in der Bildung seiner Form besteht.

4. Buch, Kap. IX. „,Welch ein Kapitel von Zufällen', sagte mein Vater, indem er sich auf dem ersten Treppenabsatz umdrehte, als er und Onkel Toby die Treppe heruntergingen, ,welch langes Kapitel von Zufällen schlagen für uns die Ereignisse dieser Welt auf...'"

Es folgt eine Erörterung mit einer erotischen Passage, auf die ich noch zu sprechen komme.

4. Buch, Kap. X. „Ist es nicht eine Schande, zwei Kapitel aus dem zu machen, was vorging, während sie eine einzige Treppe hinuntergingen. Denn, solange wir noch nicht weitergekommen sind als bis zum ersten Treppenabsatz und bis nach unten noch 15 Stufen übrigbleiben, und weil mein Vater und mein Onkel Toby in gesprächiger Laune sind, so können vielleicht – was weiß ich – so viele Kapitel wie Stufen dabei herauskommen."

Sterne widmet dieses ganze Kapitel einer Erörterung über Kapitel.

4. Buch, Kap. XI. „,Wir werden alles dadurch ins Lot bringen', sagte mein Vater, indem er den einen Fuß zur ersten Stufe nach dem Absatz senkte..."

4. Buch, Kap. XII. „,Und wie geht es Ihrer Herrin?' rief mein Vater wiederum, indem er den ersten Schritt vom Treppenabsatz machte..."

4. Buch, Kap. XIII. „He, Dienstmann! Hier hast du ein Silberstück. Geh zu dem Buchhändler in den Laden und ruf mir einen möglichst seriösen Kritiker heraus. Ich gebe jedem von ihnen sehr gern eine Krone, wenn er mir nur hilft, in diesem Wirrwarr meinen Vater und meinen Onkel die Treppe hinunterzubringen und sie vor einem Jahr und bin, wie Sie sehen, fast bis zur Hälfte meines dritten Bandes und nicht weiter als bis zum ersten Tage meines Lebens gediehen; das beweist, daß ich jetzt 364 Lebenstage mehr beschreiben muß, als zu Beginn meiner Niederschrift. Somit bin ich, statt im Verlauf der Arbeit voranzukommen, wie es gewöhnliche Schriftsteller tun, im Gegenteil, mehrere Bände in Rückstand geraten..."

Diese Intention auf die Form, und zwar auf ihren kanonischen Teil, erinnert an jene Oktaven und Sonette, die nur mit der Beschreibung ihrer Herstellung angefüllt sind.

Ich führe noch ein Beispiel an, das letzte für die Entfaltung bei Sterne (5. Buch, Kap.V):

„Meine Mutter ging vorsichtig in der Dunkelheit den Korridor entlang, der in das Gästezimmer führte, als mein Onkel Toby das Wort ,Frau' aussprach. Es klingt ohne-

Ejchenbaum Boris Michajlovic Ejchenbaum (1886–1959), Sprach- und Literaturwissenschaftler, wie VŠ führender Theoretiker des Formalismus.

hin ziemlich scharf und kreischend, aber hier war ihm noch Obadiah zu Hilfe gekommen, indem er die Tür nur angelehnt gelassen hatte, so daß meine Mutter genügend erlauschte, um sich vorzustellen, daß Gegenstand der Unterhaltung sie selbst war, und indem sie den Finger an die Lippen legte, den Atem anhielt und den Kopf leicht mit einer Wendung des Halses beugte (nicht zur Tür hin, sondern von ihr weg, so daß das Ohr unmittelbar an den Türspalt zu liegen kam), hörte sie aufmerksam zu: ein lauschender Sklave mit der Göttin des Schweigens im Rücken würde einem Bildhauer keine bessere Idee eingeben.

Und in dieser Stellung will ich sie auf fünf Minuten verlassen, bis ich die Küchenangelegenheiten bis zum selben Zeitpunkt vorangetrieben habe."

5. Buch, Kap. XI. „Ich bin ja ein rechter Türke! Vergesse ich doch meine Mutter, als hätte ich keine, und die Natur selbst hätte mich zusammengeleimt und mich splitternackt ans Ufer des Nils gesetzt ..."

Doch auch nach dieser Ermahnung kommt noch eine Abschweifung. Diese Ermahnung selbst ist nur dafür erforderlich, um die Spürbarkeit der „vergessenen Mutter" aufzufrischen, den Eindruck von Entfaltung nicht schwinden zu lassen.

Endlich, im Kap. XIII, wechselt die Mutter die Pose.

„‚Wenn es so ist', rief meine Mutter aus, indem sie die Tür öffnete ..."

In dem vorliegenden Fall wird die Entfaltung durch Einschaltung einer zweiten, parallelen Novelle erreicht; in solchen Fällen gilt, im Gegensatz zur Entfaltung durch Erörterungen, die Zeit als stillstehend oder sie wird wenigstens nicht mitgezählt. So hat Shakespeare auch die eingefügten Szenen verwendet; in die Haupthandlung eingeschoben, lenken sie uns vom Ablauf der Zeit ab, und selbst wenn das ganze eingefügte Gespräch (selbstverständlich mit neuen handelnden Personen) einige Minuten dauert, hält es der Autor für möglich, die Handlung so weiterzuführen (vermutlich ohne daß der Vorhang fällt, den es wahrscheinlich im Shakespeareschen Theater auf der vorderen Szene gar nicht gab), als ob Stunden oder sogar eine ganze Nacht vergangen wären. (Sbornik istoriko-teatralnoj sekcii. I. Statja Silversvana [Sammelband der theatergeschichtlichen Sektion, I. Abhandlung von Silversvan]). Sterne nun hat durch diese Erwähnungen und die Erinnerung daran, daß die Mutter die ganze Zeit gebeugt dasteht, das Verfahren realisiert und die Entfaltung fühlbar gemacht.

Es ist interessant, die Rolle der Zeit bei Sterne generell zu verfolgen. Die „literarische" Zeit ist reine Übereinkunft, ihre Gesetze sind nicht mit denen der prosaischen Zeit identisch. Wenn man verfolgt, welch eine Masse von Erzählungen und Ereignissen etwa im *Don Quijote* konzentriert ist, sieht man, daß hier, weil der Eintritt des Tages und der Nacht beim Wechsel der Ereignisse keine kompositorische Rolle spielt, die Dauer eines Tages überhaupt nicht existiert. Das Gleiche gilt für die

Erzählweise des Abbé Prévost in *Manon Lescaut*, wo der Chevalier Des Grieux in einem Zuge zunächst den ersten Teil – sieben Druckbogen, und dann, nach kurzer Atempause, weitere sieben Bogen erzählt. Ein solches Gespräch würde 16 Stunden dauern, bei schnellem Sprechen wohlgemerkt.

Über die Bedingtheit der Zeit auf der Bühne habe ich schon geschrieben. Bei Sterne wird die Bedingtheit der „literarischen Zeit" bewußt gemacht und als Material für das Spiel verwendet.

2. Buch, Kap. VIII:

„Schon sind ungefähr anderthalb Stunden guten Lesens vergangen, seitdem Onkel Toby geklingelt hatte, um Obadiah den Befehl zu geben, das Pferd zu satteln und den Geburtshelfer, Dr. Slop, zu holen; deshalb darf niemand sagen, ich hätte Obadiah nicht Zeit genug gelassen – poetisch gesprochen und mit Rücksicht auf die Dringlichkeit dieses Falles – um hin- und zurückzureiten, obwohl, offen gesprochen, er vielleicht kaum Zeit gehabt hat, seine Stiefel anzuziehen. Wenn irgendein nörglerischer Kritiker hier einhakt und unbedingt ein Pendel zur Hand nehmen möchte, um den wahren Zeitraum zwischen dem Klingeln und dem Klopfen an der Tür abzumessen, und wenn er daraufhin nicht mehr als zwei Minuten dreizehn drei Fünftel Sekunden herausfindet und mich der Verletzung der Einheit, oder richtiger, der Wahrscheinlichkeit der Zeit bezichtigt, werde ich ihm in Erinnerung rufen, daß die Idee der Dauer und ihrer einfachen Formen einzig von der Reihe und Aufeinanderfolge unserer Gedanken herrührt, daß sie das wahre scholastische Pendel darstellt, mit dem ich als Gelehrter mich in dieser Sache kontrollieren lasse und zugleich die Urteile sämtlicher anderer Pendel ablehne und entschieden zurückweise.

Deshalb würde ich ihn bitten, sich zu vergegenwärtigen, daß es von unserem Haus bis zu dem von Dr. Slop, dem Geburtshelfer, insgesamt an die acht armselige Meilen sind, und daß ich, während Obadiah hin- und zurückritt, Onkel Toby aus Namur durch ganz Flandern nach England gebracht habe; daß er in meinen Händen ganze vier Jahre krank war und daß er mit Korporal Trim seitdem bei mir in der vierspännigen Kutsche an die zweihundert Meilen tief in die Grafschaft York gefahren ist. Alles dies zusammengenommen sollte die Einbildungskraft des Lesers für den Auftritt des Doktor Slop vorbereiten, und zwar, wie ich hoffe, mit demselben Erfolg, wie ein Tanz, ein Lied oder ein Intermedium zwischen zwei Akten. Wenn aber mein unbesonnener Kritiker sich als unerbittlich erweist und anfangen wird zu beweisen, daß zwei Minuten dreizehn Sekunden immer noch zwei Minuten dreizehn Sekunden sind, was immer ich auch darüber geredet hätte, und daß mich meine Entschuldigung, möge sie mich auch in dramatischer Rücksicht retten, vom biographischen Standpunkt aus richte, indem sie mein Buch auf der Stelle in einen ausgesprochenen Roman verwandle, während es sich zuvor um ein apokryphes Buch gehandelt habe.

Wenn man mir so zusetzen sollte, werde ich sogleich allen Einwänden und Streitigkeiten darüber ein Ende bereiten, indem ich erkläre, daß Obadiah nicht einmal zehn Schritt vom Pferdestall weggeritten war, als er Dr. Slop begegnete ..."

Abbé Prévost ... *Manon Lescaut* Roman von Abbé Prévost (Antoine-François Prévost d'Exiles, 1697–1763), 1731 erschienen.

Von den alten Verfahren verwendete Sterne fast unverändert das Verfahren der „aufgefundenen Handschrift“. Auf diese Weise ist in seinen Roman die Predigt Yoricks eingefügt. Doch das Vorlesen dieser aufgefundenen Handschrift stellt keine lange Abschweifung vom Roman dar, sondern wird die ganze Zeit, hauptsächlich durch emotionale Ausrufe, unterbrochen. Das Vorlesen der Predigt nimmt nicht ganz 30 Seiten ein, doch ist sie stark verbreitert durch Einschübe des bei Sterne üblichen Typus.

Die Lesung beginnt mit der Beschreibung der Pose, die der Korporal einnimmt, eine Beschreibung, die nach Sternes üblichem Verfahren absichtlich ungefüge ist (2. Buch, Kap. XVIII):

> „Er stand vor ihnen und hatte seinen Körper in einem Winkel von 85,5 Grad gegen die Horizontalebene vorgebeugt und vorgeneigt, was, wie ernsthaften Rednern bekannt, der wahre überzeugende Neigungswinkel ist …“ usw.

Dann von neuem:

> „Er stand – ich wiederhole das, um einen allgemeinen Eindruck von seinem Anblick zu geben – mit etwas vorgebeugtem und vorgeneigtem Körper da, wobei er sich auf sein rechtes Bein stützte, das sieben Achtel seines Körpergewichts trug; der Fuß seines linken Beins, dessen Fehler seine Figur durchaus nicht beeinträchtigte, war nicht seitwärts gestellt, aber auch nicht geradeaus, sondern zwischen diesen beiden Richtungen …“ usw.

Die gesamte Beschreibung umfaßt mehr als eine Seite. Die Predigt wird durch die Erzählung über den Bruder des Korporals Trim unterbrochen. Dann kommen die theologischen protestierenden Einwürfe des katholischen Hörers und die Bemerkungen Onkel Tobys über das Festungswesen (siehe „Predigt“ im 2. Buch).

Auf diese Weise ist bei Sterne das Lesen der Handschrift weit mehr in den Roman integriert als bei Cervantes.

Die aufgefundene Handschrift in der *Sentimentalen Reise* ist eins von Sternes Lieblingsverfahren geworden. Dort findet er (im 2. Teil: „Das Fragment. Paris“) eine Handschrift von Rabelais, wie er meint; die Handschrift auf dem Einwickelpapier bricht ab, wie es im allgemeinen für Sterne typisch ist. Die nicht beendete Erzählung ist für Sterne sowohl in motivierter als auch in unmotivierter Form kanonisch. Beim Einführen einer Handschrift wird der Abbruch durch das Abhandenkommen des Schlusses motiviert. Durch nichts motiviert ist der Abschluß der Erzählung in Form eines einfachen Abbruchs im *Tristram Shandy. Tristram Shandy* endet folgendermaßen:

Sentimentalen Reise Laurence Sterne: *A Sentimental Journey* (1768); VŠ übernahm 1923 diesen Titel Sternes für einen seiner bekanntesten autobiographischen Texte (dt. Frankfurt: Insel 1964).

„‚Mein Gott', rief meine Mutter aus, ‚wovon handelt diese ganze Geschichte?' ‚Vom Hahn und vom Stier', sagte Yorick, ‚von den verschiedensten Dingen, und diese ist eine der besten in dieser Art, die ich je Gelegenheit hatte zu hören.'"

Ende.

Ebenso endet die *Sentimentale Reise*:

„... Ich streckte die Hand aus und faßte sie an ..."

Ende.

Das ist natürlich ein bestimmtes stilistisches Verfahren, das auf Differenzqualitäten beruht. Sterne hat auf dem Hintergrund des Abenteuerromans gearbeitet, mit dessen außerordentlich festen Formen und seiner formalen Regel, mit einer Hochzeit oder Heirat zu schließen. Die Formen des Sterneschen Romans sind eine Verschiebung und Verletzung der üblichen Formen. Ebenso ging Sterne bei den Romanschlüssen vor. In ihnen stürzen wir gleichsam ab; wo wir auf der Treppe einen Absatz erwarten, öffnet sich ein Abgrund. Gogols *Šponka und seine Tante* stellt eine solche Art von Novellenschluß dar, der aber motiviert wird: der Schluß der Handschrift ist beim Kuchenbacken abhanden gekommen (bei Sterne beim Einwickeln von Johannisbeermarmelade). Die Aufzeichnungen des *Kater Murr* von Hoffmann bieten das gleiche Bild, auch mit motiviertem Fehlen des Schlusses, jedoch kompliziert durch zeitliche Umstellung (motiviert mit den durcheinandergebrachten Seiten) und Parallelismus.

Ganz in der alten Art hat Sterne die Geschichte Le Fevers eingefügt.

Sie wird wie folgt eingeführt: Bei Tristrams Geburt beginnt ein Gespräch über die Wahl seines Erziehers. Onkel Toby schlägt den Sohn des armen Le Fever vor, und es beginnt die eingeschobene Geschichte, *die vom Autor erzählt wird* (6. Buch, Kap. VI).

„‚In diesem Falle, Bruder Shandy', fuhr mein Onkel Toby fort, indem er sich vom Stuhl erhob und seine Pfeife auf die Seite legte, um auch die zweite Hand meines Vaters zu ergreifen, ‚bitte ich ergebenst, Ihnen den Sohn des armen Le Fever empfehlen zu dürfen' (bei diesem Vorschlag erglänzte eine Freudenträne reinsten Wassers in Onkel Tobys Auge und eine weitere, ihr gleiche, im Auge des Korporals); Sie werden den Grund verstehen, wenn Sie die Erzählung über Le Fever lesen. Ach, was war ich dumm. Ich kann mich, ohne zu der Stelle zurückzublättern, nicht einmal mehr daran erinnern (und Sie vielleicht auch nicht), was mich eigentlich gehindert hat, dem Korporal die Möglichkeit zu geben, sie mit seinen Worten zu erzählen, doch die Gelegenheit ist verpaßt, – und ich muß sie nun selbst mit meinen erzählen."

Es beginnt die Erzählung über Le Fever. Sie nimmt fast 20 Seiten ein. Einen gesonderten Komplex stellt auch die Schilderung von Tristrams

Gogols *Šponka und seine Tante* Die Erzählung ‚Šponka und seine Tante' erschien 1832 im zweiten Teil von Gogols Erzählzyklus *Abende auf dem Weiler bei Dikanka* (1831/32).

Reise dar. Sie umfaßt nahezu 60 Seiten. Diese Episode hat Sterne später Schritt für Schritt und Motiv für Motiv in der *Sentimentalen Reise* entfaltet. In die Schilderung ist die Erzählung über die Äbtissin von Andoüillets eingeschoben (7. Buch, Kap. XXI–XXV).

Dieses ganz verschiedenartige Material, beschwert durch umfangreiche Auszüge aus den Werken verschiedener Pedanten, hätte zweifellos den Roman zerrissen. Deshalb wird er mit Hilfe durchgehender Motive gebunden. Ein bestimmtes Motiv wird nicht entfaltet oder realisiert, sondern von Zeit zu Zeit in Erinnerung gebracht; seine Realisierung wird immer wieder auf später verschoben. Aber allein sein Vorhandensein während der ganzen Dauer des Romans bindet dessen Episoden.

Es gibt einige derartige Motive. Eines davon ist das Knotenmotiv. Es erscheint folgendermaßen. Dr. Slops Ranzen mit den Geburtshelferinstrumenten ist mit mehreren Knoten verschnürt.

„‚Es ist eine Gnade Gottes', sagte er (Slop), ‚daß Frau Shandy dermaßen säumt, sie hätte sonst schon siebenmal entbunden, bevor wir dazu gekommen wären, die Hälfte dieser Knoten aufzuschnüren'" (3. Buch, Kap. IX).

3. Buch, Kap. X. „Was die Knoten angeht, unter denen ich erstens keine Ösen verstehe, weil im weiteren Verlauf meines Lebens und meiner Ansichten ich auf diese Frage noch zurückkommen werde..." usw.

Es beginnt eine Erörterung über Knoten, Ösen, Bänder und so weiter ohne Ende. Inzwischen nimmt sich Dr. Slop ein Messer und schneidet die Knoten durch, aber aus Unachtsamkeit verletzt er sich an der Hand. Da fängt er an zu fluchen, Shandy senior aber schlägt ihm „mit cervantischem Ernst" vor, nicht ins Blaue hinein, sondern nach allen Regeln der Kunst zu fluchen, und als Anleitung bringt er ihm die Exkommunikationsformel der römischen Kirche. Slop nimmt sie und liest. Diese Formel füllt zwei Seiten. Hier ist die Motivierung interessant, die Sterne dem Auftauchen des Materials gibt, das er zur Entfaltung braucht. Gewöhnlich wird dieses Material – mittelalterliche Gelehrsamkeit, die zu Sternes Zeiten schon als komisch empfunden wurde (wie im Märchen von den Fremden, wo Worte eingestreut sind, die mit Dialektfärbung gesprochen werden, was ebenfalls als komisch empfunden wird) – an die Rolle von Tristrams Vater geknüpft, und das Auftauchen dieses Materials ist durch dessen Manien motiviert. Hier jedoch ist die Motivierung komplizierter. Losgelöst von der Rolle des Vaters findet sich das Material über die pränatale Taufe seines Stammhalters und der scherzhafte Streit der Juristen über die Frage, ob die Mutter Verwandte ihres Sohnes sei.

Im Kap. VIII des 5. Buches taucht wieder das Motiv vom Kapitel über Knopflöcher und Stubenmädchen auf, wobei statt dieses Kapitels das andere über Stubenmädchen, grüne Morgenröcke und alte Hüte vorgeschlagen wird. Doch ist die Frage der Knopflöcher nicht erledigt, sie kreuzt noch ganz am Schluß in Kap. XIV des letzten Buches auf, wiederum in Form eines Versprechens, ein spezielles Kapitel zu schreiben.

Ein ebensolches durchgehendes Motiv ist die Erwähnung Jennys. Jenny wird wie folgt in den Roman eingeführt (1. Buch, Kap. XVIII):

> „Nicht mehr als eine Woche vor dem Tag, an dem ich mein Buch zur Erbauung der Welt zu schreiben begann, nämlich vor dem 7. März 1759, sagte meine liebe, liebe Jenny, die bemerkt hatte, daß ich eine ernsthafte Miene aufsetzte, als sie um ein Stück Seide feilschte, das 25 Schilling pro Yard kostete, zu dem Kaufmann, daß sie es bedaure, ihm soviel Umstände gemacht zu haben, und sie ging sofort weg und kaufte sich einen Stoff, einen Yard breit für 10 Pence den Yard."

Am Ende dieses Kapitels spielt Sterne mit dem Wunsch des Lesers zu erfahren, in welchem Verhältnis er zu Jenny steht.

> „Ich verstehe, daß die zärtlichere Benennung meiner lieben, lieben Jenny zusammen mit einigen anderen da und dort verstreuten Beweisen meiner Kenntnisse auf dem Gebiet des Ehelebens recht leicht selbst den unvoreingenommensten Richter der Welt in die Irre führen und ihn auf diese Weise gegen mich urteilen lassen können. Das einzige, worum ich jetzt bitte, Madame, ist strenge Gerechtigkeit, die Sie mir, wie auch sich selbst, nicht versagen können, nämlich: nicht im voraus über mich zu entscheiden und mich solange nicht zu verurteilen, bis Sie in der Lage sind, ernsthaftere Beweise als jetzt gegen mich ins Feld zu führen. Denken Sie jedoch nicht, Madame, daß ich Ihnen dadurch zu verstehen geben will, daß meine liebe, liebe Jenny meine Maitresse sei; das wäre allzu dreist und unvernünftig von mir, denn es wäre gleichbedeutend mit Eigenlob, wenn auch im anderen Extrem…"
>
> „Ich wünsche nur, daß Sie sich von der vollständigen Unmöglichkeit für Sie selbst und für den scharfsinnigsten Menschen auf Erden überzeugen, den wahren Stand der Dinge früher als nach mehreren Büchern zu erfahren. Es ist durchaus nicht unmöglich, daß meine liebe, liebe Jenny – so herzlich auch diese Benennung sei – mein Kind wäre. Rechnen Sie nach: ich bin achtzehn geboren. Genau so aber wäre nichts Unnatürliches oder Unwahrscheinliches in der Annahme, daß meine liebe, liebe Jenny – meine Freundin sei – Freundin! – Ja, Freundin! … Madame, kann es denn zwischen beiden Geschlechtern keine Freundschaft geben, die nicht unbedingt aufrechterhalten wird durch … Ja, Mister Shandy! die durch nichts anderes aufrechterhalten wird, Madame, als durch jenes zärtliche und wundervolle Gefühl, das sich der Freundschaft beimischt, wenn ein Unterschied des Geschlechts besteht…"

Das Motiv Jenny taucht erneut im 4. Buch, Kap. XXXII auf.

> „Ich werde auf keinen Fall in fünf Minuten damit fertig: und das fürchtete ich; – worauf ich jedoch hoffe, ist, daß Ew. Ehren und Hochwürden nicht beleidigt sind; – wenn es aber nicht so ist, so können Sie beruhigt sein, ich werde Ihnen im kommenden Jahr Gelegenheit geben, sich zu ärgern, meine Herren – das ist die Gewohnheit meiner teuren Jenny; – aber wer meine Jenny ist und wo das rechte, wo das schlechte Ende einer Frau ist, das ist eine Sache, die man verheimlichen muß: sie wird Ihnen im vorletzten Kapitel nach meinem Kapitel über Knopflöcher eröffnet, und nicht ein Kapitel früher."

Im 7. Buch, Kap. XIII:

„Ich liebe die Pythagoräer (weit mehr, als ich meiner teuren Jenny zu gestehen wage)."

Wiederum eine Erinnerung im 8. Buch, Kap. V und im 9. Buch, Kap. VIII. Die letztere (ich habe mehrere übergangen) ist recht sentimental, was bei Sterne selten vorkommt.

„Ich will darüber nicht urteilen. Die Zeit vergeht zu schnell, jeder Buchstabe, den ich zu Papier bringe, sagt mir, mit welcher Schnelligkeit das Leben meiner Feder nachläuft, ihre Tage und Stunden sind wertvoller als die Rubine an deinem Hals, meine teure Jenny; sie fliegen über unseren Häuptern dahin, gleich leichten Wölkchen an einem windigen Tage, – um nie mehr wiederzukehren; – alles eilt vorwärts ... Während du mit dieser Locke spielst, siehe, wird sie schon grau; und jedes Mal, da ich deine Hand zum Abschied küsse – jede Trennung, die ihm folgt – all das sind Vorboten jener ewigen Trennung, die uns nahe bevorsteht! Möge sich der Himmel über uns beide erbarmen."

9. Buch, Kap. IX. „Ich würde nicht einen Groschen dafür geben, um zu erfahren, was die Welt von diesem meinem Ausruf hält."

Damit schließt auch dieses Kapitel.

Es ist interessant, an dieser Stelle ein wenig über Sentimentalität im allgemeinen zu reden. Sentimentalität kann nicht Inhalt der Kunst sein, und sei es nur deshalb, weil es in der Kunst keinen isolierten Inhalt gibt. Die Darstellung von Dingen „vom sentimentalen Standpunkt aus" ist eine besondere Methode der Darstellung, wie z. B. jene vom Standpunkt eines Pferdes (Tolstojs Leinwandmesser) oder eines Riesen (Swift) aus.

Ihrem Wesen nach liegt die Kunst jenseits der Emotion. Man denke daran, wie in Märchen Menschen in eine mit Nägeln ausgeschlagene Tonne gesetzt und dann ins Meer gerollt werden. Im *Däumling* schneidet der Menschenfresser seinen Töchtern die Köpfe ab, und die Kinder gestatten einem beim Erzählen nicht, dieses Detail auszulassen. Das ist nicht grausam – das ist märchenhaft. In *Vesennjaja obrjadovaja pesnja* [Das brauchtümliche Frühlingslied] führt Professor Aničkov Beispiele von Frühlingstanzliedern an. Diese Lieder erzählen vom schlechten, rauflustigen Mann, vom Tod, von den Würmern. Das ist tragisch, aber es ist eine Liedtragik. Das Blut ist in der Kunst nicht blutig, sondern reimt sich auf „gut", es ist entweder Material für eine Lautkonstruktion oder Material für eine Bildkonstruktion.

Deshalb ist Kunst erbarmungslos oder steht jenseits des Erbarmens, ausgenommen jene Fälle, wo das Gefühl des Mitleids als Material für eine Konstruktion genommen wird. Aber auch hier muß es, wenn man darüber spricht, vom Standpunkt der Komposition aus betrachtet werden, ebenso wie es für das Begreifen einer Maschine nötig ist, den

Aničkov Evgenij V. Aničkov (1866–1937), russischer Dichter und Literaturwissenschaftler.

Treibriemen als Detail der Maschine zu sehen und ihn nicht vom Standpunkt eines Vegetariers aus zu beurteilen.

Natürlich steht auch Sterne jenseits des Erbarmens. Ich führe ein Beispiel an. Bobby, der Sohn von Herrn Shandy senior, starb im selben Augenblick, als der Vater schwankte, ob er das Geld, zu dem er zufällig gekommen war, für eine Auslandsreise des Sohnes oder zur Verbesserung des Gutes verwenden sollte.

5. Buch, Kap. II:

„... Mein Onkel Toby las halblaut den Brief.

. . . .

‚Er hat sich davongemacht', sagte mein Onkel Toby. ‚Wohin? Wer?' schrie mein Vater auf. ‚Mein Neffe', sagte Onkel Toby. ‚Was? Ohne Erlaubnis, ohne Geld, ohne Erzieher?' rief mein Vater verständnislos. ‚Nein, mein teurer Bruder: er ist tot', sagte mein Onkel Toby."

Hier verwendet Sterne den Tod, um ein „Mißverständnis" zu schaffen, das sehr gebräuchlich ist bei einer Konstruktion, wo zwei Gesprächspartner von Verschiedenem reden und dabei glauben, sie redeten von ein und demselben. Beispiel: das (erste) Gespräch des Stadthauptmanns mit Chlestakov.

Stadthauptmann: Entschuldigen Sie.

Chlestakov: Bitte ...

Stadthauptmann: Es ist meine Pflicht als Stadtoberhaupt der hiesigen Stadt, dafür zu sorgen, daß den Durchreisenden und allen Adligen keinerlei Benachteiligungen ...

Chlestakov (stottert zuerst etwas, doch gegen Ende seiner Rede spricht er laut): Was soll ich denn tun? ... Ich bin unschuldig ... Ich werde zahlen, bestimmt. Man wird mir aus meinem Dorf etwas Geld schicken. (Bobčinskij schaut zur Tür herein.) Er ist schuldiger: das Rindfleisch, das er mir gibt, ist hart wie ein Brett; und die Suppe, weiß der Teufel, was er da hineingeschüttet hat, ich habe sie zum Fenster hinausschütten müssen. Ganze Tage läßt er mich hungern ... Der Tee ist auch so eigenartig: er stinkt nach Fisch, aber nicht nach Tee. Und dafür soll ich ... Schöne Bescherung!

Stadthauptmann (schüchtern): Entschuldigen Sie, ich bin unschuldig, wirklich. Auf dem Markt gibt es immer gutes Rindfleisch bei mir. Die Cholmogorsker Kaufleute bringen es, nüchterne Leute von guter Führung ... Weiß ich, woher er so ein Rindfleisch nimmt. Aber wenn etwas nicht stimmt, dann ... Gestatten Sie mir, Ihnen vorzuschlagen, mit mir in ein anderes Quartier überzusiedeln.

Chlestakov: Nein, das will ich nicht. Ich weiß, was das bedeutet, in ein anderes Quartier: das heißt ins Gefängnis. Was haben Sie denn für ein Recht dazu? Wie können Sie es denn wagen? ... Ich werde ... Ich diene in Petersburg. (Spielt den Mutigen.) Ich, ich, ich ...

Stadthauptmann (zur Seite): Ach du gnädiger Gott, wie er wütend ist! Er hat alles erfahren, die verfluchten Kaufleute haben ihm alles erzählt.

Chlestakov Figur in Gogols Drama *Der Revisor* (1836).

Chlestakov (faßt sich ein Herz): Und Sie da, selbst wenn Sie hier mit Ihrem ganzen Kommando – ich gehe nicht. Ich wende mich direkt an den Minister! (Schlägt mit der Faust auf den Tisch.) Was denken Sie sich? Was denken Sie sich?

Stadthauptmann (stramm und am ganzen Körper zitternd): Erbarmen Sie sich, stürzen Sie mich nicht ins Verderben! Ich habe Frau, kleine Kinder … machen Sie einen Menschen nicht unglücklich!

Chlestakov: Nein, das will ich nicht. Das hätte noch gefehlt! Was geht mich das an? Weil Sie Frau und Kinder haben, soll ich ins Gefängnis gehen, das ist ja großartig! (Bobčinskij schaut zur Tür herein und verbirgt sich erschrocken.) Nein, danke bestens, ich will nicht.

Stadthauptmann (zitternd): Aus Unerfahrenheit, bei Gott, aus Unerfahrenheit. Meine geringen Mittel. Urteilen Sie gütigst selbst: das Beamtengehalt langt doch nicht einmal für Tee und Zucker. Wenn es auch Schmiergelder gab, so doch ganz unbeträchtliche: etwas auf den Tisch und für ein paar Kleider. Was aber die Unteroffizierswitwe betrifft, die Handel treibt und die ich geschlagen haben soll, so ist das Verleumdung, bei Gott, Verleumdung. Das haben sich meine Feinde ausgedacht; das ist ein Volk, die sind bereit, mir nach dem Leben zu trachten.

Chlestakov: Na und? Die gehen mich überhaupt nichts an … (denkt nach). Ich weiß aber gar nicht, weshalb Sie von Feinden oder von einer Unteroffizierswitwe reden … Mit einer Unteroffiziersfrau ist das etwas anderes, aber mich werden Sie nicht wagen zu prügeln, so weit sind Sie noch lange nicht … Sieh mal einer an! Wer bist du denn! … Ich werde zahlen, ich zahle das Geld schon, aber jetzt habe ich keins. Deswegen sitze ich ja auch hier, weil ich keine einzige Kopeke habe.“

Ein anderes Beispiel: das Gespräch Zagoreckijs mit der tauben Gräfin (*Verstand schafft Leiden*).

Zagoreckij: Nein, Čackij hat ausgelöst diese Querele.

Die alte Gräfin: Was? Čackij sperrte man in die Zelle?

Zagoreckij: An der Stirn in den Bergen verletzt, verlor er den Verstand durch diese Wunde.

Die alte Gräfin: Was? Von Freimaurerei das Hirn zersetzt? Erkor er sich das Land der Türkenhunde!

Das gleiche Verfahren mit der gleichen Motivierung (Taubheit) finden wir in einem russischen Volksdrama, doch dient es dort bei der allgemeinen Schwächung des Sujets zu einer Reihe von Kalauern. Die alten Totengräber werden vor den Zaren Maksimilian gerufen.

Zar Maksimilian: Geh' und hole mir die alten Totengräber.

Bote: Ich gehe und hole die alten Totengräber. (Der Bote und die Alten)

Bote: Sind die Alten zu Hause?

1. Greis: Was willst du?

Bote: Du, Alter, Vaska, zum Zaren.

1. Greis: Zu welchem Bojaren?

Verstand schafft Leiden 1824 fertiggestellte, erst 1831 für die Bühne freigegebene Komödie von Alexandr S. Griboedov (1795–1829).

Bote: Doch nicht zum Bojaren, sondern zum Zaren.

1. Greis: Sag, ich bin nicht zu Hause. Heute ist Feiertag. Wir haben gerade mit dem Trinken angefangen.

Bote: Vasilij Ivanovič, zum Zaren wegen Belohnen.

1. Greis: Aha, jetzt wird's ernst, deshalb auch Vasilij Ivanovič. Aber wegen welcher Bohnen?

Bote: Doch nicht wegen Bohnen, sondern wegen Belohnen!

1. Greis (zum 2. Greis): Mokej!

2. Greis: Was ist, Patrakej?

1. Greis: Wir gehen zum Zaren.

2. Greis: Warum?

1. Greis: Wegen Belohnen.

2. Greis: Wegen welcher Bohnen? Jetzt ist Winter, Bohnen wachsen nicht.

1. Greis: Doch nicht wegen Bohnen, sondern wegen Belohnen.

2. Greis: Und ich dachte wegen Bohnen. Aber wenn wegen Belohnen, dann wollen wir gehen.

1. Greis: Nun, gehen wir los!

2. Greis: Sag mir aber, wegen welcher Belohnung?

1. Greis: Los, gehen wir, ich sag's dir dort.

2. Greis: Nein! Sag's sofort!

1. Greis: Los, gehen wir, ich sag's dir unterwegs.

2. Greis: Nein, sag's jetzt, sonst komme ich nicht mit.

1. Greis: Erinnerst du dich, wie wir uns beide im Kampf um Sevastopol hervorgetan haben?

2. Greis: Ja, ich erinnere mich sehr genau.

1. Greis: Nun will man uns beiden sicherlich was zum Fäßchen Schnaps zugeben.

2. Greis: Aha, dann laß uns gehen.

(N.Ončukov. Severnye narodnye dramy [Volksdramen des Nordens], SPb. 1911, S. 20). Dieses Verfahren ist für das Volksdrama kanonisch und verdrängt dort manchmal restlos die sujet-novellistischen Strukturen. Das Volksdrama haben Roman Jakobson und Petr Bogatyrev in ihrer Arbeit über das russische Volkstheater analysiert.

Nun verwundert der Kalauer mit dem Tode bei Sterne selbst weniger oder gar nicht, wenn man die Kalauer des Vaters daneben stellt.

Roman Jakobson … Petr Bogatyrev Roman Jakobson (1896–1982), russischer Sprach- und Literaturwissenschaftler, Ethnograph, Gründungsmitglied des ‚Moskauer Linguisten-Zirkels' und des ‚OPOJAZ'; 1920 Emigration nach Prag, wo er den ‚Prager Linguisten-Zirkel' begründete. Flucht vor dem Nationalsozialismus über Skandinavien in die USA, lehrte seit 1949 an der Harvard University. Petr Bogatyrev (1893–1971), Volkskundler und Sprachwissenschaftler, Mitglied des ‚Moskauer Linguisten-Zirkels', emigrierte wie Jakobson nach Prag; veröffentlichte 1923 in dem *Sammelband zur Theorie der poetischen Sprache* (Berlin, Petersburg) die Studie ‚Das tschechische Puppentheater und das russische Volkstheater'.

Bobby Shandys Tod ist für Sterne vor allem eine Motivierung der Entfaltung.

„Gestatten Sie, Ew. Gnaden, daß ich zwischen diese beiden Seiten eine kleine Erzählung einschiebe?“ (5. Buch, Kap. III).

Und es folgt ein Fragment aus dem Trostbrief von Servius Sulpicius an Tullius. Die Einführung dieses Fragments wird damit motiviert, daß Herr Shandy selbst es vorträgt. Dann folgt eine Garnitur klassischer Anekdoten zum Thema Todesverachtung. Interessant ist, was Sterne selbst über Herrn Shandys Beredsamkeit sagt. 78 | 79

„Mein Vater war auf seine Beredsamkeit nicht weniger stolz als Marcus Tullius Cicero, und ich bin bis jetzt davon überzeugt, daß er volles Recht dazu hatte: sie war wirklich seine Stärke und zugleich seine Schwäche… – Seine Stärke, denn er war von Natur aus beredsam; seine Schwäche, denn er gab sich ihr stündlich hin: und es brauchte sich nur eine Gelegenheit zu ergeben, wo er seine Fähigkeiten zeigen konnte, etwas Kluges, Witziges oder Boshaftes zu sagen – immer (es hätte denn schon systematischer Mißerfolg eintreten müssen) hatte er Worte bereit. Ein Erfolg, der meinem Vater die Zunge band, und ein Unglück, das sie mit Leichtigkeit in Gang setzte, waren für ihn beinahe von gleichem Wert. Manchmal war sogar das Unglück für ihn interessanter – denn setzt man das Vergnügen an der Rede gleich zehn an, die Erbitterung über einen Mißerfolg nur gleich fünf, so ergab sich für meinen Vater halber Gewinn – und er fühlte sich wieder großartig, als hätte es nie ein Unglück gegeben“ (5. Buch, Kap. III).

Hier ist mit ungewöhnlicher Deutlichkeit der Unterschied gezeigt zwischen „Glück“ und „Unglück“ im Leben oder Alltag und den gleichen Erscheinungen, als künstlerisches Material genommen.

Weiterhin muß die Mutter vom Tod des Sohnes erfahren. Das ist folgendermaßen gemacht: Frau Shandy lauscht an der Tür, aber Sterne hat sich einfallen lassen, zu dieser Zeit eine Parallelhandlung in der Küche anzulegen, und wie ich schon gezeigt habe, spielt er damit, wie lange Zeit die arme Mutter in der unbequemen Pose verharren muß.

Im Studierzimmer findet derweil ein Gespräch über den Tod des Sohnes statt, das schon in die Materialaufreihung der Erörterungen über den Tod im allgemeinen übergegangen ist und unmerklich nach einer Erörterung über die Wege der Verbreitung antiker Gelehrsamkeit (5. Buch, Kap. XII) in die Rede des Sokrates vor Gericht einmündet:

„…Wenngleich sich meine Mutter nicht durch tiefe Belesenheit auszeichnete, so war ihr doch der Inhalt von Sokrates’ Rede, den mein Vater gerade Onkel Toby wiedergab, nicht ganz neu. Sie lauschte mit einer Miene ruhigen Verständnisses – und hätte so bis zum Ende des Kapitels weitergehorcht (die Bedingtheit der Illusion wird unterstrichen) – wenn nicht mein Vater zu jenem Teil von Sokrates’ Apologie gelangt wäre (bisher hatte ihn nichts dazu veranlaßt) – wo der große Philosoph seine Bekanntschaften, seine Verbindungen und seine Kinder aufzählt, aber darauf verzichtet, dieses Mittel anzuwenden, um auf die Stimmung der Richter zu wirken.

„‚Ich habe Freunde, ich habe Verwandte, ich habe drei unglückliche Kinder‘, spricht Sokrates.“

‚Wenn es so ist‘, rief meine Mutter, indem sie die Tür aufriß, ‚dann haben Sie, Herr Shandy, eines mehr als mir bekannt ist.‘

‚Der Himmel sei mein Zeuge! Ich habe eines weniger‘, sagte mein Vater, erhob sich und verließ das Zimmer.“

Ein außerordentlich wichtiges Material der Entfaltung ist bei Sterne die erotische Verfremdung, die hauptsächlich als Euphemismus erscheint. Über die Grundlagen dieses Phänomens habe ich bereits in meinem Artikel ‚Die Kunst als Verfahren‘ gesprochen. Bei Sterne finden wir ungewöhnlich vielfältige Arten der erotischen Verfremdung. Ich will einige Beispiele anführen. Es gibt sehr viele. Ich beginne mit der Stelle, wo es um das Erkennen der Charaktere geht (1. Buch, Kap. XXIII).

„Ich weiß, daß die Italiener behaupten, sie könnten einen Charaktertyp, den es bei ihnen gibt, mit mathematischer Genauigkeit nur aufgrund des forte oder des piano eines Blasinstrumentes bestimmen, das bei ihnen in Gebrauch ist und das, wie sie sagen, ganz unfehlbar sei. Ich wage es nicht, dieses Instrument hier bei Namen zu nennen, genug, daß es auch bei uns vorhanden ist, nur daß uns nie einfallen würde, darauf zu spielen; das ist rätselhaft und soll es auch sein; daher bitte ich Sie, Madame, wenn Sie an diese Stelle kommen, so schnell wie möglich weiterzulesen, ohne sich auch nur eine Minute mit Fragen aufzuhalten.“

Oder eine andere:

„Und da – sei es aufgrund der physikalischen Unmöglichkeit, eine Kastanie in unbeweglicher Stellung zu halten, wenn ein halbes Dutzend Hände zugleich unter der Serviette suchen, sei es aus irgendeinem anderen Grund, – geschah es, daß eine, offenbar runder und lebendiger als die anderen, prompt vom Tisch fiel; und da Phutatorius mit unter dem Tisch gespreizten Beinen dasaß, fiel sie senkrecht in jene besondere Öffnung seiner Hosen, für die es – zur Schande unserer Sprache sei es gesagt – im ganzen Johnsonschen Wörterbuch keinen ordentlichen und anständigen Namen gibt. Es genügt zu sagen, daß es jene besondere Öffnung war, welche, wie die Gesetze des Anstands streng vorschreiben, in jeder guten Gesellschaft geschlossen zu halten ist wie der Tempel des Janus (wenigstens in Friedenszeiten).“

Für die erotische Verfremdung und das Spiel mit ihr sind zwei Episoden des *Tristram Shandy* besonders typisch, die sich sehr ähnlich sind, von denen jedoch die eine nur als Episode auftritt, während die andere zu einem der sich abwechselnden Sujets oder Sujetlinien des Romans entfaltet wird. Die Hauptlinie ist Onkel Tobys Verletzung. Onkel Toby war in der Leistengegend schwer verletzt worden. Ihn umwirbt eine Witwe, die ihn heiraten möchte; aber sie weiß nicht, ob er durch diese Verletzung nicht kastriert worden ist, und kann sich zugleich nicht

in meinem Artikel ‚Die Kunst als Verfahren‘ ‚Die Kunst als Verfahren‘ (1916), ebenfalls in der *Theorie der Prosa* (1925) enthalten; dt. sowohl in der Anthologie Jurij Striedters wie in der von Gisela Drohla übersetzten Auswahlausgabe der *Theorie der Prosa* (1966/1984).

entschließen zu fragen. Die Romanze wird dadurch schrecklich erschwert.

> „... der Unterschied zwischen einem Einspänner und der Equipage der Madame Pompadour kann nicht auffälliger sein als der zwischen einer einzelnen Liebschaft und einer so edelverdoppelten, die vierspännig fährt und durch das ganze Drama tänzelt",

bemerkt Sterne dazu (3. Buch, Kap. XXIV). Die Romanze wird ständig unterbrochen und erscheint nur in Form von Anspielungen. Schließlich beginnen sich diese Anspielungen zu verdichten. Das geschieht ungefähr bei Kap. XXXVI des 6. Buches. Doch dann wird das Motiv der Reise zwischengeschoben. Im Kap. XLIII des 7. Buches scheint der Aspekt des neuen Materials erschöpft.

> „Ich tanzte durch Narbonne, durch Carcasson, bis ich schließlich in Perdrillos Pavillon hineintanzte, wo ich ein schwarzliniertes Papier hervorzog, um geradewegs, ohne Abschweifungen oder Einlagen, die Geschichte der Liebesabenteuer meines Onkels Toby fortzuführen."

Das retardierende Moment in Tobys Romanze mit der Witwe Wadman besteht also in der Verwundung an der Leistengegend und der Unmöglichkeit für die Frau, sich genau danach zu erkundigen. In einigen Auszügen werde ich zeigen, wie Sterne diese Bremsung ausgearbeitet hat.

Nach seinem feierlichen Versprechen, die Geschichte von Onkel Tobys Liebesabenteuern ohne Abschweifung zu erzählen, bremst Sterne die Handlung durch Abschweifungen innerhalb der Abschweifungen, die durch die Wiederholung ein und desselben Satzes verbunden sind.

> „Die Liebe gleicht in vielem dem Zustand eines betrogenen Ehemannes" (8. Buch, Kap. II–IV).

Darauf folgen Liebesmetaphern – die Liebe ist eine warme Mütze, die Liebe ist ein Kuchen (8. Buch, Kap. XI). Dann kommt die Geschichte der Attacken der Witwe Wadman auf Onkel Toby, doch wird ihre Beschreibung wiederum durch ein langes „Neckmärchen" unterbrochen, das Trim erzählt – „Die Geschichte vom böhmischen König und seinen sieben Schlössern". Die Geschichte ist von demselben Typ wie die, welche Sancho Pansa seinem Herrn in der Nacht des Abenteuers mit der Walkmühle erzählt, als er der Rosinante die Beine gefesselt hatte. Ständig unterbricht Onkel Toby mit seinen kriegstechnischen und stilistischen Bemerkungen die Erzählung. Das gleiche Verfahren habe ich schon im *Don Quijote* analysiert. Wie jedes „Neckmärchen" beruht auch dieses darauf, das Verfahren der Verlangsamung bewußt zu machen, der Zuhörer soll es unterbrechen. An dieser Stelle ist es die Aufgabe des Märchens, den Hauptvorgang des Romans zu verlangsamen. Danach gibt Trim die Geschichte vom böhmischen König auf und geht zur Geschichte seiner Liebe über (9. Buch, Kap. XX–XXII), und endlich erscheint wieder die Witwe Wadman auf der Bildfläche. Hier findet sich auch das Motiv der Verwundung.

„‚Ich habe fürchterliche Angst, Bridget‘, sagte Witwe Wadman, ‚daß ich den armen Hauptmann heiraten werde, er sich aber nicht seiner Gesundheit wird erfreuen können wegen dieser schauerlichen Verwundung in der Leistengegend.‘

‚Nun, sie ist ja vielleicht nicht so groß, Madame, wie Sie denken‘, beruhigte sie Bridget, ‚und außerdem‘, fügte sie hinzu, ‚bin ich sicher, daß sie schon ausgetrocknet ist ... ich bin sicher, daß Mister Trim mir den Hof machen wird: ich werde ihn nicht daran hindern‘, fügte Bridget hinzu, nur um alles aus ihm herauszubringen‘“ (9. Buch, Kap. XXVIII).

Hier wird wieder neues Material eingeschaltet, in diesem Fall Material, das die Realisierung einer Metapher liefert, was bei Sterne überhaupt sehr häufig vorkommt: er realisiert die lexikalische (Sprach-)Metapher „Steckenpferd“ (im Sinne von Marotte), spricht von ihr wie von einem realen Pferd und bringt als weitere Metapher „Esel“ (Körper). Vielleicht muß man die Herkunft dieser Metapher in dem Ausspruch des heiligen Franziskus von Assisi über seinen Körper sehen („mein Bruder Esel“). Die Metapher „Esel“ wird ebenfalls entfaltet, und es wird außerdem aus ihr eine „Situation des Mißverstehens“ gebaut.

Der Vater fragt Onkel Toby nach dem „Esel“, dieser meint, das sei eine euphemistische Benennung des rückwärtigen Körperteils (9. Buch, Kap. XXXII). Interessant ist ein Detail der weiteren Entfaltung. Was Vater Shandy zu Onkel Toby sagt, ist nichts anderes als eine Parodie der Rede Don Quijotes zu Sancho Pansa über die Statthalterschaft. Ich will nicht meine eigene Arbeit durch paralleles Zitieren beider Reden entfalten, um so mehr, als uns die Witwe Wadman erwartet. Onkel Toby und Trim begeben sich zu ihr.

Vater Shandy kommt mit seiner Frau, sie schauen ihnen zu und unterhalten sich über die bevorstehende Hochzeit. Hier erscheint wiederum das durchgehende Motiv vom kraftlosen Ehemann, der seine Frau am ersten Sonntag jeden Monats besitzt. Dieses Motiv war ganz am Anfang des Romans erschienen und taucht nun erneut auf.

9. Buch, Kap. XI. „‚... wenn sie nur kein Kind bekommt‘, sagte meine Mutter. ‚Dazu müßte sie erst meinen Bruder Toby überzeugen, daß er ihr dabei hilft.‘ ‚Natürlich, Mister Shandy‘, bekräftigte meine Mutter. ‚Obwohl, wenn es zum Überzeugen kommt ...‘, sagte mein Vater, ‚dann Gnade ihnen Gott.‘ ‚Amen‘, sagte meine Mutter. ‚Amen‘, rief mein Vater aus. ‚Amen‘, wiederholte meine Mutter, jedoch mit einem Seufzer, der am Schluß so voll von persönlichem Gram war, daß es meinen Vater ganz durcheinanderbrachte: sogleich holte er seinen Kalender hervor, jedoch bevor er ihn öffnen konnte, antwortete ihm Yoricks Gemeinde, die gerade aus der Kirche zog, zur Hälfte auf das, was er suchen wollte, und meine Mutter, die ihm sagte, daß heute Abendmahltag sei, ließ ihm keinen Zweifel auch in bezug auf die zweite Hälfte. – Deshalb steckte er seinen Kalender wieder in die Tasche zurück.

Der erste Lord der Schatzkammer, auf Mittel und Wege sinnend, wäre nicht nachdenklicher heimgekehrt."

Ich habe mir gestattet, diesen Abschnitt ganz zu zitieren, weil ich damit zeigen will, wie bei Sterne das zwischengeschaltete Material nicht einfach von außen herangetragen erscheint, sondern in jedem seiner Bruchstücke zu einer der Kompositionslinien des Romans gehört.

Wiederum folgen Abschweifungen anderer Linien, das Knotenmotiv taucht auf (9. Buch, Kap. XIV). Schließlich erscheint das Motiv der Verwundung, und zwar, wie immer bei Sterne, medias in res.

9. Buch, Kap. XX

. . . .

. . . .

. . . .

„,Sie werden nun die Stelle selbst sehen, Madame', sagte mein Onkel Toby.

Frau Wadman erbleichte – blickte auf die Tür, erbleichte, errötete wieder, – gewann ihr gewöhnliches Aussehen wieder und errötete dann heftiger als zuvor. Das alles wird für den ungebildeten Leser folgendermaßen übersetzt:

– Gott, ich kann doch da nicht hinsehen!
– Was würden die Leute sagen, wenn ich dahinsähe?
– Ich würde ohnmächtig hinfallen, wenn ich hinsähe.
– Ich möchte aber doch hinsehen.
– Was für eine Sünde kann es schon sein, hinzusehen?
– Ich werde hinsehen."

Aber es geschieht etwas anderes.

Onkel Toby denkt, die Witwe interessiere sich für die Örtlichkeit, wo er verwundet wurde, und nicht für die Stelle seiner Wunde am Körper. Dabei weiß auch der Leser nicht, wovon die Rede ist. Hier tritt das Ziel der Sujetverschiebung klar zutage – die Bremsung.

Und Trim bringt der enttäuschten Witwe eine Karte von Namur (Onkel Toby war in Namur verwundet worden). Wiederum folgt das Spiel mit Onkel Tobys Verwundung. Sterne selbst betreibt es jetzt in den Abschweifungen (9. Buch, Kap. XX–XXII). Dann kommt eine berühmte zeitliche Umstellung. Nach Kap. XXV tauchen die vordem ausgelassenen Kapitel XVIII und XIX auf. Die Handlung geht erst ab Kapitel XXVI weiter.

„... Ganz natürlich war ebenso das Bestreben von Frau Wadman, (deren erster Mann die ganze Zeit hindurch an Ischias gelitten hatte) zu erfahren, ob es vom Schenkel bis zur Leiste weit sei, und auch, welche von beiden Krankheiten (die am Gesäß oder die an der Leiste) ihre Gefühle weniger darben lassen würde.

Deshalb las sie von Buchdeckel zu Buchdeckel Drakes Anatomie durch, warf einen Blick in Whartons Werk über das Gehirn; sie machte sich an die Lektüre von Graafs Knochen- und Muskellehre (Anmerkung des Autors: hier irrt Herr Shandy offensichtlich, denn Graaf hat über den Saft der Bauchspeicheldrüse und über Zeugungsorgane geschrieben) – doch alles das half nichts ...

Um alle Zweifel zu zerstreuen, fragte sie zweimal Doktor Slop, ob man damit rechnen könne, daß der arme Hauptmann Shandy einst von seiner Verwundung genesen werde.

‚Er ist bereits genesen', antwortete Doktor Slop.

‚Wie? Vollkommen?'

‚Vollkommen, Madame.'

‚Doch was verstehen Sie darunter?' fragte Frau Wadman. – Doch Doktor Slop tat sich schwer mit Definitionen."

Frau Wadman erkundigt sich selbst bei Hauptmann Shandy nach seiner Verwundung.

„‚Hat sie ständig geschmerzt?'

‚War der Schmerz nicht im Bett erträglicher?'

‚Konnte er sich in den Sattel setzen?'" usw.

Schließlich wird die Sache folgendermaßen gelöst.

Trim spricht mit der Bediensteten der Witwe, Bridget, über die Verwundung von Hauptmann Shandy.

9. Buch, Kap. XXVIII. „‚... und in diesem verfluchten Laufgraben, Fräulein Bridget', sagte der Korporal, indem er sie bei der Hand nahm, ‚hat er die Verwundung erhalten, die ihn hier so schrecklich zerquetscht hat.' Indem er diese Worte hervorbrachte, drückte er ihre Hand leicht an die Stelle, von der er sprach, und ließ sie wieder los.

‚Wir hatten gedacht, Mister Trim, es sei mehr zur Mitte hin gewesen', sagte Fräulein Bridget.

‚Das hätte uns ganz und gar ins Unglück gestürzt', sagte der Korporal.

‚Und meine Herrin einsam leben lassen', sagte Bridget...

‚Na, na!' sagte Bridget, hielt die Fläche ihrer linken Hand horizontal und fuhr darauf mit ihren Fingern entlang, um zu zeigen, daß die Handfläche durchaus eben sei und sich keine Erhöhungen darauf befanden, welche die Bewegung der Finger behindert hätten.

‚Das ist bis zur letzten Silbe erlogen', rief der Korporal aus und ließ sie nicht einmal den begonnenen Satz zu Ende reden."

Es ist interessant, jene Handsymbolik mit dem gleichartigen erotischen Euphemismus im vorliegenden Roman zu vergleichen.

Eine kleine vorbereitende Anmerkung. Für die handelnden Personen im Roman ist dies eine Art des wohlanständigen Sprechens, für Sterne aber, d. h. wenn man die gleiche Erscheinung als Material für eine künstlerische Konstruktion nimmt, ist das ein Mittel der Verfremdung. Bemerkenswerterweise begegnet die gleiche Art der Handsymbolik in der speziell männlichen „schmutzigen" anekdotischen Folklore, wo es bekanntlich keine Anstandsregeln gibt außer dem Bestreben, so unanständig wie möglich zu reden, und auch dort treffen wir auf das Material des Euphemismus, insbesondere der Handsymbolik, hier jedoch bereits als Verfahren der Verfremdung.

Zurück zu Sterne. Wiederum habe ich fast ein ganzes, zum Glück nur kleines Kapitel abzuschreiben.

5. Buch, Kap. XVII. „Das war eigentlich nichts! Ich habe keine zwei Tropfen Blut verloren, mit einem Wort, wenn wir einen Feldscher zum Nachbarn gehabt hätten, so hätte es nicht gelohnt, ihn zu rufen!!

. . . .

. . . .

Das Stubenmädchen hatte den ... nicht unter das Bett gestellt.

‚Können Sie es nicht so einrichten, Sir', sagte Susanna, indem sie mit der einen Hand den Fensterrahmen nahm, mit der anderen mich auf das Fensterbrett setzte, ‚können Sie es nicht so einrichten, Schätzchen, ein einziges Mal ... '

Ich war damals fünf Jahre alt. Susanna hatte sich nicht vergegenwärtigt, daß in unserer Familie nichts ordentlich angebracht war, – und plötzlich fiel der Fallrahmen wie ein Blitz auf uns herab. ‚Nichts ist mir übriggeblieben', schrie Susanna auf, ‚nichts bleibt mir übrig als heimzulaufen.' " Sie läuft in Onkel Tobys Haus, der sich als der Schuldige an diesem Vorfall erweist, weil sein Diener Trim die Senkbleie aus dem Fallfenster genommen hatte, um daraus Spielzeugkanonen zu gießen.

Wiederum das übliche Verfahren bei Sterne: die Folgen werden vor die Ursachen gestellt. Die Beschreibung dieser Ursache befindet sich im Kap. XVIII des 5. Buches. Er erzählt den Vorfall mit Hilfe von Handsymbolik.

„Trim verstand mit Hilfe seines Zeigefingers, den er flach auf den Tisch legte, und seiner Handkante, mit der er senkrecht darauf schlug, seine Sache so zu erzählen, daß Priester und Jungfrauen ihn hätten anhören können" (Kap. XIX).

Im weiteren folgt die Entfaltung der Episode von den Gerüchten der Leute über den Vorfall, Abschweifungen, Erörterungen über die Abschweifung usw.

Interessanterweise läuft Vater Shandy, als er von dem Vorfall erfahren hat, zu seinem Sohn ... mit einem Buch, und es beginnt ein Gespräch über die Beschneidung im allgemeinen. Interessant ist hier, wie Sterne die Motivierung eingeschobener Teile parodiert.

„... Obadiah war bereits in der Lage, ihm einen detaillierten Bericht zu geben, wie es sich genau zugetragen hatte. ‚Das habe ich erwartet', sagte mein Vater, raffte seinen Hausrock zusammen und ging so die Treppe hinauf.

Hieraus kann man schließen (ich halte diese Frage übrigens für strittig), daß mein Vater schon früher dieses bemerkenswerte Kapitel der Tristrapaedia geschrieben hatte, das ich für das originellste und bemerkenswerteste im ganzen Buch halte, – nämlich das Kapitel über Fallfenster, das mit einer bitteren Philippika gegen die Vergeßlichkeit der Stubenmädchen schließt.

Nur aus zwei Gründen denke ich anders.

Erstens, wenn er diese Frage erwogen hätte, bevor sich ein solcher Vorfall ereignete, hätte er natürlich ohne lange Überlegung das Fallfenster zugenagelt – und Schluß; dabei ist unbestreitbar, wenn man sich vorstellt, mit welcher Mühe mein Vater Bücher schrieb, daß es ihm zehnmal leichter gefallen wäre, das zu tun, als ein einziges Kapitel zu schreiben. Ich sehe ein, daß dieses Argument gleichermaßen auch gegen die Möglichkeit einer Niederschrift dieses Kapitels nach oben erwähntem Ereignis gewendet werden kann; doch erscheint hier ein zweiter Grund, den ich die

Ehre haben werde, der Welt zur Unterstützung meiner Meinung vor Augen zu führen, – daß nämlich mein Vater nicht zu der Zeit, zu der Sie denken, das Kapitel über Fallfenster und Nachttöpfe geschrieben hat; der Grund ist der, daß ich selbst zur Vervollständigung der Tristrapaedia dieses Kapitel geschrieben habe."

Es ist ganz und gar nicht meine Absicht, Sternes Roman erschöpfend zu erforschen, denn mich interessiert nicht der Roman, sondern die Theorie des Sujets. Ich will jetzt einige Worte zum Überfluß an Zitaten sagen. Natürlich kann man das Material jedes zitierten Abschnitts vollständiger auswerten, weil fast kein Verfahren irgendwo in seiner reinen Form auftritt, doch das hätte meine Arbeit in eine Art Interlinearübersetzung mit grammatikalischen Fußnoten verwandelt. Bei einer derartigen Arbeitsweise hätte ich das Material vollgepfropft und strapaziert und den Leser der Möglichkeit beraubt es wahrzunehmen.

Bei der Analyse mußte ich dem Gang des Romans folgen, um seine ganze „Inkonsequenz" zu zeigen. Gerade das Ungewöhnliche an der Anordnung und Verteilung oft selbst der gewohnten Elemente ist hier charakteristisch.

Als Abschluß und gleichzeitig als Beweis für die Bewußtheit der Arbeit Sternes, für sein Spiel mit Pedal, seine Verletzung des normalen Sujetschemas, führe ich hier seine eigenen graphischen Darstellungen über den Fabelverlauf von *Tristram Shandy* an.

6. Buch, Kap. XL. „Ich beginne jetzt ganz ruhigen Gewissens zu Werk zu gehen, wobei ich nicht daran zweifle, daß es mir mit Hilfe von vegetarischer Diät und gelegentlichem Kühlen gelingen wird, Onkel Tobys Geschichte, wie auch meine eigene, einigermaßen gradlinig fortzusetzen.

Hier die vier Linien, auf denen ich mich in meinem ersten

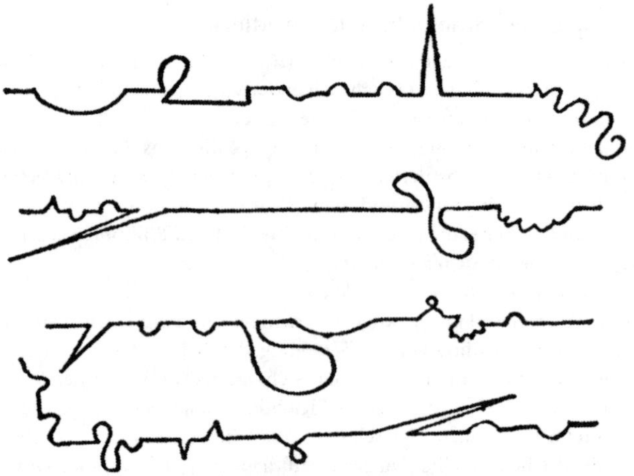

zweiten, dritten und vierten Buch bewegt habe. – Im fünften habe ich mich höchst wohlanständig geführt; die von mir beschriebene Linie ist folgende:

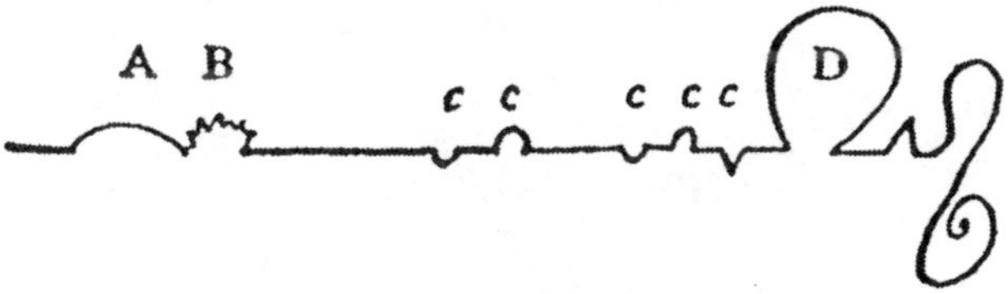

Aus ihr geht hervor, daß außer der mit A bezeichneten Kurve, wo ich den Abstecher nach Navarra machte, und der gezahnten Kurve B, die einer kurzen Verschnaufpause entspricht, die ich mir in der Gesellschaft von Frau Baussière und ihrem Pagen erlaubte, ich mir nicht die geringste Abschweifung gestattet habe, bis die Teufel des John de la Casse mich in den Kreis führten, der mit D bezeichnet ist; was nun c c c c c betrifft, so sind es nur Parenthesen, – gewöhnliche Wendungen einmal hierhin, einmal dorthin, gewöhnlich sogar im Leben der höchsten Staatsdiener; im Vergleich zu den Taten anderer Leute, oder selbst meinen eigenen Sünden unter den Buchstaben A, B und D zerfallen sie in nichts.“

Sternes Schemata sind annähernd richtig, berücksichtigen jedoch nicht die Überschneidung der Motive.

Man verwechselt allzu häufig den Begriff *Sujet* mit der Beschreibung von Ereignissen, also mit dem, wofür ich bedingt den Namen *Fabel* vorschlage.

In Wirklichkeit ist die Fabel nur das Material für die Sujetformung.

Somit ist das Sujet von *Eugen Onegin* nicht der Roman des Helden mit Tatjana, sondern die sujetmäßige Verarbeitung dieser Fabel, erreicht durch die Einschaltung von unterbrechenden Abschweifungen. Ein witziger Maler (Vladimir Milaševskij) empfiehlt, bei diesem Roman vor allem die Abschweifungen zu illustrieren („die Füßchen“ zum Beispiel), – und vom kompositorischen Standpunkt aus wäre das richtig.

Die Formen der Kunst erklären sich durch ihre künstlerische Gesetzmäßigkeit, und nicht durch ihre außerliterarische Motivierung. Wenn der Künstler die Handlung des Romans nicht durch Einschaltung z. B. von trennenden Figuren, sondern durch einfache Umstellung der Teile bremst, so zeigt er uns damit die ästhetischen Gesetze, die beiden Kompositionsverfahren zugrundeliegen.

Gewöhnlich wird behauptet, der *Tristram Shandy* sei kein Roman; die dies bejahen, halten nur eine Oper für Musik, eine Symphonie für Unordnung.

Der *Tristram Shandy* ist der typischste Roman der Weltliteratur.

Eugen Onegin Puškins Versroman erschien 1833.
Vladimir Milaševskij (1893–?), russ. Maler.

Weiterführende Literatur und Kontexte:

S. in diesem Band die Beiträge von STIERLE, GENETTE, FEDERMAN. – Zu den zentralen Begriffen ‚Fabel'/‚Sujet' und deren Abwandlungen s. JONATHAN CULLER: Fabula and Szujet in the Analysis of Narrative. In: Poetics Today 1 (1980), S. 27–37; PETER BROOKS: Reading for the Plot. Oxford: Clarendon 1984, bes. S. 3–37; DORRIT COHN: The Distinction of Fiction. Baltimore, London: Johns Hopkins UP 1999; VICTOR ERLICH: Russischer Formalismus. Frankfurt: Suhrkamp 1973; AAGE A. HANSEN-LÖVE: Der russische Formalismus. Wien: Vlg. d. Österr. Akademie d. Wiss. 1996 (zuerst 1978); RENATE LACHMANN: Die ‚Verfremdung' und das ‚neue Sehen' bei Viktor Šklovskij. In: Poetica 3 (1970), S. 226–249; WOLFGANG ISER: Laurence Sternes ‚Tristram Shandy'. München: Fink 1987. – MELVYN NEW (Hrsg.): Tristram Shandy: Contemporary Critical Essays. London: Macmillan 1992 (enthält u.a. den für die Erzähltheorie besonders wichtigen Aufsatz von WAYNE C. BOOTH: The Self-Conscious Narrator in Comic Fiction before ‚Tristram Shandy'. In: PMLA 67 (1952), S. 163–185).

Virginia Woolf: Mr. Bennett und Mrs. Brown (1924)

Der Einfluß der Romanschriftstellerin und glänzenden Essayistin VW auf die Literaturdebatten der (Post-)Moderne, des Feminismus und der Gender Studies ist unüberschaubar geworden. Die Tochter von Sir Leslie Stephen und seiner zweiten Frau Julia Duckworth ließ sich nach dem Tod ihres Vaters (1904) mit ihren Brüdern und ihrer Schwester Vanessa (die 1907 Clive Bell heiratete) in Bloomsbury nieder und schrieb seit 1905 regelmäßig (anonyme) Rezensionen für das Times Literary Supplement. Die Häuser der Stephens und Bells wurden zum Mittelpunkt der Bloomsbury Group (der u.a. Schriftsteller und Wissenschaftler wie E. M. Forster, Lytton Strachey, J. M. Keynes oder Roger Fry) angehörten. Mit ihrem Ehemann Leonhard Woolf (seit 1912) gründete VW 1917 die Hogarth Press (die u.a. Werke von Katherine Mansfield, T.S. Eliot oder Sigmund Freud publizierte); 1915 erschien ihr erster Roman, *The Voyage Out*. Nach dem Ersten Weltkrieg arbeitete sie für verschiedene Zeitschriften als Kritikerin, veröffentlichte ihre großen Romane *Mrs Dalloway* (1925) und *To the Lighthouse* (1927) sowie ihre Vorträge über Frauen und Literatur, *A Room of One's Own* (1929); ihre feministischen Reflexionen wurden 1938 in *Three Guineas* fortgesetzt. Ihre Essaysammlungen *The Common Reader* (2 Bde., 1925; 1932) wurden nach ihrem Tod (Selbstmord) durch weitere, zunächst von Leonhard Woolf herausgegebene Bände fortgesetzt: *The Death of the Moth* (1942), *The Moment* (1947), *The Captain's Death Bed* (1950), *Granite and Rainbow* (1958) und *Collected Essays* (4 Bde., 1966–1967).

Seither sind weitere wichtige Auswahlausgaben erschienen (v.a. *Women and Writing*, hrsg. v. Michèle Barrett); die umfassendste Ausgabe ihrer Essays (mit wissenschaftlichem Apparat), herausgegeben von Andrew McNeillie, ist noch nicht abgeschlossen. – Das wichtigste deutschsprachige Editions- und Übersetzungsprojekt der *Gesammelten Werke* VWs hat Klaus Reichert 1989 im S. Fischer Verlag begonnen. Die deutsche Neuausgabe ihrer Essays im Rahmen dieser Edition umfaßt bislang die folgenden Bände: *Frauen und Literatur*, *Der gewöhnliche Leser* (2 Bde.), *Der Augenblick*, *Der Tod des Falters*.

Erstausgabe: ‚Character in Fiction'. In: Criterion, Vol. II, No. 8, Juli 1924, S. 409–430. Neuausgabe u. d. T. ‚Mr. Bennett and Mrs. Brown'. In: Virginia Woolf: *Collected Essays. Vol. 1*. London: Hogarth 1966, S. 319–337; u. d. T. ‚Character in Fiction'. In: *The Essays of Virginia Woolf. Vol. 3: 1919–1924*. Hrsg. v. Andrew McNeillie. San Diego, New York, London: Harcourt Brace Jovanovich 1988, S. 420–438.
Druckvorlage: Virginia Woolf: *Granit und Regenbogen. Essays*. Übers. v. Herberth E. Herlitschka. Berlin, Frankfurt: Suhrkamp 1960, S. 161–189. Der Abdruck erfolgt mit freundlicher Genehmigung des S. Fischer Verlages.

‚Character in Fiction' ist aus dem Essay ‚Mr. Bennett and Mrs. Brown' (1923) hervorgegangen und wurde zuerst als Vortrag vor den Cambridge Heretics am 18. 5. 1924 gehalten; bis zu seiner Drucklegung unter dem Titel ‚Mr. Bennett and Mrs. Brown' (in der Reihe ‚The Hogarth Essays', First Series, No. 1, 1924) wurden zahlreiche Überarbeitungen vorgenommen. Die stark bearbeitete Typoskriptfassung wird in der zitierten englischen Ausgabe der Essays im Anhang (S. 501–517) wiedergegeben. Die folgenden Anmerkungen stützen sich auf diese exzellente Ausgabe.

Virginia Woolf: Mr. Bennett und Mrs. Brown

Ein Vortrag im Häretikerklub in Cambridge

Es scheint mir möglich und vielleicht wünschenswert, daß ich die einzige Person in diesem Saal bin, die so töricht gewesen ist, einen Roman zu schreiben, oder es versucht und nicht zuwege gebracht hat. Und als ich mich, von Ihnen aufgefordert, über den modernen Roman zu sprechen, fragte, welcher Dämon mir jene Torheit ins Ohr geflüstert und mich dem Verhängnis zugetrieben habe, da tauchte ein kleines Wesen vor mir auf – in Gestalt eines Mannes oder einer Frau, und es sagte: „Mein Name ist Brown. Fang mich ein, wenn du kannst!"

Die meisten Romanciers machen dieselbe Erfahrung. Irgendein Brown, Smith oder Jones erscheint vor ihnen und sagt auf die verführerischste und bezauberndste Art von der Welt: „Komm und fang mich, wenn du kannst!" Und so, von diesem Irrwisch genasführt, tappen sie sich durch ein Buch nach dem andern, verbringen die besten Jahre ihres Lebens bei diesem Bestreben und erhalten meistens sehr wenig Geld dafür. Wenige fangen das Phantom ein. Die meisten müssen sich mit einem Zipfel seines Gewands oder einer Strähne seiner Haare begnügen.

Mein Glaube, daß Männer und Frauen Romane schreiben, weil sie sich verlockt fühlen, irgendeinen Charakter zu schaffen, welcher sich ihnen auf diese Weise aufdrängte, hat die Sanktion Mr. Arnold Bennetts. In einem Artikel, aus dem ich hier zitiere, schreibt er: „Die Grundlage guter Romane besteht darin, Charaktere zu schaffen, und in nichts sonst … Stil zählt; Handlung zählt; Originalität der Auffassung zählt; aber nichts von alledem zählt auch nur annähernd soviel wie die Überzeugungskraft der Charaktere. Wenn die Charaktere Wirklichkeit besitzen, wird der Roman eine Chance haben; besitzen sie die nicht, wird er der Vergessenheit anheimfallen …" Und er kommt dann weiter zu dem Schluß, wir hätten gegenwärtig keine jungen Romanschriftsteller von erstrangiger Bedeutung, weil sie unfähig seien, Charaktere zu schaffen, welche wirklich, wahr und überzeugend sind.

Das sind die Fragen, die ich heute abend mit mehr Kühnheit als Vorsicht besprechen möchte. Ich möchte feststellen, was wir meinen, wenn wir von ‚Charakteren' im Roman sprechen; und etwas über die Frage

Mr. Arnold Bennett 1867–1931; VW zitiert aus Bennetts ‚Is the Novel Decaying?' In: Cassell's Weekly, 28. 3. 1923. – Bennetts Text ist nachgedruckt in: Robin Majumdar u. Allen McLaurin (Hrsg.): *Virginia Woolf. The Critical Heritage*. London, New York: Routledge 1997, S. 112–114.

des Wirklichseins sagen, welche Bennett aufwirft. Und einige Gründe andeuten, warum es den jüngern Schriftstellern nicht gelingt, Charaktere zu schaffen, falls seine Behauptung wahr ist, daß es ihnen nicht gelingt. Das wird mich, wie ich recht gut weiß, dahin führen, einige sehr verallgemeinernde und einige sehr unbestimmte Behauptungen zu wagen. Denn es ist eine äußerst schwierige Frage. Man muß bedenken, wie wenig wir über ‚Charakter' wissen – muß bedenken, wie wenig wir über die Kunst des Schreibens wissen. Aber um eine kleine Lichtung auszuhauen, bevor ich beginne, möchte ich vorschlagen, daß wir die Schriftsteller der letzten zwei Jahrzehnte in zwei Lager teilen; Wells, Bennett und Galsworthy will ich die Eduardianer nennen, und Forster, D. H. Lawrence, Lytton Strachey, Joyce und Eliot die Georgianer. Und wenn ich mit unerträglichem Egotismus in der ersten Person spreche, so bitte ich Sie, mich zu entschuldigen. Ich will der Welt im allgemeinen nicht die Meinungen einer einzelnen, schlecht unterrichteten und mißleiteten Person unterschieben.

Meine erste Behauptung werden Sie, glaube ich, gelten lassen – nämlich, daß jeder der hier Anwesenden Charaktere beurteilen kann. Tatsächlich wäre es unmöglich, auch nur ein Jahr lang ohne eine Katastrophe zu leben, würde man nicht Charakterdeutung betreiben und besäße nicht einige Geschicklichkeit darin. Unsre Ehen, unsre Freundschaften hängen davon ab; unsre Erwerbstätigkeit hängt zum großen Teil davon ab; jeden Tag tauchen Fragen auf, welche nur mit Hilfe dieser Kunst gelöst werden können. Und nun will ich eine zweite Behauptung wagen, die vielleicht bestreitbarer ist, nämlich, daß ungefähr im Dezember 1910 der menschliche Charakter sich veränderte.

Ich sage nicht, daß man vors Haus ging, etwa wie in einen Garten, und sah, daß eine Rose erblüht war oder eine Henne ein Ei gelegt hatte. Die Veränderung war nichts so Jähes und Bestimmtes. Aber eine Veränderung war es dennoch. Und da man bei so etwas willkürlich verfahren muß, wollen wir uns also auf das Jahr 1910 festlegen. Die ersten Spuren dieser Veränderung sind in den Büchern Samuel Butlers vermerkt, be-

Wells ... Eliot H. G. Wells (1866–1946), John Galsworthy (1867–1933), E. M. Forster (1879–1970), D. H. Lawrence (1885–1930), Lytton Strachey (1880–1932), James Joyce (1882–1941), T. S. Eliot (1888–1963).

ungefähr im Dezember 1910 Abgesehen vom Wechsel in der Thronfolge – auf den 1910 verstorbenen Edward VII. folgte Georg V. – wird als allgemein akzeptiertes Argument für die nicht willkürliche Wahl des Datums die von Roger Fry organisierte ‚First Post-Impressionist Exhibition' angeführt, die vom 8. 11. 1910 bis zum 15. 1. 1911 in London (Grafton Galleries) gezeigt wurde. Für weitere, v. a. philosophische Implikationen dieses Datums s. Ann Banfield: *The Phantom Table. Woolf, Fry, Russell and the Epistemology of Modernism.* Cambridge 2000, bes. S. 9–23.

Samuel Butler 1835–1902; VW rezensierte dessen Roman *The Way of All Flesh* (1903) im

sonders in seinem Roman *Der Weg alles Fleisches*, und die Stücke Bernard Shaws setzen diese Vermerke fort. Im Leben kann man die Veränderung, wenn ich eine so hausbackene Veranschaulichung gebrauchen darf, am Charakter seiner Köchin erkennen. Die Köchin der viktorianischen Zeit lebte wie ein Leviathan in den untern Regionen, furchtgebietend, schweigsam, unbekannt, unergründlich; die Köchin der georgianischen Zeit ist 96 | 97
ein Geschöpf des Sonnenlichts und der frischen Luft; sie geht im Wohnzimmer ein und aus, einmal um sich den *Daily Herald* auszuborgen, ein andermal, um sich Rat wegen eines neuen Huts zu holen. Kann man eindrucksvollere Beispiele verlangen für die Fähigkeit des Menschengeschlechts, sich zu verändern? Lesen Sie den *Agamemnon* und sehen Sie, ob mit der Zeit Ihre Sympathie nicht fast ganz Klytemnästra gehören wird! Oder betrachten Sie das Eheleben der Carlyles und beweinen Sie mit mir die Vergeudung und Vergeblichkeit, für ihn und für sie, jener abscheulichen hausfraulichen Tradition, die es als einer Frau von Genie geziemend erscheinen ließ, ihre Zeit damit zu verbringen, Jagd auf Küchenschaben zu machen und Bratpfannen zu scheuern, statt Bücher zu schreiben. Alle menschlichen Beziehungen haben sich verschoben, sowohl die zwischen Herr und Diener als auch die zwischen Eheleuten und zwischen Eltern und Kindern. Und wenn sich menschliche Beziehungen ändern, tritt gleichzeitig eine Veränderung in der Religion ein, in der Lebensführung, in der Politik und in der Literatur. Einigen wir uns also darauf, den Eintritt einer solchen Veränderung ungefähr für das Jahr 1910 anzunehmen.

Ich sagte, daß Menschen sich beträchtliche Geschicklichkeit im Charakterlesen erwerben müssen, wenn sie auch nur ein einziges Jahr ihres Lebens ohne eine Katastrophe überstehn wollen. Aber als eine Kunst ist es etwas für junge Leute. Im mittleren und höheren Alter wird es meist seines Nutzens wegen ausgeübt, und es kommt selten zu Freundschaften und andern Abenteuern und Experimenten in der Kunst, einen Charakter zu erkennen. Romanciers jedoch unterscheiden sich von der übrigen Menschheit dadurch, daß sie, nachdem sie soviel davon gelernt haben, wie für praktische Zwecke genügt, nicht aufhören, sich für Charaktere zu interessieren. Sie gehn einen Schritt weiter; sie spüren, daß im Charakter selbst etwas dauernd Interessantes liegt. Wenn alles prak-

Jahr 1919; vgl. VW *Essays 3*, S. 57–60, wo sie schreibt, daß dieser zunächst nur langsam rezipierte Roman im Jahr 1910 zwei Auflagen erlebte und seither große Verbreitung fand.
Daily Herald Das 1912 gegründete Blatt vertrat vor allem die Interessen der arbeitenden Klassen und setzte sich für soziale Reformen ein.
Agamemnon Von Aischylos (458 v. Chr.).
Eheleben der Carlyles Zu Thomas (1795–1881) und Jane Welsh Carlyle (1801–1886) vgl. vor allem VWs Essay ‚The Letters of Jane Welsh Carlyle' (VW *Essays 1*).

tische Geschäft des Lebens erledigt ist, bleibt doch noch etwas an Menschen, das auch dann noch einem Schriftsteller überwältigend bedeutungsvoll zu sein scheint, obzwar es gar nichts mit seinem Lebensglück, seiner Behaglichkeit oder seinem Einkommen zu tun hat. Charakterstudium wird für ihn zu einer ihn ganz in Anspruch nehmenden Beschäftigung; einer Gestalt Charakter zu verleihen, zu einer Besessenheit. Und dennoch finde ich es sehr schwer zu erklären, was Romanciers meinen, wenn sie von Charakter sprechen; was der Impuls ist, der sie bisweilen so mächtig treibt, ihren Ansichten davon in ihren Büchern Ausdruck zu geben.

Darum will ich, wenn Sie es mir gestatten, statt mit Analysen und Abstraktionen zu kommen, Ihnen eine einfache Geschichte erzählen, welche, so pointenlos sie sein mag, den Vorzug hat, wahr zu sein, – die Geschichte einer Eisenbahnfahrt von Richmond nach London. Und zwar, weil ich hoffe, Ihnen an ihr zeigen zu können, was ich mit ‚Charakter an sich' meine; und auch, weil ich hoffe, Sie werden die verschiedenen Anblicke erkennen, die er bieten kann, und die gräßlichen Gefahren, die einen bedrohen, kaum daß man versucht, ihn mit Worten zu beschreiben.

Eines Abends also, vor einigen Wochen, kam ich spät auf den Bahnhof und sprang in das erstbeste Abteil, zu dem ich gelangte. Als ich mich setzte, hatte ich das seltsame und unbehagliche Gefühl, ein Gespräch zwischen zwei Leuten zu unterbrechen, welche schon in dem Abteil saßen. Sie waren nicht etwa jung oder glücklich – weit davon! Sie waren beide ältlich, die Frau über sechzig, der Mann gut über vierzig. Sie saßen einander gegenüber, und der Mann, der, seiner vorgeneigten Haltung und der Rötung seines Gesichts nach zu schließen, mit Nachdruck gesprochen hatte, lehnte sich zurück und verstummte. Ich hatte ihn gestört, und er war verärgert. Die ältliche Dame jedoch, die ich Mrs. Brown nennen will, schien sich eher erleichtert zu fühlen. Sie war eine dieser sauberen, fadenscheinigen alten Damen, deren äußerste Nettigkeit – alles zugeknöpft, festgenadelt, zusammengebunden, ausgebessert und gebürstet – stärker auf äußerste Armut deutet, als Lumpen und Schmutz das vermögen. Sie hatte etwas Eingezogenes – eine Miene der Kümmernis und Besorgnis, und noch dazu war sie außerordentlich klein. Ihre Füße in den sauberen kleinen Stiefeletten berührten kaum den Boden. Ich fühlte, daß sie niemand hatte, der sich ihrer annahm; daß sie ganz allein zu Entschlüssen kommen mußte; daß sie, seit Jahren verwitwet oder von ihrem Mann verlassen, ein sorgenvolles, geplagtes und gehetztes Leben gehabt, vielleicht einen Sohn auferzogen hatte, der ebenso wahrscheinlich wie nicht nun grade anfing, auf Abwege zu geraten. Das alles schoß mir, als ich mich setzte, durch den Kopf, weil ich mich, wie die

meisten Menschen, unbehaglich fühle, wenn Mitreisende im Abteil sind und ich mir nicht irgendwie Rechenschaft über sie gegeben habe. Dann sah ich mir den Mann an. Er war kein Verwandter dieser Mrs. Brown; dessen war ich gewiß; er war von kräftigerem, plumperem, weniger verfeinertem Schlag. Ein Geschäftsmann, stellte ich mir vor, sehr wahrscheinlich ein achtbarer Getreidehändler aus dem Norden, in seinem 98 | 99
guten blauen Sergeanzug, darin ein Taschenmesser und ein Seidenschautüchlein, und mit einer starken ledernen Reisetasche ausgerüstet. Offenbar jedoch hatte er etwas Unangenehmes mit Mrs. Brown zu erledigen; ein geheimes, vielleicht dunkles Geschäft, das die beiden nicht in meiner Gegenwart besprechen wollten.

„Ja, die Crofts haben großes Pech mit ihren Dienstboten gehabt“, sagte Mr. Smith (wie ich ihn nennen will) auf eine abwägende Art und kehrte damit zu einem früheren Gesprächsgegenstand zurück, um den Anstand zu wahren.

„Ja, die Bedauernswerten“, sagte Mrs. Brown ein wenig herablassend. „Meine Großmutter hatte ein Dienstmädchen, die kam mit fünfzehn Jahren zu ihr und blieb, bis sie achtzig war.“ (Das wurde mit einer Art gekränkten und aggressiven Stolzes gesagt, vielleicht um auf uns beide Eindruck zu machen.)

„So etwas findet man heutzutage nicht oft“, sagte Mr. Smith darauf in versöhnlichem Ton.

Dann schwiegen sie.

„Es ist sonderbar, daß sie dort keinen Golfklub gründen, – ich hätte gedacht, daß einer von den jungen Leuten das tun wird“, begann Mr. Smith wieder, denn dieses Schweigen war ihm offenbar unbehaglich.

Mrs. Brown gab sich kaum die Mühe, überhaupt zu antworten.

„Was für Veränderungen die Leute in diesem Teil der Welt hier vornehmen“, sagte Mr. Smith, aus dem Fenster sehend, und blickte dann verstohlen zu mir her.

Es wurde aus Mrs. Browns Schweigen, aus der gezwungenen Liebenswürdigkeit, mit der Mr. Smith sprach, klar, daß er irgendeine Macht über sie hatte, die er auf unangenehme Weise ausübte. Es mochte die Entgleisung ihres Sohns sein oder eine peinliche Episode in ihrer eignen Vergangenheit oder der ihrer Tochter. Vielleicht fuhr sie nach London, um ein Schriftstück zu unterzeichnen, durch welches sie irgendeinen Besitz übermachte. Offenbar gegen ihren Willen war sie in Mr. Smith’ Händen. Ich begann schon, hübsch viel Mitleid mit ihr zu empfinden, da fragte sie ihn plötzlich und unvermittelt:

„Können Sie mir sagen, ob eine Eiche abstirbt, wenn die Blätter zwei Jahre nacheinander von Raupen abgefressen wurden?“

Sie sprach ganz munter und mit einer sehr genauen, kultivierten Aussprache und in wißbegierigem Ton.

Mr. Smith war erstaunt aber erleichtert, einen ungefährlichen Gesprächsstoff zugespielt zu bekommen. Er erzählte sehr schnell eine ganze Menge über schädliche Insekten. Er erzählte ihr, er habe einen Bruder, der ein Obstgut in Kent bewirtschafte. Er erzählte ihr, was Obstzüchter in Kent jedes Jahr täten, und so weiter. Während er sprach, geschah etwas sehr Sonderbares. Mrs. Brown holte ihr weißes Taschentüchlein hervor und begann, sich die Augen zu tupfen. Sie weinte. Aber sie hörte weiter ganz gefaßt zu, was er sagte, und er sprach weiter, ein wenig lauter, ein wenig ärgerlich, als hätte er sie schon oft weinen gesehen; als wäre es eine peinliche Gewohnheit von ihr. Zuletzt begann es ihm auf die Nerven zu gehn. Er verstummte plötzlich, sah zum Fenster hinaus, beugte sich dann zu ihr, wie er es getan hatte, als ich einstieg, und sagte auf eine einschüchternde, drohende Art, als wollte er nun keinen Unfug mehr dulden:

„Also was das betrifft, was wir besprochen haben, das wird doch in Ordnung sein? George wird da sein am Dienstag?"

„Wir werden uns nicht verspäten", antwortete Mrs. Brown, sich mit bewundernswerter Würde zusammenraffend.

Mr. Smith sagte nichts. Er stand auf, knöpfte seinen Mantel zu, langte seine Reisetasche herab und sprang aus dem Zug, noch bevor der in Clapham Junction richtig stehngeblieben war. Er hatte erreicht, was er wollte, aber er schämte sich; er war froh, der alten Dame aus den Augen zu kommen.

Mrs. Brown und ich blieben allein miteinander. Sie saß in ihrer Ecke mir gegenüber, sehr adrett, sehr klein, recht wunderlich und heftig leidend. Der Eindruck, den sie machte, war überwältigend. Er kam hervorgequollen wie ein Zugwind, wie ein Brandgeruch. Aber woraus er wohl zusammengesetzt war – dieser überwältigende und eigenartige Eindruck? Myriaden belangloser und ungereimter Gedanken drängen sich einem bei solchen Gelegenheiten auf. Man sieht die Person, man sieht Mrs. Brown, im Mittelpunkt aller möglichen Szenen. Ich dachte sie mir in einem Haus eines Orts an der Küste, umgeben von wunderlichem Zierat: getrockneten Seeigeln, Schiffsmodellen unter Glasstürzen; die Medaillen ihres Mannes auf dem Kaminsims. Sie flatterte in dem Zimmer ein und aus, hockte auf Stuhlkanten, pickte Mahlzeiten aus Untertassen, verlor sich lange Zeiten in schweigendes Vorsichhinsehen. Die Raupen und die Eichen schienen auf das alles hinzudeuten. Und dann brach in dieses phantastische und abgeschiedene Dasein Mr. Smith ein. Ich sah ihn an einem windigen Tag sozusagen hereinwehen. Er schmetterte zu, er schmiß hin, sein triefender Schirm machte eine Lache im Hausflur. Dann saßen sie und führten ein Gespräch hinter geschlossener Tür.

Und da sah sich Mrs. Brown der entsetzlichen Enthüllung gegenüber. Sie faßte ihren heroischen Entschluß. In der Früh, noch vor Tagesanbruch, packte sie ihr Handköfferchen und trug es selber zum Bahnhof. Sie wollte Mr. Smith es nicht anrühren lassen. Sie war in ihrem Stolz verletzt, von ihrem Ankerplatz losgerissen. Sie war aus guter Familie, die sich Dienstboten gehalten hatte – aber Einzelheiten konnten warten. Das Wichtige war, ihren Charakter zu erfassen, sich in ihre Atmosphäre einzutauchen. Ich hatte keine Zeit, mir zu erklären, warum ich ihren Charakter als einigermaßen tragisch, heroisch empfand, jedoch mit einem Schuß von Leichtsinn und Phantastik – denn da hielt der Zug schon in London, und ich sah ihr nach, wie sie, ihr Köfferchen tragend, in dem riesigen, lichtüberfluteten Bahnhof verschwand. Sie sah sehr klein aus, sehr beharrlich; sehr zart und zugleich sehr heroisch. Und ich habe sie nie wiedergesehen und werde nie erfahren, was aus ihr wurde.

Die Geschichte endet ohne jede Pointe. Aber ich habe Ihnen diese Anekdote nicht erzählt, um meinen Scharfsinn zu veranschaulichen, noch auch das Vergnügen einer Reise von Richmond nach dem Waterloo-Bahnhof. Worauf ich Ihren Blick lenken möchte, ist dies: Hier haben wir einen Charakter, der sich einer andern Person aufzwingt; hier haben wir Mrs. Brown, die einen andern Menschen fast automatisch dahin bringt, daß er einen Roman über sie zu schreiben beginnt. Ich glaube, alle Romane beginnen mit einer alten Frau in der Ecke gegenüber. Ich glaube, heißt das, daß alle Romane sich mit Charakteren befassen, und daß die Form des Romans, diese so plumpe, wortreiche und undramatische, so reichhaltige, dehnbare und lebendige Form entwickelt wurde, um Charakter auszudrücken, nicht um Lehren zu predigen, Lieder zu singen oder den Ruhm des Britischen Weltreichs zu verherrlichen. Um Charakter auszudrücken, sagte ich; aber Sie werden sich sogleich denken, daß diese Worte in allerweitester Bedeutung ausgelegt werden können. Zum Beispiel wird der Charakter der alten Mrs. Brown einem einen sehr verschiedenen Eindruck machen, je nach dem Zeitalter und dem Land, in welchem man zufällig geboren wurde. Es ließen sich leicht genug drei verschiedene Versionen über diesen Vorfall im Eisenbahnzug schreiben, eine englische, eine französische und eine russische. Der englische Schriftsteller würde die alte Dame zu einer ‚Charakterfigur' machen; er würde ihre Absonderlichkeiten und wunderlichen Gewohnheiten herausbosseln; ihre Knöpfe und Runzeln, ihre Bänder und Warzen. Ihre Persönlichkeit würde den Roman beherrschen. Ein Franzose würde das alles wegwischen; er würde die individuelle Mrs. Brown opfern, um eine mehr allgemeine Ansicht der menschlichen Natur zu geben; ein abstrakteres, proportionierteres und harmonischeres Ganze zu gestalten. Der Russe würde durch das Fleisch dringen, würde die Seele enthüllen – die Seele allein, wie sie hinauswandert in die Waterloo Road und eine furchtbar große Frage an das Leben richtet, die in unsern Ohren forttönen würde, wenn das Buch schon zu Ende gelesen wäre. Und dann bleibt neben Zeitalter und Land auch noch das Temperament des Schriftstellers zu berücksichtigen. In dem Begriff ‚Charakter' sehen Sie etwas andres als ich. Sie sagen, er bedeute dies, ich sage, er bedeute das. Und wenn es zum Schreiben kommt, trifft jeder Mensch nach seinen eignen Grundsätzen noch eine engere Auswahl. So kann Mrs. Brown auf unendlich verschiedene Weise behandelt werden, je nach dem Zeitalter, dem Land und dem Temperament des Schriftstellers.

Nun aber muß ich Ihnen ins Gedächtnis rufen, was Arnold Bennett sagt. Er sagt, ein Roman habe Aussicht, am Leben zu bleiben, nur wenn die Charaktere wirklich seien. Andernfalls müsse er sterben. Aber, frage ich mich, was ist Wirklichkeit? Und wer soll Richter sein darüber? Ein Charakter mag für Bennett wirklich sein, und unwirklich für mich. Zum Beispiel sagt er in seinem Artikel, daß Dr. Watson in *Sherlock Holmes* für ihn wirklich sei; für mich ist Dr. Watson ein mit Stroh ausgestopfter Sack, eine Attrappe, ein komischer Popanz. Und so ist es mit einem Charakter nach dem andern in einem Roman nach dem andern. Über nichts gehn die Ansichten der Menschen so weit auseinander wie über das Wirklichsein von Charakteren, besonders von solchen in zeitgenössischen Romanen. Im weitern Sinn betrachtet aber hat Bennett vollkommen recht. Wenn man nämlich an die Romane denkt, die einem als große Romane erscheinen – *Krieg und Frieden*, der *Jahrmarkt der Eitelkeiten*, *Tristram Shandy*, *Madame Bovary*, *Stolz und Vorurteil*, *Der Bürgermeister von Casterbridge*, *Villette*. Wenn man an diese denkt, denkt man sogleich an irgendeinen Charakter, der einem als so wirklich erschien (ich meine damit nicht, als so lebensähnlich), daß er die Kraft

Dr. Watson in *Sherlock Holmes* Bennett hatte in ‚Is the Novel Decaying?' geschrieben, daß die Sherlock-Holmes-Geschichten von Arthur Conan Doyle (1859–1930) noch „a certain slight prestige" haben; und zwar nicht wegen des Plots oder der überzeugenden Hauptfigur, sondern wegen der „convincingness of the ass Watson": „Watson has real life. His authenticity convinces everyone, and the books in which he appears survive by reason of him".

Krieg und Frieden ... Villette L. N. Tolstoi: *Krieg und Frieden* (1865–1872); W. M. Thackeray: *Jahrmarkt der Eitelkeiten* (*Vanity Fair*, 1847–1848); Laurence Sterne: *Tristram Shandy* (1759–1767); Gustave Flaubert: *Madame Bovary* (1856); Jane Austen: *Stolz und Vorurteil* (*Pride and Prejudice*, 1813); Thomas Hardy: *Der Bürgermeister von Casterbridge* (*The Mayor of Casterbridge*, 1886); Charlotte Brontë: *Villette* (1853).

hat, einen zu zwingen, nicht nur an ihn selbst zu denken, sondern, mit seinen Augen gesehen, an alles mögliche – an Religion, Liebe, Krieg, Frieden, Familienleben, Bälle in Landstädtchen, Sonnenuntergänge, Mondaufgänge und die Unsterblichkeit der Seele. Es gibt kaum irgendeinen Gegenstand menschlicher Erfahrung, der in *Krieg und Frieden* nicht enthalten ist, so scheint es mir. Und in allen diesen Romanen haben die großen Schriftsteller, was sie uns sehen lassen wollen, uns durch einen der Charaktere sehen lassen. Sonst wären sie nicht Romanciers sondern Lyriker, Historiker oder Publizisten.

Nun aber wollen wir untersuchen, was Bennett weiterhin sagt – nämlich, daß es unter den georgianischen Schriftstellern keinen großen Romancier gebe, weil sie keine Charaktere schaffen könnten, welche wirklich und wahr und überzeugend sind. Und hier kann ich ihm nicht beistimmen. Es gibt Gründe, Entschuldigungen und Möglichkeiten, welche, glaube ich, dem Fall eine andre Färbung verleihen. So scheint es wenigstens mir, aber ich bin mir sehr wohl bewußt, daß ich da wahrscheinlich voreingenommen, sanguinisch und kurzsichtig bin. Ich will Ihnen meine Ansicht mit der Hoffnung vorlegen, daß Sie sie zu einer unparteiischen, wohlerwogenen und weitherzigen machen werden. Warum also ist es gegenwärtig für Romanciers so schwer, Charaktere zu schaffen, welche nicht nur Bennett sondern der ganzen Welt wirklich zu sein scheinen? Warum gelingt es, wenn es wieder mal Oktober wird, den Verlegern nie, uns mit einem Meisterwerk zu beliefern?

Einer der Gründe ist doch gewiß der, daß die Männer und Frauen, die etwa um 1910 Romane zu schreiben begannen, sich dieser einen großen Schwierigkeit gegenübersahen – es war kein lebender englischer Romancier da, von dem sie ihr Handwerk hätten lernen können. Conrad ist Pole; das gibt ihm eine Sonderstellung und läßt ihn, so bewundernswert er auch ist, nicht sehr hilfreich sein. Hardy hat seit 1895 keinen Roman mehr geschrieben. Die hervorragendsten und erfolgreichsten Romanciers waren 1910 vermutlich Wells, Bennett und Galsworthy. Es scheint mir nun, daß zu diesen zu gehn und von ihnen zu verlangen, einen das Romaneschreiben zu lehren – wie man Charaktere schaffen soll, die wirklich sind, – genau so wäre, wie zu einem Schuster zu gehn und zu verlangen, er solle einen lehren, eine Uhr zu machen. Lassen Sie mich bei Ihnen nicht den Eindruck erwecken, daß ich die Bücher dieser drei nicht bewundere oder keine Freude an ihnen habe. Sie scheinen mir von großem Wert und tatsächlich sehr notwendig zu sein. Es gibt Zeiten,

Conrad Joseph Conrad (Teodor Jozef Konrad Korzeniowski), 1857–1924.
Hardy hat seit 1895 Thomas Hardy (1840–1928) veröffentlichte 1895 seinen letzten Roman, *Jude the Obscure*.

wo es wichtiger ist, Schuhe zu haben als Uhren. Um den Vergleich fallen zu lassen, ich glaube, es war nach der schöpferischen Tätigkeit des viktorianischen Zeitalters durchaus nötig, nicht nur für die Literatur sondern für das Leben, daß jemand die Romane schreiben sollte, die Wells, Bennett und Galsworthy geschrieben haben. Aber was für sonderbare Romane sind das doch! Manchmal frage ich mich, ob wir sie zu Recht überhaupt Romane nennen, denn sie hinterlassen einem ein so befremdliches Gefühl der Unvollständigkeit und Unbefriedigung. Um sie zu vervollständigen, scheint es nötig zu sein, etwas zu tun – einem Verein beizutreten oder, noch wagemutiger, einen Scheck auszustellen. Wenn man das getan hat, ist die Ruhelosigkeit gebannt, man ist mit dem Buch fertig. Es kann ins Regal gestellt und braucht nie wieder gelesen zu werden. Mit dem Werk andrer Romanciers aber ist das nicht so. *Tristram Shandy* und *Stolz und Vorurteil* sind an sich vollständig; sie sind in sich abgeschlossen; sie hinterlassen nicht das Verlangen, noch irgend etwas zu tun, ausgenommen freilich, das Buch nochmals zu lesen und es besser zu verstehn. Der Unterschied liegt vielleicht darin, daß diese beiden, Sterne und Jane Austen, sich für Dinge um ihrer selbst willen interessieren; für Charaktere als solche; für das Buch als solches. Darum ist alles in dem Buch drin und nichts außerhalb. Die Eduardianer aber interessierten sich nie für Charakter als solchen oder für das Buch als solches. Sie interessierten sich für irgend etwas, das außerhalb lag. Ihre Romane waren daher als Romane unvollständig und erforderten, daß der Leser sie aktiv und praktisch für sich selbst vollende.

Vielleicht läßt sich das klarer machen, wenn wir uns die Freiheit nehmen, uns eine kleine Gesellschaft in dem Eisenbahnabteil vorzustellen – Mr. Wells, Mr. Galsworthy und Mr. Bennett fahren mit Mrs. Brown nach London. Mrs. Brown war, so sagte ich, ärmlich gekleidet und sehr klein. Sie sah besorgt und gehetzt aus. Ich bezweifle, daß sie das war, was man eine gebildete Frau nennt. Alle diese Symptome des unbefriedigenden Zustands unsrer Elementarschulen mit einer Geschwindigkeit erfassend, welcher ich nicht genug gerecht werden kann, würde Wells sogleich auf die Fensterscheibe die Vision einer Welt werfen, einer besseren, luftigeren, freudigeren, glücklicheren, abenteuerlustigeren und tapfereren Welt, in welcher es diese muffigen Eisenbahnabteile und mickerigen alten Frauen nicht gibt; wo wunderbare Schleppkähne um acht Uhr morgens tropische Früchte zu den Londoner Märkten bringen; wo es öffentliche Kinderheime, Springbrunnen und Bibliotheken, Speisesäle, Erholungsräume und Ehen gibt; wo jeder Staatsbürger großmütig und aufrichtig, wacker und wundervoll ist, ungefähr so, wie Wells selbst. Wo es aber niemand gibt, der im geringsten Mrs. Brown gleicht. Im Lande

Utopia gibt es keine Mrs. Browns. Ich glaube wirklich nicht, daß Wells, bei seiner Leidenschaft, Mrs. Brown zu dem zu machen, was sie sein sollte, auch nur einen einzigen Gedanken an sie, wie sie ist, verschwenden würde. Und was würde Galsworthy sehen? Können wir zweifeln, daß die Mauern von Doultons Keramikfabrik ihn fesseln würden? In dieser Fabrik gibt es Frauen und Mädchen, welche täglich fünfundzwanzig Dutzend irdener Töpfe verfertigen. Es gibt im East End alte Mütter, welche von den paar Schillingen abhängig sind, die diese Frauen und Mädchen verdienen. Aber es gibt Arbeitgeber in den Landhäusern von Surrey, welche sogar heute noch, während die Nachtigallen schlagen, üppige Zigarren rauchen. Von Entrüstung entflammt, mit Kenntnissen vollgestopft, ein Ankläger der Zivilisation, sähe Galsworthy in Mrs. Brown nur einen auf der Scheibe gebrochenen und in die Ecke geschmissenen Topf. Arnold Bennett, als einziger der Eduardianer, ließe seine Augen nicht aus dem Abteil schweifen. Er würde wahrhaftig jede Einzelheit mit ungeheurer Sorgfalt vermerken. Er würde die Reklamen vermerken; die Photographien von an der Strecke gelegenen Orten; die Art, wie die Polsterung sich zwischen den Knöpfen wölbt; daß Mrs. Brown eine Brosche trägt, welche sie drei Schilling und zehneinhalb Pence im Whitworth-Basar gekostet hat; und beide Handschuhe gestopft hatte – ja daß tatsächlich der Daumen des linken durch einen neuen ersetzt worden war. Und er würde des längeren ausführen, daß dies der beschleunigte Zug von Windsor war, der in Richmond zur Bequemlichkeit der da wohnenden wohlhabenden Mittelständler hält, welche es sich leisten können, ins Theater zu gehn, aber noch nicht den gesellschaftlichen Rang erreicht haben, der ihnen erlaubt, sich ein Automobil zu halten, obgleich es wahr sei, daß es Gelegenheiten gebe (und er würde uns sagen, welche), wo sie eins von einer Leihgarage mieten (und er würde uns sagen, von welcher). Und so würde er allmählich an Mrs. Brown heranrücken und würde erwähnen, wie ihr ein kleiner Pachtbesitz, nicht Eigenbesitz, in Datchet hinterlassen worden sei, auf dem jedoch Mr. Bungay, der Rechtsanwalt, eine Hypothek habe, – aber warum soll ich mir anmaßen, für Arnold Bennett zu erfinden? Schreibt er nicht selber Romane? Ich will also das erstbeste seiner Bücher, das mir in die Hände kommt – *Hilda Lessways* – aufschlagen. Laßt uns sehen, auf welche Weise er uns, wie ein Romancier es sollte, das Gefühl gibt, daß Hilda wirklich und wahr und überzeugend ist. Sie schloß die Tür stets auf eine leise, beherrschte Art, welche das Gezwungene des Verhältnisses zu ihrer Mutter zeigte. Sie las gerne in Tennysons Versdichtung *Maud*; sie besaß die Gabe tiefen Empfindens.

Hilda Lessways 1911 erschienen.
Maud Alfred Lord Tennysons Monodrama erschien 1855.

So weit wäre alles in Ordnung; auf seine gemächliche, trittsichere Weise versucht Bennett, uns auf diesen ersten Seiten, wo jeder Zug wichtig ist, zu zeigen, was für eine Art von Mädchen sie war. Dann aber beginnt er, nicht Hilda Lessways zu beschreiben, sondern die Aussicht aus ihrem Schlafzimmerfenster, und die Entschuldigung dafür ist, daß Mr. Skellorn, der Mann, der die Mieten einkassiert, dieses Wegs kommt. Bennett geht so zu Werk:

„Die Landvogtei Turnhill lag hinter ihr; und der ganze trübdunstige Bezirk der Fünf Städte, von denen Turnhill der nördlichste Vorposten ist, lag weiter nach Süden hin. Am Fuß des Chatterley-Walds wand sich der Kanal in langem Bogen zu den ungeschändeten Ebenen von Cheshire und zum Meer. Am Kanalrand, genau gegenüber Hildas Fenster, stand eine Kornmühle, die manchmal fast ebensoviel Rauch entwickelte wie die Brennöfen und die Schornsteine, welche den Ausblick nach beiden Seiten hin abschlossen. Von der Kornmühle führte ein mit Ziegeln gepflasterter Fußweg, der eine sehr ansehnliche Reihe neuer Wohnhäuschen von ihren zugehörigen Gärten trennte, schnurgerade in die Lessways Street vor Mrs. Lessways Haus. Auf diesem Fußweg hätte Mr. Skellorn kommen sollen, denn er bewohnte das weitest entfernte der kleinen Häuser."

Eine einzige einsichtsvolle Zeile hätte mehr gesagt als alle diese vielen beschreibenden; aber lassen wir sie hingehn als die notwendige öde Plackerei des Romanschriftstellers. Und – wo bleibt Hilda? Ach ja, sie sieht noch immer aus dem Fenster. So leidenschaftlich und unbefriedigt sie auch war, war sie doch ein Mädel mit einem Auge für Häuser. Sie verglich oft diesen alten Mr. Skellorn mit den ‚Villen', die sie von ihrem Schlafzimmerfenster aus sah. Darum müssen diese Villen beschrieben werden. Bennett setzt fort:

„Die Häuserzeile war *Freehold Villas* genannt: ein bewußt stolzer Name in einer Gegend, wo die meisten Liegenschaften Lehensgut waren und ihren Besitzer nur nach Bezahlung eines ‚Lösegelds' wechseln konnten und mit der Zustimmung eines ‚Gerichtshofs' unter dem Vorsitz des Verwalters eines Feudalgrundherrn. Die meisten dieser Wohnstätten waren Eigentum ihrer Bewohner, welche, jeder ein absoluter Monarch auf seinem Grund und Boden, des Abends in ihren verrußten Gärtchen buddelten, inmitten eines Geflatters trocknender Hemden und Handtücher. Die Freigrundvillen versinnbildlichten den endgültigen Triumph viktorianischer Volkswirtschaft, die Apotheose des vorsorglichen und fleißigen Handwerkers. Diese Häuserzeile entsprach dem Traum eines Bauspargenossenschaftssekretärs vom Paradies, und tatsächlich war sie eine sehr greifbare Errungenschaft. Dennoch wollte Hildas unvernünftige Verachtung das nicht zugeben."

Dem Himmel sei Dank! rufen wir aus, endlich kommen wir zu Hilda selbst. Aber nicht so geschwind! Hilda mag dies oder jenes oder etwas andres gewesen sein; aber Hilda blickte nicht nur auf Häuser und dachte an Häuser; Hilda lebte in einem Haus. Und in was für einem Haus lebte Hilda? Bennett sagt es uns:

> „Es war das eine von den zwei Mittelhäusern einer für sich stehenden Gruppe von vieren, welche ihr Großvater Lessways, der Teekannenfabrikant, erbaut hatte. Es war das vornehmste der vier, offenkundig der Wohnsitz des Eigentümers der Gruppe. Eins der Eckhäuser enthielt einen Krämerladen, und dieses Haus war seines gerechten Maßes Gartens beraubt worden, damit die grundherrliche Gartenfläche eine Kleinigkeit größer würde als die andern. Die Gruppe war nicht eine Zeile von Häuschen sondern von Häusern, welche mit 26 bis 36 Pfund jährlicher Grundsteuer veranlagt waren und die Geldmittel von Handwerkern und kleinen Versicherungsagenten und Mietenkassierern überstiegen. Und ferner waren sie gut gebaut, großzügig gebaut; und ihre Architektur zeigte, wenn auch entartet, einige schwache Züge klassizistischer Gefälligkeit. Es war zugegebenermaßen die beste Häuserzeile in diesem neubesiedelten Stadtviertel. Wenn Mr. Skellorn von den Freigrundvillen zu ihr gelangte, kam er ganz unverkennbar zu etwas Überlegenerem, Geräumigerem, Freizügigerem. Plötzlich hörte Hilda die Stimme ihrer Mutter."

Wir aber können die Stimme ihrer Mutter nicht hören, und auch nicht Hildas Stimme; wir können nur Arnold Bennetts Stimme hören, wie sie uns Tatsachen über Mietzinse und Lehensgrund und Lösegelder erzählt. Worauf kann Bennett nur aus sein? Ich habe mir meine eigene Meinung darüber gebildet, worauf Bennett aus ist, – er versucht, unser Vorstellungsvermögen für ihn arbeiten zu lassen; er versucht, uns zu dem Glauben zu hypnotisieren, es müsse, weil er ein Haus gebaut hat, auch jemand darin leben. Mit seiner ganzen Beobachtungsgabe, die wunderbar ist, mit seiner ganzen Anteilnahme und Menschlichkeit, die sehr groß sind, hat Bennett kein einziges Mal Mrs. Brown in ihrer Ecke angesehen. Dort sitzt sie in der Ecke des Abteils – in dem Eisenbahnwagen, der nicht von Richmond nach London fährt, sondern aus einem Zeitalter der englischen Literatur ins nächste, denn Mrs. Brown ist ewig, Mrs. Brown ist die menschliche Natur. Mrs. Brown verändert sich nur an der Oberfläche, und wer ein- und aussteigt, das sind die Romanciers. Dort sitzt sie, und nicht ein einziger der eduardianischen Schriftsteller hat auch nur einen einzigen Blick auf sie geworfen. Sie haben alle sehr tüchtig, angespannt und anteilnehmend zum Fenster hinausgesehen – auf Fabriken, auf Utopien; ja sogar auf die Ausschmückung und Polsterung des Abteils; aber niemals auf Mrs. Brown, nie auf das Leben selbst, nie auf die menschliche Natur. Und daher haben sie eine Technik des Romanschreibens entwickelt, welche für ihre Zwecke taugt; sie haben Werkzeuge verfertigt und Konventionen errichtet, welche ihr Geschäft für sie besorgen. Aber diese Werkzeuge sind nicht die unsern, und dieses Geschäft ist nicht das unsre. Für uns sind diese Konventionen der Ruin, diese Werkzeuge der Tod.

Nun werden Sie sich vielleicht über die Unbestimmtheit meiner Ausdrucksweise beklagen. Was ist eine Konvention, ein Werkzeug, fragen Sie vielleicht, und was meinen Sie, wenn Sie sagen, daß Bennetts und Wells' und Galsworthys Konventionen die unrichtigen für die Georgianer sind? Eine schwierige Frage. Ich will versuchen, einen Abkürzungsweg einzuschlagen. Eine Konvention für das Schreiben von Romanen ist nicht sehr verschieden von einer Konvention für den Umgang mit Menschen. Im Leben wie in der Literatur ist es nötig, irgendwelche Mittel zu besitzen, um dort die Kluft zwischen der Hausfrau und ihrem unbekannten Gast, hier zwischen dem Schriftsteller und seinem unbekannten Leser zu überbrücken. Die Hausfrau läßt sich das Wetter einfallen, denn Generationen von Hausfrauen haben festgestellt, daß dies ein Gegenstand allgemeinen Interesses ist, an den wir alle glauben. Sie beginnt damit, daß sie sagt, was für einen elenden Mai wir haben, und nachdem sie so mit ihrem unbekannten Gast in Fühlung gekommen ist, geht sie auf Gegenstände von größerem Interesse über. So ist es auch in der Literatur. Der Schriftsteller muß mit seinem Leser in Fühlung kommen, und zwar dadurch, daß er etwas vor ihn hinstellt, was der wiedererkennt, was daher seine Vorstellungsgabe anregt und ihn willfährig macht zu dem viel schwierigeren Unternehmen des Vertrautwerdens. Und es ist von höchster Wichtigkeit, daß dieser Treffpunkt leicht erreichbar sei, beinahe instinktiv, im Dunkeln, mit geschlossenen Augen. Und Bennett macht in den Absätzen, die ich zitiert habe, von diesem Treffpunkt, diesem gemeinsamen Boden, Gebrauch. Die Aufgabe, die er vor sich hatte, bestand darin, uns die Wirklichkeit Hilda Lessways glaubhaft zu machen. Darum begann er, als Eduardianer, damit, daß er genau und bis ins kleinste die Art von Haus beschrieb, in welchem Hilda wohnte, und die Art von Häusern, welche sie aus dem Fenster erblickte. Hausbesitz war der gemeinsame Boden, von dem zu Vertrautheit weiterzuschreiten, den Eduardianern leichtfiel. Wenn uns diese Konvention auch umwegig vorkommt, bewährt sie sich doch vortrefflich, und Tausende Hilda Lessways wurden mittels ihrer in die Welt hinausgestellt. Für jene Zeit und jene Generation war es eine gute Konvention.

Nun aber, wenn Sie mir erlauben, meine Anekdote zu zerpflücken, werden Sie sehen, wie scharf ich selbst den Mangel einer Konvention empfand, und was für eine ernste Sache es ist, wenn die Werkzeuge der einen Generation für die nächste unbrauchbar werden. Das Erlebnis in 108 | 109
der Bahn hatte großen Eindruck auf mich gemacht. Aber wie ihn Ihnen vermitteln? Ich konnte nicht mehr tun, als so genau wie möglich zu berichten, was gesprochen wurde, im einzelnen zu beschreiben, wie die Leute gekleidet waren, verzweifelt zu sagen, daß alle möglichen Szenen mir durch den Kopf schossen, sie dann kunterbunt hervorzuschütten und den lebhaften, den überwältigenden Eindruck dadurch zu beschreiben, daß ich ihn einem Zugwind oder einem Brandgeruch verglich. Die Wahrheit zu gestehn, war ich auch stark versucht, einen dreibändigen Roman über den Sohn der alten Dame zu verfertigen, und über seine Abenteuer auf der Atlantiküberfahrt und über ihre Tochter und, wie sie einen Modistinnenladen in Westminster führt, und über die Vergangenheit dieses Mr. Smith und sein Haus in Sheffield, obgleich solche Geschichten mir die trübseligsten, belanglosesten und schwindelhaftesten Affären auf der Welt zu sein scheinen.

Aber hätte ich das getan, wäre ich der entsetzlichen Anstrengung entgangen, zu sagen, was ich meinte. Und um daran heranzugelangen, was ich meinte, hätte ich zurück und immer weiter zurück gehn müssen; hätte ich mit allerlei experimentieren müssen; hätte ich erst den einen und dann einen andern Satz erproben und dabei jedes Wort so genau als möglich auf meine Vision beziehen müssen, und das alles im Bewußtsein, daß ich irgendwie einen gemeinsamen Boden für uns finden müsse, eine Konvention, welche Ihnen nicht zu ausgefallen, unwirklich und weithergeholt vorgekommen wäre, um an sie zu glauben. Ich gebe zu, daß ich mich von diesem mühsamen Unterfangen gedrückt habe. Ich habe mir meine Mrs. Brown durch die Finger schlüpfen lassen. Ich habe Ihnen gar nichts über sie erzählt. Aber daran sind zum Teil die großen Eduardianer schuld. Ich fragte die – sie sind die ältern, die es vermutlich besser wissen, – wie ich beginnen solle, den Charakter dieser Frau zu beschreiben. Und sie antworteten: „Beginne damit, zu sagen, daß ihr Vater einen Laden in Harrogate führte. Stelle die Miete fest. Forsche nach, was ein Handlungsgehilfe im Jahre 1878 an Lohn bezog. Finde heraus, woran ihre Mutter starb. Beschreibe die Krebskrankheit. Beschreibe Kaliko. Beschreibe –" Ich aber rief aus: „Hört auf! Hört auf!" Und es tut mir leid, sagen zu müssen, daß ich dieses häßliche, dieses plumpe, dieses unpassende Werkzeug aus dem Fenster schmiß. Denn ich wußte, wenn ich den Krebs und den Kaliko zu beschreiben begänne, würde meine Mrs. Brown, diese Vision, an die ich mich klammere, wenngleich ich nicht weiß, wie sie Ihnen vermitteln, matt und trübe werden und auf immer entschwinden.

Das ist es, was ich damit meine, daß die Werkzeuge der Eduardianer nicht die richtigen für unsern Gebrauch sind. Die frühere Generation hat ungeheuern Nachdruck auf das Gewebe der Dinge gelegt. Sie hat uns ein Haus gegeben in der Hoffnung, wir würden imstande sein, daraus die Menschen zu erschließen, die es bewohnen. Um ihr Gerechtigkeit widerfahren zu lassen – sie hat dieses Haus viel bewohnenswerter gemacht. Aber wenn man der Überzeugung ist, daß Romane an erster Stelle von Menschen handeln und erst an zweiter von den Häusern, in welchen sie wohnen, dann ist es falsch, diesen Weg einzuschlagen. Darum mußte, sehen Sie, der georgianische Schriftsteller damit beginnen, die Methode, die im Augenblick in Gebrauch war, wegzuwerfen. Er sah sich, allein gelassen, Mrs. Brown gegenüber, ohne eine Methode, sie dem Leser zu vermitteln. Aber das ist ungenau. Ein Schriftsteller ist nie allein. Es ist immer das Publikum bei ihm – wenn nicht auf derselben Sitzbank, so zumindest im nächsten Abteil. Nun ist aber die Leserschaft ein seltsamer Reisegefährte. In England ist sie ein sehr beeinflußbares und gelehriges Geschöpf, welches, hat man einmal seine Aufmerksamkeit gewonnen, blindlings glaubt, was man ihm durch eine gewisse Reihe von Jahren erzählt. Wenn man der Leserschaft genug überzeugend sagt: „Alle Frauen sind geschwänzt, alle Männer höckerig", wird sie tatsächlich lernen, Frauen mit Schwänzen und Männer mit Höckern zu sehen, und wird es für sehr revolutionär und wahrscheinlich für ungehörig halten, zu sagen: „Unsinn, Affen haben Schwänze und Kamele haben Höcker. Männer und Frauen aber haben Gehirne, und sie haben Herzen; sie denken und sie fühlen", – und es wird ihr ein schlechter Witz zu sein scheinen, und ein unanständiger obendrein.

Aber kehren wir zum Thema zurück. Hier sitzt also die britische Leserschaft an der Seite des Schriftstellers und sagt auf ihre gewaltige und einstimmige Weise: „Alte Frauen haben Häuser. Sie haben Väter. Sie haben Einkommen. Sie haben Dienstboten. Sie haben Wärmflaschen. Daran erkennen wir, daß sie alte Damen sind. Wells und Bennett und Galsworthy haben uns immer gelehrt, daß man sie daran erkennt. Aber jetzt, mit Ihrer Mrs. Brown – wie sollen wir Ihnen die glauben? Wir wissen nicht einmal, ob ihre Villa den Namen Albert oder Balmoral trug; was sie für ihre Handschuhe bezahlte; oder ob ihre Mutter an Krebs oder an der Schwindsucht starb. Wie kann sie lebendig sein? Nein, sie ist eine bloße Ausgeburt Ihrer Phantasie."

Und alte Frauen sollten natürlich aus Freigrund- oder Pachtgrundhäusern gemacht sein, nicht aus Phantasie.

Der georgianische Romancier war daher in einer unangenehmen Verlegenheit. Da war diese Mrs. Brown und beteuerte, daß sie anders sei, 110 | 111
ganz anders, als die Leute sie sahen, und lockte den Romancier durch die fesselndsten, wenngleich flüchtigsten Anblicke ihrer Reize, sie zu retten; da waren andrerseits die Eduardianer und teilten Werkzeuge aus, die sich zum Aufbauen und Niederreißen von Häusern eigneten; und da war drittens die britische Leserschaft und versteifte sich darauf, sie müsse zuerst einmal die Wärmflasche sehen. Mittlerweile raste der Zug dem Bahnhof zu, wo wir alle aussteigen müssen.

Von solcher Art, glaube ich, war die schwierige Lage, in der sich die jungen Georgianer um das Jahr 1910 befanden. Viele von ihnen – ich denke insbesondere an E. M. Forster und D. H. Lawrence – verdarben ihre frühen Werke, weil sie, statt diese Werkzeuge wegzuwerfen, versuchten, sie zu verwenden. Sie versuchten ein Kompromiß. Sie versuchten ihr eignes unmittelbares Empfinden der Bedeutsamkeit eines Charakters mit Galsworthys Kenntnis der Arbeiterschutzgesetze und Bennetts Kenntnis der fünf Töpferstädte zu verquicken. Sie versuchten es, aber sie hatten einen zu lebhaften, zu überwältigenden Eindruck von Mrs. Brown und ihren Eigenheiten, um diese Versuche noch viel länger fortzusetzen. Irgend etwas mußte geschehen. Mit wie großen Kosten an Leib und Leben und für Beschädigung wertvollen Realbesitzes auch immer – Mrs. Brown mußte errettet werden, es mußte ihr Ausdruck gegeben und sie in ihre hohen Beziehungen zur Welt eingesetzt werden, bevor der Zug hielte und sie auf immer entschwände. Und so begann denn das Zerschlagen und das Abtragen. Daher kommt es, daß wir ringsum in Gedichten und Romanen und Biographien, sogar in Zeitungsartikeln und Essays das Geräusch des Zerbrechens und des Zerfalls und der Zerstörung hören. Es ist der vorherrschende Klang des georgianischen Zeitalters – ein recht melancholischer, wenn man bedenkt, was für melodische Tage es in der Vergangenheit gegeben hat, wenn man an Shakespeare denkt und Milton und Keats oder sogar an Jane Austen und Thackeray und Dickens; wenn man an die Sprache denkt und an die Höhen, zu denen sie sich, wenn sie frei ist, erheben kann, und denselben Adler gefangen, kahl und krächzend am Krepieren sieht.

Angesichts dieser Tatsachen – mit diesen Geräuschen im Ohr und diesen Vorstellungen im Hirn – werde ich nicht leugnen, daß Bennett einigen Grund hat, sich zu beklagen, unsre georgianischen Schriftsteller seien unfähig, uns glauben zu machen, ihre Charaktere seien wirklich. Ich bin gezwungen, ihm beizustimmen, daß sie nicht mit viktorianischer Regelmäßigkeit jeden Herbst drei unsterbliche Meisterwerke auf den Markt schütten. Aber statt verzagt zu sein, bin ich zuversichtlich, denn dieser Zustand ist, glaube ich, unvermeidlich, sobald aus überempfindlicher Greisenhaftigkeit oder dickhäutiger Jugendlichkeit eine Konvention aufhört, ein Verständigungsmittel zwischen dem Schriftsteller und dem Leser zu sein, und statt dessen zu einem Hemmnis und Hindernis wird. Im gegenwärtigen Augenblick leiden wir nicht an Verfall sondern daran, daß wir keine festgelegten Umgangsformen haben, welche Schriftsteller und Leser als ein Vorspiel gelten lassen könnten zu dem aufregenderen Umgang als Freunde. Die literarische Konvention unsrer Zeit ist so gekünstelt – man muß während des ganzen Besuchs vom Wetter reden, und von nichts als vom Wetter, – daß natürlich die Schwachen versucht sind, über die Schnur zu hauen, und die Starken sich verleitet fühlen, die eigentlichen Grundlagen und Regeln der guten literarischen Gesellschaft zu zerstören. Anzeichen davon sind überall zu gewahren. Die Grammatik wird vergewaltigt; die Syntax zersetzt; wie ein übers Wochenende bei der Tante weilender Junge sich im Geranienbeet wälzt, aus reiner Verzweiflung über die feierliche Langweiligkeit des nicht endenwollenden Sonntags. Die erwachseneren Schriftsteller lassen sich natürlich nicht in solchen mutwilligen Schaustellungen von Galligkeit gehn. Sie sind von einer verzweifelten Ehrlichkeit und gewaltigem Mut; es liegt nur daran, daß sie nicht wissen, was sie gebrauchen sollen, eine Gabel oder ihre Finger. So ist man denn, wenn man Joyce und Eliot liest, betroffen von der Unanständigkeit des einen und der Unverständlichkeit des andern. Joyces Unanständigkeit im *Ulysses* scheint mir die bewußte und berechnete Unanständigkeit eines Verzweifelten zu sein, welcher fühlt, daß er, um atmen zu können, Fenster einschlagen muß. Bisweilen, wenn das Fenster zerbrochen ist, ist er großartig. Aber welche Energievergeudung! Und wie fade ist doch schließlich Unanständigkeit, wenn sie nicht das Überschäumen einer üppig quellenden Energie oder wilden Wut ist, sondern die entschlossene Tat eines auf das Gemeinwohl bedachten Mannes, der frische Luft braucht! Und ähnlich ist es auch mit der Schwerverständlichkeit T. S. Eliots. Ich glaube, Eliot hat einige der schönsten einzelnen Zeilen moderner Dichtung geschrieben. Aber wie unduldsam ist er gegen die alten Gepflogenheiten und Anstandsfor-

Eliot T. S. Eliot hatte bis zum Zeitpunkt von VWs Essay *Prufrock and Other Observations*, *Poems* (1919) und *The Waste Land* (1922) veröffentlicht.
Ulysses 1922 erschienen.

men der Gesellschaft – Rücksicht auf die Schwachen, Bedachtnahme auf die Schwerfälligen! Während ich mich in der intensiven und hinreißenden Schönheit einer seiner Zeilen sonne und bedenke, daß ich einen schwindelnden und gefährlichen Sprung zur nächsten machen muß und so weiter von Zeile zu Zeile, wie ein Akrobat halsbrecherisch von Stange zu Stange fliegt, schreie ich, ich gestehe es, nach den alten Anstandsbegriffen und beneide die Sorglosigkeit meiner Vorfahren, welche, statt toll durch die Luft zu wirbeln, still im Schatten über einem Buch sannen. Auch in Stracheys Büchern *Hervorragende Viktorianer* und *Königin Viktoria* ist die Mühe und Anstrengung, gegen den Strich und die Strömung der Zeiten zu schreiben, sichtbar. Sie ist selbstverständlich viel weniger sichtbar, denn nicht nur hat er es mit Tatsachen zu tun, diesen starrsinnigen Dingern, sondern er hat sich, hauptsächlich aus Material des 18. Jahrhunderts, einen eigenen, sehr diskreten Kodex der Manieren zurechtgemacht, welcher ihm erlaubt, mit den Höchsten im Land zu Tisch zu sitzen und eine ganze Menge unter dem Deckmantel dieser erlesenen Ausstaffierung zu sagen, was, wäre es nackt einhergekommen, von den Bedienten aus dem Zimmer gejagt worden wäre. Immerhin, wenn man *Hervorragende Viktorianer* mit einigen der Essays von Macaulay vergleicht, wird man zwar das Gefühl haben, Macaulay habe immer unrecht und Strachey immer recht, man wird aber in Macaulays Essays auch eine Leibhaftigkeit, einen Schwung, einen Reichtum spüren, welche zeigen, daß seine Zeit hinter ihm steht; seine ganze Kraft floß unmittelbar in sein Werk ein. Nichts davon wurde zu Zwecken der Verheimlichung oder Bekehrung verwendet. Strachey aber mußte uns erst die Augen öffnen, bevor er uns sehen machte; er mußte sich eine fast zu künstliche Schreibweise finden und zusammenschmieden; und diese Anstrengung, so gut sie auch versteckt ist, hat seinem Werk einiges von der Kraft geraubt, welche ganz darein hätte einströmen sollen, und hat ihren Spielraum eingeschränkt.

Aus diesen Gründen also müssen wir uns mit einer Zeit des Bruchstückhaften und Verfehlten abfinden. Wir müssen bedenken, daß dort, wo soviel Kraft darauf verwendet wird, einen Weg zu finden, um die Wahrheit zu sagen, die Wahrheit nicht anders als in einem recht erschöpften und chaotischen Zustand zu uns gelangen kann. Ulysses, Königin Viktoria, Mr. Prufrock – um unsrer Mrs. Brown einige von den Namen zu geben, die sie in letzter Zeit berühmt gemacht hat, – ist schon ein wenig

in Stracheys Büchern Die von VW erwähnten Biographien Lytton Stracheys erschienen 1918 bzw. 1922.
Essays von Macaulay Thomas Babington Macaulay (1800–1859); die erste Sammlung seiner Essays erschien 1843.

blaß und derangiert, wenn die Retter sich endlich zu ihr durchgearbeitet haben. Und was wir hören, ist der Klang von ihren Spitzhauen und Brechstangen – ein kraftvoller und anregender Klang für meine Ohren – aber er ist natürlich nur hörbar, falls man nicht grade dann zu schlafen wünscht, wenn die Vorsehung in der Fülle ihrer Fürsorglichkeit eine Schar von Schriftstellern bereitgestellt hat, welche bemüht und fähig sind, uns zu geben, was wir brauchen.

Damit habe ich nun versuchsweise und, wie ich fürchte, mit ermüdender Länge einige der Fragen beantwortet, die ich zu Anfang aufwarf. Ich habe Ihnen einen Bericht über die Schwierigkeiten gegeben, denen sich, meiner Ansicht nach, der Romancier unsrer Tage gegenübersieht. Ich habe getrachtet, ihn zu entschuldigen. Darf ich nun damit schließen, daß ich Sie an die Pflichten und Verantwortlichkeiten erinnere, die bei dieser Tätigkeit des Bücherschreibens Ihnen als lesenden Partnern zufallen, als Mitreisenden in dem Eisenbahnabteil, als Reisegefährten der Mrs. Brown? Denn sie ist Ihnen, die Sie stumm bleiben, genau so sichtbar wie uns, die wir Geschichten von ihr erzählen. Sie alle haben in Ihrem Alltag während der abgelaufenen Woche viel seltsamere und interessantere Erlebnisse gehabt als dieses, das ich zu beschreiben versuchte. Sie haben Bruchstücke von Gesprächen aufgefangen, welche sie staunen machten. Sie sind abends verwirrt von der Vielfalt Ihrer Gefühle zu Bett gegangen. An einem einzigen Tag sind Ihnen Tausende von Gedanken durch den Kopf geschossen; Tausende von Gefühlen sind in Ihrem Gemüt aufeinandergestoßen und in verblüffender Unordnung verschwunden. Dennoch lassen Sie sich von Romanciers eine Fassung von alledem, ein Bildnis der Mrs. Brown, andrehen, welches ganz und gar keine Ähnlichkeit mit dieser erstaunlichen Erscheinung hat. In Ihrer Bescheidenheit scheinen Sie zu meinen, ein Schriftsteller sei von andrem Fleisch und Blut als Sie selbst und wisse mehr über Mrs. Brown als Sie. Nie gab es einen verhängnisvolleren Irrtum. Es ist diese Scheidung von Leser und Schriftsteller, diese Demut Ihrerseits, dieser Berufsdünkel unsrerseits, was Bücher verdirbt und entkräftet, welche die gesunde Frucht eines engen, unter Ebenbürtigen geschlossenen Bündnisses zwischen uns sein sollten. Von daher kommen diese geschmeidigen, geschniegelten Romane, diese verhängnisvoll lächerlichen Biographien, diese wässerig-milchigen kritischen Essays, diese melodisch die Unschuld von Rosen und Schafen preisenden Gedichte, kurz alles das, was gegenwärtig so glaubwürdig als Literatur hingeht.

Es sollte Ihre Rolle dabei sein, darauf zu bestehn, daß die Schriftsteller von ihren Kothurnen herabsteigen und, wenn möglich schön, jedenfalls aber wahrheitsgetreu unsre Mrs. Brown beschreiben. Sie sollten dabei be-

harren, daß sie eine alte Frau von unbegrenzten Fähigkeiten und unendlichen Verwandlungsmöglichkeiten ist; fähig, an jedem Ort zu erscheinen, jedes Kleid zu tragen, alles Erdenkliche zu sagen und, der Himmel weiß was, zu tun. Aber was sie sagt und was sie tut, und ihre Augen und ihre Nase und ihr Reden und Schweigen, hat alles etwas überwältigend Fesselndes, denn sie ist selbstverständlich der Geist, von welchem wir 114 | 115
leben, – das Leben selbst.

Erwarten Sie aber nicht grade gegenwärtig eine vollständige und befriedigende Darstellung. Dulden Sie das Krampfhafte, das Schwerverständliche, das Bruchstückhafte, das Mißlungene. Ihre Mithilfe wird für eine gute Sache erbeten. Denn ich will eine letzte und überaus voreilige Voraussage machen – wir stehn mit Zittern und Beben auf der Schwelle einer der großen Zeiten der englischen Literatur, aber wir werden nur hingelangen, wenn wir entschlossen sind, Mrs. Brown nie, nie zu verlassen.

Weiterführende Literatur und Kontexte:

S. in diesem Band die Beiträge von JAMES, ADORNO, BYATT/SODRÉ. – SAMUEL HYNES: The Whole Contention Between Mr. Bennett and Mrs. Woolf. In: Novel 1 (1967), S. 34–44; BETH RIGEL DAUGHERTY: The Whole Contention Between Mr. Bennett and Mrs. Woolf, Revisited. In: Elaine K. Ginsberg u. Laura Moss Gottlieb (Hrsg.): Virginia Woolf: Centennial Essays. New York: Whitston 1983, S. 269–294; The Essays of Virginia Woolf. Vol. I: 1904–12, Vol. II: 1912–1918, Vol. III: 1919–1924. Hrsg. v. ANDREW MC NEILLIE. San Diego, New York, London: Harcourt Brace Jovanovich 1987–1988. – ALEX ZWERDLING: Virginia Woolf and the Real World. Berkeley: University of California Press 1986; S. P. ROSENBAUM: Victorian Bloomsbury: The Early Literary History of the Bloomsbury Group. New York: St. Martin's Press 1987; ANN BANFIELD: The Phantom Table. Woolf, Fry, Russell and the Epistemology of Modernism. Cambridge: Cambridge UP 2000; MARIA DI BATTISTA: Virginia Woolf. In: A. Walton Litz, Louis Menand u. Lawrence Rainey (Hrsg.): The Cambridge History of Literary Criticism. Vol. 7: Modernism and the New Criticism. Cambridge: Cambridge UP 2000, S. 122–137.

Michail M. Bachtin: Das Wort bei Dostoevskij (1929/1963)

In Orel südlich von Moskau geboren, zweisprachig (russisch/deutsch) erzogen, Studium der Klassischen Philologie in Odessa und Petersburg. 1918 ging er nach Nevel, später nach Vitebsk, wo er sich intensiv mit deutscher Philosophie (Neukantianismus) auseinandersetzte. 1924 Rückkehr nach Petersburg, verstärktes Interesse an psychologischen, gesellschafts- und literaturtheoretischen Fragestellungen. 1929 konnte MB – abgesehen von einem kurzen Zeitungsartikel 1919 – seine erste Arbeit veröffentlichen, die Studie über Dostoevskij. Die Frage der Autorschaft der unter den Namen seiner Freunde (Valentin S. Vološinov: *Marxismus und Sprachphilosophie*, 1929, *Freudismus*, 1927, bzw. Pavel Medvedev: *Die formale Methode in der Literaturwissenschaft*, 1928) veröffentlichten Bücher hat inzwischen heftige Debatten ausgelöst. 1929 wurde MB verhaftet und nach Kasachstan verbannt; in diesen Jahren und ab 1936 in Saransk bzw. Savelovo entstanden seine wichtigen romantheoretischen und gattungsgeschichtlichen Arbeiten (u.a. *Das Wort im Roman*, *Epos und Roman*). 1941 stellte er sein – erst 1965 – veröffentlichtes Rabelais-Buch fertig, das 1947 von der Universität Saransk, an der er seit 1945 lehrte, als Dissertation angenommen wurde. 1963 erschien die revidierte Auflage seiner Dostoevskij-Arbeit – die erste Buchveröffentlichung nach fast 35 Jahren. MB konnte Anfang der 70er Jahre nach Moskau zurückkehren, wo er 1975 starb. Erst nach seinem Tod erschienen seine romantheoretischen Arbeiten „aus verschiedenen Jahren" auf russisch und bald darauf in deutscher (s.u.) und englischer Sprache (*The Dialogic Imagination*, 1981). Zu diesem Zeitpunkt hatte im Westen mit den Übersetzungen seiner Bücher über Dostoevskij (engl., frz. 1970) und Rabelais (engl. 1968, frz. 1970, dt. 1987) eine intensive Bachtin-Rezeption eingesetzt. In deutscher Sprache sind derzeit allerdings – in krassem Gegensatz etwa zum angelsächsischen Sprachraum – nur zwei Bücher von MB lieferbar: *Die Ästhetik des Wortes*. Hrsg. v. Rainer Grübel. Frankfurt: Suhrkamp 1979; *Rabelais und seine Welt. Volkskultur als Gegenkultur*. Übers. v. Gabriele Leupold. Vorw. v. Renate Lachmann. Frankfurt: Suhrkamp 1987.

Seit 1996 erscheint in Moskau eine auf sieben Bände geplante russische Gesamtausgabe von Bachtins Schriften.

Erstausgabe: Michail M. Bachtin: *Problemy tvorčestva Dostoevskogo*. Leningrad: Priboi 1929. Erweiterte 2. Aufl.: Michail M. Bachtin: *Problemy poètiki Dostoevskogo*. Moskva: Sovetskii pisatel 1963.
Druckvorlage: Michail M. Bachtin: *Probleme der Poetik Dostoevskijs*. Übers. v. Adelheid Schramm. München, Wien: © Carl Hanser 1971, S. 202–228.

Zunächst einige methodologische Vorbemerkungen.

Wir haben unser Kapitel „Das *Wort* bei Dostoevskij" genannt, weil wir das Wort, d.h. die Sprache in ihrer konkreten, lebendigen Gesamtheit im Auge haben und nicht die Sprache als spezifischen Gegenstand der Linguistik; die Linguistik abstrahiert von einigen Seiten im konkreten Leben des Wortes, was notwendig und gerechtfertigt ist. Aber gerade diese Seiten am Wort, von denen die Linguistik abstrahiert, sind für unsere Ziele von erstrangiger Bedeutung. Deshalb sind unsere folgenden Analysen nicht linguistisch im strengen Sinne des Wortes. Man kann sie der Metalinguistik zurechnen, wenn man unter Metalinguistik das noch nicht in bestimmten Einzeldisziplinen betriebene Studium jener Seiten im Leben des Wortes versteht, die – völlig zu Recht – die Grenzen der Linguistik überschreiten. Natürlich können metalinguistische Untersuchungen nicht die Linguistik ignorieren, sondern müssen sich ihrer Ergebnisse bedienen. Linguistik und Metalinguistik erforschen ein und dasselbe konkrete, sehr komplexe und vielseitige Phänomen, das Wort, aber sie erforschen es von verschiedenen Seiten und unter verschiedenen Gesichtspunkten. Sie sollen sich ergänzen, nicht aber vermischen. In der Praxis werden die Grenzen zwischen ihnen häufig nicht respektiert.

Vom Standpunkt der *reinen* Linguistik kann man zwischen monologischem und polyphonem Wortgebrauch in der künstlerischen Literatur keinen wirklich wesentlichen Unterschied sehen. Der vielstimmige Roman Dostoevskijs enthält z.B. sehr viel weniger sprachliche Differenzierung, d.h. verschiedene Sprachstile, territoriale und soziale Dialekte, Berufsjargons u.ä., als der Roman vieler monologisch schreibender Schriftsteller, wie L. Tolstoj, Pisemskij, Leskov u.a. Es kann sogar der Eindruck

L. Tolstoj Lev Nikolaevic Tolstoj (1828–1910); MB hat Tolstoj durchaus einseitig mit der Position des ‚monologischen Worts' in Verbindung gebracht. Sein 1929 für Band 13 der russischen Gesamtausgabe von Tolstojs Werken geschriebenes Vorwort zu dessen Roman *Auferstehung* ist – nebst dem Vorwort zu den Dramen Tolstojs in derselben Ausgabe – von Caryl Emerson ins Englische übersetzt worden: ‚Bakhtin's Prefaces to Tolstoy' (1929). In: Gary Saul Morson u. Caryl Emerson (Hrsg.): *Rethinking Bakhtin. Extensions and Challenges*. Evanston: Northwestern UP 1989, S. 225–257; s. in diesem Band auch die Beiträge von Ann Shukman: ‚Bakhtin's Tolstoy Prefaces' sowie Caryl Emerson: ‚The Tolstoy Connection in Bakhtin', S. 137–148 bzw. S. 149–170.

Pisemskij, Leskov ⟶

entstehen, daß die Romanhelden Dostoevskijs ein und dieselbe Sprache und zwar die Sprache ihres Autors sprechen. Diese Einförmigkeit der Sprache ist Dostoevskij sehr häufig, u.a. auch von L.Tolstoj, zum Vorwurf gemacht worden.

Die sprachliche Differenzierung und deutliche „Charakterisierung" der Helden „durch ihre Rede" ist aber gerade für die Darstellung objektivierter und abgeschlossener menschlicher Gestalten von größter künstlerischer Bedeutung. Je objektivierter eine Person ist, um so deutlicher tritt ihre Rede-Physiognomie hervor. Im polyphonen Roman bleibt zwar der Wert sprachlicher Vielfalt, der Charakterisierung durch die Rede erhalten, aber er verliert an Gewicht und, was die Hauptsache ist, die künstlerischen Funktionen dieser Phänomene verändern sich. Es geht nicht darum, daß bestimmte Sprachstile, soziale Dialekte u.ä. vorhanden sind, die mit Hilfe rein linguistischer Kriterien nachgewiesen werden können, sondern es geht darum, unter welchem *dialogischen Blickwinkel* sie im Werk zusammen- oder einander gegenübergestellt werden. Dieser dialogische Winkel kann aber gerade nicht mit Hilfe rein linguistischer Kriterien festgelegt werden, weil die dialogischen Beziehungen zwar in den Bereich des *Wortes* gehören, nicht aber in den Bereich seiner rein linguistischen Erforschung.

Die dialogischen Beziehungen (die des Sprechenden zum eigenen Wort eingeschlossen) sind Gegenstand der Metalinguistik. Diese Beziehungen, die die Besonderheiten der Wortstruktur in den Werken Dostoevskijs bestimmen, interessieren uns hier.

In der Sprache als dem Gegenstand der Linguistik gibt es und kann es keine dialogischen Beziehungen geben: sie sind weder zwischen den Elementen im System der Sprache (z.B. zwischen Worten im Wörterbuch, zwischen Morphemen u.ä.) noch zwischen den Elementen eines „Textes" möglich, betrachtet man ihn streng linguistisch. Sie können weder zwischen Einheiten derselben Sprachstufe, noch zwischen Einheiten verschiedener Sprachstufen bestehen. Auch zwischen syntaktischen Einheiten, zwischen Sätzen z.B., können sie, streng linguistisch betrachtet, nicht bestehen.

Auch zwischen Texten können keine dialogischen Beziehungen bestehen, wiederum wenn man sie streng linguistisch betrachtet. Jede beliebige, rein linguistische Zusammenstellung und Gruppierung beliebiger Texte abstrahiert notwendigerweise von allen dialogischen Beziehungen, die zwischen ihnen als ganzen Aussagen möglich sind.

Pisemskij Aleksej Feofilaktovic Pisemskij (1821–1881).
Leskov Nikolaj Semenovic Leskov (1831–1882).

Die Linguistik kennt natürlich die Kompositionsform der „dialogi-
schen Rede" und studiert ihre syntaktischen und lexikalisch-semantischen
Besonderheiten. Aber sie studiert sie als rein linguistische Phänomene,
d.h. auf sprachlicher Ebene und kann unmöglich Bezug nehmen auf
das Spezifische dialogischer Beziehungen zwischen Repliken. Deshalb
muß die Linguistik bei der Erforschung der „dialogischen Rede" die Er- 124 | 125
gebnisse der Metalinguistik verwenden.

Dialogische Beziehungen liegen also außerhalb der Linguistik. Aber gleichzeitig kann man sie durchaus nicht vom Bereich des *Wortes* trennen, d.h. von der Sprache als einem konkreten, ganzheitlichen Phänomen. Die Sprache lebt nur durch den dialogischen Gebrauch aller, die sie sprechen. Die dialogische Kommunikation ist die eigentliche *Lebenssphäre* der Sprache. Das ganze Leben der Sprache, jeder beliebige Bereich ihrer Verwendung (der des Lebens, der Geschäfte, der Bereich von Wissenschaft und Kunst) ist von dialogischen Beziehungen durchdrungen. Aber die Linguistik untersucht die „Sprache" selbst mit ihrer spezifischen Logik, in *ihrer Allgemeinverbindlichkeit*, als das, was dialogische Kommunikation *möglich macht*, von den dialogischen Beziehungen selbst aber abstrahiert sie. Diese Beziehungen liegen im Bereich des Wortes, denn das Wort ist seiner Natur nach dialogisch; deshalb müssen sie von der Metalinguistik erforscht werden, die die Grenzen der Linguistik sprengt und einen selbständigen Gegenstand und eigene Aufgaben hat.

Dialogische Beziehungen sind weder auf logische noch auf Beziehungen zwischen Sachbedeutungen zurückführbar, die *für sich genommen* das dialogische Moment entbehren. Sie müssen sich in ein Wort hüllen, zu Äußerungen werden, zu im Wort ausgedrückten Positionen verschiedener Subjekte, damit dialogische Beziehungen zwischen ihnen entstehen können.

„Das Leben ist schön." „Das Leben ist nicht schön." Wir haben zwei Urteile vor uns, die eine bestimmte logische Form und einen bestimmten sach- und sinnbezogenen Inhalt haben (philosophische Urteile über den Wert des Lebens). Zwischen diesen Urteilen besteht ein bestimmtes logisches Verhältnis: das eine ist die Negation des anderen. Aber zwischen ihnen bestehen und können keinerlei dialogische Beziehungen bestehen, sie streiten nicht miteinander (obwohl sie das sachliche Material und die logische Grundlage für einen Streit abgeben können). Diese beiden Urteile müßten Gestalt annehmen, damit zwischen ihnen oder zu ihnen ein dialogisches Verhältnis entstehen könnte. So können sich diese beiden Urteile, als These und Antithese, in der Äußerung eines Subjekts vereinen, die seine spezifisch dialektische Position zu dieser

Frage zum Ausdruck bringt. In diesem Falle entstehen keine dialogischen Beziehungen. Werden diese beiden Urteile aber auf zwei verschiedene Äußerungen zwei verschiedener Subjekte verteilt, so entstehen dialogische Beziehungen zwischen ihnen.

„Das Leben ist schön." „Das Leben ist schön." Hier haben wir zwei völlig identische Urteile, eigentlich also ein einziges Urteil, das wir *zwei*mal geschrieben (oder ausgesprochen) haben, aber dieses „zweimal" bezieht sich nur auf die sprachliche Realisierung, nicht auf das Urteil selbst. Zwar können wir auch hier von dem logischen Verhältnis der Identität zwischen zwei Urteilen sprechen. Aber erst wenn dieses Urteil in zwei verschiedenen Äußerungen zwei verschiedener Subjekte ausgesprochen wird, entstehen zwischen diesen Äußerungen dialogische Beziehungen (der Zustimmung, der Bestätigung).

Dialogische Beziehungen sind ohne logische Beziehungen und Beziehungen zwischen Sachbedeutungen völlig unmöglich, lassen sich jedoch nicht auf sie reduzieren, sondern haben ihre eigene Spezifik.

Logische Beziehungen und Beziehungen zwischen Sachbedeutungen müssen, wie wir bereits gesagt haben, um dialogisch zu werden, konkrete Gestalt annehmen, d.h. sie müssen in eine andere Seinssphäre eintreten: sie müssen zum *Wort*, d.h. zur Äußerung werden, und einen *Autor*, d.h. einen Schöpfer der gegebenen Äußerung erhalten, dessen Position sie zum Ausdruck bringt.

Jede Äußerung hat in diesem Sinne ihren Autor, den wir als ihren Schöpfer in der Äußerung selbst hören. Über den wirklichen Autor, wie er außerhalb der Äußerung existiert, können wir absolut nichts wissen. Und die Formen dieser realen Autorschaft können sehr verschieden sein. Ein Werk kann das Ergebnis kollektiver Arbeit sein, kann durch die kontinuierliche Arbeit einer Reihe von Generationen entstehen u. ä.; trotz allem hören wir in ihm einen einzigen künstlerischen Willen, eine bestimmte Position, auf die man dialogisch reagieren kann. Die dialogische Reaktion personifiziert jede Äußerung, auf die sie reagiert.

Dialogische Beziehungen sind nicht nur zwischen (relativ) vollständigen Äußerungen möglich, sondern eine dialogische Einstellung kann zu jedem sinnvollen Teil der Aussage, ja sogar zum einzelnen Wort hergestellt werden, wenn es nicht als unpersönliches Wort der Sprache, sondern als Zeichen eines fremden Standpunktes, als Vertreter einer fremden Äußerung aufgenommen wird, d.h. wenn wir eine fremde Stimme in ihm hören. Deshalb können dialogische Beziehungen in das Innere der Äußerung, ja sogar in ein einzelnes Wort eindringen, wenn in ihm zwei Stimmen dialogisch aufeinanderstoßen (der Mikrodialog, von dem wir bereits gesprochen haben).

Andererseits sind dialogische Beziehungen auch zwischen Sprachstilen, sozialen Dialekten u. ä. möglich, sobald sie als deutende Standpunkte, als sprachliche Weltanschauungen eigener Art verstanden, d. h. nicht mehr linguistisch betrachtet werden.

Schließlich sind dialogische Beziehungen auch zur eigenen Aussage
im Ganzen, zu einzelnen ihrer Teile und zum Einzelwort in ihr möglich, 126 | 127
wenn wir auf irgendeine Weise von ihnen zurücktreten, mit innerem Vorbehalt sprechen, uns distanzieren, unsere Autorschaft gleichsam einschränken oder teilen.

Zum Schluß wollen wir daran erinnern, daß dialogische Beziehungen im weiten Sinne auch zwischen anderen sinnvollen Erscheinungen möglich sind, wenn sie in einem Material ausgedrückt sind, das *Zeichen*charakter hat. Dialogische Beziehungen sind z. B. zwischen den Bildern anderer Künste möglich, sie liegen jedoch nicht mehr im Bereich der Metalinguistik.

Hauptgegenstand unserer Betrachtung, ja man kann sagen, ihr Hauptheld, wird das *zweistimmige Wort* sein, das bei dialogischer Kommunikation, d. h. wenn das Wort wirklich lebt, unausweichlich entsteht. Die Linguistik kennt dieses zweistimmige Wort nicht. Es muß aber, wie uns scheint, eins der wichtigsten Studienobjekte der Metalinguistik werden.

Damit beenden wir unsere methodologischen Vorbemerkungen. Was wir im Auge haben, wird aus unseren weiteren, konkreten Analysen deutlich hervorgehen.

Es gibt eine Gruppe von Phänomenen der künstlerischen Rede, die schon lange die Aufmerksamkeit der Literaturwissenschaftler und Linguisten auf sich zieht. Ihrer Natur nach liegen sie außerhalb der Linguistik, d. h. sie sind metalinguistisch. Es handelt sich um die Stilisierung, die Parodie, den skaz und den Dialog (der als Element der Komposition erscheint und in Repliken zerfällt).

All diesen Erscheinungen ist, ungeachtet der wesentlichen Unterschiede zwischen ihnen, ein Zug gemeinsam: das Wort hat hier eine

skaz Russ. *skaz* (vgl. auch *rasskaz*: ‚Erzählung'; *skazka*: ‚Märchen'); eine Stil- und Genrekennzeichnung der russischen Literatur und Literaturwissenschaft, die Jurij Striedter prägnant als „Erzähltechnik" definiert hat, „die in Lexik und Syntax, Metaphorik, Thematik und Perspektivik an der Erzählmanier eines mündlichen Erzählers aus dem ‚einfachen' Volk orientiert, bzw. auf ein solches hypothetisches Muster hin stilisiert ist". S. Jurij Striedter: ‚Zur formalistischen Theorie der Prosa und der literarischen Evolution'. In: Ders. (Hrsg.): *Russischer Formalismus*. [...]. München: Fink 1971, S. XLIV f.; vgl. in dieser Ausgabe auch den Beitrag von Boris Ejchenbaum: ‚Die Illusion des ‚skaz'' (S. 162–167) bzw. jenen von Viktor Vinogradov: ‚Das Problem des ‚skaz' in der Stilistik' (S. 170–207).

zweifache Ausrichtung, es ist sowohl auf den Gegenstand der Rede, wie das gewöhnliche Wort, als auch auf ein *anderes Wort*, auf eine *fremde Rede* gerichtet. Wenn wir von der Existenz dieses zweiten Kontextes der fremden Rede nichts wissen und die Stilisierung oder die Parodie wie eine gewöhnliche, nur auf ihren Gegenstand gerichtete Rede auffassen, dann erfassen wir das Wesen dieser Erscheinungen nicht: wir begreifen die Stilisierung als Stil, die Parodie als mißlungenes Werk.

Weniger offensichtlich ist diese zweifache Ausrichtung des Wortes im skaz und im Dialog (innerhalb einer Replik). Der skaz kann tatsächlich manchmal nur auf den Gegenstand der Rede gerichtet sein. Und auch die Dialogreplik kann um direkten und unmittelbaren, gegenständlichen Ausdruck bemüht sein. Aber in der Mehrzahl der Fälle sind sowohl der skaz wie die Replik an fremder Rede orientiert: der skaz, indem er sie stilisiert, die Replik, indem sie sie berücksichtigt, ihr antwortet, sie antizipiert.

Die genannten Phänomene sind von großer prinzipieller Bedeutung. Sie erfordern eine völlig neue Einstellung zur Rede, die den Rahmen der gewöhnlichen stilistischen und linguistischen Betrachtung sprengt. Denn gewöhnlich wird das Wort innerhalb *eines monologischen Kontextes* betrachtet. Dabei wird das Wort im Verhältnis zu seinem Gegenstand bestimmt (z. B. die Lehre von den Tropen) oder im Verhältnis zu anderen Worten desselben Kontextes, derselben Rede (die Stilistik im engeren Sinne). Die Lexikologie kennt allerdings ein etwas anderes Verhältnis zum Wort. Die lexikalische Färbung des Wortes, z. B. ein Archaismus oder ein Provinzialismus, verweist auf einen anderen Kontext, in dem das gegebene Wort *normalerweise* gebraucht wird (das alte Schrifttum, die provinzielle Rede), aber dieser andere Kontext ist der der Sprache und nicht der der Rede (im exakten Sinne), es ist keine fremde Aussage, sondern unpersönliches und nicht in einer konkreten Aussage organisiertes Sprachmaterial. Wenn die lexikalische Färbung jedoch auch nur in gewisser Weise individualisiert ist, d. h. wenn sie auf eine bestimmte fremde Aussage verweist, aus der das Wort entlehnt oder in deren Geist es konstruiert ist, dann haben wir es bereits mit einer Stilisierung, einer Parodie oder einem analogen Phänomen zu tun. So bleibt auch die Lexikologie im Grunde genommen innerhalb des einen monologischen Kontextes und kennt nur die direkte, unmittelbare Ausrichtung des Wortes auf seinen Gegenstand ohne Berücksichtigung des fremden Wortes, des zweiten Kontextes.

Allein die Tatsache, daß es zweifach gerichtete Worte gibt, die den Bezug zu einer fremden Aussage als notwendiges Moment enthalten, macht es für uns erforderlich, eine vollständige und erschöpfende Klas-

sifizierung der Worte vom Standpunkt dieses neuen Prinzips vorzunehmen, das bisher weder von der Stilistik, noch von der Lexikologie oder Semantik berücksichtigt worden ist. Man kann sich ohne Mühe überzeugen, daß es außer den gegenstandsgerichteten Worten und den Worten, die auf ein fremdes Wort gerichtet sind, noch einen weiteren Typ
gibt. Aber auch die zweifach gerichteten Worte (die das fremde Wort in 128 | 129
Betracht ziehen) – sie umfassen so verschiedenartige Phänomene wie die Stilisierung, die Parodie und den Dialog – bedürfen der Differenzierung. Es ist erforderlich, ihre wesentlichen Spielarten anzugeben (vom Standpunkt desselben Prinzips). Weiterhin ergibt sich zwangsläufig die Frage, ob und auf welche Art und Weise die Verbindung von Worten, die verschiedenen Typen angehören, innerhalb eines Kontextes möglich ist. Damit entstehen neue stilistische Probleme, die von der Stilistik bisher kaum beachtet worden sind. Gerade diese Probleme aber sind von erstrangiger Bedeutung, will man den Stil der Prosasprache verstehen.[1]

Neben dem direkten, unmittelbar gegenstandsgerichteten Wort, das benennend, mitteilend, ausdrückend oder darstellend, seinen Gegenstand möglichst adäquat erfassen soll (erster Worttyp), beobachten wir noch das dargestellte oder Objekt-Wort (zweiter Typ). Eine sehr typische und weit verbreitete Art des dargestellten, des Objekt-Wortes ist die *direkte Rede der Helden.* Sie hat unmittelbar gegenstandsbezogene Bedeutung, liegt jedoch nicht auf derselben Ebene wie die Rede des Autors, sondern gleichsam in einiger perspektivischer Entfernung von ihr. Sie wird nicht nur vom Standpunkt ihres Gegenstandes aus verstanden, sondern ist selbst, als charakteristisches, typisches Wort mit einer ganz bestimmten Färbung Gegenstand einer Intention.

Dort, wo innerhalb des Autorenkontextes die direkte Rede, sagen wir, eines Helden begegnet, haben wir es mit zwei Redezentren und zwei Redeeinheiten innerhalb eines Kontextes zu tun: mit der Einheit der Autorenaussage und mit der des Helden. Aber die zweite Einheit ist nicht selbständig, sondern der ersten untergeordnet und als eins ihrer Momente in sie eingefügt. Die stilistische Bearbeitung der beiden Aussagen ist unterschiedlich. Das Wort des Helden wird als fremdes Wort bearbeitet, als Wort einer Person, die als Charakter oder Typus festgelegt ist, d.h. es wird als Objekt der Auffassung des Autors und nicht vom Standpunkt seiner eigenen Gegenstandsbezogenheit bearbeitet. Das Wort des Autors dagegen wird stilistisch in Richtung auf seine direkte, gegenstandsbezogene Bedeutung bearbeitet. Es muß seinem Gegenstand (dem

1 Die weiter unten angeführte Klassifizierung der Typen und Spielarten des Wortes wird von uns nicht an Beispielen illustriert, denn im weiteren wird für jeden der hier analysierten Fälle umfangreiches Material aus Dostoevskij gegeben.

Gegenstand der Erkenntnis, einem poetischen oder anderen Gegenstand) adäquat sein. Es muß ausdrucksvoll, stark, vielsagend, elegant u.ä. sein, je nach seiner direkten, sachlichen Aufgabe, etwas zu bezeichnen, auszudrücken, mitzuteilen oder darzustellen. Und seine stilistische Bearbeitung ist auf das rein sachliche Verständnis ausgerichtet. Wenn das Wort des Autors aber so bearbeitet wird, daß es als charakteristisch oder typisch für eine bestimmte Person, für einen bestimmten sozialen Stand oder eine bestimmte künstlerische Manier spürbar wird, dann haben wir es bereits mit einer Stilisierung zu tun: entweder mit einer gewöhnlichen literarischen Stilisierung oder mit stilisiertem skaz. Über diesen *dritten Typ* werden wir später sprechen.

Das direkte, gegenstandsgerichtete Wort kennt nur sich selbst und seinen Gegenstand, dem es möglichst adäquat zu sein bestrebt ist. Wenn es dabei irgend jemand nachahmt, bei irgend jemand in die Lehre geht, so ändert das nichts an der Sache: es ist das Baugerüst, das in das architektonische Ganze nicht eingeht, obwohl es nötig ist und vom Bauherrn berechnet werden muß. Daß es möglicherweise ein fremdes Wort nachahmt und verschiedenste Einflüsse fremder Worte enthält, die für einen Literarhistoriker und jeden kompetenten Leser klar erkennbar sind, ist nicht Sache des Wortes selbst. Wird es dazu, d.h. enthält das Wort selbst einen ausdrücklichen Hinweis auf ein fremdes Wort, dann haben wir es wieder mit dem Wort des dritten und nicht des ersten Typs zu tun.

Die stilistische Bearbeitung des Objekt-Wortes, d.h. des Wortes des Helden, ist als höchster und letzter Instanz den stilistischen Aufgaben des Autorenkontextes untergeordnet, dessen objektiviertes Moment es ist. Dadurch entsteht eine Reihe stilistischer Probleme, die mit der Einführung und organischen Einfügung der direkten Reden des Helden in den Autorenkontext in Zusammenhang stehen. Die letzte Bedeutungsinstanz und folglich auch die letzte stilistische Instanz ist mit der direkten Rede des Autors gegeben.

Eine letzte Bedeutungsinstanz, die rein sachliches Verständnis erfordert, gibt es natürlich in jedem literarischen Werk, aber sie wird nicht immer vom direkten Wort des Autors repräsentiert. Das Wort des Autors kann völlig fehlen, wenn es durch das Wort eines Erzählers ersetzt wird oder, wie im Drama, gar kein kompositorisches Äquivalent hat. In diesen Fällen gehört das gesamte Wortmaterial des Werkes zum zweiten oder dritten Worttyp. Das Drama wird fast immer aus dargestellten Objekt-Worten konstruiert. In *Belkins Erzählungen* von Puškin ist die Erzählung (die Worte Belkins) z.B. aus Worten des dritten Typs konstruiert; die

Belkins Erzählungen 1831; Erzählzyklus von Aleksandr S. Puškin.

Worte der Helden gehören natürlich zum zweiten Typ. Das Fehlen eines direkten, gegenstandsbezogenen Wortes ist eine gewöhnliche Erscheinung. Die letzte Bedeutungsinstanz – die Intention des Autors – wird nicht durch sein direktes Wort verwirklicht, sondern mit Hilfe fremder Worte, die auf bestimmte Weise konstruiert und als fremde angeordnet sind.

Das dargestellte Wort des Helden kann in unterschiedlichem Maße 130 | 131
objektiviert sein. Man braucht z. B. nur die Worte des Fürsten Andrej bei Tolstoj mit den Worten Gogol'scher Helden, denen Akakij Akakievičs z. B., zu vergleichen. In dem Maße, in dem sich die unmittelbare Gegenstandsbezogenheit der Worte des Helden verstärkt und ihr Objektcharakter entsprechend nachläßt, nähert sich die Wechselbeziehung zwischen der Rede des Autors und der des Helden der zwischen zwei Dialogrepliken an. Der perspektivische Bezug zwischen ihnen läßt nach und sie können sich auf derselben Ebene befinden. Das ist allerdings nur als Tendenz vorzustellen, als Streben zu einer Grenze, die nicht erreicht wird.

Bei einem wissenschaftlichen Artikel, in dem die Äußerungen verschiedener Autoren zu einer bestimmten Frage zitiert werden – ein Teil, um widerlegt, andere, um bestätigt und ergänzt zu werden – haben wir es mit einer dialogischen Wechselbeziehung von unmittelbar bedeutungsvollen Worten innerhalb eines Kontextes zu tun. Das Verhältnis von Zustimmung und Ablehnung, Behauptung und Ergänzung, Frage und Antwort u. ä. ist ein rein dialogisches Verhältnis, allerdings nicht zwischen Worten, Sätzen oder anderen Elementen einer Aussage, sondern zwischen vollständigen Aussagen. In einem dramatischen oder dramatisierten Dialog, der in den Autorenkontext eingefügt ist, verbinden diese Beziehungen die dargestellten, objektivierten Äußerungen und sind daher selbst objektiviert. Es handelt sich dabei nicht um den Zusammenstoß zweier letzter Bedeutungsinstanzen, sondern um den objektivierten (im Sujet sich vollziehenden) Zusammenstoß zweier dargestellter Positionen, der der höchsten, letzten Instanz des Autors gänzlich untergeordnet ist. Der monologische Kontext gerät dabei weder in Vergessenheit noch wird er abgeschwächt.

Der monologische Kontext wird nur dann gelockert oder zerstört, wenn zwei in gleicher Weise direkt gegenstandsgerichtete Äußerungen zusammenkommen. Sie können nicht innerhalb eines Kontextes nebeneinander bestehen, ohne dialogisch aufeinander zu stoßen, gleichgültig, ob sie sich gegenseitig bestätigen, ergänzen, einander widersprechen

des Fürsten Andrej ... Akakij Akakievičs Figur in Tolstois Roman *Krieg und Frieden* bzw. die Hauptfigur in Gogols berühmter Erzählung *Der Mantel*.

oder in andersgearteten dialogischen Beziehungen zueinander stehen (z. B. im Verhältnis von Frage und Antwort). Zwei gleichgewichtige Worte zu ein und demselben Thema müssen, sobald sie zusammenkommen, sich unausweichlich aneinander orientieren. Zwei Bedeutungen, die konkrete Gestalt angenommen haben, können nicht wie zwei Sachen nebeneinander liegen, sie müssen sich innerlich berühren, d. h. es muß sich zwischen ihnen ein Sinnbezug herstellen.

Das unmittelbare, direkte, bedeutungsvolle Wort ist auf seinen Gegenstand gerichtet und ist die letzte Bedeutungsinstanz innerhalb des gegebenen Kontextes. Das Objekt-Wort ist auch nur gegenstandsgerichtet, aber gleichzeitig ist es selbst Gegenstand der fremden Intention des Autors. Aber diese fremde Intention dringt nicht in das Objekt-Wort ein, sondern nimmt es als ganzes und ordnet es in seinen Aufgaben unter, ohne seinen Sinn und seinen Tonfall zu verändern. Sie legt keine zweite sachliche Bedeutung in es hinein. Das Wort, das zum Objekt geworden ist, weiß gleichsam selbst nichts davon, wie ein Mensch, der nicht weiß, daß man ihm bei der Arbeit zuschaut; das Objekt-Wort klingt, als wäre es direktes, einstimmiges Wort. Sowohl in den Worten des ersten, wie in den Worten des zweiten Typs ist jeweils eine Stimme enthalten. Es sind *einstimmige Worte.*

Aber der Autor kann sich eines fremden Wortes für seine Ziele auch derart bedienen, daß er eine neue Bedeutungstendenz in ein Wort legt, das bereits eine eigene hat und auch bewahrt. Dabei soll ein solches Wort der Aufgabe nach als fremdes empfunden werden. In einem Wort befinden sich zwei Bedeutungstendenzen, zwei Stimmen. So ist das parodistische Wort beschaffen, die Stilisierung und der stilisierte skaz. Hier gehen wir zur Charakterisierung des dritten Worttyps über.

Die Stilisierung setzt einen Stil voraus, d. h. sie setzt voraus, daß die Gesamtheit der stilisierten Verfahren, die sie reproduziert, einmal einen direkten und unmittelbaren Sinn hatten, Ausdruck einer letzten Bedeutungsinstanz waren. Nur das Wort des ersten Typs kann Gegenstand der Stilisierung sein. Die Stilisierung zwingt eine fremde sachliche Absicht (eine künstlerisch-sachliche), ihren Zielen, d. h. ihren neuen Absichten zu dienen. Der Stilisierende verwendet das fremde Wort als fremdes und wirft dadurch einen leicht objektivierenden Schatten auf dieses Wort. Zwar wird das Wort nicht zum Objekt. Denn für den Stilisierenden hat die Gesamtheit der Verfahren der fremden Rede gerade als Ausdruck eines besonderen Standpunktes Bedeutung. Er arbeitet mit einem fremden Standpunkt. Deshalb fällt ein gewisser objektivierender Schatten auf den Standpunkt selbst, der dadurch bedingt wird. Die objektivierte Rede des Helden ist niemals bedingt. Der Held spricht immer ernsthaft.

Die Beziehung zum Autor dringt nicht in seine Rede ein, der Autor betrachtet diese Rede von außen.

Das bedingte Wort ist immer ein zweistimmiges Wort. Bedingt kann nur das werden, was einmal nicht bedingt, ernsthaft war. Diese ursprüngliche, direkte und unbedingte Bedeutung dient jetzt neuen Zielen, die von innen von ihr Besitz ergreifen und sie bedingt machen. Dadurch 132 | 133
unterscheidet sich die Stilisierung von der Nachahmung. Die Nachahmung macht die Form nicht bedingt, denn sie nimmt das Nachgeahmte ernst, macht es sich zu eigen, eignet sich das fremde Wort unmittelbar an. Die Stimmen verschmelzen völlig; wenn wir die andere Stimme hören, so entspricht das durchaus nicht der Absicht des Nachahmenden.

Obwohl so zwischen der Stilisierung und der Nachahmung vom Sinn her ein deutlicher Unterschied besteht, gibt es historisch betrachtet sehr feine, manchmal kaum faßbare Übergänge zwischen ihnen. In dem Maße, in dem sich der Ernst des Stils in den Händen der Nachahmer und Epigonen abschwächt, werden seine Verfahren immer bedingter und die Nachahmung wird zu einer halben Stilisierung. Andererseits kann auch die Stilisierung zur Nachahmung werden, wenn der stilisierende Autor von seinem Vorbild so begeistert ist, daß die Distanz zerstört wird und das Empfinden dafür nachläßt, daß der Stil als *fremder* reproduziert wird. Denn gerade die Distanz hat die Bedingtheit geschaffen.

Die Erzählung aus der Sicht eines Erzählers, die in der Komposition an die Stelle des Autorenwortes tritt, ist eine der Stilisierung analoge Erscheinung. Die Erzählung aus der Sicht eines Erzählers kann in Formen der Literatursprache (Belkin, die Erzähler und Chronisten Dostoevskijs) oder in Formen der mündlichen Rede, dem skaz im eigentlichen Sinne des Wortes, durchgeführt werden. Der Autor bedient sich der fremden Wortmanier als Perspektive, als Position, die für den Gang der Erzählung unbedingt notwendig ist. Aber der objektivierende Schatten, der auf das Wort des Erzählers fällt, ist sehr viel stärker als bei der Stilisierung, die Bedingtheit sehr viel schwächer. Natürlich kann der Grad des einen oder anderen sehr verschieden sein. Aber reines Objekt-Wort kann das Wort des Erzählers niemals werden, selbst dann nicht, wenn er einer der Helden ist und nur einen Teil der Erzählung übernimmt. Denn dem Autor ist nicht nur seine individuelle, typische Art zu denken, zu erleben und zu sprechen wichtig, sondern vor allem seine Art zu sehen und darzustellen: darin besteht seine direkte Funktion als Erzähler, der den Autor vertritt. Deshalb dringt, wie bei der Stilisierung, die Einstellung des Autors in sein Wort ein und macht es mehr oder weniger bedingt. Der Autor zeigt uns seine Worte nicht (wie das Objekt-Wort des Helden), sondern bedient sich ihrer von innen für seine eigenen Ziele und läßt uns die Distanz zwischen seinem eigenen und diesem fremden Wort deutlich spüren.

Jede Erzählung erhält notwendigerweise ein skaz-Element, d.h. die Ausrichtung auf mündliche Rede. Der Erzähler ist, selbst wenn er seine Erzählung schreibt und ihr eine gewisse literarische Bearbeitung zuteil werden läßt, kein professioneller Literat, er verfügt nicht über einen bestimmten Stil, sondern nur über eine sozial und individuell bedingte Art zu erzählen, die zum mündlichen skaz tendiert. Wenn er aber über einen bestimmten literarischen Stil verfügt, den der Autor im Namen des Erzählers reproduziert, dann haben wir es mit einer Stilisierung und nicht mit einer Erzählung zu tun (die Stilisierung kann auf verschiedene Weise eingeführt und motiviert werden).

Sowohl die Erzählung als auch der reine skaz können jede Bedingtheit verlieren und direktes Autorenwort werden, das seine Absicht unmittelbar zum Ausdruck bringt. So ist der skaz fast immer bei Turgenev. Wenn er einen Erzähler einführt, stilisiert Turgenev in der Mehrzahl der Fälle durchaus keine *fremde*, individuelle oder sozial bestimmte Art zu erzählen. Die Erzählung in *Andrej Kolosov* ist z.B. die eines intelligenten, literarisch gebildeten Menschen aus dem Kreis um Turgenev. Turgenev selbst würde auch über das Ernsteste in seinem Leben ebenso erzählen. Eine Ausrichtung auf einen sozial fremden skaz-Ton, auf eine sozial fremde Art zu sehen und das Gesehene zu übermitteln, ist nicht gegeben. Auch eine Ausrichtung auf das Individuell-Charakteristische fehlt. Der skaz Turgenevs ist voll bedeutsam und enthält nur eine Stimme, die unmittelbar die Absicht des Autors zum Ausdruck bringt. Wir haben ein einfaches Kompositionsverfahren vor uns. Die Erzählung in der *Ersten Liebe* hat diesen Charakter (vom Erzähler in Briefform dargestellt).[2]

Das kann man vom Erzähler Belkin nicht sagen: er ist als fremde Stimme für Puškin von Wichtigkeit und vor allem als Mensch aus einer bestimmten sozialen Schicht mit dem entsprechenden geistigen Niveau und der entsprechenden Einstellung zur Welt und halb auch als individuell-charakteristische Gestalt. Hier wird die Absicht des Autors also im Wort des Erzählers gebrochen; das Wort ist zweistimmig.

2 Völlig richtig, aber von einem anderen Standpunkt aus hat B. M. Ejchenbaum auf diese Besonderheit der Erzählung Turgenevs hingewiesen: „Die Form der vom Autor motivierten Einführung eines speziellen Erzählers, dem auch die Erzählung anvertraut wird, ist außerordentlich verbreitet. Diese Form hat allerdings oft völlig konventionellen Charakter (wie bei Maupassant und Turgenev) und zeugt nur von der Lebensfähigkeit der Tradition, in der eine besondere Person der Novelle als Erzäh-

Andrej Kolosov... Ersten Liebe Erzählungen von Ivan S.Turgenev, 1844 bzw. 1860 erschienen.

Das Problem des skaz hat als erster B.M.Ejchenbaum zur Sprache gebracht.[3] Er versteht den skaz ausschließlich als *Ausrichtung auf die mündliche Form des Erzählens*, als Ausrichtung auf die mündliche Rede und die entsprechenden sprachlichen Besonderheiten (mündliche Intonation, syntaktische Konstruktion der mündlichen Rede, entsprechende Lexik u.ä.). Er stellt überhaupt nicht in Rechnung, daß der skaz in der 134 | 135
Mehrzahl der Fälle vor allem Ausrichtung auf *fremde Rede* bedeutet und erst von daher, als Folge, auf die mündliche Rede.

Will man das Problem des skaz literarhistorisch untersuchen, dann scheint uns unser Verständnis sehr viel angemessener zu sein. Uns scheint, daß der skaz in der Mehrzahl der Fälle der *fremden Stimme* wegen eingeführt wird, einer sozial bestimmten Stimme, die eine Reihe von Gesichtspunkten und Wertungen mit sich bringt, deren der Autor bedarf. Es wird nämlich ein Erzähler eingeführt, ein Erzähler aber ist kein literarisch gebildeter Mensch und gehört in der Mehrzahl der Fälle zu den niederen sozialen Schichten, zum Volk (gerade das ist für den Autor wichtig) und bringt die mündliche Rede mit sich.

Nicht in jeder Epoche ist das direkte Autorenwort möglich, nicht jede Epoche verfügt über einen Stil, denn ein Stil setzt autoritative Gesichtspunkte und ideologische Wertungen voraus, die sich gefestigt haben. Solchen Epochen bleibt entweder der Weg der Stilisierung oder die Hinwendung zu außerliterarischen Formen des Erzählens, in denen die Welt auf bestimmte Art gesehen und dargestellt wird. Wo für den unmittelbaren Ausdruck der Gedanken des Autors keine angemessene Form zur Verfügung steht, muß man zu ihrer Brechung im fremden Wort Zuflucht nehmen. Manchmal sind die künstlerischen Aufgaben selbst derart, daß sie überhaupt nur mit Hilfe des zweistimmigen Wortes verwirklicht werden können (wie wir sehen werden, war es bei Dostoevskij so).

Uns scheint, daß sich Leskov des sozial fremden Wortes, der sozial fremden Weltanschauung wegen eines Erzählers bediente und erst in zweiter Linie um des mündlichen skaz willen (denn ihn interessierte das im Volk gesprochene Wort), Turgenev dagegen suchte im Erzähler gerade die mündliche Form des Erzählens, allerdings um seine Absichten *direkt* zum Ausdruck zu bringen. Ihm war tatsächlich die Ausrichtung

ler fungiert. In diesen Fällen bleibt der Erzähler Autor und die Motivierung zu Beginn dient lediglich als Einleitung." (B. M. Ejchenbaum, *Literatura.* L., izd-vo Priboj, 1927, S. 217).

3 Zuerst in dem Artikel ‚Kak sdelana ‚Šinel''. Sb. Poetika (1919). Danach besonders in dem Artikel ‚Leskov i sovremennaja proza' (vgl. in dem Buch *Literatura*, S. 210 ff.).

B. M. Ejchenbaum Boris Michajlovic Ejchenbaum (1886–1959).

auf die mündliche Rede und nicht auf das fremde Wort eigen. Turgenev liebte nicht die Brechung seiner eigenen Gedanken im fremden Wort und beherrschte dieses Verfahren auch nicht. Das zweistimmige Wort gelang ihm nicht (z. B. an den satirischen und parodistischen Stellen von *Rauch*). Deshalb wählte er den Erzähler aus seinem eigenen sozialen Kreis. Ein solcher Erzähler mußte zwangsläufig in der Literatursprache sprechen und hielt den mündlichen skaz nicht bis zu Ende durch. Turgenev kam es nur darauf an, seine literarische Sprache durch mündliche Intonationen lebendiger zu gestalten.

Hier ist nicht der Ort, alle von uns aufgestellten literarhistorischen Thesen zu beweisen. Mögen sie als Vermutungen stehenbleiben. Wir beharren allerdings darauf, daß im skaz zwischen der Ausrichtung auf das fremde Wort und der Ausrichtung auf die mündliche Rede streng zu unterscheiden ist. Sieht man im skaz nur die mündliche Rede, dann läßt man das Wichtigste außer acht. Mehr noch, eine ganze Reihe *sprachlicher* Phänomene (Intonation, Syntax u. a.) erklärt sich im skaz (bei der Ausrichtung des Autors auf die fremde Rede) gerade aus seiner Zweistimmigkeit, daraus, daß sich zwei Stimmen und zwei Akzente in ihm kreuzen. Bei der Analyse der Erzählung in den Werken Dostoevskijs werden wir uns davon überzeugen. Ähnliche Phänomene gibt es z. B. bei Turgenev nicht, obwohl gerade bei seinen Erzählern die Tendenz zur mündlichen Rede stärker ausgeprägt ist als bei den Erzählern Dostoevskijs.

Eine der Erzählung aus der Sicht des Erzählers analoge Form ist die Icherzählung: manchmal ist sie von der Ausrichtung auf das fremde Wort bestimmt, manchmal kann sie sich, wie die Erzählung bei Turgenev, an das direkte Autorenwort annähern und schließlich mit ihm verschmelzen, d. h. mit dem einstimmigen Wort des ersten Typs arbeiten.

Man muß berücksichtigen, daß die Kompositionsformen für sich genommen die Frage nach dem Typ des Wortes noch nicht entscheiden. Definitionen wie Icherzählung, Erzählung aus der Sicht eines Erzählers, Erzählung des Autors u. ä. betreffen nur die Komposition. Diese Kompositionsformen tendieren zwar zu einem bestimmten Worttyp, sind aber nicht notwendig mit ihm verbunden.

Allen bisher von uns analysierten Erscheinungen des dritten Worttyps – der Stilisierung, der Erzählung und der Icherzählung – ist ein Zug gemeinsam; sie stellen deshalb eine besondere (die erste) Spielart des dritten Typs dar. Dieser gemeinsame Zug: die Intention des Autors bedient sich des fremden Wortes in der Richtung seiner eigenen Absichten. Die Stilisierung stilisiert einen fremden Stil in der Richtung seiner

Rauch 1866 erschienener Roman Turgenevs.

eigenen Aufgaben. Sie macht diese Aufgaben lediglich bedingt. Auch die Erzählung aus der Sicht eines Erzählers, die die Intention des Autors in sich bricht, weicht nicht von ihrem direkten Wege ab, verharrt in wirklich eigenen Tönen und Intonationen. Der Gedanke des Autors, der in das fremde Wort eingedrungen ist und sich dort festgesetzt hat, stößt nicht mit dem fremden Gedanken zusammen, sondern folgt ihm in seiner 136 | 137
Richtung und macht nur diese Richtung bedingt.

Anders verhält es sich bei der Parodie. Der Autor spricht wie bei der Stilisierung mit Hilfe eines fremden Wortes, aber im Unterschied zur Stilisierung führt er in dieses Wort eine Bedeutungsrichtung ein, die der fremden Richtung direkt entgegengesetzt ist. Die zweite Stimme, die sich im fremden Wort festsetzt, stößt hier feindlich mit seinem eigenen Herrn zusammen und zwingt ihn, genau entgegengesetzten Zielen zu dienen. Das Wort wird zur Kampfarena zweier Stimmen. Deshalb ist in der Parodie die Verschmelzung der Stimmen, wie sie in der Stilisierung oder in der Erzählung aus der Sicht eines Erzählers (bei Turgenev z. B.) möglich ist, nicht möglich; die Stimmen sind nicht nur vereinzelt, durch Distanz voneinander getrennt, sondern einander auch feindlich gegenübergestellt. Deshalb muß das fremde Wort in der Parodie besonders scharf und deutlich als fremdes empfunden werden. Die Intentionen des Autors müssen stärker individualisiert sein, in höherem Maße eigenen Inhalt besitzen. Einen fremden Stil kann man in verschiedenen Richtungen parodieren und neue Akzente in ihn hineintragen; stilisieren kann man ihn jedoch nur in einer einzigen Richtung, in der seiner eigenen Aufgabe.

Das parodistische Wort kann sehr verschiedenartig sein. Man kann einen fremden Stil als Stil parodieren, oder aber eine fremde sozialtypische oder individuell-charakterologische Art zu sehen, zu denken und zu sprechen. Außerdem kann die Parodie mehr oder weniger ausgeprägt sein: man kann nur die oberflächlichen Wortformen, kann aber auch die grundsätzlichen Prinzipien des fremden Wortes parodieren. Ferner kann der Autor vom parodistischen Wort selbst unterschiedlichen Gebrauch machen: die Parodie kann Selbstzweck sein (die literarische Parodie als Gattung z. B.), kann aber auch der Erreichung anderer positiver Ziele dienen (der parodistische Stil bei Ariost und Puškin z. B.). Bei allen möglichen Spielarten des parodistischen Wortes bleibt das Verhältnis zwischen der Intention des Autors und der fremden Intention jedoch das gleiche: diese Intentionen sind verschieden gerichtet, im Unterschied zu den gleichgerichteten Intentionen bei der Stilisierung, der Erzählung und analogen Formen.

Deshalb ist es außerordentlich wichtig, zwischen parodistischem und einfachem skaz zu unterscheiden. Der Kampf zweier Stimmen im parodistischen skaz erzeugt ganz spezifische Spracherscheinungen, von denen wir weiter oben gesprochen haben. Ignoriert man im skaz die Ausrichtung auf das fremde Wort und folglich seine Zweistimmigkeit, so kann man jene komplizierten Beziehungen nicht verstehen, die Stimmen im skaz-Wort eingehen können, wenn sie verschieden-gerichtet sind. Der zeitgenössische skaz hat in der Mehrzahl der Fälle einen leicht parodistischen Ton. In den Erzählungen Dostoevskijs sind, wie wir sehen werden, immer parodistische Elemente besonderen Typs vorhanden.

Eine dem parodistischen Wort analoge Erscheinung ist das ironische und jedes zweideutig gebrauchte fremde Wort, denn auch in diesen Fällen wird das fremde Wort gebraucht, um ihm feindliche Intentionen zu vermitteln. In der Alltagssprache ist eine solche Verwendung des fremden Wortes außerordentlich verbreitet, besonders im Dialog, wo ein Gesprächspartner sehr häufig die Behauptung des anderen wörtlich wiederholt, es dabei neu bewertet und auf seine Art akzentuiert: mit dem Ausdruck des Zweifels, der Empörung, der Ironie, des Hohns, der Verspottung u. ä.

In seinem Buch über die Besonderheiten der italienischen Umgangssprache schreibt Leo Spitzer folgendes:

„Mit der Übernahme eines Stückes der Partnerrede vollzieht sich schon an und für sich durch den Wechsel der sprechenden Individuen eine Transposition der Tonart: *die Worte ‚des anderen' klingen in unserem Mund immer fremd, ja sehr leicht höhnisch, karikiert, fratzenhaft*… Hier möchte ich die scherzhaft oder scharf ironische Wiederholung des Verbs der Frage in der darauffolgenden Antwort aufführen. Man kann dabei beobachten, daß man nicht nur zu sprachlich möglichen, sondern auch zu kühnen, ja eigentlich undenkbaren Konstruktionen greift – nur um ein Stück der Partnerrede ‚anzubringen' und ironisch zeichnen zu können."[4]

Fremde Worte, die in unsere Rede übernommen werden, nehmen unweigerlich etwas Neues in sich auf: unser Verständnis und unsere Bewertung, d. h. sie werden zweistimmig. Verschiedenartig kann nur die Wechselbeziehung dieser beiden Stimmen sein. Schon die Wiedergabe einer fremden Behauptung in Form einer Frage führt zum Zusammenstoß zweier Auffassungen in einem Wort, denn wir fragen nicht nur, sondern wir problematisieren die fremde Behauptung. Unsere Alltagssprache ist voll fremder Worte: mit einem Teil von ihnen verschmilzt

4 Leo Spitzer, *Italienische Umgangssprache*. Leipzig, 1922, S. 175, 176.

unsere Stimme völlig und wir vergessen, von wem sie sind, mit anderen, die wir für maßgebend halten, untermauern wir unsere eigenen Worte, noch andere schließlich besetzen wir mit unseren eigenen, ihnen fremden oder feindlichen Intentionen.

Gehen wir zur letzten Spielart des dritten Typs über. Sowohl bei der Stilisierung als auch bei der Parodie, d.h. bei beiden vorangehenden 138 | 139 Spielarten des dritten Typs, verwendet der Autor die fremden Worte selbst, um seine eigenen Intentionen zum Ausdruck zu bringen. Bei der dritten Spielart bleibt das fremde Wort außerhalb der Autorenrede, aber die Autorenrede zieht es in Betracht und ist auf das fremde Wort bezogen. Hier wird das fremde Wort nicht mit neuer Intention reproduziert, sondern es nimmt Einfluß, wirkt ein und bestimmt so oder anders das Autorenwort, wobei es selbst außerhalb seiner bleibt. So ist das Wort in der versteckten Polemik beschaffen und, in der Mehrzahl der Fälle, in der dialogischen Replik.

In der versteckten Polemik ist das Autorenwort, wie jedes andere Wort auch, auf seinen Gegenstand gerichtet, aber dabei ist jede den Gegenstand betreffende Behauptung so konstruiert, daß, von ihrer sachlichen Bedeutung abgesehen, noch ein fremdes Wort zu demselben Thema, eine fremde Behauptung über denselben Gegenstand, polemisch abgewehrt wird. Das auf seinen Gegenstand gerichtete Wort kollidiert im Gegenstand selbst mit dem fremden Wort. Das fremde Wort selbst wird nicht reproduziert, sondern nur vorgestellt, aber die gesamte Struktur der Rede wäre eine völlig andere, wenn diese Reaktion auf das vorgestellte fremde Wort nicht bestünde. Bei der Stilisierung bleibt das reale Vorbild, der fremde Stil, der reproduziert wird, auch außerhalb des Autorenkontextes, er wird vorgestellt. Auch in der Parodie wird das bestimmte, reale Wort, das parodiert werden soll, nur vorgestellt. Hier aber gibt das Autorenwort entweder sich selbst als ein fremdes Wort aus oder ein fremdes als das eigene. Auf jeden Fall arbeitet es unmittelbar mit dem fremden Wort, das vorgestellte Vorbild (das reale fremde Wort) liefert nur das Material und dient als Dokument dafür, daß der Autor tatsächlich ein bestimmtes, fremdes Wort reproduziert. In der versteckten Polemik wird das fremde Wort abgewiesen und dieses Abweisen bestimmt ebenso wie der Gegenstand selbst, von dem die Rede ist, das Autorenwort. Das verändert grundsätzlich die Semantik des Wortes: neben der gegenständlichen Bedeutung erscheint eine zweite Bedeutung, die Ausrichtung auf das fremde Wort. Ein solches Wort kann man nicht völlig, in seinem Wesen verstehen, wenn man nur seine direkte, sachliche Bedeutung berücksichtigt. Die polemische Färbung des Wortes zeigt sich auch in rein sprachlichen Merkmalen: in der Intonation und in der syntaktischen Konstruktion.

Im konkreten Fall ist es bisweilen schwierig, eine deutliche Grenze zwischen der versteckten und der offenen Polemik zu ziehen. Aber die Bedeutungsunterschiede sind wesentlich. Die offene Polemik ist einfach auf das zu dementierende, fremde Wort als auf seinen Gegenstand gerichtet. In der versteckten Polemik ist das Wort auf einen gewöhnlichen Gegenstand gerichtet, den es benennt, darstellt und ausdrückt und nur indirekt greift es das fremde Wort an, wenn es mit ihm gleichsam im Gegenstand selbst zusammenstößt. Aus diesem Grund beginnt das fremde Wort von innen das Wort des Autors zu beeinflussen. Deshalb ist das versteckt-polemische Wort zweistimmig, obwohl die Wechselbeziehung der beiden Stimmen besonderer Art ist. Der fremde Gedanke geht nicht selbst in das Innere des Wortes ein, sondern wird nur in ihm reflektiert, indem er seinen Ton und seine Bedeutung bestimmt. Das Wort fühlt intensiv das fremde Wort neben sich, das über denselben Gegenstand spricht, und dieses Gefühl bestimmt seine Struktur.

Das innerlich-polemische Wort – immer gesprochen mit einem Seitenblick auf das feindliche, fremde Wort – ist sowohl in der Alltagssprache als auch in der Literatursprache äußerst verbreitet und hat gewaltige stilbildende Bedeutung. Alle Worte „mit beleidigenden Anspielungen", alle „giftigen Bemerkungen" in der Alltagssprache gehören dazu. Aber auch jede unterwürfige, geschraubte Rede, jede Rede, die von vornherein sich selbst widerruft, jede Rede mit tausend Vorbehalten, Konzessionen, Hintertürchen u. ä. gehört hierher. Eine solche Rede krümmt sich förmlich in Anwesenheit oder im Vorgefühl eines fremden Wortes, einer Antwort oder eines Einwandes. Die individuelle Art eines Menschen, seine Rede zu konstruieren, wird in erheblichem Maße davon bestimmt, wie er das fremde Wort empfindet und darauf zu reagieren vermag.

Die Bedeutung der versteckten Polemik in der Literatursprache ist gewaltig. Eigentlich enthält jeder Stil ein Element innerer Polemik, der Unterschied liegt nur im Grad und im Charakter. Jedes literarische Wort spürt mehr oder weniger deutlich seinen Zuhörer, Leser und Kritiker und spiegelt seine antizipierbaren Einwände, Urteile und Gesichtspunkte wider. Außerdem spürt das literarische Wort ein anderes literarisches Wort, einen anderen Stil neben sich. Die sogenannte Reaktion auf den vorangehenden literarischen Stil, die jeder neue Stil enthält, ist ebenfalls eine solche innere Polemik, eine versteckte Antistilisierung des fremden Stils sozusagen, die häufig auch mit einer offenen Parodie auf diesen Stil verbunden ist. Von außerordentlich großer, stilbildender Bedeutung ist die innere Polemik in Autobiographien und in Formen der Icherzählung mit Bekenntnischarakter. Man braucht nur die *Confessions* von Rousseau zu nennen.

Die Replik jedes entscheidenden, grundsätzlichen Dialogs ist eine der versteckten Polemik analoge Erscheinung. Jedes Wort einer solchen Replik ist gegenstandsgerichtet und reagiert gleichzeitig gespannt auf das fremde Wort, indem es ihm antwortet und es antizipiert. Das Moment der Antwort und der Antizipation dringt tief in das angespannt dialogische Wort ein. Ein solches Wort nimmt die fremden Repliken gleichsam in sich auf, saugt sie auf und verarbeitet sie angespannt. Die Semantik des dialogischen Wortes ist von besonderer Art. Die sehr subtilen Bedeutungsveränderungen, die sich während eines angespannten Dialogs ergeben, sind bis heute leider noch nicht erforscht. Die Berücksichtigung der Gegenrede bewirkt spezifische Veränderungen in der Struktur des dialogischen Wortes: sie macht das dialogische Wort innerlich ereignishaft und beleuchtet den Gegenstand des Wortes neu, indem sie neue Seiten an ihm zeigt, die dem monologischen Wort unzugänglich sind.

Wichtig und für unsere weiteren Ziele von besonderer Bedeutung ist der versteckte Dialog, der mit der versteckten Polemik nicht identisch ist. Stellen wir uns einen Dialog vor, in dem die Repliken des zweiten Gesprächspartners ausgelassen sind, aber so, daß der allgemeine Sinn unverändert bleibt. Der zweite Gesprächspartner ist unsichtbar anwesend, er spricht nicht, aber die tiefe Spur seiner Worte bestimmt alle vorhandenen Worte des ersten Gesprächspartners. Wir spüren, daß es ein Gespräch ist, obwohl nur einer spricht, und zwar ein sehr angespanntes Gespräch, denn jedes vorhandene Wort antwortet und reagiert mit allen seinen Fibern auf den unsichtbaren Gesprächspartner, weist über sich selbst hinaus auf das unausgesprochene fremde Wort. Wir werden später sehen, daß dieser versteckte Dialog bei Dostoevskij einen sehr wichtigen Platz einnimmt und außerordentlich tief und subtil ausgearbeitet ist.

Die von uns analysierte dritte Spielart unterscheidet sich, wie wir sehen, sehr erheblich von den vorangehenden beiden Spielarten des dritten Typs. Diese letzte Spielart kann man, im Unterschied zu den vorangehenden *passiven* Spielarten, *aktiv* nennen. In der Tat: bei der Stilisierung, der Erzählung und der Parodie ist das fremde Wort völlig passiv in den Händen des Autors, der mit ihm umgeht. Er nimmt sozusagen das schutzlose und stumme fremde Wort, legt ihm seinen Sinn bei und zwingt es so, seinen neuen Zielen zu dienen. In der versteckten Polemik und im Dialog wirkt das fremde Wort dagegen aktiv auf die

***Confessions* von Rousseau** Die 1770 fertiggestellte, 1782–1789 posthum veröffentlichte Autobiographie von Jean-Jacques Rousseau (1712–1778).

Autorenrede ein und zwingt sie, sich seinem Einfluß und seiner Inspiration entsprechend zu ändern.

Aber auch bei allen Erscheinungen der zweiten Spielart des dritten Typs kann die Aktivität des fremden Wortes erhöht werden. Wenn die Parodie einen wesentlichen Widerstand, eine bestimmte Kraft und Tiefe vonseiten des fremden Wortes spürt, das parodiert werden soll, dann wird sie durch Töne der versteckten Polemik komplizierter. Eine solche Parodie klingt bereits anders. Das parodierte Wort klingt aktiver, leistet der Absicht des Autors Widerstand. Es vollzieht sich eine innere Dialogisierung des parodistischen Wortes. Solche Phänomene ergeben sich ebenfalls, wenn man die versteckte Polemik mit einer Erzählung verbindet; sie ergeben sich überhaupt bei allen Erscheinungen des dritten Typs, wenn die Intentionen des Autors und die der fremden Worte verschiedengerichtet sind.

In dem Maße, in dem das fremde Wort seinen Objektcharakter einbüßt, der, wie wir wissen, bis zu einem gewissen Grade allen Worten des dritten Typs eigen ist, fallen bei den gleichgerichteten Worten (bei der Stilisierung, bei der gleichgerichteten Erzählung) die Stimme des Autors und die fremde Stimme zusammen. Die Distanz geht verloren; die Stilisierung wird zum Stil; der Erzähler ist nur noch von der Komposition her bedingt. Vermindert sich der Grad der Objektivation bei den verschiedengerichteten Worten, so erhöht sich die Aktivität der eigenen Intentionen des fremden Wortes entsprechend und führt unweigerlich zur inneren Dialogisierung des Wortes. In einem solchen Wort dominiert der Gedanke des Autors nicht mehr in erdrückender Weise den fremden Gedanken, das Wort verliert seine Ruhe und Überzeugungskraft, es wird aufgeregt, innerlich unentschieden und doppelsinnig. Ein solches Wort ist nicht nur zweistimmig, sondern hat auch zwei Akzente, es ist schwierig zu intonieren, denn die lebendige laute Intonation monologisiert das Wort viel zu sehr und kann der fremden Stimme in ihm nicht gerecht werden.

Diese innere Dialogisierung, die mit der Verminderung des Objektivationsgrades bei den verschiedengerichteten Worten des dritten Typs verbunden ist, ist natürlich keine neue Spielart dieses Typs. Es ist nur eine Tendenz, die allen Erscheinungen dieses Typs eigen ist (sofern sie verschiedengerichtet sind). Diese Tendenz führt im Grenzfall dazu, daß das zweistimmige Wort in zwei Worte zerfällt, in zwei völlig getrennte, selbständige Stimmen. Die andere Tendenz, die allen gleichgerichteten Worten eigen ist, führt bei Verminderung des Objektivationsgrades im Grenzfall zum völligen Zusammenfall der Stimmen und folglich zum einstimmigen Wort des ersten Typs. Zwischen diesen beiden Polen bewegen sich alle Erscheinungen des dritten Typs.

Wir haben natürlich die möglichen Erscheinungen des zweistimmigen Wortes und überhaupt alle möglichen Arten, sich einem fremden Wort gegenüber zu orientieren (was die gewöhnliche, sachliche Orientierung der Rede kompliziert), bei weitem nicht erschöpfend behandelt. Eine 142 | 143
sehr viel ausführlichere und detailliertere Klassifizierung wäre möglich. Aber für unsere Zwecke reicht die vorgenommene Klassifizierung aus.

Wir stellen diese Klassifizierung schematisch dar.

Die unten angeführte Klassifizierung ist natürlich eine Abstraktion. Das konkrete Wort kann gleichzeitig verschiedenen Spielarten und sogar Typen angehören. Außerdem sind die Beziehungen zum fremden Wort im konkreten, lebendigen Kontext nicht statisch, sondern dynamisch: die Wechselbeziehung der Stimmen im Wort kann sich plötzlich ändern, das gleichgerichtete Wort kann in ein verschiedengerichtetes übergehen, die innere Dialogisierung kann verstärkt oder abgeschwächt werden, der passive Typ kann aktiv werden u.ä.

I. Das direkte, unmittelbar auf seinen Gegenstand gerichtete Wort, als Ausdruck der letzten Bedeutungsinstanz des Sprechenden

II. Das Objekt-Wort (das Wort einer dargestellten Person)

1. Mit überwiegend sozial-typischer Bestimmtheit. 2. Mit überwiegend individuell-charakterologischer Bestimmtheit.	} Verschiedene Objektivationsgrade.

III. Das Wort mit Ausrichtung auf ein fremdes Wort (das zweistimmige Wort)

1. Das gleichgerichtete zweistimmige Wort: a) Stilisierung; b) Erzählung aus der Sicht eines Erzählers; c) das nicht-objektivierte Wort des Helden, der (teilweise) Träger der Intentionen des Autors ist; d) Icherzählung.	} Sie tendieren bei Verminderung des Objektivationsgrades zum Zusammenfall der Stimmen, d.h. zum Wort des ersten Typs.

2. Das verschieden-gerichtete zweistimmige Wort: a) Parodie mit allen ihren Nuancen; b) parodistische Erzählung; c) parodistische Icherzählung; d) das Wort des parodistisch dargestellten Helden; e) jede Wiedergabe eines fremden Wortes mit verändertem Akzent.	Bei Verminderung des Objektivationsgrades und Aktivierung des fremden Gedankens werden sie innerlich dialogisch und tendieren dazu, in zwei Worte (zwei Stimmen) des ersten Typs zu zerfallen.
3. Der aktive Typ (das reflektierte fremde Wort): a) versteckte Polemik; b) polemisch gefärbte Autobiographie und Beichte; c) jedes Wort mit Seitenblick auf ein fremdes Wort; d) Dialog-Replik; e) versteckter Dialog.	Das fremde Wort wirkt von außen; sehr verschiedenartige Formen der Wechselbeziehung zum fremden Wort sind möglich und ein unterschiedliches Maß seines deformierenden Einflusses.

Uns scheint, daß der von uns vorgebrachte Standpunkt, das Wort in seinem Verhältnis zum fremden Wort zu betrachten, für das Verständnis der künstlerischen Prosa von außerordentlicher Bedeutung ist. Die poetische Sprache im eigentlichen Sinne des Wortes fordert die Einheitlichkeit aller Worte, ihre Zurückführung auf einen Nenner, wobei dieser Nenner entweder ein Wort des ersten Typs sein oder zu einigen abgeschwächten Spielarten der anderen Typen gehören kann. Natürlich sind auch hier Werke möglich, die nicht ihr gesamtes Wortmaterial auf einen Nenner zurückführen, aber diese Erscheinungen sind im 19. Jh. selten und spezifisch. Hierher gehört z. B. die „prosaische Lyrik" Heines, Barbeys, zum Teil Nekrasovs u. a. (erst im 20. Jh. vollzieht sich eine deutliche „Prosaisierung der Lyrik". Die Möglichkeit, im Rahmen eines Werkes Worte verschiedener Typen in aller ihrer Schärfe ohne Reduktion auf einen Nenner zu gebrauchen, ist eine der wesentlichsten Besonderheiten der Prosa. Darin unterscheidet sich der Prosastil erheblich vom poetischen

Heines … Nekrasov Heinrich Heine (1797–1856); Jules Amédée Barbey d'Aurevilly (1808–1889); Nikolaj Alekseevic Nekrasov (1821–1878).

Stil. Aber auch in der Poesie kann man eine ganze Reihe wesentlicher Probleme nicht lösen, ohne das Wort auf die genannte Art zu betrachten, denn die unterschiedlichen Worttypen in der Poesie erfordern eine unterschiedliche stilistische Bearbeitung.

Die gegenwärtige Stilistik, die diese Betrachtungsweise im Grunde genommen ignoriert, ist eine Stilistik nur des ersten Worttyps, d.h. des 144 | 145
direkt gegenstandsgerichteten Autorenwortes. Die gegenwärtige Stilistik, die auf die Poetik des Klassizismus zurückgeht, konnte sich bis heute noch nicht von ihren spezifischen Richtlinien und Einschränkungen befreien. Die Poetik des Klassizismus ist an dem direkten, gegenstandsgerichteten, einstimmigen Wort orientiert, das etwas zum bedingt stilisierten Wort hin verschoben ist. Das halb-bedingte, halb-stilisierte Wort gibt den Ton in der klassizistischen Poetik an. Und bis heute ist die Stilistik an diesem halb-bedingten, direkten Wort orientiert, das faktisch mit dem poetischen Wort als solchem identifiziert wird. Für den Klassizismus existiert das Wort der Sprache, das niemandem zugehörige Wort, das Wort als Sache, das ins poetische Lexikon gehört, und dieses Wort geht unmittelbar aus der Schatzkammer der poetischen Sprache in den monologischen Kontext einer bestimmten poetischen Aussage ein. Deshalb kennt die auf dem Boden des Klassizismus entstandene Stilistik nur das Leben des Wortes in einem geschlossenen Kontext. Sie ignoriert jene Veränderungen, die mit dem Wort vor sich gehen, wenn es von einer konkreten Aussage in eine andere übergeht und wenn diese Aussagen sich wechselseitig aneinander orientieren. Sie kennt nur die Veränderungen, die vor sich gehen, wenn das Wort aus dem System der Sprache in eine monologische, poetische Aussage übergeht. Leben und Funktionen eines Wortes im *Stil* einer konkreten Aussage werden auf dem Hintergrund seines Lebens und seiner Funktionen in der *Sprache* verstanden. Die innerlich-dialogischen Beziehungen eines Wortes zu dem gleichen Wort in einem fremden Kontext, in fremdem Munde werden ignoriert. In diesem Rahmen wird bis heute die Stilistik erforscht.

Die Romantik brachte das direkte, vollbedeutsame Wort ohne jede Neigung zur Bedingtheit mit sich. Für die Romantik ist das bis zur Selbstvergessenheit expressive, direkte Autorenwort charakteristisch, das durch keinerlei Brechung in einem fremden sprachlichen Medium gedämpft wird. Die Worte der zweiten und besonders der letzten Spielart des dritten Typs[5] hatten recht große Bedeutung in der romantischen Poetik, aber dennoch dominierte das bis zum äußersten gesteigerte, unmittel-

5 Mit dem Interesse für die „Volkstümlichkeit“ (nicht als ethnographische Kategorie) gewinnen die verschiedenen Formen des *skaz* – als gebrochenes, fremdes Wort mit geringem Objektivationsgrad – gewaltige Bedeutung in der Romantik. Für den

bar ausdrucksvolle Wort, das Wort des ersten Typs derart, daß auch in der Romantik in unserer Frage keine wesentlichen Veränderungen eintreten konnten. In diesem Punkt wurde die Poetik des Klassizismus fast nicht erschüttert. Übrigens verfügt die gegenwärtige Stilistik auch nicht über adäquate Mittel, um die Romantik zu analysieren.

Die Prosa und insbesondere der Roman sind für eine solche Stilistik überhaupt nicht zugänglich. Diese Stilistik kann einigermaßen erfolgreich nur kleine Bereiche der Prosa erforschen, die sehr wenig charakteristisch und unwesentlich sind. Für den Prosaschriftsteller ist die Welt voller fremder Worte, unter denen er sich orientiert und deren spezifische Besonderheiten er mit feinem Ohr wahrnehmen können muß. Er muß sie auf die Ebene seines eigenen Wortes führen und zwar so, daß diese Ebene nicht zerstört wird.[6] Er arbeitet mit einer sehr reichen Wortpalette und arbeitet ausgezeichnet mit ihr.

Wir orientieren uns, wenn wir Prosa lesen, sehr genau unter allen von uns analysierten Typen und Spielarten des Wortes. Mehr noch, auch im Leben hören wir alle diese Nuancen in den Reden der uns umgebenden Menschen sehr genau und wissen selbst ausgezeichnet mit diesen Farben unserer Wort-Palette umzugehen. Den geringsten Intonationswechsel, die leiseste Unregelmäßigkeit der Stimmen in dem für uns wichtigen, umgangssprachlichen Wort des anderen Menschen erraten wir leicht. Die sprachlichen Seitenblicke, Vorbehalte, Hintertürchen, Anspielungen und Ausfälle entgehen unserem Ohr nicht und sind auch unserer eigenen Rede nicht fremd. Um so erstaunlicher, daß alles bis heute theoretisch noch nicht klar erkannt und entsprechend gewürdigt worden ist!

Die Theorie stellt uns lediglich abstrakt-linguistische Kategorien zur Verfügung, mit deren Hilfe wir die stilistischen Wechselbeziehungen zwischen den Elementen einer geschlossenen Aussage analysieren können. Nur einstimmige Phänomene dieser Art sind jener oberflächlichen linguistischen Stilistik zugänglich, die (trotz all ihrer linguistischen Bedeutung) bis heute nur in der Lage ist, im künstlerischen Schaffen die Folgen und den Niederschlag ihr unbekannter künstlerischer Aufgaben

Klassizismus war das „volkstümliche Wort" (im Sinne des sozial-typischen und individuell-charakteristischen, fremden Wortes) reines Objekt-Wort (in den niederen Gattungen). Von den Worten des dritten Typs war insbesondere die innerlich-polemische Icherzählung (besonders der Typ der Konfession) in der Romantik von Bedeutung.

6 Die Mehrzahl der Prosagattungen, insbesondere der Roman, sind konstruktiv: ihre Elemente sind ganze *Aussagen*, obwohl diese Aussagen nicht vollberechtigt und einer monologischen Einheit untergeordnet sind.

an der Wortperipherie der Werke zu registrieren. Das wahre Leben des Wortes in der Prosa fügt sich nicht in diesen Rahmen ein. Und auch für die Poesie ist er zu eng.[7]

Die Stilistik soll sich nicht nur, vor allem *nicht so sehr* auf die Linguistik, als vielmehr auf die *Metalinguistik* stützen, die das Wort nicht im System der Sprache und an einem „Text" studiert, der aus der dialo- 146 | 147
gischen Kommunikation herausgenommen ist, sondern gerade im Bereich dieser Kommunikation selbst, d.h. im echten Lebensbereich des Wortes. Das Wort ist keine Sache, sondern das ewig bewegliche, ewig veränderliche Medium der dialogischen Kommunikation. Es genügt nie nur einem Bewußtsein, nur einer Stimme, sondern geht von Mund zu Mund, von einem Kontext zum anderen, von einem sozialen Kollektiv zum anderen, von einer Generation zur anderen. Dabei vergißt es seinen Weg nicht und kann sich bis zuletzt nicht von der Macht der konkreten Kontexte befreien, deren Bestandteil es jeweils war.

Jedes Mitglied eines Sprachkollektivs findet das Wort nicht als neutrales Wort der Sprache vor, das von fremden Intentionen und Urteilen frei, von fremden Stimmen nicht besetzt wäre. Nein, er erhält das Wort von einer fremden Stimme, von dieser Stimme erfüllt. Wenn das Wort in seinen Kontext eingeht, kommt es aus einem anderen Kontext und ist von fremden Auffassungen durchdrungen. Sein eigener Gedanke findet das Wort schon besetzt. Aus diesem Grunde sind die Orientierung des Wortes inmitten der Worte, das verschiedenartige Empfinden des fremden Wortes und die unterschiedlichen Arten, auf das fremde Wort zu reagieren, vielleicht die wesentlichsten Probleme der metalinguistischen Erforschung jedes und auch des künstlerischen Wortes. Jede Epoche, jede Richtung empfindet das Wort auf seine Weise, hat ihren eigenen Bereich sprachlicher Möglichkeiten. Durchaus nicht in jeder historischen Situation kann die letzte Bedeutungsinstanz des Schriftstellers im direkten, unreflektierten, unbedingten Autorenwort unmittelbar ihren Ausdruck finden. Wenn es das eigene „letzte" Wort nicht gibt, so muß jeder schöpferische Plan, jeder Gedanke, jedes Gefühl und jedes Erlebnis im Medium eines fremden Wortes, eines fremden Stils, einer fremden

7 Aus der gesamten, zeitgenössischen linguistischen Stilistik – der sovetischen, wie der ausländischen – stechen die bedeutenden Arbeiten V. V. Vinogradovs deutlich hervor; Vinogradov zeigt an umfangreichem Material die prinzipielle Vielfalt der Rede und des Stils in der künstlerischen Prosa und die ganze Komplexität der Position, die der Autor in ihr einnimmt („des Autoren-Bildes"); er unterschätzt allerdings, wie uns scheint, die Bedeutung der dialogischen Beziehungen zwischen den Redestilen (soweit diese Beziehungen zwischen den Redestilen außerhalb der Linguistik liegen).

Manier gebrochen werden, mit denen man nicht ohne Vorbehalt, ohne Distanz, ohne Brechung unmittelbar übereinstimmen kann.[8]

Verfügt eine Epoche über ein autoritatives und klares Medium der Brechung, so wird das bedingte Wort in der einen oder anderen Spielart, mit dem einen oder anderen Grad an Bedingtheit vorherrschen. Gibt es ein solches Medium nicht, dann wird das verschiedengerichtete, zweistimmige Wort, d.h. das parodistische Wort mit allen seinen Spielarten oder ein besonderer Typ des halb-bedingten, halb-ironischen Wortes (das Wort des späten Klassizismus) vorherrschen. In Epochen, in denen das bedingte Wort dominiert, erscheint das direkte, vorbehaltlose, ungebrochene Wort als barbarisch, roh und primitiv. Das kultivierte Wort ist das durch das autoritative, klare Medium gebrochene Wort.

Welches Wort dominiert in einer bestimmten Epoche, in einer bestimmten Richtung? Welche Formen der Brechung des Wortes gibt es, was dient als Medium der Brechung? Alle diese Fragen sind für die Erforschung des künstlerischen Wortes von erstrangiger Bedeutung. Wir skizzieren diese Probleme hier nur flüchtig und beiläufig, ohne sie nachzuweisen und am konkreten Material zu untersuchen; hier ist nicht der Ort, sie gründlich zu prüfen.

Kehren wir zu Dostoevskij zurück.

Seine Werke überraschen vor allem durch die ungewöhnliche Vielfalt an Typen und Spielarten des Wortes, durch die deutliche Ausprägung, in der sie dargestellt sind. Das verschiedengerichtete, zweistimmige Wort herrscht offensichtlich vor, außerdem das innerlich dialogisierte und das reflektierte Wort: die versteckte Polemik, die polemisch gefärbte Beichte, der versteckte Dialog. Es gibt fast kein Wort bei Dostoevskij, das sich nicht mit Spannung nach dem fremden Wort umschaut. Gleichzeitig gibt es kaum Objekt-Worte bei ihm. Die Reden der Helden sind so angelegt, daß sie jeglicher Objektivation entbehren. Erstaunlich ist weiterhin der ständige, plötzliche Wechsel der verschiedensten Worttypen. Plötzliche, unerwartete Übergänge von der Parodie zur inneren Polemik, von der Polemik zum versteckten Dialog, vom versteckten Dialog zur Stilisierung des besänftigenden Tons der Viten, von dort wieder zur parodistischen Erzählung und schließlich zum äußerst angespannten,

8 Wir erinnern an das auf S. 315 zitierte, sehr charakteristische Bekenntnis Thomas Manns [Auf S. 315 heißt es unter anderem: „Das reduzierte Lachen des vorwiegend parodistischen Typs ist für das Gesamtwerk Th. Manns überhaupt charakteristisch. Bei einem Vergleich seines Stils mit dem Bruno Franks macht Th. Mann eine sehr charakteristische Bemerkung: ‚Er (d.h. B. Frank – M.B.) benutzt den humanistischen Erzähl-Stil Zeitblooms *vollkommen ernst*, als seinen eigenen. *Ich kenne im Stilistischen eigentlich nur noch die Parodie.*‘ (Thomas Mann, *Doktor Faustus – Die Entstehung des Doktor Faustus*. Frankfurt 1967, S. 716)“].

offenen Dialog, so stellt sich die bewegte Wortoberfläche dieser Werke dar. Das alles ist durch ein absichtlich farbloses Band des protokollarisch-informativen Wortes miteinander verflochten, dessen Anfänge und Enden schwer wahrzunehmen sind; aber auch auf dieses trockene, protokollarische Wort fällt ein heller Widerschein, fallen dichte Schatten von nahegelegenen Äußerungen und geben auch ihm einen eigenartigen, zweideutigen Ton.

Aber natürlich handelt es sich nicht nur um die Vielfalt, um den plötzlichen Wechsel der Worttypen und das Vorherrschen der zweistimmigen, innerlich dialogisierten Worte in ihnen. Die Eigenart Dostoevskijs besteht in der besonderen Einfügung dieser Typen und Spielarten des Wortes in die kompositorischen Grundelemente des Werkes.

Wie und in welchen Momenten des Wortganzen verwirklicht sich die letzte Bedeutungsinstanz des Autors? Für den monologischen Roman ist diese Frage sehr leicht zu beantworten. Wie auch immer die Worttypen sein mögen, die der monologisch schreibende Autor einführt, und wie auch immer ihre Anordnung in der Komposition sein mag, die Auffassungen und Urteile des Autors müssen über alle übrigen dominieren und ein kompaktes, nicht zweideutiges Ganzes ergeben. Jede Verstärkung fremder Intonationen in dem einen oder anderen Wort, in dem einen oder anderen Abschnitt des Werkes ist nur ein Spiel, das der Autor zuläßt, damit danach sein eigenes, direktes oder gebrochenes Wort um so deutlicher zu hören ist. Jeder Streit zweier Stimmen um den Besitz eines Wortes, um die Vorherrschaft in ihm, ist von vornherein entschieden, ist nur ein scheinbarer Streit; alle Interpretationen des Autors sammeln sich früher oder später in einem Redezentrum und einem Bewußtsein, alle Akzente in einer Stimme.

Die künstlerische Aufgabe Dostoevskijs ist eine völlig andere. Er fürchtet nicht, im zweistimmigen Wort die verschiedengerichteten Akzente aufs äußerste zu aktivieren; im Gegenteil, gerade diese Aktivierung braucht er für seine Ziele; denn die Vielfalt der Stimmen darf nicht aufgehoben werden, sondern muß in seinem Roman triumphieren.

Dem *fremden Wort* kommt in den Werken Dostoevskijs erhebliche stilistische Bedeutung zu. Es lebt ein sehr angespanntes Leben in ihnen. Nicht die stilistischen Verbindungen zwischen Worten einer monologischen Aussage sind für Dostoevskij wesentlich, sondern dynamische, spannungsreiche Verbindungen zwischen ganzen Aussagen, zwischen selbständigen, vollberechtigten Rede- und Bedeutungszentren, die nicht der Wort- und Bedeutungsdiktatur eines einheitlichen monologischen Stils, eines einheitlichen Tons untergeordnet sind.

Wir werden das Wort bei Dostoevskij, sein Leben im Werk und seine Funktionen bei der Verwirklichung der polyphonen Aufgabe in Verbindung mit den Einheiten der Komposition untersuchen, in denen das Wort funktioniert: in der Einheit der monologischen Selbstaussage des Helden, in der Einheit der Erzählung – der Erzählung aus der Sicht eines Erzählers oder aus der Sicht des Autors – und schließlich in der Einheit des Dialogs zwischen den Helden. In dieser Reihenfolge werden wir auch bei unserer Analyse vorgehen.

Weiterführende Literatur und Kontexte:

S. in diesem Band die Beiträge von ŠKLOVSKIJ, BARTHES, ADORNO. – Ferner: MICHAIL M. BACHTIN: Das Problem des Textes in der Linguistik, Philologie und in anderen Humanwissenschaften. Versuch einer philosophischen Analyse. Übers. v. Johanna-Renate Döring-Smirnow, Aage A. Hansen-Löve, Walter Koschmal u. Herta Schmid. In: Poetica 22 (1990), S. 436–487, sowie die Arbeiten von Vološinov und Medvedev (s. Bibliographie); JULIA KRISTEVA: Bachtin, das Wort, der Dialog und der Roman (1967). In: Bruno Hillebrand (Hrsg.): Zur Struktur des Romans. Darmstadt: Wiss. Buchgesellschaft 1978, S. 388–407; JÜRGEN LEHMANN: Ambivalenz und Dialogizität. Zur Theorie der Rede bei Michail Bachtin. In: Friedrich A. Kittler u. Horst Turk (Hrsg.): Urszenen. Literaturwissenschaft als Diskursanalyse und Diskurskritik. Frankfurt: Suhrkamp 1977, S. 355–380; JOSEPH FRANK: The voices of Mikhail Bakhtin. In: Ders.: Through the Russian Prism. Essays on Literature and Culture. Princeton: Princeton UP 1990, S. 18–33; KATERINA CLARK UND MICHAEL HOLQUIST: Mikhail Bakhtin. Cambridge, Mass., London: Belknap 1984; TZVETAN TODOROV: Mikhail Bakhtin: The Dialogical Principle. Übers. v. Wlad Godzich. Minneapolis: University of Minnesota Press 1984; GARY SAUL MORSON (Hrsg.): Bakhtin. Essays and Dialogues on His Work. Chicago, London: University of Chicago Press 1986; GARY SAUL MORSON u. CARYL EMERSON (Hrsg.): Rethinking Bakhtin. Extensions and Challenges. Evanston: Northwestern University Press 1989; MICHAEL HOLQUIST: Dialogism. Bakhtin and his World. London, New York: Routledge 1990; DAVID LODGE: After Bakhtin. Essays on Fiction and Criticism. London, New York: Routledge 1990; GARY SAUL MORSON u. CARYL EMERSON: Mikhail Bakhtin. Creation of a Prosaics. Stanford: Stanford UP 1990; CARYL EMERSON: The First Hundred Years of Mikhail Bakhtin. Princeton: Princeton UP 1997. – MALCOLM V. JONES: Dostoyevsky After Bakhtin. Readings in Dostoyevsky's Fantastic Realism. Cambridge: Cambridge UP 1990.

Roland Barthes: Schreibweise des Romans (1953)

Roland Barthes (1915–1980)

In Cherbourg geboren, Umzug nach Paris (1924), schloß sein Studium der Klassischen Philologie (1939) und der Grammatik und Philologie (1943) an der Sorbonne ab. Unterrichtete kurze Zeit in Bukarest und Alexandria; von 1952 bis 1959 am Centre National de la Recherche Scientifique; war Chef de Traveaux an der École Pratique des Hautes Études, wo er von 1960 bis zu seinem Tod lehrte; 1976 wurde für ihn der erste Lehrstuhl für Semiologie am Collège de France eingerichtet.

Seine gesammelten Schriften sind seit 1993 erschienen: *Œuvres complètes. I–III*. Hrsg. v. Éric Marty. Paris 1993–1995.

Die deutsche Ausgabe seiner Werke weist immer noch erstaunliche Lücken auf; so wurde etwa sein Essay, der den zum Gemeinplatz gewordenen Titel ‚Der Tod des Autors' trägt, erst im Jahre 2000 – von Matias Martinez – übersetzt (in: Fotis Jannidis, Gerhard Lauer, Matias Martinez u. Simone Winko (Hrsg.): *Texte zur Theorie der Autorschaft*. Stuttgart: Reclam 2000, S. 185–193); der als vermeintliche Abfertigung des realistischen Schreibens oft zitierte Aufsatz ‚L'Effet de réel' (1968) ist immer noch nicht auf deutsch erschienen (engl. u.a. in dem Reader: Tzvetan Todorov (Hrsg.): *French Literary Theory*. Cambridge: Cambridge UP 1982).

Erstausgabe: Roland Barthes: *Le degré zéro de l'écriture.* Paris: Editions du Seuil 1953.
Druckvorlage: Roland Barthes: *Am Nullpunkt der Literatur.* Übers. v. Helmut Scheffel. Frankfurt: © Suhrkamp 1982, S. 37–49 (zuerst Hamburg: Claassen 1959).

Roman und Geschichtsschreibung standen in dem Jahrhundert ihrer höchsten Blüte in enger Beziehung zueinander. Ihre tiefste Gemeinsamkeit, auf Grund derer man sowohl Balzac als auch Michelet begreifen konnte, war das Konstruieren einer eigenen autarken Welt, die sich selbst ihre Dimensionen und Grenzen setzte und innerhalb derer ihre eigene Zeit, ihren Raum, ihre Bevölkerung, ihre Sammlung von Objekten und Mythen.

Diese kugelförmige Gestalt der großen Werke des 19. Jahrhunderts drückt sich in den langen Rezitativen des Romans und der Geschichte aus, flächige Projektionen einer gekrümmten und verbundenen Welt, deren entartetes Abbild sich noch in den Schnörkeln des damals entstehenden Feuilletonromans findet. Und doch ist das Erzählen nicht unbedingt ein Gesetz dieser Literaturgattung. Eine ganze Epoche hat zum Beispiel Romane in Briefen konzipieren können, eine andere kann Geschichtsschreibung als Analyse praktizieren. Das Berichten als Form, die Roman und Geschichtsschreibung umgreift, bleibt also im allgemeinen durchaus Wahl oder Ausdruck eines geschichtlichen Augenblicks.

Das aus der gesprochenen Sprache verschwundene historische Perfekt*, die Erzählvergangenheit, Eckstein des Berichtes, deutet immer auf ein Bemühen um Kunst hin. Es gehört zum Ritual der Literatur. Es ist nicht mehr beauftragt, eine Zeit auszudrücken. Seine Aufgabe ist, die Wirklichkeit auf einen Punkt zurückzuführen und aus der Vielfalt der gelebten und übereinandergelagerten Zeiten einen puren verbalen Akt zu abstrahieren, der von den existentiellen Wurzeln der Erfahrung befreit und auf die logische Verbindung mit anderen Akten, anderen Prozessen, mit einer allgemeinen Bewegung der Welt hin orientiert ist. Die Erzählvergangenheit zielt darauf ab, eine Hierarchie im Universum der Geschehnisse zu errichten. Durch sein historisches Perfekt gehört das Verb implizite zu einer Kausalreihe und nimmt an der Gesamtheit zu-

* Gemeint ist das ‚passé simple'. Im Deutschen erfüllt das Imperfekt die Funktion dieser Zeit. Anm. d. Übers.

Michelet Ein Jahr nach *Le degré zéro* erschien RBs Buch über den französischen Historiker Jules Michelet (1798–1874), *Michelet par lui-même* (dt. *Michelet*. Übers. v. Peter Geble. Frankfurt: EVA 1980).

sammengehöriger und geleiteter Aktionen teil, es hat die Funktion eines algebraischen Zeichens für eine Intention. Dadurch, daß es eine Mehrdeutigkeit zwischen Zeitlichkeit und Kausalität aufrechterhält, evoziert es einen Ablauf, das heißt eine Verständlichkeit des Berichts. Es ist deshalb das ideale Instrument für alle Konstruktionen geschlossener Welten. Es ist die künstliche Zeit der Kosmogonien, der Mythen, der Weltgeschichten, der Romane. Es setzt eine konstruierte, durchgearbeitete, losgelöste, auf bedeutungsvolle Linien reduzierte Welt voraus, nicht aber eine geworfene, ausgebreitete, dargebotene Welt. Hinter dem historischen Perfekt verbirgt sich immer ein Demiurg, Gott oder Rezitator. Die Welt bleibt nicht unerklärt, wenn man sie rezitiert, jedes ihrer Geschehnisse ist nur umstandsbedingt, und das historische Perfekt ist genau das Operationszeichen, mit Hilfe dessen der Erzähler das Zerspringen des Wirklichen zurückführt auf ein winziges reines Wort ohne Dichte, ohne Volumen und ohne Entfaltung, ein Wort, dessen einzige Aufgabe ist, so rasch wie möglich eine Ursache und einen Zweck miteinander zu verbinden. Wenn ein Historiker versichert: ‚Der Duc de Guise starb am 23. September 1588', oder wenn der Romancier berichtet: ‚Die Marquise verließ um fünf Uhr das Haus', so tauchen diese Geschehnisse aus einem Einstmals ohne alle Dichte auf. Vom Beben der Existenz befreit, besitzen sie die Stabilität und das Muster einer Algebra, sie sind ein Erinnern, doch ein nützliches Erinnern, dessen Interesse viel mehr zählt als seine Dauer.

Die Erzählvergangenheit ist also letztlich Ausdruck einer Ordnung und infolgedessen einer Euphorie. Dank ihrer ist die Realität weder geheimnisvoll noch absurd; sie ist klar, fast vertraut, in jedem Augenblick zusammengefaßt in der Hand eines Schöpfers; sie unterliegt dem erfinderischen Druck seiner Freiheit. Für alle großen Erzähler des 19. Jahrhunderts kann die Welt pathetisch sein, aber sie ist nicht sich selbst überlassen, weil sie eine Gesamtheit kohärenter Beziehungen darstellt, weil es keine Überlagerung der geschriebenen Fakten gibt, weil der Erzählende die Macht hat, die Undurchsichtigkeit und Einsamkeit der sie bevölkernden Wesen zurückzuweisen, weil er mit jedem Satz von einer Kommunikation kündet und einer Hierarchie der Akte, weil diese Akte, um nun endlich alles zu sagen, selbst auf Zeichen zurückgeführt werden können.

Die Erzählvergangenheit ist also ein Teil des Sicherheitssystems der Literatur. Als Abbild einer Ordnung stellt sie eine der zahllosen formalen Übereinkünfte dar, die zwischen Schriftsteller und Gesellschaft zur Rechtfertigung des einen und zur Beruhigung der anderen getroffen worden sind. Die Erzählvergangenheit gibt eine Schöpfung zu verstehen, das heißt sie signalisiert sie und zwingt sie gleichzeitig auf. Selbst wenn sie im Dienste des schwärzesten Realismus steht, beruhigt sie, weil dank ihrer das Verb einen geschlossenen, definierten, substantivierten Akt bezeichnet, weil dank ihrer der Bericht einen Namen hat und dem Schrecken eines unbegrenzten Sprechens entflieht; die Wirklichkeit wird magerer und vertrauter, sie tritt in einen Stil und flutet nicht über die Grenzen der Sprache; die Literatur bleibt Gebrauchswert einer Gesellschaft, die durch die Form der Wörter selbst über den Sinn dessen aufgeklärt wird, was sie verbraucht. Wenn aber im Gegenteil der Bericht zugunsten anderer Literaturgattungen verworfen wird oder wenn im Innern der Erzählung die Erzählvergangenheit durch weniger ornamentale, frischere, dichtere, dem gesprochenen Wort nähere Formen (das Präsens, das Perfekt) ersetzt wird, wird Literatur zum Bewahrer der Dichte der Existenz und nicht zum Verkünder ihrer Bedeutung. Zwar mögen dann die Akte von der Geschichte abgetrennt sein, sie sind es aber nicht mehr von den Personen.

Man kann sich nun erklären, was die Erzählvergangenheit im Roman an Nützlichem und Unerträglichem enthält: sie ist eine sichtbar werdende Lüge, sie steckt das Feld für eine Wahrscheinlichkeit ab, die das Mögliche zu der gleichen Zeit, in der sie es enthüllt, als falsch bezeichnet. Der dem Roman und der erzählten Historie gemeinsame Zweck ist, die Fakten zu entfremden. Das historische Perfekt ist der Akt, durch den die Gesellschaft von ihrer Vergangenheit und ihrer Möglichkeit Besitz ergreift. Es setzt ein glaubhaftes Kontinuum, dessen Illusionscharakter gleichzeitig zur Schau gestellt wird; es ist der Endpunkt einer formalen Dialektik, die das irreale Faktum sukzessiv mit der Kleidung der Wahrheit behängt und schließlich mit der als solcher bezeichneten Lüge. Das Gesagte muß mit einer bestimmten Mythologie des Universalen in Verbindung gebracht werden, die der bürgerlichen Gesellschaft eigen ist, einer Gesellschaft, für die der Roman ein charakterisiertes Produkt ist: dem Imaginären die formale Bürgschaft des Realen zu geben, gleichzeitig aber diesem Zeichen die Zweideutigkeit eines doppelten Objektes zu lassen, das wahrscheinlich und falsch zugleich ist, darin besteht ein übliches Verfahren aller Kunst des Okzidents, für die das Falsche dem Wahren gleichkommt; und das nicht auf Grund eines Agnostizismus oder einer poetischen Duplizität, sondern weil man glaubt, daß das Wahre einen Keim des Universalen enthält, oder anders gesagt, weil es eine Essenz enthält, die fähig ist, andere, durch Entfernung und Fiktion verschiedene Gattungen durch einfache Reproduktion zu befruchten. Auf Grund eines derartigen Verfahrens hat die zur Macht gelangte Bourgeoisie im letzten Jahrhundert ihre eigenen Werte für universell halten und auf die absolut heterogenen Teile der menschlichen Gesellschaft alle Normen ihrer Moral übertragen können. Das entspricht genau dem Mechanismus eines Mythos, und der Roman – sowie innerhalb des Romans die Erzählvergangenheit – ist ein mythologisches Objekt, das seine unmittelbare Absicht durch Berufung auf eine Dogmatik überlagert oder noch besser auf eine Pädagogik, da es sich darum handelt, eine Essenz in der Form eines Artifiziellen zu liefern. Um die Bedeutung der Erzählvergangenheit zu erfassen, genügt es, die Romankunst des Okzidents zum Beispiel mit jener chinesischen Tradition zu vergleichen, für die Kunst nichts anderes ist als die Vollkommenheit der Imitation des Wirklichen; darin darf nicht das geringste Zeichen das natürliche Objekt vom künstlichen unterscheiden: Eine Nuß aus Holz darf mir nicht mit der Nachbildung einer Nuß auch zugleich die Absicht liefern, die Kunst anzudeuten, durch die sie hervorgebracht worden ist. Die Schreibweise des Romans bezweckt genau das Gegenteil. Ihre Aufgabe ist, Maske zu sein und gleichzeitig mit dem Finger auf diese Maske zu zeigen.

Diese Doppeldeutigkeit der Rolle der Erzählvergangenheit findet sich in einem anderen Phänomen der Schreibweise wieder: in der dritten Person des Romans. Es gibt einen Roman von Agatha Christie, in dem die ganze Erfindung darin besteht, den Mörder hinter der ersten Person der Erzählung zu verstecken. Der Leser sucht den Täter hinter jedem ‚Er' der Handlung; er verbirgt sich in dem ‚Ich'. Agatha Christie wußte sehr wohl, daß im Roman gewöhnlich das ‚Ich' Zeuge ist und das ‚Er' der Handelnde. Warum? – Das ‚Er' ist eine typische Konvention des Romans. Wie durch die Erzählvergangenheit wird durch die dritte Person das Faktum Roman verwirklicht und gleichzeitig signalisiert; ohne dritte Person gibt es keine Möglichkeit, zum Roman zu gelangen, oder wir haben es mit der Absicht zu tun, ihn zu zerstören. Im ‚Er' manifestiert sich formal der Mythos. Nun haben wir gesehen, daß es, zumindest im Okzident, keine Kunst gibt, die nicht gleichzeitig mit dem Finger auf ihre Maske zeigt. Die dritte Person, ebenso wie die Erzählvergangenheit, leistet der Romankunst diesen Dienst und liefert ihren Verbrauchern die Sicherheit einer glaubwürdigen Fabulation, die sich zugleich aber unaufhörlich als falsch bekennt. Das ‚Ich' ist weniger zweideutig und gerade dadurch weniger romanhaft. Es ist daher sowohl die unmittelbarste Lösung, wenn der Bericht innerhalb der Konvention bleibt (das Werk Prousts zum Beispiel will nichts anderes sein als eine Einführung in die Literatur), als auch die kunstvollste, wenn das ‚Ich' sich jenseits

Agatha Christie 1890–1976; der Kriminalroman, dessen Besonderheiten RB hervorhebt, heißt *The Murder of Roger Ackroyd* (1926).

der Konvention seinen Platz sucht und versucht, diese zu zerstören, indem es den Bericht in das falsche Naturell einer vertraulichen Mitteilung bringt (darin besteht der verschrobene Aspekt mancher Erzählungen André Gides). Der Gebrauch des ‚Er' im Roman engagiert zwei einander entgegengesetzte Ethiken: da die dritte Person des Romans eine nicht bestrittene Konvention darstellt, verführt sie die Akademischsten und am wenigsten Gequälten ebenso wie die anderen, die letztlich diese Konvention doch für die Frische ihres Werkes für erforderlich halten. In jedem Falle ist sie das Zeichen für einen erkennbaren Pakt zwischen Gesellschaft und Autor, für diesen letzteren ist sie aber auch das erste Mittel, um die Welt so zu halten, wie er möchte. Sie ist also mehr als ein literarischer Versuch, sie ist ein menschlicher Akt, der das Geschaffene an die Geschichte oder an die Existenz bindet.

Die Vielfalt der ‚Er' bei Balzac, dieses riesige Geflecht von Personen, deren persönliches Volumen gering ist, die jedoch durch die Dauer ihrer Handlungen wirken, enthüllt das Bestehen einer Welt, deren erste Gegebenheit ihre Geschichte ist. Das ‚Er' Balzacs ist nicht der Endpunkt eines Keimprozesses, der von einem ‚Ich' ausgegangen wäre und es verwandelt und verallgemeinert hätte; es ist das originale unbearbeitete Element des Romans selbst, das Material, nicht die Frucht der Schöpfung. Es gibt keine Balzacsche Geschichte, die vor der Geschichte einer der dritten Personen des Balzacschen Romans läge. Das ‚Er' Balzacs ist dem ‚Er' Cäsars gleich: die dritte Person verwirklicht hier eine Art algebraischen Zustands der Aktion, an dem, zugunsten einer Verbindung, einer Klarheit oder einer Tragik der menschlichen Beziehungen, die Existenz den geringstmöglichen Anteil hat. Im Gegensatz dazu – oder auf alle Fälle vorher – kann das ‚Er' im Roman die Funktion haben, eine existentielle Erfahrung auszudrücken. Bei vielen modernen Romanciers fällt die Geschichte des Menschen mit dem Weg der Konjugation zusammen: von einem ‚Ich' ausgehend, das noch die getreueste Form des Anonymats ist, erobert der Mensch-Autor langsam das Recht auf die dritte Person, in dem Maße, in dem die Existenz Schicksal wird und das Selbstgespräch zum Roman. Das Erscheinen des ‚Er' ist hier nicht Ausgangspunkt der Geschichte, es ist der Endpunkt einer Bemühung, durch die aus einer persönlichen Welt der Stimmungen und Bewegungen eine reine bedeutungsvolle Form freigelegt worden ist. Eine Form, die, dank des absolut konventionellen, leeren Dekors der dritten Person, sogleich wieder verlöscht. Darin liegt gewiß der beispielhaft innere Weg der ersten Romane von Jean Cayrol. Aber während bei den Klassikern – und für die Schreibweise reicht die Klassik bekanntlich bis zu Flaubert – der Rückzug der biologischen Person vom Einsetzen des essentiellen Menschen zeugt, ist bei Romanciers wie Cayrol das Eindringen des ‚Er' eine allmählich fortschreitende Eroberung, die gegen den dichten Schatten des existentiellen ‚Ich' geführt wird; so sehr ist der Roman, identifiziert durch seine formalsten Zeichen, ein Akt der Soziabilität; er stiftet die Literatur.

Maurice Blanchot hat bei seiner Betrachtung Kafkas davon gesprochen, daß die Ausarbeitung des unpersönlichen Berichts (es ist bei diesem Ausdruck zu bemerken, daß die ‚dritte Person' immer als ein Negativgrad der Person gegeben wird) ein Akt der Treue zur Essenz der Sprache war, da diese ganz natürlich auf ihre eigene Zerstörung abzielt. Man begreift also, daß das ‚Er' einen Sieg über das ‚Ich' darstellt, insofern als es einen zugleich literarischeren als auch abwesenderen Zustand verwirklicht. Der Sieg wird jedoch unaufhörlich in Frage gestellt. Die literarische Konvention des ‚Er' ist zur Verdünnung der Person erforderlich, läuft aber jeden Augenblick Gefahr, sie mit einer unerwarteten Dichte zu belasten. Die Literatur gleicht dem Phosphor: sie leuchtet dann am stärksten, wenn sie dem Sterben nahe ist. Da sie aber andererseits ein Akt ist, der notwendigerweise Dauer einschließt – insbesondere im Roman –, gibt es schließlich niemals das Faktum Roman ohne ‚schöne Literatur'. Deshalb ist die dritte Person des Romans eines der quälendsten Zeichen des tragischen Charakters der Schreibweise, der im letzten Jahrhundert entstand, als unter dem Gewicht der Geschichte die Literatur sich von der Gesellschaft getrennt fand, die sie verbraucht. Zwischen der dritten Person Balzacs und der Flauberts liegt eine ganze Welt (die von 1848): dort eine Geschichte, die bitter und hart, aber kohärent und ihrer selbst sicher ist und den Triumph einer Ordnung zeigt; hier eine Kunst, die, um ihrem schlechten Gewissen zu entfliehen, ihre eigenen Konventionen angreift und sie wütend zu zerstören sucht. Die Modernität beginnt mit der Suche nach einer unmöglichen Literatur.

So findet sich im Roman dieser zugleich zerstörerische wie zur Auferstehung treibende Apparat, der aller modernen Kunst eigen ist. Es gilt, die Dauer zu zerstören, das heißt die nicht sagbare Bindung der Existenz: die Ordnung, sei es die des dichterischen Kontinuums oder die der Zeichen des Romans, die Ordnung des Schreckens oder die der

Maurice Blanchot ... Kafkas RBs erstes Buch ist dem französischen Schriftsteller, Essayisten und Kritiker Maurice Blanchot (geb. 1907) vielfach verpflichtet; die Anspielung auf dessen „Betrachtung Kafkas" bezieht sich auf den Essay ‚Die Literatur und das Recht auf den Tod' (1947); auf dt. in dem Band: *Von Kafka zu Kafka*. Übers. u. mit e. Nachw. v. Elsbeth Dangel. Frankfurt: Fischer 1993 (frz. 1981), hier S. 13f.; Blanchot wiederum bezeichnet Barthes' *Am Nullpunkt der Literatur* als eines „jener seltenen Bücher, in denen die Zukunft der Literatur sich abzeichnet". S. Maurice Blanchot: *Der Gesang der Sirenen. Essays zur modernen Literatur*. Übers. v. Karl August Horst. Frankfurt, Berlin, Wien: Ullstein 1982 (frz. 1959), S. 279.

Wahrscheinlichkeit, die Ordnung ist ein vorbedachter Mord. Doch was den Schriftsteller wieder zurückerobert, ist abermals die Dauer, denn es ist nicht möglich, eine Negation in der Zeit zu entwickeln, ohne gleichzeitig eine positive Kunst zu erarbeiten, eine Ordnung, die abermals zerstört werden muß. Daher halten die größten Werke der Moderne so lange wie möglich in einer ans Wunderbare grenzenden Stellung an der 162 | 163
Schwelle der Literatur inne, in diesem Vorstadium, in dem die Dichte des Lebens gegeben und ausgebreitet ist, ohne bereits infolge der Krönung durch eine Ordnung der Zeichen zerstört worden zu sein. Man denke zum Beispiel an die erste Person Prousts, dessen gesamtes Werk getragen wird von der anhaltenden und wieder verzögerten Bemühung um Literatur. Man denke an Jean Cayrol, der absichtlich erst in einem so weit wie möglich hinausgezögerten Augenblick des Selbstgespräches zum Roman gelangt, als ob der im höchsten Sinne doppeldeutige literarische Akt erst dann ein von der Gesellschaft gerechtfertigtes Werk gebäre, wenn es ihm gelungen ist, die existentielle Dichte einer Dauer, die bis dahin ohne Bedeutung war, zu zerstören.

Der Roman ist ein Tod; er macht aus dem Leben ein Schicksal, aus der Erinnerung einen nützlichen Akt und aus der Dauer eine gelenkte bedeutungsvolle Zeit. Aber diese Umwandlung kann sich nur vor den Augen der Gesellschaft vollziehen. Die Gesellschaft erzwingt den Roman, das heißt einen Komplex von Zeichen als Transzendenz und als Geschichte einer Dauer. Man erkennt also an der Augenfälligkeit seiner Absicht, die durch die Klarheit der Zeichen des Romans erfaßt wird, den Pakt, der mit aller Feierlichkeit der Kunst den Schriftsteller an die Gesellschaft bindet. Die Erzählvergangenheit und die dritte Person des Romans sind nichts anderes als die unvermeidliche Geste, durch die der Schriftsteller mit dem Finger auf die Maske weist, die er trägt. Die ganze Literatur kann sagen: ‚Larvatus prodeo', auf meine Maske zeigend, schreite ich voran. Ob es sich um die unmenschliche Erfahrung des Lyrikers handelt, der den schwersten aller Brüche, das Zerreißen der sozialen Sprache, auf sich nimmt oder um die glaubwürdige Lüge des Romanciers, die Aufrichtigkeit braucht hier falsche und ganz offenkundig falsche Zeichen, um zu dauern und verbraucht zu werden. Das Produkt und schließlich auch die Quelle dieser Doppeldeutigkeit ist die Schreibweise. Diese Spezialsprache, deren Gebrauch dem Schriftsteller eine ruhmreiche, aber überwachte Funktion zuweist, kündet von einer bei den ersten Schritten unsichtbaren Knechtschaft, wie sie jeder Verantwortlichkeit

Jean Cayrol Geboren 1911; der frz. Schriftsteller half RB, *Le degré zéro* beim Verlag Seuil unterzubringen; RBs Hinweis bezieht sich auf Cayrols Roman-Trilogie *Je vivrai l'amour des autres* (1947–1950).

eigen ist. Die in ihren Anfängen freie Schreibweise ist schließlich das Band, das den Schriftsteller an eine Geschichte kettet, die selbst gefesselt ist: die Gesellschaft zeichnet ihn mit den klar erkennbaren Malen der Kunst, um ihn um so sicherer mit in ihre eigene Entfremdung zu ziehen.

Weiterführende Literatur und Kontexte:

S. in diesem Band die Beiträge von ADORNO, GENETTE, RICOEUR und JOHNSON über Barthes' S/Z (frz. 1970). – Zum Kontext von Am Nullpunkt der Literatur vgl. vor allem: JEAN-PAUL SARTRE: Was ist Literatur? Übers. v. Traugott König. Reinbek: Rowohlt 1981 (frz. 1947); THEODOR W. ADORNO: Engagement in: Noten zur Literatur. Frankfurt: Suhrkamp 1974, S. 409–430; LOTHAR BAIER: Was wird Literatur? Wien: Wespennest 1993, bes. S. 31–55; sowie OTTMAR ETTE: Roland Barthes. Eine intellektuelle Biographie. Frankfurt: Suhrkamp 1999, und die Biographie von LOUIS-JEAN CALVET: Roland Barthes. Eine Biographie. Übers. v. Wolfram Bayer. Frankfurt: Suhrkamp 1993 (frz. 1990). – JONATHAN CULLER: Barthes. London: Fontana Press 1990 (zuerst 1983).

Theodor W. Adorno: Standort des Erzählers im zeitgenössischen Roman (1954)

Theodor W. Adorno (1903–1969)

In Frankfurt am Main geboren; begann bereits als 17jähriger mit dem Studium der Philosophie, Musikwissenschaft, Psychologie und Soziologie, das er 1924 mit einer Dissertation über Husserl abschloß; 1925 ging er nach Wien, um bei Alban Berg seine kompositorischen Studien fortzusetzen; durch Berg Bekanntschaft u.a. mit Arnold Schönberg und Anton Webern; 1931 Habilitation in Frankfurt – ein erster Versuch scheiterte 1927 – mit einer Arbeit über Kierkegaard (Buchausgabe 1933); nach Hitlers Machtergreifung von 1934 bis 1937 in England (Oxford), von 1938 bis 1949 im Exil in den USA, wo er u.a. an dem empirisch orientierten ‚Radio Research Project' des österreichischen Soziologen Paul Lazarsfeld mitarbeitete, mit dem Horkheimers ‚Institute for Social Research' (1924 in Frankfurt als ‚Institut für Sozialforschung' gegründet) kooperierte. Gemeinsam mit Horkheimer Arbeit an den *Philosophischen Fragmenten* (1944; 1947 u.d.T. *Dialektik der Aufklärung*). 1949 Rückkehr nach Deutschland; lehrte in Frankfurt als Professor für Philosophie und Soziologie; Direktor des (1951 in Frankfurt wiedereröffneten) ‚Instituts für Sozialforschung' an der Johann-Wolfgang-Goethe-Universität.

Adornos *Noten zur Literatur* erschienen zu Lebzeiten in drei Bänden im Suhrkamp Verlag (1957, 1961, 1965); ein vierter Band erschien posthum 1974. Adornos *Gesammelte Schriften*, hrsg. v. Rolf Tiedemann unter Mitwirkung v. Gretel Adorno, Susan Buck-Morss u. Klaus Schultz, sind in 20 Bänden im Suhrkamp Verlag erschienen (1970–1986; als Werkausgabe im Taschenbuch 1997); seit 1993 erscheinen, hrsg. v. Theodor W. Adorno Archiv, seine *Nachgelassenen Schriften* sowie *Briefe und Briefwechsel*. Wichtige Archivalien werden in den *Frankfurter Adorno Blättern* veröffentlicht.

Erstausgabe: ‚Form und Gehalt des zeitgenössischen Romans'. In: Akzente 1 (1954), S. 410–416; dieser Text wurde als Rundfunkvortrag von RIAS-Berlin gesendet.
Druckvorlage: Theodor W. Adorno: *Noten zur Literatur*. Frankfurt:
 (=Gesammelte Schriften. Bd. 11), S. 41–48.

Die Aufgabe, in wenige Minuten einiges über den gegenwärtigen 170 | 171
Stand des Romans als Form zusammenzudrängen, zwingt dazu, sei's auch gewaltsam, ein Moment herauszugreifen. Das soll die Stellung des Erzählers sein. Sie wird heute bezeichnet durch eine Paradoxie; es läßt sich nicht mehr erzählen, während die Form des Romans Erzählung verlangt. Der Roman war die spezifische literarische Form des bürgerlichen Zeitalters. An seinem Beginn steht die Erfahrung von der entzauberten Welt im *Don Quixote*, und die künstlerische Bewältigung bloßen Daseins ist sein Element geblieben. Der Realismus war ihm immanent; selbst die dem Stoff nach phantastischen Romane haben getrachtet, ihren Inhalt so vorzutragen, daß die Suggestion des Realen davon ausging. Diese Verhaltensweise ist, in einer bis ins neunzehnte Jahrhundert zurückreichenden, heute zum Extrem beschleunigten Entwicklung fragwürdig geworden. Vom Standpunkt des Erzählers her durch den Subjektivismus, der kein unverwandelt Stoffliches mehr duldet und eben damit das epische Gebot der Gegenständlichkeit unterhöhlt. Wer heute noch, wie Stifter etwa, ins Gegenständliche sich versenkte und Wirkung zöge aus der Fülle und Plastik des demütig hingenommenen Angeschauten, wäre gezwungen zum Gestus kunstgewerblicher Imitation. Er machte der Lüge sich schuldig, der Welt mit einer Liebe sich zu überlassen, die voraussetzt, daß die Welt sinnvoll ist, und endete beim unerträglichen Kitsch vom Schlage der Heimatkunst. Nicht geringer sind die Schwierigkeiten von der Sache her. Wie der Malerei von ihren traditionellen Aufgaben vieles entzogen wurde durch die Photographie, so dem Roman durch die Reportage und die Medien der Kulturindustrie, zumal den Film. Der Roman müßte sich auf das konzentrieren, was nicht durch den Bericht abzugelten ist. Nur sind ihm im Gegensatz zur Malerei in der Emanzipation vom Gegenstand Grenzen gesetzt durch die Sprache, die ihn weithin zur Fiktion des Berichtes nötigt: konsequent hat Joyce die Rebellion des Romans gegen den Realismus mit einer gegen die diskursive Sprache verbunden.

Die Abwehr seines Versuchs als abseitig individualistischer Willkür wäre armselig. Zerfallen ist die Identität der Erfahrung, das in sich kon-

Don Quixote Miguel de Cervantes Saavedras Roman *El hildalgo Don Quixote de la Mancha* erschien 1605/1615.
Zerfallen ist die Identität der Erfahrung ... die Passage rafft Überlegungen, die für Walter Benjamins Essays ‚Der Erzähler' (1936) und ‚Erfahrung und Armut' (1933) konstitutiv sind.

tinuierliche und artikulierte Leben, das die Haltung des Erzählers einzig gestattet. Man braucht nur die Unmöglichkeit sich zu vergegenwärtigen, daß irgendeiner, der am Krieg teilnahm, von ihm so erzählte, wie früher einer von seinen Abenteuern erzählen mochte. Mit Recht begegnet die Erzählung, die auftritt, als wäre der Erzähler solcher Erfahrung mächtig, der Ungeduld und Skepsis beim Empfangenden. Vorstellungen wie die, daß einer sich hinsetzt und „ein gutes Buch liest", sind archaisch. Das liegt nicht bloß an der Dekonzentration der Leser sondern am Mitgeteilten selber und seiner Form. Etwas erzählen heißt ja: etwas *Besonderes* zu sagen haben, und gerade das wird von der verwalteten Welt, von Standardisierung und Immergleichheit verhindert. Vor jeder inhaltlich ideologischen Aussage ist ideologisch schon der Anspruch des Erzählers, als wäre der Weltlauf wesentlich noch einer der Individuation, als reichte das Individuum mit seinen Regungen und Gefühlen ans Verhängnis noch heran, als vermöchte unmittelbar das Innere des Einzelnen noch etwas: die allverbreitete biographische Schundliteratur ist ein Zersetzungsprodukt der Romanform selber.

Von der Krisis der literarischen Gegenständlichkeit ist die Sphäre der Psychologie, in der gerade jene Produkte sich häuslich, wenngleich mit wenig Glück einrichten, nicht ausgenommen. Auch dem psychologischen Roman werden seine Gegenstände vor der Nase weggeschnappt: mit Recht hat man bemerkt, daß zu einer Zeit, da Journalisten ohne Unterlaß an den psychologischen Errungenschaften Dostojewskys sich berauschten, die Wissenschaft, zumal die Psychoanalyse Freuds, längst jene Funde des Romanciers hinter sich gelassen hatte. Übrigens hat man wohl mit solchem phrasenhaften Lob Dostojewsky verfehlt: soweit es bei ihm überhaupt Psychologie gibt, ist es eine des intelligiblen Charakters, des Wesens, und nicht des empirischen, der Menschen, so wie sie herumlaufen. Und gerade darin ist er fortgeschritten. Nicht nur, daß alles Positive, Greifbare, auch die Faktizität des Inwendigen von Informationen und Wissenschaft beschlagnahmt ist, nötigt den Roman, damit zu brechen und der Darstellung des Wesens oder Unwesens sich zu überantworten, sondern auch, daß, je dichter und lückenloser die Ober-

Beide sind in den von Theodor W. Adorno und Gretel Adorno 1955 herausgegebenen Schriften Benjamins (2 Bde. Frankfurt: Suhrkamp 1955) enthalten gewesen. S. jetzt Walter Benjamin: *Gesammelte Schriften. Bd. II. 1*. Hrsg. v. Rolf Tiedemann u. Hermann Schweppenhäuser. Frankfurt: Suhrkamp 1980, S. 213–219 (,Erfahrung und Armut'), bzw. ebd., *Bd. II. 2*, S. 438–465 (,Der Erzähler').

mit Recht hat man bemerkt Gemeint ist wohl Leo Löwenthals 1934 in der Zeitschrift für Sozialforschung erstmals erschienene Studie ,Die Auffassung Dostojewskis im Vorkriegsdeutschland', jetzt in: Leo Löwenthal: *Schriften. Bd 1*. Hrsg. v. Helmut Dubiel. Frankfurt: Suhrkamp 1980, S. 188–230, wo es heißt: „Es ist eine Frage für sich, wieweit Dostojewski

fläche des gesellschaftlichen Lebensprozesses sich fügt, um so hermetischer diese als Schleier das Wesen verhüllt. *Will der Roman seinem realistischen Erbe treu bleiben und sagen, wie es wirklich ist, so muß er auf einen Realismus verzichten, der, indem er die Fassade reproduziert, nur dieser bei ihrem Täuschungsgeschäfte hilft.* Die Verdinglichung aller Beziehungen zwischen den Individuen, die ihre menschlichen Eigenschaf- 172 | 173
ten in Schmieröl für den glatten Ablauf der Maschinerie verwandelt, die universale Entfremdung und Selbstentfremdung, fordert beim Wort gerufen zu werden, und dazu ist der Roman qualifiziert wie wenig andere Kunstformen. Von jeher, sicherlich seit dem achtzehnten Jahrhundert, seit Fieldings *Tom Jones*, hatte er seinen wahren Gegenstand am Konflikt zwischen den lebendigen Menschen und den versteinerten Verhältnissen. Entfremdung selber wird ihm dabei zum ästhetischen Mittel. Denn je fremder die Menschen, die Einzelnen und die Kollektive, einander geworden sind, desto rätselhafter werden sie einander zugleich, und der Versuch, das Rätsel des äußeren Lebens zu dechiffrieren, der eigentliche Impuls des Romans, geht über in die Bemühung ums Wesen, das gerade in der von Konventionen gesetzten, vertrauten Fremdheit nun seinerseits bestürzend, doppelt fremd erscheint. Das antirealistische Moment des neuen Romans, seine metaphysische Dimension, wird selber gezeitigt von seinem realen Gegenstand, einer Gesellschaft, in der die Menschen voneinander und von sich selber gerissen sind. In der ästhetischen Transzendenz reflektiert sich die Entzauberung der Welt.

All das hat kaum seinen Platz in der bewußten Erwägung des Romanciers, und Grund ist zur Annahme, daß, wo es in jene eindringt, wie etwa in den sehr groß intendierten Romanen Hermann Brochs, es dem Gestalteten nicht zum besten anschlägt. Vielmehr setzen sich die geschichtlichen Veränderungen der Form um in idiosynkratische Empfindlichkeiten der Autoren, und es entscheidet wesentlich über ihren Rang, wie weit sie als Meßinstrumente des Geforderten und Verwehrten fungieren. An Empfindlichkeit gegen die Form des Berichts hat keiner Marcel Proust übertroffen. Sein Werk gehört in die Tradition des realistischen und psychologischen Romans, auf der Linie von dessen subjek-

tatsächlich das psychologische Wissen bereichert hat; [...]. Betrachtet man nun näher das Lob, Dostojewski habe neue Welten des Seelenlebens entdeckt, und die Art seiner Begründung, so fällt zweierlei auf: diese Auffassung wird als ein wichtiges Charakterisierungsmittel für die Eigenart Dostojewskis bis weit in die Nachkriegsjahre, ja, bis in die Gegenwart durchgehalten, bleibt also noch bestehen, als bereits jahrzehntelang höchst differenzierte wissenschaftliche Bemühungen um die ‚geheimsten psychischen Bewegungen der Menschenseele' im Gange sind, und ferner zeigt es sich, daß es im allgemeinen bei diesen Lobsprüchen bleibt [...]" (S. 213).

Fieldings *Tom Jones* Henry Fieldings (1707–1754) Roman *The History of Tom Jones, a Foundling* erschien 1749.

tivistisch extremer Auflösung, wie sie, ohne alle historische Kontinuität mit dem Franzosen, über Gebilde wie Jacobsens *Niels Lyhne* und Rilkes *Malte Laurids Brigge* führt. Je strenger es mit dem Realismus des Auswendigen, der Geste „so war es" gehalten wird, um so mehr wird jedes Wort zum bloßen Als ob, um so mehr wächst der Widerspruch zwischen seinem Anspruch an und dem, daß es nicht so war. Eben jener immanente Anspruch, den der Autor unabdingbar erhebt: daß er genau wisse, wie es zugegangen sei, will ausgewiesen werden, und die ins Schimärische getriebene Präzision Prousts, die mikrologische Technik, unter der schließlich die Einheit des Lebendigen nach Atomen sich spaltet, ist eine einzige Anstrengung des ästhetischen Sensoriums, diesen Ausweis zu leisten, ohne den Bannkreis der Form zu überschreiten. Mit dem Bericht von einem Unwirklichen einzusetzen etwa, als wäre es wirklich gewesen, hätte er nicht über sich gebracht. Daher beginnt sein zyklisches Werk mit der Erinnerung daran, wie ein Kind einschläft, und das ganze erste Buch ist nichts als eine Entfaltung der Schwierigkeiten beim Einschlafen, wenn dem Knaben seine schöne Mutter nicht den Gute-Nacht-Kuß gegeben hat. Der Erzähler stiftet gleichsam einen Innenraum, der ihm den Fehltritt in die fremde Welt erspart, wie er zutage käme an der Falschheit des Tons, der mit jener vertraut tut. Unmerklich wird die Welt in diesen Innenraum – man hat der Technik den Titel des monologue intérieur verliehen – hineingezogen, und was immer an Äußerem sich abspielt, kommt so vor, wie es auf der ersten Seite vom Augenblick des Einschlafens gesagt wird: als ein Stück Innen, ein Moment des Bewußtseinsstroms, behütet vor der Widerlegung durch die objektive raumzeitliche Ordnung, zu deren Suspension das Proustsche Werk aufgeboten ist. Aus ganz anderen Voraussetzungen und in ganz anderem Geist hat der Roman des deutschen Expressionismus, etwa Gustav Sacks *Verbummelter Student* Verwandtes visiert. Das epische Bestreben, nichts Gegenständliches darzustellen, als was sich ganz und gar füllen läßt, hebt schließlich die epische Grundkategorie der Gegenständlichkeit auf.

Der traditionelle Roman, dessen Idee vielleicht am authentischsten in Flaubert sich verkörpert, ist der Guckkastenbühne des bürgerlichen Theaters zu vergleichen. Diese Technik war eine der Illusion. Der Erzähler lüftet einen Vorhang: der Leser soll Geschehenes mitvollziehen, als wäre er leibhaft zugegen. Die Subjektivität des Erzählers bewährt sich in

Jacobsens *Niels Lyhne* und Rilkes *Malte Laurids Brigge* Jens Peter Jacobsens (1847–1885) Roman erschien zuerst 1880; Rainer Maria Rilkes (1875–1926) *Die Aufzeichnungen des Malte Laurids Brigge* 1910.

Gustav Sacks *Verbummelter Student* Der Roman von Gustav Sack (1885–1916) erschien 1917.

der Kraft, diese Illusion herzustellen, und – bei Flaubert – in der Reinheit der Sprache, die sie zugleich durch Vergeistigung doch dem empirischen Bereich enthebt, dem sie sich verschreibt. Ein schweres Tabu liegt über der Reflexion: sie wird zur Kardinalsünde gegen die sachliche Reinheit. Mit dem illusionären Charakter des Dargestellten verliert heute auch dies Tabu seine Kraft. Oft ist hervorgehoben worden, daß im neuen Ro- 174 | 175
man, nicht nur bei Proust, sondern ebenso beim Gide der *Faux-Monnayeurs*, beim späteren Thomas Mann, in Musils *Mann ohne Eigenschaften* die Reflexion die reine Formimmanenz durchbricht. Aber solche Reflexion hat kaum mehr als den Namen mit der vor-Flaubertschen gemein. Diese war moralisch: Parteinahme für oder gegen Romanfiguren. Die neue ist Parteinahme gegen die Lüge der Darstellung, eigentlich gegen den Erzähler selbst, der als überwacher Kommentator der Vorgänge seinen unvermeidlichen Ansatz zu berichtigen trachtet. Die Verletzung der Form liegt in deren eigenem Sinn. Heute erst läßt Thomas Manns Medium, die enigmatische, auf keinen inhaltlichen Spott reduzierbare Ironie, sich ganz verstehen aus ihrer formbildenden Funktion: der Autor schüttelt mit dem ironischen Gestus, der den eigenen Vortrag zurücknimmt, den Anspruch ab, Wirkliches zu schaffen, dem doch keines selbst seiner Worte entrinnen kann; am sinnfälligsten vielleicht in der Spätphase, im *Erwählten* und in der *Betrogenen*, wo der Dichter, spielend mit einem romantischen Motiv, durch den Habitus der Sprache den Guckkastencharakter der Erzählung, die Unwirklichkeit der Illusion einbekennt, und eben damit, nach seinem Wort, dem Kunstwerk jenen Charakter des höheren Jux zurückgibt, den es besaß, ehe es mit der Naivetät der Unnaivetät den Schein allzu ungebrochen als Wahres präsentierte.

Wenn vollends bei Proust der Kommentar derart mit der Handlung verflochten ist, daß die Unterscheidung zwischen beiden schwindet, so greift damit der Erzähler einen Grundbestand im Verhältnis zum Leser an: die ästhetische Distanz. Diese war im traditionellen Roman unverrückbar. Jetzt variiert sie wie Kameraeinstellungen des Films: bald wird der Leser draußen gelassen, bald durch den Kommentar auf die Bühne, hinter die Kulissen, in den Maschinenraum geleitet. Zu den Extremen, an denen mehr über den gegenwärtigen Roman sich lernen läßt als an irgendeinem sogenannten „typischen" mittleren Sachverhalt rechnet das Verfahren Kafkas, die Distanz vollends einzuziehen. Durch Schocks

beim Gide der *Faux-Monnayeurs* André Gides (1869–1951) berühmtester Roman, *Les Faux-Monnayeurs*, erschien zuerst 1925.
im *Erwählten* und in der *Betrogenen* Thomas Manns (1875–1955) Roman *Der Erwählte* erschien 1951, seine Erzählung *Die Betrogene* 1953.

zerschlägt er dem Leser die kontemplative Geborgenheit vorm Gelesenen. Seine Romane, wenn anders sie unter den Begriff überhaupt noch fallen, sind die vorwegnehmende Antwort auf eine Verfassung der Welt, in der die kontemplative Haltung zum blutigen Hohn ward, weil die permanente Drohung der Katastrophe keinem Menschen mehr das unbeteiligte Zuschauen und nicht einmal dessen ästhetisches Nachbild mehr erlaubt. Auch von den minderen Erzählern, die schon kein Wort mehr zu schreiben wagen, das nicht als Tatsachenbericht um Entschuldigung dafür bittet, daß es geboren ist, wird die Distanz eingezogen. Kündigt bei ihnen die Schwäche eines Bewußtseinsstandes sich an, der zu kurzatmig ist, um seine ästhetische Darstellung zu dulden, und der kaum mehr Menschen hervorbringt, die solcher Darstellung fähig wären, so ist in der fortgeschrittensten Produktion, der solche Schwäche nicht fremd bleibt, die Einziehung der Distanz Gebot der Form selber, eines der wirksamsten Mittel, den vordergründigen Zusammenhang zu durchschlagen und das Darunterliegende, die Negativität des Positiven auszudrücken. Nicht daß notwendig wie bei Kafka die Schilderung von Imaginärem die von Realem ablöste. Er eignet sich schlecht zum Muster. Aber die Differenz zwischen Realem und imago wird grundsätzlich kassiert. Es ist den großen Romanciers der Epoche gemeinsam, daß die alte Romanforderung des „So ist es", bis zu Ende gedacht, eine Flucht geschichtlicher Urbilder auslöst, in Prousts unwillkürlicher Erinnerung wie in den Parabeln Kafkas und in den epischen Kryptogrammen von Joyce. Das dichterische Subjekt, das von den Konventionen gegenständlicher Darstellung sich lossagt, bekennt zugleich die eigene Ohnmacht, die Übermacht der Dingwelt ein, die inmitten des Monologs wiederkehrt. So bereitet sich eine zweite Sprache, vielfach aus dem Abhub der ersten destilliert, eine zerfallene assoziative Dingsprache, wie sie den Monolog nicht bloß des Romanciers, sondern der ungezählten der ersten Sprache Entfremdeten durchwächst, welche die Masse ausmachen. Wenn Lukács in seiner *Theorie des Romans* vor vierzig Jahren die Frage aufwarf, ob die Romane Dostojewskys Bausteine zukünftiger Epen, wo nicht selber bereits solche Epen seien, dann gleichen in der Tat die heutigen Romane, die zählen, jene, in denen die entfesselte Subjektivität aus der eigenen Schwerkraft in ihr Gegenteil übergeht, negativen Epo-

Lukács in seiner *Theorie des Romans* In *Die Theorie des Romans. Ein geschichtsphilosophischer Versuch über die Formen der großen Epik* (1916; erste Buchausgabe 1920) von Georg (Gyorgy) Lukács (1885–1971) heißt es: „Er [sc. Dostojewskij] gehört der neuen Welt an. Ob er bereits der Homer oder der Dante dieser Welt ist oder bloß die Gesänge liefert, die spätere Dichter, zusammen mit anderen Vorläufern, zur großen Einheit verflechten werden, ob er nur ein Anfang oder schon eine Erfüllung ist: das kann nur die Formanalyse aufzeigen" (S. 137 in der Neuausgabe Neuwied, Berlin: Luchterhand 1971).

pöen. Sie sind Zeugnisse eines Zustands, in dem das Individuum sich selbst liquidiert und der sich begegnet mit dem vorindividuellen, wie er einmal die sinnerfüllte Welt zu verbürgen schien. Mit aller gegenwärtigen Kunst teilen diese Epopöen die Zweideutigkeit, daß es nicht bei ihnen steht, etwas darüber auszumachen, ob die geschichtliche Tendenz, die sie registrieren, Rückfall in die Barbarei ist oder doch auf die Verwirkli- 176 | 177
chung der Menschheit abzielt, und manche fühlen sich im Barbarischen allzu behaglich. Kein modernes Kunstwerk, das etwas taugte und nicht an der Dissonanz und dem Losgelassenen auch seine Lust hätte. Aber indem solche Kunstwerke gerade das Grauen ohne Kompromiß verkörpern und alles Glück der Betrachtung in die Reinheit solchen Ausdrucks werfen, dienen sie der Freiheit, die von der mittleren Produktion nur verraten wird, weil sie nicht zeugt von dem, was dem Individuum der liberalen Ära widerfuhr. Ihre Produkte sind über der Kontroverse zwischen engagierter Kunst und l'art pour l'art, über der Alternative zwischen der Banausie der Tendenzkunst und der Banausie der genießerischen. Karl Kraus hat einmal den Gedanken formuliert, was immer aus seinen Werken moralisch als leibhafte, nichtästhetische Wirklichkeit spreche, sei ihm lediglich unterm Gesetz der Sprache, also im Namen von l'art pour l'art zuteil geworden. Die Einziehung der ästhetischen Distanz im Roman heute, und damit dessen Kapitulation vor der übermächtigen und nur noch real zu verändernden, nicht im Bilde zu verklärenden Wirklichkeit, wird erheischt von dem, wohin die Form von sich aus möchte.

Karl Kraus hat einmal den Gedanken formuliert S. Karl Kraus: ‚Bei den Tschechen und bei den Deutschen' (1921). In: *Die Sprache* (1937). Frankfurt: Suhrkamp 1987 (= Schriften. Bd. 7. Hrsg. v. Christian Wagenknecht), S. 276: „Meinungen, Richtungen, Weltanschauungen – es kommt doch zuerst und zuletzt auf nichts anderes an als auf den Satz. Die ihn nicht können, fangen beim Lebensinhalt an, welchen sie infolgedessen nicht haben und welcher da ist, wenn der Satz gelingt. Es wird kaum je einen Autor gegeben haben, dem Stoffliches, Wirklicheres, Zeitlicheres abgenommen werden konnte als dem, der meine Schriften geschrieben hat, und doch habe ich mich mein Lebtag um nichts anderes als um den Satz geschoren, darauf vertrauend, daß ihm schon das Wahre über die Menschheit, über ihre Kriege und Revolutionen, über ihre Christen und Juden einfallen wird. Wenn man es las, war es Politik. Wenn man liest, was ich davon halte, ist es l'art pour l'art."

Weiterführende Literatur und Kontexte:

S. in diesem Band die Beiträge von BARTHES, DODERER, KLUGE und ISER. – Neben den angeführten Arbeiten Benjamins und der Theorie des Romans von Lukács ist Adornos Auseinandersetzung mit dessen Abbildrealismus heranzuziehen, vgl. Erpreßte Versöhnung. Zu Georg Lukács: ‚Wider den mißverstandenen Realismus'. In: Noten zur Literatur, S. 251–280.

Heimito von Doderer: Grundlagen und Funktion des Romans (1959)

Heimito von Doderer (1896–1966)

In Hadersdorf-Weidlingau bei Wien geboren; ab 1914 Jusstudium in Wien; 1915 als Einjährig-Freiwilliger eingerückt; in russischer Kriegsgefangenschaft; erst 1920 Flucht aus Sibirien und Rückkehr nach Wien. Erste literarische Veröffentlichungen. 1921–1925 Studium an der Universität Wien (Geschichte, Psychologie). 1933 Eintritt in die NSDAP, 1940 Konversion zum katholischen Glauben; zum Kriegsdienst einberufen; erste Studien zum Roman *Die Strudlhofstiege*; Kriegsgefangenschaft; Berufsverbot, 1947 Abschluß des Entnazifizierungsverfahrens; 1948–1950 Ausbildung am Institut für Geschichtsforschung der Universität Wien. 1951 erscheinen die Romane *Die erleuchteten Fenster* und *Die Strudlhofstiege*, mit denen er den literarischen Durchbruch schafft. Nach dem Erscheinen der *Dämonen* (1956) und seiner romantheoretischen Schrift (1959) arbeitet er an dem unvollendet gebliebenen Romanzyklus *Roman No 7*, von dem zu Lebzeiten nur *Die Wasserfälle von Slunj* (1963) erscheint; ein Jahr nach seinem Tod kommt das Fragment *Der Grenzwald* (1967) heraus.
Zu Doderers 100. Geburtstag veröffentlichte sein Verlag (C.H. Beck, München) eine neunbändige Ausgabe seines erzählerischen Werks.

Erstausgabe: Heimito von Doderer: *Grundlagen und Funktion des Romans*. Nürnberg: Glock und Lutz 1959.
Druckvorlage: Heimito von Doderer: *Die Wiederkehr der Drachen. Aufsätze, Traktate, Reden.* Hrsg. v. Wendelin Schmidt-Dengler. 2., durchges. Aufl. München: © C.H. Beck 1996, S. 149–179 (zuerst München: Biederstein 1970).

Heimito von Doderer: Grundlagen und Funktion des Romans

Doctor Rudolf de le Roi
verehrungsvoll zugeeignet

Erster Teil · Theoretiker und Praktiker 184 | 185

Nicht zu allen Zeiten liegt auf allen Künsten ein gleich starker historischer Akzent. Die Musik der alten Hellenen hat uns wenig zu sagen im Vergleich zu ihrer Plastik und Literatur. Die Dichterei in lateinischer Sprache, wie sie das ausgehende fünfzehnte und das sechzehnte Jahrhundert übten, verschwindet neben der bildenden Kunst der Renaissance. Oswald Spengler sagt, daß die Völker, wenn sie erwachen, viel Musik machen. Mag sein; aber wenn sie erwacht sind und das helle Mittagslicht kommt – dann schreiben sie Romane …? Nein, das stimmt nicht. Sie haben es vordem in solcher Situation nie getan (der hellenistische Roman zählt hier nicht mit, er ist erotische Konfektion). Es mußte eine geminderte Wirklichkeit einbrechen, mit einer nur mehr fragwürdigen Deckung zwischen Innen- und Außenwelt, es mußte zwischen ihnen eine Kluft sich öffnen, die vielenorts nur der kritische Pfeil noch überfliegt: jetzt erst gesellte sich der kritische Geist dem Epiker bei, ebnete den epischen Vers ein und ließ ihn nur mehr unterirdisch rauschen in den Regulierungen der Prosa, die von den Alten her international geworden waren. Der Roman ist übersetzbar. Er ist ein Kind der Weltliteratur, ja, vielleicht sogar deren eigentlich rechter Erzeuger.

„Selig sind die Zeiten …" so begann einst Georg Lukács sein Buch *Die Theorie des Romans* (bei Cassirer 1920) und meinte damit die Epochen der vorprosaischen Epiker, die alle im Mythischen lebten, da mögen sie auch erst im hellen Licht der Geschichte geschrieben haben: ihr aber ist der Roman zugehörig. Und, merkwürdig genug: er tritt noch mehr hervor, wenn die Geschichte fast vorbei ist, wenn das fahle Licht posthistorischer Zeit und ihrer schon sehr geminderten Wirklichkeit uns scheint, wenn die bisher unter dem Drucke einer einigen Spannung zusammengehaltene Welt pluralistisch zerfällt: dann kommt der Roman

Doctor Rudolf de le Roi Herausgeber u. a. der *Jahresringe*, des Jahrbuchs des ‚Kulturkreises im Bundesverband der deutschen Industrie'; 1954 hatte HvD den Literaturpreis für Epik vom Bundesverband der Deutschen Industrie erhalten.
Oswald Spengler sagt 1880–1936; Zitat nicht ermittelt.
„Selig sind die Zeiten …" Mit dieser Eingangsformel beginnt Georg Lukács (1885–1971) in seiner 1920 erstmals in Buchform erschienenen *Theorie des Romans* (zit. Neuausgabe Neuwied: Luchterhand 1971, S. 21) „das Weltzeitalter des Epos" zu evozieren. HvD zitiert und kommentiert in seinen Tagebüchern 1920–1936 mehrfach Lukács' *Theorie des Romans*.

und bringt uns nichts geringeres als eine neue Lust zu leben, die uns sonst vergehen müßte, ja, knapp daran war, sich ganz zu verflüchtigen.

Die Geschichte ist fast vorbei, der Spiegel ihres hochgestauten Sees sinkt, das Becken leert sich, nichts schwebt und schwimmt mehr, es umstarren uns nur die Wände der Welthöhle als verbliebene materielle Massen; auch entzieht unserem Aug' die hohe Mauerkrone den weiteren Verlauf des Strombettes: aber sie zwingt uns doch zu einer, für unsere Verhältnisse, fast in's Ewige gerichteten Erhebung des Blicks.

Wir jedoch schlagen ihn jetzt nieder, zum Erfahrbaren (das Empirische haben die Romanschreiber vom Epos geerbt, hier hat sich nichts geändert). Wir erschauen zum ersten Male durch die flachere Wasserschichte auch den Grund: und auf ihm zahllose bis dahin unbekannte Einzelheiten. Und wieder wird's eine Lust zu leben. Wohin bleibt fremd. Die Mauer sperrt den Blick.

„Exegi monumentum aere perennius" sagt mit Recht der selbstbewußte Quintus Horatius Flaccus[1]. Wir aber können in Anspruch nehmen, daß keine Zeit von den bisher abgelaufenen ihre Einzelheiten, ihren Alltag, kurz, das, was wirklich und allerseits gelebt wurde, in solcher Fülle und Vielseitigkeit, mit allen Kindheitserinnerungen und Gerüchen, mit Licht und Atmosphäre des Elternhauses und des Schlachtfeldes, mit Liebe und Müdigkeit, Spannung und Ekel, derart von sich überliefert hat, wie die unsere: durch den Roman. Sei's zur Schande oder zum Ruhme, wenn es denn noch weitergehen soll: überliefert ist's[2].

Ungehörig wär's, würden wir ein so schwieriges Thema angreifen, ohne uns erkundigt zu haben, was vordem gründlich darüber gedacht und gesagt worden ist.

Ein französischer Kritiker, Abel Chevalley, definiert den Roman als „eine Prosaerzählung von einer gewissen Länge" (mit mindestens 50 000 Worten). Das ist einfach, fast lapidar. Sozusagen eine Definition mit dem Knüppel.

Romandichter lieben es noch immer, sich Epiker zu nennen und in Homer den Vater aller Romandichtung zu sehen. Allerdings kann man bei Homer alles lernen: Einzeldurchführungen aus der Ilias, Komposition

1 Carm. III. 30. An Melpomene.
2 Diese Seite der Sache deutete mir zum erstenmal der bekannte österreichische Kritiker und Übersetzer Hanns von Winter im Gespräche an.

„Exegi monumentum aere perennius" Die Horaz-Stelle lautet in der Übers. Bernhard Kytzlers: „Errichtet habe ich ein Monument, das Erz überdauert".
Abel Chevalley HvD zitiert Chevalleys *Le Roman anglais de notre temps* (1921) aus zweiter Hand, nämlich aus E. M. Forsters *Aspects of the Novel* (1927; dt. 1949). London: Penguin 1971, S. 13 f.

aus der Odyssee. Als Schiller ein Epos auf Friedrich II. dichten wollte, schrieb er in einem Brief an seinen Freund Körner, er sei noch nicht reif dazu, denn „ein episches Gedicht im achtzehnten Jahrhundert muß ein ganz anderes Ding sein, als eines in der Kindheit der Welt"; und später gab er den Plan auf, weil er (so wieder an Körner) mit Friedrich II. doch nicht derart sympathisiere, daß ihm die Riesenarbeit der Idealisierung 186 | 187
dafür stände. Spielhagen (ein alter Praktiker), der diese Äußerungen Schillers kommentiert, ist der Ansicht, daß Schiller sich da geirrt hat. Nicht der Mangel an Liebe zum Helden vereitelte schließlich seine Absicht, diesen zu besingen, sondern der Vers machte es unmöglich einer Gestalt aus dem achtzehnten Jahrhundert gerecht zu werden.

Über den reinen Handlungsroman, den Barockroman im siebzehnten Jahrhundert, über den „Raumroman" (Goethe's Wilhelm Meister) zum „Figuren- und Bildungsroman" (Stifter's Nachsommer) kommt Wolfgang Kayser[3] zu seiner Definition des Romans als die „von einem fiktiven, persönlichen Erzähler vorgetragene, einen persönlichen Leser einbeziehende Erzählung von Welt, soweit sie als persönliche Erfahrung faßbar wird. Der einzelne Roman gewinnt Geschlossenheit dadurch, daß er entweder eine Handlung oder den Raum (d. h. eine Vielzahl von Räumlichkeiten) oder eine Figur zur strukturtragenden Schicht macht".

Diese Definition ist nicht ganz so einfach wie jene knüppeldicke des Franzosen, sie ist auch nicht erschöpfend, denn es fehlt die Erwähnung der Grenzen (was die Vielfalt der Räume und Figuren betrifft) die zu ziehen sind, sofern man vom Roman noch als von einer „Form" sprechen will. Sie impliziert, daß der Erzähler Persönlichkeit hat oder besser: der Erfahrung fähig, nicht zerfahren ist. Das ist keineswegs selbstverständlich.

Es gibt noch andere Einteilungen, ja, des Einteilens ist kein Ende. Am häufigsten in allen Literaturgeschichten wird, bezeichnend genug, nach Inhalten eingeteilt. Romane der Frauenbewegung, die Literatur der einsamen Inseln, die Ritterromane, die Schelmenromane, die Viktorianischen Romane; und diese wiederum weisen eine erotische, eine religiöse, eine soziale und weiß der Himmel was noch für eine Entwicklung auf: Versuche, zu einer wissenschaftlichen Methode der Literaturbetrachtung zu kommen.

3 Wolfgang Kayser: *Entwicklung und Krise des modernen Romans*, Stuttgart 1955.

Schiller … Körner … Spielhagen HvD zitiert Schillers Briefe an seinen Freund Christian Gottfried Körner (1756–1831) v. Oktober 1778 bzw. März 1779 nach Friedrich Spielhagen (1829–1911): *Beiträge zur Theorie und Technik des Romans*. Leipzig: Staackmann 1883, S. 50 f.

Denn alles das sucht im Roman den „Stoff" und die „Zeit" in völliger Negierung des Tatbestandes, daß der Roman erst in zweiter oder sogar in allerletzter Linie Kulturgeschichte oder gar Politik ist. Er ist ein Kunstwerk. Eine Dichtung. Sein Wert „beruht in dem gestalthaften Gebilde als solchem, das als selbstgenügsamer Mikrokosmos mit eigenen Formbezeichnungen und Gravitationsgesetzen in der eigentümlich dichterischen Dimension schwebt". (Günther Müller: *Aufbauformen des Romans*, Neophilologus 1953). Die Technik, die Methode, das Formprinzip ist für den Ästhetiker, für den Künstler, den wahren Kenner und Interpreten von Kunstwerken wichtiger als die „Aussage", die nur für den Journalisten (und das sind ja viele der jeder Zeit genössischen Kritiker) wichtig ist. Ein großes Kunstwerk gilt auch nach Jahrhunderten, wo seine „Aussage" sich kaum mehr aufdrängt und wahrgenommen wird und das Werk dann als Muster der Objektivität dasteht.

Aber auch die Einteilung nach Techniken wie „einsinnige", „chronologisch umgestellte" und „Nebeneinander-Romane", und in Romane des „Bewußtseinsflusses" bringt keine rechte Ordnung ins Bild.

Kaysers Definition vom Erzähler als Formprinzip gibt uns da schon eher die über alle Zeiten dehnbare Grundlage und läßt sich auf den modernen Roman anwenden. Denn die Entwicklung des Romans in den letzten zweihundert Jahren geht wohl von der angestrebten Objektivität des reinen Handlungsromans zur immer mehr und mehr eingestandenen Subjektivität, bis zur Willkür des Erzählers, der seine eigene Krise zur Krise seines Romans macht: und diesen dort zerrinnen läßt, wo er selbst zerrinnt. Gültige Weltbilder, Religion, Gesellschaft, Konventionen erweisen sich plötzlich als Krücken (die das Mißtrauen von Autor und Leser genießen), auf welche der ehrliche Autor verzichtet. Tiefes Mißtrauen herrscht auch gegen die höhere Einfalt der klassischen Dichter, die wie Stifter im *Nachsommer*, die deutsche, goethische Bildungswelt beschwören und man ist dankbar für das Goethe-Wort (aus dem Briefwechsel mit Schiller): „Die Poesie ist doch eigentlich auf die Darstellung des empirisch pathologischen Zustandes des Menschen gegründet, und wer gesteht denn das jetzt wohl unter unseren fürtrefflichen Kennern und sogenannten Poeten."

Der englische Romancier E. M. Forster, der in seinem Buch *Aspects of the Novel* (*Ansichten des Romans*, Suhrkamp 1949) sehr entschieden dagegen ist, den Roman historisch zu betrachten, meint zwar, daß der Überblick über die paar hundert Jahre, den wir haben, nicht genügt,

Goethe-Wort Das Zitat findet sich in Goethes Brief an Schiller vom 25.11.1787. In: Goethe, *MA. Bd. 8.1*, S. 452.
E. M. Forster 1879–1971.

um wirkliche Unterschiede und Entwicklungen im Menschen festzustellen, der den Roman ja schreibt und zugleich dessen Gegenstand ist. Forster sagt in seinen Vorlesungen am Trinity College zu Cambridge (diese eben sind im oben genannten Buch gesammelt abgedruckt), daß er für sein Teil eine pseudowissenschaftliche Gliederung vornehme, und
zwar als Praktiker und ohne irgendeine Chronologie, sei sie geartet wie 188 | 189
immer, gelten zu lassen. Er gliedert einfach die Elemente eines jeden Romans in: die Geschichte, den Menschen, die Fabel (nicht immer), und bei komplexeren Werken Phantasie oder Prophetie. Unter die Autoren phantastischer Romane zählt er: Sterne, Virginia Woolf und Joyce. Unter jene der prophetischen: Dostojewskij, Melville und D. H. Lawrence[4].

Qualität und Erfolg eines Romans sieht Forster in dessen „Sensibilität, nicht im Erfolg seines Sujets“.

Schließlich jedoch wirft Forster alle Systematik über Bord mit der erfrischenden Feststellung, daß nicht einmal im Formalen die Methodenfrage beschlossen liegt, „sondern in der Macht des Schriftstellers, den Leser zu überrumpeln“. In diesem Sinne sagt er über Gide: „Ein Romancier, der zuviel Interesse für seine eigene Methode verrät, kann nie mehr als interessant sein“. Forster denkt da an die *Faux-Monnayeurs*. Man könnte auch an Thomas Manns *Doktor Faustus* denken, dessen Entstehungsgeschichte ebenfalls zu einem eigenen Werk ausgewachsen ist. Man könnte sich dies ins Endlose vorstellen. Wir kommen so zu einer der Grenzen der Subjektivität und zu einer der Grenzen des Romans überhaupt, soferne wir ihn immer noch als eine Form betrachten wollen.

Da verdanken wir sehr klare und gar nicht veraltete Einsichten einem alten Praktiker, nämlich Friedrich Spielhagen (geboren 1829), dem Autor unzähliger Romane, die sämtlich im vorigen Jahrhundert große Beliebtheit und Anerkennung gefunden haben. Er stellt in seinen *Beiträgen zur Theorie und Technik des Romans* (1883) vier „Fundamentalsätze“ auf:

„Der erste Fundamentalsatz, daß in notwendiger Folge der einer epischen Phantasie immanenten, ruhelosen Tendenz nach größtmöglicher Ausdehnung des Horizontes, ihr Objekt nichts Geringeres ist als die Welt und somit das – gleichviel, ob ihm bewußte oder unbewußte – Streben des epischen Dichters ist, ein Weltbild zu geben.

Der zweite, daß diese Natur der epischen Phantasie, welche über jede Grenze hinausstrebt, mit der Natur der Kunst, welche, sobald sie

4 Über D. H. Lawrence handelt ausführlich: F. R. Leavis, *D. H. Lawrence, Novelist*, London 1955, Chatto & Windus.

Spielhagen … vier „Fundamentalsätze“ Spielhagen, S. 133 f.

zum Werke schreitet, sich Grenzen ziehen muß und nur, indem sie diese Grenzen respektiert, ihr Werk zustande bringt, in einem fundamentalen Widerspruche steht.

Der dritte, daß dieser Widerspruch, weil er ein fundamentaler ist, niemals völlig, sondern immer nur annähernd gelöst werden kann; folglich die dramatische und lyrische Dichtkunst, welche diesen Widerspruch nicht in sich tragen und mithin ihren Objekten völlig gerecht zu werden vermögen, in rein ästhetischer Beziehung vor der epischen Dichtkunst rangieren; oder, um es konkret auszudrücken: ein Produkt der epischen Dichtkunst, auch das höchste an absolutem Kunstwert, immer hinter den höchsten Produkten der beiden Schwesternkünste zurückbleiben muß.

Der vierte, daß unser Mittel zur annähernden Lösung des Widerspruchs für den epischen Dichter einzig und allein die möglichst vollkommene Anwendung der objektiven Darstellungsweise ist; mithin der ästhetische Wert epischer Produkte in dem Maße steigt, als diese Darstellungsweise bei ihnen zur Anwendung gekommen ist."

Die Reflexion, den circulus vitiosus zwischen Darstellung und Reflexion, nennt Spielhagen die „Pathologie des Romans": denn durch übermäßigen Gebrauch des „legitimen" Mittels (der Darstellung) wächst die Notwendigkeit der Anwendung des „falschen" Mittels (der Reflexion). Eingestreute Betrachtungen verwirft er überhaupt als im Roman nicht zulässig. Spielhagens Praxis aber verstößt dagegen. So sagt er denn auch, resignierend, weiterhin:

„Wir wissen, daß er (der Roman) seine Idee, das ist sein Urbild, niemals vollkommen zum Abbild bringen kann, weil die objektive Methode, die wir bis jetzt kennen, auch wenn sie kunstvoll zu ihrer höchsten Leistungsfähigkeit gesteigert wird, an dem unerschöpflichen Reichtum des aktuellen modernen Lebens erlahmt, denselben sozusagen nicht ausmessen kann, sondern immer einen Rest läßt: einen ... materiellen ... und ... einen ästhetischen, der sich durch das ganze Werk in der Behandlung des Einzelnen fühlbar macht, welches ... nur zu oft mitleidlos übers Knie gebrochen, allzu knapp und dürftig darstellt, oder vielleicht ... nur noch (rein prosaisch) bezeichnet wird."

E. M. Forster sieht als Parallele (ja, als wünschbares Vorbild!) des Romans in der Musik die Symphonie für großes Orchester, und im besonderen die Werke Beethovens von dieser Art (daß Forster seine Anschauungsweise gerade an der V. Symphonie exemplifiziert, also dem am

„Wir wissen ... bezeichnet wird." Spielhagen, S. 201 f.

wenigsten epischen Werk innerhalb der Beethoven'schen Symphonik, ist nicht eben ein glücklicher Griff). Forster eröffnet uns damit eine wichtige Perspektive, von welcher wir später noch Gebrauch machen werden.

Forster nennt in seinen weiteren Ausführungen Melville's *Moby Dick* ein formloses Etwas, ein „Seemannsgarn, in welchem es singt, … ein Kampf, und der Rest ist Musik“. Auch aus Dostojewskij's Romanen „singt“ es, sagt Forster. Dem *Ulysses* von James Joyce hingegen spricht Forster diese Wirkung ab. Er nennt dessen gesamten Text: „Rede, Rede, niemals Gesang“. Nun hat aber Joyce durchaus den Weg beschritten, der Forster vorschwebt. Joyce äußerte 1919 einem Freunde gegenüber: „Ich habe dieses Kapitel mit den technischen Mitteln der Musik geschrieben. Es ist eine Fuge mit allen musikalischen Zeichen: Piano, Forte, Rallentando usw. Ein Quintett kommt auch drin vor, wie in den Meistersingern …“[5]. Seine „Anschauung“ verlangte diese „Technik“. Er fühlte, er fand die „Urbilder“ in jeder Banalität des Alltags, er wollte alle Schichten des Bewußtseins zum Klingen bringen. Er gab nicht nur Handlungen und Bilder, sondern holte Zeit- und Raumtiefen aus dem Augenblick und fand die musikalische Entsprechung dafür im Sprachklang. Es sind die Mißtöne der Wirklichkeit darunter – das ist alles. Dabei kommt ja im Grunde nichts „Neues“ heraus, nur die Optik ist ungeheuer scharf eingestellt, die Sprache artistisch hochempfindlich gehandhabt, und die dem Leser zugemutete Portion Nichtigkeit um jede Bedeutungswurzel mag für Manche zu monströs sein, um noch verdaut zu werden.

Symbolismus, Tiefenpsychologie und Magie werden uns hier auf einer erreichbaren intellektuellen Ebene angeboten. Die einzige spürbare Emotion ist die Melancholie aus der Kraft der Desillusionierung des Autors.

Das Gefüge der Szenen und der anschaulichen Bilder folgte einer erarbeiteten Überlegung; der Autor borgte sich die Odyssee als Gerüst aus und modernisierte die Abenteuer, die uralten Muster, und brachte sie allesamt in neunzehn Stunden eines einzigen Tages unter. Joyce ging als Theoretiker, als Methodiker vor. Er läßt sich nachrechnen.

5 Gespräche mit J. J., Neue Zürcher Zeitung, 3. Mai 1931.

Forster nennt … Melville's *Moby Dick* Die folgenden Zitate über Joyce und Melville aus *Aspects*, S. 141.

Spielhagen schreibt am Ende seines Kapitels „Finder oder Erfinder“: „Den Vorgang selbst hüllt ein Schleier ein, den noch niemand gehoben hat und niemals jemand heben wird.“

Joyce hebt den Schleier und mit ihm ist die Verzauberung zu Ende. Er beschwört die Musik, aber sie ist nicht mehr die Musik, die Nietzsche meint in seiner ästhetischen Betrachtung *Die Geburt der Tragödie aus dem Geiste der Musik*. Im Sinne Nietzsches übrigens wäre das Epos sokratisch-theoretisch und somit eine dialektische Auseinandersetzung. Dazu äußerte A. P. Gütersloh: „Nietzsche war Philologe. Wenn er den Kopf in seinen attischen Sand steckte, konnte er sich einen Roman wohl so vorstellen!“

Nun, man sieht schon: die Praktiker sind den Theoretikern weit voran, sogar im Theoretischen. Schon hier zeigt sich ein ganz wesentlicher Sachverhalt, den uns besonders der alte Spielhagen vor Augen führt: in Sachen der Kunst beruht die Urteilsfähigkeit zuletzt auf technischer Erfahrung.

Oder auf ihrem perfekten, kristallreinen Gegenteil: der jungfräulichen Unberührbarkeit des großen kritischen Geistes, des idealisch gedachten Kritikers, der seinen mönchischen Stand niemals durch irgendeinen Versuch „schöpferischer“ Art verletzt hat. Gerade diese Unbeflecktheit macht ihn – und nie einen Schriftsteller – zum Mittelpunkt des literarischen Kosmos, der um ihn kreist, weil jener das faszinierende Geheimnis des Maßes besitzt.

Nur von den äußersten Extremen her, dem Kritiker und dem Künstler, kann unser Problem anvisiert werden. Und welcher von beiden dann der eigentlich „Schöpferische“ wäre, ist unmöglich zu sagen.

„Den Vorgang ... heben wird.“ Spielhagen, S. 34.
A. P. Gütersloh Albert Paris Gütersloh (1887–1973); das Zitat dürfte auf eine mündliche Äußerung Güterslohs zurückgehen. Vgl. HvD: *Tangenten*. München: dtv 1995, S. 533 (Eintragung v. 6. 1. [1947]).

Zweiter Teil · Grundlagen und Funktion des Romans

Rede vor der Société des Etudes Germaniques zu Paris am 22. März 1958

Bevor ich zu Ihnen über Grundlagen und Funktion des Romans 192 | 193
spreche, darf ich Sie darauf hinweisen, daß ich in Ihrem Fache ein Laie bin. Niemals habe ich Germanistik und Literaturgeschichte in wissenschaftlicher Weise betrieben, niemals in diesen Fächern eine wissenschaftliche Ausbildung durchlaufen. Schwerlich also vermöchte ich auf Ihrem eigenen Gebiete Ihnen Neues zu sagen. Der Blickpunkt, von dem aus ich unseren Gegenstand hier anvisiere, ist ein praktischer, ja, ein technischer. Des Künstlers Schicksal ist letzten Endes ganz in seiner Technik enthalten, im technischen Glück und Unglück: und nur dann ist er schicksalsgesund. Seine Arbeit wird gleichsam mit niedergeschlagenen Augen verrichtet – niedergeschlagen auf das Technische seiner Kunst – und das Höhere, was da im glücklichsten Falle vielleicht hinzugegeben wird: es ist für die anderen da.

Jedoch dieses Technische ist beim Romancier nicht nur auf sein genaues Überlegen und Bewegen der Mittel beschränkt, welche den Fluß der Erzählung im Gang und beim richtigen Zeitmaße halten. Es reicht unter diese Kunstmittel hinab, noch unter das geradezu auf die Kunst gerichtete, also zweckmäßig-technische Denken: und hier erst schafft es alledem die Substruktionen, indem es den erzählerischen Zustand als eine bestimmte und bedingte Situation in der Mechanik des Geistes erkennt, diesen Zustand immer reiner darzustellen sich bestrebt, ja, am Ende genug kundig und fähig wird, um ihn herbeizuführen oder mindestens zu provozieren. „Il y a sans doute dans l'esprit une espèce de mécanique céleste, dont il ne faut pas être honteux, mais tirer le parti le plus glorieux, comme les médicins de la mécanique du corps." („Sicherlich gibt es im Geiste eine Art von himmlischer Mechanik, deren man sich nicht schämen, sondern aus welcher man den rühmlichsten Vorteil ziehen soll, wie die Ärzte aus der Mechanik des Körpers.") Unter diese Worte Charles Baudelaire's möchte ich meine ganzen folgenden Ausführungen gestellt sehen.

Die fundamentale Bedeutung des Gedächtnisses für die Haltung des Epikers hat uns Marcel Proust durch sein gewaltiges Werk praktisch demonstriert.

diese Worte Charles Baudelaire's HvD, seit den 20er Jahren ein Bewunderer Baudelaires, zitiert aus dessen 1846 erstmals publiziertem *Conseil aux jeunes littérateurs*.

Und in der Tat, jede ergreifende Erzählung, auch jeder Takt symphonischer Musik, schmeckt und klingt „wie aufsteigende Erinnerung"; wie ungerufen aufsteigende, versteht sich. Nur diese erinnert und erneuert, taucht als paradoxe Neuigkeit aus längst Erlebtem. Nur die Träume des tiefen Schlafs sind nicht von diesem Tag gerufen und auch aus ihnen blickt uns ein Aug' an, das entfernte Jahre unvermutet aufgeschlagen haben, den Blickstrahl grad auf uns gerichtet. Die Auswahl zwischen dem Wesentlichen und dem Unwesentlichen ist hier längst getroffen. Wie Aphrodite aus den Fluten, so geformt taucht's aus der Ferne der Zeiten hervor, alle Arbeit ist hier lang getan, aller Sand und Schutt weggewaschen worden von den Wassern der Zeit, noch tief unter dem hellen Tag und dem Spiegel, unter dem Spiegel des Bewußtseins. Es brauchte sich einer nur wirklich zu erinnern und er wäre ein Dichter. Die Träume beweisen es, übrigens. „Ecrire, c'est la révélation de la grammaire par un souvenir en choc" („Schreiben ist die Entschleierung der Grammatik durch ein schlagartig einsetzendes Erinnern"), so formulierte ich es einmal in der Jugend, gerade hier zu Paris, in einem winzigen Hotel beim Bahnhof Montparnasse, in der rue d'Odessa.

Denn was dem erzählerischen Zustand zugrunde liegt, ist nichts geringeres als der Tod einer Sache, nämlich der jeweils in Rede stehenden, die ganz gestorben, voll vergessen und vergangen sein muß, um wiederauferstehen zu können. Das Grab der Jahre hat sie von allen Wünschbarkeiten und Sinngebungen gereinigt, die sie entlangspalieren mußte, solang sie lebte. Damit allein, mit dem vollständigen Absterben und Gleichgültigwerden eines ganzen Komplexes ist die Gewähr gegeben, daß jede vernünftige, wägende, schätzende Beziehung dazu endgültig durchschnitten wird und daß wir nicht mehr die Ereignisse entlang in ihre vermeintliche oder sollende Fluß- und Zielrichtung blicken (und wir erkennen bei dieser Gelegenheit, daß, was die sogenannte „Tendenzliteratur" von der Erzählungskunst trennt, unmöglich nur die fehlende „Objektivität" landläufiger Art sein kann). An solchem Faden werden wir das einmal aus unserem aktuellen Leben Abgeschiedene nicht mehr aus der Tiefe der Zeiten heraufzuziehen vermögen. Damit aber, mit dem Ausscheiden der Möglichkeit, den „Stoff" aus irgendwelchen rationalen oder gar rationellen Motiven zu wählen und zu ergreifen, damit, daß jener sich außerhalb der Reichweite solchen Zugriffes befindet: damit ist seine spontane freisteigende Wiederkehr ermöglicht, sein Wieder-Erscheinen auf einer neuen und anderen Ebene: nämlich jener der Sprache. Ecrire, c'est la révélation de la grammaire par un souvenir en choc. Wiederkehren kann nur, was vergangen war, wirklich vergangen war nur, was wiedergekehrt ist. Die Gegenwart des Schriftstellers ist seine wiedergekehrte Vergangenheit; er ist ein Aug', dem erst sehenswert erscheint, was spontan in die historische Distanz rückt. Was man sonst und vorher schon Leben nennt, deckt ihm diese als Störung. Aber das ineinander gesunkene und verschobene Gemäuer in der braunen Tiefe der Jahre dort unten ist ihm kein Steinbruch, wo er hingeht, Baustoff zu holen. Sondern von selbst wird plötzlich ein Teil aufleuchten wie von innen erhellter Smaragd, grünglühend, und jedesmal wird dieser Teil als ein Eckstein erkannt werden, der verworfen war.

Damit erst sind die Bedingungen des Erzählens zustande gekommen. Das durch sein Sterben aus der Zeit und ihrem ständig sich verändernden Wandelteppich hinausgeratene Objekt ist immobil und überschaubar geworden. Erst das Überschaubare kann erzählt werden, auch in der ganzen Zahl seiner Einzelheiten, mit aller Ausführlichkeit, die dem Erzähler keine Ungeduld macht, denn er ist kein Mitteilender, welcher hervorsprudelt und gegen den Hörer zu das Gleichgewicht verliert, weil er in diesen unbedingt den oder jenen Eindruck hineinpressen will. Des Erzählers Rede ist stabil, sie ruht in sich selbst, sie ist Monolog: wie aufsteigende Erinnerung. Was er zählt ist ein Vermögen in schon gesichertem Besitze, welch letzteren scheinen zu machen er keineswegs nötig hat. Daher die Unaufdringlichkeit dieses literarischen Verhaltens und am Ende auch seiner fertigen Produkte, die still in Paletot-Taschen oder Reisemappen wohnen und erst sprechen, wenn man sie hervorzieht, dann aber ohne weitere Zurüstung und sofort; und in diesem kompletten und stets bereiten Verhalten kann ihnen kaum ein Werk der bildenden Künste oder der Musik jemals gleichkommen.

Unter den Schlieren der hier fließenden Rede wird jetzt der nucleus des Gegenstandes sichtbar: das ist fast immer in irgendeiner Weise unangenehm. Hier zum Beispiel zeigt sich, daß der letzte Kern erzählender Prosa – durchaus poetisch ist, daß diese Prosa also ein ganz ähnliches punctum nascendi hat, wie jedes Gedicht: ein nicht rationales nämlich. Unter jeder erzählenden Prosa rauscht heute noch kryptisch der epische Vers, der oft in ihre schlichten und glatten Straßen die seltsamsten Bodenwellen bringt. Ich muß so aussagen, auch auf die Gefahr hin, die Manen des Stendhal zu erzürnen. Dies geht vorauf. Diese Voraussetzung macht zwar noch keine erzählende Prosa aus – bei deren Entstehen noch alles Erdenkliche gedacht, gemeint, getan werden kann – aber sie bedingt das alles. Uns aber ist es nicht gegeben, vorsätzlich irgendwen oder irgendwas von den Toten zu erwecken. Nur hohes Wachsein können wir immer bereithalten, daß wir den unbegreiflichen Hauch von der Wand her spüren mögen, von der Wand her gerade dort, wo sie gar kein Fenster hat, durch das es etwa ziehen könnte, wo die Jahre ganz dicht ineinander gemauert stehen.

Aus alledem ergibt sich, daß der Erzähler ein wesentlich passiver Typus ist, der die eintretende Constellation erwartet (um sich, wenn diese Grundbedingung gegeben, in die energischste Aktion zu setzen, aber das ist nebensächlich). Der Erzähler ist ein immerwährender Lauscher der freisteigenden Vorstellungen und hat mit diesen vertrautesten Umgang. Er ist Einer, der weder an der Welt noch an sich selbst arbeiten will, wahrlich ein Mensch ohne Zielsetzungen. Er hängt ab von der Chemie seines Gedächtnisses.

Aber wie in ihm Vieles viele Tode gestorben ist, bevor es seine postume Anteilnahme fand, so kann er selbst keinen anderen Weg gehen als den, welchen seine Gegenstände ihm jedesmal andeuten und nahelegen: er wird auch für seine Person den Blick aus der Richtung jener Wünschbarkeiten abwenden, die als ein „Du sollst" oder „Du solltest" sein aktuelles Leben dirigieren auf eine am Horizont stehende Figur zu, die ihn vollendet zeigt und in die er hineinverschwinden möchte.

Jedoch: nicht Figur zu werden, sondern Figur zu sehen ist seine Lebensform. Und sich unvollendet stehn zu lassen sein wesentlichstes Opfer.

In diesem einen Punkte mag er, wenn man's durchaus nicht anders will, noch ein Überwinder genannt werden, aber sonst wahrlich in gar keinem. Die restlose Zustimmung zum erfahrbaren Leben unter welchen Zuständen und Umständen immer schließt diejenigen der eigenen Person mit ein, welche alsbald von einem ebenso konservierenden und konservativen Blicke hic et nunc umfaßt wird wie die übrige Welt, die Außenwelt, von der man nie sagen kann wo sie anfängt, denn der Hautsack, in welchem wir stecken (um mit Franz Blei zu reden), ist keine genaue, nur eine grob sinnbildliche Topographie dieser Grenze.

Das heißt also: zum Complexen – resignieren, könnte man wohl sagen – resignieren in solchem Sinne auch was die eigene Person anlangt, welche zuzeiten in die Vollendung fliehen, ja davonschnellen möchte: aber es wäre in einen Kurzschluß hinein, es wäre ein einzelner Ast vom Stamm des Lebens, der alle in sich enthält, vorzeitig weggestreckt und er würde verdorren. „Es ist nicht mein Stand" muß der Schreibende hier aus der Tiefe des Herzens sagen und mit eben diesen Worten der

um mit Franz Blei zu reden Franz Blei (1871–1942), österreichischer Schriftsteller, Kritiker, Übersetzer, Zeitschriftengründer; das Zitat findet sich in Bleis Autobiographie *Erzählung eines Lebens* (Leipzig: List 1930), S. 456.
diesen Worten der hl. Jeanne d'Arc 1412–1431, 1920 heiliggesprochen; „aber ich mußte hingehen und es tun". Zitat im Wortlaut nicht identifiziert, sinngemäß aber in: *Der Prozeß der Jeanne d'Arc*. Hrsg. v. Ruth Schirmer-Imhoff. München: dtv 2001 (zuerst 1961), S. 52. – HvD hatte 1929 „zum 500. Jahrestag des Einzuges der Jeanne d'Arc in Orleans" zwei Artikel veröffentlicht. S. Bibliographie Nr. 73 und Nr. 77 in *Die Wiederkehr der Drachen*.

hl. Jeanne d'Arc, die das allerdings mit Bezug auf den Adel und das Kriegführen gemeint hat und mit dem Nachsatze „aber ich mußte hingehen und es tun". Der Schriftsteller aber muß hier bleiben und nichts selbst tun, in der verwirrenden Krone des Baumes sitzen, den in die Vereinzelung davonstrebenden Ästen nachblicken und wissen, daß nur einer unter ihnen geradewegs emporsteigen kann, ohne des Ganzen 196 | 197
verlustig zu werden: das ist der Stamm gleich selbst, der Ast der Äste und ihr implicite, dessen steigenden Säften allein die Heiligen grad aufwärts folgen dürfen ohne irgendeiner Sache verlustig zu gehen und doch Typen zu werden oder sich Typen zu nähern.

Das aber ist schon der zweite Scheideweg unseres ideal gedachten Autors. Früher noch hat ihn der Gebildete verlassen, welcher naturgemäß zurückscheuen mußte vor einer Erkenntnis, die allein den Schriftsteller bewohnen kann: daß nämlich, den erzählerischen Zustand einmal erreicht, vollends gleichgültig und gleichwertig wird – was man dann denkt und schreibt. Späterhin aber werden sich noch alle von ihm wenden, die überhaupt irgend etwas wollen und sein werden wollen (zum Beispiel Schriftsteller werden wollen). Endlich aber überhöht unseren Autor entschwebend der begnadete Heilige und läßt ihn zurück im Gewirr der Äste und Ästchen und Zweige als den letzten Mann, der das Complexe und Ganze des Lebens bis zum Äußersten verteidigen wird gegen jede endgültige Lösung, der in des Lebens Mitte sitzt und zugleich unter dem furchtbaren Verdachte steht, er hätte sich daneben gestellt, mit seiner Behauptung: daß alles schön sei, was man genau und ausführlich sieht.

Hier muß ich den Schwung meiner Rede sozusagen mit einem kalten Gusse unterbrechen. Denn dies alles läßt sich nüchterner (wenn auch dann weniger anschaulich) sagen und zusammenfassen.

Es geht für den Schriftsteller einfach darum, seine ganze erste Dinglichkeits-Reihe, also schlechthin alles, was ihm bis zum Punkte der Entscheidung zuteil wurde und ihn auf diesen Punkt geschoben hat, als Vollendungskategorie aufzugeben: ein Akt von profunder Undankbarkeit, Untreue und Inkonsequenz. Denn, was ihm einst alles bedeutete, wird jetzt ein Fall unter Fällen. Er muß sein Leitbild opfern, sein ἡγεμονικόν (Hegemonikon), wie es die stoische Philosophie benennt; seine „Selbstwert-Vorstellung" würden wir sagen: erst das heißt sich unvollendet stehen zu lassen. Und in solchen Augenblicken der Personswerdung des Schriftstellers erst schlägt sich sein Auge auf für die wirklichen und empirischen Sachverhalte seines bisher abgelaufenen Lebens, die jetzt durch keine Sinngebungen mehr verschleiert, durch keine Sollvorstellungen mehr verschoben, durch keine Architektur und Periodisierung, wie sie jeder Bestrebte in seinen eigenen Lebenslauf hineinbringt, mehr falsch gerahmt erscheinen.

Durch diesen Akt wird die erste Dinglichkeitsreihe zum Chaos, sie wird einer neuen Plastik zugänglich – re-plastiziert, so könnte man sagen. Und sie wird von da ab erst voraussetzungslos gesehen.

Damit erst fällt das Egozentrische, kann der Eros zum Objektiven frei werden, die Möglichkeit eines aliozentrischen Sehens – und damit des eigentlichen Betretens jeder Figur.

Es kann dem Schriftsteller nicht erspart werden, auf die persönliche Perfektion zu verzichten: denn seine Vollendungskategorien sind Apperceptivität – man könnte sagen „höchste Zugänglichkeit" – und Sprache.

Wenn man mich richtig versteht, dann weiß man bereits, daß die Aktion, von der ich spreche, eine bedenkliche ist. Dennoch erfordert die Höhe der Zeit und die Lage des Geistes heute, daß sie vom Romancier riskiert werde, als dem einzigen, dem aus solcher Entscheidung die Fruchtbarkeit kommt: er wird anders keiner werden, wenn auch durchaus das bleiben, was man einen strebsamen und anständigen Menschen nennt. Aber jener Akt, um den es hier geht, ist ein rein geistesmechanischer. Er ist sozusagen vor-moralisch und vor-religiös. Es ist ein Kreuzweg, der hier betreten wird, weitaus keiner allerdings im Sinne der Passion, sondern eine Wegkreuzung, Wegscheid, Carrefour. In alten Zeiten galt der Kreuzweg als ein anrüchiger, hybrider Ort, von Dämonen umlagert und nächtens von jenen besucht, welche mit ihnen Umgang hatten und Beschwörungen übten.

Das alles darf uns nicht schrecken. Erst aus dem fruchtbaren Chaos, das nicht vorgeordnet ist, das keine Reste bisheriger Ordnung enthält, schlägt der Entscheidung Blitz ein neues und taufrisches Leben. Erst wenn ein solches Licht hinter ihnen aufgegangen ist erscheinen die Konstruktionen eines zweckmäßigen und jetzt schon auf die Kunst gerichteten technischen Denkens mit ihrer vollen Dezidiertheit, und doch zugleich nur wie Schattenbilder von Vorgängen auf jener anderen Ebene, welche wir eben verlassen haben.

Wenn ich etwas über die Technik des Romans sagen darf, so wäre es vor allem dieses, daß sie jetzt erst im Begriffe ist, ihre epische Schwester in der Musik, nämlich die große Symphonie, einigermaßen einzuholen.

Das bedeutet die Priorität der Form vor den Inhalten: in der Tat wird erst durch sie der Roman zum eigentlichen Sprachkunstwerk.

Praktisch wird damit das Bestehen eines dynamischen Gesamtbildes für ein gesamtes Werk verlangt – das heißt also ein klarer Überblick über das ganze Gefälle der Erzählung mit all' ihren Beschleunigungen, Stauungen und Entladungen – lange noch bevor deren jeweilige Inhalte feststehen, entstanden nur aus rudimentären Keimen, oder sogar noch vor diesen. Ich machte solche Erfahrungen schlagartig bei der Konzeption einer Erzählung (*Die Posaunen von Jericho*) im Jahre 1951, von welcher ich nur ein sehr klares und in's einzelne gehendes dynamisches Gesamtbild besaß, gerade genug, um eine Konstruktions-Zeichnung davon auf ein Reißbrett zu bringen. 198 | 199

Diese verhielt sich dann praktisch dem Leben gegenüber wie ein leeres Gefäß, das man unter die Wasseroberfläche drückt: unverzüglich schossen die Inhalte ein und erfüllten integral die Form. An Inhalten besteht – wenn einmal ein gewisses Stadium der „Zugänglichkeit" erreicht ist – nie ein Mangel. Und ich sagte Ihnen ja schon, meine Damen und Herren, daß für den Schriftsteller vollkommen gleichgültig sei, was er denkt und schreibt.

Unter solchen Voraussetzungen ergibt sich eine bisher nicht gekannte Freiheit der Mittel, welche ihr dezidierter Ursprung doch weitab setzt von alledem, was man seit dem neunzehnten Jahrhundert gerne und voreilig mit l'art pour l'art bezeichnet. Ich versuche, Ihnen dies nun an einem Beispiele zu zeigen, das ich den Techniken der Exposition entnehme.

Die klassische Form der Exposition holt aus und legt vor den Augen des Lesers in direkt auf ihr Ziel hin sich bewegender Weise die Fundamente; alles tritt nacheinander heran im Flusse der Zeitfolge. Ich möchte diese Technik als „additiv" bezeichnen. In der österreichischen Literatur ist das erste Kapitel von Stifters *Nachsommer* dafür ein Beispiel. Schon bei diesem Verfahren zeigt sich mitunter, daß einzelne für den späteren Gang der Sachen nötige Voraussetzungen, die sich auf ganz andere Lebenskreise beziehen, hier unauffällig bereits da und dort eingebaut werden können, ganz so, als ob sie in den jetzt praesenten Zusammenhang gehörten: Exposition durch Einstreuung und Einbettung; man könnte das auch Vorhalte nennen, wie in der Musik, wenn Bestandteile eines neuen Accordes, der später erst dem Satz zu Grunde liegen wird, vorweg genommen werden. Alles das geschieht aber hier durchaus noch im Hauptbette der Erzählung.

Eine größere Freiheit den Inhalten gegenüber ermöglicht es nun etwa, jenes Hauptbett durch ein völlig anderes erzählerisches Continuum zu schneiden, das sämtliche später für's Hauptbett nötigen Voraussetzungen enthält – aber in einem fremden Zusammenhange, der seine eigene Dynamik und also Spannung für den Leser besitzt: Exposition durch vorgelegte und heterogene Handlung. Diese expositive Lö-

Stifters *Nachsommer* 1857 erstmals erschienen.

sung ist zwar künstlicher aber doch auch – naturalistischer als die direkte und klassische. Sie entspricht in der Tat mehr jener indirekten Art, in welcher das Leben sich zu bewegen pflegt, wie wir es kennen. Und der Effekt des naturalistischen Romans, der sich jener Ingredienzien bedient, die unser Alltag bietet, muß immer wieder darin bestehen, daß einer in ein erfundenes Gewand schlüpft und bei wirklichen Ärmeln herauskommt.

Ich habe das eben angegebene Verfahren der Exposition am Anfange meines Romans *Die Dämonen* verwendet, dessen Dreiteiligkeit samt dem dynamischen Konzept übrigens ganz ebenso als apriorische Form gegeben waren, wie jener Reißbrett-Entwurf der früher erwähnten Novelle.

Die „Krise des Romans“ – dieser Ausdruck wird immer häufiger angetroffen – würde es heute auch geben, wenn es garkeinen Roman gäbe. Sie ist eine Krise unserer Wirklichkeit überhaupt; und der Begriff, welcher damit fragwürdig geworden, in Entzündung und Zerfall geraten ist, also seine Konturen verloren hat, ist jener der Universalität. Von ihm erst hängt das Schicksal der Gattung Roman heute ab, die ohne universalen Anspruch sofort zu einer Art „Amüsierbranche“ sich spezialisiert, anders jedoch – wenn es nämlich gelänge, Universalität neu zu konstituieren – ihren Platz als die führende Kunstgattung unserer Zeit unweigerlich einnähme als deren spezifische Möglichkeit zum Gesamt-Kunstwerk, wenn auch auf profaner Ebene, und als das einzige praktische Contrarium gegen den vielbeklagten Zerfall in Spezialitäten und Spezialgebiete, die in ihrer Wissenschaftlichkeit schon skurril wirken und nebeneinander her funktionieren wie die Leibniz'schen Monaden, aber ohne praestabilierte Harmonie.

Eine jener Personen, auf denen ein starker historischer Akzent liegt, nämlich Goethe, hat dem Schriftsteller – und schon gar dem deutschsprachigen – die Möglichkeit zur neuzeitlichen Universalität praktisch gezeigt und zugleich ihm deren Last aufgeladen: denn im Leben des Geistes ist die jeweils vorderste Findung nicht eine Spitze, auf welche keineswegs jeder die Sachen treiben muß, sondern sie wird sogleich zum verbindlichen Maß und Bezugspunkt für alle.

Deshalb ist gleichgültig, wie heute ein Romancier zu Goethe sich verhält, ob er ihn liebt oder nicht liebt, liest oder nicht liest; und auch die Einstellung des Verfassers dieser Zeilen gegenüber Goethe, sein Goethe-Bild also, ist für unseren Zusammenhang hier belanglos: denn

meines Romans *Die Dämonen* 1956, an HvDs 60. Geburtstag erschienen; die Neufassung dieses 1931 begonnenen und 1936/37 aus politischen und ästhetischen Gründen unterbrochenen Romans begann 1951 mit dem hier angedeuteten ‚excentrischen' Romananfang.

keiner wird Goethe umgehen, keiner ihn überspringen können im früher angegebenen Punkte. Dies Gewicht ist nun einmal auf uns gefallen, und auch die französische Lebensform des homme-de-lettres, des écrivain, des Berufs-Schriftstellers, der zuletzt die Literatur als Fach unter anderen Fächern, als Beruf unter anderen Berufen konstituiert, führt aus jener Verpflichtung nicht heraus: ebendies aber anzustreben, und also zu vermeinen, daß man jenes drückenden Maßes und universalen Anspruchs entraten könne, müßte heute letzten Endes einen mehr oder weniger ehrlichen Absprung in die „Amüsierbranche" zur Folge haben. 200 | 201

Womit wir jedoch zwischen dem Roman mit universalem Anspruch und dem Amusement einen wirkungsmäßigen Gegensatz keineswegs statuiert haben wollen. Denn der Salzburger Schnürlregen der Assoziationen bei James Joyce, die im Essayismus erstickende fadendünne Handlung bei Musil, und die geradezu gewaltige Dynamik der Langeweile bei Marcel Proust: sie alle drei stellen Spätformen dar, Konsequenzen, in die der Roman des neunzehnten Jahrhunderts – zu welchem also jene drei Autoren durchaus noch gehören – einmal münden mußte. Die generelle Tatsachengläubigkeit jener Zeit des Positivismus führte, einmal erschüttert, bei Joyce zum Fischen im eigenen Brunnen, ganz gleich, was man dabei herauszog, und bei Musil zum gänzlichen Zerdenken (dieser Ausdruck stammt von dem Psychologen Hermann Swoboda) einer fragwürdig gewordenen faktizitären Umwelt.

Wir befinden uns demgegenüber heute in einer vollends gewandelten Situation.

Denn ein tieferer Instinkt sagt nun dem Schriftsteller längst, daß nicht allen Phänomenen unserer Außen- und Innenwelt ein gleicher Grad von Wirklichkeit mehr zukommt, eine gleich breite Deckung zwischen Innen und Außen in jedem Falle. Die von uns immer aufmerksamer erlebten Schwankungen unseres subjektiven Gefühles von Wirklichkeit erkannten wir in jenen Augenblicken als ein nicht nur persönliches Übel, die immer mehr einen unwirklichen status auch der Objektswelt um uns an den Tag brachten, am Ende bis zum eigentümlich verarmenden Kalklichte innerhalb eines totalen Staates, das jede Aura abstreift und kassiert und auf solche Weise eigentlich alles unsichtbar

Hermann Swoboda 1873–1963; der Wiener Psychologe, Universitätslehrer HvDs, war mit Otto Weininger befreundet und mit Freud bekannt (aber wissenschaftlich dessen Gegner), habilitierte sich 1905 „für Psychologie und deren Geschichte" an der Universität Wien. Vertreter der sog. ‚Periodenlehre'. HvDs Briefwechsel mit Swoboda (hrsg. u. komm. v. Gerald Sommer) und eine Bibliographie von Swobodas Schriften (von Gerald Sommer u. Reinhold Treml) finden sich in: Kai Luehrs-Kaiser u. Gerald Sommer (Hrsg.): *Flügel und Extreme. Aspekte der geistigen Entwicklung Heimito von Doderers*. Würzburg: Königshausen & Neumann 1999, S. 11–47 bzw. S. 86–91.

macht; denn wirklich gesehen werden ja die Sachen vermöge ihrer am wenigsten optischen Qualität, der Aura nämlich, die um sie liegt, in welcher sie stehen. Im totalen Staate und seiner Lebensatmosphäre hatte sich eine zweite, eine geminderte Wirklichkeit, die bisher nur diffus vordrang, zur äußeren Faktizität konstituiert.

Es kann nicht verwundern, daß der erzählende Schriftsteller gegen solche gewissermaßen schleichende Sachverhalte eine erhöhte Empfindlichkeit zeigt. Die transcendentale Kategorie, in welcher er sich praktisch bei seiner Arbeit bewegt, ist die empirische, und er ist auf jeden Fall so geboren, daß bei ihm ein Zweifel über die Bedeutsamkeit äußerer Fakten gar nicht aufkommen kann, das heißt über ihre Transponierbarkeit in innere Fakten und so auch umgekehrt; von dieser Entsprechung zwischen Innen und Außen geht sein Gestalten und schließlich auch sein abstraktes Denken überhaupt aus. Anders: er ist am allerwenigsten Idealist, und weiß mit Platons Höhlengleichnis ebensowenig anzufangen wie mit Kants Ding an sich. Er hat von vornherein innig die Erkennbarkeit der Schöpfung aus dem, was sie uns in wechselndem Flusse darbietet, umarmt, und meint fest, daß die Sachen, wie sie sich als Konkretionen zeigen, durchaus sie selbst sind, ja, mehr noch – daß sie durchaus auch wir selbst sind. Man könnte den Romancier ein Individuum nennen, dem eine ferne Abspiegelung der analogia entis in besonders hervorstechender Weise als persönliche Eigenschaft innewohnt, freilich in einem verhobenen und übertragenen Verstande des Begriffs: als fester Konnex zwischen Innen und Außen. Man möchte beinahe sagen, er sei so etwas wie ein geborener Thomist.

Wird er nicht, wenn sich Vacua und Blasen in der Wirklichkeit zeigen, hinspringen müssen, um deren wie noch nie gewundene, vorbauchende und zurückfliehende Grenze überall und immer neu zu befestigen? Muß er nicht angesichts gerade dieses unheimlichsten aller Zustände, der Fakten den Boden entziehen will und Begriffe erkranken läßt, die alten Reichsstraßen einer neuen Universalität unter Tuff und Moor entdecken, und sei's auch per exclusionem, durch die, wenigstens in den Grundlinien versuchte Feststellung, was alles man heute – nicht zu wissen brauche, um universal zu sein! Was hat uns Goethe doch aufgelastet! Ganz klein da hinten in der Tiefe der Zeiten sieht man das Licht in Doctor Faustens Studierstube: aber seine Vier-Fakultäten-Universalität erscheint als ein behagliches Zusammenlegspiel. Mir ist ein

Mir ist ein Autor bekannt Gemeint ist Albert Paris Gütersloh, aus dessen ‚Wörterbüchern' 1966 eine Auswahl publiziert wurde: *Der innere Erdteil. Aus den ‚Wörterbüchern'*. München: Piper 1966.

Autor bekannt, der seit sechzehn Jahren an einem dicken Wörterbuch arbeitet, darin verzeichnet und definiert steht, woraus man vielleicht eine behelfsmäßige Universalität noch erstellen könnte wie eine Baracke, und unter dem Motto: Universalität ist der geometrische Ort aller Sachen, die heute noch mit einem Mindestgrade von Deckung zwischen Innen und Außen ergriffen und zur Sprache gebracht werden können.

Was aber befähigt gerade den Romanschreiber, jenen so reichlich komplizierten Griff nach Goethe's schwierig gewordenem Erbe zu wagen?

Nichts anderes als die Eigentümlichkeit seines Materials, der Sprache. An dieser Stelle hier öffnet sich die Kluft zwischen der Sprachkunst und allen übrigen Künsten überhaupt.

Wenn ein Kritiker der sogenannten bildenden Künste über eine Gemälde-Ausstellung sich äußern will, wird er der Sprache bedürfen, weil er nicht über die gesehene Ausstellung ein – Bild malen kann. Ebenso wenig wird ein Musik-Kritiker, der eine neue Symphonie zu besprechen hat, über diese ein – Streichquartett schreiben können, sondern er wird einen Aufsatz hervorbringen müssen. In beiden Fällen steht die kritische, die zerlegende, die analytische Arbeit in einem anderen Materiale als das Kunstwerk. Wenn aber der Kritiker sich einem Werk der Sprachkunst gegenüber stellt, sei's Roman oder Gedicht, so steht seine Arbeit im gleichen Materiale wie das Werk der Kunst, das sie zu deuten unternimmt.

Das heißt aber: die Sprache hat eine doppelte Anwendbarkeit. Einerseits kann sie rein als Material der Gestaltung gebraucht werden, wie Farbe, Ton, Thon oder Stein. Ebenso groß aber ist ihre Kraft, wenn sie nicht gestaltweis, sondern zerlegungsweise, also analytisch auftritt, wenn nicht etwas dargestellt wird mit den Mitteln der Sprachkunst, sondern über etwas gesprochen oder geschrieben. Beide Anwendungsarten der Sprache erst machen zusammen einen Schriftsteller aus, und schon gar den Romancier. Wie nimmermüde synchronisiert laufende Kolben tauchen jene zwei Möglichkeiten der Sprache blitzend auf und ab; ja, sie werden einander ständig steigern. Jeder starke Stoß in die Gestaltung wird wie ein nachgrollendes Echo die zerlegungsweise Kraft auf den Plan rufen, deren Schärfe es dann geradezu provoziert, daß die Wogen der Gestaltung über ihr zusammenschlagen, das durchaus Vorläufige jeder Gedanklichkeit neuerlich erweisend. Die Produktion eines Romans ist etwas ähnliches wie jener Ringkampf zwischen Apollon und Herakles im Tempel zu Delphi, wie ihn Wedekind in seinem Drama zeigt: keiner wurde des andern mächtig.

wie ihn Wedekind in seinem Drama zeigt Nämlich in dem Stück *Herakles* (1917) von Frank Wedekind (1864–1918).

Daß aber hier die Möglichkeit auf der Hand liegt, sich jeder Sache überhaupt zu bemächtigen, läßt den Griff nach Goethes Erbe als denkbar erscheinen. Mit dem universalen Anspruch ist jedoch auch das Gesamtkunstwerk schon gesetzt: Architektur des Aufbaus, Musik der sprachlichen Kadenz – der Satz im symphonischen Sinne – und die Leuchtkraft der Bilder. Alle Wissenschaften auch dienen zuletzt dem Romancier: so weit muß er die Arrogierung als heuristisches Prinzip treiben, um nur seiner Kategorie gerecht zu werden. Ja, um das Leben beisammen zu halten, und über allem skurrilen und gespenstischen Spezialistentume, wird er im Herzensgrunde glauben, daß nur durch die Sprachkunst, das Zum-Kristall-Der-Form-Schießen, jedes Teilergebnis zuletzt verifiziert werden kann, und auch dieser Verifizierung bedürftig ist: wo nicht, dann gehört's wahrscheinlich zu alledem, was man nicht zu wissen braucht, um gleichwohl universal zu sein.

Wie aber, sagten wir nicht früher, die Universalität könne heute bestenfalls als Zelt oder Baracke erstellt werden?

Aber eben damit ist die heutige Funktion des Romans einigermaßen genau bezeichnet. Auch Geometer, die in der Wildnis das Land vermessen, leben mitunter in Zelten. Eine Art Hauslosigkeit scheint der Natur des Schriftstellers überdies sehr angemessen. Nun, vom Gezelt also ziehen wir aus, und sind garnicht der Meinung, daß Romanhandlungen etwas Überwundenes darstellen, und daß man ab Robert Musil in dieser Hinsicht nur mehr mit Wasser zu kochen habe. Die Aufgabe, die sich dem Roman heute stellt, ist sehr im Gegenteile die Wieder-Eroberung der Außenwelt: und in dieser wird bekanntlich gehandelt, in jedem Sinne. Denn die Schöpfung ist nun einmal dinglich, dagegen ist nichts zu machen, und das habe man vor Augen. Der utopische oder transreale Roman, wie ihn die Deutschen immer wieder hervorbringen, kann jene angegebene Funktion nicht erfüllen. Ebensowenig vermag's alles reportagehafte Schreiben, Zeitung zwischen Buchdeckeln.

Denn die Fiktion, die Erfindung, zeigt jetzt in diesem Zusammenhange erst ihren hohen heuristischen Wert, ihren eigentlichen geistigen Ort: es ist der eines archimedischen Punkts. Die Fiktion setzt, sei's auch nur einen initiierenden Augenblick lang, den Autor außerhalb seiner hier und jetzt so gegebenen Umstände. Sie schenkt ihm jene Ellbogenfreiheit, deren auch ein Pfeilschütze bedarf, um seinen Bogen zu spannen. So geht der Schuß in's Schwarze der Tatsachen. Die Fiktion ist ohne Eigenbedeutung: eben jenes erfundene Gewand, durch das man bei wirklichen Ärmeln herauskommt.

Die Wieder-Eroberung einer auf weite Strecken hin in einer zweiten Wirklichkeit erblaßten Außenwelt ist also die heutige Funktion des

Romans, und sie ist dem Schriftsteller wohl deshalb anvertraut, weil dieser Feldzug bei ihm einem unwiderstehlichen echten Zwange entspringt. Sein empirisch verfaßter Geist sieht in den Fakten eine letzte Autorität – facta loquuntur – und er kann auf die äußeren und ihre Kompetenz so wenig verzichten wie auf sein Inneres, auf seine mit jenen Fakten correspondierende Mechanik des Geistes: anders: er weiß, daß Romanhandlungen oder handlungsreiche Romane – so heißt in seinem Jargon die Deckung und Correspondenz zwischen innen und außen – möglich, universal und repräsentativ sind, sobald die immer wieder auftretenden Vacua der zweiten Wirklichkeit sozusagen von einer ersten Wirklichkeit eingekesselt und umgeben bleiben: also der Deskription unterworfen, durch die Mittel der Kunst bewältigt und zum Ausdruck gebracht werden können. Damit werden sie Phänomene unter Phänomenen, das heißt sie erfahren eine Realisierung, eine Ver-Wirklichung im Sinne einer Durchdringung mit Wirklichkeit. Ist aber die zweite Wirklichkeit uns nur benachbart, ist sie ein Reich neben uns und ein Maß in seiner Immanenz, dann steht des Schriftstellers Sache verzweifelt. Was er nicht mehr umfassen kann, ein Objekt, das er mit seinen empirischen Organen nicht allseitig mehr zu appercipieren vermag: es hebt ihn selbst auf. Seine Funktion ist die Realisierung auch des Irrealen, das durch ihn zur Erfahrungstatsache und darstellbar wird. Wo keine Romanhandlungen mehr möglich sind, dort beginnt das Schatten- und Aschenreich der Untertatsächlichkeiten, der nicht mehr umgreifbaren, ungar gebliebenen Pseudo-Konkretionen.

Nie aber wird ein Autor, einmal so der Wirklichkeit verschworen, aus solchem Gefechte mehr weichen: nicht in's Transreale, nicht in die Romantik, nicht in's Ideologische: kein Erbe Goethe's nur, sondern auch der Alten, deren Erfindung und überlebendes Relikt ja der Schriftsteller ist, wenngleich jene sich bestimmt nichts davon haben träumen lassen, zu welchem seltsamen Grenzkampf ihr Nachfahre würde berufen sein im Nebel und in der Unsichtigkeit des zwanzigsten Jahrhunderts, aber im Grunde am gleichen Limes.

Eine leichte Akzentverschiebung geschieht, und alles was wir bisher wußten, rückt in ein neues Licht.

Wie, wenn wir – des alten Spielhagen nicht so sehr als Praktiker denn als Theoretiker gedenkend! – den gleichmäßig auf beiden Anwendungs-Arten der Sprache liegenden Druck maßvoll und ohne Prinzipien-Reiterei und Puritanismus etwas verschieben, zum Gestaltweisen oder zur Darstellung hinüber und ihn ein wenig wegnehmen vom Zerlegungsweisen oder der Reflexion? Wird nicht durch diese diskrete Bewegung der Roman erst zum eigentlichen Kunstwerk, wenn die Apriorität der formalen Composition vorausgesetzt ist mit ihrem dynamischen Gesamtbild und dem stark spürbaren Tempo-Wechsel der einzelnen Teile?

Vor diesem Aktus schon sind freilich mancherlei Unarten weit ab geblieben: jetzt fallen sie unter den Nullpunkt des Möglichen. Etwa daß einer durch den Mund seiner Figuren rede[6], die im gleichen Augenblick keine mehr sind, sondern kostümierte Gedanken-Skelette mit Schalltrichtern. Oder daß einer uns mitteilen will, die Kurven und Serpentinen des Lebens durch Quergänge meidend, was wir doch selbst sehen sollen.

Jetzt erscheint das Zerlegungsweise unter zwei neuen technischen Aspekten: nämlich erstens als Leitwerk, wobei durch geringes kommentierendes Einwinken der Leser vom Begehen mißverständlicher Vorstellungsbahnen abgehalten wird; zweitens aber als Kontraktions-Glied, das aber nicht lebens-ungemäß abkürzt, sondern schlichthin bespricht, wo eine Darstellung unerwünscht wird, weil sie eine Überbetonung in die Composition brächte; hier freilich geht die zerlegungsweise Sprache fast in's Referat über, wird also leicht wieder erzählend, besonders wenn ihr einige kräftige und anschauliche Lichtakzente der Darstellung aufgesetzt sind.

Überhaupt eröffnet das Analytische, Zerlegungsweise, die Reflexion (die „Pathologie des Romans", wie Spielhagen sagt) eine Fülle von technischen Möglichkeiten, sobald nur alles bewußt als sekundäres Kunstmittel gehalten und verwendet wird, sei's als Leitwerk oder Kontraktionsglied. Es dient brauchbar dem Tempowechsel. Es kann als fallengelassene Bemerkung für gänzlich andere Zusammenhänge einen gut eingebauten Vorhalt bilden, der, späterhin aufgenommen, bereits vorausgesetzt werden darf und jedes ungeschickte und durchsichtige ad hoc ausschließt.

6 Bei theoretischen Gesprächen im Roman – die immer auch die Handlung voran bringen müssen – ist die Grenze genau bezeichnet durch die Befangenheiten, welche jeweils dargestellt werden sollen.

Aber auch die technischen Mittel der reinen Darstellung entwickeln sich besser, wenn die Gleichrangigkeit beider Anwendungsarten der Sprache, wie wir sie noch in unserer Pariser Rede statuierten, aufgegeben wird: so zum Beispiel die dort schon angedeutete Expositions-Art; ferner das Verfahren, einen Vorgang nicht ganz bis zum Ende zu erzählen,
sondern ihn nur bis zu einem Reifepunkt zu führen: den letzten Vollzug 206 | 207
besorgt der Leser selbst und wird zustimmen, wenn er den Sachen später und in anderem Zusammenhange schon auf diesem Punkte begegnet. Daß Vorhalt und Tempo-Wechsel in der darstellenden Sprache noch besser gedeihen als in der zerlegungsweisen, versteht sich ja am Rande.

Hier endlich wird Raum für eine schon lange zögernde Frage: Kann der Romancier denn die Form-Apriorität direkt anstreben?

Er kann es natürlich nicht. Sie ist des Künstlers Schicksal. Ein fallender Blitz – dem er augenblicklich den Rücken kehren muß: um sich ganz in die jeweils auftretenden Inhalte zu stürzen, in diese sich einbohrend, bis derselbe Blitz ihm aus ihnen wieder entgegenschlägt.

Für den Romancier ist die Form die Entelechie jedes Inhaltes. Bis zu ihr muß er vordringen.

Forster vergleicht den Roman mit der großen Orchestersymphonie, und dieser Vergleich trifft: sie ist in der Tat die epische Schwester des Romans in der Musik. Doch hat sie eine gänzlich andere Entwicklung genommen, sofern man als Entwicklung bezeichnen will, was als Tat eines einzelnen Mannes allein auf dessen Schultern steht. Durch das Auftreten Beethovens – der erste Mensch, der neben der zukömmlichen Einsamkeit bereits auch unsere heute allgemeine Verlassenheit kennen lernte – ist die Symphonie, deren Orchester er ja für seinen Zweck erst erfand, um 150 Jahre voran geworfen worden und bis in unsere Zeit. Die von ihm geschaffene Compositions-Technik nahm eine ganze Entwicklung vorweg und schlang sie gleichsam ein. Doch ist die angebliche Form-Zertrümmerung Beethovens ein Märchen: er hat nur gezeigt, was in den Formen steckt[7].

Ein solcher katastrophaler Vorgang fehlt gänzlich auf dem Felde des Romans, und es kann nicht geleugnet werden, daß dieser, mit der Symphonie verglichen, technische Zurückgebliebenheit zeigt. Besonders die

7 Formanalytisch beweist dies erstmals Dr. Walter Senn in seiner Wiener Dissertation *Die Hauptthemen der Sonatenform in Beethovens Instrumentalwerken, ein Beitrag zur Stilkritik der Wiener klassischen Schule* (1927). Im Druck erschienen: Wien 1929: ‚Studien zur Musikwissenschaft', Band 16.

Forster vergleicht … Orchestersymphonie *Aspects,* S. 165 f.

große englische Literatur verhält sich hier weitgehend konservativ, wenn man von James Joyce absieht, dessen diesbezügliche Äußerungen von 1919 wir in der Einleitung wiedergegeben haben. Ansonst konnte ein bezeichnenderer Titel kaum gefunden werden als jener von F. R. Leavis' Studie über den englischen Roman: *The Great Tradition* (Doubleday & Co., 1954).

Ein entscheidender Vorstoß in der Kunst kann nie geschehen durch neue Gedanken oder das Ergreifen neuer Inhalte (Naturalismus, Expressionismus, welch letzterer dann am sozial-ethischen Pathos einging). Sondern nur neue technische Mittel vermögen die Kunst immer neu zu begründen, Mittel, die einer unter dem Zwang der Not erfindet, weil er mit den alten nicht mehr auskommt. Wie die Dinge liegen, kann man es den Literarhistorikern wirklich nicht verübeln, wenn sie die Romanliteratur nach inhaltlichen Kriterien gruppieren oder ihr Gedankliches ausführlich darstellen, nicht aber, wie es die anderen Kunsthistoriker tun, dem Technischen ein gesteigertes Augenmerk zuwenden.

Mit dem Augenblicke, wo das dynamische Gesamtbild des Werks, seine formale Composition also, eingetroffen ist, wendet sich der Romancier von alledem ab und lediglich mehr den nun reichlich sich darbietenden jeweiligen Inhalten zu. Seine Bemühung wird von jetzt an eine wissenschaftliche. Es ist die Wissenschaft vom Leben. Ihr hervorstechendster Zug ist der Universalismus.

Damit bestimmt sich auch das Verhältnis des Schriftstellers zu den Fachwissenschaften, ja, zur Kategorie der Fachwissenschaft als solcher. Vertretungsweise genügen zwei oder drei Fächer, denen man aber nie liebhaberisch oder dilettantisch sich nähern darf. Am besten, man studiert alles (was, ist gleichgültig) bis zum Ende und macht sicherheitshalber auf einer Universität möglichst viele und schwere abschließende Prüfungen. Auf diesem Wege bekommt der Schriftsteller die, vornehmlich im neunzehnten Jahrhundert entwickelten, wissenschaftlichen Methoden in die Hand, welche ihm helfen, Inhalte wirksam zu penetrieren. Zweitens aber – und dies erscheint wichtiger – er gewinnt dabei ein empfindliches Gegengewicht in bezug auf die formale Komposition. So wird deren Elastizität und Entwicklungsfähigkeit durch Jahre geprüft, und sie wird zerfallen und sich auflösen, wenn ihr nicht wirkliche Le-

F. R. Leavis 1895–1978; bedeutender, streitbarer und umstrittener englischer Literaturwissenschaftler; lehrte (bis 1962) in Cambridge, ohne dort eine Professur zu erlangen, danach Visiting Professor in York und Bristol; engagierter Gegner der ‚Massenkultur'; Herausgeber der Zeitschrift Scrutiny; er revidierte und bestimmte nachhaltig den Kanon der englischen Lyrik (z.B. *Revaluation*, 1936) und des Romans in *The Great Tradition* (1948). Für den Doderer-Kontext ist auch seine Kontroverse mit C.P. Snow über wissenschaftliche und literarische Kultur von Belang: *Two Cultures?* (1962).

bensgemäßheit eignet. Denn lebensgemäß zu denken, nicht denkensgemäß zu leben ist des Schriftstellers Sache.

Sein niemals nachlassendes Bestreben, die Composition – die sich vom Inhaltlichen her fortwährend bereichert und gliedert – wieder zu vernichten, kommt aus seinem eingeborenen Wissen von der Unendlichkeit des epischen Feldes, von der Lebenstotalität also, worüber uns 208 | 209
ja der alte Spielhagen ein kräftiges Wort gesagt hat. Jede Roman-Composition bewegt sich an der Grenze des Compositionslosen, also des „totalen" Romans, wenn man will, der freilich so wenig totalistisch ist, wie die Hellenen hellenistisch waren oder die Rationalisten rationell.

Geschlossene Meisterwerke gibt es eigentlich nur in der großen Novellistik, wozu allerdings fast die ganze Romanliteratur gehört. Mit einem von dort genommenen Maßstabe gemessen, ist der totale Roman von vornherein zum Scheitern verurteilt. Sein Wesen ist die Diversion: bis dahin, daß er gar nicht mehr den Versuch macht, das Sinnlose sich durch Sinngebung à tout prix zu integrieren. Der tangentiale Ausgang ist innerhalb des totalen Romans bei jeder seiner Diversionen möglich.

Der totale Roman ist der geometrische Ort aller Punkte, die sich gleich weit entfernt befinden von der Kunst, der Wissenschaft und vom Leben, telle qu'elle est.

Wenn zwei Ketten, denen ein augenscheinlicher Bezug nicht nahe liegt, sich an irgendeinem Punkte ineinanderschlagen – sei's auch nur ganz vorübergehend und mit Effekten, die über das bloße Vorstellungsleben kaum hinausgelangen – so könnten sie im totalen Roman beide mit gleicher Betonung dargestellt werden, ohne auf eine von ihnen interpretierend die andere zu beziehen, also ohne vorwiegende Betonung. Es gibt im totalen Roman keine Haupt- und Begleitstimmen, viel weniger noch wie in der Kontrapunktik, die doch irgendwo hinauswill.

Die Sinngebung wird, soweit sie sich antreffen und festhalten läßt, im totalen Roman Objekt der Darstellung sein, wie alles andere.

Der totale Roman sollte die Welt sehen mit einem fast schon verglasten Auge, welches alsbald nach oben brechen und in das sich dann nur mehr der leere Himmel schlagen wird. Jedoch dieser Augenblick des Abschieds, wo man noch ganz da ist, aber durchaus nichts mehr will, müßte wohl auch einzigartig sehend machen.

Hält die Composition, dann muß sie in allen ihren Teilen improvisiert werden. Dieses Schweben des Schriftstellers zwischen der klaren Konstruktion und deren ständiger Auflösung ist eine der größten Paradoxien innerhalb der Kunst des Romans. Es kommt aber nicht darauf an, eine endgültige Lösung für diese Paradoxie zu finden, sondern darauf, daß man sie aushält.

Dem gegenüber sind wissenschaftliche Sachbearbeitungen mit ihrem Penetrieren der Inhalte verhältnismäßig harmlose Jagdgründe, wo man sich getrost und mit Behagen ein wenig wichtig machen darf, sei's gleich, daß man sodann kaum ein Zehntel der gewonnenen Kenntnisse oder gar Ergebnisse wirklich gebraucht: das Verschwiegene, wenn es nur reichlich und gründlich ist, gibt erst dem Vorgebrachten einen wirklich sonoren Klang.

Nur so vermag der Schriftsteller die Wissenschaften auf dem Boden der Universalität – und das ist der Roman – festzuhalten. Ein Romancier, der von sich sagt „Ich bin Kunsthistoriker (Paläontologe, Nationalökonom)" verkennt sich selbst und kennt nicht seinen Ort und Stand: denn nichts ist er von alledem, mag er gleich sämtliche Diplome in der Lade haben. Was aber ist er denn nun wirklich, der Schriftsteller, dieser Mensch, dem nichts heilig ist, weil alles? Nichts ist er, garnichts, und man suche nichts hinter ihm. Es ist ein Herr unbestimmbaren Alters, der einem dann und wann im Treppenhause begegnet.

S. in diesem Band die Beiträge von JAMES, BARTHES, ADORNO. – HARTMUT STEINECKE: „Totalitätskunstwerk" und „totaler Roman"? Aspekte der österreichischen Romanpoetik von Musil bis Doderer. In: Herbert Zeman (Hrsg.): Die österreichische Literatur. Ihr Profil von der Jahrhundertwende bis zur Gegenwart (1880–1980). Bd. 1. Graz: ADEVA 1989, S. 547–558; WENDELIN SCHMIDT-DENGLER: „Analogia entis" oder das Schweigen unendlicher Räume? Die positive Theologie Doderers und die negative Bernhards. In: Ders.: Der Übertreibungskünstler. Studien zu Thomas Bernhard. Wien: Sonderzahl 1986, S. 13–25; PAUL MICHAEL LÜTZELER: Broch, Lukács und die Folgen. In: Modern Austrian Literature 14/1–2 (1981), S. 25–43; KAI LUEHRS: „Fledermausflügel im Bücherkasten". Wirkungen Lukács' im Werk Heimito von Doderers. In: Gerald Sommer u. Wendelin Schmidt-Dengler (Hrsg.): „Erst bricht man Fenster. Dann wird man selbst eines". Zum 100. Geburtstag von Heimito von Doderer. Riverside, Cal.: Ariadne Press 1997, S. 107–120.

Gérard Genette: Stimme (1972/1983)

Gérard Genette (*1930)

Studierte an der École Normale Supérieure in Paris. Unterrichtete in Amiens, du Mans und an der Sorbonne (1963–1967); seither Direktor der Studien an der École des Hautes Études en Sciences Sociales in Paris; Mitherausgeber und -begründer der Zeitschrift Poetique (mit Tzvetan Todorov). Zahlreiche wichtige Publikationen zur Literatur- und Erzähltheorie: *Figures I–V*. Paris: Éditions du Seuil 1966–2002 (engl. Auswahlausgabe aus *I–III: Figures of Literary Discourse*. Übers. v. Alan Sheridan. New York: Columbia UP 1982); *Mimologiques. Voyage en Cratylie*. Paris: Éditions du Seuil 1976 (dt. *Mimologiken*. Übers. v. Michael v. Killisch-Horn. Frankfurt: Suhrkamp 2001); *Introduction à l'architexte*. Paris: Éditions du Seuil 1979 (dt. *Einführung in den Architext*. Übers. v. J.-P. Dubost, G. Febel, H.-Ch. Hobohm u. Pfau. Stuttgart: Legueil 1990); *Palimpsestes. La littérature au second degré*. Paris: Éditions du Seuil 1982 (dt. *Palimpseste. Die Literatur auf zweiter Stufe*. Übers. v. Wolfram Bayer u. Dieter Hornig. Frankfurt: Suhrkamp 1993); *Seuils*. Paris: Éditions du Seuil 1987; *Fiction et diction*. Paris: Éditions du Seuil 1991 (dt. *Fiktion und Diktion*. Übers. v. Heinz Jatho. München: Fink 1992); *L'Œuvre de l'art* (2 Bde.). Paris: Éditions du Seuil 1994/1997 (engl. *The Work of Art*. Übers. v. G. M. Goshgarian. Ithaca: Cornell UP 1997/2000).

Erstausgabe: ‚Discours du récit'. In: *Figures III*. Paris: Éditions du Seuil 1972, S. 35–282 (engl. *Narrative Discourse.* Ithaca: Cornell UP 1980) sowie Gérard Genette: *Nouveau discours du récit.* Paris: Éditions du Seuil 1983 (engl. *Narrative Discourse Revisited.* Ithaca: Cornell UP 1988). Druckvorlage: Gérard Genette: *Die Erzählung*. Übers. v. Andreas Knop. München: © Wilhelm Fink 1994, S. 151–188, S. 245–247.

Die narrative Instanz

„Lange Zeit bin ich früh schlafen gegangen": Ganz offensichtlich läßt sich eine solche Aussage – im Unterschied zu, sagen wir, „Wasser kocht bei hundert Grad" oder „Die Summe der Winkel im Dreieck ist gleich zwei rechten" – nur dann entziffern, wenn man weiß, wer hier spricht und in welcher Situation er spricht; *ich* ist nur in bezug auf ihn, den Sprecher, identifizierbar, und die abgeschlossene Vergangenheit der erzählten „Handlung" ist eine solche nur von dem Moment an, wo er von ihr erzählt. Um die bekannten Ausdrücke von Benveniste aufzugreifen: Die *Geschichte* geht hier mit einem gewissen Anteil von *Diskurs* einher, und es ließe sich unschwer zeigen, daß es sich fast immer so verhält.[1] Selbst die historische Erzählung vom Typ „Napoleon starb auf Sankt Helena" impliziert mit ihrem Präteritum eine Vorgängigkeit der Geschichte gegenüber der Narration, und ich bin mir nicht sicher, ob das Präsens in „Wasser kocht bei hundert Grad" (iterative Erzählung) wirklich so zeitlos ist, wie es scheint. Wie auch immer, die Bedeutung oder die Rolle dieser Implikationen variiert sehr stark, und diese Variabilität mag die folgenden Unterscheidungen und Gegensätze rechtfertigen bzw. nötig machen, die für uns zumindest einen operativen Wert haben werden. Wenn ich *Gambara* oder *Le chef-d'œuvre inconnu* lese, bin ich an der jeweiligen Geschichte interessiert und kümmere mich wenig darum, wer sie – wo und wann – erzählt; wenn ich *Facino Cane* lese, werde ich hingegen die Präsenz des Erzählers in der Geschichte, die er erzählt, auch nicht einen Moment lang aus den Augen verlieren; lese ich *La maison Nucingen*, lenkt der Autor selbst meine Aufmerksamkeit auf die Person des Causeurs Bixiou und auf die Gruppe von Zuhörern, an die er sich wendet; lese ich *L'auberge rouge*, achte ich sicher nicht so sehr auf den vorhersehbaren Ablauf der Geschichte, die von Hermann erzählt wird, sondern auf die Reaktionen eines Zuhörers namens Taillefer, da die Erzählung auf zwei Ebenen spielt, und erst auf der zweiten – dort, *wo erzählt wird* – wird das Drama spannend.

Derartige Phänomene wollen wir im folgenden unter der Kategorie der *Stimme* betrachten. „Die Stimme", sagt Vendryès, „ist ein Aspekt der

1 Vgl. hierzu *Figures II*, Paris 1969, S. 61–69.

verbalen Handlung, sofern diese in ihren Beziehungen zum Subjekt betrachtet wird" – wobei das Subjekt hier nicht nur das ist, das die Handlung vollzieht oder erleidet, sondern ebenso das (dasselbe oder ein anderes), das von ihr berichtet: letztlich also alle Subjekte, die, sei es auch nur passiv, an dieser narrativen Aktivität beteiligt sind.[2] Wie man weiß, hat die Linguistik einige Zeit gebraucht, um sich daranzumachen, das aufzuklären, was Benveniste die *Subjektivität in der Sprache*[3] genannt hat, d.h. um von der Analyse der Aussagen [énoncés] überzugehen zu der der Beziehungen zwischen diesen Aussagen und ihrer Produktionsinstanz – was man heute den *Aussagevorgang [énonciation]* nennt. Die Poetik scheint vergleichbare Schwierigkeiten zu haben, zur Produktionsinstanz des narrativen Diskurses vorzudringen, eine Instanz, der wir – entsprechend zu Aussagevorgang [énonciation] – den Namen *Narration* [narration] geben. Diese Schwierigkeiten machen sich vor allem in einem, sicherlich unbewußten, Zögern bemerkbar, die Autonomie oder auch nur die Spezifität dieser Instanz anzuerkennen und zu respektieren: Einerseits, wie wir bereits erwähnt haben, reduziert man die Fragen des narrativen Aussagevorgangs auf die des *point of view;* andererseits identifiziert man die narrative Instanz mit der „Schreib"-Instanz, den Erzähler mit dem Autor und den Adressaten der Erzählung mit dem Leser des Werks.[4] Eine Vermengung, die vielleicht berechtigt ist im Fall einer historischen Erzählung oder einer wirklichen Autobiographie, nicht aber, wenn es sich um eine Fiktionserzählung handelt, in der auch der Erzähler eine fiktive Rolle ist, selbst wenn diese unmittelbar vom Autor übernommen werden sollte, und in der die zugrunde liegende Erzählsituation [situation narrative] eine ganz andere sein kann als die des realen Akts des Schreibens (oder Diktierens): Nicht der Abbé Prévost erzählt die Liebesgeschichte von Manon und des Grieux, nicht einmal der Marquis de Renoncour, der angebliche Autor der *Mémoires d'un homme de qualité;* es ist des Grieux selber, in einer mündlichen Erzählung, in der „ich" nur ihn bedeuten kann, und in der „hier" und „jetzt" auf die raum-zeitlichen Koordinaten dieser Narration hinweisen und keines-

2 *A.d.Ü.:* Als grammatischer Terminus bezeichnet *voix* das „Genus verbi" (*voix active* – „Aktiv", *voix passive* – „Passiv"). Der *Wahrig* definiert wie folgt: „Auf Verben bezogen bezeichnet der Begriff Genus die Handlungsart, im Deutschen Aktiv und Passiv. Man kann eine Handlung, eine Tätigkeit oft von zwei Punkten aus betrachten, einmal von dem Punkt, von dem sie ausgeht, zum anderen von dem, auf den sie sich richtet [...]. Was im Aktiv Tätigkeit ist, erscheint im Vorgangspassiv als Geschehen. Es handelt sich also bei der sprachlichen Gestaltung desselben Vorgangs um zwei Blickrichtungen, und man hat deshalb den Ausdruck Genus verbi mit Handlungsrichtung verdeutscht."

3 *Problèmes de linguistique générale*, Paris 1966, S. 258–266, dt. *Probleme der allgemeinen Sprachwissenschaft*, München 1984, S. 287–297.

4 So Todorov, Communications 8, S. 146f.

wegs auf die der Abfassung von *Manon Lescaut* durch ihren wirklichen Autor. Auch die Bezugnahmen in *Tristram Shandy* auf die Schreibsituation zielen auf den (fiktiven) Akt Tristrams und nicht auf den (realen) Sternes; und auf eine zugleich subtilere und radikalere Weise „ist" der Erzähler von *Père Goriot* trotz allem nicht Balzac, selbst wenn er hier und da dessen Meinungen zum Ausdruck bringt, denn dieser Autor-Erzähler ist jemand, der die Pension Vauquer mit ihrer Wirtin und ihren Gästen „kennt", während Balzac sie sich nur ausdenkt: und in diesem Sinne ist die narrative Situation einer Fiktionserzählung natürlich *nie* mit ihrer Schreibsituation identisch.

Diese narrative Instanz haben wir nun also noch zu betrachten, und zwar im Hinblick auf die Spuren, die sie in dem narrativen Diskurs, den sie angeblich hervorgebracht hat, (angeblich) hinterlassen hat. Doch es versteht sich von selbst, daß diese Instanz im Verlauf ein und desselben narrativen Werks nicht identisch und invariabel bleibt: Das meiste in *Manon Lescaut* wird von des Grieux erzählt, aber einige Seiten gehen auf Monsieur de Renoncour zurück; umgekehrt wird in der *Odyssee* das meiste von „Homer" erzählt, aber die Gesänge IX bis XII gehen auf Odysseus zurück; und der Barockroman, *Tausendundeine Nacht* oder *Lord Jim* haben uns mit sehr viel komplexeren Situationen vertraut gemacht.[5] Die narrative Analyse muß solche Modifikationen natürlich untersuchen – desgleichen aber auch auffällige Nicht-Modifikationen oder Permanenzen: Denn ebenso bemerkenswert wie die Tatsache, daß die Abenteuer des Odysseus von zwei verschiedenen Erzählern erzählt werden, ist der Umstand, daß die Lieben von Swann und Marcel von ein und demselben Erzähler erzählt werden.

Eine Erzählsituation ist, wie jede andere auch, ein komplexes Ganzes, in dem die Analyse – oder auch bloß die Beschreibung – nur dadurch *Unterschiede* kenntlich machen kann, daß sie ein Gewebe von engen Beziehungen zwischen dem narrativen Akt, seinen Protagonisten, seinen raum-zeitlichen Bestimmungen, seinem Bezug auf andere Erzählsituationen in derselben Erzählung usw. zerreißt. Die Erfordernisse der Dar-

5 Zu *Tausendundeine Nacht* vgl. Todorov, ‚Les hommes-récits', in: *Poétique de la prose*, Paris 1971, dt. ‚Erzählpersonen', in: *Poetik der Prosa*, Frankfurt a. M. 1982: „Den Rekord an Einbettungen scheint die ‚Geschichte vom Buckligen' zu liefern. Denn hier erzählt Scheherazade, daß der Schneider erzählt, daß der Barbier erzählt, daß sein Bruder erzählt, daß … Die letzte Geschichte ist eine Geschichte fünften Grades" (S. 83, dt. S. 82). Aber der Ausdruck „Einbettung" wird hier nicht ganz der Tatsache gerecht, daß jede dieser Geschichten tatsächlich auf einer höheren „Stufe" angesiedelt ist als die vorige, so daß ihr Erzähler eine Figur dieser vorigen ist; denn auch auf gleicher Stufe kann eine Erzählung von einer anderen „eingebettet" werden, etwa im Fall einer bloßen Abschweifung, ohne daß sich dadurch die narrative Instanz änderte: Man denke an die Parenthesen von Jacques in *Jacques le fataliste*.

legung zwingen uns zu diesem Gewaltakt, einfach deshalb, weil der Diskurs der Kritik, wie jeder andere auch, nicht alles zugleich sagen kann. Wir werden also auch hier wieder bestimmte Elemente, die in Wirklichkeit gleichzeitig in der Erzählung fungieren, nacheinander betrachten, indem wir sie im wesentlichen auf folgende drei Kategorien verteilen: 1. *Zeit der Narration*, 2. *narrative Ebene* und 3. *„Person"*, worunter die Beziehungen des Erzählers – und eventuell seines (oder seiner) narrativen Adressaten [narrataire(s)][6] – zu der von ihm erzählten Geschichte fallen.

Zeit der Narration

Aufgrund einer Dissymmetrie, deren tiefere Gründe für uns im verborgenen liegen, die aber den Strukturen der Sprache eingeschrieben ist (oder doch wenigstens den großen „Kultursprachen" des Okzidents), kann ich ohne weiteres eine Geschichte erzählen, ohne genau anzugeben, an welchem Ort sie spielt und ob dieser Ort mehr oder weniger weit von dem Ort entfernt ist, wo ich sie erzähle, während es mir so gut wie unmöglich ist, sie nicht zeitlich in bezug auf meinen narrativen Akt zu situieren, da ich sie notwendigerweise in einer Zeitform der Gegenwart, Vergangenheit oder Zukunft erzählen muß.[7] Daraus erklärt es sich vielleicht, daß die zeitlichen Bestimmungen der narrativen Instanz offenkundig viel wichtiger sind als ihre räumlichen. Mit Ausnahme der Narrationen zweiter Stufe, deren Rahmen im allgemeinen vom diegetischen Kontext abgesteckt wird (Odysseus am Hof der Phaiaken, die Wirtin von *Jacques le fataliste* in der Herberge), wird der narrative Ort nur sehr selten spezifiziert und ist eigentlich auch nie von Belang[8]: Wir

6 „*Narrataire*" nenne ich im Anschluß an R. Barthes (Communications 8, S. 10, dt. ‚Einführung in die strukturale Analyse von Erzählungen', in: *Das semiologische Abenteuer*, Frankfurt 1988, S. 125) und nach dem Muster des von A. J. Greimas verwendeten Gegensatzes von *Adressant* [destinateur] und *Adressat* [destinataire] (*Sémantique structurale*, Paris 1966, dt. *Strukturale Semantik*, Braunschweig 1971) den Adressaten der Erzählung.

7 Gewisse Verwendungsweisen des Präsens konnotieren natürlich die zeitliche Unbestimmtheit (und nicht die Gleichzeitigkeit von Geschichte und Narration), aber sie scheinen merkwürdigerweise sehr partikulären Erzählformen vorbehalten zu sein („histoire drôle", Rätselspruch, wissenschaftliches Problem oder Experiment, Resümee der Handlung) und fallen literarisch kaum ins Gewicht. Wieder anders liegt der Fall des „narrativen Präsens" mit Präteritumsbedeutung.

8 Er kann es zwar sein, allerdings nicht so sehr aus räumlichen Gründen im engeren Sinne: Daß eine Erzählung „in der ersten Person" im Gefängnis, auf einem Krankenhausbett oder in einer psychiatrischen Anstalt vorgetragen wird, kann einen entscheidenden Vorgriff auf ihre Auflösung darstellen: siehe *Lolita*.

wissen in etwa, wo Proust die *Recherche du temps perdu* geschrieben hat, aber wir wissen nicht, wo Marcel sein Leben erzählt haben soll, und interessieren uns im großen und ganzen auch herzlich wenig dafür. Hingegen ist es für uns beispielsweise sehr wichtig zu wissen, wieviel Zeit zwischen der ersten Szene der *Recherche* (dem „Drama des Zubettgehens") und dem Augenblick vergangen ist, wo sie mit den Worten 220 | 221
evoziert wird: „Alles das liegt jetzt Jahre zurück. Die Wand des Treppenhauses, auf dem ich den Schein seiner Kerze immer näher rücken sah, existiert längst nicht mehr" usw.; denn dieser Zeitenabstand und das, was ihn ausfüllt, mit Leben erfüllt, sind hier ein entscheidendes Element für die Bedeutung der Erzählung.

Die wichtigste Zeitbestimmung der narrativen Instanz ist offensichtlich eine relationale, nämlich ihre Position im Verhältnis zur erzählten Geschichte. Es scheint sich von selbst zu verstehen, daß die Narration nur nach dem kommen kann, was sie erzählt, aber diese Evidenz sieht sich schon seit Jahrhunderten in Frage gestellt von der Existenz der „prädiktiven Erzählung"[9] in ihren verschiedenen Formen (prophetische, apokalyptische, orakelhafte, astrologische, chiromantische, kartomantische, oneiromantische Erzählung usw.), deren Ursprung sich im Dunkel der Zeiten verliert – aber auch, spätestens seit *Les lauriers sont coupés*, durch die Praxis der Erzählung im Präsens. Berücksichtigen muß man ferner, daß sich die Narration in Vergangenheitsform gewissermaßen aufsplittern kann, um sich als eine Art mehr oder weniger unmittelbare Reportage zwischen die verschiedenen Momente der Geschichte zu schieben[10]: Eine gängige Praxis in Briefen und Tagebüchern und von daher auch in den ihnen entsprechenden Romanformen (*Wuthering Heights, Journal d'un curé de campagne*). Man hätte demnach, allein unter dem Blickwinkel der relationalen Zeitposition, vier Narrationstypen zu unterscheiden: die *spätere* Narration (die klassische Position der Erzählung in Vergangenheitsform, zweifellos die bei weitem häufigste), die *frühere* Narration (die prädiktive Erzählung, die im allgemeinen im Futur steht, die aber auch im Präsens vorgetragen werden kann, wie der

9 Ich übernehme diesen Ausdruck von Todorov, *Grammaire du Décaméron*, Den Haag 1969, S. 48, um jede Art von Erzählung zu bezeichnen, in der die Narration der Geschichte vorhergeht.

10 Die Rundfunk- oder Fernsehreportage ist ohne Frage die unmittelbarste Form dieses Erzähltyps. Die Narration ist hier der Handlung so nah auf den Fersen, daß beide praktisch als gleichzeitig betrachtet werden, woraus sich der Gebrauch des Präsens erklärt. Auf eine merkwürdige literarische Verwendung der Simultanerzählung stößt man im 29. Kapitel von *Ivanhoe*, wo Rebecca dem verwundeten Ivanhoe die Schlacht schildert, die am Fuße des Schlosses stattfindet, und die sie vom Fenster aus beobachtet.

Traum von Jocabel in *Moyse sauvé*), die *gleichzeitige* Narration (Erzählung im Präsens, die Handlung simultan begleitend) und die (zwischen die Momente der Handlung) *eingeschobene* Narration.

Der letztgenannte Typus ist a priori der komplexeste, da es sich um eine Narration mit mehreren Instanzen handelt und da sich die Geschichte und die Narration hier dergestalt verwickeln können, daß letztere auf erstere reagiert: Dies geschieht insbesondere im Briefroman mit mehreren Briefschreibern[11], wo der Brief bekanntlich gleichzeitig Medium der Erzählung und Element der Handlung ist.[12] Er kann auch zum heikelsten Typus werden, der eine Analyse kaum noch zuläßt, wenn etwa die Form des Tagebuchs immer freier wird, um schließlich in eine Art nachträglichen Monolog mit unbestimmter, ja inkohärenter Zeitposition einzumünden: Die aufmerksamen Leser von *L'étranger* hatten sicher mit diesen Ungewißheiten zu kämpfen, die, wenn auch vielleicht unbeabsichtigt, eine der Kühnheiten dieser Erzählung sind.[13] Und schließlich bewirkt die sehr große Nähe zwischen Geschichte und Narration hier sehr oft[14], wenn ich so sagen darf, einen sehr subtilen Reibungseffekt zwischen der leichten Zeitverschiebung in der Erzählung von Ereignissen („heute ist mir dies und das passiert") und der strikten Gleichzeitigkeit in der Mitteilung der Gedanken und Gefühle („heute abend denke ich so und so darüber"). Das Tagebuch und der vertrauliche Brief verknüpfen ständig das, was man in der Rundfunksprache Direktübertragung und Übertragung zu einem späteren Zeitpunkt [le direct et le différé] nennt, eine Art inneren Monolog mit einem nachträglichen Bericht. Der Erzähler ist hier, und zwar zugleich, *noch* der Held und *schon* ein anderer: Die Ereignisse des Tages sind schon vergangen, und der *point of view* kann sich seitdem verändert haben; die Gefühle und Ansichten am Abend oder am folgenden Tag jedoch gehören völlig zur Gegenwart, und hier ist die Fokalisierung auf den Erzähler gleichzeitig eine Fokalisierung auf den Helden. Cécile Volanges schreibt an Madame de Merteuil, um ihr zu erzählen, wie sie in der Nacht zuvor

11 Zu einer Typologie der Briefromane auf der Basis der Anzahl von Briefschreibern vgl. J. Rousset, ‚Une forme littéraire: le roman par lettres', in: *Forme et signification*, Paris 1962 sowie B. Romberg, *Studies in the narrative technique*, Lund 1962, S. 51 f.

12 So etwa, wenn Madame de Volanges in *Les liaisons dangereuses* im Schreibtisch ihrer Tochter die Briefe von Danceny entdeckt; eine Entdeckung, deren Konsequenzen Danceny im 62. Brief, Musterfall eines „performativen" Akts, klargemacht werden. Vgl. T. Todorov, *Littérature et signification*, Paris 1967, S. 44–46.

13 Vgl. B. T. Fitch, *Narrateur et narration dans* L'étranger *d'Albert Camus*, Paris (1960) 1968, vor allem S. 12–26.

14 Es gibt allerdings auch *aufgeschobene* Formen [formes différés] der Tagebuchnarration: so das „erste Heft" der *Symphonie pastorale* oder den komplexen Kontrapunkt von *L'emploi du temps*.

von Valmont verführt worden ist, und um ihr ihre Gewissensbisse mitzuteilen; die Verführungsszene ist Vergangenheit und mit ihr die Verwirrung der Gefühle, die Cécile nicht mehr spürt und sich nicht einmal mehr vorstellen kann; bleibt die Scham und eine Art von Bestürzung, die Verständnislosigkeit und Versuch der Selbsterkenntnis zugleich ist: „Was ich mir am meisten vorwerfe, was ich Ihnen noch sagen muß, daß 222 | 223
ich fürchte, ich habe mich doch nicht genug verteidigt, so wie ich es hätte tun können. Ich weiß nicht, wie es geschah. Sicher liebe ich Herrn von Valmont nicht, ganz im Gegenteil, nur gab es Momente, wo mir war, als liebte ich ihn …“ [15] Die Cécile von gestern, noch ganz nah und schon fern, wird gesehen und beurteilt von der Cécile von heute. Wir haben hier zwei aufeinanderfolgende Heldinnen, von denen (nur) die zweite (auch) Erzählerin ist und ihren *point of view* durchsetzt: den der unmittelbaren *Nachträglichkeit* [après coup][16], der gerade weit genug zeitverschoben ist, um eine Dissonanz zu bewirken. Bekanntlich hat der Roman des 18. Jahrhunderts, von *Pamela* bis *Oberman*, diese Erzählsituation – die des kleinsten Zeitenabstands – sehr weit ausgebeutet, bietet sie doch Gelegenheit zu den subtilsten und „kokettesten“ Kontrapunkten.

Der dritte Typ hingegen, die gleichzeitige Narration, ist im Prinzip der einfachste, weil die strenge Koinzidenz von Geschichte und Narration Interferenzen und temporale Spielereien ausschließt. Man muß jedoch beachten, daß diese „Verschmelzung“ der beiden Instanzen sich auf zwei unterschiedliche Weisen auswirken kann, je nachdem, ob der Akzent auf die Geschichte oder die Erzählrede [discours narratif] gelegt wird. Eine Erzählung „behavioristischen“ Typs im Präsens, die nur den Ablauf der Ereignisse schildert, mag einem wie der Gipfel an Objektivität vorkommen, weil auch noch die letzte Spur des Aussagevorgangs, die in der Erzählung Hemingwayschen Stils erhalten blieb – nämlich der deutliche Zeitenabstand zwischen Geschichte und Narration, den der Gebrauch des Präteritums unweigerlich mit sich bringt –, in einer absoluten Transparenz der Erzählung verschwindet, die sich am Ende zugunsten der Geschichte auslöscht. Genau in diesem Sinne nahm man im allgemeinen die Werke des französischen „Nouveau Roman“ auf, und besonders die ersten Romane von Robbe-Grillet[17]: „objektive Literatur“, „Schule des Blicks“, solche Bezeichnungen geben gut den Ein-

15 Brief 98.

16 Man vgl. dies mit dem 48. Brief, den Valmont im Bett von Émilie „in Direktübertragung“ an Tourvel schreibt, also, wenn ich so sagen darf, *mitträglich* [auf der Stelle – *sur le coup*].

17 Alle im Präsens geschrieben, mit Ausnahme von *Le voyeur*, dessen zeitliches System bekanntlich komplexer ist.

druck einer absoluten Durchlässigkeit [transitivité] der Narration wieder, der vom generalisierten Gebrauch des Präsens unterstützt wurde. Wenn jedoch umgekehrt die Narration akzentuiert wird, wie in den Erzählungen, die sich des „inneren Monologs" bedienen, wirkt sich die Koinzidenz zugunsten der Rede [discours] aus, und alsdann scheint sich die Handlung auf einen bloßen Vorwand zu reduzieren, um am Ende ganz abgeschafft zu werden: Ein schon bei Dujardin spürbarer Effekt, der sich dann immer weiter verstärkt bei Beckett, Claude Simon, Roger Laporte. Allem Anschein nach hat also der Gebrauch des Präsens, der die beiden Instanzen ganz nah aneinanderrückt, gerade zur Folge, daß das Gleichgewicht zwischen ihnen zerbricht, denn er erlaubt es der Erzählung im ganzen, je nach noch so zarter Akzentverschiebung, ganz stark zur Geschichte hin, oder ganz stark zur Narration, d.h. zum Diskurs hin zu tendieren: und die Leichtigkeit, mit der der französische Roman in den letzten Jahren von einem Extrem zum anderen gewechselt hat, scheint mir diese Ambivalenz und Reversibilität recht gut zu illustieren.[18]

Der zweite Typ, die frühere Narration, ist bislang literarisch sehr viel seltener zum Einsatz gekommen als die anderen, und bekanntlich wird selbst von den Zukunftsromanen, von Wells bis Bradbury, die doch zweifellos zur prophetischen Gattung gehören, die narrative Instanz fast immer vordatiert, liegt also noch weiter in der Zukunft als die in der Zukunft spielende Geschichte – was sehr schön die Autonomie dieser fiktiven Instanz gegenüber dem Moment des realen Schreibakts illustriert. Die prädiktive Erzählung taucht in der Literatur fast nur auf der zweiten Ebene auf: so im *Moyse sauvé* von Saint-Amant die prophetische Erzählung von Aaron (VI. Teil) oder der lange Traum von Jocabel (IV., V. und VI. Teil), beide bezogen auf die Zukunft von Moses.[19] Das gemeinsame Merkmal dieser Erzählungen zweiter Stufe ist offenbar, daß sie hinsichtlich ihrer unmittelbaren narrativen Instanz (Aaron, Traum Jocabels) prädiktiv sind, nicht aber hinsichtlich der letzten Instanz (dem impliziten Autor von *Moyse sauvé*, der übrigens explizit mit Saint-Amant identifiziert wird): manifeste Beispiele also für eine nachträgliche Voraussage.

Die spätere Narration (der erste Typ) beherrscht die große Mehrzahl aller Erzählungen, die bislang hervorgebracht wurden. Der Gebrauch

18 Eine noch frappierendere Illustration stellt *La jalousie* dar, die man *ad libitum* ganz objektivistisch lesen kann, so als gäbe es gar keinen Eifersüchtigen, oder im Gegenteil als den puren inneren Monolog eines Ehemanns, der seiner Frau nachspioniert und sich ausmalt, was sie wohl gerade treiben mag. Man weiß, welche Schlüsselrolle dieses 1959 veröffentlichte Werk gespielt hat.

19 Vgl. *Figures II*, S. 210 f.

einer Zeitform der Vergangenheit genügt, um sie als solche kenntlich zu machen, auch wenn dadurch noch nichts Genaueres über den Zeitenabstand gesagt ist, der den Moment der Narration von dem der Geschichte trennt.[20] In der klassischen Erzählung „in der dritten Person" bleibt dieser Abstand meist mehr oder minder unbestimmt, und die Frage ist auch nicht weiter von Belang. Das Präteritum markiert hier 224 | 225
eine Art alterslose Vergangenheit[21]: Die Geschichte kann datiert werden, wie fast immer bei Balzac, während die Narration undatiert bleibt.[22] Dennoch wird mitunter eine gewisse Zeitgenossenschaft der Handlung durch den Gebrauch des Präsens deutlich gemacht, sei es am Anfang, wie in *Tom Jones*[23] oder in *Le père Goriot*[24], sei es am Ende wie in *Eugénie Grandet*[25] oder *Madame Bovary*[26]. Diese zuweilen sehr grellen Effekte einer abschließenden Konvergenz machen sich die Tatsache zunutze, daß die Dauer der Geschichte nach und nach den Abstand verringert, der sie vom Moment der Narration trennt. Doch die besondere Stärke dieser Effekte beruht auf der unerwarteten Enthüllung einer bis dahin verborgenen – oder, im Fall von *Madame Bovary*, schon lange wieder vergessenen – zeitlichen (und infolgedessen, in einem gewissen Maße, auch diegetischen) Isotopie zwischen der Geschichte und ihrem Erzähler. Diese Isotopie liegt dagegen von Anfang an offen zutage in der

20 Sieht man einmal vom Passé composé ab, das im Französischen eine relative Nähe des berichteten Geschehens konnotiert: „Das Perfekt schafft eine lebendige Verbindung zwischen dem vergangenen Ereignis und der Gegenwart, in der es evoziert wird. Es ist das Tempus desjenigen, der die Tatsachen als Zeuge, als Teilnehmer berichtet; es ist also auch das Tempus, das jeder wählen würde, der das berichtete Ereignis bis zu uns widerhallen und es mit unserer Gegenwart verbinden will" (Benveniste, *Problèmes*..., S. 244, dt. a.a.O., S. 272). Man weiß, wie viel *L'étranger* dem Gebrauch dieses Tempus verdankt.

21 Käte Hamburger (*Die Logik der Dichtung*, Stuttgart 1957) ist soweit gegangen, dem „epischen Präteritum" alle temporale Bedeutung abzusprechen. In dieser extremen Position, gegen die mancherlei Einwände erhoben wurden, liegt eine gewisse hyperbolische Wahrheit.

22 Stendhal hingegen liebt es bekanntlich, die narrative Instanz seiner Romane zu datieren, genauer gesagt, sie aus Gründen der politischen Vorsicht zurückzudatieren: *Le rouge et le noir* (geschrieben 1829/30) aufs Jahr 1827, *La chartreuse* (geschrieben 1839) aufs Jahr 1830.

23 „In dem westlichen Teil unseres Königreichs, der gemeinhin Somersetshire heißt, *lebte vor nicht langer Zeit und lebt vielleicht noch heute* ein Gentleman namens Allworthy [...]"

24 „Madame Vauquer, geborene Conflans, *ist* eine alte Frau, die seit vierzig Jahren in Paris eine kleine Pension *führt* [...]"

25 „Ihr Gesicht *ist* bleich, gefaßt und ruhig, ihre Rede *ist* freundlich und gesammelt, ihr Benehmen *ist* einfach [...]"

26 „[Monsieur Homais] hat eine riesige Praxis. Die Behörden *drücken ein Auge zu*, und die öffentliche Meinung *schützt* ihn. *Kürzlich hat* er das Kreuz der Ehrenlegion *bekommen*." Erinnern wir daran, daß schon ganz zu Anfang („*Wir waren* im Arbeitszimmer bei den Schulaufgaben [...]") darauf hingewiesen wird, daß der Erzähler ein Zeitgenosse, sogar ein Mitschüler des Helden ist.

Erzählung „in der ersten Person", wo der Erzähler gleich zu Beginn als Figur der Geschichte auftritt und die abschließende Konvergenz beinahe die Regel ist[27], auf eine Weise, für die paradigmatisch der letzte Absatz von *Robinson Crusoe* stehen mag: „Und jetzt, entschlossen, mich keinen aufreibenden Mühen mehr auszusetzen, rüste ich mich zu der Reise, die länger dauern wird als alle die bisherigen. Ich bin zweiundsiebzig Jahre alt, habe ein unendlich abwechslungsreiches Leben hinter mich gebracht und den Wert der Muße sowie den Segen, meine Tage in Frieden zu beschließen, zur Genüge schätzen gelernt".[28] Kein dramatischer Effekt also, es sei denn, die Situation am Schluß stellt in sich selbst eine gewaltsame Auflösung dar, wie in *Double Indemnity* von James M. Cain, wo der Held die letzte Zeile seines Bekenntnis-Berichts niederschreibt, bevor er mit seiner Komplizin ins Meer stürzt, wo ein Hai sie erwartet: „Ich habe nicht gehört, wie sich die Tür der Kabine öffnete, aber sie ist neben mir, während ich schreibe. Ich spüre sie. Der Mond ist aufgegangen".

Damit die Geschichte so am Ende die Narration wieder einholt, darf die Dauer der letzteren die der ersteren natürlich nicht überschreiten. Man kennt die groteske Aporie von Tristram: Da es ihm nach einem Jahr Schreiben gerade mal gelungen ist, den ersten Tag seines Lebens zu erzählen, stellt er fest, daß er um 364 Tage in Verzug geraten ist, also eher Rückschritte gemacht hat statt voranzukommen, und daß daraus, daß er 364 mal so schnell lebt wie schreibt, folgt, daß ihm, je mehr er schreibt, desto mehr zu schreiben übrig bleibt, sein Unternehmen also hoffnungslos ist.[29] Ein tadelloser Schluß, und auch seine Prämissen sind keineswegs absurd. Erzählen braucht Zeit (Scheherazades Leben hängt einzig und allein an diesem Faden), und wenn ein Romancier – auf zweiter Stufe – eine mündliche Narration inszeniert, versäumt er es nur selten, diesen Umstand zu berücksichtigen: Es passiert eine ganze Menge in der Herberge, während die Wirtin von *Jacques* die Geschichte des Marquis des Arcis erzählt, und der erste Teil von *Manon Lescaut* schließt mit der Beobachtung, daß der Chevalier mehr als eine Stunde auf seine

27 Der spanische Picaro-Roman scheint eine bemerkenswerte Ausnahme zu dieser „Regel" darzustellen: zumindest der *Lazarillo*, der am Ende alles in der Schwebe läßt („Zu dieser Zeit befand ich mich in meinem besten Wohlsein und auf dem Gipfel meines Glücks"). Der *Guzman* und der *Buscon* tun dies auch, versprechen allerdings – ohne das Versprechen einzulösen – „Fortsetzung und Schluß".

28 Oder, etwas ironischer, der von *Gil Blas*: „Drei Jahre sind seitdem verstrichen, freundlicher Leser, und ich führe ein herrliches Leben im Kreis so lieber Menschen. Als Gipfel der Erfüllung hat der Himmel geruht, mir zwei Kinder zu schenken, deren Erziehung das Vergnügen meiner alten Tage sein wird und deren Vater zu sein ich mich in frommem Glauben schmeichle".

29 IV. Buch, Kap. 13.

Erzählung verwandt habe und es für ihn nun höchste Zeit sei fürs Souper, damit „er sich ein wenig erholt". Wir haben allen Anlaß zu der Vermutung, daß Prévost selbst sehr viel länger als eine Stunde gebraucht hat, um diese ca. hundert Seiten zu schreiben, und wir wissen zum Beispiel, daß Flaubert fast fünf Jahre gebraucht hat, um *Madame Bovary* zu
schreiben. Gleichwohl scheint, was denn doch ein wenig verwundert, 226 | 227
die fiktive Narration dieser Erzählung, wie in fast allen Romanen mit Ausnahme von *Tristram Shandy*, keinerlei Dauer in Anspruch genommen zu haben, oder genauer gesagt, die Frage ihrer Dauer scheint belanglos zu sein: Eine der Fiktionen der literarischen Narration, und vielleicht die stärkste, da man sie fast nicht bemerkt, ist die, daß es sich hierbei um einen instantanen Akt ohne zeitliche Ausdehnung handelt. Manchmal wird er zwar datiert, aber gemessen wird er nie: Wir wissen, daß Monsieur Homais gerade das Kreuz der Ehrenlegion bekommen hat, als der Erzähler diesen letzten Satz niederschreibt, wissen aber nicht, was in dem Moment geschah, als er den ersten schrieb. Dafür wissen wir um so besser, daß die Frage als solche absurd ist: Was diese beiden Momente der narrativen Instanz voneinander trennt, ist ja bloß der unzeitliche Raum der Erzählung als Text. Im Gegensatz zur gleichzeitigen oder eingeschobenen Narration, die von ihrer Dauer und den Beziehungen zwischen dieser Dauer und derjenigen der Geschichte lebt, lebt die spätere Narration von dem Paradox, daß sie zugleich eine zeitliche Stelle hat (in bezug auf die vergangene Geschichte) und ein unzeitliches Wesen, da sie über keine eigene Dauer verfügt.[30] Wie die Proustsche Erinnerung ist sie von der „Dauer eines Blitzes", eine Ekstase, eine übernatürliche Synkope, eine „der Zeitordnung enthobene Minute".

Die narrative Instanz der *Recherche* entspricht offensichtlich diesem letzten Typus: Wir wissen, daß Proust länger als zehn Jahre an seinem Roman geschrieben hat, doch Marcels Narrationsakt weist keinerlei Zeichen von Dauer oder auch nur einer Unterteilung auf: er ist instantan. Die Gegenwart des Erzählers, auf die wir fast auf jeder Seite stoßen und die den verschiedenen Vergangenheiten des Helden untergemischt wird, ist ein einziger unteilbarer Moment, ein Fortschreiten gibt es nicht. Marcel Muller meint zwar, aus Germaine Brée die Hypothese einer doppelten narrativen Instanz herauslesen zu können: vor und nach der abschlie-

30 Zeitangaben der Art „wir haben *bereits* gesagt", „wir werden *später* sehen" usw. beziehen sich in Wirklichkeit nicht auf die Zeitlichkeit der Narration, sondern auf den Raum des Textes (= *wir haben oben gesagt, wir werden unten sehen ...*) und die Zeitlichkeit der Lektüre.

ßenden Offenbarung, doch diese Hypothese hat kein Fundament in der Sache, und Mullers Irrtum dürfte sich daraus erklären, daß Germaine Brée das Wort „Erzähler" fälschlich (wenn auch wie so viele andere auch) für *Held* gebraucht.[31] Was die auf den letzten Seiten von *Swann* geäußerten Ansichten betrifft, von denen wir wissen, daß sie mit der abschließenden Überzeugung des Erzählers nicht übereinstimmen, so zeigt Muller selbst sehr schön[32], daß sie keineswegs die Existenz einer narrativen Instanz beweisen, die der Offenbarung vorherginge: Der bereits zitierte Brief an Jacques Rivière[33] zeigt im Gegenteil, daß es Proust hier darauf ankam, den Diskurs des Erzählers den „Irrtümern" des Helden anzupassen, darauf also, ihm eine Meinung zuzuschreiben, die nicht die seine ist, um zu vermeiden, sein eigenes Denken zu früh zu enthüllen. Selbst die Erzählung Marcels über seine Anfänge als Schriftsteller nach der Matinee Guermantes (Abgeschiedenheit, erste Entwürfe, erste Reaktionen der Leser), die notwendigerweise die Dauer des Schreibens berücksichtigt („Was ich selbst zu schreiben hatte, war anderes und längeres, und es richtete sich auch an mehr als nur eine Person. Ja, es war lang, was ich zu schreiben hatte [long à écrire). Am Tage höchstens würde ich versuchen können zu schlafen. Wenn ich arbeitete, würde es nur nachts geschehen können, aber es würde vieler Nächte bedürfen, vielleicht hunderter, vielleicht tausender"[34]) wie auch die Angst vor der Unterbrechung des Todes, selbst diese Erzählung widerspricht nicht der fiktiven Instantaneität ihrer Narration: Denn das Buch, das Marcel jetzt *in der Geschichte* zu schreiben beginnt, darf de jure nicht mit dem Buch verwechselt werden, das Marcel *als Erzählung* fast zu Ende geschrieben hat, – d.h. mit der *Recherche* selber. Das fiktive Buch als Gegenstand der Erzählung ist wie jedes Buch „long à écrire". Doch das wirkliche Buch, das Buch qua Erzählung, kennt seine eigene „Länge" nicht: es beseitigt seine Dauer.

Die Gegenwart der Proustschen Narration korrespondiert – zwischen 1909 und 1922 – einer Vielzahl von Schreib-„Gegenwarten", und wir wissen, daß fast ein Drittel der *Recherche*, darunter gerade auch die letzten Seiten, bereits 1913 geschrieben war. Der fiktive Moment der Narration hat sich also de facto im Verlauf der realen Abfassung verschoben, und er ist heute nicht mehr derselbe, der er 1913 war, in dem Moment, als Proust glaubte, sein Werk, wie es bei Grasset erscheinen sollte, sei abgeschlossen.

31 M. Muller, *Les voix narratives dans A.L.R.T.P.*, Genf 1965, S. 45; G. Brée, *Du temps perdu au temps retrouvé*, Paris 1969, S. 38–40.

32 A.a.O., S. 46.

33 S. 142 [Seitenverweise beziehen sich auf die deutsche Ausgabe von *Die Erzählung*].

34 *A la recherche du temps perdu*, III, Paris 1956, S. 1043, dt. *Auf der Suche nach der verlorenen Zeit,* Frankfurt 1967, S. 4188 f.

So haben sich die Zeitenabstände, die ihm vorschwebten und die er deutlich machen, signifizieren wollte – als er etwa über die Szene des Zubettgehens schrieb: „alles das liegt jetzt viele Jahre zurück", oder über die Auferstehung Combrays aus dem Geschmack der Madeleine: „ich spüre dabei den Widerstand und das Rauschen und Raunen der durchmessenen Distanzen" –, um mehr als zehn Jahre vergrößert, einfach deshalb, weil 228 | 229
die Zeit der Geschichte länger geworden ist: Das Signifikat dieser Sätze ist nicht mehr dasselbe. Von daher einige irreduzible Widersprüche wie der folgende: Das *Heute* des Erzählers liegt für uns natürlich nach dem Krieg, aber das „heutige Paris" auf den letzten Seiten von *Swann* bleibt seinen historischen Bestimmungen bzw. seinem referentiellen Gehalt nach ein Vorkriegs-Paris, so wie es damals gesehen und beschrieben wurde. Das romanimmanente *Signifikat* (der Moment der Narration) ist in etwa zum Jahr 1925 geworden, doch der historische *Referent*, der dem Moment des Schreibens entspricht, ist nicht mitgekommen und sagt weiter: 1913. Die narrative Analyse muß derartige Verschiebungen – und die Dissonanzen, die möglicherweise daraus resultieren – als Auswirkungen der realen Genese des Werks zur Kenntnis nehmen; doch die narrative Instanz ist für sie am Ende gleichwohl die, die sich aus dem letzten Zustand des Textes ergibt: ein einziger Moment ohne Dauer, notwendigerweise mehrere Jahre nach der letzten „Szene", also nach dem Krieg gelegen, ja sogar, wie wir sahen[35], nach dem Tod von Marcel Proust. Dies Paradox, erinnern wir daran, ist keins: Marcel ist nicht Proust, und nichts zwingt ihn dazu, mit ihm zu sterben. Erzwungenermaßen dagegen muß Marcel nach 1916 „viele Jahre" in einem Sanatorium verbringen, was seine Rückkehr nach Paris und die Matinee Guermantes frühestens ins Jahr 1921 fallen läßt und seine Begegnung mit der „etwas schwach im Kopf" gewordenen Odette ins Jahr 1923.[36] Eine notwendige Folge.

Der Abstand zwischen diesem einen unteilbaren narrativen Augenblick und den verschiedenen Momenten der Geschichte ist notwendigerweise variabel. Während die Szene des Zubettgehens schon „sehr viele Jahre" zurückliegt, fängt der Erzähler erst „seit kurzem" wieder an, das Schluchzen des Kindes wahrzunehmen, und der Abstand, der ihn von der Matinee Guermantes trennt, ist offensichtlich kleiner als der, der ihn von seiner ersten Ankunft in Balbec trennt. Das System der Sprache und der gleichförmige Gebrauch der Vergangenheitsform erlauben es nicht, diese progressive Verkürzung unmittelbar im Gewebe des narrativen Diskurses kenntlich zu machen, aber wir sahen, daß es Proust doch

35 S. 65 [Seitenverweis *Die Erzählung*].
36 Diese Episode spielt (III, S. 951, dt. S. 4061) „weniger als drei Jahre" – also mehr als zwei Jahre – nach der Matinee Guermantes.

in einem gewissen Maße gelungen ist, sie durch Modifikationen im temporalen System der Erzählung spürbar zu machen: durch das allmähliche Verschwinden des Iterativs, die Verlängerung der singulativen Szenen, die zunehmende Diskontinuität, die Akzentuierung des Rhythmus – so als tendierte die Zeit der Geschichte dazu, sich immer mehr zu dehnen und zu singularisieren, je näher sie ihrem Ende kommt, *das zugleich ihre Quelle ist.*

Nach gängiger Praxis könnte man, wie wir gesehen haben, erwarten, daß die „autobiographische" Narration ihren Helden bis an den Punkt führt, wo der Erzähler auf ihn wartet, so daß diese beiden Hypostasen am Ende zusammentreffen und eins werden. Das hat man etwas übereilt auch für die *Recherche* behauptet.[37] Tatsächlich aber, wie Marcel Muller schön zeigt, „erstreckt sich zwischen dem Tag des Empfangs bei der Prinzessin und dem, an dem der Erzähler über diesen Empfang berichtet, eine ganze Ära, die zwischen dem Helden und dem Erzähler ein Intervall aufrechterhält, das keineswegs übersprungen werden darf: Die Tempora am Schluß des *Temps retrouvé* sind allesamt solche der Vergangenheit".[38] Der Erzähler führt die Geschichte seines Helden – seine eigene Geschichte – genau bis zu dem Punkt, wo, wie Jean Rousset sagt, „der Held zum Erzähler werden wird"[39] – oder, wie ich sagen würde, *beginnt*, zum Erzähler *zu werden*, da er sich jetzt ernsthaft an die Arbeit des Schreibens macht. Muller schreibt, daß „der Held den Erzähler nur im Unendlichen trifft, d.h. asymptotisch: der trennende Abstand tendiert gegen null, verschwindet aber nie". Dieses Bild erinnert allerdings an ein Sternesches Spiel mit den beiden Dauern, das es so bei Proust nicht gibt: Die Erzählung hört einfach an dem Punkt auf, wo der Held die Wahrheit und den Sinn seines Lebens gefunden hat, d.h. dort, wo diese „Geschichte einer Berufung" endet, die, um noch einmal darauf hinzuweisen, der explizite Gegenstand der Proustschen Erzählung ist. Das übrige, dessen Ablauf und Ausgang uns schon durch den Roman selber bekannt ist, der hier endet, gehört nicht mehr zur „Berufung", sondern zu der Arbeit, die auf sie folgt, und muß hier also nur angedeutet wer-

37 So vor allem Louis Martin-Chauffer: „Wie in den Memoiren tendieren der, der die Feder hält, und der, dessen Leben uns gezeigt wird, und die durch die Zeit voneinander getrennt sind, dazu, am Ende eins zu werden; sie streben dem Tag entgegen, wo der Weg des handelnden Helden an jenem Tisch endet, an dem ihn der Erzähler, jetzt ohne Erinnerungsintervall, dazu einlädt, sich neben ihn zu setzen, damit sie gemeinsam das Wort schreiben: Ende." (‚Proust ou le double ‚Je' de quatre personnes' (Confluences, 1943), wiederabgedruckt in: Bersani (Hrsg.), *Les Critiques de notre temps et Proust*, Paris 1971, S. 56.)

38 A. a. O., S. 49 f. Weisen wir jedoch darauf hin, daß einige Antizipationen (wie die letzte Begegnung mit Odette) einen Teil dieser „Ära" abdecken.

39 *Forme et signification*, S. 144.

den. Das Thema der *Recherche* ist der „zum Schriftsteller werdende Marcel" und nicht der „Schriftsteller Marcel": Die *Recherche* bleibt ein Bildungsroman, und es hieße ihre Absichten zu verfälschen und ihren Sinn zu entstellen, wollte man in ihr einen „Roman des Romanciers" sehen wie in *Les faux-monnayeurs*; es ist ein Roman des künftigen Romanciers. Was auf den *Bildungsroman* folgt, so Hegel, hat nichts Romanhaftes mehr an sich; eine Formel, die Proust sicher unterschrieben hätte: Das Spezifische des Romans ist die Suche – die Recherche –, die mit einem Fund (der Offenbarung) endet, nicht aber der Gebrauch, der hernach von diesem Fund gemacht wird. Die abschließende Begegnung mit der Wahrheit, die späte Entdeckung der Berufung kann – wie das Glück der endlich vereinten Liebenden – nur die Auflösung, nicht aber ein Abschnitt der Geschichte sein; so gesehen ist das Thema der *Recherche* durchaus ein traditionelles. Es ist also nötig, daß die Erzählung abbricht, ehe der Held mit dem Erzähler eins geworden ist, es ist undenkbar, daß sie zusammen das Wort „Ende" schreiben. Mit dem letzten Satz des Erzählers ist der Held endlich bei seinem ersten angekommen. Der Abstand zwischen dem Ende der Geschichte und dem Moment der Narration ist also die Zeit, die der Held noch braucht, um dieses Buch zu schreiben, das dasjenige ist und auch wieder nicht ist, welches uns der Erzähler, anders als der Held, im Nu eines blitzhaften Augenblicks offenbart. 230 | 231

Narrative Ebenen

Wenn des Grieux am Ende seiner Erzählung erklärt, daß er soeben von New Orleans nach Le Havre und von Le Havre nach Calais gesegelt sei, um seinen Bruder zu treffen, der ihn ein paar Meilen entfernt erwarte, verringert sich allmählich der zeitliche (und räumliche) Abstand, der bis dahin die erzählte Handlung vom narrativen Akt trennte, und reduziert sich schließlich auf Null: Die Erzählung ist beim *Hier* und *Jetzt* angelangt, die Geschichte hat die Narration eingeholt. Dennoch liegt zwischen diesen letzten Episoden der Liebesabenteuer des Chevaliers und dem von Gästen gefüllten Saal im *Lion d'or*, wo er spät abends nach dem Essen diese Abenteuer dem Marquis de Renoncour erzählt, immer noch ein Abstand, der allerdings weder zeitlicher noch räumlicher Natur ist: Er beruht auf einem Unterschied der Beziehungen, die die verschiedenen Personen und Geschehnisse zu der Erzählung von des Grieux unterhalten: Beziehungen, die man reichlich oberflächlich und daher etwas forciert so unterscheiden kann, daß man sagt, daß die einen innen sind (in der Erzählung natürlich), die anderen außen. Was sie voneinander trennt, ist weniger ein Abstand als vielmehr eine Art Schwelle, die von der Narration selber gebildet wird, ein Unterschied der *Ebene*. Der *Lion d'or*, der Marquis und der Chevalier in seiner Eigenschaft als Erzähler sind für uns in einer bestimmten Erzählung, nicht in der von des Grieux, sondern in der des Marquis, in den *Mémoires d'un homme de qualité*; die Rückkehr aus Louisiana, die Reise von Le Havre nach Calais, der Chevalier als Held sind in einer anderen Erzählung, diesmal in der von des Grieux, die in der ersten *enthalten* ist, nicht nur insofern, als diese sie mit einer Einleitung und einem Schlußwort (das hier übrigens fehlt) umrahmt, sondern auch insofern, als der Erzähler der zweiten Erzählung bereits eine Figur der ersten ist, und weil der Narrationsakt, der sie hervorbringt, ein Ereignis ist, von dem in der ersten erzählt wird.

Wir wollen diesen Ebenenunterschied wie folgt definieren: *Jedes Ereignis, von dem in einer Erzählung erzählt wird, liegt auf der nächsthöheren diegetischen Ebene zu der, auf der der hervorbringende narrative Akt dieser Erzählung angesiedelt ist.* Monsieur de Renoncours Abfassung seiner fiktiven Mémoires ist ein (literarischer) Akt, der auf einer ersten Ebene vollzogen wird, die wir extradiegetisch nennen wollen; die Ereignisse, von denen in diesen Mémoires erzählt wird (und zu denen auch der narrative Akt von des Grieux gehört), spielen in dieser ersten Erzählung, wir werden sie daher als diegetische oder intradiegetische Ereignisse bezeichnen; die Ereignisse schließlich, von denen in der Erzählung von des Grieux, einer Erzählung zweiter Stufe also, erzählt wird, wollen wir metadiegetische nennen.[40] Desgleichen ist Monsieur de Renoncour als „Autor" der Mémoires extradiegetisch: Er wendet sich, wenn auch fiktiv, an das wirkliche Publikum, ganz so wie Rousseau oder Michelet; derselbe Marquis als Held derselben Mémoires ist diegetisch oder intradiegetisch und mit ihm auch der Erzähler des Grieux in der Herberge zum Lion d'or, wie übrigens auch Manon, sofern der Marquis sie während der ersten Be-

40 Diese Ausdrücke wurden bereits in *Figures II*, S. 202, eingeführt. Das Präfix *meta-* meint hier natürlich, wie in „Metasprache", den Übergang zur zweiten Stufe: Die *Metaerzählung* ist eine Erzählung in der Erzählung, und die *Metadiegese* ist das Universum dieser zweiten Erzählung, so wie die *Diegese* (nach jetzt recht verbreitetem Sprachgebrauch) das Universum der ersten Erzählung bezeichnet. Man muß sich jedoch klarmachen, daß dieser Ausdruck gerade in der Gegenrichtung zu seinem logisch-linguistischen Vorbild funktioniert: Die Metasprache ist eine Sprache, in der man über eine andere Sprache spricht, die Metaerzählung müßte demnach die erste Erzählung sein, innerhalb deren man eine zweite erzählt. Doch es schien mir besser, der ersten Stufe die einfachere und geläufigere Bezeichnung vorzubehalten und somit die Schachtelungsperspektive umzukehren. Eine etwaige dritte Stufe wäre dann natürlich eine Meta-Metaerzählung, mit ihrer Meta-Metadiegese usw.

gegnung in Pacy kurz zu Gesicht bekommt; doch des Grieux als Held seiner eigenen Erzählung sowie Manon als deren Heldin, ihr Bruder usw. sind metadiegetische Figuren: diese Ausdrücke bezeichnen keine festen Wesen, sondern relationale Situationen und Funktionen.[41]

Die narrative Instanz einer ersten Erzählung ist also per definitionem extradiegetisch, die narrative Instanz einer zweiten (metadiegetischen) Erzählung per definitionem diegetisch usw. Betonen wir die Tatsache, daß der möglicherweise fiktive Charakter der ersten Instanz diese Situation ebensowenig modifiziert wie der möglicherweise „reale" der folgenden Instanzen: Monsieur de Renoncour ist nicht „Figur" in einer Erzählung, die der Abbé Prévost vorträgt, er ist der *fiktive Autor* von Memoiren, von denen wir auf der anderen Seite wissen, daß Prévost ihr realer Autor ist, ganz so wie Robinson Crusoe der fiktive Autor des Romans von Defoe ist, der seinen Namen als Titel trägt: beide sind demnach Figuren in ihren jeweils eigenen Erzählungen. Weder Prévost noch Defoe berühren irgendwie den Raum unserer Frage, die, erinnern wir noch einmal daran, die narrative und nicht die literarische Instanz betrifft. Monsieur de Renoncourt und Crusoe sind Autoren-Erzähler, und als solche befinden sie sich auf derselben narrativen Ebene wie ihr Publikum, d. h. auf der, auf der Sie und ich uns befinden. Dies gilt hingegen nicht für des Grieux, der sich nie an uns wendet, sondern nur an den geduldigen Marquis; und umgekehrt: sollte dieser fiktive Marquis in Calais zufällig einer realen Person begegnet sein, sagen wir dem reisenden Sterne, so wäre diese Person, wenn auch real, gleichwohl eine diegetische Figur – genauso wie Richelieu bei Dumas, Napoleon bei Balzac oder die Prinzessin Mathilde bei Proust. Kurzum, man darf weder den extradiegetischen Charakter mit der realen historischen Existenz verwechseln noch den diegetischen (oder auch metadiegetischen) Charakter mit der Fiktion: Paris und Balbec befinden sich auf derselben Ebene, obwohl das eine real und das andere fiktiv ist, und wir alle sind täglich, wenn schon nicht Helden von Romanen, Gegenstände von Erzählungen. 232 | 233

Aber nicht jede extradiegetische Erzählung gibt sich unbedingt als literarisches Werk aus, und ihr Protagonist muß nicht unbedingt ein

41 Dieselbe Figur kann übrigens zwei identische (parallele) narrative Funktionen auf unterschiedlichen Ebenen erfüllen: so wird der extradiegetische Erzähler in *Sarrasine* selber zum intradiegetischen Erzähler, wenn er seiner Gefährtin die Geschichte Zambinellas erzählt. Er erzählt uns also, daß er diese Geschichte erzählt, deren Held er im übrigen nicht ist: das genaue Gegenstück zu der (sehr viel geläufigeren) Situation in *Manon*, wo der erste Erzähler auf der zweiten Ebene zum Zuhörer einer anderen Figur wird, die ihre eigene Geschichte erzählt. Die Situation des *doppelten Erzählers* kommt meines Wissens nur in *Sarrasine* vor.

Autor-Erzähler sein, der sich wie der Marquis de Renoncour an ein Publikum wendet, das ausdrücklich als solches bezeichnet wird.[42] Ein Roman in Tagebuchform wie das *Journal d'un curé de campagne* oder die *Symphonie pastorale* hat im Prinzip keinerlei Publikum, ja eigentlich überhaupt keinen Leser im Blick, und entsprechendes gilt für den Briefroman, mag er nur einen einzigen Briefschreiber aufweisen wie in *Pamela*, *Werther* oder *Oberman*[43], oder mehrere wie in der *Nouvelle Héloise* oder den *Liaisons dangereuses*: Bernanos, Gide, Richardson, Goethe, Senancour, Rousseau oder Laclos treten hier als bloße „Herausgeber" auf, und die fiktiven Autoren dieser Tagebücher oder Briefe betrachten sich offenkundig (im Unterschied zu Renoncourt, Crusoe oder Gil Blas) nicht als „Autoren". Mehr noch, die extradiegetische Narration gibt sich nicht einmal notwendigerweise als schriftliche Narration aus: Nichts deutet darauf hin, daß Meursault oder Malone den Text, den wir als ihren inneren Monolog lesen, geschrieben haben, und es versteht sich von selbst, daß der Text von *Les lauriers sont coupés* nur ein – weder geschriebener, ja nicht einmal gesprochener – „Bewußtseinsstrom" sein kann, auf geheimnisvolle Weise von Dujardin „abgehört" und aufgezeichnet: Die Eigentümlichkeit der unmittelbaren Rede liegt gerade darin, daß sie jede Formbestimmung der von ihr konstituierten narrativen Instanz ausschließt.

Umgekehrt geht nicht jede intradiegetische Narration unbedingt, wie die von des Grieux, mit einer mündlichen Erzählung einher: Sie kann auch ein Text sein, wie etwa die Niederschrift, die Adolphe ohne erkennbaren Adressaten verfaßt hat, oder gar ein fiktiver literarischer Text als Werk im Werk wie die „Geschichte" vom *Törichten Vorwitz – El curioso impertinente* im *Don Quijote*, die der Pfarrer in einem Mantelsack entdeckt, oder die Novelle *L'ambitieux par amour*, veröffentlicht in einer fiktiven Zeitschrift vom Helden von *Albert Savarus*, intradiegetischer Autor eines metadiegetischen Werks. Doch ebenso wie die extradiegetische Narration kann auch die zweite Erzählung weder mündlich noch schriftlich sein und statt dessen, ob offen oder nicht, die Form eines inneren Monologs, einer *inneren Erzählung* annehmen: so der Traum von Jocabel in *Moyse sauvé* oder, häufiger und weniger übernatürlich, die erinnerten Erinnerungen einer (träumenden oder wachenden) Figur: Auf diese Weise (und man weiß, wie sehr Proust von diesem Detail beeindruckt war) präsentiert sich im zweiten Kapitel von Nervals *Sylvie*

42 Vgl. den „Hinweis des Autors", der *Manon Lescaut* vorangestellt ist.

43 Diese, wie Rousset sagt, „Briefmonodien" werden oft als verkappte Tagebücher betrachtet, aber immerhin existiert hier ein (wenn auch stummer) Adressat, der seine Spuren im Text hinterläßt.

die Episode (eine „halb geträumte Erinnerung") mit dem Gesang Adriennes: „Ich kehrte wieder zum Bett zurück und konnte dort keine Ruhe finden. Im Halbschlaf zog in meiner Erinnerung meine ganze Jugend an mir vorüber. [...] Ich sah ein Schloß Henri IV. vor mir [...]".[44] Schließlich kann die Rolle der zweiten Erzählung auch von einer nonverbalen (und zumeist visuellen) Darstellung übernommen werden, die der Erzähler dann narrativisiert, indem er dieses ikonographische Dokument entweder selbst beschreibt (dies gilt für das Gemälde, das in *Die Hochzeit von Peleus und Thetis* [Catull, *Epithalamium Pelei et Thetidos*, in: *Carmina*, Nr. 64] die verlassene Ariadne darstellt, oder für den Wandteppich mit der Sintflut in *Moyse sauvé*) oder, seltener, von einer Figur beschreiben läßt, wie die Bilder mit dem Leben Josephs, die, ebenfalls in *Moyse sauvé*, Amram kommentiert. 234 | 235

Die metadiegetische Erzählung

Die Erzählung zweiter Stufe ist eine Form, die bis in die Anfänge der epischen Narration zurückreicht, denn in den Gesängen IX bis XII der *Odyssee* findet sich ja, wie wir wissen, jene Erzählung, die Odysseus vor den versammelten Phaiaken vorträgt. Über die Zwischenstationen Vergil, Ariost und Tasso wird dieses Verfahren (das auch in *Tausendundeine Nacht* ständig zur Anwendung kommt) im Barockzeitalter fester Bestandteil der Romantradition, und ein Werk wie *L'astrée* etwa besteht in der Hauptsache aus Erzählungen, die von dieser oder jener Figur vorgetragen werden. Die Praxis wird im 18. Jahrhundert weiter gepflegt, trotz der Konkurrenz neuer Formen wie der des Briefromans; deutlich erkennbar ist sie in *Manon Lescaut*, in *Tristram Shandy* oder *Jacques le fataliste*, und auch das Aufkommen des Realismus hindert sie nicht daran, bei Balzac (*La maison Nucingen*, *Autre étude de femme*, *L'auberge rouge*, *Sarrasine*, *La peau de chagrin*) und Fromentin (*Dominique*) zu überleben; man kann sogar eine gewisse Überspitzung dieses Topos bei Barbey beobachten oder auch in *Wuthering Heights* (Isabelle erzählt Nelly et-

44 Hier liegt also eine metadiegetische Analepse vor, ein Attribut, das natürlich nicht zu jeder Analepse gehört. So wird zum Beispiel, ebenfalls in *Sylvie*, die Retrospektion in den Kapiteln IV, V und VI vom Erzähler selbst vorgenommen, ohne daß dabei auf das Gedächtnis des Helden zurückgegriffen würde: „Erinnern wir uns, während der Wagen bergauf fährt, an die Zeit, als ich so oft hierherkam." Die Analepse ist hier eine rein diegetische – oder, wenn man die Gleichheit der narrativen Ebene noch mehr verdeutlichen will, eine *isodiegetische* (Prousts Kommentar in *Contre Sainte-Beuve*, Paris 1971, S. 235, dt. *Gegen Sainte-Beuve*, Frankfurt 1962, S. 44, und in der *Recherche*, III, S. 919, dt. S. 4018).

was, was diese Lockwood berichtet, der es dann in sein Tagebuch einträgt), vor allem aber in *Lord Jim*, wo die Verschachtelung an die Grenzen des normal Verständlichen stößt. Eine formale und historische Untersuchung dieses Verfahrens würde den Rahmen unserer jetzigen Thematik weit überschreiten, aber zumindest müssen wir für das Folgende die wesentlichen Beziehungstypen unterscheiden, die die metadiegetische Erzählung mit der ersten Erzählung, in die sie sich einfügt, verbinden können.

Der erste Typ ist ein unmittelbares Kausalverhältnis zwischen den Ereignissen der Metadiegese und denen der Diegese, das der zweiten Erzählung eine *explikative* Funktion verleiht. Es ist das Balzacsche „c'est pourquoi", das hier aber von einer Figur vorgebracht wird, ob nun die Geschichte, die sie erzählt, die eines anderen ist (*Sarrasine*) oder, wie in den allermeisten Fällen, ihre eigene (Odysseus, des Grieux, Dominique). Alle diese Erzählungen antworten, ob explizit oder nicht, auf eine Frage vom Typ „Welche Ereignisse haben die gegenwärtige Situation herbeigeführt?". Meistens ist die Neugier der intradiegetischen Zuhörerschaft nur ein Vorwand, um die des Lesers zu befriedigen, wie in der Exposition des klassischen Theaters, und die metadiegetische Erzählung ist eine bloße Variante der explikativen Analepse. Dadurch ergeben sich gewisse Dissonanzen zwischen der vorgeblichen und der wirklichen Funktion, die im allgemeinen zugunsten der letzteren aufgelöst werden: so unterbricht Odysseus im XII. Gesang der *Odyssee* seine Erzählung an der Stelle, wo er die Insel der Kalypso erreicht, obwohl die meisten seiner Zuhörer nicht wissen, wie es weitergeht; der vorgeschobene Grund ist der, daß er es tags zuvor Alkinoos und Arete schon summarisch erzählt hat (VII. Gesang); der wahre Grund ist natürlich der, daß der Leser schon detailliert Bescheid weiß durch die direkte Erzählung im V. Gesang; „Widerwärtig ist es mir", sagt Odysseus, „deutlich Gesagtes noch einmal zu erzählen": Dieser Widerwille ist zunächst der des Dichters selber.

Der zweite Typ besteht in einer rein *thematischen* Beziehung, die folglich keinerlei raumzeitliche Kontinuität zwischen Metadiegese und Diegese impliziert: Zum einen haben wir die Kontrastbeziehung (das Leid der verlassenen Ariadne inmitten der fröhlichen Hochzeit von Thetis), zum anderen die der Ähnlichkeit (so wenn Jocabel in *Moyse sauvé* zögert, dem göttlichen Befehl zu folgen, und Amram ihm die Geschichte von Abraham und Isaak erzählt). Die berühmte *en abyme*-Struktur, die im „Nouveau Roman" der sechziger Jahre so beliebt war, ist offenkundig eine Extremform dieser Ähnlichkeitsbeziehung, die hier fast die Grenze zur Identität überschreitet. Die thematische Beziehung kann im übrigen, wenn sie von den Zuhörern bemerkt wird, einen Ein-

fluß auf die diegetische Situation haben: Die Erzählung Amrams bewirkt (und bezweckt) unmittelbar, daß Jocabel folgsam wird, sie ist ein *exemplum* mit persuasiver Funktion. Bekanntlich beruhen ganze Gattungen, wie die Parabel oder der Apolog (die Fabel), auf dieser mahnenden Wirkung der Ähnlichkeit: Vor den aufgebrachten Plebejern erzählt Menenius Agrippa die Geschichte von den *Gliedern und dem Bauch*; 236 | 237
indem er dann, fährt Livius fort, „zeigte, wie *ähnlich* der innere Aufruhr des Körpers dem Zorn der Plebs gegen die Patrizier sei, habe er die Menschen umgestimmt".[45] Bei Proust werden wir eine weniger erbauliche Illustration für diese *Kraft des Exempels* finden.

Der dritte Typ weist keinerlei explizite Beziehung zwischen den beiden Geschichtsebenen auf: Ohne Rücksicht auf den metadiegetischen Inhalt erfüllt vielmehr der Narrationsakt als solcher eine Funktion in der Diegese, und zwar eine Funktion der Zerstreuung und/oder des Hinauszögerns. Das berühmteste Beispiel ist hier natürlich *Tausendundeine Nacht*, wo Scheherazade den Tod durch Erzählungen hinausschiebt, welcher Art auch immer diese sein mögen (wenn sie nur den Sultan fesseln). Es fällt auf, daß – vom ersten zum dritten Typ – die Bedeutung der narrativen Instanz immer mehr zunimmt. Beim ersten Typ ist die Beziehung zwischen diegetischem und metadiegetischem Geschehen direkt, wird nicht durch die Erzählung vermittelt und könnte gut auf sie verzichten: ob Odysseus davon erzählt oder nicht, der Sturm hat ihn nun einmal ans Ufer der Phaiaken geworfen, und die Modifikation, die seine Erzählung bewirkt, ist rein kognitiver Natur. Beim zweiten Typ ist die Beziehung indirekt, vollständig durch die Erzählung vermittelt, die für die Verbindung von Diegetischem und Metadiegetischem unverzichtbar ist: Die Geschichte vom Bauch und den Gliedern beruhigt die Plebs *unter der Voraussetzung*, daß Menenius sie erzählt. Beim dritten besteht die Beziehung nur noch zwischen dem narrativen Akt und der gegenwärtigen Situation, der metadiegetische Inhalt ist (fast) so unwichtig wie der eines Bibelzitats in einem Rednergefecht im Parlament. Diese letzte Beziehung zeigt noch einmal, wenn dies noch nötig sein sollte, daß die Narration ein *Akt* ist, eine Handlung wie jede andere auch.

45 *Ab urbe condita*, II. Buch, Kap. 32.

Der Übergang von einer narrativen Ebene zur anderen kann prinzipiell nur von der Narration bewerkstelligt werden, einem Akt, der genau darin besteht, in einer bestimmten Situation erzählend – durch einen Diskurs – eine andere Situation zu vergegenwärtigen. Jede andere Übergangsform ist, wenn nicht überhaupt unmöglich, so doch zumindest eine Art Transgression. Cortazar erzählt[46] die Geschichte eines Mannes, der von einer der Personen des Romans ermordet wird, den er gerade liest: das ist eine umgekehrte (und extreme) Form jener narrativen Figur, die die Klassiker die *Metalepse des Autors* nannten und die darin besteht, so zu tun, als „bewirke der Dichter selbst die Dinge, die er besingt"[47], etwa wenn man sagt, daß Vergil Dido im IV. Gesang der *Äneis* „sterben läßt", oder wenn Diderot, etwas zweideutiger, in *Jacques le fataliste* schreibt: „Was könnte mich hindern, den Herrn zu verheiraten und ihn zum Hahnrei zu machen", oder auch, an den Leser gewandt, „Wird Ihnen seine Geschichte Vergnügen bereiten oder nicht? Wenn ja, dann setzen wir die Bäuerin wieder auf die Kruppe hinter den Lenker des Rosses, lassen die beiden ziehen und kehren zu unserem Reisenden zurück".[48] Sterne ging dabei so weit, den Leser aufzufordern, doch bitte die Tür zu schließen oder Mister Shandy ins Bett zu bringen, aber das Prinzip ist dasselbe: Jedes Eindringen des extradiegetischen Erzählers oder narrativen Adressaten ins diegetische Universum (bzw. diegetischer Figuren in ein metadiegetisches Universum usw.) oder auch, wie bei Cortazar, das Umgekehrte, zeitigt eine bizarre Wirkung, die mal komisch ist (wenn man die Sache, wie Sterne oder Diderot, in scherzhaftem Ton präsentiert), mal phantastisch.

Wir wollen den Ausdruck *narrative Metalepse*[49] so weit fassen, daß er alle diese Transgressionen abdeckt. Einige, ebenso banal und unschuldig wie die der klassischen Rhetorik, spielen mit der doppelten Zeitlichkeit von Geschichte und Narration; so Balzac in einer bereits zitierten Stelle aus den *Illusions perdues:* „Während der ehrwürdige Geistliche in Angoulême die Stufen emporsteigt, dürfte es nicht verkehrt sein, ein Wort

46 ‚Continuidad de los Parques', in: *Final del Juego*, dt. ‚Park ohne Ende', in: *Ende des Spiels*, Frankfurt a. M. 1977.

47 Fontanier, *Commentaire des Tropes*, Genf 1967, S. 116. Der *Moyse sauvé* veranlaßt Boileau (*Art poétique*, I, v. 25 f.) zu der bösen Metalepse: *Et* [Saint-Amant] *poursuivant Moïse au travers des déserts / Court avec Pharaon se noyer dans les mers.*

48 *Œvres romanesques*, Paris 1959, S. 495 und S. 497.

49 *Metalepse* gehört hier zum selben System wie *Prolepse*, *Analepse*, *Syllepse* und *Paralepse*, mit dem spezifischen Sinn: „auf*nehmen* (erzählen) und dabei die Ebene wechseln".

über das Interessengeflecht zu verlieren [...]", als erfolgte die Narration zeitgleich mit der Geschichte und müßte deren ereignislose Stellen füllen. Nach diesem sehr verbreiteten Muster schreibt auch Proust zum Beispiel: „Ich habe nicht mehr die Zeit, um *vor meiner Abreise nach Balbec* mit Schilderungen der Gesellschaft zu beginnen [...]" oder: „Ich begnüge mich hier, *während die ,Blindschleiche' hält und der Schaffner Doncières, Grattevast, Maineville usw. ausruft,* niederzuschreiben, was diese kleinen Küstenorte oder jene Garnison mir in Erinnerung rufen" oder auch: „*Aber es ist Zeit, den Baron wieder einzuholen,* der [...] seine Schritte zur Tür der Verdurins lenkt".[50] Man weiß, daß die temporalen Spiele bei Sterne etwas gewagter, d.h. etwas *literaler* ausfallen, so etwa wenn die Abschweifungen des (extradiegetischen) Erzählers Tristram seinen Vater (in der Diegese) dazu zwingen, seinen Mittagsschlaf um mehr als eine Stunde zu verlängern[51], aber auch hier wieder ist das Prinzip dasselbe.[52] In gewisser Weise ist der Pirandellismus von *Sechs Personen suchen einen Autor* oder von *Heute abend wird aus dem Stegreif gespielt,* wo dieselben Akteure abwechselnd Helden und Schauspieler sind, nur eine gewaltige Metalepse, und dasselbe gilt auch für alles, was sich in Genets Theaterstücken aus dieser Tradition herleitet. Ein weiteres Beispiel sind die drastischen Ebenenwechsel bei Robbe-Grillet: Man denke an die Personen, die plötzlich einem Gemälde, einem Buch, einem Zeitungsausschnitt, einer Photographie, einem Traum, einer Erinnerung, einem Phantasma usw. entspringen. Alle diese Spiele bezeugen durch die Intensität ihrer Wirkungen die Bedeutung der Grenze, die sie mit allen Mitteln und selbst um den Preis der Unglaubwürdigkeit überschreiten möchten, und *die nichts anderes ist als die Narration (oder die Aufführung des Stücks) selber;* eine bewegliche, aber heilige Grenze zwischen zwei Welten: zwischen der, in der man erzählt, und der, von der erzählt wird. Von daher die Unruhe, die Borges so richtig benannt hat: „Solche Spiegelungen legen die Vermutung nahe, daß, sofern die Figuren einer Fiktion auch Leser und Zuschauer sein können, wir, ihre Leser und Zuschauer, fiktiv sein können".[53] Das Verwirrendste an der Metalepse liegt sicherlich in dieser inakzeptablen und doch so schwer abweisbaren Hypothese, wonach das Extradiegetische vielleicht immer schon diegetisch

50 II, S. 742, 1076, dt. S. 2237, 2689; III, S. 216, dt. S. 3049. Oder auch, II, S. 1011, dt. S. 2600: „Sagen wir ganz einfach jetzt im Augenblick, *während Albertine mich erwartet* [...]".

51 III, Kap. 38, und IV, Kap. 2.

52 Früh vertraut gemacht mit dem metaleptischen Spiel wurde ich durch den, vielleicht beabsichtigten, Lapsus eines Geschichtslehrers: „Wir werden nun das Zweite Kaiserreich vom Staatsstreich bis zu den Osterferien behandeln."

53 *Befragungen,* S. 57 (in: Gesammelte Werke, Bd. 5/II, München, Wien 1981).

ist und der Erzähler und seine narrativen Adressaten, d.h. Sie und ich, vielleicht auch noch zu irgendeiner Erzählung gehören.

Eine weniger kühne Figur, die man aber ebenfalls der Metalepse zuschlagen kann, besteht darin, eine Erzählung, die man anfangs, sozusagen an ihrer Quelle, als metadiegetische kenntlich gemacht hat (oder die doch leicht als solche erkennbar ist), plötzlich auf der narrativen Ebene des Kontextes, d.h. diegetisch vorzutragen: So als ergriffe der Marquis de Renoncourt, nachdem er zuvor deutlich gemacht hat, daß des Grieux ihm die Geschichte seiner Liebesabenteuer berichtet hat (oder er ihn sogar ein paar Seiten lang hat selber reden lassen), auf einmal das Wort, um diese Geschichte jetzt im eigenen Namen zu erzählen, ohne länger, wie Platon sagen würde, „so zu tun, als sei er des Grieux". Der Archetyp für dieses Vorgehen ist zweifellos der *Theaitetos*, von dem wir wissen, daß er aus einem Gespräch zwischen Sokrates, Theodoros und Theaitetos besteht, das Sokrates selber dem Eukleides erzählt hat, der es Terpsion erzählt. Doch um, wie Eukleides sagt, „die ins Gespräch eingefügten Nachweisungen zu vermeiden, wie wenn Sokrates über sich selbst sagt ‚Da sprach ich' oder ‚Darauf sagte ich', und über den Antwortenden ‚Das gab er zu' oder ‚Darin wollte er nicht beistimmen'", wurde das Gespräch so wiedergegeben, „als ob Sokrates unmittelbar mit Theodoros und Theaitetos redete".[54] Diese Narrationsformen, in denen die metadiegetische Zwischenstation, ob sie explizit erwähnt wurde oder nicht, sogleich zugunsten des ersten Erzählers ausgeschaltet wird, so daß man sich gewissermaßen eine (oder zuweilen mehrere) narrative Ebenen erspart, wollen wir *reduziert metadiegetische* (nämlich aufs Diegetische reduzierte) oder *pseudo-diegetische* nennen.

Allerdings fällt diese Reduktion nicht immer in die Augen, oder genauer gesagt, der Unterschied zwischen metadiegetischer und pseudodiegetischer Narration ist im literarischen Text nicht immer erkennbar, der (anders als der Film) nicht über Merkmale verfügt, die den metadiegetischen Charakter eines Segments anzeigen könnten[55], sieht man einmal vom Wechsel der grammatischen Person ab: Wenn Monsieur de Renoncourt den Platz von des Grieux einnähme, um dessen Abenteuer zu erzählen, würde die Ersetzung sofort deutlich durch den Übergang vom *Ich* zum *Er*; doch wenn der Held von *Sylvie* im Traum einen Moment seiner Jugend nacherlebt, läßt sich nicht entscheiden, ob die Erzählung

54 143 c.

55 Wie durch den Weichzeichner, die Zeitlupe, die Stimme aus dem Off, den Übergang von Farbe zu Schwarzweiß oder umgekehrt, usw. Man hätte entsprechende Konventionen natürlich auch für die Literatur einführen können (Kursivierung, Fettdruck usw.).

jetzt Erzählung dieses Traums ist oder, unmittelbar und unter Wegfall der Trauminstanz, Erzählung dieses Moments.

Von *Jean Santeuil* zur *Recherche*, oder der Triumph des Pseudo-Diegetischen 240 | 241

Nach diesem erneuten Umweg wird es uns leichter fallen, die narrative Wahl zu charakterisieren, die Proust, bewußt oder unbewußt, in der *Recherche du temps perdu* getroffen hat. Doch zunächst muß daran erinnert werden, worauf seine Wahl in seinem ersten großen narrativen Werk fiel, oder genauer gesagt in der ersten Fassung der *Recherche*, d.h. in *Jean Santeuil*. Die narrative Instanz dort ist eine doppelte: Der extradiegetische Erzähler, der keinen Namen hat (aber eine erste Hypostase des Helden ist, und dem wir in Situationen begegnen, in die später Marcel geraten wird), verbringt seine Ferien mit einem Freund an einem Ort nahe der Bucht von Concarneau; die beiden jungen Leute freunden sich mit einem Schriftsteller namens C. an (zweite Hypostase des Helden), der ihnen auf ihren Wunsch hin jeden Abend die tagsüber geschriebenen Seiten eines Romans vorliest, an dem er gerade arbeitet. Diese vorgelesenen Fragmente werden nicht in den Text eingearbeitet, aber einige Jahre darauf, nach dem Tod von C., entscheidet sich der Erzähler, der, man weiß nicht wie, über eine Abschrift des Romans verfügt, diese zu veröffentlichen: es ist *Jean Santeuil*, dessen Held offenkundig eine dritte Erscheinungsform von Marcel ist. Diese verschachtelte Struktur wirkt einigermaßen altertümlich, weist aber gegenüber der von *Manon Lescaut* repräsentierten Tradition immerhin zwei Nuancen auf: Der intradiegetische Erzähler schildert hier nicht seine eigene Geschichte, und seine Erzählung ist nicht mündlicher, sondern schriftlicher, ja literarischer Natur, da es sich um einen Roman handelt. Auf den ersten Differenzpunkt, der das Problem der (grammatischen) „Person" betrifft, kommen wir weiter unten zurück, hier aber interessiert uns vor allem der zweite Unterschied, der – zu einer Zeit, da solche Verfahren schon ziemlich aus der Mode sind – von einer gewissen Schüchternheit gegenüber der romanesken Schreibweise zeugt sowie von einem offenkundigen Bedürfnis nach „Distanznahme" von dieser Biographie Jeans – die sehr viel mehr von einer Autobiographie an sich hat als die *Recherche*. Und verstärkt wird die narrative Verdoppelung noch durch den literarischen, ja – was mehr ist – „fiktiven" (da romanhaften) Charakter der metadiegetischen Erzählung.

Von dieser ersten Werketappe bleibt festzuhalten, daß Proust die Praxis des „Schubladen"-Romans nicht fremd war, und er mit ihrer Versuchung zu kämpfen hatte. In *La fugitive* spielt er sogar einmal deutlich darauf an: „Romanschriftsteller stellen gern in einer Einleitung die Dinge so dar, als seien sie auf der Reise in irgendeinem Lande einem Fremden begegnet, der ihnen die Lebensgeschichte einer Person erzählt habe. Sie überlassen diesem Zufallsbekannten dann das Wort, und der Bericht, den er gibt, bildet den Roman. So wurde das Leben des Fabrice del Dongo Stendhal von einem Paduaner Domherrn erzählt. Wie gern würden wir, wenn wir lieben, das heißt wenn die Existenz einer anderen Person für uns Geheimnisse zu bergen scheint, einen solchen wohlunterrichteten Erzähler finden! Und sicherlich existiert er auch. Schildern wir selbst nicht häufig ganz leidenschaftslos das Leben dieser oder jener Frau einem unserer Freunde oder einem Fremden, die nichts von ihren Liebesgeschichten gewußt haben und uns gespannt zuhören?"[56] Wie man sieht, zielt diese Bemerkung nicht nur auf die literarische Schöpfung, sondern erstreckt sich auf die gewöhnlichste narrative Tätigkeit, die eine Tätigkeit unter anderen im Leben Marcels ist: Derartige Erzählungen über Dritte sind grundlegend für das Gewebe unserer „Erfahrung", die zu einem großen Teil narrativer Natur ist.

Diese Vorbemerkungen und diese Anspielung Prousts lassen aber ein dominantes Merkmal der Narration in der *Recherche* nur um so deutlicher hervortreten, nämlich *die fast systematische Eliminierung der metadiegetischen Erzählung*. Zunächst verschwindet die Fiktion des bloß herausgegebenen fremden Manuskripts zugunsten einer direkten Narration, in der der Erzähler-Held seine Erzählung offen als literarisches Werk präsentiert und somit, wie Gil Blas oder Robinson, in die Rolle des (fiktiven) Autors schlüpft, der sich unmittelbar ans Publikum wendet. Von daher der Gebrauch der Ausdrücke „dieses Buch" oder „dieses Werk"[57], zur Bezeichnung seiner Erzählung; von daher auch die akademischen Plurale[58], die Adressen an den Leser[59], ja selbst der scherzhafte Pseudodialog in der Weise eines Sterne oder Diderot: „Alles dies, wird

56 III, S. 551, dt. S. 3502.

57 „Die unsichtbare Berufung, deren Geschichte *dieses Werk* hier ist" (II, S. 397, dt. S. 1782); „Der Umfang *dieses Werks* [...]" (II, S. 642, dt. S. 2103); „In *diesem Buche*, in dem keine einzige Tatsache berichtet wird, die nicht erfunden ist [...]" (III, S. 846, dt. S. 3915).

58 „*Wir nehmen an*, daß Monsieur de Charlus [...]" (III, S. 1010, dt. S. 2599).

59 „Wobei *dem Leser* mitgeteilt sei [...]" (III, S. 40, dt. S. 2811); „Bevor wir zu Jupiens Laden zurückkehren, legt der Verfasser Wert darauf zu sagen, wie schmerzlich es ihm wäre, wenn *der Leser* an so seltsamen Schilderungen Anstoß nähme" (III, S. 46, dt. S. 2819).

der Leser sagen, sagt uns nichts über [...] – Das ist in der Tat sehr bedauernswert, verehrter Leser. Und trauriger noch als Sie glauben [...] – Also kurz und gut, hat Madame d'Arpajon Sie nun eigentlich dem Prinzen vorgestellt? – Nein, aber so schweigen Sie doch, und lassen Sie mich nunmehr weiterberichten".[60] Der fiktive Romancier von *Jean Santeuil* hätte sich so etwas nicht erlaubt, und dieser Unterschied läßt ermessen, welche Fortschritte die Emanzipation des Erzählers gemacht hat. Sodann fehlen die metadiegetischen Einfügungen in der *Recherche* so gut wie ganz: Man kann hier eigentlich nur Swanns Bericht an Marcel über sein Gespräch mit dem zum Dreyfusard gewordenen Prinzen von Guermantes nennen[61], Aimés Mitteilungen über Albertines früheres Gebaren[62] und vor allem den den Goncourts zugeschriebenen Bericht über ein Diner bei den Verdurins.[63] Sieht man genauer hin, fällt auf, daß in allen drei Fällen die narrative Instanz im Vordergrund steht und die berichteten Ereignisse daneben fast verblassen: Die naive Parteilichkeit Swanns interessiert Marcel viel mehr als der Sinneswandel des Prinzen; der Schreibstil Aimés mit seinen regelwidrig gebrauchten Klammern und Anführungszeichen ist ein imaginäres Pastiche; und die pseudogoncourtsche Erzählung, ein wirkliches Pastiche, ist hier als ein Stück Literatur und als Zeugnis für die Eitelkeit der Literaten viel stärker von Belang denn als Dokument über den Salon der Verdurins. Aus diesen verschiedenen Gründen war es daher unmöglich, diese metadiegetischen Erzählungen zu *reduzieren*, d. h. sie dem Erzähler in den Mund zu legen.

Überall sonst aber befleißigt sich die *Recherche* einer Erzählpraxis, die wir „pseudo-diegetisch" genannt haben, d. h. eine anfänglich zweite Erzählung wird sofort auf die erste Ebene zurückgeführt und, was auch immer ihre Quelle sein mag, dem Erzähler-Helden in den Mund gelegt. Die meisten der im ersten Kapitel verzeichneten Analepsen gehen entweder auf erinnerte Erinnerungen des Helden zurück und damit auf eine Art *innere Erzählung* im Stile Nervals oder auf Mitteilungen Dritter. Zum ersten Typ gehören zum Beispiel die letzten Seiten der *Jeunes filles en fleurs*, wo die sonnigen Vormittage in Balbec evoziert werden, dies aber nicht unmittelbar, sondern über eine Erinnerung, die der Held an sie hatte, nachdem er nach Paris zurückgekehrt war: „Was ich unverändert immer wieder vor mir sah, wenn ich an Balbec dachte, waren die Augenblicke, in denen jeden Morgen während der schönen Jahreszeit [...]"[64];

60 II, S. 651 f., dt. S. 2115 f.
61 II, S. 705–712, dt. S. 2188–2198.
62 III, S. 515 f., 524 f., dt. S. 3452 f., 3465 f.
63 III, S. 709–717, dt. S. 3722–3733.
64 I, S. 953, dt. S. 1251.

worauf dann die dazwischenliegende Erinnerung vergessen und ohne diesen Vorwand bis zur letzten Zeile in direkter Erzählung fortgefahren wird, so daß viele Leser den raumzeitlichen Umweg über sie gar nicht bemerken und meinen, sie hätten es mit einer einfachen isodiegetischen „Rückwendung" zu tun, ohne Wechsel der narrativen Ebene; oder, während des Aufenthalts in Paris 1916, die Rückkehr ins Jahr 1914, die mit dem Satz beginnt: „*Ich dachte darüber nach, daß* ich ja nun seit langem schon keiner der Personen wiederbegegnet war, von denen in diesem Werk die Rede ist. Nur 1914 hatte ich [...]"[65]; worauf eine direkte Erzählung dieser ersten Rückkehr nach Paris folgt, so als handelte es sich gar nicht um eine während der zweiten evozierte Erinnerung oder als wäre diese Erinnerung hier bloß ein narrativer Vorwand, etwas, was Proust ganz richtig ein „Verfahren des Übergangs" nennt; ein paar Seiten weiter endet die Passage über den Besuch Saint-Loups bei Marcel[66], die wie eine isodiegetische Analepse beginnt, mit einem Satz, der nachträglich ihre Erinnerungsquelle enthüllt: „*Während ich mich in dieser Weise* an den Besuch Saint-Loups *erinnerte* [...]" Vor allem aber muß man daran erinnern, daß *Combray I* der Wachtraum eines Schlaflosen ist, *Combray II* eine „unwillkürliche Erinnerung", die der Geschmack der Madeleine hervorgerufen hat, und daß alles Folgende, ab *Un amour de Swann*, wieder Erinnerungen des Insomniaque sind: Die ganze *Recherche* also ist de facto eine gewaltige pseudo-diegetische Analepse in Gestalt von Erinnerungen des „intermediären Subjekts", die aber sogleich vom „finalen" Erzähler vorgetragen werden.

Zum zweiten Typ – Analepsen, die auf Mitteilungen Dritter zurückgehen – gehören alle Episoden, die im vorigen Kapitel anläßlich der Fokalisierungsprobleme erwähnt wurden. Diese Episoden haben sich in Abwesenheit des Helden ereignet, und der Erzähler kann also nur durch eine *intermediäre Erzählung* von ihnen erfahren haben: so von den näheren Umständen der Heirat Swanns, von den Machenschaften zwischen Norpois und Faffenheim, vom Tod Bergottes, vom Verhalten Gilbertes nach Swanns Tod, von dem trostlosen Empfang bei der Berma.[67] Wie wir sahen, wird die Informationsquelle zwar teils explizit genannt, teils läßt sie sich erschließen, doch jedesmal verleibt Marcel seiner Erzählung eifersüchtig alles ein, was er von Cottard, Norpois, der Herzogin oder Gott weiß wem erfahren hat, als ertrüge er es nicht, auch nur den geringsten Teil seines narrativen Privilegs einem anderen abzutreten.

65 III, S. 737, dt. S. 3761.
66 III, S. 756–762, dt. S. 3788–3796.
67 I, S. 467–471, dt. S. 616–622; II, S. 257–263, dt. S. 1595–1603; III, S. 182–188, 574–582, 995–998, dt. S. 3002–3010, 3535–3547, 4122–4127.

Der typischste und natürlich auch wichtigste Fall ist hier *Un amour de Swann.* Ihrem Ursprung nach ist diese Erzählung doppelt metadiegetisch, denn erstens werden ihre Details Marcel von einem unbekannten Erzähler zu einem unbekannten Zeitpunkt berichtet und zweitens erinnert er sich an diese Details im Verlauf einiger schlafloser Nächte: Erinnerungen an frühere Erzählungen also, auf deren Basis der extradiegetische Erzähler sich dann aber unmittelbar ans Werk macht, um die ganze Geschichte, die sich vor seiner Geburt ereignet hat, im eigenen Namen zu erzählen, nicht ohne hier und da ein paar subtile Hinweise auf seine spätere Existenz zu geben[68], Hinweise, die einer Signatur gleichen und den Leser daran hindern, den Erzähler allzulange zu vergessen: ein schönes Beispiel für narrativen Egoismus. Nachdem Proust in *Jean Santeuil* von den etwas altmodischen Freuden des Metadiegetischen gekostet hat, scheint er sich geschworen zu haben, nicht mehr darauf zurückzukommen und sich (oder seinem Sprachrohr Marcel) die Totalität der narrativen Funktion vorzubehalten. Hätte Swann *Un amour de Swann* selbst erzählt, so hätte dies der Einheit der Instanz und dem Monopol des Helden Abbruch getan. Swann, die ehemalige Verkörperung Marcels[69], darf im endgültigen Haushalt der *Recherche* nur noch ein unglücklicher und unvollkommener Vorläufer sein: Er hat also kein Recht auf die „Rede" [parole], d. h. auf die Erzählung – und erst recht nicht (wir werden darauf zurückkommen) auf den Diskurs, der sie trägt, begleitet und ihr ihren Sinn gibt. Und deshalb muß in letzter Instanz Marcel, Marcel allein und auf Kosten aller anderen, dieses Lebensabenteuer erzählen, das nicht das seine ist.

Das das seine aber, wie jedermann weiß, präfiguriert und in gewisser Hinsicht determiniert. Hier stoßen wir wieder auf den weiter oben analysierten indirekten Einfluß gewisser metadiegetischer Erzählungen: Swanns Liebe zu Odette hat im Prinzip keine unmittelbaren Auswirkungen auf Marcels Schicksal[70], und insofern wäre diese Liebesgeschichte nach klassischer Norm als eine rein *episodische* einzustufen; aber ihr indirekter Einfluß, der darauf basiert, daß man Marcel diese Liebes-

68 „Noch Jahre später, als *ich* anfing, mich für seine Wesensart wegen der Ähnlichkeiten zu interessieren, die sie auf ganz anderem Gebiet mit der *meinigen* hatte, habe *ich* mir oft erzählen lassen [...]" (S. 193, dt. S. 258); „Er aber hatte nicht wie *ich* in *meiner* Kindheit in Combray [...]" (S. 295, dt. S. 391); „so wie *ich selbst* es ein paar Jahre später tun sollte [...]" (S. 297, dt. S. 393); „*mein* Großvater" (S. 194, 310, dt. S. 259, 410); „*mein* Onkel" (S. 311 f., dt. S. 412) usw.

69 In *Jean Santeuil* scheinen die beiden Figuren zu verschmelzen; auch noch in einigen Entwürfen der *Cahiers.* Vgl. etwa A. Maurois, *A la recherche de Marcel Proust,* Paris 1949, S. 153.

70 Es sei denn, man dächte hier an Gilberte, die „Frucht" dieser Liebe ...

geschichte erzählt hat, ist dafür um so größer, und Marcel selber weist in *Sodome* darauf hin:

> Ich mußte jetzt an alles zurückdenken, was ich über Swanns Liebe zu Odette und über die Art gehört hatte, wie er sein Leben lang zum besten gehalten worden war. Alles in allem war, wenn ich mich recht zurückerinnere, die Voraussetzung dafür, daß ich mir allmählich den gesamten Charakter Albertines so und nicht anders zurechtkonstruierte und auf eine so schmerzhafte Art jeden Augenblick eines Lebens deutete, das sich meiner lückenlosen Überwachung entzog, nichts anderes als die Erinnerung, die fixe Idee vom Charakter Madame Swanns, so wie man ihn mir beschrieben [raconté] hatte. Diese *Erzählungen* trugen dazu bei, daß sich im weiteren Verlauf meine Einbildungskraft dem Spiel überließ, mir einmal vorzustellen, Albertine könnte, anstatt das brave junge Mädchen zu sein, das sie war, der gleichen Unmoral und Täuschungsbereitschaft huldigen, wie eine ehemalige Kokotte, und ich dachte an alle Leiden, die mich in diesem Falle erwarteten, wofern ich sie jemals liebte.[71]

Diese Erzählungen trugen dazu bei …: Denn *wegen* der Erzählung einer Liebesgeschichte von Swann wird sich Marcel eines Tages tatsächlich eine Albertine vorstellen können, die Odette ähnlich ist: untreu, lasterhaft, undurchschaubar – und sich gerade *deshalb* in sie verlieben. Das weitere ist bekannt. Seltsame Macht der Erzählung …

Vergessen wir bei dieser Gelegenheit auch nicht, daß Ödipus das, wovon andere, wie es heißt, nur träumen, bloß deshalb getan hat, weil ihm ein Orakel zuvor *erzählt* hat, daß er eines Tages seinen Vater töten und seine Mutter heiraten werde: Ohne das Orakel kein Verlassen Korinths, also kein Inkognito, also kein Vatermord und kein Inzest. Das Orakel im *König Ödipus* ist eine futurische metadiegetische Erzählung, deren bloßer Aussageakt die „Höllenmaschine" in Gang setzt, die fähig ist, es zu bewahrheiten. Es ist keine Prophezeiung, die in Erfüllung geht, sondern eine Falle in Form einer Erzählung, die „zuschnappt". Wie gesagt, seltsame Macht (und List) der Erzählung. Einige von ihnen lassen leben (Scheherazade), einige von ihnen töten. Und man wird *Un amour de Swann* solange nicht richtig verstanden haben, wie man nicht erkannt hat, daß diese *erzählte* Liebesgeschichte ein Werkzeug des Schicksals ist.

Person

Vielleicht ist dem einen oder anderen aufgefallen, daß wir die Ausdrücke „Erzählung in der ersten – bzw. dritten – Person" immer nur mit den Schutzhandschuhen der Anführungszeichen verwendet haben. Denn diese geläufigen Wendungen scheinen mir insofern inadäquat zu

71 II, S. 804, dt. S. 2321.

sein, als sie den Akzent der Variation auf das de facto invariante Element der Erzählsituation legen, nämlich auf die explizite oder implizite Präsenz der „Person" des Erzählers, der doch in seiner Erzählung, wie jedes Subjekt des Aussagevorgangs in seiner Aussage, nur in der „ersten Person" vorkommen kann – von einer konventionellen Enallage wie der Cäsars in seinen *Commentarii* einmal abgesehen: Und so legt denn der 246 | 247
auf die „Person" gelegte Akzent in der Tat den Gedanken nahe, daß die Wahl des Erzählers immer von derselben Art ist wie die Cäsars, wenn er sich entschließt, seine Aufzeichnungen „in" dieser oder jener Person [personne] zu schreiben, also eine rein grammatische und rhetorische Wahl. Doch man weiß natürlich, daß das Problem in Wahrheit ein anderes ist. Der Romancier wählt nicht zwischen zwei grammatischen Formen, sondern zwischen zwei narrativen Einstellungen (deren grammatische Formen nur eine mechanische Konsequenz sind): Er kann die Geschichte von einer ihrer „Personen" [personnages][72] erzählen lassen oder von einem Erzähler, der selbst in dieser Geschichte nicht vorkommt. Die Anwesenheit von Verben in der ersten Person innerhalb eines narrativen Textes kann also auf zwei sehr verschiedene Situationen hindeuten, die die Grammatik vermengt, die die narrative Analyse jedoch auseinanderhalten muß: einerseits darauf, daß der Erzähler sich selbst als solchen bezeichnet, so wenn Vergil schreibt: „Arma virumque *cano* [...]", andererseits darauf, daß der Erzähler mit einer der Figuren [personnages] der Geschichte personal identisch ist, so wenn Crusoe schreibt: „1632 wurde *ich* in York geboren [...]". Der Ausdruck „Erzählung in der ersten Person" meint ganz offensichtlich nur die zweite dieser Situationen, und diese Dissymmetrie bestätigt seine Untauglichkeit. Sofern sich der Erzähler jederzeit *als solcher* in die Erzählung einmischen kann, steht jede Narration per definitionem virtuell in der ersten Person (sei es auch in der Form des akademischen Plurals, so wenn Stendhal schreibt: „*Wir* gestehen, daß *wir* die Geschichte unseres Helden [...]"). Das eigentliche Problem aber ist: Kann der Erzähler die erste Person verwenden, um *eine seiner Figuren* zu bezeichnen oder kann er es nicht? Man wird hier also zwei Typen von Erzählungen unterscheiden: solche, in

72 Dieser Ausdruck wird hier in Ermangelung eines neutraleren bzw. extensiveren gebraucht, der nicht mißlicherweise, wie dieser hier, konnotieren würde, daß die narrative Instanz ein „menschliches Wesen" sei, da diese Rolle im Bereich der Fiktion ebensogut einem Tier (*Mémoires d'un âne*) oder sogar einem „leblosen" Gegenstand überlassen werden kann (ich weiß nicht, ob man die abwechselnden „Erzähler" der *Bijoux indiscrets* unter diese Kategorie fallen lassen kann ...). [*A. d. Ü.:* Im Unterschied zu *la personne*, das die grammatische Person und die Person ganz allgemein bezeichnet, meint *le personnage* vor allem die „Romanperson" und wird in der Übersetzung meist mit „Figur" wiedergegeben.]

denen der Erzähler in der Geschichte, die er erzählt, nicht vorkommt, abwesend ist (Beispiele: Homer in der *Ilias*, Flaubert in der *Éducation sentimentale*), und solche, in denen der Erzähler als Figur in der Geschichte, die er erzählt, anwesend ist (Beispiele: *Gil Blas*, *Wuthering Heights*). Aus evidenten Gründen nenne ich den ersten Typ *heterodiegetisch*, den zweiten *homodiegetisch*.

Aber die gewählten Beispiele machen schnell deutlich, daß der Status dieser beiden Typen ein jeweils anderer ist: Homer und Flaubert sind in ihren Erzählungen beide vollständig und somit selbstredend *im gleichen Maße* abwesend; hingegen kann man nicht sagen, daß Gil Blas und Lockwood in ihren Erzählungen beide im gleichen Maße anwesend sind: Gil Blas ist unleugbar der Held der von ihm erzählten Geschichte, Lockwood ist es ebenso unleugbar nicht (und man fände leicht Beispiele für eine noch schwächere „Anwesenheit": ich komme gleich darauf zurück). Die Abwesenheit ist absolut, die Anwesenheit hat ihre Grade. Man muß daher innerhalb des homodiegetischen Typs zumindest zwei Spielarten unterscheiden: einmal die, wo der Erzähler der Held seiner Erzählung ist (*Gil Blas*), und dann die, wo er nur eine Nebenrolle spielt, die fast immer die eines Zeugen oder Beobachters ist: so der schon genannte Lockwood, der anonyme Erzähler von *Louis Lambert*, Ishmael in *Moby Dick*, Marlow in *Lord Jim*, Carraway in *Great Gatsby*, Zeitblom in *Doktor Faustus* – ohne den berühmtesten und typischsten zu vergessen, den durchsichtig-unsichtbaren (aber indiskreten) Dr. Watson bei Conan Doyle.[73] Allem Anschein nach kann der Erzähler in seiner Erzählung nicht eine gewöhnliche Nebenfigur sein: entweder er ist der Star oder ein bloßer Zuschauer. Für die erste Spielart (die sozusagen den höchsten Grad des Homodiegetischen repräsentiert), schlagen wir den naheliegenden Ausdruck *autodiegetisch* vor.

Die so definierte Beziehung des Erzählers zur Geschichte ist im Prinzip invariabel: selbst wenn Gil Blas oder Watson für kurze Zeit als Figuren in den Hintergrund treten, wissen wir doch, daß sie zum diegetischen Universum ihrer Erzählung gehören und früher oder später wiederauftauchen werden. Und der Leser, vorausgesetzt, er merkt es, empfindet es denn auch als einen Verstoß gegen eine implizite Norm, wenn dem einmal nicht so ist und der Erzähltyp gewechselt wird: Man denke zum Beispiel an das (unauffällige) Verschwinden des anfänglichen Beobachter-Erzählers von *Le rouge et le noir* oder von *Madame*

73 Eine Variante dieses Typs ist die Erzählung mit einem kollektiven Beobachter-Erzähler: die Besatzung des *Nigger of the Narcissus*, die Einwohner der kleinen Stadt in *A Rose for Emily*. Man erinnere sich daran, daß auch die ersten Seiten von *Madame Bovary* in diesem Stil geschrieben sind.

Bovary oder an das (viel grellere) des Erzählers von *Lamiel* (Stendhal), der ganz offen die Diegese verläßt, „um Schriftsteller zu werden. So Adieu denn, lieber Leser, von mir werden Sie nichts mehr hören".[74] Einen noch stärkeren Regelverstoß stellt der Wechsel der grammatischen Person dar, wenn gleichwohl ein und dieselbe Figur gemeint ist: so geht Bianchon in *Autre étude de femme* plötzlich vom „Ich" zum „Er" über[75], als gäbe er die Erzählerrolle mit einem Mal auf, während der Held in *Jean Santeuil* umgekehrt vom „Er" zum „Ich" übergeht.[76] Im Bereich des klassischen Romans und auch noch bei Proust gehören solche Effekte zweifellos zu einer Art narrativen Pathologie, sind nur erklärbar durch hastige Überarbeitungen oder einen teilweise unvollendeten Zustand des Textes; doch bekanntlich hat der zeitgenössische Roman diese Grenze, wie so viele andere, überschritten und schreckt nicht davor zurück, eine variable oder flottierende Beziehung zwischen Erzähler und Figur(en) herzustellen, d.h. er überläßt sich einem Taumel der Pronomen, der mit einer freieren Logik sowie mit einer komplexeren Idee der „Personalität" einhergeht. Die avanciertesten Formen dieser Emanzipation[77] sind aber vielleicht nicht die augenfälligsten, und zwar deshalb, weil die klassischen Attribute der „Person" [personnage] – Eigenname, Aussehen, Charakter – hier verschwunden sind und mit ihnen die Anhaltspunkte für das grammatische Wechselspiel. Das spektakulärste Beispiel für diesen Regelverstoß bietet uns zweifellos Borges – eben weil er bei ihm in einem durch und durch traditionellen narrativen System erfolgt, das den Kontrast verstärkt – in seiner Erzählung mit dem Titel *Die Narbe*[78], wo der Erzähler von seiner niederträchtigen Tat zunächst so berichtet, als sei er selbst das Opfer, bevor er bekennt, daß er in Wahrheit *der andere* ist, jener feige Verräter, der bis dahin, mit der nötigen Verachtung, in der „dritten Person" beschrieben wurde. Den „ideologischen" Kommentar zu diesem narrativen Vorgehen gibt Moon selbst: „Was ein Mensch tut, ist so, als täten es alle Menschen. [...] Ich bin die anderen, jeder Mensch ist alle Menschen." Die Borgessche Phantastik, darin sinnbildlich für einen ganzen Zweig der modernen Literatur, verfährt *ohne Ansehen der Person.*

74 Paris 1948, S. 43. Der umgekehrte Fall, das unvermittelte Auftauchen eines autodiegetischen *ich* in einer heterodiegetischen Erzählung, scheint seltener vorzukommen. Die Stendhalschen „ich glaube" (*Leuwen*, S. 117, *Chartreuse*, S. 76) können auch weiterhin auf das Konto des Erzählers als solchen gehen.

75 H. Balzac: *Adieu. Étude de femme. Une lutte. Le dôme des Invalides.* Genf 1946, S. 75–77.

76 Paris 1971, S. 319, dt. Frankfurt 1992, S. 213.

77 Vgl. etwa J. L. Baudry, *Personnes*, Paris 1967.

78 *Fiktionen*, in: Gesammelte Werke, Bd. 3/I, München, Wien 1981, S. 182–188.

Ich will die Proustsche Narration nicht zu einem Vorläufer dieser modernen Richtung machen, auch wenn die Zersetzung der „Person" [personnage] darin (bekanntermaßen) weit fortgeschritten ist. Die *Recherche* ist ihrem Wesen nach eine autodiegetische Erzählung, in der der Erzähler-Held, wie wir gesehen haben, sein Privileg auf die narrative Funktion eifersüchtig hütet. Wichtig ist hier aber nicht so sehr das Vorhandensein dieser durch und durch traditionellen Form, sondern in erster Linie die Umwandlung (*Jean Santeuil*/*Recherche*), aus der sie resultiert, und dann die Schwierigkeiten, auf die sie in einem Roman wie diesem hier stößt.

„Verkappte Autobiographie"? Es scheint im allgemeinen ganz natürlich und fast selbstverständlich zu sein, daß die *Recherche* eine Erzählung in autobiographischer Form ist, geschrieben „in der ersten Person". Diese Natürlichkeit ist indes von einer trügerischen Evidenz, denn anfänglich – wie Germaine Brée bereits 1948 vermutete und die Veröffentlichung von *Jean Santeuil* seitdem bestätigt hat – schwebte Proust diese narrative Wahl höchstens für die ersten Seiten der Einleitung vor. *Jean Santeuil* ist, erinnern wir daran, von ganz entschieden heterodiegetischer Form. Es geht also keineswegs an, die narrative Form der *Recherche* als unmittelbare Konsequenz eines an sich und zunächst persönlichen Diskurses zu begreifen, wobei die Abweichungen vom wirklichen Leben Marcel Prousts nur sekundärer Natur wären. „Die Erzählung in der ersten Person", schreibt Germaine Brée völlig richtig, „ist die Frucht einer bewußten ästhetischen Wahl und nicht das Zeichen der vertraulichen Mitteilung, des Bekenntnisses oder der Autobiographie".[79] Wenn Proust also „Marcels" Leben von „Marcel" selbst erzählen läßt, nachdem er zuvor dasjenige „Jeans" vom Schriftsteller „C." erzählen ließ, so liegt hier eine ebenso deutliche und bedeutsame – wenn nicht, des Umwegs wegen, noch bedeutsamere – Wahl vor wie im Falle von Defoe für *Robinson Crusoe* oder in dem von Lesage für *Gil Blas*. Darüber hinaus aber drängt sich einem die Beobachtung auf, daß diese Umwandlung des Heterodiegetischen ins Autodiegetische die bereits erwähnte andere Umwandlung des Metadiegetischen ins Diegetische (oder Pseudo-Diegetische) begleitet und vervollständigt. Von *Jean Santeuil* zur *Recherche* hätte der Held ja auch vom „Er" zum „Ich" übergehen können, ohne daß deshalb die Schichtung der narrativen Instanzen hätte verschwinden müssen: es hätte genügt, dem „Roman" von C. eine autobiographische oder auch bloß autodiegetische Form zu geben. Und umgekehrt hätte die doppelte Instanz reduziert werden können, ohne daß man deshalb die Beziehung

79 A. a. O., S. 27.

zwischen Held und Erzähler hätte ändern müssen: es hätte genügt, das Vorwort wegzulassen und mit etwas zu beginnen wie: „Lange Zeit ist Marcel früh schlafen gegangen [...]". Der Übergang vom narrativen System von *Jean Santeuil* zu dem der *Recherche* geht also mit einer doppelten Umwandlung einher, die wir jetzt in ihrer ganzen Tragweite betrachten müssen.

Wenn man, ganz allgemein, den Status des Erzählers sowohl durch seine narrative Ebene (extra- oder intradiegetisch) als auch durch seine Beziehung zur Geschichte (hetero- oder homodiegetisch) definiert, kann man die vier fundamentalen Erzählertypen wie folgt in einer Tafel mit doppeltem Eingabewert zusammenfassen: 1) *extradiegetisch-heterodiegetisch*, Beispiel: Homer, Erzähler erster Stufe, der eine Geschichte erzählt, in der er nicht vorkommt; *extradiegetisch-homodiegetisch*, Beispiel: Gil Blas, Erzähler erster Stufe, der seine eigene Geschichte erzählt; 3) *intradiegetisch-heterodiegetisch*, Beispiel: Scheherazade, Erzählerin zweiter Stufe, die Geschichten erzählt, in denen sie im allgemeinen nicht vorkommt; 4) *intradiegetisch-homodiegetisch*, Beispiel: Odysseus in den Gesängen IX bis XII, Erzähler zweiter Stufe, der seine eigene Geschichte erzählt. In diesem System gehört der (zweite, aber wesentliche) Erzähler von *Jean Santeuil*, der fiktive Romancier C., als intra-heterodiegetischer in dasselbe Kästchen wie Scheherazade, während der (erste und einzige) Erzähler der *Recherche* als extra-homodiegetischer in das – wie auch immer man die Eingabewerte anordnet – diametral (diagonal) entgegengesetzte Kästchen von Gil Blas gehört:

EBENE / BEZIEHUNG	*Extradiegetisch*	*Intradiegetisch*
Heterodiegetisch	Homer	Scheherazade *C.*
Homodiegetisch	Gil Blas *Marcel*	Odysseus

Wir haben es hier mit einer absoluten Umkehrung zu tun, da von einer Situation, die durch das unverbundene Nebeneinander der Instanzen gekennzeichnet ist (erster Erzähler, extradiegetischer Autor: „ich" – zweiter Erzähler, intradiegetischer Romancier: „C." – metadiegetischer Held: „Jean"), zur genau entgegengesetzten Situation übergegangen wird, die durch die Vereinigung der drei Instanzen in einer einzigen „Person" gekennzeichnet ist: Marcel ist Held, Erzähler und Autor in einem. Die offenkundigste Bedeutung dieser Wende liegt darin, daß erst spät und nach reiflicher Überlegung die *Form* der unmittelbaren Autobiographie gewählt wird, was man aber sofort vor dem Hintergrund betrachten muß, daß – scheinbar im Widerspruch dazu – der narrative Inhalt der *Recherche* bei weitem nicht so unmittelbar autobiographisch ist wie der von *Jean Santeuil*[80]: so als hätte Proust zunächst eine gewisse Selbstbezüglichkeit überwinden müssen, sich von sich selbst lösen müssen, um das Recht zu erwerben „ich" zu sagen, oder genauer gesagt das Recht, jenen Helden „ich" sagen zu lassen, der weder ganz er selbst noch ganz ein anderer ist. Dieses spät errungene *Ich* ist also nicht Rückkehr zu sich und Selbstgegenwart, ein Sich-einrichten in der Bequemlichkeit der „Subjektivität"[81], sondern vielleicht gerade das Gegenteil: die schwierige Erfahrung eines Selbstbezugs, der als (leichte) Distanz und Dezentrierung erlebt wird, ein Bezug, den die höchst diskrete und fast zufällige Semi-Homonymie von Erzähler-Held und Signatar aufs schönste illustriert.[82]

Aber diese Erklärung betrifft, wie man sieht, vor allem den Übergang vom Heterodiegetischen zum Autodiegetischen, während sie die Beseitigung der metadiegetischen Ebene ein wenig im dunkeln läßt. Die schroffe Vereinigung der Instanzen kündigte sich vielleicht bereits auf jenen Seiten von *Jean Santeuil* an, wo das „Ich" des Erzählers (aber welchen Erzählers?) gleichsam aus Versehen an die Stelle des „Er" des Helden trat: Eine Folge von Ungeduld, gewiß, aber es ist nicht so sehr eine Ungeduld des „Sich-ausdrücken-" oder „Von-sich-erzählen-Wollens", indem man endlich die Maske der romanesken Fiktion fallen läßt, sondern

80 Vgl. J.-Y. Tadié, *Proust et le roman,* Paris 1971, S. 20–23.

81 Der berühmte Proustsche „Subjektivismus" ist alles andere als ein Sichausruhen auf der Subjektivität. Auch Proust selbst zeigte sich irritiert von den allzu naiven Schlüssen, die man aus seiner narrativen Wahl gezogen hatte: „Da ich mein Buch unglücklicherweise mit einem *Ich* begonnen habe, woran nun nichts mehr zu ändern ist, gelte ich *in aeternum* als ‚subjektiv'. Hätte ich statt dessen mit ‚Roger Mauclair bewohnte ein kleines Schlößchen' angefangen, hätte man mich ‚objektiv' genannt" (an J. Boulanger, 30.11.1921, *Correspondance générale*, Paris 1930–1936, III, S. 278).

82 Zu dieser umstrittenen Frage vgl. M. Suzuki, ‚Le ‚je' proustien', in: BSAMP 9 (1959), H. Waters, ‚The Narrator, not Marcel', in: French Review, Febr. 1960, und Muller, a. a. O., S. 12 und 164 f. Bekanntlich sind die beiden einzigen Stellen, an denen dieser Vorname in der *Recherche* vorkommt (III, S. 75, 157, dt. S. 2857, 2968), relativ spät, und die erste Stelle ist einigermaßen zweideutig („[Albertine] sagte: ‚Mein', gefolgt von meinem Taufnamen, was, wenn man dem Erzähler denselben Vornamen verliehe, den der Verfasser dieses Buches trägt, ergeben hätte ‚Mein Marcel'"). Dennoch scheint mir dies kein ausreichendes Argument gegen „Marcel" zu sein. Wo käme man hin, wollte man alles in Abrede stellen, was nur einmal gesagt worden ist. Andererseits, wenn der Held Marcel genannt wird, so wird er deshalb natürlich noch lange nicht mit Proust identifiziert; aber gleichwohl ist diese partielle und fragile Koinzidenz von hoher symbolischer Bedeutung.

eher der Ärger über die Hindernisse und Schikanen, die die Trennung der Instanzen der Konsistenz des Diskurses entgegensetzt, der bereits in *Jean Santeuil* nicht bloß ein narrativer ist. Denn nichts stört einen Erzähler, der so sehr darauf aus ist, seine „Geschichte" durch eine Art fortlaufenden Kommentar zu rechtfertigen, mehr als dieser Zwang, ständig die „Stimme" zu wechseln, muß er doch erst die Erfahrungen 252 | 253
des Helden „in der dritten Person" erzählen, um sie dann – durch eine sich ständig wiederholende und immer dissonant wirkende Einmischung – im eigenen Namen zu kommentieren. Von daher die Versuchung, das Hindernis aus dem Weg zu räumen und die Erfahrungen des Helden schließlich für sich selbst zu beanspruchen, wie in dem folgenden Passus, wo der Erzähler, nachdem er die von Jean „wiedergefundenen Eindrücke" geschildert hat, als dieser durch den Genfer See an das Meer bei Beg-Meil erinnert wird, mit seinen eigenen Erinnerungen fortfährt und seinen Entschluß bekräftigt: „nur dann zu schreiben, wenn eine Vergangenheit plötzlich in einem Duft, einem Anblick wiedererstand, den sie mir blitzartig von innen erhellte, während der Flügelschlag der Phantasie sich schon darüber regte und diese Freude *mich* dann mit Eingebungen beschenkte".[83] Man sieht, daß es sich hier nicht mehr um bloße Unachtsamkeit handelt: Die narrative Entscheidung im ganzen, die in *Jean Santeuil* getroffen wurde, erweist sich als inadäquat und gibt schließlich den Notwendigkeiten und den tiefsten *Instanzen*[84] des Diskurses nach. Derartige „Versehen" deuten sowohl auf das baldige Scheitern oder besser Abbrechen von *Jean Santeuil* hin wie auch auf die spätere Neubearbeitung in und mit der einen Stimme der *Recherche*, der der direkten autodiegetischen Narration.

Aber, wie wir im Kapitel über den Modus gesehen haben, auch diese neue Entscheidung bringt gewisse Schwierigkeiten mit sich, da diesmal einer Erzählung in autobiographischer Form eine ganze Gesellschaftschronik integriert werden muß, die oft das Feld der unmittelbaren Kenntnisse des Helden übersteigt und manchmal, wie im Fall von *Un amour de Swann*, selbst mit denen des Erzählers nur schwer vereinbar ist. Tatsächlich gelingt es, wie B. G. Rodgers[85] schön gezeigt hat, dem Proustschen Roman nur unter großen Mühen, zwei widersprüchliche Forderungen miteinander zu vereinigen: diejenige eines allgegenwärtigen theoretischen Diskurses, der sehr schlecht zur klassischen „objektiven" Narration paßt und es nötig macht, daß die Erfahrung des Helden mit der Vergangenheit des Erzählers zusammenfällt, der sie so ohne auf-

83 a.a.O., S. 401, dt. a. a. O., S. 336.
84 *A. d. Ü.: les instances* bedeutet im Französischen auch soviel wie „Drängen, Ersuchen".
85 *Proust's narrative Techniques*, S. 120–141.

dringliche Einmischungen kommentieren kann (deshalb schließlich die Wahl einer unmittelbaren autodiegetischen Narration, in der die Stimmen des Helden, des Erzählers und des Autors, der sich an ein zu belehrendes und zu überzeugendes Publikum wendet, miteinander vermischt und verschmolzen werden können) – und diejenige eines sehr umfangreichen narrativen Inhalts, der die innere Erfahrung des Helden bei weitem übertrifft und mitunter einen fast schon „allwissenden" Erzähler nötig macht, woraus sich die komplexen Fokalisierungsprobleme erklären, denen wir bereits begegnet sind.

Die narrative Entscheidung von *Jean Santeuil* war zweifellos unhaltbar, und daß sie aufgegeben wurde, erscheint uns im nachhinein „gerechtfertigt"; die der *Recherche* paßt besser zu den Bedürfnissen des Proustschen Diskurses, doch auch sie ist durchaus nicht von mustergültiger Kohärenz. Tatsächlich konnte weder die eine noch die andere Wahl Prousts Absichten völlig gerecht werden: weder die allzu reservierte „Objektivität" der heterodiegetischen Erzählung, die die Erzählerrede [discours du narrateur] auf Distanz zur „Handlung" und damit zur Erfahrung des Helden hielt, noch die „Subjektivität" der autodiegetischen Erzählung, zu persönlich und gewissermaßen zu eng, um ohne den Anschein der Unwahrscheinlichkeit einen narrativen Inhalt zu umfassen, der diese Erfahrung weit übersteigt. Gemeint ist hier natürlich, um es klar zu sagen, die fiktive Erfahrung *des Helden*, die Proust aus bekannten Gründen beschränkter konzipiert hat als seine eigene. In gewisser Hinsicht übersteigt nichts in der *Recherche* die Erfahrung Prousts, aber alles von ihr, was er Swann, Saint-Loup, Bergotte, Charlus, Mademoiselle Vinteuil, Legrandin und noch vielen anderen meint zuschreiben zu müssen, übersteigt offensichtlich diejenige Marcels: eine bewußte Dispersion des autobiographischen „Stoffs" also, eine Zersplitterung, die für gewisse narrative Schwierigkeiten verantwortlich ist. So mag es – um hier nur auf die beiden flagrantesten Paralepsen zurückzukommen – einigermaßen befremden, daß Marcel von den letzten Gedanken Bergottes erfahren haben soll, nicht aber, daß Proust von ihnen wußte, hat er sie doch selbst an einem Tag im Mai 1921 im Jeu de Paume „erlebt"; desgleichen mag es erstaunlich wirken, daß Marcel über die zweideutigen Gefühle von Mademoiselle Vinteuil in Montjouvain so gut Bescheid weiß, doch weniger erstaunt es, denke ich, daß Proust sie ihr zu geben vermochte. All das und noch vieles mehr geht auf Proust zurück, und wir werden in der Abneigung gegen den „Referenten" nicht so weit gehen, sein Vorhandensein zu leugnen. Aber all das, wie wir auch wissen, wollte er „loswerden", indem er seinen Helden davon befreite. Er braucht daher sowohl einen „allwissenden" Erzähler, der imstande ist, gelassen über einer jetzt *objektivierten* moralischen Erfahrung zu stehen, wie auch einen autodiegetischen Erzähler, der imstande ist, die geistige Erfahrung, die allem übrigen erst seinen abschließenden Sinn gibt und das Privileg des Helden bleibt, mit seinem Kommentar persönlich zu beglaubigen (durch seine Identität mit dem Helden) und zu erläutern. Daraus erklärt sich die paradoxe und für einige auch skandalöse Situation einer Narration „in der ersten Person", die gleichwohl mitunter allwissend ist. Auch hier wieder verübt die *Recherche*, ohne es zu wollen, vielleicht ohne es zu wissen, und aus Gründen, die mit dem tiefen – und zutiefst widersprüchlichen – Wesen ihrer Zielsetzung zusammenhängen, einen Anschlag auf die am besten eingebürgerten Konventionen der romanesken Narration, wobei sie nicht nur deren traditionelle „Formen" aufbricht, sondern auch – eine untergründigere und damit entscheidendere Erschütterung – die Logik ihres Diskurses. 254 | 255

Held/Erzähler

Wie in jeder Erzählung in autobiographischer Form[86] sind die beiden Aktanten, die Spitzer *erzählendes Ich* und *erzähltes Ich* nannte, auch in der *Recherche* durch einen Alters- und Erfahrungsunterschied getrennt, der es ersterem ermöglicht, letzteren mit einer Art herablassender oder ironischer Überlegenheit zu behandeln, sehr auffällig etwa in der Szene, wo Marcel so felsenfest davon überzeugt ist, daß Elstir ihn gleich Albertine vorstellen wird, daß er die Gelegenheit schließlich ungenutzt verstreichen läßt, oder auch in der Szene des verweigerten Kusses.[87] Aber die Besonderheit der *Recherche*, durch die sie sich von fast allen anderen, ob wirklichen oder fiktiven, Autobiographien deutlich abhebt, liegt darin, daß zu diesem essentiell variablen Unterschied, der ja, je mehr Fortschritte der Held in der „Lehre" des Lebens macht, immer geringer wird, ein radikaler und gewissermaßen absoluter Unterschied hinzukommt, der nicht auf einen bloß quantitativen Erfahrungsvorsprung reduzierbar ist: aus der abschließenden Offenbarung er resultiert, also aus der entscheidenden Erfahrung des unwillkürlichen Gedächtnisses und der ästhetischen Berufung. Hier trennt sich die *Recherche* von der Tradition des *Bildungsromans*, um sich gewissen Formen der religiösen Literatur zu nähern wie etwa den *Konfessionen* des hl. Augustinus: Der Erzähler weiß nicht bloß – rein empirisch – *mehr* als der Held; er *weiß*

86 Womit hier die klassische Autobiographie mit nachträglicher Narration gemeint ist, nicht jedoch der innere Monolog im Präsens.

87 I, S. 855 f., 933 f., dt. S. 1123 f., 1124 f.

im absoluten Sinne, er kennt die Wahrheit – eine Wahrheit, der sich der Held nicht schrittweise und kontinuierlich nähert, sondern die ihn ganz im Gegenteil, trotz diverser Vorzeichen und Ankündigungen, gerade in dem Moment ergreift, wo er in gewisser Weise weiter von ihr entfernt ist denn je zuvor: „Man hat an alle Pforten geklopft, die auf gar nichts führen, vor der einzigen aber, durch die man eintreten kann, und die man vergeblich hundert Jahre hätte suchen können, steht man, ohne es zu wissen, und sie tut sich auf".[88]

Diese Besonderheit der *Recherche* wirkt sich entscheidend auf die Beziehungen zwischen dem Diskurs des Helden und dem des Erzählers aus. Bis zu diesem Moment der Wahrheit nämlich standen die beiden Diskurse nebeneinander oder waren locker verflochten, nie aber, von zwei oder drei Ausnahmen abgesehen[89], völlig eins: Die Stimme des Irrtums und des Leids kann unmöglich mit der der Erkenntnis und der Weisheit identisch sein: die von Parsifal nicht mit der von Gurnemanz. Von der – um den von Proust auf *Sodome I* gemünzten Ausdruck umzukehren – *letzten Offenbarung* an hingegen können die beiden Stimmen verschmelzen und eins werden bzw. sich in ein und demselben Diskurs abwechseln, weil sich nunmehr das *ich glaubte* des Helden auch schreiben läßt als „ich begriff", „ich erriet", „ich fühlte", „ich wußte", „ich erkannte gut", „mir wurde klar", „ich war bereits zu diesem Schluß gekommen", „ich begriff auf einmal" usw.[90], d.h. mehr oder minder mit dem *ich weiß* des Erzählers koinzidiert. Von daher die plötzliche Zunahme der indirekten Rede [discours indirect] und ihr gegensatz- und kontrastloser Wechsel mit der präsentischen Erzählerrede. Wie wir bereits erwähnt haben, ist der Held der Matinee zwar noch nicht *in actu* mit dem endgültigen Erzähler identisch, da das geschriebene Werk des letzteren für den ersteren noch in der Zukunft liegt, doch die beiden Instanzen treffen in „Gedanken", d.h. im Wort bereits zusammen, da sie dieselbe Wahrheit teilen, die jetzt ohne Berichtigung und sozusagen ohne Reibung vom einen Diskurs zum anderen, von einem Tempus (dem Imperfekt des Helden) zum anderen (dem Präsens des Erzählers)

88 III, S. 866, dt. S. 3944.

89 Wobei es sich meistenteils um Momente ästhetischer Meditation handelt, über Elstir (II, S. 419–422, dt. S. 1811–1815), über Wagner (III, S. 158–162, dt. S. 2970–2975) oder über Vinteuil (III, S. 252–258, dt. S. 3098–3106), in denen der Held dunkel ahnt, was ihm die abschließende Offenbarung bestätigen wird. In *Sodome I*, das in gewisser Hinsicht eine erste Offenbarungsszene darstellt, fallen die beiden Diskurse zwar streckenweise ebenfalls zusammen, doch der Erzähler achtet darauf, wenigstens an einer Stelle, einen Irrtum des Helden zu korrigieren (II, S. 630 f., dt. S. 2086 f.). Eine umgekehrte Ausnahme stellen die letzten Seiten von *Swann* dar, wo der Erzähler so tut, als teilte er den Blickwinkel der Figur.

90 III, S. 869–899, dt. S. 3948–3990.

gleiten kann: wie es der so geschmeidige und freie oder, wie Auerbach sagen würde, *jederzeitige* letzte Satz der *Recherche* zeigt, der sich aufs schönste selbst illustriert: „Wenigstens *würde* ich, wenn mir noch Kraft genug *bliebe*, um mein Werk zu vollenden, in ihm die Menschen (und wenn sie daraufhin auch wahren Monstern *glichen*) als Wesen beschreiben, die neben dem so beschränkten Anteil an Raum, der für sie ausgespart *ist*, einen im Gegensatz dazu unermeßlich ausgedehnten Platz – da sie ja gleichzeitig wie Riesen, die, in die Tiefe der Jahre getaucht, ganz weit auseinanderliegende Epochen *streifen*, zwischen die sich unendlich viele Tage *geschoben haben* – einnehmen in der ZEIT." [„Du moins, si elle [la force] *m'était laissée* assez longtemps pour accomplir mon œuvre, ne *manquerais*-je pas d'abord d'y décrire les hommes (cela *dût*-il les faire ressembler à des êtres monstrueux) comme occupant une place si considérable, à côté de celle si restreinte qui leur *est* réservée dans l'espace, une place au contraire prolongée sans mesure – puisqu'ils *touchent* simultanément, comme des géants plongés dans les années, à des époques si distantes, entre lesquelles tant de jours *sont venus* se placer – dans le Temps."]

Funktionen des Erzählers

Diese abschließende Modifikation der „Offenbarung" hat also einen sehr spürbaren Einfluß auf eine der wesentlichen Funktionen des Proustschen Erzählers. Auf den ersten Blick mag es befremdlich erscheinen, einem Erzähler, welcher auch immer es sei, eine andere Rolle zuzuschreiben als die der Narration im eigentlichen Sinne, d.h. die, seine Geschichte zu erzählen, aber de facto wissen wir recht gut, daß die Erzählerrede, ob im Roman oder anderswo, auch andere Funktionen erfüllen kann. Vielleicht verlohnt es die Mühe, hier rasch einen Überblick zu bieten, um besser die Spezifität würdigen zu können, die der Proustschen Narration in diesem Punkt zukommt. In etwa so, wie Jakobson die Funktionen der Sprache unterteilt[91], kann man auch, wir mir scheint, diese Erzählfunktionen unterteilen, und zwar nach Maßgabe der verschiedenen Aspekte der Erzählung (im weiten Sinne des Wortes), auf die sie sich beziehen.

Der erste dieser Aspekte ist natürlich die *Geschichte*, und die darauf bezügliche Funktion ist die *narrative Funktion* im eigentlichen Sinne, der kein Erzähler den Rücken zukehren kann, ohne gleichzeitig seine

91 *Essais de linguistique générale*, Paris 1963, S. 213–220.

Erzählereigenschaft zu verlieren, auf die er aber, wie es einige amerikanische Romanciers auch getan haben, seine Rolle durchaus beschränken kann. Der zweite Aspekt ist der narrative *Text*, auf den sich der Erzähler in einem gewissermaßen metasprachlichen (hier metanarrativen) Diskurs beziehen kann, um dessen Gliederungen, Verbindungen und wechselseitigen Bezüge, kurz seine innere Organisation deutlich zu machen: Diese „Organisatoren" des Diskurses[92], die Georges Blin „Regiebemerkungen" nannte[93], gehören zu einer zweiten Funktion, die man *Regiefunktion* nennen kann.

Der dritte Aspekt ist die *Erzählsituation* selber, deren beide Protagonisten der – anwesende, abwesende oder virtuelle – narrative Adressat und der Erzähler sind. Der Ausrichtung des Erzählers auf den Adressaten, seinem Bemühen, einen Kontakt zu ihm herzustellen oder aufrechtzuerhalten, vielleicht gar einen Dialog mit ihm zu führen (einen realen wie in *La maison Nucingen* oder einen fiktiven wie in *Tristram Shandy*), entspricht eine Funktion, die sowohl an die „phatische" Funktion (Bestätigung des Kontakts) wie an die „conative" Funktion (Einwirkung auf den Adressaten) Jakobsons erinnert. Rodgers nennt diese Erzähler [narrateurs] vom Shandyschen Typ, die ständig dem Publikum zugewandt sind und an ihrer Beziehung zu ihm mehr interessiert zu sein scheinen als an ihrer eigentlichen Geschichte, „raconteurs".[94] Früher hätte man sie „Plauderer" [causeurs] genannt, und vielleicht sollte man die Funktion, die ihnen besonders am Herzen zu liegen scheint, *Kommunikationsfunktion* nennen; man weiß, welche Bedeutung ihr im Briefroman zukommt und vor allem in jenen Formen, die Jean Rousset „Briefmonodien" nennt, etwa, ein sehr schlagendes Beispiel, in den *Lettres portuguaises*, in denen die abwesende Anwesenheit des Adressaten zum dominierenden, ja obsessiven Element des Diskurses wird.

Die Ausrichtung des Erzählers auf sich selbst schließlich geht mit einer Funktion einher, die sehr stark derjenigen gleicht, die Jakobson, etwas unglücklich, die „emotive" nennt: sie gibt Aufschluß darüber, wieviel Anteil der Erzähler an seiner Geschichte nimmt und in welchem Verhältnis er zu ihr steht: in einem affektiven, gewiß, aber des weiteren auch in einem moralischen oder intellektuellen, das die Form einer bloßen Verifizierung oder Bekräftigung des Berichteten annehmen kann, so wenn der Erzähler den Präzisionsgrad seiner Erinnerungen angibt oder die Quelle, aus der er seine Informationen hat, oder auch die Gefühle

92 R. Barthes, ‚Le discours de l'histoire', in: Information sur les sciences sociales, August 1967, S. 66.

93 *Stendhal et les problèmes du roman*, Paris 1954, S. 222.

94 B. G. Rodgers, *Proust's narrative techniques*, Genf 1965, S. 55.

beschreibt, die irgendeine vergangene Episode in ihm wachruft[95] – etwas, was man die *testimoniale* oder *Beglaubigungsfunktion* nennen könnte. Aber die direkten oder indirekten Einmischungen des Erzählers in die Geschichte können auch die didaktischere Form eines autorisierten Kommentars der Handlung annehmen: Hier haben wir dann etwas, was man die *ideologische Funktion* des Erzählers nennen könnte[96], und man 258 | 259
weiß, wie sehr beispielsweise Balzac auf diese Form des erklärenden und rechtfertigenden Diskurses zurückgegriffen hat, bei ihm, wie bei so vielen anderen, ein Mittel im Dienste des Realismus.

Diese Einteilung in fünf Funktionen darf natürlich nicht allzu starr und pedantisch aufgefaßt werden: Keine dieser Kategorien ist völlig rein und frei von jeder Querverbindung zu den anderen, keine außer der ersten ist völlig unverzichtbar, und zugleich ist keine von ihnen, so sehr man sich auch darum bemühen mag, vollständig vermeidbar. Es handelt sich eher um eine Frage des Akzents und der relativen Gewichtung: Jedermann weiß, daß Balzac sich mehr in seine Erzählung „einmischt" als Flaubert, daß Fielding sich öfter an den Leser wendet als Madame de La Fayette, daß die „Regiebemerkungen" bei Fenimore Cooper[97] oder Thomas Mann[98] aufdringlicher sind als bei Hemingway usw., aber man wird daraus keine völlig überladene Typologie ableiten wollen.

Ebensowenig wollen wir auf die verschiedenen schon anderswo behandelten extra-narrativen Funktionen des Proustschen Erzählers zurückkommen: Adressen an den Leser, Organisation der Erzählung durch

95 „Während ich dieses niederschreibe, fühle ich, wie mein Puls noch jetzt schneller zu schlagen beginnt; auch wenn ich hunderttausend Jahre lebte, würde ich diese Augenblicke nie vergessen" (Rousseau, *Confessions*, bereits zitiert, oben S. 48 [Seitenverweis *Die Erzählung*]). Das Zeugnis des Erzählers kann indes auch Ereignisse aus der Zeit des Narrationsakts betreffen, die mit der Geschichte, die erzählt wird, nichts zu tun haben: Man denke an die Stellen im *Doktor Faustus* über den Krieg, der wütet, während Zeitblom seine Erinnerungen an Leverkühn niederschreibt.

96 Die nicht unbedingt die des Autors ist: Die Urteile von des Grieux sind für den Abbé nicht a priori verpflichtend, und auch die des fiktiven Autor-Erzählers *Leuwen* oder die der *Chartreuse* sind für Henry Beyle keineswegs bindend.

97 „Um den Leser nicht durch eine allzu weitschweifige Erzählung zu ermüden, bitten wir ihn, sich vorzustellen, zwischen der Szene, mit der das vorige Kapitel endete, und den Ereignissen, mit deren Bericht wir in diesem hier unsere Geschichte fortführen wollen, sei eine Woche verflossen"; „Es ist ratsam, unseren Erzählfluß für einen Moment zu unterbrechen, um die Ursachen darzulegen, deren Wirkungen das einzigartige Abenteuer zur Folge hatten, von dem wir soeben berichtet haben. Wir werden uns mit dieser Abschweifung nicht allzulange […]" usw. (*The Prairie*, Kap. VII, XV).

98 „Da der vorige Abschnitt ohnedies über Gebühr angeschwollen ist, tue ich gut, einen neuen zu eröffnen […]"; „Auch der eben geschlossene Abschnitt ist für meinen Geschmack viel zu sehr angeschwollen […]"; „Ich blicke nicht zurück und hüte mich nachzuzählen, wieviel Blätter ich aufgehäuft zwischen der vorigen römischen Ziffer und der soeben gesetzten […]" (*Doktor Faustus*, Kap. IV, V, IX).

Vor- und Rückgriffe, Quellenangaben, Beglaubigungen durch das Gedächtnis. Betont werden muß hier allerdings das Quasi-Monopol des Erzählers auf das, was wir die ideologische Funktion genannt haben, da dieses Monopol keineswegs selbstverständlich ist, sondern auf einer bewußten Entscheidung beruht. Von allen extra-narrativen Funktionen ist diese nämlich die einzige, die nicht zwangsläufig dem Erzähler zukommt. Man weiß, wie sehr große „ideologische" Romanciers wie Dostojewski, Tolstoi, Thomas Mann, Broch oder Malraux darauf bedacht waren, einigen ihrer Figuren die Aufgabe des Kommentars und des didaktischen Diskurses zu übertragen – in einem Maße, daß einige der Szenen in den *Dämonen*, im *Zauberberg* oder in *L'espoir* nachgerade zu Theoriekolloquien geworden sind. Nichts dergleichen bei Proust, der sich außer Marcel keinen „Sprecher" geschaffen hat. Ein Swann, ein Saint-Loup, ein Charlus sind bei all ihrer Intelligenz Gegenstände der Beobachtung, nicht Werkzeuge der Wahrheit, nicht einmal echte Gesprächspartner (man weiß im übrigen, wie Marcel über die intellektuellen Tugenden des Gesprächs und der Freundschaft denkt): Ihre Irrtümer und Lächerlichkeiten, ihre Fehlschläge und Niedrigkeiten sind lehrreicher als ihre Ansichten. Selbst die Gestalten des künstlerischen Schaffens – Bergotte, Vinteuil, Elstir – melden sich nicht mit einem autorisierten theoretischen Diskurs zu Wort: Vinteuil bleibt stumm, Bergotte sträubt sich oder verliert sich in Nichtigkeiten, und das Nachdenken über ihr Werk fällt Marcel zu[99]; Elstir kommt bezeichnenderweise zunächst mit den albernen Dürftigkeiten eines Monsieur Biche zu Wort, und was er in Balbec zu sagen hat, ist nicht so wichtig wie die stumme Lehre seiner Bilder. Das geistreiche Gespräch ist eine Gattung, die dem Proustschen Geschmack ganz offenkundig zuwider ist. Bekannt ist die Verachtung, die er allem entgegenbringt, was „denkt", wie es ihm zufolge Victor Hugo in seinen ersten Gedichten getan hat, „anstatt sich wie die Natur damit zu begnügen, zu denken zu geben".[100] Die ganze Menschheit, von Bergotte bis Françoise und von Charlus bis Madame Sazerat breitet sich vor ihm aus wie eine „Natur", die das Denken anregen, nicht ausdrücken soll. Ein extremer Fall von intellektuellem Solipsismus. Letzten Endes und auf seine Weise ist Marcel ein Autodidakt.

Infolgedessen hat niemand, außer zuweilen der Held unter den obengenannten Bedingungen, das Recht oder die Macht, dem Erzähler sein

99 Und nicht Swann, selbst bei der Sonate nicht: „War es das? War das wohl das Glück, welches das kleine Thema der Sonate Swann angeboten hatte, der sich *täuschte*, als er es zu den Freuden der Liebe in Beziehung setzte, im künstlerischen Schaffen aber *nicht zu finden vermochte* [...]" (III, S. 877, dt. S. 3960).

100 II, S. 549, dt. S. 1979.

Privileg auf den ideologischen Kommentar streitig zu machen: Von daher das bekannte Ausufern dieses „auktorialen“ Diskurses, um von den deutschsprachigen Kritikern diesen Ausdruck zu übernehmen, der gleichzeitig die Anwesenheit des (realen oder fiktiven) Autors und die souveräne *Autorität* dieser Anwesenheit in seinem Werk benennt. Die quantitative und qualitative Bedeutung dieses psychologischen, historischen, 260 | 261
ästhetischen und metaphysischen Diskurses ist, allen Leugnungen zum Trotz[101], so groß, daß ihm die Verantwortung – und in gewissem Sinne das Verdienst – dafür zukommt, das traditionelle Gleichgewicht der Romanform in diesem Werk und durch dieses Werk aufs nachhaltigste erschüttert zu haben: Wenn die *Recherche du temps perdu* von allen als ein Werk empfunden wird, das „nicht mehr ganz ein Roman“ ist, das in seinem Bereich die Geschichte der Gattung (der Gattungen) zum Abschluß bringt und, zusammen mit ein paar anderen, den grenzenlosen und unbestimmten Raum der modernen *Literatur* eröffnet, so verdankt sie dies offenkundig – und einmal mehr den „Intentionen des Autors“ zum Trotz und infolge einer um so unwiderstehlicheren Bewegung, als sie unbeabsichtigt war – diesem Überschwemmtwerden der Geschichte durch den Kommentar, des Romans durch den Essay, der Erzählung durch ihren eigenen Diskurs.

Der narrative Adressat

Ein derartiger theoretischer Imperialismus, eine derart selbstgewisse Wahrheit könnten den Gedanken nahelegen, daß die Rolle des Adressaten hier rein passiv ist, daß er bloß eine Botschaft empfängt, die er sich zu Herzen nehmen kann oder auch nicht, und nachträglich ein Werk „konsumiert“, das fern von ihm und ohne ihn vollendet wurde. Nichts wäre den Proustschen Überzeugungen, seiner eigenen Lesepraxis und den Anforderungen, die sein Werk stellt, stärker entgegengesetzt.

Bevor wir diese letzte Dimension der Proustschen narrativen Instanz ins Auge fassen, noch ein paar allgemeine Bemerkungen zu dieser Figur, die wir den narrativen Adressaten [le narrataire] genannt haben und deren Funktion in der Erzählung so variabel zu sein scheint. Wie der Erzähler ist der narrative Adressat eines der Elemente der Erzählsituation, und er

101 „Daraus erklärt sich die kräftig auftretende Versuchung für den Schriftsteller, intellektuelle Werke zu schreiben, was einen großen Mangel an Verfeinerung dokumentiert. Ein Buch, das Theorien enthält, ist wie ein Gegenstand, an dem noch das Preisschild hängt“ (III, S. 882, dt. S. 3966). Weiß der Leser der *Recherche* vielleicht nicht doch, was es kostet?

befindet sich notwendigerweise auf derselben diegetischen Ebene wie er; d. h. er ist a priori ebensowenig mit dem (sei es auch virtuellen) Leser eins, wie der Erzähler nicht notwendigerweise mit dem Autor eins ist.

Zum intradiegetischen Erzähler gehört ein intradiegetischer narrativer Adressat, und die Erzählung von des Grieux oder Bixiou richtet sich nicht an den Leser von *Manon Lescaut* oder *La maison de Nucingen*, sondern allein an Monsieur de Renoncourt bzw. allein an Finot, Couture und Blondet, auf die allein sich im Text eventuell vorkommende „zweite Personen" beziehen, ganz so wie sich die, die man in einem Briefroman findet, nur auf den Briefpartner beziehen können. Wir, die Leser, können uns mit diesen fiktiven narrativen Adressaten nicht identifizieren, ebenso wie es diesen intradiegetischen Erzählern unmöglich ist, sich an uns zu richten, ja von unserer Existenz überhaupt etwas zu ahnen.[102] Schließlich können wir weder Bixiou unterbrechen noch an Madame de Tourvel schreiben.

Der extradiegetische Erzähler hingegen kann nur auf einen extradiegetischen narrativen Adressaten zielen, der hier mit dem virtuellen Leser zusammenfällt, mit dem sich dann jeder reale Leser identifizieren kann. Dieser virtuelle Leser bleibt prinzipiell unbestimmt, auch wenn sich Balzac mitunter mehr an den Leser aus der Provinz, mitunter mehr an den Pariser Leser wendet, und Sterne ihn zuweilen Frau oder Herr Kritik nennt. Der extradiegetische Erzähler kann auch, wie Meursault, so tun, als wendete er sich an niemanden, doch diese im zeitgenössischen Roman recht verbreitete Haltung vermag natürlich nichts gegen die Tatsache, daß sich eine Erzählung, wie jeder Diskurs, notwendigerweise an jemanden richtet, insgeheim immer an einen Adressaten appelliert. Während uns also die Existenz eines intradiegetischen narrativen Adressaten auf Distanz hält, weil dieser immer zwischen den Erzähler und uns tritt, so wie Finot, Couture und Blondet zwischen Bixiou und dem indiskreten Zuhörer hinter der Trennwand stehen, für den diese Erzählung nicht bestimmt war (aber, wie Bixiou sagt, „es gibt immer Leute nebenan"), ist es für uns, die realen Leser, um so leichter, besser gesagt geradezu unvermeidlich, uns mit der virtuellen Rezeptionsinstanz zu identifizieren bzw. sie auszufüllen, je transparenter diese ist und je stillschweigender sie in der Erzählung evoziert wird.

Genau diese Beziehung, trotz einiger seltener und höchst überflüssiger Apostrophen, auf die bereits hingewiesen wurde, unterhält die *Recherche* zu ihren Lesern. Jeder von ihnen weiß, daß er der mit Bangen erwartete virtuelle narrative Adressat dieser in sich selbst kreisenden

102 Ein Sonderfall ist der des metadiegetischen literarischen Werks vom Typ *Der törichte Vorwitz* oder *Jean Santeuil*, das eventuell auf einen Leser zielen kann, der aber selber ein prinzipiell fiktiver Leser ist.

Erzählung ist, die, um in ihrer Wahrheit zu existieren, mehr als jede andere nach narrativer Offenheit verlangt, nicht auf eine „abschließende Botschaft" festgelegt werden darf, um statt dessen endlos die zirkuläre Bewegung fortzusetzen, die sie stets vom Werk auf die Berufung zurückverweist, von der darin „erzählt" wird, und von der Berufung auf das Werk, das sie hervorruft, und so weiter ohne Unterlaß. 262 | 263

Wie schon die Wortwahl in dem berühmten Brief an Rivière zeigt[103], machen der „Dogmatismus" und die „Konstruktion" des Proustschen Werks die ständige Mitarbeit des Lesers nicht überflüssig: sie wollen vielmehr von ihm „erraten" werden, ehe sie ausformuliert sind, und sobald sie offen vor Augen liegen, soll er sie interpretieren und wieder in die Bewegung zurückversetzen, die sie gleichzeitig erzeugt und mit sich fortreißt. Proust fällt selbst unter die Regel, die er im *Temps retrouvé* formuliert, und die dem Leser das Recht gibt, das Universum des Werks in seine eigene Sprache zu übersetzen, denn dies „allein gestattet ihm, später in allem, was er liest, eine ausreichende Allgemeinheit zu finden": welche Textuntreue auch immer er begehen mag, „der Leser muß auf eine bestimmte Weise lesen, wenn er recht lesen will; der Autor darf sich daran nicht stoßen, sondern muß dem Leser möglichst viel Freiheit lassen", denn das Werk ist letztlich nur, wie Proust selber sagt, ein optisches Instrument, das der Autor dem Leser darreicht, um diesem zu helfen, in sich selbst zu lesen. „Der Schriftsteller gebraucht nur ganz unaufrichtig in der Sprache der Vorreden und der Widmungen gewohnheitsmäßig die Wendung: ‚Mein lieber Leser.' In Wirklichkeit ist jeder Leser, wenn er liest, ein Leser nur seiner selbst".[104]

Das ist der schwindelerregende Status des narrativen Adressaten bei Proust: Er soll nicht, wie Nathanael, „das Buch wegwerfen", sondern es neuschreiben, völlig untreu und doch auf wunderbare Weise exakt, so wie Pierre Ménard, der den *Don Quijote* Wort für Wort neuerfindet. Jeder begreift, was diese Fabel, die zwischen Proust und Borges zirkuliert und in den kleinen benachbarten Salons der *Maison Nucingen* so vortrefflich illustriert wird, besagt: Der wahre Autor der Erzählung ist nicht nur der, der sie erzählt, sondern auch, und mitunter noch mehr, der, der sie hört. Und das ist nicht unbedingt der, an den man sich wendet: es gibt immer Leute nebenan.

103 „Endlich finde ich einen Leser, der *errät*, daß mein Buch ein dogmatisches Werk und eine Konstruktion ist" (*Choix de lettres*, présenté par Philip Kolb. Paris 1965, S. 197, dt. *Briefe zum Werk*. Frankfurt a. M. 1964, S. 292).

104 III, S. 910 f., dt. S. 4006 f.

Stimme (1983)

Das Kapitel über die Stimme ist zweifellos dasjenige, das für mich die heikelsten Diskussionen ausgelöst hat, vor allem soweit es um die Kategorie der Person geht. Auf die allgemeinen Ausführungen über die narrative Instanz und die Überlegungen, die die Zeit der Narration betreffen, komme ich nur kurz im Blick auf die sogenannte „spätere" Narration zurück, um ein wenig meine Behauptung[1] zu nuancieren, daß der Gebrauch des Präteritums „unweigerlich" die Vorzeitigkeit der Geschichte markiere. Diese Evidenz, ich selbst erwähnte es, wurde von Käte Hamburger schon vor einem Vierteljahrhundert lebhaft bestritten, worin ihr übrigens Roland Barthes vorausging, der im *Degré zéro* darauf hinwies, daß der Gebrauch des Passé simple eher die Literarität der Erzählung konnotiert als daß er die Vergangenheit der Handlung denotiert. Für Käte Hamburger hat das „epische Präteritum" bekanntlich keinerlei temporale Qualität: es markiert nur die Fiktivität der Fiktion. Diese These ist sicherlich nicht buchstäblich zu nehmen und schon gar nicht läßt sie sich auf jede Art von Erzählung in Vergangenheitsform anwenden. Bereits Hamburger selber will sie nicht auf die homodiegetische Erzählung angewendet wissen, die sie entschlossen außerhalb der Sphäre der Fiktion ansiedelt: In der Tat versteht es sich von selbst, daß eine Erzählung in der ersten Person – jedenfalls dann, wenn es sich um eine ausgewachsene Autobiographie handelt[2] – ihre Geschichte eindeutig in einer vollendeten Vergangenheit situiert, wodurch die Narration dieser Geschichte deutlich als später gekennzeichnet ist.

Entsprechendes würde ich aber auch von gewissen heterodiegetischen Erzählungen sagen, die den Vergangenheitscharakter ihrer Handlung nicht weniger eindeutig durch einen Epilog im Präsens markieren, der alles Vorangehende unweigerlich zu Früherem macht: vgl. *Tom Jones*, *Eugénie Grandet* oder *Madame Bovary*. Ein Einwand wäre hier natürlich der partiell homodiegetische Charakter dieser letztgenannten Erzählung, der bekanntlich im ersten Kapitel recht ausgeprägt ist und in ihren letzten, im Präsens verfaßten Sätzen implizit wiederkehrt. Ich denke allerdings, daß jede Schlußpartie im Präsens (und jede Anfangspartie im Präsens, wenn sie nicht rein deskriptiv ist, sondern bereits inszeniert wie in *Le père Goriot* oder *Le rouge et le noir*) eine Dosis, nur zu, an *Ho-*

1 S. 156 und zuvor bereits S. 17 [Seitenverweis *Die Erzählung*].

2 Weniger evident ist dies bei einigen kurzen homodiegetischen Erzählungen, wie bei *50 000 dollars* oder den Kurzgeschichten von Hammett, deren narratives System im ganzen nur sehr schwach von der Präsenz eines extrem nüchternen und mithin unpersönlichen *Ich* geprägt ist (ich komme darauf noch zurück).

modiegetizität in die Erzählung einführt, weil sie den Erzähler zum Zeitgenossen, also mehr oder weniger zum Beobachter macht: Hier liegt zweifellos eine Übergangsform zwischen diesen beiden Typen von Erzählsituationen vor. So gesehen lassen sich also die Punkte, an denen die These von Käte Hamburger nicht greift, auf einen einzigen zurückführen. 264 | 265

Eine dritte Ausnahme beträfe schließlich noch die sogenannte – fiktionale – „historische" Erzählung. Dieser Ausdruck ist sicher sehr vage, zumindest denke ich, daß man ihn hier in seiner weitesten Bedeutung nehmen muß, wo er jede Art von Erzählung umfaßt, die eindeutig situiert ist, sei es auch nur durch ein einziges Datum in einer – sei es auch noch so jungen – historischen Vergangenheit, zu deren Historiker und folglich, um ein ganz schwaches Oxymoron zu riskieren, *späterem Beobachter* sich der Erzähler allein durch diese eine Zeitangabe macht. Überflüssig zu erwähnen, daß fast alle klassischen Romane, von *La princesse de Clèves* bis zu den *Géorgiques* unter diese Rubrik fallen.[3] Und überflüssig auch die Bemerkung, daß diese dritte Ausnahme eng mit den beiden anderen zusammenhängt: Ein späterer Beobachter ist immer noch ein Beobachter, und der „historische Romancier", so weit entfernt die Diegese auch von seiner Erzählung sein mag, steht stets in irgendeiner raum-zeitlichen Beziehung zu ihr (und sei es auch eine der Distanz).

Letzten Endes beansprucht die These von Hamburger nur für die reine Fiktion Geltung, und die Fiktion ist nur selten rein – seltener jedenfalls als diese These annimmt: alle Typen, die ich soeben aufgezählt habe, sind „unreine" Fälle. Denn unter dem Gesichtspunkt, der hier für uns wichtig ist und der natürlich nichts mit dem mehr oder weniger realistischen Charakter einer Erzählung zu tun hat (ein Roman kann bei aller Phantastik doch zugleich in der „wirklichen" Geschichte situiert sein: vgl. *Vathek* oder *Die Handschrift von Saragossa*), wäre eine reine Fiktion eine Erzählung, die keinerlei Bezug auf den historischen Rahmen hätte. Dies ist bei Romanen, wie gesagt, nur selten und bei epischen Erzählungen wohl so gut wie nie der Fall; das „es war einmal" der Märchen scheint mir ein untrügliches Indiz für die – wenn auch eindeutig mythische – Vorzeitigkeit der Geschichte zu sein. Zweifellos ist es die Kurzgeschichte, die die Zeitlosigkeit der reinen Fiktion am besten verkörpert, und bei gewissen Präterita Hemingways kann man gut beobachten, wie sie sich dem Idealzustand eines zeit- und distanzlosen Ariosts nähern.

3 „Alle meine Romane sind historische", sagte Aragon, „auch wenn es keine Historienschinken sind" (Vorwort zu *La Semaine sainte*).

Jaap Lintvelt weist, wenn auch in anderem Zusammenhang[4], auf ein weiteres unfehlbares Indiz für die spätere Narration hin: es ist das für den von ihm auktorial genannten Erzähltyp charakteristische Vorhandensein von „zukunftgewissen Vorausdeutungen" im Sinne Lämmerts: Ein Erzähler, der wie der von *Eugénie Grandet* ankündigt, daß „in drei Tagen etwas Schreckliches passieren wird", macht damit unzweideutig klar, daß sein narrativer Akt später zu datieren ist als die Geschichte, die er erzählt, später zumindest als derjenige Punkt in der Geschichte, auf den er vorausdeutet.

Der Gebrauch des Präsens scheint a priori am geeignetsten zu sein, um Zeitlosigkeit zu fingieren; diese Funktion erfüllt er (zumindest im Französischen) in einem sehr weit verbreiteten Typ von Erzählung, der sich im allgemeinen außerhalb jeder historischen Wirklichkeit ansiedelt: die „histoire drôle". Doch schaut man genauer hin, spielt hierbei die *Person* eine entscheidende Rolle: Im heterodiegetischen Bericht (*Les gommes*) mag das Präsens durchaus diese Zeitlosigkeitsbedeutung haben, aber im homodiegetischen (*Aufzeichnungen aus einem Kellerloch*, die Romane Becketts, *Dans le labyrinthe*) rückt die Gleichzeitigkeitsbedeutung in den Vordergrund, die Erzählung tritt hinter der Erzählrede, dem narrativen Diskurs zurück und scheint jeden Moment in den „inneren Monolog" umzuschlagen. Ich habe mich kurz dazu geäußert (S. 224), aber für eine detailliertere und schärfere Analyse dieses Effekts kann ich nur auf das Kapitel „Von der Erzählung zum Monolog" in *Transparent Minds* verweisen.

Schaut man noch genauer hin, kann man einen ähnlichen Effekt übrigens auch im heterodiegetischen Bericht entdecken: Wenn eine Anfangspartie (*Père Goriot*) oder eine Schlußpartie (*Eugénie Grandet*) im Präsens genügt, um einer entschieden heterodiegetischen Erzählung ein Tröpfchen Homodiegetizität unterzumischen, wäre es paradox, diesen Effekt bei einer heterodiegetischen Narration, die vollständig im Präsens angelegt[5] ist (*Les gommes, Le vice-consul*), leugnen zu wollen. „Paradox" heißt allerdings nicht unbedingt *irrig*, da man ja behaupten könnte, daß der deiktische Wert des Präsens (das *Jetzt*, das ein *Ich* suggeriert) in einer durchgehenden Simultan-Narration schwächer wird oder verschwindet, da es am Kontrast fehle, den nur ein Kontext in Vergangenheitsform böte. Dennoch denke ich, daß der, wenn ich so sagen darf, *Homodiegetisierungs*-Effekt in einer Erzählung im Präsens nie völlig ausbleibt, da dieses Tempus stets, wenn auch mit unterschiedlicher Intensität, einen

4 *Essai de typologie narrative: le point de vue*, Paris 1981, S. 54.

5 Ich sage *angelegt* und nicht (ganz und gar) *abgefaßt*, weil das basale Präsens Analepsen im Passé simple oder Prolepsen im Futur nicht ausschließt.

Erzähler konnotiert, der – denkt sich der Leser unweigerlich – mit einer Handlung, die er aus solcher Nähe schildert, doch wohl selbst irgendwie zu tun haben wird. Hier haben wir zweifellos eines der Elemente des Jalousie-Effekts. Zusammenfassend kann man sagen, daß ich die narrative Auswirkung des Gebrauchs des Präteritums wohl etwas überschätzt habe – denn nicht immer erzeugt dieses Tempus im Leser den 266 | 267
Eindruck einer späteren Narration –, während ich diejenige des Gebrauchs des Präsens unterschätzt habe, da dieses Tempus fast unwiderstehlich eine Präsenz des Erzählers in der Diegese suggeriert.

Weiterführende Literatur und Kontexte:

S. in diesem Band die Beiträge von BACHTIN, BARTHES, STANZEL, STIERLE und RICŒUR. – Unter den kritischen Beiträgen, auf die Genette in seinem Nouveau discours du récit repliziert, sind besonders hervorzuheben: SHLOMITH RIMMON: A Comprehensive theory of narrative: Genette's Figures III and the Structuralist study of fiction. In: Poetics and Theory of Literature (PTL) 1 (1976), S. 33–62. – MIEKE BAL: Narratology. Introduction to the Theory of Narrative. Toronto: University of Toronto Press 1985 (zuerst niederl. 1980). SHLOMITH RIMMON-KENAN: Narrative Fiction: Contemporary Poetics. London, New York: Routledge 1983. – SEYMOUR CHATMAN: Towards a Theory of Narrative. In: New Literary History 6 (1975), S. 295–318; DORRIT COHN: Signposts of Fictionality. A Narratological Perspective. In: The Distinction of Fiction. Baltimore, London: John Hopkins UP 1999, S. 9–131.

Alexander Kluge: Zur realistischen Methode (1975)

Alexander Kluge (*1932)

In Halberstadt geboren, Studium der Rechtswissenschaften, Geschichte und Kirchenmusik in Marburg und Frankfurt; Volontariat bei Fritz Lang (1957/58). Erster (Kurz-)Film (mit Peter Schamoni) 1960: *Brutalität in Stein*; 1962 Gründung des Ulmer Instituts für Filmgestaltung an der dortigen Hochschule (Leitung zus. mit Edgar Reitz); im gleichen Jahr Lesung bei der Tagung der Gruppe 47 in Berlin. 1963 Gründung einer eigenen Produktionsfirma (Kairos-Film) und Engagement für Filmförderung. Neben seinen filmischen und kulturpolitischen Arbeiten literarische Veröffentlichungen (*Lebensläufe*, 1962; *Schlachtbeschreibung*, 1964). Gemeinsame gesellschaftstheoretisch-politische Arbeiten mit dem Soziologen Oskar Negt (bisher: *Öffentlichkeit als Erfahrung*, 1972; *Geschichte und Eigensinn*, 1981; *Maßverhältnisse des Politischen*, 1992). Ab 1984 beginnt Kluges Arbeit im Fernsehen (vgl. *Facts & Fakes: Fernsehnachschriften* sowie div. Interviewbände); 1987 Gründung der TV-Produktionsgesellschaft DCTP.
Zahlreiche Arbeiten zu Filmtheorie, Bewußtseinsindustrie, Kino und Politik; Herausgeber von *Bestandsaufnahme: Utopie Film*. Frankfurt: Zweitausendeins 1983.

Gebündelt, neu organisiert und teilweise überarbeitet liegen Kluges Arbeiten jetzt z.T. wieder neu vor: *Chronik der Gefühle* (2 Bde.). Frankfurt: Suhrkamp 2000; *In Gefahr und größter Not bringt der Mittelweg den Tod. Texte zu Kino, Film, Politik*. Hrsg. v. Christian Schulte. Berlin: Vorwerk 8, 1999 (mit einer Filmographie); AK/Oskar Negt: *Der unterschätzte Mensch* (2 Bde.). Frankfurt: Zweitausendeins 2001.

Erstausgabe = Druckvorlage: Alexander Kluge: *Gelegenheitsarbeit einer Sklavin*. Frankfurt: © Suhrkamp 1975, S. 201–209, S. 215–222.

Alexander Kluge: Zur realistischen Methode

Die realistische Methode und das sog. „Filmische"

Normalerweise lernt man in unseren Bildungseinrichtungen die deduktive Methode. Von Gesetzen, Regeln, Werten geht es abwärts zu ihrer Anwendung oder Ausfüllung durch Beispiele. Wirklichkeit wird *repräsentiert.* Prinzip der Illustration: Die Abstraktion regelt die Konkretion, indem sie sie zerstört. 274 | 275

Dem Anschein nach entwickelt der Film dazu ein Gegenprogramm. Sein Grundmaterial enthält scheinbar konkrete Abbildungen. Für Gedanken hat er seinem Qualitätskanon nach wenig Sinn. Er hat nicht die Abgeschliffenheit und Allgemeinheit der sog. Verkehrssprache.[1] Die Mehrzahl seiner Produkte sind auf direkte Nachahmung von Realität gerichtet.

Die deduktive Methode kann aber auch verkappt auftreten. Sie tut dann lediglich so, als wäre sie induktiv. Das gilt z. B. für das naturwissenschaftliche Experiment, nach dem Verständnis des 18. und 19. Jh. Prototyp der Induktion. Georg Lukács: *Geschichte und Klassenbewußtsein*, Berlin 1923, S. 146: „Gerade das Experiment ist die am reinsten kontemplative Verhaltensweise. Der Experimentator schafft ein künstliches, abstraktes Milieu, um das ungestörte Sichauswirken der zu beobachtenden Gesetze ungehindert, alle hemmend irrationellen Elemente sowohl von der Seite des Subjekts wie von der des Objekts ausschaltend, beobachten zu können." Vgl. dazu auch Horst Kurnitzky: *Triebstruktur des Geldes*, Berlin 1974, S. 44 ff. Die deduktive Grenzziehung geht hier der Beobachtung also voraus.

Etwas ähnliches gilt für den Direktzugriff des Kinos auf die Realität, gleich ob es sich um Spielfilm oder um Dokumentarfilm handelt. **Die intensivste Beobachtung oder die wahrscheinlichste Handlung setzen**

1 In der Geschäfts- und Behördensprache ist das offensichtlich. Aber es gilt auch für die Metaphern der Umgangssprache, ich sage z. B.: „am Fuß des Berges". Das enthält kein Bild, denn der Berg hat keinen Fuß. Es ist aber auch als Begriff nicht genau, z. B. weiß ich nicht, an welcher Stelle dieser „Fuß" beginnt und wo er endet. Es ist ein Mittelwert zwischen Abstraktion und Anschauung. Das Bedürfnis nach solcher Verkehrssprache liegt in der raschen Steuerung von Ungefähr-Bestimmungen. Will man genauer reden, z. B. in der technischen Sprache, so entfernt man sich von der „Sprache", vgl. z. B. die auf zwei Druckseiten erstreckte Definition der Eisenbahn durch das Reichsgericht, die Sprache der technischen Patente usf.

Die Filmaufnahme kann die mittlere Abstraktion der Verkehrssprache nicht nachahmen. Im Falle des Berges gibt sie entweder eine wirklich genaue Topographie oder sie mißlingt und bleibt überhaupt unbestimmt. Ihre Schwierigkeit liegt eher darin, daß sie zuviel Information enthält, so daß sie Probleme hat, bestimmt umgrenzte Abstraktionen zu bilden.

den, die wirklichen Zusammenhänge ausgrenzenden, Schematismus dieser Genres bereits voraus.[2]

Die elementare Vorgehensweise des Films findet sich in der Anfangsphase der Filmgeschichte bei Lumière und Meliès. Lumière beobachtet einfache Vorgänge: Arbeiter verlassen eine Fabrik, ein Zug fährt in eine Bahnhofshalle ein, so wie die Kamera den Vorgang erfaßt. Meliès erzählt erfundene Geschichten. Er fotografiert präparierte Atelier-Wirklichkeit: die Reise zum Mond, Jules-Verne-Geschichten usf.

Aus beiden Urzellen, der dokumentarischen und der fiktiven Momentaufnahme, haben sich die Genres des Dokumentarfilms und des Spielfilms entwickelt. Der heutige Fernseh- und Kinofilm vermischt Dokumentation und Fiktion – bis hin zur Umkehrung ihrer Funktionen: Dokumentation wird fiktiv, Fiktion hat dokumentarischen Ausdruck (z. B. besonders deutlich im nationalsozialistischen Film, den man gar nicht „erfinden" könnte). Einzelne Parameter: Farbe, Ton, Formate sind forciert, Übertragungen aus Literatur, Theater, Show, Hörfunk, Journalismus haben stattgefunden. Die Grundelemente des Films sind hochspezialisiert, aber ihr Grundprinzip ist gleich geblieben: Es werden enge Realitätsausschnitte, Momentaufnahmen, gebildet und miteinander zu einem Zusammenhang montiert.

Das Grundinteresse des Dokumentarfilms

Ein Dokumentarfilm wird mit drei „Kameras" gefilmt: der Kamera im technischen Sinn (1), dem Kopf des Filmmachers (2), dem Gattungskopf des Dokumentarfilm-Genres, fundiert aus der Zuschauererwartung, die sich auf Dokumentarfilm richtet (3). Man kann deshalb nicht einfach sagen, daß der Dokumentarfilm Tatsachen abbildet. Er fotografiert einzelne Tatsachen und montiert daraus nach drei, z. T. gegeneinander laufenden Schematismen einen Tatsachenzusammenhang. Alle übrigen möglichen Tatsachen und Tatsachenzusammenhänge werden ausgegrenzt. Der naive Umgang mit Dokumentation ist deshalb eine einzigartige Gelegenheit, Märchen zu erzählen. Von sich aus ist insofern Dokumentarfilm nicht realistischer als Spielfilm. Günter Peter Straschek, *Handbuch wider das Kino*, S. 10: „Film ist etwas Gemachtes, Zusammengesetztes, Künstliches – zugespitzt in Sternbergs Annahme, der ideale Film werde völlig synthetisch sein. Endlich zu begreifen wäre: des Kinematografen oft zitierte

2 Dazu und zum Folgenden besonders genau das Eingangskapitel in Günter Peter Straschecks *Handbuch wider das Kino*, 1975, Edition Suhrkamp 446, S. 9 ff.

'dokumentarische Authentizität' ist nichts anderes als die hohe Stilisierung der Oper. Daß soziale Wirklichkeit nicht bei Abfilmung von Gegebenem sich folgerichtig einstellt, darauf ist zu verweisen in Anbetracht der herrschenden Mißverständnisse, bei Wiederholung von Brechts Bemerkung: ‚Die Lage wird dadurch so kompliziert, daß weniger denn je eine einfache ‚Wiedergabe der Realität' etwas über die Realität aussagt.' Eine Photographie der Kruppwerke oder der AEG ergibt beinahe nichts über diese Institute. Die eigentliche Realität ist in die Funktionale gerutscht. Die Verdinglichung der menschlichen Beziehungen, also etwa die Fabrik, gibt die letzteren nicht mehr heraus. Es ist tatsächlich ‚etwas aufzubauen', etwas ‚Künstliches', ‚Gestelltes'." Von Straschek zitierte Brecht-Stelle in: *Gesammelte Werke*, Band 18, Frankfurt/Main 1967, S. 161 ff.

Die Dokumentarfilmtradition hat insbesondere die *kritische* Dokumentation hervorgebracht. Unter den Gründen, Tatsachen aufzuzeichnen, ist insbesondere der zeitkritische Ansatz das Hauptmotiv. Man braucht ja ein Erkenntnisinteresse, um die Momentaufnahmen in einen Zusammenhang zu bringen. Die Mehrzahl der Produkte haben ein wissenschaftliches, propagandistisches oder kritisches Interesse oder eine Mischung hiervon, selten radikal, sondern meist ein mittleres Verkehrsinteresse.

Dieses „kritische" Interesse, das ohne besondere Methode, als „naturwüchsige" Kritik, von oben nach unten funktioniert, steht im Gegensatz zu dem, was die Kamera als Instrument vermag, die ja gerade nichtkritisch (und insofern radikal) aufnimmt. Der Kontrast zwischen dem gesellschaftlichen Kameraauge des Filmers und des Genres und dem naturalistischen Kameraauge des Instruments lähmt wechselseitig die Radikalisierung der Beobachtung.

Die Botschaft des Mediums (Rezeption des Genres durch den Zuschauer) ist ebenfalls zwiespältig. Kritische Absicht des Filmmachers und Genre bewegen sich gegeneinander. In der Dokumentation wird z. B. eine Masse kritischer Wirklichkeit versammelt, an der sich der Protest des Zuschauers entzünden kann. Gleichzeitig wird aber auch der Wirklichkeitsdruck dokumentiert: die Übermacht des unveränderten Realgeschehens. Gerade die Reduktion auf Sachlichkeit und Tatsachen hat die negative Wirkung, daß schlechte Realität ihre Dauerexistenz beweist. Sehe ich z. B. eine Fernseh-Dokumentation über Südafrika so registriere ich nicht nur das Geschehen, sondern ich werde dadurch entmutigt, daß ich es, vor dem Fernsehschirm sitzend, nicht ändern kann. An diese widersprüchliche Haltung produziert das Genre eine Gewöhnung, unabhängig davon, ob der Dokumentarist das will.

Man kann darauf nicht antworten, indem man den Film feiert: „24 mal in der Sekunde die Wahrheit". Gerade das technische Instrument, das

24 Bilder in der Sekunde aufnimmt, hat für Wahrheit keinen autonomen Sinn. Die Kamera dokumentiert lediglich die Trägheit des menschlichen Auges, das bei 24 Bildern in der Sekunde die Dunkel-Phasen nicht mehr wahrnimmt, sondern die Illusion eines kontinuierlichen Vorgangs produziert.

Das Grundinteresse des Spielfilms

Im menschlichen Kopf sind Tatsachen und Wünsche immer ungetrennt. Der Wunsch ist gewissermaßen die Form, in der die Tatsachen aufgenommen werden.[3]

Die Wünsche haben nicht weniger Real-Charakter als die Tatsachen. Sie haben ihre Hauptwurzel in der Tatsache, daß die gesamte libidinöse Erfahrung in der Kinderzeit an Personen, den Urobjekten, erlernt wird. **Es ist der Wunsch, diese persönlichen Beziehungen in Form der Spielhandlung wiederzuerkennen, die Welt in menschliche Beziehungen zu zerlegen. Die Utopie davon ist realistisch.**

Tatsächlich bestimmen nicht Menschen das Geschehen, sondern die Sachgesetze der Warenproduktion und der Geschichte. Die menschliche „Handlung" wird von diesen objektiven Bewegungen im günstigsten Fall hinterhergezogen, viel häufiger: sie wird zerschnitten, unterbrochen. Einer hat im Frühherbst 1939 gerade angefangen sich zu verlieben. Jetzt wird er zum Polenfeldzug eingezogen, kehrt 1952 einbeinig zurück. Diese Liebesgeschichte ist nicht von ihm bestimmt.

Gerade diese Erfahrung macht aber das Bedürfnis nach permanenter Nacherzählung von Spielhandlung nur dringender. Die Wünsche beharren auf dieser Spannung, auf dem roten Faden der Erzählung, der die Realzusammenhänge menschlich sortiert und die erdrückende Mehrheit des Erzählbaren dabei ausgrenzt. Ähnlich, wie im Dokumentarfilm der Sinnzwang, die Pointe, die Beobachtung wegdrückt. Aber der Druck der Handlung ist wesentlich vehementer, als es das Bedürfnis nach Sinnverknüpfung oder Sachlichkeit im Dokumentarfilm sein kann: Es geht um Wünsche. In dieser Umformung alles Realen in spannende Handlung liegt der im Zuschauer vorproduzierte Schematismus aller Spielfilmgenres.

3 Erst in den Massenmedien, der Verwaltung für menschliche Wünsche und Tatsachen, entstehen getrennte Überbauten für das Bedürfnis nach Tatsachen und den Ausdruck der Wünsche: Hauptabteilung Fernsehspiel und Film, Abteilung Dokumentation. Diese Genres entwickeln getrennte Ideale.

Diesen Schematismus durchbricht auch nicht das Reform-Kino.
Was machen z. B. Kinosensibilisten? Sie schärfen einzelne Sinne.[4] Diese
Schärfung kann man aber in der gesellschaftlichen Praxis gar nicht ge-
brauchen. Um mit einem Chaos an lautstarker Wirklichkeit umzugehen,
der ganzen „ungeheuren Warensammlung“ von Eindrücken, die in den
Kopf eindringt, muß der praktische Mensch sie wieder abschalten. Ein- 278 | 279
fache Spezialisierung der Sensibilität tendiert dazu, daß man sie nicht
anwendet: die Realität würde das Instrument beschädigen. Die Realität
muß an die sensiblen Instrumente angepaßt werden, anstatt daß die
Sinnlichkeit lernt, mit Realitätszusammenhängen robust umzugehen.
Für Wilhelm Meister, der sich sein ganzes Leben lang bildet und nicht
arbeitet, ist die ganze Welt ein Versuchslabor, kontemplativ – er, als
Subjekt, steht ihr gegenüber. „Ich denke, also bin ich“, „die Welt war
nicht, ehe ich sie erschuf“. Hundert Jahre später: In den Kopf von Franz
Biberkopf in Alfred Döblins *Berlin Alexanderplatz* dringen Dampfhäm-
mer, die objektiven Assoziationen der Umwelt, bereits direkt und ge-
waltsam ein. Er könnte gar nicht mehr sagen, was in seinem Kopf sub-
jektiv und was darin frei-flottierende Objektpartikel sind. Die Persön-
lichkeit ist eine Unzahl vereinzelter, treibhausmäßig vorwärtsgetriebener
oder ruinierter Eigenschaften. Es hat für ihn keinen Sinn, *einzelne* dieser
Eigenschaften anzuspitzen.[5]

4 In dieser Reduktion sind selbstverständlich Filme von *Kristl, Straub, Herzog u. a.* nicht zu begreifen. Es gehört zum Kennzeichen des Schematismus, daß er niemals konsequent sämtliche Formen des Mediums bestimmt.

5 Konsequenter Sensibilismus ist scheinbar das Bedürfnis des subjektiven Filmemachers, der die Zeit dafür hat und seinen Kopf lärmfrei hält, d. h. gegen Realerfahrung sperrt. Es ist aber zweifelhaft, ob ein solches konservatives Bedürfnis nicht bereits präpariert ist, nicht *radikale Subjektivität* (für die es zu kämpfen gilt), sondern *Folge der Erfahrungslosigkeit* aus dem Geiste einer neuen jeunesse dorée. Dies wird offenkundig problematisiert in dem Film *Falsche Bewegung* von Wim Wenders und Peter Handke: der Schriftsteller Wilhelm Meister, der sich um der Qualität seiner subjektiven Schreibweise willen von den Mischerfahrungen der deutschen Realität absperrt und dann mit dem Blick auf gar nichts Bestimmtes von der Zugspitze blickt. Aber muß man so erhebliche professionelle Mittel des Kinos und der Sensitivität wie in diesem Film in Gang setzen, auch noch das Goethesche Werk aufbrauchen, um ein Scheinproblem zu entfalten? Ein konsequent subjektiv arbeitender Schriftsteller wie Arno Schmidt ist doch gerade ein Mammutarbeiter, Rehabilitator der assoziativen Methode und eines fundierten Realismusbegriffs, also als radikaler Verfechter des im richtigen Sinne konservativ-subjektiven Standpunktes (den ich rigoros verteidigen würde, ohne Rangunterschied zu den objektiven Bedürfnissen der Leser oder Zuschauer) das volle Gegenteil des Schriftstelleranwärters Wilhelm Meister. Was ist der Grund dafür, daß das Interesse auf diesem Schein-Hamlet liegt und der Gesamtfilm nicht aus der Sicht der viel interessanteren Mignon erzählt wird? Eine solche Verschiebung des Erzählstandpunktes würde den ganzen Film umkehren. Die Landschaften des Films (gelbes Herbstlaub), die Intensität der Szenen, die Lichter der Stadt erhielten aus Mignons Erlebnishunger, *ihrer* Abhängigkeit und *ihrer* sinnlichen Neugier einen Sinn. Wahrscheinlich wären

Die klassische Beschreibung der realistischen Methode

„Es scheint das Richtige zu sein, mit dem Realen und Konkreten, der wirklichen Voraussetzung zu beginnen, also z. B. in der Ökonomie mit der Bevölkerung, die die Grundlage und das Subjekt des ganzen gesellschaftlichen Produktionsakts ist. Indes zeigt sich dies bei näherer Betrachtung (als) falsch. Die Bevölkerung ist eine Abstraktion, wenn ich z. B. die Klassen, aus denen sie besteht, weglasse. Diese Klassen sind wieder ein leeres Wort, wenn ich die Elemente nicht kenne, auf denen sie beruhn, z. B. Lohnarbeit, Kapital etc. Diese unterstellen Austausch, Teilung der Arbeit, Preise etc. Kapital z. B. ohne Lohnarbeit ist nichts, ohne Wert, Geld, Preis etc. Finge ich also mit der Bevölkerung an, so wäre das eine chaotische Vorstellung des Ganzen und durch nähere Bestimmung würde ich analytisch immer mehr auf einfachere Begriffe kommen; von dem vorgestellten Konkreten auf immer dünnere Abstrakta, bis ich bei den einfachsten Bestimmungen angelangt wäre. Von da wäre nun die Reise wieder rückwärts anzutreten, bis ich endlich wieder bei der Bevölkerung anlangte, diesmal aber nicht als bei einer chaotischen Vorstellung eines Ganzen, sondern als einer reichen Totalität von vielen Bestimmungen und Beziehungen. Der erste Weg ist der, den die Ökonomie in ihrer Entstehung geschichtlich genommen hat ... Das letztere ist offenbar die wissenschaftlich richtige Methode. Das Konkrete ist konkret, weil es die Zusammenfassung vieler Bestimmungen ist, also Einheit des Mannigfaltigen ...“ [6]

Das sog. Filmische, gleich ob im Dokumentarfilm oder im Spielfilm, beginnt „mit dem Realen und Konkreten, der wirklichen Voraussetzung“. Dies ist der handwerkliche Direktzugriff: die Momentaufnahme des Dokumentarfilms; die sogenannte typische, dramaturgisch und psychologisch *motivierte* Szene im Spielfilm oder deren Umkehrung: das Überraschende, Atypische, Besondere, das seine Plausibilität aber in der gleichen realistischen Illusion sucht. Straschek, *Handbuch wider das Kino*, S. 11: „Abbildnaturalismus, Widerspiegelungstheorie. Der immens ab-

ihr aber die Wahrnehmungen des Films viel zu eng. Sie interessiert sich nicht primär dafür, was die Kamera ohne Strapazierung kann: abstrakte Schönheit, die ein Feingeist anschließend ablehnen darf. Daß der Film diese Neugier in seinen Personen gar nicht aufsucht, macht ihn zu einem Bildungsfilm. Die sog. Sensibilität ist im schlechten Sinne Intellektualität, d. h. ein Programm von sinnlicher Gleichgültigkeit, die sich dadurch abstützt, daß sie so tut, als wäre sie die Metakritik dieser Kälte. Man kann aber keine Metakritik von etwas betreiben, das gar nicht versucht worden ist. „Unbestimmte Negation.“

6 Marx, *Einleitung zur Kritik der politischen Ökonomie, MEW* Bd. 13, Berlin 1969, S. 6311 ff.

strakte Gehalt von Film – ,ein schwerwiegender Fehler, ihn den bildenden Künsten anzuhängen, als wäre er eine Untergattung der Malerei' [G. Della Volpe, *Critica del gusto*, Milano 1960, terza edizione riveduta e accresciuta 1966 (= SC/10.4), p. 150] – wird in Permanenz durch die provozierende Bildvordergründigkeit des Kinos negiert (und von daher stammt zum Teil auch die naive Auffassung von Einfluß und Propaganda)."

„Indessen zeigt sich dies bei näherer Betrachtung (als) falsch." Es entsteht eine Real-Ordnung, die das chaotische Ganze nicht faßt. In Wirklichkeit ist dieses Verfahren Raubbau. Film als eine „reiche Totalität" von vielen Bestimmungen und Beziehungen, entsteht nicht durch den Direkt-Zugriff, sondern durch die analytische Methode, die keine Sache des Kopfbewußtseins, sondern die Grundform der sinnlichen Erfahrung ist. Man lernt diese Methode aus dem *Widerstand der Sinne*; (siehe unten S. 284 ff.). Radikale Fiktion und radikal authentische Beobachtung: das ist das *Rohmaterial.* Montage, Verarbeitung in Zusammenhänge, die Übersetzung der Zuschauerinteressen, die Umformung der Produktionsweise des Mediums, dies sind weitere Anwendungen der analytisch-sinnlichen Methode. Sie schließt gesellschaftliche Erfahrung auf (und *gleichzeitig* das in ihr materialisierte Potential an Vergnügungsinteressen, an Komik, Überraschung, Spannung des Zuschauers – aber keine dieser Reaktionen bleibt, wie sie historisch entstanden ist). Konstruktionsarbeit, so wie man Eisenbahnen, Brücken baut, Städte gründet, aber überhaupt nicht viereckig oder gradlinig.[7]

Auf ein geschlossenes System kommt es dabei nicht an. Man kann das so sehen: seit einigen zehntausend Jahren gibt es Film in den menschlichen Köpfen – Assoziationsstrom, Tagtraum, Erfahrung, Sinnlichkeit, Bewußtsein. Die technische Erfindung des Kinos hat dem lediglich reproduzierbare Gegenbilder hinzugefügt. Deshalb sind technische Massenmedien nicht das Elementare. Das gilt für alle Massenmedien. *Sie können deshalb gar nicht vollständig sein.* Elementar, d. h. das umfassende Massenmedium, ist die lebendige Arbeit, die das ununterdrückbare Produktionsverhältnis ist. Sie besitzt, wenn auch unerforscht, einen auto-

7 Helmut Färber, *Baukunst und Film, Etwas über die Geschichte des Gebrauchs von Bildern*, erscheint demnächst im Verlag der Film-Kritiker-Kooperative, München, setzt deshalb Film und Baukunst, Architektur und Kunstfilm, Gesamtkunstwerk, Weltausstellung, Welt als Schaufenster und die Kinoillusion in Beziehung zueinander: „Ein wichtiger Bestandteil dieses home ist jetzt die Weltausstellung selbst, d. h. das Fernsehen … das Fernsehen hat die Baukunst abgelöst" (S. 25). „Von seinen Zusammenhängen mit der Vergangenheit her betrachtet ist der Kino-Spielfilm noch einmal ein eigener Bereich wie die Oper, mit Hollywood als Versailles; … *So* betrachtet ist die Geschichte des Kinofilms eine Episode zwischen Baukunst und Fernsehen" (S. 27).

nomen Realismus, der die Potenz hat, Irrtümer und Defizite jeder realistischen Konstruktion zu korrigieren.

Die Praxis ist demgegenüber enttäuschend. Gerade ein konsequent realistisches Verfahren in der Filmarbeit bringt zunächst „immer dünnere Abstrakta". Man sieht vielleicht die Konstruktionsarbeit, nicht den Realismus. Hier liegt ein schwer auflösbares Problem: **die Produktivkraft Kino kann nur gemeinsam mit den Wahrnehmungskräften der Zuschauer entfaltet werden; es ist deshalb nicht nur eine Frage der Anstrengung der Filmmacher, ob sie auf dem Wege zur „Einheit des Mannigfaltigen" unterwegs steckenbleiben**. Solange sie das tun, sitzen sie zwischen den Stühlen. Ihre Filme haben nicht die immerhin plausible Illusionswirkung des klassischen Kinos, und sie sind auch nicht wirklich konkret. Sie sind Versuche einer noch nicht entwickelten Produktivkraft, deren Entfaltung eine Umformung der ganzen Kinorealität voraussetzt. Solche Filme wirken zerrissen. Aber wenn der Weg nicht konsequent fortgesetzt wird, dann ist die Filmgeschichte eine Sammlung primitiver Versuche.

Radikale, authentische Beobachtung bringt ein Resultat, das für den Durchschnittsrealismus absolut fremd, „ungesehen", erscheint. Radikale Fiktion, die z. B. in der alltäglichen Erscheinung nicht miteinander (oder nur in kleiner Münze) konfrontierte Widersprüche zusammenfaßt, erscheint vom gesunden Menschenverstand her als übertrieben. Das liegt daran, daß die Perspektiven des mittleren Realismus eine ideologische Ballung bilden, eine Schein-Wirklichkeit, an die sich Gewöhnungen kristallisieren. Diese Gewöhnungen sind programmgleich mit der schulmäßig erlernten Arbeit des Bewußtseinsapparats, dem offiziellen, domestizierten Bewußtsein, das an der gesellschaftlichen Entwicklung teilhatte.

Unterhalb dieser Schwelle des beherrschenden Bewußtseins existiert jedoch eine vom Herrschaftssystem unterdrückte lebendige Arbeit: subdominantes Bewußtsein. Wegen der Unterdrückung war keine Gelegenheit oder kein Grund, es zu domestizieren. Kennzeichen dieser Teile des Wahrnehmungsvermögens ist es, daß sie überwiegend selbstreguliert funktionieren: sie haben meist nicht den organisierten Standard der gesellschaftlich nützlichen Arbeitskraft. Sie haben jedoch Ausdrucksbedürfnisse, die an der Durchbrechung der Zwangsgesetze des traditionellen sog. Bewußtseins interessiert sind (vgl. dazu z. B. die Untersuchung von Dagmar von Doetinchem und Klaus Hartung, *Zum Thema Gewalt in Superhelden-Comics*, Basisverlag, Berlin 1974).

So wie sich ideologischer Realismus, Logik, Bedeutungsdramaturgie, offizieller Bewußtseinsapparat miteinander verbinden, so kann die Gegenbewegung dazu nur in der Allianz eines radikal analytischen

Verfahrens mit denjenigen Eigenschaften in der Wahrnehmung des Zuschauers entwickelt werden, die gegenüber dem Erziehungsbewußtsein eine unterdrückte Klasse bilden.

Die schärfste Ideologie: daß die Realität sich auf ihren realistischen Charakter beruft

Es muß möglich sein, die Realität als die geschichtliche Fiktion, die sie ist, auch darzustellen. Sie hat eine Papiertiger-Natur. Den Einzelnen trifft sie real, als Schicksal. Aber sie ist kein Schicksal, sondern gemacht durch die Arbeit von Generationen von Menschen, die eigentlich die ganze Zeit über etwas ganz anderes wollten und wollen. Insofern ist sie in mehrfacher Hinsicht gleichzeitig wirklich und unwirklich. Wirklich und unwirklich in jeder ihrer einzelnen Seiten: kollektive Wünsche der Menschen, Arbeitskraft, Produktionsverhältnisse, Hexenverfolgung, Geschichte der Kriege, Lebensläufe der Einzelnen. Jeder dieser Ausschnitte für sich und alle zusammen haben antagonistische Eigenschaft: **sie sind eine reißerische Erfindung und sie treffen wirklich.**

Das hat Rigidität. Starre Kälte. Menschen sterben daran, werden auseinandergenommen, liegen unter Bombenteppichen, sind tot zu Lebzeiten, werden als Verrückte in Anstalten eingewiesen usf. Realität ist wirklich insofern, als sie Menschen real unterdrückt. Sie ist unwirklich insofern, als jede Unterdrückung die Kräfte lediglich verschiebt. Sie verschwinden aus der Oberwelt, aber arbeiten im Untergrund weiter. Das Verdrängte leistet unterhalb des Real-Terrors alle Arbeit.

Eine sog. Liebesszene ist z. B. eine solche Real-Erfindung. Wir sind alle gewohnt, in einem Film – oder in Wirklichkeit – eine solche Szene an „realistischen Maßstäben" zu messen, die angeblich in dieser Szene selber enthalten sind. Die Liebesszene ist aber nur dann realistisch, wenn z. B. die künftige Abtreibung gleich in sie eingeschnitten wird. Aber auch die Geschichte aller früheren Abtreibungen. Das ist in einer wirklichen Liebesszene nicht anders, gleich, ob die beiden an die Abtreibung denken, ob diese überhaupt in dem konkreten Falle aktuell ist. Die gesamte vorangegangene Erfahrung, auch die durch Verhütung ausgesparte, auch die der Voreltern und die aller fremden Liebesszenen, ist in der konkreten Szene gegenwärtig. Der Konflikt zwischen Zärtlichkeit und den unzärtlichen Folgen, der rabiaten Erwartung und dem, was sich davon erfüllen läßt, genau dies ist der Real-Gehalt. **An der Schärfe dieses Konflikts messen sich alle anderen Wahrnehmungen.** Isoliert davon, nur „gegenwärtig", wird die Liebesszene ideologisch. **Die Szene wird aber auch ideologisch, wenn man ihr die Illusionen austreibt.** Sie fände dann gar nicht statt.

Die Geschichte ganzer Generationen und die aller Folgen prägt die Liebesfähigkeit oder die Liebesunfähigkeit, alle Ausdrucksformen der

Szene, alle Berührungen, das Zögern, die Spontaneität. Real ist die verkürzte Wahrnehmung der Sexualität der Frau, wenn man meint, daß sie sich auf den Orgasmus bezieht, *aber auch ihre wirkliche sexuelle Geschichte*, die weitererzählt, bis das Kind zur Welt gebracht ist, aufwächst[1], einschließlich der Geschichte von Kindern, die durch Verhütungsmaßnahmen gar nicht erst entstehen, aber dann eben negativ den Augenblicksmoment 284 | 285 bestimmen. Das sind ganze Romane, ohne die aber die einzelne Szene nicht realistisch wird.

Ein Verehrer der Wirklichkeit läßt diese, wie sie ist, geht z.B. darin spazieren, „lebt". Scheinbar hat er eine kongruente Beziehung – es kommt zu keinem Protest. Das ist jedoch ein Irrtum. Wie kommt es denn, daß die „ungeheure Warensammlung" sich um seine menschlichen Bedürfnisse gar nicht kümmert, und er dies nicht wahrnimmt? „Ich kann mich praktisch nur menschlich zu der Sache verhalten, wenn die Sache sich zum Menschen menschlich verhält." Die Sache verhält sich zu ihm aber nicht menschlich. Wie kommt es, daß er das überhaupt nicht merkt? Bei ihm sind die Verzerrer des Bewußtseins schon früher in Funktion getreten. *Er muß zunächst allen Realismus der Sinne zerstört haben, um seine Zufriedenheit zu erreichen und aufrechtzuerhalten.* Diese hochideologische Arbeit setzt Protest voraus, der bei ihm lediglich sehr früh entstanden sein muß, jetzt ist auch die Protestenergie weggearbeitet, in „Harmonie" umgesetzt. Insofern gibt es von der gesellschaftlichen Natur her keine ausgeglichene Realbeziehung.

Das Motiv für Realismus ist nie Bestätigung der Wirklichkeit, sondern Protest. Ein solcher Protest drückt sich verschiedenartig aus: durch **radikale Nachahmung** (Imitation, Clownerie, Insistieren, Nachäffen, Oberflächenzusammenhang, absurder Sinn, Mimesis), durch **Ausweichen vor dem Druck der Realität** (Traum, Negation, Überhöhung, Erfindung, Ersetzung eines Problems durch ein anderes, Übersprungverhalten, einfaches Weglassen, Utopie) oder durch **Angriff** („Macht kaputt, was euch kaputt macht", **aggressive Montage, Vernichtung des Gegenstandes, Klischierung des Gegners, Selbstzweifel, Darstellungsverbote, Zerstörung des Metiers, Guillotine**). Die Unterscheidung zwischen Ausweichen (Schematismus des Realitätsdrucks) und Angriff (Notwehrschematismus des Subjekts) ist äußerlich graduell, im Resultat meist nicht zu erkennen. Eine Variante des Angriffs, der Vernichtungsreaktion, ist die **gewaltsame Richtigstellung des verdrehten Verhältnisses zu den Dingen.** Die Reaktionen des Bewußtseinsapparates (Nachahmung, Ausweichen)

1 Dazu ‚Brief von Gunild Feigenwinter an Hannelore Mabry', in: Frauenforum, Nr. 1/75, S. 5 ff.

werden unterdrückt im Interesse einer „rationalen", „ausgewogenen Haltung".

In allen diesen Fällen wird Protest (moralisches Gefühl, Wut, Ratio) direkt umgesetzt. Dieser Direkt-Zugriff verzerrt aber das Unterscheidungsvermögen innerhalb der Realität, die Aufmerksamkeitsraster. Was in diesem Verhalten realistisch ist (der Protest selber, das Motiv), und das, was ideologisch ist (das Resultat, die Aussage), kann nicht mehr voneinander getrennt werden. Das ist im Falle der *Nachahmung* am wenigsten schlimm. Hier wird nur das Einteilungsinteresse, die Klarheit der Aussage verwirrt. Bei der Arbeitsform des *Ausweichens* und des *Angriffs* ist die Realbestimmung noch indirekt zu erfassen, durch Rückübersetzung. Bei der *gewaltsamen Richtigstellung*, der *Rationalisierung*, ist dagegen die ursprüngliche Realbeziehung fast überhaupt nicht mehr zu rekonstruieren, sie ist im Interesse der Klarheit der Aussage, der Frontgenauigkeit, verschwunden.

Antagonistisch ist also nicht nur die Realität als Gegenstand, sondern auch jede menschliche Verarbeitungsweise dieser Realität, gleich, ob sie innerhalb der Realzusammenhänge sich abarbeitet, oder ob sie sich über die Sache stellt. Das, was das Realistische daran ist, der Antirealismus des Motivs (Protests, Widerstands), produziert das Unrealistische daran.

Der Schlüssel liegt in dem Arbeitsgang selber. Zunächst geht es darum, **um jeden Preis das Unterscheidungsvermögen** zu produzieren: nicht Radikalisierung der Resultate (sie sind nicht die Wurzel), sondern **Unterscheidung des Realismus des Motivs** (1. Schritt). Dieser Realismus des Motivs läßt sich dadurch unterscheiden, daß er mit sämtlichen kollektiven und individuellen, unmittelbaren (Erlebnisse) und mittelbaren (erzähltes Wissen) Erfahrungsgehalten sich konfrontiert. Das geschieht im Kopf und real. Es setzt die assoziative Methode voraus und ein organisiertes Erinnerungsvermögen. Umstrukturierung des sinnlichen Interesses zu einem sinnlich-vergesellschafteten, durch und durch analytischen „zweiten Instinkt".

Untrennbar vom Realismus des Motivs ist der **Realismus der Arbeitsweise des menschlichen Wahrnehmungsapparates** (2. Schritt). Er hat eigene Bewegungsgesetze. In ihnen ist eine analytische Methode verborgen, die rückübersetzt werden muß. Diese Bewegungsgesetze des Bewußtseinsapparats sind das Ergebnis der Protestarbeit der ganzen Menschengattung, ihrer lebendigen Arbeit. In einem irrealen gesellschaftlichen Zusammenhang (der Entfremdung) drücken sie sich durch Widerstände, Verzerrungen, Hemmung, Übertreibung, illusionäre Identifikation und Subtraktion, d.h. durchweg unrealistisch aus. Genau in diesem Widerstand aber liegt ihr analytischer, realistischer Schlüssel. „Denn wahr ist nur, was nicht in diese Welt paßt."[2] Die Anerkennung des Realismus des Protests und des Realismus des auf die Wirklichkeit umformend reagierenden menschlichen Hirns, also einer gattungsförmigen Gestalt des Protestes, ist die Grundbedingung des Realismus.

Das ist die subjektive Seite. Ihr antwortet die Vermittlung der objektiven Seite: die **gegenständliche Situation** (3. Schritt). Sie ist für die Sinne 286 | 287
heute fast nirgendwo „naturwüchsig" vorhanden. Sie muß produziert werden, konstruktiv, reduktiv, auch wenn es den Anschein hat, daß man sie nur „findet". **Dieses Vorfinden setzt ja bereits analytische und synthetische Arbeit voraus, sonst findet man gar nichts. Dieses Finden ist aktiv, weil es durch das Weglassen des Übrigen bestimmt ist.** Es wird „herausgeätzt". In der Momentaufnahme nicht Verbundenes wird zu einer Situation verbunden. Nur so wird die Vor- und Nachgeschichte, die jeder Situation immanent ist, offen sichtbar.

Es geht immer um eine Konstellation. Eine gegenständliche Situation für sich, also die bloße Momentaufnahme, hat in sich nicht das organisierende Element, das sie konkret macht. Deshalb setzt das Auffinden von gegenständlichen Situationen die Produktion der Produktionsmittel voraus, die **Formen authentischer Beobachtung** (4. Schritt). Dieser Produktionsvorgang ist nicht identisch z. B. mit der Anwendung des Filmhandwerks oder der Stile. Die Produktion der Ausdrucksformen muß vielmehr konkret, ebenfalls nach der analytischen Methode, auf die vorangegangenen Schritte 1 bis 3 antworten. **Authentische Formgesetze würden also, streng genommen, für jeden Film neu entwickelt werden müssen.** In jedem Fall muß die Übernahme von Formgesetzen der Filmgeschichte bei jedem neuen Film neu überprüft werden. Das klassische Ideal der Einheit von Form und Inhalt erweist sich dabei als Schematismus. Die Realismen des Motivs, der menschlichen Wahrnehmung (Verzerrung), der Realismus gegenständlicher, d. h. gesellschaftlicher Situationen und der Realismus der filmischen Produktionsmittel – sie sind sämtlich Formgesetze der gesellschaftlichen Realität und nicht Substanz des individuellen Films oder des individuellen Künstler-Kopfes. Dem individuellen Filmmaterial fremde Formgesetze der Gesellschaft proportionieren das Unikat. **Ausdrucksmittel ist die Differenz, die grundlegende Disharmonie zwischen Einzelprodukt und Realität, nicht die leicht herstellbare Harmonie des individuellen Materials mit sich selbst.**

Schließlich die **Produktion des Erfahrungshorizontes** (5. Schritt). Ohne einen solchen Erfahrungszusammenhang, der die **Erfahrung in**

2 Theodor W. Adorno, *Ästhetische Theorie*, Gesammelte Schriften 7, Frankfurt am Main 1970, S. 93.

der Produktion von Erfahrung vermittelt, existieren oder steuern sich weder Motiv noch Wahrnehmung, noch Konstellationen, noch gibt es Maßstäbe für Authentizität der Produktionsmittel usf. Es gäbe dann keine Kollektivität. Dieser Erfahrungshorizont ist die bestimmte Form von Öffentlichkeit, in der die gesamte kulturelle Erfahrungsarbeit stattfindet. Die Umproduktion der Öffentlichkeit ist deshalb Bedingung und zugleich der wichtigste Gegenstand, an dem sich die realistische Methode abarbeitet.[3] Man muß also nicht auf die Umproduktion des Erfahrungshorizontes warten, weil z.B. die Zertrennung der Erfahrungen durch die Einteilungen der bürgerlichen Öffentlichkeit jeden der hier genannten Schritte erschwert, vielmehr ist die konsequente Herstellung realistischer Produkte selbst das Mittel, um durch Durchbrechung von Öffentlichkeitsschranken den Erfahrungshorizont zu verändern. Wenn es also z.B. um Veränderung der Kinohorizonte geht, so sind Filme eines der Mittel, diese Erfahrungshorizonte zu erweitern. Auf der anderen Seite produziert die Realität selber Durchbrechungen der klassischen Öffentlichkeitshorizonte. Z.B.: In das Kino dringen Wahrnehmungsformen, Realitätsgehalte ein, die nicht im Kino entstanden sind, sondern durch die permanente Umproduktion der Gesellschaft. Das Abschneiden der Nebensachen zugunsten der Hauptsache, z.B. der Füße, des Oberkörpers zugunsten der Großaufnahme, ist vorbereitet durch das gesellschaftliche Zurechtschneiden der Arbeitskraft. Nur wenn es das in der Erfahrung der Zuschauer gibt, kann der Film daraus Filmsprache machen.

Das alles hat den Charakter einer Baustelle. Es ist grundsätzlich imperfekt, und es ist deshalb zulässig, einen Aufriß der realistischen Methode nachzuzeichnen, ohne Rücksicht darauf, daß weder die eigenen Filme noch die Filmgeschichte, noch die Praxis des heutigen Autorenfilms, noch die Filme der Proletkult-Bewegung, noch die Arbeit politischer Filmemacher-Gruppen ihn ausfüllen, weil es ohnehin um ein Provisorium geht. Kino, Autorenfilm, politischer Film sind Programm, uneingelöst. Deshalb ist es kein Widerspruch, wenn radikale Methode und geradezu frühkapitalistische Produktionsformen von 1810 in der praktischen Arbeit des Autorenfilms nebeneinander stehen. Ein anderer Aspekt: Es widerspricht sich nicht, wenn man rücksichtslose Modernität, d.h. *Formgesetze der Gegenwart*, in möglichst primitiven *Formen des Stummfilms* ausdrückt. Ich knüpfe in meinen Filmen nicht aus Stilgründen an Stummfilme an, sondern weil es darauf ankommt, die elementaren Wurzeln

3 Dazu Oskar Negt/Alexander Kluge, *Öffentlichkeit und Erfahrung. Zur Organisationsanalyse von bürgerlicher und proletarischer Öffentlichkeit*, Frankfurt am Main 1972. Wir beabsichtigen, dieses Buch fortzusetzen und dabei auf die einzelnen Bereiche, z.B. Erziehung, einzugehen.

des Films „radikal" offenzuhalten, solange der Gesamtbau des Kinos nur Programm ist. **Von daher der Robustheitsanspruch.** Nicht weil es um Robustheit geht, sondern weil er auf elementare Zuschauerinteressen antwortet, die diese Robustheit, das Unabgeschlossene, den offenen Baustellencharakter in sich haben. Deshalb Methode: ja, aber antiprofessionalistisch, mit aller Imperfektion: „cinéma impur".

Einige Zusatzbemerkungen: Die oben beschriebene Methode der gewaltsamen Richtigstellung (rationalistisches Verfahren) scheidet aus. Das in ihr enthaltene, an sich richtige Direktinteresse am realistischen Resultat macht jeden einzelnen der notwendigen Schritte unmöglich. Es handelt sich also nicht einmal um Stolpern, sondern um eine Beschädigung der Produktionsmittel, des Produktionsgegenstandes, der Bewußtseinsapparatur und eine Zerschnippelung des Rohstoffs an Erfahrung. Man kann das gar nicht entschieden genug bekämpfen.[4]

Dagegen ist die Methode der Nachahmung sowie die Untersuchung aller Ausweichbewegungen des menschlichen subjektiven Apparates ein hervorragender Rohstoff. Diese Bewegungen enthalten den gesamten kollektiven geschichtlichen Erfahrungsschatz, allerdings zersetzt in individuelle Ausschnitte und samt den Verdrehungen, die aus den Antagonismen der subjektiven und objektiven Realität entstehen, also den vollständigen Rohstoff an geschichtlicher Erfahrung – verklausuliert. Wer sich nicht traut, sich darauf einzulassen, kann die realistische Methode abschreiben.

Das Finden von Situationen ist eine außerordentlich umfassende und radikale Konstruktionsarbeit. Man bekommt einen Begriff davon, wenn man verfolgt, wie James Joyce in seinem Roman *Ulysses* mehr als tausend Seiten schreibt, um 24 Stunden des Durchschnittsmenschen Leopold Bloom zu konkretisieren. Proust: Erinnerungsvermögen, siebenbändig.[5] Gegenständlichkeit der Situation setzt radikale Komplexität der Erzählweise voraus. Alle Ausdrucksformen der bürgerlichen Öffentlichkeit – das Prinzip der Aktualität, die Erkennbarkeit der Pointen, die

4 Anderseits muß ich mich an der Schärfe dieser Verzerrung orientieren. Das sie hervorrufende Protest-Motiv enthält einen Meßwert, ein Formgesetz: Nur radikale Produkte widerlegen die Rationalisierung.

5 Nun kommt es aber nicht darauf an, daß Komplexität, Organisierung der Assoziationsfähigkeit und des Erinnerungsvermögens von zwei Individuen beherrscht werden, sondern daß dies eine allgemein menschliche und politische Ausdrucksform ist. Produktionsmittel und Erfahrungshorizont, d. h. die Erzählweise, müssen wiederum so produziert werden können, daß sie auf das partikelhafte, „zerstreute" Interesse der Leser antworten. Diese würden, wenn sie tagsüber arbeiten, vermutlich vorziehen, die Substanz von tausend Seiten oder des hochorganisierten Erinnerungsvermögens des Proustschen Werkes als Kurzgeschichte von höchstens ein bis zwei Din-A-4-Seiten zu lesen. Dabei darf weder eine Überkonzentration

Grammatik selber, die Raster der Verkehrssprache, die Organisationsweisen der Erzählinteressen und Erzähltypen, auch die epischen usf. – zerschneiden aber gerade die Komplexität der Wahrnehmung, die eigentlich die Grundform der Sinne ist. Ich will damit nur deutlich machen, was Produktion von sinnlicher Gegenständlichkeit, Produktion von verfilmbaren Situationen ist. Daß es ein solches Erfassen und Nacherzählen von Situationen in keinem Medium gibt, liegt daran, daß in dieser Richtung wenig Arbeitskraft investiert wird. **In naturwüchsiger Form stellt übrigens die Realität solche Komplexe her, sie sind lediglich unerzählt. Reduktion und Konstruktion, beides Herstellungsweisen von „Szenen“, sind mögliche artistische Ausdrucksformen, sie sind aber auch Realformen, mit denen die Geschichte Menschen für ihren Real-Roman zuschneidet.** Alle ästhetischen Formgesetze sind in diesem Sinne der Wirklichkeit abgelesen und nie „künstlerische Erfindung“. Sie sind auch immer in den Köpfen der Zuschauer produziert, ehe sie einem Autor einfallen. Der Autor hat lediglich die Möglichkeit, sie richtig oder falsch anzuwenden.

Es gilt aber folgendes: Entweder erzählt die gesellschaftliche Geschichte ihren Real-Roman, ohne Rücksicht auf die Menschen, oder aber Menschen erzählen ihre Gegengeschichte. Das können sie aber nicht, es sei denn in den Komplexitätsgraden der Realität. Das fordert im wörtlichsten Sinne den „Kunstgegenstand“, ein Aggregat von Kunstgegenständen. Sinnlichkeit als Methode ist kein gesellschaftliches Naturprodukt.

(übermäßige Textverdichtung durch Kürze) noch eine Abstraktion (Digest, bloße diskursive Zusammenfassung) entstehen. Es geht mir bei der Bezeichnung dieser Differenz, zu der sich die kreative Arbeit nicht subtraktiv verhalten kann, darum, daß man sie festhält. Sie ist so unabweisbar auf der einen Seite, wie sie auf der anderen Seite durch real vorhandene Produktivkraft nicht ausgefüllt werden kann. Zwei Reaktionen. Die eine: die Annahme dieser Forderung für absurd halten, sich erschrecken; die andere: genau hieraus die grundsätzliche Imperfektion, die Zulässigkeit jedes Auswegs, den unglaublichen Robustheitsgrad, der alles zuläßt, was nach dem Kopf und den Interessen der Menschen möglich ist, herleiten. In den Lücken, in der Nichtprätention der Filmarbeit, läßt sich die geschilderte Differenz z.B. ausdrücken.

Weiterführende Literatur und Kontexte:

S. in diesem Band die Beiträge von BARTHES, ADORNO. – ALEXANDER KLUGE: Verdeckte Ermittlung. Ein Gespräch mit Christian Schulte und Rainer Stollmann. Berlin: Merve 2001; RAINER STOLLMANN: Alexander Kluge zur Einführung. Hamburg: Junius 1998.

Karlheinz Stierle: Die Struktur narrativer Texte (1977)

Karlheinz Stierle (* 1936)

Von 1969 bis 1988 Professor in Bochum, seit 1988 als Nachfolger von Hans Robert Jauß Professor für Romanische Literaturen und Allgemeine Literaturwissenschaft an der Universität Konstanz. Mitglied der Forschungsgruppe ‚Poetik und Hermeneutik'; Übersetzung von: *Petrarca: Aus dem Canzoniere*. München: Renner 1990 bzw. *Petrarca. Übersetzung und Interpretation. Zweisprachige Ausgabe*. München: Hanser 2002. Seine wichtigsten literaturtheoretischen Buchveröffentlichungen: *Text als Handlung. Perspektiven einer systematischen Literaturwissenschaft*. München: Fink 1975; *Ästhetische Rationalität. Kunstwerk und Werkbegriff*. München: Fink 1997 sowie seine große Studie: *Der Mythos von Paris. Zeichen und Bewußtsein der Stadt* (1993). München: dtv 1998. Zu seinem 60. Geburtstag erschien die Festschrift: *Werk und Diskurs*. Hrsg. v. Dieter Ingenschay u. Helmut Pfeiffer. München: Fink 1999.

Erstausgabe = Druckvorlage: Helmut Brackert u. Eberhard Lämmert (Hrsg.): *Funk-Kolleg Literatur 1*. Frankfurt: © Fischer Taschenbuch 1977, S. 210–232.

Karlheinz Stierle: Die Struktur narrativer Texte

Am Beispiel von J. P. Hebels Kalendergeschichte *Unverhofftes Wiedersehen*

Wir gehen davon aus, daß zwischen der Struktur, die allen Texten 296 | 297
gemeinsam ist und der je konkreten Struktur des spezifischen Textes Strukturen von relativer Allgemeinheit liegen, die für unser Verständnis der einzelnen Texte eine wesentliche Rolle spielen. Damit folgen wir einer Grundauffassung der strukturalen Literaturwissenschaft, daß nämlich die konkrete Komplexität des jeweiligen einzelnen literarischen Werkes bezogen werden kann auf ein überschaubares Ensemble von elementaren Strukturen, die durch ihre Kombination und durch ihren je besonderen Kontext unendlich vielfältige Differenzierungen erfahren können. Das Verstehen eines Textes vollzieht sich immer im Hinblick auf diese elementaren Textstrukturen, auch dann, wenn sie uns gar nicht zu Bewußtsein kommen. So ist es ja auch mit der Sprache selbst: Wir benutzen sie und verstehen sprachliche Äußerungen, ohne daß es notwendig wäre, eine Einsicht in den Bau der Sprache zu haben. Aber wir verstehen das, was wir verstehen, sehr viel besser und genauer, wenn wir in der Lage sind, uns die Bauformen der Sprache wie der Texte zu Bewußtsein zu bringen.

An einem konkreten Text, Hebels Kalendergeschichte *Unverhofftes Wiedersehen*[1], wollen wir versuchen, das Schema der narrativen Texte zu erfassen und zu beschreiben. Wir wollen zugleich die Struktur dieses kleinen Textes zu verstehen suchen und die Konzepte erörtern, die für dieses Verständnis notwendig sind. Der Text von Hebel soll uns also nicht einfach als Beispieltext oder als Vorwand für die Gewinnung solcher Konzepte dienen. Wir wollen uns vielmehr so weit auf diesen Text selbst einlassen, daß erkennbar wird, in welcher Weise allgemeine Konzepte einen konkreten Text in seiner besonderen literarischen Gestalt erschließen können. Zugleich aber soll dabei bewußt werden, daß literaturwissenschaftliche Konzepte, so nützlich und leistungsfähig sie sein mögen, immer nur orientierende Hilfsfunktion für die konkrete Erfassung des Textes haben können und daß es immer neu des Übergangs bedarf von der Einsicht in die Strukturen zur Interpretation ihrer je spezifischen

1 Zur Literatur zu Hebel siehe H. Pross: ‚Johann Peter Hebel, ein bibliographischer Bericht'. In: *Studien zur neueren deutschen Literatur.* Hrsg. v. H. W. Seiffert (1964). Zu Hebels Erzählwerk vgl. W. Zentner: *J. P. Hebel.* Karlsruhe 1965, L. Wittmann: *J. P. Hebels Spiegel der Zeit.* Frankfurt 1969, R. M. Kully: *J. P. Hebel*. Sammlung Metzler. Stuttgart 1969. Zur Kalendergeschichte ferner J. Knopf, *Geschichten zur Geschichte. Kritische Tradition des „Volkstümlichen" – den Kalendergeschichten Hebels und Brechts,* Stuttgart 1973.

Verwendung und Funktion und nicht zuletzt zur eigenen ästhetischen Erfahrung, die immer zugleich der Ausgangspunkt und der Zielpunkt der Verstehensbemühung bleiben muß.

Die systematische Fragestellung, mit der wir uns Hebels Geschichte erschließen wollen, unterscheidet sich wesentlich von der herkömmlichen, dem Einzeltext zugewandten Interpretation. Sie überschreitet aber auch den Rahmen der traditionellen Gattungstheorie, die nach jeweils besonderen Formen, in erster Linie literarischen Formen der Narration gefragt hatte, ohne deren Zusammenhang mit allgemeinen Strukturen der Narration nachzugehen. Methodischer Bezugspunkt unserer Überlegungen ist in erster Linie die strukturale Erzählanalyse, wie sie in Frankreich seit Beginn der sechziger Jahre entwickelt und mehr und mehr ausgebaut worden ist.[2]

Bevor wir mit der Beschreibung der Erzählstrukturen von Hebels *Unverhofftem Wiedersehen* beginnen, noch einige literaturgeschichtliche Bemerkungen zum Text selbst. Hebels Text ist, wie schon gesagt, eine Kalendergeschichte. Es ist eine jener zahlreichen Erzählungen, die Johann Peter Hebel für den Kalender *Der Rheinländische Hausfreund* geschrieben hat, dessen Redaktionsleitung er vom Jahrgang 1808 ab mit einer Unterbrechung bis 1819 innehatte. Eine Sammlung der Erzählungen, die Hebel zu diesem Kalender beitrug, erschien erstmals 1811 gesondert unter dem Titel *Schatzkästlein des rheinischen Hausfreundes.* Die Erzählung *Unverhofftes Wiedersehen* geht auf eine wahre Begebenheit zurück: Im Bergwerk von Falun in Schweden verunglückte 1670 ein junger Bergmann; seine Leiche wurde, mit Kupfervitriol durchtränkt, 1719 gefunden und war durch diesen Zufall der Natur so unverändert, daß die ehemalige Braut des Bergmanns ihn wiedererkannte. Die Geschichte wurde zu einem literarischen Stoff mit ihrer Wiedererzählung in den 1808 erschienenen *Ansichten von der Nachtseite der Naturwissenschaft* des romantischen Naturphilosophen G.H. Schubert. Zwei Jahre später veröffentlichte Hebel die Version der Geschichte, die uns im folgenden beschäftigen soll. Außer durch Hebel wurde die Geschichte aufgegriffen durch F. Rückert und A. von Arnim sowie in E. T. A. Hoffmanns Erzählung *Das Bergwerk in Falun* (1819) und schließlich noch einmal in der gleichnamigen Tragödie von H. von Hofmannsthal (1933 posthum erschienen).

Hebels Geschichte vom *Unverhofften Wiedersehen* ist für die Frage nach den Strukturen narrativer Texte und ihrem Aufbau besonders geeignet. Sie ist, wie im einzelnen zu zeigen sein wird, von hoher erzäh-

2 Zum folgenden vgl. Verf.: ‚Geschehen, Geschichte, Text der Geschichte'. In ders.: *Text als Handlung*. München 1975, S. 49–55, zur Vorgeschichte der strukturalen Erzählanalyse vgl. Funkkolleg Literatur, Studienbegleitbrief 4.

lerischer Prägnanz, die die narrativen Strukturen besonders durchsich-
tig machen kann, zugleich aber von ungewöhnlicher Komplexität. Denn
der Text hat nicht nur eine fiktionale, sondern auch eine nichtfiktio-
nale, ‚historische' und schließlich auch eine über das Fiktionale und das
Historische hinausreichende mythische Dimension. Gerade das Inein-
ander von faktischer Verbürgtheit der Geschichte, ihrer fiktionalen Aus- 298 | 299
gestaltung und mythischen Überhöhung gibt der Erzählung eine litera-
rische Qualität, die bis heute immer wieder zur Beschäftigung gerade
mit diesem Text angereizt hat.

Wir wollen jetzt Schritt für Schritt die einzelnen Ebenen des Textes
und ihren Beitrag zum Ganzen des Textes analysieren. Die Ebene, die
allen übrigen Ebenen der Narration zugrundeliegt, ist die Ebene des Ge-
schehens. Jede Geschichte setzt ein Geschehen voraus, das durch die
Geschichte in spezifischer Weise und unter spezifischen Interessen an-
geeignet wird. Das Geschehen selbst, als Fundament der Geschichte, ist
noch sinnindifferent, die aufeinanderfolgenden Geschehensmomente
selbst sind diffus, und das heißt, daß Geschehen unter unendlich vielen
Gesichtspunkten zu übergreifenden Geschehenszusammenhängen or-
ganisiert werden kann. Das Geschehen ist noch ein unartikulierter Be-
reich, der erst durch die Organisation der Geschichte seine spezifische
Form erhält. Die Sphäre des Geschehens ist die elementare Sphäre im
Aufbau der Narration. Sie enthält selbst noch nicht die Kriterien ihrer
Auswahl und Zuordnung. Sie ist das noch vor aller medienspezifischen
und gattungsspezifischen Bearbeitung liegende ideale Faktum selbst,
das nie als dieses zur Darstellung gebracht werden kann, das aber ande-
rerseits für die Narration als ein idealer Bezugspunkt oder im Falle der
Fiktion als ein ideales Äquivalent zu einem solchen Bezugspunkt vor-
ausgesetzt werden muß. Die Sphäre des Geschehens ist also die Sphäre
der Verknüpfungsmöglichkeiten, aus denen die Geschichte selbst eine
Verknüpfung herausgreift und konkretisiert.

Das Geschehen kann so in der narrativen Konstruktion der Geschichte
aufgehoben sein, daß gleichsam kein Rest mehr bleibt und daß jedes
Geschehensmoment durch die narrative Konstruktion in eine narrative
Funktion einbezogen wird. In der restlosen Überführung des Geschehens
in narrative Funktionalität könnte man ein Ideal der Erzählweise erbli-
cken, die sich als klassische Erzählweise bezeichnen läßt. Hier hat jedes
Erzählmoment eine spezifische Funktion im Hinblick auf ein vorauslie-
gendes oder folgendes Erzählmoment. Daneben aber bleibt der Geschichte
immer die Möglichkeit, Geschehen so in ihre Konstruktion zu überfüh-
ren, daß dieses darin nicht restlos aufgeht, sondern Momente der Afunk-
tionalität beibehält, die die Möglichkeit anderer als der ausgewählten

Geschichte andeuten und damit die Erfahrung des Geschehens als Geschehen in der Geschichte präsent halten.

In Hebels ‚wahrer Geschichte' ist die Sphäre des Geschehens weder bruchlos in die erzählerische Konstruktion überführt und in ihr aufgehoben, noch setzt sich das Geschehen in seiner Vielsinnigkeit und Offenheit auf Kosten der narrativen Prägnanz durch. Was narrative Prägnanz genau heißt, wollen wir im Augenblick noch offenlassen, hier können wir sie vorläufig definieren als überschaubare und klare Artikulation des Erzählzusammenhangs. Geschehen und der Konstruktionszusammenhang der Geschichte sind in Hebels Text auf kunstvolle Weise miteinander verknüpft. Geschehen erscheint im *Unverhofften Wiedersehen* als es selbst in seiner narrativen Afunktionalität, und zwar in mehrfacher Perspektive.

Da eigentlich alles in Hebels Erzählung auf der Zufälligkeit von Ereignissen, nicht aber auf einem Zusammenhang von beabsichtigten und verwirklichten Handlungen sowie auf dabei entstehenden Konflikten und Lösungen von Konflikten beruht, könnte man hier von einer Dominanz des Geschehens über die Geschichte sprechen. Wir wollen uns die Sphäre des Geschehens im *Unverhofften Wiedersehen* – schon der Titel selbst verweist ja durch das Moment des Unverhofften auf die Dominanz eines Geschehenszusammenhangs – einmal genauer ansehen. Die Sphäre des Geschehens, die über den eigentlich narrativen Zusammenhang hinausreicht, ist in sich selbst spannungsvoll. Gerade diese Spannung ist eine wesentliche Voraussetzung für die besondere Qualität dieses Textes. Ein erstes Geschehensmoment ist der Tod des Bergmanns kurz vor seiner Vermählung. Dieses Geschehensmoment hat seinen Ort in der menschlichen Arbeitswelt, es ereignet sich als Unfall in einem Bergwerk, da wo Natur durch den Menschen erschlossen und angeeignet wird. Im folgenden Abschnitt wird dieses eine Geschehen in eine Serie von Geschehensmomenten eingerückt, die zusammen nicht eine Geschichte ergeben, sondern die nur deshalb beieinanderstehen, um das Vergehen von Zeit an der Unverbundenheit der einzelnen Geschehensmomente sinnfällig werden zu lassen.

Die Serie dieser Geschehensmomente ist durch das Adverb ‚unterdessen' eingeleitet. Damit ist ein Vorzeichen gesetzt, das besagt, daß es im folgenden nicht um diese Geschehensmomente selbst geht, sondern daß sie zwischen einen Erzählanfang und einen Erzählfortgang, genauer eine narrative Eröffnungsklausel und eine narrative Schlußklausel eingelagert sind. Der mit ‚unterdessen' eingeleitete, aus einer Folge von Gliedsätzen bestehende Satz faßt historisch herausragende Momente zusammen, die darin übereinstimmen, daß es nicht Taten sind, die hier herausgegriffen werden, sondern entweder ein Erleiden oder aber ein Handlungsvollzug von unbestimmbarer Zurechnung. Zwar scheint der letzte Gliedsatz in einer neuen Perspektive zu stehen: „Und die vereinigte französische und spanische Macht konnte Gibraltar nicht erobern." Doch schließt auch dieser Gliedsatz an das Vorausgehende insofern an, als das Geschehen hier nicht eine verwirklichte, sondern eine unverwirklichte Handlung bedeutet. Die mit dem folgenden Satz beginnende Serie historischer Denkwürdigkeiten schließt in die Reihe der Geschehensmomente auch Handlungsmomente ein, aber so, daß diese durch ihren Kontext ebenfalls zu bloßen Geschehensmomenten werden: „Die Türken schlossen den General Stein in der Veteraner Höhle in Ungarn ein, und der Kaiser Joseph starb auch. Der König Gustav von Schweden eroberte russisch Finnland, und die französische Revolution und der lange Krieg fing an, und der Kaiser Leopold der Zweite ging auch ins Grab." Die historische Zeit, deren Vergehen hier das eigentliche Thema ist, wird angefüllt durch den Hinweis auf historische Denkwürdigkeiten, die in punktueller Unverbundenheit auftauchen und sogleich durch neue ersetzt werden. Mitten in deren Verlauf aber bringt der nun folgende Satz eine Veränderung. Die historische Zeit der herausragenden Denkwürdigkeiten, das heißt die historische Ereigniszeit wird durch einen unvermittelten Übergang im Satz abgelöst von der Zeit der immer gleichen menschlichen Tätigkeiten, die nicht in der Dimension des Einmaligen und des historischen Fortschreitens stehen, sondern in einer gleichsam naturhaften Dimension der immer wiederkehrenden alltäglichen menschlichen Tätigkeit. „Napoleon eroberte Preußen, und die Engländer bombardierten Kopenhagen, und die Ackerleute säeten und schnitten." Nach diesem Wechsel mitten im Satz zwischen der Zeit der historischen Ereignisse und der Zeit der geduldigen menschlichen Arbeit im Rhythmus des Jahres, die immer wiederkehrt und nicht die Einmaligkeit des historisch herausragenden Geschehens gewinnt, folgt ein Satz, der nunmehr ganz in der Dimension einer naturhaft gebundenen Zeit der alltäglichen Arbeit aufgeht: „Der Müller mahlte, und die Schmiede hämmerten, und die Bergleute gruben nach den Metalladern in ihrer unterirdischen Werkstatt." Aus der Sphäre der immer gleichen Handlungen in der alltäglichen Arbeitswelt, deren Wiederkehr etwas von der kreislaufhaften Beständigkeit der Natur hat, führt aber der nächste Satz wieder heraus, der ein Geschehen zur Darstellung bringt, das schon durch die Eröffnung des Satzes mit ‚als aber' eigens herausgehoben ist und der im Kontext der alltäglichen Arbeit der Bergleute einen ungewöhnlichen Zufall der Natur zum Gegenstand hat. Es ist die Wiederentdeckung des verschütteten Leichnams eines jungen Bergmanns, der sich in Vitriol-Wasser unversehrt von den Einflüssen der Zeit erhalten hat. Von allen Geschehensmomenten, die Hebels Geschichte vereinigt, ist dieses dadurch herausgehoben, daß es ein Ereignis der Natur ist, ein ‚Naturwunder', oder, in der Sprache Goethes, eine „unerhörte Begebenheit". Ein Zufall der Natur will es, daß das Gesetz der Vergänglichkeit aufgehoben zu sein scheint. Es folgt auf dieses Geschehensmoment ein letztes und abschließendes: Der Leichnam des jungen Bergmanns wird von einer alten Frau als eben der junge Bergmann wiedererkannt, dem sie vor Zeiten versprochen war und der wenige Tage vor ihrer Vermählung nicht aus dem Berg zurückkehrte. Erst mit dieser Identität stellt sich zwischen den einzelnen Geschehensmomenten eine Verknüpfung her, die diesen einen Sinn zuerteilt, den sie von sich selbst aus noch nicht haben und zu dessen Beschreibung wir nunmehr zu einer neuen Schicht im Aufbau des Textes übergehen müssen, nämlich jener der Geschichte selbst.

Zuvor aber wollen wir noch einmal überlegen, was die einzelnen Geschehensmomente der Geschichte miteinander, auch unabhängig von ihrer narrativen Verknüpfung, verbindet. Es gibt drei große Sphären, denen die Geschehensmomente zugehören, aus denen die Geschichte aufgebaut ist: Die Sphäre der alltäglichen menschlichen Arbeit, die Sphäre der Natur und die Sphäre der historischen Welt mit ihren einmaligen Geschehensmomenten. Dabei ergibt sich durch den Kontext, daß nicht die einmaligen Ereignisse der großen Weltgeschichte im Vordergrund stehen, sondern jene, die hervorgehen aus der Verschränkung von Sphäre der Natur und Sphäre der alltäglichen menschlichen Arbeit. Der Tod des Bergmanns ist ein Geschehen, das sich ereignet an einem Ort, wo menschliche Arbeit der Natur ihre Schätze abringt. Diese Arbeit ist Unberechenbarkeiten unterworfen, in denen die Natur gleichsam zur Gegenspielerin des Menschen wird. Daß der Bergmann aus dem Bergwerk ‚nimmer' zurückkehrt, ist das Werk der Natur, die den handelnden Menschen zu ihrem Objekt macht. Die folgenden Geschehensmomente sind entweder solche, in denen die Natur in die Handlungswelt des Menschen eingreift, wie im Beispiel des Erdbebens von Lissabon, oder historische Ereignisse, die indes durch ihre Reihung und die Zurückführung auf ihr pures Vergangensein merkwürdig nivelliert erscheinen. Auch der historische Raum ist der Zeit des kreatürlichen Werdens und Vergehens ausgesetzt. In dieser Zeit steht für Hebel auch die Welt der menschlichen Arbeit in ihrer beständigen und alltäglichen Wiederkehr, die hier an keine Fortschrittsdimension gebunden zu sein scheint. Dann tritt erneut die Natur in ihrer Rolle als Gegenspielerin auf den Plan, diesmal aber nicht als die des sinnzerstörenden und sinnaufhebenden Todes, sondern, durch den Zufall einer einmaligen Konstellation, als bewahrende und sinnstiftende, wobei dieser Sinn selbst jedoch nicht ein naturhafter, sondern ein dem christlichen Glauben entspringender ist.

Die einzelnen Geschehensmomente der Geschichte stellen durch ihre Wiederholung und Entgegensetzung einen Spielraum für die Konstruktion einer Geschichte bereit, ohne doch selbst schon in dieser Geschichte 302 | 303
aufzugehen. Um die Geschehensmomente als Momente eines sie umgreifenden Sinnzusammenhangs erfassen zu können, ist es jetzt notwendig, von der Ebene des Geschehens überzugehen zur Ebene der Geschichte. Es ist die Ebene der Geschichte, das heißt des spezifischen Arrangements der Geschehensmomente im Kontext eines Verlaufszusammenhangs, die den narrativen Sinn bewirkt und damit zugleich die Geschehensmomente selbst in ihrer Funktion vereindeutigt. Die Geschichte ist eine Instanz der Vermittlung zwischen dem puren Geschehen auf der einen Seite, das in sich selbst noch ganz sinnindifferent ist, und auf der anderen Seite einem abstrakten System von Konzepten, unter denen Geschehen erfaßt und geordnet werden kann, etwa als Mord, als Unfall, als Krieg, als Spiel, und wie auch immer solche Konzepte lauten mögen. Wir kommen hierauf noch zurück.

Im Hinblick auf die Geschichte ordnen sich die Geschehensmomente an auf einer Achse der Narration. Diese Achse der Narration, auf der die Geschehensmomente der Geschichte situiert sind, ergibt sich durch Differenz von Anfangspunkt und Endpunkt der Geschichte. Um jedoch überhaupt von Anfangspunkt und Endpunkt einer Geschichte reden zu können, bedarf es einer konzeptuellen Opposition auf der Zeitachse. Nur wenn sich etwas relevant verändert hat, verlohnt es sich, davon zu erzählen. Je eindeutiger und klarer diese konzeptuelle Opposition ist, um so prägnanter ist der Rahmen, innerhalb dessen sich die Geschichte entfalten kann. Die Geschichte selbst als Bewegung zwischen zwei Zeitpunkten, die bestimmt sind durch eine konzeptuelle Differenz, kann aufgefaßt werden als eine Interpretation dieser Differenz. Die Geschichte erzählt, was die Differenz von Anfangspunkt zu Endpunkt bewirkt hat, und erklärt damit ihr Zustandekommen.

Die Differenz von Anfangspunkt und Endpunkt der Geschichte konstituiert somit ihre narrative Achse. Auf dieser Achse sind Einheiten der Geschichte situiert, die ihrerseits wiederum als Untergeschichten aufgefaßt werden können, die nach demselben Prinzip organisiert sind wie die umgreifende Geschichte selbst. Man kann eine Geschichte, die die Differenz eines Zustands A zu einem Zustand B auf der Zeitachse erklärt, immer genauer erzählen, und das heißt, es läßt sich ein immer weiter entwickeltes System von Untergeschichten entfalten, so daß jede

Geschichte zu einer unendlich langen Geschichte ausgefaltet werden könnte. Dabei bleibt der umfassende Bezugsrahmen, der allen Teilgeschichten ihren abschließenden Sinn gibt, die Begründungsrelation von Anfangspunkt und Endpunkt der Geschichte, die man auch Eröffnungs- und Schlußklausel nennen könnte, unverändert. Die Eröffnungsklausel und die Schlußklausel der Geschichte sind einander zugeordnet als eine noch sehr abstrakte und vieldeutige Relation, die dadurch vereindeutigt, das heißt interpretiert wird, daß sie konkretisiert wird durch Relationen niedererer Ebene, die ihrerseits wiederum solche Relationen unter sich haben können. Daß die Geschichte prinzipiell unabschließbar, das heißt immer mehr ins Detail vertiefbar ist, heißt zugleich, daß sie eine gegebene Differenz immer feiner und detaillierter interpretieren kann. Es hängt jeweils nur vom Gattungsrahmen ab oder, anders gesagt, von den pragmatischen oder fiktionalen Bedingungen des Erzählens, wie komplex das System der narrativen Relationen sein kann. Im Fall der Kalendergeschichte ist durch die Tradition der Gattung ein begrenzter narrativer Raum vorgegeben, der jeweils in einer prägnanten Erzählfigur zu erfüllen ist. Wir wollen uns im folgenden fragen, wie die Geschehensmomente von Hebels *Unverhofftes Wiedersehen* zu einer Geschichte organisiert sind, die in besonderem Maße die Forderung nach narrativer Prägnanz erfüllt.

Die Geschehensmomente der Geschichte werden dadurch erst im eigentlichen Sinne Momente der Geschichte, daß sie eintreten in eine narrative Funktion. Die narrative Wertigkeit der Geschehensmomente ist daher bezogen auf ihre Stelle im Zusammenhang der umgreifenden Geschichte. Unter diesem Gesichtspunkt erweisen sich die Geschehensmomente in Hebels Geschichte als von ganz unterschiedlicher Qualität. Obwohl in dem mittleren Teil der Geschichte unter die alltäglichen und immer wiederkehrenden Geschehensmomente solche eingefügt sind, die im Kontext der Ereignisgeschichtsschreibung einen herausragenden Platz beanspruchen dürften, sind diese doch im Kontext unserer Geschichte von nur untergeordneter Bedeutung. Formal erweist sich dies darin, daß sie in der bloßen zeitlichen Reihung nebeneinanderstehen, ohne zueinander in eine narrative Funktion zu treten. Ihre einzige Funktion besteht darin, das Vorübergehen der Zeit und das Unterworfensein alles Irdischen unter die Zeit sinnfällig zu machen.

Die Geschehensmomente dieses mittleren Teils werden nun aber von Geschehensmomenten umfaßt, die sich erst zu einem narrativen Zusammenhang oder, wie wir auch sagen können, zu einer narrativen Funktion zusammenschließen und damit die narrative Achse legen, die das Geschehen erst zur Geschichte macht. Der Gesichtspunkt, unter dem das Eingangsgeschehen und das Geschehen am Ende der Geschichte zu

einer narrativen Funktion zusammentreten, ist der der Hochzeit. Genauer noch ist es die durch das Unglück des jungen Bergmanns unmöglich gewordene Hochzeit, die, während die objektive Zeit weiterschreitet, im Bewußtsein der Braut in einer gleichsam zum Stillstand gebrachten Zeit gegenwärtig bleibt. Das Zufallsspiel der Natur bewirkt, daß scheinbar nun auch die objektive Zeit zum Stillstand gekommen ist, so daß in 304 | 305
einem unwahrscheinlichen Augenblick objektive und subjektive Zeit als stillstehende Zeit zusammenzufallen scheinen. Der Augenblick vor der Hochzeit kehrt so gleichsam noch einmal wieder. Diesmal aber soll die Erwartung keine trügerische mehr sein. Die äußerliche Unversehrtheit des Jünglings, die in rührendem Kontrast steht zur äußerlichen Hinfälligkeit der alten Frau, wird symbolisch gedeutet als Hinweis auf die Möglichkeit, in einer anderen Welt das vollenden zu können, was die diesseitige Welt versagt hat. Zwischen der narrativen Ausgangssituation und der narrativen Endsituation, die scheinbar noch einmal die Ausgangssituation wiederholt, liegt aber eine Differenz, die in einem narrativen Detail konkretisiert wird, an dem die zentrale, die Geschichte umgreifende narrative Funktion sinnfällig wird.

Das Detail, in dem sich der narrative Zusammenhang der Geschichte am prägnantesten ausweist, ist das schwarz-rotgesäumte Halstuch. Säumen des Halstuchs und Anlegen des Halstuchs gehören zum Hochzeitsbrauchtum, das für diese Geschichte vorausgesetzt ist. Das bloße Handlungsschema von Säumen des Halstuchs und Anlegen des Halstuchs als symbolischer Akt der Hochzeitsvorbereitung und des Vollzugs der Hochzeit wird nun aber erst dadurch zu einer narrativen Funktion, daß beide Momente über alle Erwartbarkeit hinaus auseinandergezogen sind, so daß zwischen beiden eine Spannung entsteht, die wir als narrative Spannung bezeichnen können. Während die Ausgangssituation jäh dort abbricht, wo mit dem Anlegen des Halstuchs die Vermählung ihren zeichenhaften Ausdruck finden sollte, wird dieser symbolische Akt ein Menschenalter später von der alten Frau an ihrem unversehrt jugendlichen, doch toten Bräutigam nachgeholt. Sie legt ihm das Halstuch an. In diesem Akt vollzieht sich ein weiterer Schritt im Hinblick auf das, was die alte, selbst schon dem Tod entgegensehende Frau noch immer unerschütterlich erwartet: die Vereinigung mit dem jetzt tot und in jugendlicher Schönheit vor ihr liegenden Bräutigam.

Wir haben gesehen, wie die Geschichte als ein Organisationsprinzip des Geschehens wirksam wird. Nur unter ganz bestimmten Voraussetzungen ist Geschehen überhaupt geeignet, in eine Geschichte überführt, als Geschichte organisiert zu werden. Diese Voraussetzungen sollen uns nunmehr noch genauer beschäftigen. In Hebels Bearbeitung der Geschichte wird durch die konkrete Realisierung der Narration, und das heißt insbesondere durch das Verhältnis von erzählerischer Ausführlichkeit und erzählerischer Reduktion sinnfällig, daß die Geschichte nicht nur außergewöhnlich ist als Geschichte eines eher merkwürdigen denn denkwürdigen Zufallsspiels der Natur. Sie wird bei Hebel zugleich zur denkwürdigen und rührenden Geschichte einer außergewöhnlichen, durch nichts angefochtenen und in sich selbst ruhenden Treue. Rührend wird dieses Wiedersehen ja eben dadurch, daß es einer fast märchenhaft selbstverständlichen Erwartung entspricht. Dennoch liegt weder in der Geschichte eines Naturwunders noch in der einer denkwürdigen menschlichen Treue schon der Sinn von Hebels Geschichte beschlossen. Die Sinnfülle dieser Geschichte ist gerade darin begründet, daß sie von der Ebene der bloßen unerhörten Begebenheit hineinreicht bis in eine mythische Dimension. Um diese Dimension und damit die allgemeinste Struktur der Geschichte erfassen zu können, ist es notwendig, nunmehr die Ebene der Geschichte zu überschreiten im Hinblick auf die leitenden Konzepte, die wir als die zentralen Relevanzgesichtspunkte der Geschichte auffassen können.

Wir setzen die Relevanzgesichtspunkte, die den Zusammenhang der Geschichte organisieren, als eine eigene Ebene an, die Ebene der abstrakten Konzepte, unter denen die Geschichte steht. Jede Geschichte setzt einen Zusammenhang von Konzepten voraus, die zueinander in einer spezifischen Beziehung stehen und die die abstrakteste Fundierungsebene der Geschichte ausmachen, von der her sich erst die Relevanz von Geschehenszusammenhängen für eine Geschichte erfassen läßt. Jede Geschichte ist also bezogen auf eine Menge einander zugeordneter und zugleich in Opposition zueinander stehender Konzepte, die ihrerseits noch nicht narrativ gerichtet sind, sondern nur die Voraussetzung darstellen für die narrative Organisation. Man kann dies oft bei Romantiteln feststellen, die die Konzepte selbst benennen, unter denen die narrative Organisation steht. Nicht selten enthält der Titel die Benennung der einander zugeordneten und zu einander in Opposition stehenden zentralen Konzepte, die der Roman als narrative Fiktion dann selbst einlöst. So etwa, um nur drei Beispiele zu nennen, in den bekannten Romanen *Krieg und Frieden*, *Schuld und Sühne*, *Rot und Schwarz*.[3]

Man kann diese abstrakteste Ebene des narrativen Textes die Ebene der Achronie, das heißt der Zeitenthobenheit nennen, da es hier nur um die Zuordnung von Konzepten und noch nicht um deren narrative Orga-

3 Unter den durch die Narration zur Anschauung gebrachten Konzepten müßte noch weiter differenziert werden. Als eigene Bereiche könnten etwa aufgefaßt werden:

nisation geht. Ein gegebenes elementares Oppositionspaar von Konzepten kann ja in zwei verschiedenen Richtungen auf der Zeitachse angeordnet sein. Nehmen wir etwa die Opposition von Glück und Unglück, so lassen sich daraus im Prinzip zwei narrative Strukturen gewinnen, eine, die vom Glück zum Unglück und eine zweite, die vom Unglück zum Glück führt. Daraus lassen sich dann weitere Strukturen durch Kombination 306 | 307
und durch Vereinigung mit anderen Konzepten entwickeln. Die Opposition von Konzepten, die für Hebels Geschichte bestimmend ist und deren narrative Achse festlegt, ist die elementare Opposition von Leben und Tod. Genau diese Opposition ist es, die durch die Farben rot und schwarz des Halstuchs symbolisiert und damit durch die Projektion auf eine andere Textebene besonders herausgehoben wird. Im Gegensatz etwa zu der Opposition von gut und böse, von stark und schwach etc. ist die Opposition von Leben und Tod schon von vornherein zeitlich gerichtet, da der Tod ja nach unserer Erfahrung dem Leben nachfolgt, nicht aber ihm vorausgeht. Dennoch läßt sich rein formal die Opposition von Leben und Tod in zwei zeitlich bestimmte Strukturen überführen: 1. der Zustand ‚lebendig' wird in den Zustand ‚tot' überführt, 2. der Zustand ‚tot' wird in den Zustand ‚lebendig' überführt. Werden beide Möglichkeiten gekoppelt, so ergibt sich daraus eine nun schon komplexere Struktur: Leben wird zu Tod, Tod wird zu Leben. Genau diese Struktur liegt Hebels *Unverhofftem Wiedersehen* zugrunde.

Um die eigentliche Bedeutung dieser Struktur erfassen zu können, müssen wir kurz auf die Mythentheorie des französischen Ethnologen Claude Lévi-Strauss eingehen[4]. Wir verdanken ihm die folgenreiche Entdeckung, daß bei mythischen Texten der narrative Verlauf selbst nicht schon die abschließende Sinnebene ist, sondern die hinter ihr liegende Ebene der Konzepte, und zwar gerade jener Konzepte, deren Oppositionsstruktur unaufhebbar und unvermittelbar zu sein scheint. Es ist die zentrale Voraussetzung der strukturalen Mythentheorie von Lévi-Strauss, daß in der Vermittlung solcher nach unserer Erfahrung unvermittelbarer Oppositionen die besondere Qualität und Intention im eigentlichen Sinne mythischer Texte liegt. Ein Mythos hat nach Lévi-Strauss die Auf-

Personen- und Rollenkonzepte, Handlungskonzepte, moralische Wertkonzepte, historische Konzepte wie z. B. Epochenkonzepte etc. Das Erkennen von leitenden Konzepten ist am einfachsten möglich im Bereich der einander zugeordneten Personen, die sich unter konzeptuellem Blickpunkt als Personensystem auffassen lassen. Oft ist es, besonders bei ausdifferenzierten narrativen Werken nicht einfach, die leitenden Konzepte zu erkennen. Andererseits hängt die erzählerische Prägnanz wesentlich von der Prägnanz der leitenden Konzepte und ihrer Zuordnung ab.

4 Vgl. C. Lévi-Strauss: ‚Die Struktur der Mythen'. In: *Strukturale Anthropologie* 1969, S. 226 ff.

gabe, solche Oppositionen von Konzepten untereinander narrativ zu vermitteln, das heißt sie auf einer narrativen Achse zueinander in Verbindung zu bringen, die nach unserer Erfahrung als absolute Oppositionen erscheinen. So zeigt der Mythos etwa den Übergang von männlich zu weiblich, von Pflanze zu Tier, von Kultur zu Natur und nicht zuletzt von Tod zu Leben. Indem das unserer Erfahrung entsprechende Folgeverhältnis von Leben und Tod in der Geschichte vom *Unverhofften Wiedersehen* aufgehoben ist oder aufgehoben zu sein scheint, steht sie im Umkreis derjenigen Geschichten, die Lévi-Strauss im engeren Sinne als mythische Geschichten bestimmt hat.

Gewiß ließe sich fragen, ob eine solche, noch sehr allgemeine Bestimmung ausreicht, um den spezifisch christlichen Gehalt dieser Geschichte auszuschöpfen. Doch interessiert hier zunächst einmal nur das Prinzipielle, und das heißt eine besondere achronische Struktur und ihre narrative Realisierung. Bereits hier allerdings erweist sich ein Unterschied zwischen unserer Geschichte und denen, die Lévi-Strauss als mythische Geschichten im engeren Sinne bestimmt hat. Das mythische Schema von Lévi-Strauss sieht vor, daß eine Opposition von Konzepten durch den narrativen Verlauf vermittelt wird. Dementsprechend also müßte unsere Geschichte so aussehen, daß sie, wie zahlreiche mythische Geschichten dies ja faktisch tun, den Weg vom Leben zum Tod durch eine wunderbare Verwandlung vom Tod zum Leben rückgängig machen würde. Doch geht unsere Geschichte nicht so weit. Sie ist so angelegt, daß der zweite Teil der narrativen Struktur nicht mehr als Geschichte gesetzt ist, sondern lediglich als die subjektive Erwartung der im Mittelpunkt der Geschichte stehenden alten Frau, oder, um hier den christlichen Ausdruck zu verwenden, als Hoffnung.

Wir wollen uns dies noch etwas genauer ansehen. Die Geschichte beginnt mit dem abrupten Übergang vom Leben zum Tod im Augenblick der Hochzeit, die neues Leben begründen soll. Der nächste Schritt der Geschichte ist nun, daß die Opposition von Leben und Tod, die zunächst einmal sich gemäß unserer Erfahrung darstellte als Wechsel vom Leben zum Tod, in einer zweiten Phase der Erzählung erscheint als ein sinnlich erfaßbares zweifaches konzeptuelles Paradox, zu dem die Oppositionskonzepte vereinigt werden und das man auf die Formel bringen kann: lebendig – tot gegen tot – lebendig. Was diese Formel zusammenfaßt, ist das, worauf bei Hebel der erzählerische Nachdruck und das heißt die größte Fülle der Verbildlichung im Detail gelegt ist. Der unversehrte Leichnam des Jünglings, an dem durch eine Laune der Natur die Zeit vorübergegangen ist, macht das Paradox anschaulich, das man als totlebendig erfassen kann. Dem steht nun entgegen das Bild der alten Frau,

die, obgleich noch lebend, doch schon ein Bild der Hinfälligkeit und Todesnähe ist, sodaß sie mit dem Ausdruck ‚lebendig-tot' erfaßt werden kann. Die Opposition in sich konträrer Momente, die auf der einfachen Opposition von Leben zu Tod aufgebaut ist, findet nun ihre Auflösung in einer dritten Phase, der des Vorgriffs auf eine ausstehende Zukunft.
Der angeschaute Widerspruch ‚lebendig-tot' wird im Blick eines uner- 308 | 309
gründlich naiven Vertrauens zur symbolischen Verheißung der Aufhebung des Todes in einem neuen Leben.

Wenn also zumindest in der subjektiven Perspektive der Erwartung am Ende der Geschichte die Verkehrung der Eingangsrelation vom Leben zum Tod durch die Relation vom Tod zum Leben steht, so ist diese Umkehrung nicht mehr wie im Mythos bewirkt durch eine eigene Dimension des Mythisch-Wunderbaren, sondern durch den Zufall der Natur, der für das naive Vertrauen der alten Frau ein Sinnbild für die christliche Hoffnung von der Aufhebung des Todes zu einem neuen Leben darstellt. Diese Struktur, die Nähe und Ferne der Hebelschen Geschichte zum Mythos bezeichnet, schafft den umfassenden Bedeutungszusammenhang der Geschichte, der alle übrigen Bedeutungsstrukturen in sich einbegreift und zugleich die narrative Prägnanz der Geschichte bestimmt. Gerade an Hebels Geschichte vom *Unverhofften Wiedersehen* wird besonders sinnfällig, wie die Struktur der achronischen Konzepte, die der Geschichte zugrundeliegen, diese selbst in ihrer Bedeutung und damit in ihrer möglichen Wirkung bedingen.

Eine Analyse, die einen narrativen Text im Zusammenspiel seiner Strukturen und Ebenen und damit im Hinblick auf seine besonderen Wirkungsbedingungen erfassen will, muß gerade auf die Erfassung der Ebene der achronischen konzeptuellen Strukturen besonderen Wert legen, da diese die Relevanzgesichtspunkte festlegen, unter denen ein Geschehen in Geschichte überführt wird. Eine solche achronische Struktur liegt allen narrativen Texten zugrunde. Die achronische Struktur des Mythos, die Lévi-Strauss als erster aufgedeckt hat, ist nur ein besonderer Fall einer sehr viel allgemeineren Struktur.

Wir können hier eine Bemerkung über den fiktionalen und den pragmatischen Gebrauch des narrativen Schemas anschließen. Der auf Wirklichkeit bezogene narrative Text macht Wirklichkeit immer nur dann zum Gegenstand der narrativen Erfassung, wenn sie ganz bestimmten Relevanzgesichtspunkten unterliegt, die sich im Text als implizite oder auch als explizit in die Sprache des Textes eingehende Konzepte erfassen lassen. Die Aufmerksamkeitsrichtung ist hier ganz der dargestellten Wirklichkeit zugewandt. Diese erscheint aber erst als relevant, wenn sie unter einer bestimmten Konfiguration von Konzepten steht. Dagegen ist bei der fiktionalen Narration, also etwa einem Roman oder einem Drama, das System der Konzepte und damit das der Relevanzgesichtspunkte selbst das eigentliche Thema. Dies meint Aristoteles, wenn er von der Dichtung sagt, sie sei philosophischer als die Geschichtsschreibung. Die Fiktion meint nie allein den besonderen Fall, den sie darstellt, sondern immer etwas Allgemeines, für das der besondere Fall einsteht. So geht es der Fiktion nicht einfach darum, Wirklichkeit zu erfassen und abzubilden, sondern sie ist darauf gerichtet, Wirklichkeitsäquivalente zu finden, die die konzeptuellen Konfigurationen zur Anschauung bringen können. In gewissem Maß kann dies freilich auch immer schon der nichtfiktionale Text, aber zumeist nur partiell und mehr oder weniger zufällig. Die vorausgehende Lektion ist darauf schon genauer eingegangen.

Wir haben bisher die Ebene des Geschehens sowie die Ebene der Geschichte und deren zweiseitige Bezogenheit einmal auf die Ebene des Geschehens, einmal auf eine abstrakte Ebene, die Ebene der Konzepte, besprochen. Damit ist aber die Konkretheit des narrativen Textes noch nicht erfaßt. Wir müssen jetzt übergehen von der Ebene der Geschichte zur Ebene ihrer Realisierung. Hier haben wir zwei Perspektiven zu unterscheiden. Zuerst einmal ist jede Geschichte bezogen auf einen Erzähler, der immer die Möglichkeit hat, die zeitliche Abfolge der Geschichte nach Kriterien neu zu organisieren, die außerhalb der Geschichte selbst liegen. Schon in der Antike war es ein Kunstgriff, besonders des alexandrinischen Romans, nicht mit dem Anfang der Geschichte zu beginnen, sondern an einem Punkt der Geschichte einzusetzen, von dem aus dann abwechselnd die Vorgeschichte und die Nachgeschichte in den Blick gebracht werden können. Die Manifestation der Geschichte steht also unter der einheitlichen Perspektive eines Erzählers, der, da er die Geschichte in ihrer Ganzheit überblickt, die Möglichkeit hat, sie nach ganz verschiedenen Gesichtspunkten der Wirkung beim Leser neu zu arrangieren. Doch wird die Geschichte erst wirklich konkret mit ihrer sprachlichen Artikulation nach den Möglichkeiten einer gegebenen Syntax und einer gegebenen Semantik. Erst die Perspektivierung durch den Erzähler und die sprachliche Realisierung geben der Geschichte ihre abschließende Gestalt und damit zugleich auch ihre besondere Nuancierung. Beide Ebenen werden im französischen Sprachgebrauch der strukturalen Erzählanalyse als ‚Diskursebene' zusammengefaßt. Doch ist es nicht unwichtig zu sehen, daß diese Ebene in Wirklichkeit aus zwei Ebenen, einer noch außersprachlichen und einer abschließenden sprachlichen Ebene des Erzählens besteht.

Wir wollen zunächst die Ebene der noch außersprachlichen Erzählerperspektive genauer betrachten und ihre Rolle im *Unverhofften Wieder-*

sehen zu erkennen suchen. Dabei gehen wir, um dies noch einmal zu wiederholen, davon aus, daß sich die sprachliche Gestalt der Geschichte unterscheiden läßt von der Geschichte als von einem Erzähler angeeignete und durchdrungene und diese wieder von der Geschichte selbst. Diese kann immer nur eine Abstraktion sein, die sich ergibt aus einer einzelnen oder aus einer Vielzahl von Konkretisationen. Indem die Geschichte Diskurs wird, wird sie zunächst also gebunden an die Perspektive eines Erzählers und seiner je spezifischen Erzählsituation. Diese gibt die Bedingungen vor für die besondere Gattungsstilisierung, der die Geschichte unterworfen wird. Wie jeder Sprecher in einer Sprecherrolle spricht, so jeder Erzähler in einer Erzählerrolle, die nie ganz frei ist, sondern immer bezogen ist auf den Ort des Erzählens und seine Funktion im Kommunikationszusammenhang einer Gesellschaft. Prinzipiell aber ist es dem Erzähler in der Perspektive des Diskurses freigestellt, wie er das Ganze der Geschichte zur Darstellung bringen soll. Der Erzähler ist nicht an den zeitlichen Verlauf der Geschichte unmittelbar gebunden. Er hat durchaus die Möglichkeit, eine vom Geschichtsverlauf selbst abweichende Reihenfolge der Darbietung zu wählen. Eine solche Entscheidung des Erzählers wird da insbesondere notwendig, wo die Geschichte selbst noch nicht die Ordnung ihrer Abfolge vorgibt. Ein gutes Beispiel dafür ist das Erzählproblem, das die Beschreibung einer Schlacht mit ihren zahlreichen parallelen Geschehens- und Handlungsverläufen stellt. Hier, wo man von einer sich verzweigenden Geschichte sprechen kann, ist der Erzähler darauf angewiesen, nach Gesichtspunkten der Lenkung des Leserinteresses in freier Entscheidung eine mögliche Abfolge der Geschichtsmomente zu arrangieren. Dasselbe gilt für die Erzählmomente, wo die Erzählung innehält und in Beschreibung umschlägt. 310 | 311

Ein sinnfälliges Beispiel für die relative Autonomie des Diskurses mit Hinblick auf die Geschichte, die er darstellt, findet sich in Hebels *Unverhofftem Wiedersehen* schon gleich zu Beginn, wo erzählt wird vom Tod, der kurz vor der Hochzeit unerwartet dazwischentritt. Der Erzähler schaltet hier frei mit den Erzählmomenten und ihrer Abfolge, und zwar so, daß dadurch die Erzählmomente selbst in der größten Eindringlichkeit zur Darstellung kommen. Der erste Teil der Geschichte, der im Zeichen der bevorstehenden Vermählung und des plötzlich hereinbrechenden Todes steht, ist aufgebaut aus fünf Erzählmomenten, die durch den Diskurs so ineinander verschlungen sind, daß nicht die bloße Abfolge von Hochzeitsvorbereitungen und jähem Tod, sondern deren Ineinander den Diskurs bestimmt. Der erste Augenblick, mit dem die Narration einsetzt, ist der Augenblick der Festlegung des Hochzeitstages: „Auf Sankt

Luciä wird unsere Liebe von des Priesters Hand gesegnet.“ Schon an dieser Stelle wird in der Negation und zugleich in perspektivischer Versetzung die Möglichkeit des Todes aufgerufen: „Denn du bist mein einziges und alles, und ohne dich möchte ich lieber im Grab sein als an einem anderen Ort“, sagt die Braut. Das folgende Erzählmoment, der Ausruf in der Kirche, der der Heirat vorausgeht, steht im Zeichen eines erzählerischen Vorgriffs, der ein späteres Moment des Verlaufszusammenhangs, nämlich den Tod des Bergmanns, vermittelt mit der Situation der Hochzeitsvorbereitungen. „Als sie aber vor Sankt Luciä der Pfarrer zum zweitenmal in der Kirche ausgerufen hatte: So nun jemand Hindernisse wüßte anzuzeigen, warum diese Personen nicht möchten ehelich zusammenkommen, da meldete sich der Tod.“ Dieser allegorische Vorgriff des Erzählers, der den Tod als eine der in der Kirche anwesenden Personen erscheinen läßt, wird nun im folgenden Begründungssatz aufgelöst, und zwar so, daß hier in einer kühnen syntaktischen Konstruktion Leben und Tod zueinander in bezug gesetzt werden. In dem Begründungssatz wird zugleich die narrative Abfolge von Leben und Tod wie auch das Beisammenbestehen von Leben und Tod durch die Vermittlung des Diskurses sinnfällig gemacht. „Denn als der Jüngling den anderen Morgen in seiner schwarzen Bergmannskleidung an ihrem Haus vorbeiging, der Bergmann hat sein Totenkleid immer an, da klopfte er zwar noch einmal an ihrem Fenster und sagte ihr guten Morgen, aber keinen guten Abend mehr.“ Morgen und Abend des einen Tages, der Erwartung und ihre jähe Vernichtung zusammenbringt, stehen in einem narrativen Folgeverhältnis, das syntaktisch relativiert ist, da sich das zeitbestimmende ‚als‘ nur auf den Morgen und das Anklopfen, nicht aber auch auf den Abend beziehen kann. Zugleich wird die Katastrophe selbst, der Tod, hier nur mit der größten Zurückhaltung und einem Minimum an Bestimmungen als Negation einer vertrauten und alltäglichen Handlung zur Darstellung gebracht. Der Bergmann sagte ihr „keinen guten Abend mehr“. Der folgende Satz nimmt diese Negation auf und macht die zeitliche Bestimmung dabei zu einer absoluten. „Er kam nimmer aus dem Bergwerk zurück.“ Der Satz geht aber noch weiter und führt in seinem Weitergehen zurück zu einem Punkt der narrativen Abfolge, der hier bereits überschritten ist, nämlich noch einmal zum Morgen jenes verhängnisvollen Tages, diesmal in der Perspektive der Braut. „Und sie säumte vergeblich selbigen Morgen ein schwarzes Halstuch mit rotem Rand für ihn zum Hochzeittag.“ Damit ist nun aber der Satz noch immer nicht abgeschlossen. Er kehrt zu seinem Ausgangspunkt zurück und verschränkt erneut die zeitlichen Ebenen: „Sondern als er nimmer kam, legte sie es weg, und weinte um ihn und vergaß ihn nie.“

Was an dem soeben erörterten Textstück deutlich werden kann, ist die Freiheit des Erzählers, Momente der Geschichte so zu organisieren und dem Leser zu präsentieren, daß die konkrete Darbietung der einzelnen Erzählmomente nicht mehr nur dem Gesetz der zeitlichen Abfolge selbst unterworfen ist. Die Abfolge der Geschichte kann, wie wir gesehen haben, in eine Abfolge des Diskurses übersetzt werden, die zu 312 | 313
dieser eine relative Autonomie bewahrt. Doch sind damit die Möglichkeiten des Erzählers mit Hinblick auf die Geschichte noch nicht erschöpft. Neben dem Arrangement der narrativen Gleichzeitigkeit und Nachzeitigkeit verfügt der Erzähler über die Möglichkeiten der narrativen Akzentuierung. Der Erzähler kann die Ereignisse ausführlicher darstellen oder er kann sie raffen und nur das Allerwesentlichste zur Darstellung bringen. Damit verfügt er über Möglichkeiten, die denen des ‚Schnitts' im Film vergleichbar sind. Eine weitere Leistung des Erzählers ist die narrative Perspektivierung, die die Distanz festlegt, in der dem Leser die einzelnen Figuren erscheinen, wodurch seine Identifikationsbereitschaft vorstrukturiert wird. Schließlich hat der Erzähler die Wahl der Einstellung zu der Geschichte, die er erzählt. Er kann die Geschichte neutral erzählen, so daß sie gleichsam sich von selbst zu erzählen scheint, seine Einstellung kann aber auch die der ironischen Distanz, des humorvollen Verstehens, der leidenschaftlichen Anteilnahme, der Bewunderung oder des Mitleids sein.

Mit der Erörterung der Erzählereinstellung sind wir bereits zur letzten Ebene der Narration, zur Ebene der sprachlichen Realisierung oder der Textoberfläche weitergegangen. Die sprachliche Realisierung hat zwei Dimensionen, die die Perspektive des Erzählers, aber damit zugleich auch die Perspektive des Lesers festlegen können. Dies ist einmal der Bereich der semantischen Konkretisation, das heißt der Wahl der Wörter und damit der Perspektive, in der sie das Gemeinte zur Darstellung bringen, zum anderen der Bereich der syntaktischen Konkretisation, das heißt der Organisation einer Sachlage im hierarchischen Aufbau des Satzes. Hier, in der abschließenden Dimension der semantischen und syntaktischen Konkretisierung erweist sich erst die eigentliche literarische Kunst. Erst hier erfüllt sich auch die je spezifische Einstellung, die der Erzähler seinem Gegenstand entgegenbringt. In der Wahl der Wörter und der Satzkonstruktionen zeigt sich in besonderem Maße die Geschicklichkeit des Erzählers. Man könnte diese Geschicklichkeit, diese Gelenkigkeit im Verfügen über die sprachlichen Mittel zur Realisierung einer außersprachlichen Bedeutung sprachlichen Takt nennen. Gerade Hebel ist dieser Takt beim Erzählen in hohem Maße eigen. Auch dafür mag wieder ein Beispiel genügen.

Nächst dem Augenblick des ‚unverhofften Wiedersehens' selbst ist der ergreifendste Augenblick dieser Geschichte jener, wo die alte Frau von dem soeben wiedergefundenen Bräutigam Abschied nehmen muß. Das Ergreifende und doch ganz Unpathetische dieses Abschieds ist durch die Kunst der semantischen und mehr noch der syntaktischen Organisation mit der größten Diskretion und dadurch umso eindringlicher zur Darstellung gebracht. Der Abschluß der Geschichte, der Gang zum Grab, steht im Zeichen der Freude und nicht der Trauer. Die alte Frau trägt ein schönes Sonntagsgewand, wie der Erzähler erklärend hinzufügt: „als wenn es ihr Hochzeittag und nicht der Tag seiner Beerdigung wäre". Das Weitere, das die Geschichte zum Abschluß bringt, steht in einem Satz, der, mit „denn" eingeleitet, als eine Erklärung für das befremdende Verhalten der alten Frau erscheinen kann. „Denn als man ihn auf dem Kirchhof ins Grab legte, sagte sie: ‚Schlaf nun wohl. Noch einen Tag oder zehen im kühlen Hochzeitbett, und laß dir die Zeit nicht lang werden. Ich habe nur noch wenig zu tun, und komme bald, und bald wird's wieder Tag. Was die Erde einmal wiedergegeben hat, wird sie zum zweitenmal auch nicht behalten', sagte sie, als sie fortging, und noch einmal umschaute." Im Zentrum dieses Denn-Satzes stehen, in direkter Rede, die Abschiedsworte an den toten Bräutigam. Diese sind aber nicht zeitlich situiert im Augenblick des Abschieds selbst, sondern danach, im Moment des letzten Umschauens, als der Abschied gleichsam schon vollzogen ist. Der Augenblick des letzten Umschauens, der endgültigen Trennung, erhält aber dadurch seine unvergleichlich poetische Eindrücklichkeit, daß er nicht, wie es seinem thematischen Gewicht entsprechend zu erwarten gewesen wäre, in einem Hauptsatz, sondern in einem Nebensatz, genauer im zweiten Glied eines Nebensatzes erscheint, also an ganz untergeordneter Stelle der Satzhierarchie. Zugleich aber ist er thematisch dadurch herausgehoben, daß das Umschauen das letzte ist, was die Geschichte in den Blick bringt. Der Augenblick des Zurückschauens der alten Frau ist der eigentliche Zielpunkt der Geschichte, doch ist dieser durch die syntaktisch-semantische Konkretisation mit der größten Diskretion zur Anschauung gebracht. In der sprachlichen Realisierung wird das einfache Vertrauen sinnfällig, das das Zurückschauen zugleich zu einem Vorausschauen auf einen jenseitigen Augenblick der Erfüllung werden läßt. Gerade weil hier alles durch die Sparsamkeit und intensivste Ausnutzung der sprachlichen Mittel geschieht, ist dieses Bild des Abschieds vielleicht eines der eindrucksvollsten, das die Erzählliteratur kennt.

Was den letzten Satz der Geschichte wie eine Reihe anderer Sätze zuvor kennzeichnet, ist eine syntaktische Kühnheit, die bis an die Grenzen des in der Schriftsprache Zulässigen geht. Denn der Mittelteil dieses Satzes, der in direkter Rede gehalten ist, ist in zweifacher Weise bezogen auf die Angabe einer Situation. Zunächst ist die Rede der alten Frau syntaktisch abhängig von dem vorausgehenden „Denn als man ihn auf dem Kirchhof ins Grab legte, sagte sie". Doch ist die dann folgende Rede zugleich syntaktisch abhängig von einem nachfolgenden „sagte sie, als sie fortging, und noch einmal umschaute". Die syntaktische Offenheit dieser Konstruktion, der andere syntaktische Offenheiten gleicher Art im Text entsprechen, sind Zeichen dafür, daß der Leser das Gelesene auffassen soll als die gesprochene Sprache eines leibhaftigen Erzählers, der in der Endlichkeit seines Erzählens gewissermaßen die durch die Geschichte weitergegebene Erfahrung selbst verbürgt. Gerade darin ist der Text in ganz ursprünglichem Sinne eine Erzählung. Walter Benjamin hat in seinem Essay *Der Erzähler* die Voraussetzungen dieser einfachen narrativen Form unvergleichlich eindringlich dargestellt: „So haftet an der Erzählung die Spur des Erzählenden wie die Spur der Töpferhand an der Tonschale."[5] Mit dieser Bestimmung ist zugleich das Wesentliche des Diskurses getroffen, der bei Hebel die Geschichte zur Darstellung bringt.

Unser Versuch, am Beispiel von Hebels *Unverhofftem Wiedersehen* die Ebenen der Narration und ihre je verschiedene Leistung für die Komplexität des konkreten Textes zu erfassen, bedarf abschließend noch eines Ausblicks auf eine Perspektive, in der der Diskurs gewissermaßen über sich selbst hinausreicht. An jeder Stelle im Diskurs gibt es die Möglichkeit, sekundäre Bedeutungen ins Spiel zu bringen, etwa dadurch, daß ein bestimmtes Wort oder ein Satz eine Anspielung enthält oder sonst auf einen Bedeutungszusammenhang verweist, in dem das Wort oder die Wortverbindung üblicherweise ihre Stelle haben. Wir bezeichnen solche Formen sekundärer Bedeutung, die die primäre Bedeutung perspektivieren, als Konnotationen. Während aber bei der Konnotation im eigentlichen Sinne eine primäre Wortbedeutung durch eine sekundäre ergänzt wird, gibt es andererseits Redefiguren wie die Metapher oder die Metonymie[6], bei denen die primäre Bedeutung des Worts gerade nicht in den Kontext hineinpaßt und erst durch diesen Widerspruch zum Kontext eine sekundäre Bedeutung entsteht, die die primäre außer Kraft setzt. Es gibt eine Stelle in Hebels Erzählung, wo Metaphern gehäuft auftreten. Sie finden sich da, wo die alte Frau im Anblick ihres toten, aber unverändert jungen Bräutigams die Erwartung eines anderen Lebens ausspricht.

5 W. Benjamin: *Der Erzähler. Schriften II*. Frankfurt 1955, S. 238. Am frühesten hat Benjamin auf die „kritische, gespannte Auseinandersetzung des überkommenen Hochdeutsch mit der Mundart" bei Hebel aufmerksam gemacht. Vgl. Johann Peter Hebel: ‚Zu seinem hundertsten Todestag'. In: *Schriften II*, S. 279–283.

6 Vgl. hierzu die folgende Lektion.

Der Zufall der Natur wird zur angeschauten Metapher, in deren Perspektive die noch offene Geschichte sich auf ihren Endpunkt hin, das nach dem Tod erwartete gemeinsame Leben, abschließen läßt. So erscheint der Tod des Jünglings als Schlaf, sein Sarg als Hochzeitsbett.

In anderer Weise als die sekundären Bedeutungen, die zu dem ausdrücklich Gesagten eine eigene Sphäre des unausdrücklich Gesagten hinzubringen, perspektiviert die Verneinung im Satz, die Satznegation, die sprachlich artikulierte Geschichte.[7] Denn zu dem, was als Geschichte positiv sprachlich gesetzt wird, tritt in der Verneinung eine kontrastive Möglichkeit hinzu, die als Möglichkeit abgewiesen, aber zugleich durch die Form der Verneinung präsent gehalten wird. Weil sie die Geschichte in einem Horizont des Möglichen situieren, der im Kontrast steht zur Geschichte selbst, kann den Negationen in narrativen Texten eine wesentliche Bedeutung zukommen. Auch hierfür kann noch einmal auf Hebels Text zurückgegriffen werden. Mehrfach zeigt sich in ihm, welche Bedeutung die Negation für den narrativen Text gewinnen kann. Der Diskurs, in dem sich die Geschichte vom *Unverhofften Wiedersehen* konkretisiert, bringt insistent die Endgültigkeit zu Bewußtsein, die dem Verlust des Alltäglichen und Vertrauten zukommt. „Er sagte" heißt es von dem Tag des Unglücks „keinen guten Abend mehr". Und dann „Er kam nimmer aus dem Bergwerk zurück". Und noch im selben Satz in der Als-Konstruktion: „sondern als er nimmer kam, legte sie es weg, und weinte um ihn und vergaß ihn nie". Erneut wird diese Endgültigkeit sprachlich benannt, wo sie bereits aufgehoben ist oder aufgehoben scheint. Als der unverweste Leichnam des Jünglings gefunden wird und ihn die alte Frau als ihren ehemaligen Bräutigam erkennt, heißt es: „... bis die ehemalige Verlobte des Bergmanns kam, der eines Tages auf die Schicht gegangen war und nimmer zurückkehrte." Und dann noch einmal in der Rede der alten Frau: „Acht Tage vor der Hochzeit ist er unter die Erde gegangen und nimmer herauf gekommen." Und weiter: „Aber er öffnete den Mund nimmer zum Lächeln oder die Augen zum Wiedererkennen." Jedesmal ist hier das Vertraute und Gewohnte negiert und so als das unwiederbringlich Verlorene zu Bewußtsein gebracht. Dann aber, mit dem Gang zum Grab, der zugleich als Hochzeitsgang erscheint, tritt die Negation in eine neue Perspektive: Das Verneinte ist nun nicht mehr das verlorene Vertraute, sondern jetzt gerade das, was dem einst Vertrauten ein Ende setzte. „... laß dir die Zeit nicht lang werden" heißt es nun in der Abschiedsrede der alten Frau. Und schließlich: „Was die Erde

7 Vgl. Verf.: *Der Gebrauch der Negation in fiktionalen Texten. Text als Handlung.* S. 98–130.

einmal wiedergegeben hat, wird sie zum zweitenmal auch nicht behalten." Nun, in der neuen Perspektive der Hoffnung, ist die Verneinung nicht mehr rückwärts sondern vorwärts gewandt, damit zugleich ist ihr Inhalt nicht mehr die vertraute Erinnerung, sondern das, was dem Erinnerten ein Ende setzte, nämlich daß die Erde den Bergmann behielt. So perspektiviert die Negation zweimal die Geschichte, indem sie einmal 316 | 317
Gegenwart und Vergangenheit, einmal Gegenwart und Zukunft ineinander blendet.

Unsere Analyse sollte am Beispiel von Hebels ‚Unverhofftem Wiedersehen' zeigen, wie eine Geschichte oder genauer ein narrativer Text sich aufbaut aus einem Zusammenhang von einander überlagernden Ebenen, die sich wechselseitig interpretieren und perspektivieren. Erst die Durcharbeitung dieser Schichten erlaubt es, den narrativen Text in seiner Komplexität so zu erfassen, daß diese dann der historischen Interpretation, das heißt der Situierung der Narration in ihrem literarischen und gesellschaftlichen Kontext erst eigentlich offensteht. Uns ging es zunächst nur um die Erfassung der narrativen Strukturen bis zu dem Punkt, wo die konkrete Interpretation einsetzen muß. Das systematische Vorgehen, wie wir es am Beispiel Hebels zu demonstrieren suchten, darf nicht absolut gesetzt werden. Aber es erscheint hilfreich dafür, den Text soweit aufzubereiten, daß die historische Interpretation auf einer gesicherten Grundlage der Strukturerschließung ansetzen kann.

Es wäre jetzt also zu fragen nach der Bezogenheit der aufgewiesenen Strukturen auf eine narrative Pragmatik oder Poetik. Im Fall von Hebels Geschichte ist der Kontext eines den Bedürfnissen eines bürgerlichen und bäuerlichen Publikums entsprechenden Kalenders die pragmatische Vorgabe. Was den Kalender selbst bestimmt, das Ineinander von natürlicher und historischer Zeit und zugleich die Bezogenheit der Zeit auf eine Welt der Zeitlosigkeit, ist zugleich die Thematik, die in der Geschichte vom *Unverhofften Wiedersehen* zur Darstellung kommt. Wenn diese Geschichte einerseits einen historischen Bezugspunkt hat und andererseits hineinreicht in die Dimension der Fiktion und des Mythos, so ist sie zugleich pragmatisch bestimmt durch ihren Ort im Kalender und damit durch eine ganz bestimmte Rezeptionssituation. Die Kalendergeschichte, in welcher Gestalt sie sich auch präsentiert, hat bei Hebel in erster Linie die Aufgabe, einen Augenblick der Besinnung, eines Innehaltens im bürgerlichen und bäuerlichen Leben zu strukturieren, der Nachdenklichkeit den sprachlich vermittelten und eingelösten narrativen Stoff zu geben. Es entspricht dieser Absicht, daß die Geschichten Hebels oft nicht mehr, wie es sonst in den Kalendergeschichten zu sein pflegt, in einer unvermittelten und eindeutigen Lehre aufgehen, sondern daß sie Ausgangspunkt sein wollen eines Nachdenkens, das in seinem Resultat durch die Geschichte selbst noch nicht vorweggenommen ist.

Hebels Erzählung vom *Unverhofften Wiedersehen* kann sicher nicht einstehen für die unendliche Vielfalt narrativer Formen, die von der einfachen Anekdote oder Kalendergeschichte bis zu dem, eine Gesellschaft umspannenden Romansystem etwa von Balzacs *Menschlicher Komödie* reichen. Aber auch da ist es nicht sinnlos, zur Orientierung des Lesens und des Verstehens auf ein Erzählmodell zurückzugreifen, wie es sich an sehr viel einfacheren Texten entwickeln läßt und wie wir versucht haben, es an Hebels *Unverhofftem Wiedersehen* aufzuweisen.

Unverhofftes Wiedersehen

In Falun in Schweden küßte vor guten fünfzig Jahren und mehr ein junger Bergmann seine junge hübsche Braut und sagte zu ihr: „Auf Sankt Luciä wird unsere Liebe von des Priesters Hand gesegnet. Dann sind wir Mann und Weib und bauen uns ein eigenes Nestlein." – „Und Friede und Liebe soll darin wohnen", sagte die schöne Braut mit holdem Lächeln, „denn du bist mein einziges und alles, und ohne dich möchte ich lieber im Grab sein, als an einem andern Ort." Als sie aber vor St. Luciä der Pfarrer zum zweitenmal in der Kirche ausgerufen hatte: „So nun jemand Hindernisse wüßte anzuzeigen, warum diese Personen nicht möchten ehelich zusammenkommen", da meldete sich der Tod. Denn als der Jüngling den andern Morgen in seiner schwarzen Bergmannskleidung an ihrem Haus vorbei ging, der Bergmann hat sein Totenkleid immer an, da klopfte er zwar noch einmal an ihrem Fenster und sagte ihr guten Morgen, aber keinen guten Abend mehr. Er kam nimmer aus dem Bergwerk zurück, und sie säumte vergeblich selbigen Morgen ein schwarzes Halstuch mit rotem Rand für ihn zum Hochzeitstag, sondern als er nimmer kam, legte sie es weg, und weinte um ihn und vergaß ihn nie.

Unterdessen wurde die Stadt Lissabon in Portugal durch ein Erdbeben zerstört und der Siebenjährige Krieg ging vorüber, und Kaiser Franz der Erste starb, und der Jesuitenorden wurde aufgehoben und Polen geteilt, und die Kaiserin Maria Theresia starb, und der Struensee wurde hingerichtet, Amerika wurde frei, und die vereinigte französische und spanische Macht konnte Gibraltar nicht erobern. Die Türken schlossen den General Stein in der Veteraner Höhle in Ungarn ein, und der Kaiser Joseph starb auch. Der König Gustav von Schweden eroberte russisch Finnland, und die französische Revolution und der lange Krieg fing an und der Kaiser Leopold der Zweite ging auch ins Grab. Napoleon eroberte Preußen, und die Engländer bombardierten Kopenhagen, und die Ackerleute säeten und schnitten. Der Müller mahlte, und die Schmiede hämmerten, und die Bergleute gruben nach den Metalladern in ihrer unterirdischen Werkstatt. Als aber die Bergleute in Falun im Jahre 1809 etwas vor oder nach Johannis zwischen zwei Schachten eine Öffnung durchgraben wollten, gute dreihundert Ellen tief unter dem Boden, gruben sie aus dem Schutt und Vitriolwasser den Leichnam eines Jünglings heraus, der ganz mit Eisenvitriol durchdrungen, sonst aber unverwest und unverändert war; also daß man seine Gesichtszüge und sein Alter noch völlig erkennen konnte, als wenn er erst vor einer Stunde gestorben oder ein wenig eingeschlafen wäre an der Arbeit. Als man ihn aber zu Tag ausgefördert hatte, Vater und Mutter, Gefreundte und Bekannte waren schon lange tot, kein Mensch wollte den schlafenden Jüngling kennen oder etwas von seinem Unglück wissen, bis die ehemalige Verlobte des Bergmanns kam, der eines Tages auf die Schicht gegangen war und nimmer zurückkehrte. Grau und zusammengeschrumpft kam sie an einer Krücke an den Platz und erkannte ihren Bräutigam; und mehr mit freudigem Entzücken als mit Schmerz sank sie auf die geliebte Leiche nieder, und erst als sie sich von einer langen heftigen Bewegung des Gemüts erholt hatte: „Es ist mein Verlobter", sagte sie endlich, „um den ich fünfzig Jahre lang getrauert hatte, und den mich Gott noch einmal sehen 318 | 319 läßt vor meinem Ende. Acht Tage vor der Hochzeit ist er unter die Erde gegangen und nimmer herauf gekommen." Da wurden die Gemüter aller Umstehenden von Wehmut und Tränen ergriffen, als sie sahen die ehemalige Braut jetzt in der Gestalt des hingewelkten kraftlosen Alters und den Bräutigam noch in seiner jugendlichen Schöne, und wie in ihrer Brust nach fünfzig Jahren die Flamme der jugendlichen Liebe noch einmal erwachte; aber er öffnete den Mund nimmer zum Lächeln oder die Augen zum Wiedererkennen; und wie sie ihn endlich von den Bergleuten in ihr Stüblein tragen ließ, als die einzige, die ihm angehörte und ein Recht an ihn habe, bis sein Grab gerüstet war auf dem Kirchhof. Den andern Tag, als das Grab gerüstet war auf dem Kirchhof und ihn die Bergleute holten, schloß sie ein Kästlein auf, legte sie ihm das schwarzseidene Halstuch mit roten Streifen um, und begleitete ihn alsdann in ihrem Sonntagsgewand, als wenn es ihr Hochzeittag und nicht der Tag seiner Beerdigung wäre. Denn als man ihn auf dem Kirchhof ins Grab legte, sagte sie: „Schlaf nun wohl. Noch einen Tag oder zehen im kühlen Hochzeitbett, und laß dir die Zeit nicht lang werden. Ich habe nur noch wenig zu tun, und komme bald, und bald wird's wieder Tag. Was die Erde einmal wiedergegeben hat, wird sie zum zweitenmal auch nicht behalten", sagte sie, als sie fortging, und noch einmal umschaute.

Johann Peter Hebel: *Werke.* Bd. II. Hrsg. v. W. Altwegg, Atlantis-Ausgaben. Zürich o. J., S. 229–231

Weiterführende Literatur und Kontexte:

S. in diesem Band die Beiträge von ŠKLOVSKIJ, BARTHES, STANZEL, GENETTE, JOHNSON. – Ferner: KARLHEINZ STIERLE: Geschehen, Geschichte, Text der Geschichte. In: Text als Handlung. München: Fink 1975, S. 49–55; ROLAND BARTHES: Einführung in die strukturale Analyse von Erzählungen. In: Ders.: Das semiologische Abenteuer. Übers. v. Dieter Hornig. Frankfurt: Suhrkamp 1988, S. 102–143; eine gute Darstellung der strukturalistischen Erzähltheorie bietet JONATHAN CULLER: Structuralist Poetics. Structuralism and the Study of Literature. London: Routledge 1975.

Barbara Johnson: Die kritische Differenz: BartheS/BalZac (1980)

Barbara Johnson (* 1947)

In Boston geboren, Studium am Oberlin College, Ohio, und in Yale (u.a bei Paul de Man), wo sie von 1977 bis 1982 auch unterrichtete. Lehrt jetzt als Professorin für Englische, Französische und Vergleichende Literaturwissenschaft und ist Lehrstuhlinhaberin für ,Women's Studies' an der Harvard University. Übersetzte Derridas *La dissemination* ins Englische.

Ihre wichtigsten Veröffentlichungen: *Défigurations du Langage Poétique: La Seconde Révolution Baudelairienne*. Paris: Flammarion 1979; *The Critical Difference: Essays in the Contemporary Rhetoric of Reading*. Baltimore, London: Johns Hopkins UP 1980; *A World of Difference*. Baltimore, London: Johns Hopkins UP 1987; *The Wake of Deconstruction*. Oxford: Blackwell 1994; *The Feminist Difference. Literature, Psychoanalysis, Race, and Gender*. Cambridge, Mass., London: Harvard UP 1998. Herausgeberin von *Freiheit und Interpretation. Amnesty International-Vorlesungen 1992*. Frankfurt: Fischer 1994 (engl. 1993).

Erstausgabe: Barbara Johnson: *The Critical Difference. Essays in the Contemporary Rhetoric of Reading*. Baltimore, London: © Johns Hopkins UP 1980, S. 3–12.
Druckvorlage: Aleida Assmann (Hrsg.): *Texte und Lektüren. Perspektiven in der Literaturwissenschaft*. Frankfurt: Fischer Taschenbuch 1996, S. 142–155.

Barbara Johnson: Die kritische Differenz: BartheS/BalZac

Vielleicht könnte man die Literaturwissenschaft überhaupt als Kunst 326 | 327
des Wiederlesens bezeichnen. Deshalb möchte ich zu Beginn einige Bemerkungen über das Wiederlesen aus Roland Barthes' *S/Z* zitieren:

„Eine wiederholte Lektüre – eine Operation, die den kommerziellen und ideologischen Gewohnheiten unserer Gesellschaft zuwiderläuft, die es gerade nahelegt, die Geschichte ‚wegzuwerfen', sobald sie konsumiert (‚verschlungen') worden ist, damit man dann zu einer anderen Geschichte greifen, ein anderes Buch kaufen könne, und die nur bei bestimmten Randgruppen von Lesern toleriert wird (Kindern, Greisen und Lehrern), wird hier gleich zu Beginn vorgeschlagen, denn sie allein bewahrt den Text vor Wiederholung (*wer es versäumt, wiederholt zu lesen, ergibt sich dem Zwang, überall die gleiche Geschichte zu lesen*) [...]" (S. 20, Hervorhebung B. J.)[1].

Was besagt diese paradoxe Aussage? Zum einen impliziert sie, daß sich eine einmalige Lektüre aus bereits Gelesenem zusammensetzt; daß das, was wir in einem Text beim ersten Mal sehen, schon in uns, nicht in ihm ist: in uns insofern, als wir selbst Stereotypen, ein bereits gelesener Text sind; und im Text nur in dem Maße, in dem das schon Gelesene jener Aspekt des Textes ist, den er mit seinem Leser gemein haben muß, um überhaupt lesbar zu sein. Mit anderen Worten: Lesen wir einen Text nur einmal, können wir in ihm nur das sehen, was wir bereits zuvor zu sehen gelernt haben.

Zum zweiten führt die Aussage, daß diejenigen, die es mit einer einfachen Lektüre bewenden lassen, überall die gleiche Geschichte lesen müssen, zu einer Umkehrung der üblichen Eigenschaften der Wörter „gleich" und „verschieden" (*different*). Hier wird die Rezeption verschiedener, differenter Geschichten mit der Wiederholung des Gleichen in eins gesetzt, während die erneute Lektüre des Gleichen das hervorbringt, was Barthes „die Differenz des Textes" nennt. Dieser wissenschaftliche Begriff der „Differenz" spielt sowohl in der Linguistik Saussures als auch in der Tradition Nietzsches und Derridas sowie in der sogenannten dekonstruktiven Literaturwissenschaft eine ausschlaggebende Rolle.

1 Die Seitenangaben im Text beziehen sich auf Roland Barthes, *S/Z*, aus dem Französischen von Jürgen Hoch, Frankfurt am Main 1987. Darin enthalten ist auch der komplette Text von Honoré de Balzacs *Sarrasine*.

Deshalb möchte ich hier einige seiner Implikationen und Funktionen unter die Lupe nehmen.

In gewissem Sinne könnte man sagen, das Ziel der Literaturwissenschaft als solcher (die im angloamerikanischen Sprachbereich als *literary criticism* bezeichnet wird) sei es, „kritische Differenz" zu bewirken. Das Wort „Kritik" selbst kommt von dem griechischen Verb *krinein*: „(unter-)scheiden oder wählen", differenzieren also. Der „Kritiker" als Literaturwissenschaftler versucht nicht nur, Maßstäbe zur Bewertung der Differenzen zwischen Texten festzulegen, sondern bemüht sich auch, etwas einmalig Besonderes, Differentes in jedem Text, den er liest, wahrzunehmen und dabei seine eigene individuelle Differenz zu anderen Literaturwissenschaftlern zu bestimmen. Aber das ist nicht ganz exakt das, was Barthes meint, wenn er von der Differenz des Textes spricht. Auf der ersten Seite von *S/Z* schreibt er: „Natürlich ist seine Einmaligkeit [difference] nicht eine ausgefüllte, auf nichts zu reduzierende Qualität (wie bei der mythischen Sicht literarischer Schöpfung), sie ist nicht das, was die Individualität eines jeden Textes ausmacht, nicht das, was diesen benennt, bezeichnet, paraphrasiert und abschließt. Im Gegenteil, es ist eine Einmaligkeit, die nicht abnimmt und sich im Hinblick auf das Unendliche der Texte, der Sprachen, der Systeme artikuliert: eine Differenz, von der jeder Text die Wiederkehr ist" (S. 7). Mit anderen Worten: Die Differenz eines Textes liegt nicht in seiner Einzigartigkeit, seiner speziellen Identität. Sie liegt in der Art und Weise, in der er von sich selbst abweicht, von sich selbst differiert. Und diese Differenz wird nur in einem Akt des Wiederlesens wahrgenommen. Es ist die Art und Weise, in der die Signifikationsenergie des Textes entfesselt wird, um Freuds Ausdruck zu benutzen, und zwar durch den Prozeß der Wiederholung, der die Wiederkehr nicht des Gleichen, sondern der Differenz ist. Differenz ist also nicht das, was eine Identität von einer anderen unterscheidet. Es handelt sich nicht um eine externe Differenz („Unterschied zwischen") – oder zumindest nicht zwischen unabhängigen Einheiten –, sondern um eine interne, eine Binnendifferenz. Diese macht nicht etwa die einzigartige Identität des Textes aus, sondern untergräbt gerade die Idee der Identität, indem sie die Möglichkeit einer Aufaddierung der Teile oder Bedeutungen des Textes zu einer Stimme, zu einem umfassenden, integrierten Ganzen unendlich weiter aufschiebt.

Lassen Sie mich diesen Gedanken noch etwas vertiefen, und zwar anhand der *Confessions*, der Bekenntnisse Jean-Jacques Rousseaus. Rousseaus Eingangsaussage über sich selbst ist ebenfalls eine Bestätigung der Differenz: „Ich bin nicht gemacht wie irgendeiner von denen, die ich bisher sah, und ich wage zu glauben, daß ich auch nicht gemacht bin wie

irgendeiner von allen, die leben. Wenn ich nicht besser bin, so bin ich doch wenigstens anders."[2] Nun kann man dies als unzweideutige Bejahung von Einzigartigkeit, von Differenz zwischen Rousseau und dem Rest der Welt lesen. Auf dieser Prahlerei basiert das ganze Buch. Aber worin besteht denn die Einzigartigkeit dieses Selbst? Es dauert nicht lange, und wir finden heraus: „Ich glaube bereits darauf aufmerksam gemacht zu 328 | 329
haben, daß es Zeiten gibt, in denen ich mir so wenig gleich bin, daß man mich für einen Menschen von genau entgegengesetztem Charakter halten könnte." – „Zwei fast unvereinbare Dinge verbinden sich in mir in einer mir völlig unbegreiflichen Weise: ein feuriges Temperament, heftige, ja stürmische Leidenschaften und nur langsam entstehende unklare Gedanken, die sich niemals im richtigen Augenblick einstellen. Man könnte sagen, mein Herz und mein Verstand gehören nicht zu ein und demselben Menschen."[3]

Mit anderen Worten: Aus dieser Geschichte von der Differenz eines Selbst zu anderen wird unvermeidlich die Geschichte seiner eigenen unüberbrückbaren Differenz zu sich selbst. Differenz entsteht nicht im Zwischenraum zwischen Identitäten; sie ist das, was jegliche Totalisierung der Identität eines Selbst oder der Bedeutung eines Textes unmöglich macht.

Von eben diesem Typus textueller Differenz wird der Prozeß der dekonstruktiven Lektüre in Gang gehalten. „Dekonstruktion" ist jedoch kein Synonym für „Destruktion". Tatsächlich befindet sich „Dekonstruktion" in viel größerer Nähe zu der ursprünglichen Bedeutung des Wortes „Analyse", das etymologisch „losmachen" bedeutet – im Grunde ein Synonym für „de-konstruieren". Die Dekonstruktion eines Textes vollzieht sich nicht aufgrund zufälligen Zweifels oder mit Hilfe beliebiger Unterwanderungsbewegungen, sondern durch sorgfältiges Aufkämmen widerstreitender Signifikationskräfte im Text selbst. Wenn in einer dekonstruktiven Lektüre etwas zerstört wird, so nicht der Text, sondern der Anspruch einer Signifikationsweise auf eindeutige Herrschaft über eine andere. Eine dekonstruktive Lektüre ist eine Lektüre, die die jeweilige Besonderheit der kritischen Differenz eines Textes zu sich selbst analysiert.

Aus drei Gründen habe ich Roland Barthes' *S/Z* ausgesucht, um die Frage der kritischen Differenz anzugehen:

1. Barthes entwirft ein literaturwissenschaftliches Wertungssystem, das explizit auf dem Paradigma der Differenz fußt; dabei erarbeitet er eine

2 Jean-Jacques Rousseau, *Die Bekenntnisse*, aus dem Französischen von Ernst Hardt, Frankfurt am Main 1956, S. 7.

3 Rousseau, a. a. O., S. 162; 144.

der frühesten, einflußreichsten, luzidesten und kraftvollsten Synthesen französischen Denkens unserer Zeit;

2. Die Geschichte von Balzac, die Barthes in *S/Z* zur Analyse auswählt, ist selbst in gewisser Weise eine Studie der Differenz – subversiv und aufrührerisch wird hier die Frage der sexuellen Differenz formuliert;

3. Die Konfrontation von Barthes und Balzac vermag einiges zur Klärung der kritischen Differenzen zwischen Theorie und Praxis einerseits und zwischen Literatur und Literaturwissenschaft andererseits beizutragen.

Ich erinnere daran, wie Barthes sein Wertsystem umreißt: „Unsere Wertungsweise kann nur von einer Praxis ausgehen, von der Praxis des Schreibens. Auf der einen Seite finden wir das, was zu schreiben möglich ist, und auf der anderen das, was nicht mehr geschrieben werden kann. [...] Was die Bewertung des Textes findet, ist ein Wert: das, was heute geschrieben (neu geschrieben) werden kann: das *Schreibbare [le scriptible]*. Warum ist das Schreibbare unser Wert? Weil es das Vorhaben der literarischen Arbeit (der Literatur als Arbeit) ist, aus dem Leser nicht mehr einen Konsumenten, sondern einen Textproduzenten zu machen. [...] Als Gegenüber des schreibbaren Textes etabliert sich also sein negativer, reaktiver Wert, sein Gegenwert: das, was gelesen, aber nicht geschrieben werden kann: das *Lesbare [le lisible]*. Jeden lesbaren Text nennen wir einen klassischen Text" (S. 8).

Dies ist also die wichtigste Polarität, die Barthes als Werkzeug zur Bewertung von Texten ausmacht: den schreibbaren versus den lesbaren Text. Der lesbare Text wird als das Produkt definiert, das der Leser konsumiert; der schreibbare Text ist ein Produktionsprozeß, in dem der Leser zum Produzenten wird: „Wir selbst sind es, die schreiben." Der lesbare Text wird von Rücksichten auf den Darstellungscharakter des Textes eingeengt: Er ist nicht umkehrbar, „natürlich", entscheidbar, kontinuierlich, totalisierbar und vereinheitlicht zu einem zusammenhängenden Ganzen, das auf dem Signifikat beruht. Der schreibbare Text ist unendlich plural und offen für das freie Spiel der Signifikanten und der Differenz; nicht durch Darstellungsrücksichten eingeengt, verstößt er gegen jedes Streben nach entscheidbarer, vereinheitlichter, totalisierter Bedeutung.

Angesichts dieses Wertsystems würde man natürlich erwarten, daß Barthes nun das Spiel unendlicher Pluralität anhand der Variante schreibbarer Dunkelheit eines Joyce oder Mallarmé lobpreisen würde, aber nein, er nimmt sich Balzac vor, einen der lesbarsten der lesbaren Schriftsteller, wie Barthes selbst nachdrücklich feststellt. Warum fällt denn Barthes' Wahl auf Balzac? Dieser Frage geht er meisterhaft aus dem Weg. Aber vielleicht ist gerade die Art und Weise, in der Barthes' Entscheidung für

Balzac nicht logisch aus seinem Wertsystem folgt – also die Art und Weise, in der Barthes irgendwie von sich selbst differiert –, das, was die kritische Differenz aufklaffen läßt, die wir hier analysieren wollen.

Obgleich Balzacs Text anscheinend für Barthes das negative lesbare Ende der Hierarchie repräsentiert, scheint die Behandlung, die Barthes ihm widerfahren läßt, alle Charakteristika des positiven schreibbaren Endes zu veranschaulichen. An erster Stelle fällt zwangsläufig die Pluralität von Barthes' Text selbst ins Auge, seine verschiedenen Drucktypen, sein „systematischer Einsatz von Abschweifungen", seine Folge sich überlagernder Versionen der gleichen, aber differenten Geschichte, angefangen von der Reproduktion von Girodets *Endymion* am Anfang des Textes bis zu den vier (in der deutschen Fassung: drei) Anhängen, die den Inhalt des Buches in verschiedenen (differenten) Formen wiederholen. Die eigentliche Lektüretechnik gehorcht dem Gebot der Fragmentierung und Pluralisierung und besteht darin, den Text „zu mißhandeln": „Es wird hier versucht, den stereographischen Raum eines Schreibens (hier die klassische, lesbare Schreibweise) aufzuzeichnen. Der Kommentar, der auf der Affirmation des Pluralen beruht, kann also nicht aus ‚Respekt' für den Text arbeiten: der Bezugstext wird ständig gebrochen, unterbrochen, ohne Rücksicht auf seine natürlichen (syntaktischen, rhetorischen, anekdotischen) Aufteilungen. [...] Die Arbeit des Kommentars besteht, sobald er sich einer jeden Ideologie von Totalität entzieht, gerade darin, den Text zu *mißhandeln*, ihm das Wort *abzuschneiden [lui couper la parole]*. Dennoch ist das, was negiert wird, nicht die (hier unvergleichliche) *Qualität* des Textes, sondern sein ‚Naturhaftes'" (S. 19). Barthes unterteilt nun die Geschichte diachronisch in 561 Fragmente, „Lexien" genannt, und synchronisch in fünf sogenannte Stimmen oder Codes und wandelt so den Text in ein „komplexes Netzwerk" mit „mehreren Ein- und Ausgängen" um.

Das Ziel dieser Brüche und Brechungen in Codes ist die Pluralisierung des Lektüre-*Inputs*, der Aufbau von Widerstand gegen den Wunsch des Lesers, den Text in große, geordnete Bedeutungsblöcke umzustrukturieren: „Will man weiter aufmerksam sein für das Plurale des Textes [...], muß darauf verzichtet werden, diesen Text in großen Mengen zu strukturieren, wie es die klassische Rhetorik und Schulinterpretationen taten; durchaus keine *Konstruktion* des Textes" (S. 16). Indem er den Text so heterogen und so diskontinuierlich wie möglich beläßt, indem er versucht, die Repressivität zu vermeiden, die in der Regulation der Aussage und der Zwangsreduktion des Textes auf einen einzigen letztendlichen Sinn liegt, übt Barthes ein Maximum an disintegrativer und ein Minimum an integrativer Gewalt aus. Es stellt sich die Frage, ob es dieser

„anti-konstruktivistischen“ (im Gegensatz zur „de-konstruktivistischen“) Treue zum fragmentierten Signifikanten gelingt, die funktionale Pluralität des Balzacschen Textes bloßzulegen, oder ob in der letzten Analyse nicht doch auch eine bestimmte Dimension textueller Differenz verlorengeht und durch Barthes' Verweigerung der Neuordnung oder Rekonstruktion des Textes eingeebnet wird.

Wenden wir uns nun Balzacs *Sarrasine* zu. Der Text hat zwei Teile: die Geschichte des Erzählens und das Erzählen der Geschichte. Im ersten Teil versucht der Erzähler, eine schöne Marquise dadurch zu verführen, daß er ihr den zweiten Teil erzählt; das heißt, er möchte die Kenntnis einer Geschichte gegen die Kenntnis des Fleisches eintauschen. Die Dame möchte das Geheimnis des rätselhaften alten Mannes auf dem Ball erfahren, und der Erzähler möchte die Erfahrung der Dame machen. Geschichtenerzählen, betont Barthes, ist keine neutrale, unschuldige Aktivität, sondern vielmehr Teil eines Kuhhandels, ein Akt der Verführung. Aber hier platzt das Geschäft; der Schuß geht nach hinten los. Was die Dame erfahren hat, veranlaßt sie keineswegs zur Hingabe, weit gefehlt: Es verhindert sie. Tatsächlich ist das letzte, was sie sagt: „Niemand wird mich *gekannt* haben!“

Es ist offensichtlich, daß der Schlüssel zum Fehlschlag des Geschäfts im Inhalt der Geschichte zu suchen ist, der eigentlich den Handel zum erfolgreichen Abschluß bringen sollte. Die Geschichte handelt von der Leidenschaft des Bildhauers Sarrasine für die Opernsängerin La Zambinella, und diese Leidenschaft gründet sich nicht auf Kenntnis, sondern gerade auf Unwissenheit: Der Bildhauer weiß nichts von der italienischen Sitte, auf der Opernbühne anstelle von Frauen Kastraten für die Sopranpartien einzusetzen. Der Bildhauer, der in La Zambinella zum ersten Mal in einer Person den vollkommenen weiblichen Körper verwirklicht gefunden hatte, wahrlich eine zum Leben erwachte Pygmalion-Statue, muß erfahren, daß sein Inbegriff weiblicher Vollkommenheit ganz wörtlich mit dem Messer geschnitzt wurde, und zwar nicht in Marmor, sondern in Fleisch. Er, der er seine Bereitschaft zum Liebestod verkündet hatte, erleidet just denselben, getötet von der Hand des Mäzens La Zambinellas.

Wie kommt es, daß die Erzählung dieser unerquicklichen kleinen Geschichte den Handel zum Scheitern bringt, den sie ermöglichen sollte? Barthes Antwort ist klar: „Kastration wirkt ansteckend.“ – „[Die Marquise] wird von der Kastration angesteckt, die ihr gerade erzählt wird, und zieht den Erzähler mit hinein“ (S. 41).

Das Interessante an dieser Geschichte von Verführung und Kastration ist die Art und Weise, in der sie ganz unerwartet Schlaglichter auf Barthes' eigenes kritisches Wertsystem wirft. Denn privilegiert Barthes in der Ankündigung („der Bezugstext wird ständig gebrochen, unterbrochen, ohne Rücksicht auf seine natürlichen Aufteilungen“) nicht implizit so etwas wie Kastration gegenüber dem, was er die „Ideologie der Ganzheit“ nennt? „Denn wenn der Text einer Form unterworfen ist“, schreibt er, „so ist diese Form nicht einheitlich [...] abgeschlossen: Sie ist ein Bruchstück, ein Teilstück, ein abgeschnittenes, verschwindendes Netzwerk“ (S. 25). Könnte man nicht wirklich Balzacs Gegensatz zwischen der idealen Frau und dem Kastraten Barthes' Gegensatz zwischen dem Lesbaren und dem Schreibbaren metaphorisch angleichen? Wie der lesbare Text ist Sarrasines Zerrbild von La Zambinella eine Glorifizierung vollkommener Einheit und Ganzheit: „Er bewunderte in diesem Augenblick die ideale Schönheit, deren Vollkommenheit er bisher in der Natur immer nur hier und dort gesucht hatte, indem er von einem oft häßlichen Modell die Rundungen eines vollkommenen Beins, von einem anderen die Umrisse der Brüste, von jenem die weißen Schultern forderte und schließlich von einem jungen Mädchen den Hals nahm, von einer Frau die Hände und die glatten Knie von einem Kind, ohne jemals unter dem kalten Himmel von Paris die reichen und anmutigen Schöpfungen des antiken Griechenlands anzutreffen. Die Zambinella zeigte ihm auf sehr lebendige und zarte Weise *vereint* diese auserwählten und so glühend begehrten Proportionen der weiblichen Natur [...]“ (S. 233, Hervorhebung B. J.). Aber gleich dem schreibbaren Text ist Zambinella in Wirklichkeit fragmentiert, unnatürlich und geschlechtlich unbestimmt. Wie der lesbare Text ist der Sopran ein Produkt, das „verschlungen“ werden kann („Sarrasine verschlang mit dem Blick die Statue des Pygmalion, die für ihn von ihrem Sockel herabgestiegen war“ – S. 234), während – wie der schreibbare Text – Kastration ein Produktionsprozeß, eine aktive und gewalttätige Unbestimmbarmachung ist. Die Erscheinung des Soprans scheint die Essenz der „Frau“ als *Signifikat* zu verkörpern („Es war das Weib [...] – S. 243), während die Realität des Kastraten, wie auch des schreibbaren Textes, ein reines Spiel von Signifikanten ist, jedes letzten Signifikats entleert, dessen beraubt, was der Text „Herz“ nennt: „Ich habe kein Herz!“ sagt Zambinella, „die Bühne, auf der Ihr mich gesehen habt, [...] das ist mein Leben, ein anderes habe ich nicht“ (S. 243).

Hierin besteht also die erste Antwort auf die Frage, warum Barthes wohl diesen Text auswählte; er thematisiert explizit die Opposition zwischen Einheit und Fragmentierung, zwischen dem idealisierten Signifikat und dem diskontinuierlichen leeren Spiel der Signifikanten, die der Opposition zwischen dem Lesbaren und dem Schreibbaren zugrunde liegt. Das traditionelle Wertsystem, das Barthes umzukehren versucht, ist also innerhalb des Textes, den er analysiert, schon abgesteckt. Es ergeben sich jedoch sofort drei Fragen: 1. Hält Balzacs Geschichte wirklich die Unzweideutigkeit der Lesbarkeits-Werte hoch, in deren Bereich Barthes sie abschiebt? 2. Betrachtet Balzac einfach ideale Schönheit als verlorenes Paradies und Kastration als entsetzliche Tragödie? 3. Wenn Barthes wirklich die Ideologie der Ganzheit zu entmystifizieren versucht und wenn seine Lektürestrategie der Kastration implizit einen positiven Wert zuweist, warum versteht dann seine Analyse des Balzac-Textes die Kastration scheinbar nur als das, was sie zu sein hat, nämlich als ungemildertes katastrophisches Horrorgebilde?

Um diese drei Fragen zu beantworten, wollen wir einen erneuten Blick auf Balzacs Geschichte werfen. Die Kastration als letzte narrative Enthüllung und als unzweideutige Ursache für die Tragödie Sarrasines zu betrachten, wie Barthes dies mehrfach tut, heißt die Geschichte mehr oder weniger aus Sarrasines Perspektive lesen. Tatsächlich schränkt aber gerade Barthes' Versuch, den Text zu pluralisieren, seine Perspektive ein; wie „respekt- und pietätlos" er auch immer die Geschichte zurechtschneiden oder mißhandeln mag, seine Lektüre bleibt doch in hohem Maß von der Linearität des Signifikanten abhängig und daher auch von der „Schritt-für-Schritt"-Entfaltung der Kastration für Sarrasine und den Leser. Sarrasines Unwissenheit ist jedoch nicht nur einfach eine Frage mangelnder Kenntnis, sondern auch Blindheit gegenüber dem Unrecht, das ihm angetan wird und das auch er potentiell dem anderen antut. Dies soll nicht heißen, daß die Geschichte Balzacs ein Plädoyer zur Verhinderung von Grausamkeit gegenüber Kastraten sei, sondern daß die Vereitelung einer Paarbildung vielleicht nicht einfach dem Faktum der Kastration im wörtlichen Sinn zugeschrieben werden kann. Wir wollen daher die Eigentümlichkeit der Leidenschaft Sarrasines näher betrachten.

Als er La Zambinella zum erstenmal sieht, ruft Sarrasine aus: „Von ihr geliebt werden oder sterben!" (S. 234). Diese Alternative konzentriert die gesamte Energie seiner Leidenschaft nicht auf ihr Objekt, La Zambinella, sondern auf das Subjekt, Sarrasine. Geliebt werden oder sterben; als begehrtes Objekt existieren oder gar nicht. Um was es hier geht, ist nicht die Vereinigung zwischen zwei Menschen, sondern das narzißtische Erwachen des einen. Das Gewahrwerden La Zambinellas ist für Sarrasine seine erste *Selbst*-Erfahrung als Liebesobjekt. Unter Zuhilfenahme des Bildes plastischer Vollendung verliebt sich so Sarrasine in niemand anderen als sich selbst. Balzacs fiktionaler Erzähler macht den narzißtischen Charakter dieser Passion explizit und identifiziert sich gleichzeitig nostalgisch selbst mit ihr, wenn die Rede ist von „diese[m] goldene[n] Zeitalter der Liebe, darin wir unser eigenes Gefühl genießen und fast allein durch

uns selber glücklich sind“ (S. 235). Sarrasine begnügt sich mit La Zambinella als Produkt der eigenen bildhauerischen Vorstellungskraft („Dies war mehr als eine Frau, es war ein Meisterwerk!“ – S. 234) und versucht erst gar nicht herauszufinden, wer sie in Wirklichkeit ist: „Als er einzusehen begann, daß es nun bald an der Zeit war zu handeln [...] und als er schließlich daran dachte, auf welche Weise er sie sehen, mit ihr spre- 334 | 335
chen könne, fühlte er, wie sein Herz bei so ehrgeizigen Plänen in heftige Bewegung geriet, so daß er sein Vorhaben auf den nächsten Tag verschob, gleichermaßen glücklich über seine körperlichen Leiden wie über die Vergnügen, die ihm sein Geist schuf“ (S. 236). Als es den Bildhauer schließlich in die Gegenwart seiner Geliebten zwingt, liest er in ihr lediglich den Beweis seiner eigenen Männlichkeit – sie ist die ideale Frau, demnach ist er der ideale Mann. Als er La Zambinella beim Knallen eines Korkens erschauern sieht, ist der bezaubert von dieser Schwäche und sagt: „Meine Kraft [puissance] soll Euch Schild sein!“ (S. 239). La Zambinellas Schwäche ist so das umgekehrte Spiegelbild zu Sarrasines Potenz. In diesem narzißtischen System gründet sich die Geschlechterdifferenz auf Symmetrie, und es ist tatsächlich der Kastrat, den Sarrasine liebt – also das Bild des Mangels dessen, was er demnach selbst zu besitzen glaubt. Wenn Sarrasine sagt, er könne keine starke Frau lieben, sagt er im Endeffekt, er könne niemanden lieben, der nicht sein symmetrisches Gegenstück ist und damit Beweis seiner Männlichkeit. Das bedeutet, daß, selbst wenn La Zambinella eine echte Frau gewesen wäre, Sarrasines Liebe ihr eine Behandlung als ein echtes Anderes verweigert hätte. Dieser Typus von Narzißmus ist in der Geschichte Balzacs tatsächlich genauso ansteckend wie Kastration: Die Marquise erkennt die narzißtische Täuschung, die auch in der Leidenschaft des Erzählers steckt, und sie protestiert, indem sie scherzhaft einen der Gründe für ihre spätere Verweigerung im voraus aufblitzen läßt: „Oh! Ihr seht mich, wie es Euch gelüstet. Welch sonderbare Tyrannei! Ihr wollt, daß ich nicht *ich* bin“ (S. 229).

Sarrasine kann nicht auf den anderen als anderen hören. Selbst als La Zambinella die Wahrheit andeutet, indem sie eine Reihe vielsagender Bemerkungen macht, die (hinsichtlich Sarrasines Angebot, alles für diese Liebe zu opfern) in der Frage „Wenn ich nun keine Frau wäre?“ gipfeln, ruft Sarrasine: „Welch gelungener Scherz! [...] Glaubst du, du könntest das Auge eines Künstlers täuschen?“ (S. 242). Sarrasines Stärke ist demnach ein Schild *gegen* La Zambinella, nicht *für* sie. Er erschafft sie als sein eigenes symmetrisches Gegenstück und liebt durch sie nur sich selbst. Deshalb ist die Enthüllung der Wahrheit so fatal. Der Kastrat befindet sich jenseits der Geschlechterdifferenz und zugleich in der Position, sie in ihrer illusorischen Symmetrie zu repräsentieren: Er untergräbt das Begehren nach symmetrischer, binärer Differenz, indem er es erfüllt. Er zerstört Sarrasines beruhigende Männlichkeit, indem er enthüllt, daß sie auf Kastration beruht. Aber Sarrasines Einsicht, daß er hierdurch selbst kastriert wird, daß er in sein eigenes Spiegelbild blickt, ist noch immer blind gegenüber der Tatsache, daß er ja von vornherein niemals liebesfähig gewesen war. Von Anfang an bestand seine Liebe in der Auslöschung und Kastration des anderen.

Letztlich stirbt also Sarrasine am Unvermögen zur *erneuten Lektüre* in exakt dem Sinne, in dem der Begriff zu Beginn dieses Aufsatzes eingeführt wurde. Was er an La Zambinella so gierig verschlingt, das hat seinen Ursprung tatsächlich in ihm selbst: eine Ansammlung bildhauerischer Klischees über weibliche Schönheit und sein eigener Narzißmus. Während er zu wissen glaubt, wo die Differenz ihren Ort hat – zwischen den Geschlechtern –, ist er blind für die Differenz, die nicht „zwischen", sondern nur „innerhalb" angesiedelt werden kann. In Balzacs Geschichte steht also die Kastration für das Wörtlichnehmen jener „Differenz innerhalb", die jedes Subjekt daran hindert, mit sich selbst zusammenzufallen. In Derridas Begrifflichkeit ausgedrückt, liest Sarrasine den Opernsänger als reine Stimme („seine Leidenschaft für die Stimme Zambinellas" – S. 236), als die Illusion imaginärer Unmittelbarkeit („zwischen ihm und der Zambinella war keine Entfernung mehr, sie gehörte ihm" – S. 234), als vollkommen lesbares, motiviertes Zeichen („Glaubst du, du könntest das Auge eines Künstlers täuschen?"), als vollen und transparenten Logos, wohingegen sie der Inbegriff des leeren und arbiträren Zeichens ist, der Schrift, der die eigene unreduzierbare Differenz zu sich selbst innewohnt. Und man kann sehen, daß das Unvermögen zu erneuter Lektüre schwerlich eine Trivialität ist: Für Sarrasine wirkt es sich fatal aus.

Balzacs Text enttarnt so selbst die logozentrische Blindheit, die sich in Sarrasines Lektüre des Zambinellischen Textes verbirgt. Aber wenn nach Barthes' Definition Sarrasines Sicht von La Zambinella als Inbegriff vollendeter Ganzheit und unzweideutiger Weiblichkeit der klassischen, lesbaren Konzeption der Literatur entspricht, dann hat Balzacs Text die gleiche Dekonstruktion des lesbaren Ideals, wie Barthes sie herauszuarbeiten versucht, bereits zuwege gebracht – so als stünde sie zum klassischen Text in Opposition. Mit anderen Worten: Balzacs Text „kennt" bereits die Grenzen und blinden Flecke des Lesbaren, das er in Sarrasine personifiziert. Balzac hat in gewissem Sinn Barthes' Aufgabe schon für ihn erledigt. Der lesbare Text ist selbst nichts anderes als eine Dekonstruktion des lesbaren Textes.

Aber gleichzeitig bewirkt Balzacs Text nicht einfach eine Verkehrung der lesbaren Hierarchie; Balzac erklärt die Kastration nicht in so unzweideutiger Weise zu *der* Wahrheit hinter der Blindheit des Lesbaren, wie Barthes' eigene Unzweideutigkeit einen glauben machen könnte. Denn wann immer Balzacs Text kurz davor ist, das Wort „Kastrat" auszusprechen, läßt er statt dessen eine Leerstelle. „Du bist eine Frau!" schreit Sarrasine verzweifelt; „denn ein…" Er bricht ab. „Nein", setzt er von neuem an, „*er* sogar würde nicht so gemein sein" (S. 246). Wiederholt kastriert Balzac seinen Text um die „Kastration". Sie bildet zwar nicht die unmißverständliche Lösung für das Rätsel des Textes; sondern die Kastration ist das Wie, mit dem die Lösung des Rätsels aufgehalten wird. Die Kastration ist genau das, was die Geschichte sagen muß und nicht sagen kann. Was aber Barthes in seiner Lektüre vornimmt, ist eine Etikettierung dieser textuellen Leerstellen als „Zensur, die auf dem Namen des Kastraten lastet" (S. 80), als „Tabu auf dem Namen Kastrat" (S. 177, 195, 208). Er füllt die Lücken des Textes mit einem Namen. Er erhebt die Kastration zu *der* Bedeutung des Textes, zu seinem endgültigen Signifikat. Dadurch macht er jedoch aus der Idee der Kastration selbst einen lesbaren Fetisch, die vermutete Antwort auf alle Fragen des Textes, die letzte Offenbarung im „hermeneutischen" Code. Balzac zeigt in der Tat, daß die Antwort so einfach nicht sein kann, nicht nur, indem er die Bezeichnung „Kastration" aus seinem Text tilgt, sondern auch indem er den Namen seines Gegenteils unterdrückt. Als Sarrasine zum ersten Mal sexuelle Lust empfindet, sagt Balzac, diese Lust habe ihren Sitz in dem, „das wir, weil wir kein anderes Wort dafür haben, Herz nennen" (S. 234). Später sagt Zambinella: „Ich habe kein Herz!" (S. 234). Barthes nennt sogleich „Herz" einen Euphemismus für das Geschlechtsorgan, aber indem Balzacs Text feststellt, daß das, was das Herz repräsentiert, nicht benannt werden kann, daß das Wort dafür fehle, läßt er die Frage der Sexualität offen als ein rhetorisches Problem, das eine simple Benennung von Körperteilen nicht lösen kann. Balzacs Text kehrt so nicht einfach die Hierarchie zwischen dem Lesbaren und dem Schreibbaren um, etwa indem er die vorgetäuschte Ganzheit durch die Wahrheit der Kastration ersetzte; er dekonstruiert selbst die *Möglichkeit*, die Differenz zu benennen.

Auf der Grundlage dieser Gegenüberstellung eines literarischen und eines literaturwissenschaftlichen Textes könnten wir vielleicht den Schluß ziehen, daß zwar beide eine Untersuchung der Differenz beinhalten, daß aber der literarische Text eine Differenz zu sich selbst vermittelt, „um" die er „weiß", die er aber nicht ausdrücken kann, während der literaturwissenschaftliche Text sich darum bemüht, die Differenz auszudrücken, und sie so auf Identität reduziert. Wenn man ihn allerdings ganz zu Ende analysiert, weist auch Barthes' Text eine merkwürdige Ambivalenz auf. Denn obgleich jede metaphorische Dimension in Barthes' Text die

Kastration als *die* wünschenswerte Essenz des Schreibbaren verkündet – jenes Schreibbaren, über das „es vielleicht gar nichts zu sagen" (S. 8) gibt, ganz so wie der Kastrat derjenige ist, „von dem es nichts zu sagen gibt" (S. 212) –, wird das buchstäbliche Konzept der Kastration lauthals als eine Ungerechtigkeit des Lesbaren desavouiert: „Und ihn [den Text] auf die Einheit des Sinns durch eine mißbräuchlich eindeutige Lektüre zu reduzieren, ist [...] die Andeutung der kastrierenden Geste" (S. 160). Mit Hilfe dieser Spaltung enthüllt Barthes' eigener Text, daß er ebensowenig wie derjenige Balzacs ungestraft einen unmißverständlichen Wert dem Wert der Unmißverständlichkeit entgegensetzen kann. Genau wie Balzacs Text durch seine Entmystifizierung idealisierter Schönheit nicht eine Differenz zwischen dem Lesbaren und dem Schreibbaren, sondern die Differenz innerhalb der Ideale des Lesbaren selbst enthüllt, enthüllt Barthes' Text in seiner Ambivalenz gegenüber der Kastration, daß das Andere des Lesbaren nur das sein kann, was seiner eigenen Differenz zu sich selbst unterworfen ist. Differenz als solche kann niemals als höchster Wert affirmiert werden, weil sie das ist, was jede Basis einer Affirmation von Werten unterwandert. Die Kastration kann weder bejaht noch verneint werden, sie kann nur als Wiederkehr unsituierbarer Differenz in jedem Text inszeniert werden. Und der Unterschied zwischen Literatur und Literaturwissenschaft besteht vielleicht nur in der Tatsache, daß es eher an der Literaturwissenschaft ist, blind zu sein gegenüber der Art und Weise, in der ihre eigene kritische Differenz zu sich selbst sie, wenn man sie zu Ende analysiert, literarisch werden läßt.

Weiterführende Literatur und Kontexte:

S. in diesem Band die Beiträge von JAMES, BARTHES, GENETTE, STIERLE; eine interessante Textcollage zu den unterschiedlichen Interpretationen des ,Kastrationskomplexes' – von Alexandre Kojéve, Jean Laplanche, Gilles Deleuze/Félix Guattari, Michel Serres und Luce Irigaray – versammelt die Anthologie: DENIS HOLLIER u. JEFFREY MEHLMAN (Hrsg.): Literary Debate. Texts and contexts. New York: The New Press 1999 (= Postwar French Thought II). Die Studie von Michel Serres ist – vollständig – auch auf deutsch erschienen: Der Hermaphrodit. Übers. v. Reinhard Kaiser. Frankfurt: Suhrkamp 1989. – Zur Kontextualisierung von Barbara Johnsons ,dekonstruktivem Feminismus' vgl. die Beiträge in BARBARA VINKEN (Hrsg.): Dekonstruktiver Feminismus. Frankfurt: Suhrkamp 1991. – IMRE SALUSZINSKI: Criticism in Society. Interviews with Jacques Derrida, Northrop Frye, Harold Bloom, Geoffrey Hartman, Frank Kermode, Edward Said, Barbara Johnson, Frank Lentricchia and J. Hillis Miller. New York, London: Methuen 1987, S. 151–175.

Franz K. Stanzel: Die Opposition Erzähler – Reflektor im erzählerischen Diskurs (1982)

Franz K. Stanzel (* 1923)

In Molln, Oberösterreich, geboren; Studium der Anglistik, Germanistik und Vergleichenden Literaturwissenschaft in Graz und an der Harvard University. Habilitation 1955, 1959 Professor in Erlangen-Nürnberg, ab 1962 Professor für Anglistik an der Universität Graz, seit 1993 Prof. Emeritus.

Seine wichtigsten erzähltheoretischen Buchveröffentlichungen: *Die typischen Erzählsituationen im Roman*. [...] Wien: Braumüller 1955 (engl. *Narrative Situations in the Novel*, 1971); *Typische Formen des Romans*. Göttingen: Vandenhoeck & Ruprecht 1964 (12. Aufl. 1993); *Theorie des Erzählens*. Göttingen: Vandenhoeck & Ruprecht 1979 (6. Aufl. 1995; engl. *A Theory of Narrative*, 1984); *Linguistische und literarische Aspekte des erzählenden Diskurses*. Wien: Vlg. der Österr. Akademie d. Wiss. 1984.

Zu seinem 70. Geburtstag erschien die Festschrift: Herbert Foltinek, Wolfgang Riedel u. Waldemar Zacharasiewcz (Hrsg.): *Tales and „their telling difference". Zur Theorie und Geschichte der Narrativik*. Heidelberg: Winter 1993.

Erstausgabe = Druckvorlage: Eberhard Lämmert (Hrsg.): *Erzählforschung. Ein Symposion*. Stuttgart: © J. B. Metzler 1982, S. 173–184.

Franz K. Stanzel: Die Opposition Erzähler – Reflektor im erzählerischen Diskurs

Der Erzähltheorie war von ihrem Anfang in der antiken Rhetorik die Unterscheidung von zwei gegensätzlichen Erzählweisen geläufig. Es ist auffällig, wie sich diese Opposition bis heute in ihrem Kern behaupten konnte. Platons Gegenüberstellung von „Diegesis" und „Mimesis" führt in ungebrochener Tradition zu Otto Ludwigs Unterscheidung zwischen „eigentlicher" und „szenischer Erzählung", zu N. Friedmans „telling" und „showing", zu J. Pouillons „vision par derrière" und „vision avec" und schließlich zu J. Andereggs „Berichtmodell" und „Erzählmodell"[1] usw.[2] Der Verfasser hat in seinen früheren Arbeiten der traditionellen Terminologie folgend zwischen „berichtender Erzählung" und „szenischer Darstellung" unterschieden.[3] Da sich bei der Anwendung dieser Begriffe immer wieder Schwierigkeiten hinsichtlich der Abgrenzung der beiden Erzählweisen voneinander ergaben, wurde von ihm kürzlich vorgeschlagen[4], die Unterscheidung nicht wie bisher vornehmlich nach den Formen des erzählerischen Diskurses, d.h. danach, ob Bericht, Schilderung, Dialog, Szene, Erlebte Rede usw. vorherrschen, sondern nach dem Träger der Vermittlung vorzunehmen. Dabei ergibt sich auch zum Teil eine neue Abgrenzung der in Opposition gesetzten Verfahren. Ich nenne sie Erzähler- und Reflektormodus.

1 Platon, *Der Staat*, übers. v. Karl Vretska, Stuttgart 1958, Bd. 3, bes. S. 164–169; Otto Ludwig, ‚Formen der Erzählung', in: *Epische Studien. Gesammelte Schriften*, hrsg. v. A. Stern, Leipzig 1891, Bd. 6, S. 202 ff.; Norman Friedman, ‚Point of View in Fiction. The Development of a Critical Concept', PMLA 70/1955, S. 1162 f.; Jean Pouillon, *Temps et roman*, Paris 1946, S. 74–102; Johannes Anderegg, *Fiktion und Kommunikation: Ein Beitrag zur Theorie der Prosa* (1973), Göttingen ²1977, S. 170.

2 Diese Opposition findet sich auch in der französischen Erzählforschung; das geläufige Begriffspaar „narration / représentation" verwenden z. B. Tzvetan Todorov, ‚Les Catégories du récit littéraire', Communications 8/1966, S. 143 ff. und Françoise van Rossum-Guyon, *Critique du roman*, Paris 1970 und ‚Point de vue ou perspective narrative', Poétique 1/1970, S. 476–497; ähnliche Unterscheidungen treffen auch Émile Benveniste, *Problèmes de linguistique générale*, Paris 1966, bes. S. 250 ff. mit „discours" und „récit", oder Marcel Cressot, *Le Style et ses techniques*, Paris 1947, S. 7 ff. mit dem Paar „expressionnisme" und „impressionnisme". Speziell zum Problem von Diegesis und Mimesis s. a. Gérard Genette, ‚Frontières du récit', Communications 8/1966, S. 152–163. In der amerikanischen Kritik verwendet Seymour Chatman die Begriffe „direct presentation (non-narrated representation)" und „mediated narration" in: *Story and Discourse*, Princeton, N. J., 1978, S. 146 et passim.

3 Vgl. F. K. Stanzel, *Die typischen Erzählsituationen im Roman. Dargestellt an* Tom Jones, Moby-Dick, The Ambassadors, Ulysses *u. a.*, Wien und Stuttgart 1955, S. 22 f.

4 F. K. Stanzel, *Theorie des Erzählens*, Göttingen 1979, bes. Kap. III u. VI.

Träger der Vermittlung im Erzählermodus ist immer ein persönlicher Erzähler, ein auktorialer Erzähler oder ein Ich-Erzähler, vorausgesetzt, daß dieser Ich-Erzähler als erzählendes Ich auftritt.[5] Beim Reflektormodus erfolgt die Vermittlung in Abwesenheit eines persönlichen Erzählers entweder durch einen Bewußtseinsträger, der sich in der Er-Form kundgibt, das ist ein personales Medium, oder durch ein Ich, das sich in Form eines inneren oder stillen Monologs äußert.

Der Erzählermodus läßt eine gewisse Affinität zum mündlichen Erzählen, aus dem er wahrscheinlich auch historisch herzuleiten ist, erkennen. Der Reflektormodus ist nur in der literarischen, d.h. schriftlich vermittelten Erzählung möglich, er ist auch in fast jeder Hinsicht dem mündlichen Erzähler entgegengesetzt. Seine literarhistorischen Voraussetzungen liegen im Zurücktreten des persönlichen Erzählers und in der Verlagerung des Darstellungsschwerpunktes auf Bewußtsein, Wahrnehmung und Reflexion von Charakteren der Erzählung, wie sie in der Geschichte des Romans seit dem Ende des 19. Jahrhunderts zu beobachten sind.

Ein Erzählermodus-Beispiel ist der Anfang von S. Butlers *The Way of All Flesh*. In diesem Roman erscheint ein peripherer Ich-Erzähler, Mr. Overton, ein Freund der Familie Pontifex, der die Geschichte von drei Generationen der Pontifexes, im besonderen des jüngsten Sprosses, Ernest Pontifex erzählt. Er präsentiert sich schon mit den ersten Sätzen unmißverständlich als Erzählerfigur. Damit wird dem Leser signalisiert, daß ihm alle für das Verständnis der Geschichte erforderlichen Informationen nach Vermögen und Einsicht dieses Erzählers zutreffend, vollständig und zur rechten Zeit angeboten werden würden. In diesem Sinne ist der Erzählermodus als primär leserorientiert zu bezeichnen. Die Hinweise auf den in manchen Dingen eingeschränkten Wissenshorizont des Erzählers bzw. auf die Herkunft seiner Kenntnisse aus zweiter Hand – sie sind besonders charakteristisch für die Ich-Erzählsituation dieser Stelle – verstärken noch die enge kommunikative Bindung zwischen Erzählerfigur und Leser. Man beachte auch die Häufung der üblichen Verifikationsfloskeln („I remember", „I have been told" usw.). Eine solche Erzählweise nähert sich dem mündlichen Bericht, wie wir ihn aus unserem Alltag kennen:

5 Der in der russischen Erzähltheorie geläufige Begriff „skaz" bezeichnet einen zentralen Aspekt des Erzählermodus, der vor allem im mündlichen Vortrag eines Erzähler-Ich hörbar wird. Vgl. dazu Boris Ejchenbaum, ‚Die Illusion des ‚skaz', in: *Russischer Formalismus. Texte zur allgemeinen Literaturtheorie und zur Theorie der Prosa*, hrsg. v. Jurij Striedter, München 1971 (=UTB 40, S. 161–167); und Irwin R. Titunik, ‚Das Problem des ‚skaz'. Kritik und Theorie', in: *Erzählforschung 2*, hrsg. v. Wolfgang Haubrichs, Göttingen 1977, S. 114–140.

When I was a small boy at the beginning of the century I remember an old man who wore knee-breeches and worsted stockings, and who used to hobble about the street of our village with the help of a stick. He must have been getting on for eighty in the year 1807, earlier than which date I suppose I can hardly remember him, for I was born in 1802. A few white locks hung about his ears, his shoulders were bent and his knees feeble, but he was still hale, and was much respected in our little world of Paleham. His name was Pontifex.

His wife was said to be his master; I have been told she brought him a little money, but it cannot have been much. She was a tall, square-shouldered person (I have heard my father call her a Gothic woman) who had insisted on being married to Mr Pontifex when he was young and too good-natured to say nay to any woman who wooed him. The pair had lived not unhappily together, for Mr Pontifex's temper was easy and he soon learned to bow before his wife's more stormy moods.

Mr Pontifex was a carpenter by trade; he was also at une time parish clerk; [...]. (*The Way of All Flesh*, Harmondsworth 1971, S. 33)

Die grundsätzliche Leserorientiertheit einer solchen Erzählweise bleibt auch aufrecht, wenn ein solcher Erzähler einmal in die Rolle des „unreliable narrator"[6] schlüpft. Die von Booth aufgeworfene Frage der „reliability" des Erzählers ist im übrigen überhaupt nur mit Bezug auf den Erzählermodus, nicht aber auf den Reflektormodus relevant.

Als Illustrationstext für einen erzählerischen Diskurs, der durch den Reflektormodus bestimmt wird, soll der Beginn des zweiten Kapitels von Kafkas *Das Schloß* – wiederum kein extremer Fall – dienen:

Als sie – K. erkannte es an einer Wegbiegung – fast beim Wirtshaus waren, war es zu seinem Erstaunen schon völlig finster. War er so lange fort gewesen? Doch nur ein, zwei Stunden etwa nach seiner Berechnung, und am Morgen war er fortgegangen, und kein Essensbedürfnis hatte er gehabt, und bis vor kurzem war gleichmäßige Tageshelle gewesen, erst jetzt die Finsternis. „Kurze Tage, kurze Tage!" sagte er zu sich, glitt vom Schlitten und ging dem Wirtshaus zu. Oben auf der kleinen Vortreppe des Hauses stand, ihm sehr willkommen, der Wirt und leuchtete mit erhobener Laterne ihm entgegen. Flüchtig an den Fuhrmann sich erinnernd, blieb K. stehen, irgendwo hustete es im Dunkeln, das war er. Nun, er würde ihn ja nächstens wiedersehen. Erst als er oben beim Wirt war, der demütig grüßte, bemerkte er zu beiden Seiten der Tür je einen Mann. Er nahm die Laterne aus der Hand des Wirtes und beleuchtete die zwei; es waren die Männer, die er schon getroffen hatte und die Artur und Jeremias angerufen worden waren. Sie salutierten jetzt. In Erinnerung an seine Militärzeit, an diese glücklichen Zeiten, lachte er. „Wer seid ihr?" fragte er und sah vom einen zum anderen. „Euere Gehilfen", antworteten sie. „Es sind die Gehilfen", bestätigte leise der Wirt. „Wie?" fragte K. „Ihr seid meine alten Gehilfen, die ich nachkommen ließ, die ich erwartete?" Sie bejahten es. (*Das Schloß*, Frankfurt/Main 1974, S. 19)

6 Wayne C. Booth, *The Rhetoric of Fiction*, Chicago 1961, S. 158 f.

Dieser Text veranlaßt den Leser vom ersten Satz an, sich in das Jetzt und Hier von K., der Reflektorfigur des Romans, zu versetzen. Mit ihr teilt er dadurch nicht nur die zeit-räumliche Orientierung in der Szene, sondern auch die Ungewißheit, die für die dargestellte Situation charakteristisch ist. Auch diese Ungewißheit ist zu einem wesentlichen Teil eine Folge des Reflektormodus, da diese bewirkt, daß dem Leser nur jene bruchstückhaften Informationen zur dargestellten Wirklichkeit verfügbar werden, die sich in der Wahrnehmung und im Bewußtsein der Reflektorfigur niederschlagen. Im Reflektormodus erscheint das dargestellte Geschehen immer *in actu*. Sein Ausgang bleibt bis zuletzt ungewiß. Die Darstellung ist nicht leser-, sondern handlungsorientiert.

Daß es sich bei den hier illustrierten Modi des narrativen Diskurses um zwei grundsätzliche Möglichkeiten des erzählerischen Verfahrens handelt, deren Verschiedenheit bis in die tieferen Schichten der sprachlichen Struktur der Texte hinabreicht, könnte mit Hilfe eines Transponierungsversuches nachgewiesen werden. Dieser würde zeigen, daß sich eine Transponierung der Texte von dem einen in den anderen Modus nicht ohne tiefgreifende und damit sinnverändernde textuelle Umgestaltung durchführen ließe.[7]

Es ist anzunehmen, daß hinter der Verschiedenheit der beiden miteinander kontrastierten Erzählweisen und ihrer langen Geschichte in Rhetorik und Literaturwissenschaft eine Polarität der Wahrnehmungs- und Perzeptionsformen der Wirklichkeit steht, die vermutlich nur psychologisch oder philosophisch zu erklären ist, vielleicht in der Richtung von Worringers kunsttheoretischem Gegensatzpaar „Abstraktion“ und „Einfühlung“.[8] Noch deutlicher zeigt sich vielleicht ein solcher Zusammenhang in Gombrichs stiltheoretischer Fassung dieser Polarität, nämlich „Konzeptualismus“ und „Impressionismus“.[9] Nimmt man eine solche Korrespondenz an, dann wird auch verständlich, warum einzelne Autoren eine ausgeprägte Vorliebe für einen der beiden Modi des narrativen Diskurses erkennen lassen. Im deutschen Roman findet man etwa bei Thomas Mann vorwiegend den Erzählermodus, bei Franz Kafka den Reflektormodus; im englischen Roman bei Joseph Conrad, besonders in seinen Marlow-Erzählungen, den Erzählermodus, bei Henry James – besonders im späteren Werk – den Reflektormodus; im französischen

7 Vgl. Stanzel, *Theorie des Erzählens*, S. 81–84.
8 Wilhelm Worringer, *Abstraktion und Einfühlung*, Berlin 1908.
9 E. H. Gombrich, *Art and Illusion. A Study in the Psychology of Pictorial Representation* (1960), London [3]1968, S. 76 u. 99 f. et passim.

Roman bei Balzac den Erzählermodus, bei Flaubert den Reflektormodus. Dabei darf allerdings die historische Dimension dieses Aspektes nicht übersehen werden. Im älteren Roman ist der Reflektormodus immer nur vorübergehend in kürzeren Texten anzutreffen, denn die älteren Autoren von Cervantes bis Dickens und Raabe bedienen sich vorwiegend des Erzählermodus. Erst seit dem Ende des 19. Jahrhunderts erscheint der Reflektormodus als dominante Form des erzählerischen Diskurses in ganzen Erzählungen oder in längeren Abschnitten eines Romans (Jane Austen und Flaubert eilen dieser Entwicklung etwas voraus). Einer der ersten Literaturwissenschaftler, die diesen „Paradigmenwechsel" registriert haben, war Oskar Walzel, der schon 1915 glaubte feststellen zu können, daß die Lektüre von Romanen, in denen der Erzählermodus vorherrscht, den zeitgenössischen Lesern bereits mehr Mühe bereitete, als die Lektüre eines „nicht-erzählenden" Werkes – Walzel spricht vom „szenischen Roman" –, weil ihnen diese Erzählweise schon durch zahlreiche zeitgenössische Romane vertraut gemacht worden sei:

> Wir haben uns mit der Zeit allerdings derart an die Technik des szenischen Romans gewöhnt, daß wir Erzählungen, in denen der Dialog nicht vorherrscht, sondern der Erzähler erzählt und seine Menschen meist nur indirekte Rede sprechen läßt, mit mehr Mühe lesen. Seit Otto Ludwig hat sich das Blatt völlig gewendet. Er konnte noch von Schwierigkeiten des Nacherlebens reden, die sich in der dramatischen Form der Erzählung auftun. Wir aber kommen heute schwerer mit, wenn die Anführungszeichen nur sparsam gebraucht werden, wenn nicht die kurzen Absätze der Dialogtechnik, sondern die längeren der reinen Erzähltechnik vor unserem Auge erscheinen.[10]

Inzwischen hat das Pendel, nachdem es im Verlauf des letzten Jahrhunderts kräftig in Richtung beider Modi ausgeschlagen hat, wieder zur Mittellage zurückgefunden. Heute gelten die pointierte Verpersönlichung des Erzählvorganges, wie sie dem Erzählermodus entspricht, und die pointierte Entpersönlichung des Erzählaktes, wie sie dem Reflektormodus gemäß ist, völlig gleichrangig und gehören in gleicher Weise zum Arsenal der Erzählkunst. Beide Erzählweisen bieten den Autoren eine Ausgangsbasis für Innovationen, von denen uns vor allem eine besonders interessiert, nämlich die Aufhebung oder Überwindung der hier beschriebenen Opposition zwischen Erzählermodus und Reflektormodus. Eine solche Aufhebung einer theoretisch postulierten Opposition ist keineswegs als Widerlegung dieser Theorie anzusehen; im Gegenteil, sie macht vielmehr die Relevanz der mit dieser Opposition

10 Oskar Walzel, *Das Wortkunstwerk*, Leipzig 1926, S. 198. Der zitierte Aufsatz wurde schon 1915 publiziert.

aufgezeigten begrifflichen Unterscheidbarkeit von zwei Erzählweisen einschaubar. Voraussetzung dafür ist allerdings, daß die Erzähltheorie die Herausforderung, die in den zu den theoretischen Kategorien „widerspenstigen“ Erzähltexten liegt, annimmt und die Theorie der Praxis anpaßt, etwa indem sie neben der Unterscheidbarkeit von zwei grundlegenden Möglichkeiten des Erzählens auch eine Vermischung der beiden Modi und damit ihre Ununterscheidbarkeit in bestimmten Texten in Rechnung stellt. Um solche Fälle mit Hilfe des hier eingeführten theoretischen Ansatzes beschreibbar zu machen, werden im folgenden, möglichst knapp gefaßt und auf einige der wichtigsten Aspekte reduziert, die charakteristischen Merkmale des Erzählermodus denen des Reflektormodus gegenübergestellt.

Die Gestaltung des Erzählanfangs

Erzählanfänge zeichnen sich in der Regel durch eine große Dichte der Signale aus, die die Aufmerksamkeit des Lesers auf den in der nachfolgenden Erzählung vorherrschenden Vermittlungsmodus hinlenken. Der Erzählanfang einer vom Erzählermodus dominierten Erzählung ist meist durch leserorientierte Erzählpräliminarien gekennzeichnet, die den Leser mit den Voraussetzungen der Geschichte vertraut machen (Exposition, Einführung der Charaktere). Dabei kommt es in der Regel auch zu einer ersten Selbstcharakteristik des Erzählers; sein Standpunkt wird angedeutet oder festgelegt, so daß sich daran das Vorstellungsbild des Lesers orientieren kann. Ein Erzähler berichtet von seinem Jetzt und Hier aus, was damals und dort in der Welt der Charaktere geschehen ist.

Im Gegensatz dazu erfolgt der Erzähleinsatz im Reflektormodus ohne jede Einleitung, meist ganz abrupt, ohne narrative Exposition. Anstelle von leserorientierten Präliminarien werden Präsuppositionen gesetzt, die vom Leser im Verlauf der Lektüre erst „entschlüsselt“ werden müssen. R. Harweg bezeichnet solche Textanfänge als „etisch“, d.h. sie sind „lediglich ‚äußerlich‘, sprachextern und nicht sprachlich-strukturell bestimmt“[11], wie etwa der unvermittelte Einsatz von Thomas Manns Moses-Novelle *Das Gesetz*: „Seine Geburt war unordentlich.“ R. Harwegs Gegenbegriff „emisch“ (beide wurden von K. L. Pike übernommen[12]) trifft dagegen auf Erzählanfänge im Erzählermodus zu, wo es keine referentielle Unbestimmtheit gibt, da der Erzähler dafür sorgt, daß der Leser stets

11 R. Harweg, *Pronomina und Textkonstruktion*, München 1968, S. 152.

12 Kenneth L. Pike, *Language in Relation to a Unified Theory of the Structure of Human Behavior*, Glendale 1954.

über alle Voraussetzungen der Geschichte zureichend informiert ist. Als Beispiel eines solchen „emischen" Anfangs zitiert Harweg Kleists *Michael Kohlhaas*: „An den Ufern der Havel lebte um die Mitte des sechzehnten Jahrhunderts ein Roßhändler namens Michael Kohlhaas [...]."[13] Für unseren Zusammenhang ist wichtig festzuhalten, daß „etische" Textanfänge nur in fiktionalen Texten möglich sind. Sie können daher auch als linguistisches Kriterium für die erzähltheoretische Unterscheidung zwischen fiktionalen und nichtfiktionalen Texten herangezogen werden. Und noch eine andere, nicht minder wichtige Schlußfolgerung ist hier zu ziehen. Falls zutrifft, daß das mündliche Erzählen, wie weiter oben angenommen wurde, immer im Erzählermodus verläuft, dann könnte man weiters schließen, daß im mündlichen Erzählen nur „emische" Erzählanfänge akzeptabel erscheinen, da die referentielle Unbestimmtheit etischer Erzählanfänge hier die Kommunikation zwischen Erzähler und Zuhörer stören würden.

Die narrative Bewältigung der Geschichte

Für die meisten Erzähler, so für den auktorialen Erzähler und den quasi-autobiographischen Ich-Erzähler, ist die Geschichte in der Regel vom Anfang bis zum Ende überschaubar, der Handlungsablauf erscheint daher im Erzählen als zielgerichtet, geordnet und sinnvoll. Durch diese erzählerische Bewältigung können selbst das Schreckliche, Grausame, Häßliche, die Tragik eines menschlichen Schicksals für den Leser ästhetisch erträglich gemacht werden. Eine Reflektorfgur vermittelt dagegen das Geschehen immer *in actu*; ihr ist der Gesamtverlauf der Handlung nicht einsichtig, der Sinn der einzelnen Ereignisse muß ihr daher oft als problematisch erscheinen. Für den Leser kommt noch hinzu, daß er in diesem Fall das Prinzip, nach dem einige Teile der dargestellten Wirklichkeit erzählerisch konkretisiert werden, andere aber unbestimmt bleiben, oft nicht erkennen kann. Wie besonders an den Romanen Kafkas deutlich wird, kommt aber das die Existenz des Helden Bedrohende häufig aus diesem erzählerisch nicht konkretisierten Leerraum. Es ist daher verständlich, warum Daseinsangst und Existenznot im modernen Roman vorwiegend im Reflektormodus zur Darstellung gelangen, so eben bei Kafka, aber auch bei Sartre, Camus und Faulkner u.a.

13 Heinrich von Kleist, *Michael Kohlhaas*, in: *Sämtliche Werke*, Leipzig 1883, Bd. 1, S. 137.

Kommunikationsverlauf

Im Erzählermodus verläuft die Kommunikation im wesentlichen nach dem „Berichtmodell", das Anderegg für fiktive „Ich-Du-Texte" beschrieben hat.[14] Dem Reflektormodus dagegen entspricht, was bei Anderegg – nicht sehr glücklich – „Erzählmodell" heißt und in sogenannten fiktiven „Er-Texten" erscheint. Kennzeichnend für das „Erzählmodell" der „Er-Texte" ist, daß kein persönlicher Erzähler greifbar wird, sondern, wie Anderegg meint, die „Kommunikation ihre eigene Vorbedingung stiftet, indem sie verleugnet, eine solche zu sein".[15] In unsere Terminologie übertragen heißt das, daß an die Stelle eines persönlichen Erzählers als Sender im Sinne der Kommunikationstheorie eine Reflektorfigur als Mittler tritt, die jedoch, im Gegensatz zum Erzähler, ihre Kommunikationsfunktion nur unwissend oder unbewußt ausübt. In diesem Sinne „verleugnet" sich nach Anderegg die Kommunikation selbst. Für den Leser entsteht dabei die Illusion, das Geschehen werde ihm nicht mittelbar durch einen Erzähler, sondern unmittelbar, wie auf einer Schaubühne, präsentiert. An die Stelle der zeit-räumlichen Orientierung seines Vorstellungsbildes nach dem Jetzt und Hier des Erzählers, von dem aus auf das erzählte Geschehen mit „damals" und „dort" (Ferndeixis) verwiesen wird, tritt eine Orientierung ausschließlich nach dem Jetzt und Hier (Nahdeixis) der Reflektorfigur. Das epische Präteritum kann unter diesen Voraussetzungen, wie aus der Diskussion über K. Hamburgers Theorie des „epischen Präteritums" klargeworden ist[16], seine Vergangenheitsbedeutung aufgeben und zum Signal für die Fiktionalität eines Textes werden. Die im Zusammenhang mit dieser Diskussion oft zitierten Sätze, in denen ein Verbum im Präteritum mit einer zukunftsweisenden Zeitbestimmung erscheint („Morgen war Weihnachten"), können daher, genaugenommen, nur in einem erzählerischen Diskurs mit Reflektormodus aufscheinen. Davon ausgehend wäre wiederum die Frage zu stellen, ob solche Sätze auf das literarische, d. h. schriftliche Erzählen zu beschränken sind, oder ob sie auch im mündlichen Erzählen vorkommen können.

Da im Reflektormodus kein persönlicher Erzähler als Vermittler in Erscheinung tritt, wird auch der Wechsel von Er-Bezug zu Ich-Bezug gleichsam merkmallos, d. h. der Leser wird ihn hier im allgemeinen gar nicht registrieren. Das kann am besten in einem Text im Reflektormodus

14 Anderegg, *Fiktion und Kommunikation*, S. 27–41.

15 Ebd. S. 44 f.

16 Vgl. Käte Hamburger, *Die Logik der Dichtung* (1957), Stuttgart 1968 und ‚Noch einmal: Vom Erzählen', Euphorion 59/1965, S. 46–71; sowie F. K. Stanzel, ‚Episches Präteritum, erlebte Rede, historisches Präsens', DVjs 33/1959, S. 1–12.

an Hand einer Bewußtseinsdarstellung, bei der häufig der Bezug auf den Bewußtseinsträger zwischen Ich und Er wechselt, nachgeprüft werden: „His pace slackened. Here. Am I going to Aunt Sara's or not?"[17] Im Erzählermodus ist dagegen der Bezugswechsel (von direkt zitierter Rede immer abgesehen) stets bedeutungsvoll. Er unterliegt daher im Erzählermodus-Text auch ganz bestimmten Regeln. Wenn außerhalb des Reflektormodus ein solcher Bezugswechsel ohne entsprechende Signale erfolgt, wie z. B. im zweiten Teil von Max Frischs *Montauk*, so ist das als eine gezielte Deviation von diesen Regeln der Erzählgrammatik zu werten. Auch hier scheint der Gebrauch im mündlichen Erzählen mehr zum Erzählermodus hinorientiert zu sein als zum Reflektormodus. Im mündlichen Erzählen ist nämlich der Ich-Bezug zunächst schon durch die leibhaftige Gegenwart des Erzähler-Ich okkupiert. Die Lösung dieser durch die mündliche Erzählsituation vorgegebenen Bindung kann nur vorübergehend durch eine gesteigerte Erzählgestik in Richtung auf dramatische Vergegenwärtigung und Versetzung in eine fiktionale Rolle erreicht werden. Zusammenfassend kann daher festgestellt werden, daß das literarische, d. h. schriftliche Erzählen nicht nur von den beiden grundlegenden Erzählmodi in ungefähr gleicher Weise Gebrauch macht, während sich das mündliche Erzählen auf den Erzählermodus zu beschränken scheint, sondern auch über einen erheblich größeren Spielraum sowohl für den Übergang von einem Modus zum anderen wie auch für die Vermischung der beiden Modi verfügt.

Nach dieser Gegenüberstellung von Erzähler- und Reflektormodus sind nun die angekündigten Beispiele für eine Kontamination der beiden Modi darzubieten. Dazu soll zuerst ein konventioneller, anschließend ein eher innovatorischer Erzähltext vorgeführt werden.

In Thomas Manns Novelle *Tristan* wird – und das ist bereits ein Kuriosum – die Hauptfigur dreimal hintereinander eingeführt. Zum ersten Mal geschieht dies kurz nach Beginn, im Zuge einer Charakteristik des florierenden Betriebes im Sanatorium „Einfried", dem Schauplatz der Handlung:

> Was für Existenzen hat „Einfried" nicht schon beherbergt! Sogar ein Schriftsteller ist da, ein exzentrischer Mensch, der den Namen irgendeines Minerals oder Edelsteines führt und hier dem Herrgott die Tage stiehlt […]. (*Tristan*, in: *Der Tod in Venedig und andere Erzählungen*, Frankfurt/Main 1954, S. 65)

Kennzeichnend für die erste Einführung der Hauptfigur ist, daß – auch unter Berücksichtigung des größeren Textzusammenhanges – nicht aus-

17 James Joyce, *Ulysses*, Harmondsworth 1960, S. 44.

zumachen ist, wer sich hier eigentlich äußert, ein Erzähler, der von außen diese Gestalt kommentiert (ein Ich-Erzähler ist auszuschließen, da kein Ich-Bezug erscheint) oder ein Charakter der Erzählung, der das Zitierte gleichsam denkt, also ein Reflektor. Perspektive (Innenperspektive) und Stil (kolloquial, subjektiv, unverbindlich) deuten eher auf einen Reflektor, wobei allerdings in der ganzen Erzählung kein Charakter zu finden ist, den man als Reflektor identifizieren könnte. Es bleibt also nur der auktoriale Erzähler der Novelle, dem diese Äußerung zugeordnet werden kann. Dieser auktoriale Erzähler führt sich hier aber so auf, als wäre er ein Reflektor, also eine Gestalt der Erzählung, wenn er u. a. vorgibt, den Namen der Person, von der die Rede ist, nicht zu kennen, und auch seine abschätzige Meinung über sie nicht verbirgt.

Einige Seiten weiter wird die Hauptfigur ein zweites Mal eingeführt, dieses Mal im Zusammenhang mit der Ankunft der anderen Hauptfigur, der zarten und blassen Gattin des Großkaufmannes Klöterjahn:

> Ja, sie machte Eindruck, die Frau, die Herrn Klöterjahns Namen trug! Ein Schriftsteller, der seit ein paar Wochen in „Einfried" seine Zeit verbrachte, ein befremdender Kauz, dessen Namen wie der eines Edelgesteins lautete, verfärbte sich geradezu, als sie auf dem Korridor an ihm vorüberging, blieb stehen und stand noch immer wie angewurzelt, als sie schon längst entschwunden war. (S. 67)

Auch hier kann man nicht ohne weiteres entscheiden, ob ein Erzähler oder ein Reflektor als Vermittlungsträger fungiert. Die ausgeprägt innenperspektivische Darstellung und der eingeschränkte Wissenshorizont legen wiederum die Annahme eines Reflektors nahe. Für diese Rolle läßt sich aber auch dieses Mal keine Gestalt der Erzählung ausfindig machen. Es scheint sich also auch hier der auktoriale Erzähler des Gestus einer Reflektorfigur zu bedienen. Im Vergleich mit der ersten Stelle, wo durchgehend das Präsens verwendet wurde, fällt in diesem Text der Gebrauch des Präteritums auf. Das epische Präteritum rückt die Aussage bereits um eine Stufe näher an den Erzählermodus heran, genauso wie das Präsens den Reflektorcharakter der ersten Stelle verstärkt. Demnach scheinen auch das Präsens als Erzähltempus und die Unkenntnis des Namens der Hauptfigur in der ersten Stelle durchaus übereinzustimmen, während sich zwischen dem Präteritum („seit ein paar Wochen in ‚Einfried' seine Zeit *verbrachte*") und der noch immer andauernden Unkenntnis des Namens in der zweiten Stelle eine eigentümliche Spannung aufbaut. Diese Spannung findet ihre schließliche Lösung. Erst in der dritten Einführung der Hauptfigur gibt sich der auktoriale Erzähler, der von nun an Regie führt, ohne alle Umschweife und ohne Rollenverkleidung zu erkennen:

> *Spinell* hieß der Schriftsteller, der seit mehreren Wochen in „Einfried" lebte. Detlev Spinell war sein Name, und sein Äußeres war wunderlich.
>
> Man vergegenwärtige sich einen Brünetten am Anfang der Dreißiger und von stattlicher Statur, dessen Haar an den Schläfen schon merklich zu ergrauen beginnt, dessen rundes, weißes, ein wenig gedunsenes Gesicht aber nicht die Spur irgendeines Bartwuchses zeigt. (S. 69)

Es ist also festzuhalten, daß der auktoriale Erzähler im ersten Teil der 354 | 355
Novelle mehrere Male seine Rolle als Erzählerfigur verläßt, um in die einer Reflektorfigur zu schlüpfen. Damit erhalten die ersten Seiten mit der Exposition der Handlung eine gewisse subjektive Unverbindlichkeit. Spinell wird so charakterisiert, wie ein anderer Patient des Sanatoriums ihn sehen könnte. Später erst ergänzt der Autor die Unverbindlichkeit der personalen Innenperspektive durch die verbindlichere auktoriale Außenperspektive. Im übrigen sind auch im restlichen Teil der Erzählung Spuren eines ähnlichen Rollenwechsels vom Erzähler zum Reflektor anzutreffen.[18]

Um dieses Phänomen literarhistorisch zu verstehen, muß man berücksichtigen, daß die Geschichte von Roman, Novelle und Kurzgeschichte in den letzten hundert Jahren eine deutliche Tendenz zur Personalisierung des Darstellungsvorganges zeigt: der Anteil der erlebten, d.h. als Bewußtseinsinhalt eines Charakters erfaßten fiktionalen Wirklichkeit ist auf Kosten der referierten, d.h. von einem Erzähler berichteten oder geschilderten fiktionalen Wirklichkeit ständig gewachsen. Parallel dazu hat die Art des erzählerischen Diskurses, die hier als Reflektormodus bezeichnet wurde, immer mehr Raum gewonnen. In den letzten Jahren scheint sich allerdings eine Tendenzumkehr anzukündigen: der persönliche Erzähler ist dabei, verlorenes Terrain wieder zurückzuerobern. Dabei wendet sich das Interesse der Autoren auch der lange Zeit von Kritik und Autoren als etwas altväterisch angesehenen Ich-Erzählung wieder zu, wie die Romane von S. Beckett, Norman Mailer, M. Frisch, William Burroughs, G. Grass u.a. zeigen. Auch für den auktorialen Erzähler kann ein „come-back" registriert werden, z.B. in John Fowles' *The French Lieutenant's Woman*, in einigen Romanen von K. Vonnegut u.a. Am neuen auktorialen Erzähler wird noch eindrücklicher als am Ich-Erzähler erkennbar, daß sich ein tiefgreifender Wandel in Rolle und Funktion des persönlichen Erzählers vollzogen hat. Die oben erwähnte Tendenz zur Personalisierung hat nun auch diese narrative Funktionsfigur erfaßt. Das bedeutet u.a., daß der neue auktoriale Erzähler, der referierenden Rolle eines Chronisten oder Berichterstatters überdrüssig, sich nun immer

18 Vergleiche dazu *Theorie des Erzählens*, S. 233–238, wo ich mich auch mit R. Harwegs textlinguistischer Analyse dieser Novelle eingehender auseinandersetze.

häufiger wie eine Reflektorfigur gebärdet, d. h., er läßt seinem Erzählerbewußtsein die Zügel schießen, so daß aus dem sachlich wohlgeordneten und syntaktisch geglätteten Erzählerbericht eine Art auktorialer Bewußtseinsstrom wird. Ansätze dazu konnten wir, wie gezeigt, schon bei Thomas Mann feststellen. Radikal und konsequent durchgeführt finden wir diese für den modernen erzählerischen Diskurs vielleicht wichtigste Innovation – wie nicht anders zu erwarten – zuerst bei James Joyce.

Auch bei Joyce beginnt sich diese radikale Neuerung, wie anderswo ausführlich dargestellt wurde[19], zunächst noch recht unauffällig anzukündigen. Selbst im *Ulysses* dauert es einige Zeit – sowohl nach der Dauer der Abfassungsarbeit als auch nach den Seiten des Romans gerechnet –, bis sich die Personalisierung des auktorialen Erzählers auffälliger bemerkbar macht, erst ab dem 9. Kapitel (*Scylla and Charybdis*). Im 10. Kapitel (*Wandering Rocks*) gibt z. B. der auktoriale Erzähler einem Fragment seines Berichtes über die Vorreiter der Kavalkade, die den Lord Lieutenant auf seiner Fahrt durch Dublin begleiten, folgenden Wortlaut:

> A cavalcade in easy trot along Pembroke quay passed, outriders leaping, leaping in their, in their saddles. Frockcoats. Cream sunshades. (*Ulysses*, Harmondsworth 1960, S. 240)
>
> Eine Kavalkade kam in leichtem Trab den Pembroke Quay entlang, die Vorreiter ruckend, ruckend in den, in den Sätteln. Gehröcke. Kremgelbe Sonnenschirme. (*Ulysses*, übers. v. Hans Wollschläger, Frankfurter Ausgabe, Werke 3.1, Frankfurt/Main 1975, S. 335)

Es ist aufschlußreich, daß die eigentliche Deviation von der in einem auktorialen Bericht erwarteten Erzählprosa, nämlich die Phrase „leaping in their, in their saddles" von Joyce erst in einer späteren Phase der Überarbeitung des Manuskripts eingefügt wurde.[20] Es ist auch kennzeichnend für diese spätere Phase der Konzeptions- und Revisionsarbeit am *Ulysses*, deren Grundtendenz man zusammenfassend als „Finneganisierung" des *Ulysses* bezeichnen könnte, daß der Unterschied zwischen dem erzählerischen Diskurs des auktorialen Erzählers und dem der Reflektorfiguren des Romans, vor allem von Stephen Dedalus und Leopold Bloom, immer mehr ausgeglichen wird.

Ein extremes Beispiel für die Personalisierung des Erzählers findet sich dann am Beginn des 11. Kapitels (*Sirens*). Hier werden in einem Präludium mit leitmotivischer Komposition die wichtigsten Motive, Szenen

19 F. K. Stanzel, ‚Die Personalisierung des Erzählaktes im ‚Ulysses'', in: *James Joyces* Ulysses. *Neuere deutsche Aufsätze*, hrsg. v. Therese Fischer-Seidel, Frankfurt/Main 1977, S. 284–308.

20 Vgl. *The James Joyce Archive*, hrsg. v. Michael Groden, Bd. 2, Manuscripts and Typescripts, New York 1977, S. 22.

und Personen des Kapitels nach Art einer Ouvertüre vorweggenommen. Im Gegensatz zum Erzähler des älteren Romans, der sich bei seinen synoptischen Angaben vor jedem Kapitel einer diskursiven, den Inhalt zusammenfassenden Prosa bediente, bietet Joyce die Synopsis des *Sirenen*-Kapitels in Form eines Bewußtseinsstroms dar. Da keine Romanfigur als Träger dieses Bewußtseins in Frage kommt, muß der auktoriale 356 | 357
Erzähler als Urheber oder Verursacher dieses Vorspanns angesehen werden. Der Vorgang könnte etwa so erklärt werden: der Erzähler, in dessen Bewußtsein der Inhalt des Kapitels „gespeichert" ist, läßt einige der prägnantesten Motive und Szenen daraus in freier Assoziation vor sich Revue passieren. Mit anderen Worten, das fiktionale Geschehen spiegelt sich im auktorialen Bewußtsein, wodurch die herkömmliche Auffassung vom Erzählvorgang (das fiktionale Geschehen entfaltet sich oder entspringt aus dem auktorialen Bewußtsein) auf den Kopf gestellt erscheint. Ebenso verkehrt ist die Zuordnung der Erzählmodi. Der Erzähler agiert nicht wie eine Erzählerfigur, sondern wie eine Reflektorfigur.

Schauplatz der Handlung ist die Bar des Ormond Hotels. Vor dem Hotel zieht die Kavalkade des Lord Lieutenant vorüber. Die beiden Barmädchen, eine mit goldblondem, die andere mit bronzefarbenem Haar, hören das Klappern der Hufeisen auf dem Straßenpflaster. Bald darauf sehen sie Leopold Bloom vorbeigehen. Die Vorstellung von Bloom als Ehegatten läßt sie in ein hysterisches Gelächter ausbrechen, wobei die Rose am Busen der einen zu hüpfen scheint. Simon Dedalus betritt die Bar und beginnt, während er seinen Daumennagel bearbeitet, mit den Barmädchen zu flirten; eine von ihnen trällert ein Lied aus dem Singspiel *Rose of Castille.* Aus dem Speisesaal nebenan ist der langanhaltende Klang einer angeschlagenen Stimmgabel zu hören. Ein anderer Gast hat inzwischen eines der Barmädchen mit ‚sonnez la cloche' aufgefordert, das Strumpfband gegen ihren Oberschenkel klatschen zu lassen. Inmitten dieses versteckten erotischen Spiels erklingt das Leitmotiv des Stadtkavaliers, der sich in einer Kutsche mit klingelnden Beschlägen zu seinem Stelldichein mit Molly bringen läßt[21]:

> Bronze by gold heard the hoofirons, steelyringing Imperthnthn thnthnthn.
> Chips, picking chips off rocky thumbnail, chips.
> Horrid! And gold flushed more.

21 Zur Frage, ob die einzelnen Elemente dieses auktorialen Bewußtseinsmonologes eine selbständige, vom Text des nachfolgenden Kapitels unabhängige Sinnstruktur aufweisen, vgl. F. K. Stanzel, *Typische Erzählsituationen*, S. 127 ff. und A. Walton Litz, *The Art of James Joyce*, London 1961, S. 66 ff.

A husky fifenote blew.
Blew. Blue bloom is on the
Gold pinnacled hair.
A Jumping rose on satiny breasts of satin, rose of Castille.
Trilling, trilling: Idolores.
Peep! Who's in the … peepofgold?
Tink cried to bronze in pity.
And a call, pure, long and throbbing. Longindying call.
Decoy. Soft word. But look! The bright stars fade. O rose! Notes chirruping answer.
Castille. The morn is breaking.
Jingle jingle jaunted jingling.
Coin rang. Clock clacked.
Avowal. *Sonnez.* I could. Rebound of garter. Not leave thee. Smack. *La cloche!* Thigh
Smack. Avowal. Warm. Sweetheart, goodbye!
(*Ulysses*, S. 254)

Bronze bei Gold hörte die Hufeisen, stahlklingend.
Impertntn tntntn.
Splitter, Splitter knippend von felsenhartem Daumnagel,
Splitter. Schlimme! Und Gold wurde noch röter.
Ein heiserer Pfeifenton blies.
Blus. Blau Bloomelein im
Golden getürmtes Haar.
Eine hüpfende Rose auf atlassenen Atlasbrüsten, Rose von Kastilien.
Trillernd, trillernd: Idolores.
Kiek mal an! Wer sitzt denn da in der … Kiekvongold?
Pling schrie ins Mitleid von Bronze.
Und ein Klang, rein, lang und bebend. Verlanghinsterbender Klang.
Verlocken. Sanftes Wort. Doch sieh! Die hellen Sterne blassen.
O Rose! Töne, Antwort zwitschernd. Kastilien. Bricht der Morgen an.
Klingelingeling schwenkte klingelnd.
Münze klang. Uhr schnarrte.
Gestehen. *Sonnez.* Ich konnt'. Strumpfbandklatschen. Dich nicht verlassen. Klatsch.
La cloche! Schenkelklatsch. Gestehen. Warm. Schätzchen, ade!
(*Ulysses*, übers. v. Wollschläger, S. 355)

Das hier an zwei Beispielen, einem gemäßigt und einem extrem innovatorischen, vorgeführte Phänomen der Kontamination von Erzähler- und Reflektormodus, läßt erkennen, daß der erzähltheoretische Befund (die Opposition Erzähler-/Reflektormodus) nicht nur zwei grundlegende Erzählweisen unterscheiden helfen kann, sondern auch dort auf Interessantes aufmerksam macht, wo die Gültigkeit der Theorie durch die Praxis von experimentierenden Autoren aufgehoben zu sein scheint. Die Widerspenstigkeit gerade solcher Erzähltexte ist eine willkommene und notwendige Herausforderung an die Erzählforschung, ihr begriffliches Instrumentarium ständig durch weitere Differenzierungen zu verfeinern. Umgekehrt kann aber auch gerade die Unangemessenheit einer

Theorie und ihrer Begriffe die Aufmerksamkeit auf Besonderheiten des literarischen Textes hinlenken, die anders vielleicht unbeachtet blieben.

Weiterführende Literatur und Kontexte:

S. in diesem Band die Beiträge von JAMES, WOOLF, GENETTE, STIERLE. – FRANZ K. STANZEL: Teller-characters and reflector-characters in narrative theory. In: Poetics Today 2:2 (1981), S. 5–16 sowie die ausführlichere Darstellung in Ders.: Theorie des Erzählens. Göttingen: Vandenhoeck & Ruprecht 1979 (6. Aufl. 1995), S. 189–238. Zur Kritik an diesem Modell vgl. DORRIT COHN: The Encirclement of Narrative. In: Poetics Today 2:2 (1981), S. 157–182; JÜRGEN H. PETERSEN: Erzählsysteme. Eine Poetik epischer Texte. Stuttgart: Metzler 1993.

Paul Ricœur: Die Spiele mit der Zeit (1984)

Paul Ricœur (* 1913)

In Valence, Frankreich geboren, studierte Philosophie in Rennes und an der Sorbonne, 1939 bis 1945 in deutscher Kriegsgefangenschaft; ab 1948 Professuren in Straßburg, an der Sorbonne und der Universität Nanterre; ausgezeichneter Kenner der Philosophie Edmund Husserls und der deutschen Phänomenologie, ist Prof. Emeritus für Philosophie an der Universität Paris X (Nanterre) und an der University of Chicago. Arbeiten zur Psychoanalyse, Philosophie, Literaturwissenschaft.
Seine wichtigsten Veröffentlichungen zur Literatur-/Erzähltheorie: *De l'Interprétation. Essai sur Freud*. Paris: Éditions du Seuil 1965 (dt. *Die Interpretation. Ein Versuch über Freud*. Frankfurt: Suhrkamp 1969); *Le conflit des interprétations. Essais d'herméneutique*. Paris: Éditions du Seuil 1969 (dt. *Hermeneutik und Strukturalismus. Der Konflikt der Interpretationen I*. München: Kösel 1973 sowie *Hermeneutik und Psychoanalyse. Der Konflikt der Interpretationen II*. München: Kösel 1974); *La métaphore vive*. Paris: Éditions du Seuil 1975 (dt. *Die lebendige Metapher*. München: Fink 1986); *Temps et récit. I–III*. Paris: Éditions du Seuil 1983, 1984, 1985 (dt. *Zeit und Erzählung*. München: Fink 1988, 1989, 1991); *Lectures on Ideology and Utopia*. Hrsg. v. G. H. Taylor. New York: Columbia UP 1986; *Reflection and Imagination. A Ricœur Reader*. Hrsg. v. Mario J. Valdés. New York, London: Harvester Wheatsheaf 1991; *Das Rätsel der Vergangenheit. Erinnern – Vergessen – Verzeihen*. Übers. v. Andris Breitling u. Henrik Richard Lesaar. Mit einem Vorw. v. Burkhard Liebsch, 2. Aufl. Göttingen: Wallstein 2000.

Erstausgabe: Paul Ricœur: *Temps et récit, tome II. La configuration dans le récit de fiction*. Paris: Éditions du Seuil 1984.
Druckvorlage: Paul Ricœur: *Zeit und Erzählung. Bd II. Zeit und literarische Erzählung.* Übers. v. Rainer Rochlitz. München: © Wilhelm Fink 1989, S. 129–149.

Erzählzeit und erzählte Zeit

Mit dieser von Günther Müller eingeführten und von Gérard Genette aufgegriffenen Unterscheidung gelangen wir zu einer Problemstellung, die im Unterschied zur vorhergehenden nicht *in* dem Aussageakt selbst ein inneres Prinzip der Differenzierung sucht, das in der Einteilung der Verbalzeiten markiert wäre, sondern die in der Aufteilung *zwischen* Aussageakt und Aussage einen neuen Schlüssel zur Deutung der Zeit in der Fiktion sucht.

Es ist sehr wichtig, darauf hinzuweisen, daß Günther Müller im Unterschied zu den drei oben diskutierten Autoren eine Differenzierung einführt, die nicht diskursimmanent bleibt; sie führt zu einer *Zeit des Lebens*, die etwas an die Bezugnahme auf eine erzählte *Welt* bei Harald Weinrich erinnert. Dieses Kennzeichen geht nicht in die strukturale Narratologie ein, der sich Gérard Genette anschließt, und findet eine Weiterführung erst in einer Überlegung, die auf einer Hermeneutik der Welt des Textes beruht, wie wir sie im letzten Kapitel des Dritten Teils skizzieren werden. Bei Gérard Genette bleibt die Unterscheidung zwischen Zeit des Aussageaktes und Zeit der Aussage ohne jede mimetische Implikation textimmanent.

Ich möchte zeigen, daß Gérard Genette in seiner Aufteilung zweier narrativer Zeitformen strenger vorgeht als Günther Müller, daß jedoch Günther Müller um den Preis einer minderen Kohärenz einen Weg offenhält, den wir später zu beschreiten haben werden. Was wir brauchen, ist ein dreistufiges Schema – *Aussageakt – Aussage – Welt des Textes* –, denen eine *Erzählzeit*, eine *erzählte Zeit* und eine *fiktive Zeiterfahrung* entsprechen; die letztere wird durch die Konjunktion und die Disjunktion von Erzählzeit und erzählter Zeit entworfen. Keiner der beiden Autoren

Problemstellung, die im Unterschied zur vorhergehenden Im hier nicht wiedergegebenen ersten Abschnitt des Kapitels ‚Die Spiele mit der Zeit' untersucht PR ‚Die Zeiten des Verbs und der Aussageakt' (S. 105–129).

im Unterschied zu den drei oben diskutierten Autoren Im erwähnten ersten Abschnitt diskutiert PR die folgenden Arbeiten: Émile Benveniste: ‚Die Tempusbeziehungen im französischen Verb'. In: *Probleme der allgemeinen Sprachwissenschaft*. München: List 1974 (frz. 1966), S. 264–279; Käte Hamburger: *Die Logik der Dichtung*. Stuttgart: Klett 1968 (zuerst 1957) und Harald Weinrich: *Tempus. Besprochene und erzählte Welt*. Stuttgart: Kohlhammer 1964.

entspricht genau dieser Erwartung; der erstere unterscheidet die zweite Stufe nicht klar genug von der dritten, der zweite eliminiert die dritte Stufe zugunsten der zweiten.

Wir werden uns darum bemühen, die drei Stufen durch eine kritische Untersuchung der beiden Analysen, denen wir aus manchmal entgegengesetzten Gründen verpflichtet sind, neu zu ordnen.

Der philosophische Kontext, in dem Günther Müller die Unterscheidung zwischen Erzählzeit und erzählter Zeit einführt, weicht stark von dem des französischen Strukturalismus ab. Bei diesem Rahmen handelt es sich um eine „morphologische Poetik“[1], die sich unmittelbar von der Goetheschen Reflexion über die Morphologie der Pflanzen und Tiere anregen läßt.[2] Die Bezugnahme der Kunst auf das Leben, die der „morphologischen Poetik“ unaufhörlich zugrunde liegt, ist nur in diesem Zusammenhang zu verstehen.[3] Daraus folgt, daß die von Günther Müller eingeführte Unterscheidung unweigerlich zwischen einem globalen Gegensatz der Erzählung zum Leben und einer erzählungsimmanenten Unterscheidung schwanken muß. Die Definition der Kunst erlaubt beide Interpretationen: „Erzählen“, heißt es, „ist ein Vergegenwärtigen, und zwar ein Vergegenwärtigen von Ereignissen, die dem Hörenden nicht sinnlich wahrnehmbar sind“ (‚Die Bedeutung der Zeit in der Erzählkunst‘, a. a. O., S. 247). Nun unterscheiden sich aber das „Erzählen“ und das „Erzählte“ gerade im Akt des Vergegenwärtigens. Es handelt sich also um eine phänomenologische Unterscheidung, aufgrund deren alles Erzählen ein Erzählen von etwas ist, das nicht selbst Erzählung ist. Auf dieser Grundunterscheidung beruht die Möglichkeit, zwei Zeiten zu unterscheiden: die Erzählzeit und die erzählte Zeit. Welches ist jedoch das Korrelat der Vergegenwärtigung, wem entspricht die erzählte Zeit? Darauf gibt es zwei Antworten: einerseits ist das Erzählte, das nicht selbst Erzählung ist, nicht leibhaftig in der Erzählung gegeben, sondern nur „wiedergegeben“; andererseits ist das Erzählte zutiefst die „Lebens-

1 *Morphologische Poetik* ist der Titel einer Sammlung von Aufsätzen aus den Jahren 1964–1968, Tübingen, 1968.

2 Bemerkenswerterweise hat sich auch Propp von Goethe anregen lassen, worauf wir oben schon hingewiesen haben.

3 Goethe selbst ist für diese zweideutige Beziehung zwischen Kunst und Natur verantwortlich. Einerseits schreibt er: „Kunst ist eine andere Natur“; doch sagt er auch andererseits: „Kunst (...) ist eine andere Weltgegend“ (zitiert a. a. O., S. 289). Die zweite Auffassung bahnt Goethes formalen Untersuchungen zur Erzählung den Weg, denen wir ein berühmtes Schema der *Ilias* verdanken. Günther Müller bezieht sich darauf als auf ein Modell seiner eigenen Untersuchungen (vgl. Erzählzeit, erzählte Zeit, a. a. O., S. 270, 280, 409; vgl. auch: Goethes Morphologie in ihrer Bedeutung für die Dichtungskunde, a. a. O., S. 287 f.).

zeit"; und das Leben selbst wird nicht erzählt, sondern erlebt (S. 254). Die beiden Interpretationen sind in der folgenden Erklärung enthalten: „Alles Erzählen ist ein Erzählen *von* etwas, das *nicht* Erzählung ist, sondern Lebensvorgang" (S. 261). Seit der *Ilias* erzählt jede Erzählung das Fließen selbst: „Je mehr Zeitlichkeit des Lebens, desto reinere Epik" (S. 250).

Diese scheinbare Zweideutigkeit hinsichtlich des Stellenwertes der er- 368 | 369
zählten Zeit wollen wir für die Diskussion aufheben und uns denjenigen Aspekten der Verdoppelung in Erzählzeit und erzählter Zeit zuwenden, die Gegenstand einer morphologischen Poetik sind.

Alles geht von der Bemerkung aus, derzufolge Erzählen nach einem Ausdruck von Thomas Mann ein Aussparen ist, bei dem also zugleich ausgewählt und ausgeschlossen wird.[4] Damit muß es möglich sein, die Modalitäten der Raffung einer wissenschaftlichen Untersuchung zu unterwerfen, aufgrund deren sich die Erzählzeit von der erzählten Zeit abhebt. Genauer wird der *Vergleich der beiden Zeiten* wahrhaft zum Gegenstand einer Literaturwissenschaft, wenn sie meßfähig wird. Darauf beruht die Idee eines messenden Vergleiches zwischen den beiden Zeiten. Die Idee scheint auf einer Reflexion über die Erzähltechnik Fieldings in *Tom Jones* zu beruhen. In der Tat hat Fielding, der Begründer des Bildungsromans, konkret und technisch die Frage der Erzählzeit gestellt: als Meister des Spiels mit der Zeit widmet er jeden seiner achtzehn Bände Zeitsegmenten von wechselnder Länge – zwischen mehreren Jahren und einigen Stunden –, indem er sich jeweils länger aufhält oder beeilt, die einen nachlässig, die anderen nachdrücklich behandelt. Thomas Mann hat zwar das Problem der Aussparung ausdrücklich gestellt, doch Fielding ging ihm durch kunstvolle Modulierung der Zeitraffung und ungleiche Verteilung der erzählten Zeit in der Erzählzeit voraus.

Wenn man hier jedoch mißt, was mißt man denn dann? Und: ist hier alles meßbar?

Was man unter dem Namen Erzählzeit mißt, ist konventionsgemäß eine chronologische Zeit, deren Äquivalent die Zahl der Seiten und Zeilen des veröffentlichten Werkes aufgrund der vorhergehenden Äquivalenz zwischen der verflossenen Zeit und derjenigen ist, die auf dem Uhrzeigerblatt durchmessen wurde. Es handelt sich somit überhaupt nicht um die Zeit, die zum Verfassen des Werkes nötig war. Welcher Zeit entspricht nun aber die Zahl der Seiten und Zeilen? Einer konventionellen Lesezeit, die schwer von der wechselnden Zeit des realen Lesens zu unter-

4 Der Ausdruck Aussparung unterstreicht ebenso das Ausgelassene – das Leben selbst, wie wir sehen werden – wie das Zurückbehaltene, Ausgewählte, Erwählte. Das französische Wort *épargne* hat manchmal diese beiden Bedeutungen → [nicht übersetzte Anm. zur frz. Übers. von *Aussparung*].

scheiden ist. Diese letztere ist eine Deutung der Erzählzeit, vergleichbar der Deutung, aufgrund derer dieser oder jener Dirigent die theoretische Aufführungszeit einer musikalischen Partitur gestaltet.[5] Läßt man diese Konventionen gelten, so kann man sagen, daß das Erzählen „einen bestimmten Zeitraum physikalischer Zeit" in Anspruch nimmt, der von der Uhr gemessen wird. Verglichen werden dann durchaus Zeit-„Längen", sowohl auf der Seite der meßbar gewordenen Erzählzeit als auf derjenigen der erzählten Zeit, die ebenfalls in Jahren, Tagen und Stunden gemessen wird.

Ist nun aber in diesen „Zeitraffungen" alles meßbar? Wenn sich der Vergleich der Zeiten auf die vergleichenden Messungen von zwei Chronologien beschränkte, wäre die Untersuchung ziemlich enttäuschend – obwohl sie selbst in dieser Beschränkung zu überraschenden und allzu oft vernachlässigten Feststellungen führt; vor lauter Aufmerksamkeit auf die Thematik hat man die Feinheiten dieser Strategie der doppelten Chronologie übersehen. Die Raffungen bestehen nicht nur aus Abkürzungen, deren Maßstab unaufhörlich wechselt: sie bestehen auch darin, die Zeiten des Leerlaufs zu überspringen, den Lauf der Erzählung durch ein *staccato* des Ausdrucks zu beschleunigen (*Veni, vidi, vici*), Wiederholtes und Dauerndes in einem einzigen Ereignis zu verdichten (jeden Tag, unaufhörlich, wochenlang, im Herbst usw.). So bereichern Tempo und Rhythmus die Variationen der relativen Zeitlängen von Erzählzeit und erzählter Zeit innerhalb ein und desselben Werkes. Zusammengenommen tragen alle diese Momente zur Gestalt der Erzählung bei. Und dieser Begriff der Gestalt bahnt Untersuchungen über Strukturaspekte den Weg, die immer weitgehender von der Linearität, der Abfolge und der Chronologie unabhängig sind, selbst wenn die Grundlage das Verhältnis zwischen meßbaren Zeitabschnitten bleibt.

In dieser Hinsicht werden die drei in dem Aufsatz ‚Erzählzeit und erzählte Zeit' gewählten Beispiele – *Wilhelm Meisters Lehrjahre* von Goethe, *Mrs. Dalloway* von Virginia Woolf und die *Forsyte Saga* von Galsworthy – von Müller mit außerordentlicher Gründlichkeit behandelt, derentwegen diese Analysen immer noch nachahmenswerte Modelle sind.

Aufgrund einer methodischen Entscheidung stützt sich die Analyse jeweils auf die linearsten Aspekte der Narrativität, ohne sich jedoch darauf zu beschränken. Das narrative Ausgangsschema ist dasjenige einer Abfolge, und die Kunst des Erzählens besteht in der Wiedergabe des

5 Günther Müller spricht mit einiger Verlegenheit von dieser Zeit der Erzählung an sich, die weder erzählt noch gelesen wird, die gewissermaßen körperlos ist und durch die Seitenzahl gemessen wird, um sie von der lebendigen Zeit des Lesens zu unterscheiden, in die jeder Leser sein eigenes Lesetempo einbringt (S. 275).

Nacheinanders (S. 270).[6] Die Momente, die diese Linearität sprengen, sind deshalb nur um so bedeutsamer. Insbesondere wird das Erzähltempo durch die Art und Weise betroffen, wie sich die Erzählung auf Szenen in Form von Bildern erstreckt oder von einem Höhepunkt zum anderen eilt. Wie bei dem Historiker Braudel darf man hier nicht nur von langer oder kurzer, sondern muß auch von rasch oder langsam ver- 370 | 371
laufender Zeit sprechen. Die Unterscheidung zwischen „Szenen" und „Übergängen" oder „Zwischenepisoden" ist auch keine rein quantitative. Die Effekte der Langsamkeit, der Schnelligkeit, der Kürze oder der Ausgedehntheit liegen an der Grenze zwischen dem Quantitativen und dem Qualitativen. Lang und breit erzählte, durch kurze Übergänge oder iterative Zusammenfassungen getrennte Szenen können den narrativen Prozeß im Gegensatz zu jenen Erzählungen tragen, in denen das Skelett von „unerhörten Begebenheiten" gebildet wird. So komplizieren nichtquantifizierbare Strukturbeziehungen das Zusammenspiel zwischen den beiden Zeitdauern. Die Anordnung der Szenen, der Zwischenepisoden, der einschneidenden Ereignisse und der Übergänge moduliert unaufhörlich die Quantitäten und die Ausdehnung. Dazu kommen die Vorwegnahmen und Rückblicke, die Einfassungen, durch die breite erinnerte Zeitstrecken in kurze narrative Sequenzen eingeschlossen und perspektivische Tiefenwirkungen erzeugt werden können, während zugleich die Chronologie gesprengt wird. Noch weiter entfernt man sich von dem strengen Vergleich zwischen den Zeitlängen, wenn man zu dem Rückblick die Zeit der Erinnerung, des Traums, des berichteten Dialogs hinzufügt, wie es bei Virginia Woolf geschieht. So kommen zu den quantitativen Zeitmaßen qualitative Spannungen hinzu.[7]

6 So beginnt die Untersuchung der *Lehrjahre* mit einem Vergleich zwischen den 650 Seiten, die als das „Maß für die physikalische Zeit" gelten, „die der Erzähler zum Erzählen seiner Geschichte braucht" (S. 270), und den acht Jahren, die die erzählten Ereignisse dauern. Das Tempo des Werkes beruht jedoch auf den unaufhörlichen Variationen in den relativen Zeitlängen. Ich gehe hier nicht auf die Untersuchung von *Mrs. Dalloway* ein, da ich im letzten Kapitel dieses Bandes eine Interpretation des Romans vorschlage, in der diese sorgfältige Analyse der inneren Einfassungen und Abschweifungen, wenn man so sagen darf, berücksichtigt wird, aufgrund deren die erinnerte Zeit an die Oberfläche der erzählten Zeit aufzusteigen vermag. Mit einer sorgfältigen quantitativen Analyse beginnt auch die Untersuchung der *Forsyte Saga*, dieses typischen Beispiels eines „Generationenromans": in der umfassenden Zeit von vierzig Jahren, die der Roman auf 1100 Seiten behandelt, hat der Autor fünf Episoden ausgewählt, die einige Tage, einige Monate oder zwei Jahre umfassen. Indem der Verfasser das große Schema der *Ilias* wieder aufgreift, wie es Goethe vorgeschlagen hatte, rekonstruiert er das Zeitschema des 2. Bandes mit seinen genauen Daten und den Bezugnahmen auf die Wochentage.

7 In den Studien, ‚Über das Zeitgerüst des Erzählens (Am Beispiel des *Jürg Jenatsch*)' (a. a. O., S. 388–418) und ‚Das Zeitgerüst des *Fortunatus*-Volksbuchs' (a. a. O., S. 570–589) findet sich eine detaillierte Analyse sehr technischen Charakters über diese zahlreichen Verfahren der narrativen Formgestaltung.

Wodurch wird nun aber der Übergang zwischen der Messung der Zeitabschnitte zu einer Beurteilung des mehr qualitativen Phänomens der Raffung bewirkt? Durch die Beziehung der Erzählzeit zur Lebenszeit vermittels der erzählten Zeit. Hier gewinnt wieder die Goethesche Reflexion die Oberhand: das Leben als solches bildet kein Ganzes; die Natur kann Lebewesen hervorbringen, doch sind sie gleichgültig; die Kunst kann nur Totes hervorbringen, doch ist es bedeutungsvoll. Das ist durchaus der gedankliche Horizont: durch die Erzählung soll die erzählte Zeit der Gleichgültigkeit entrissen werden. Durch Aussparung und Zusammendrängung führt der Erzähler das Sinnfremde in die Sphäre des Sinnes ein; selbst wenn die Erzählung das Sinnlose „wiedergeben" will, bringt sie es in Beziehung zu der Sphäre der Sinndeutung.[8]

Wenn man also diese Verweisung auf das Leben ausschaltete, verstünde man nicht, daß die Spannung zwischen den beiden Zeiten auf einer Morphologie beruht, die der Bildungs- und Umbildungsarbeit gleicht, wie sie in den lebendigen Organismen am Werke ist, und sich zugleich davon unterscheidet, indem das bedeutungslose Leben durch die Kunst zum bedeutungsvollen Werk erhoben wird. In diesem Sinne bildet der Vergleich zwischen organischer Natur und dichterischem Werk einen Bestandteil der poetischen Morphologie.

Kann man die Beziehung zwischen Erzählzeit und erzählter Zeit in der Erzählung selbst im Anschluß an Genette „Spiel mit der Zeit" nennen, so hat dieses Spiel einen *Einsatz*, nämlich das durch die Erzählung anvisierte Zeiterlebnis. Die Aufgabe der morphologischen Poetik besteht darin, die Übereinstimmung zwischen den quantitativen Zeitverhältnissen und den mit dem Leben zusammenhängenden Zeitqualitäten

8 Dieses Anvisieren der Lebenszeit über die erzählte Zeit ist letztlich der Gegenstand der oben erwähnten kurzen Monographien; so heißt es von dem Verhältnis zwischen den beiden Zeitregistern in den *Lehrjahren*: „Es fügt sich dem eigentlichen Gegenstand ihres Erzählens, der Metamorphose von Menschen und ihrer Übergänglichkeit" (S. 271). Darum ist der Gestaltsinn des dichterischen Werkes nicht willkürlich und macht die Bildung analog zu dem biologischen Erzeugungsprozeß lebendiger Formen. Ebenso verhält es sich auch mit dem „Generationsroman"; im Unterschied zum „Bildungsroman" bei Lessing und Goethe, wo das Wachstum der Lebenskräfte die Wandlung eines lebendigen Menschen bestimmt, will der „Familienroman" bei Galsworthy das Altern, die notwendige Rückkehr zur Nacht und damit das individuelle Schicksal, den Aufstieg des neuen Lebens zeigen, durch den sich die Zeit als ebenso heilsam wie zerstörerisch erweist. In den drei genannten Beispielen zeigt sich, „daß die Formung der erzählten Zeit es mit dem Wirklichkeitsbereich zu tun hat, der jeweils in der Gestalt einer erzählenden Dichtung zur Erscheinung gebracht wird" (S. 286). So werden Beziehung und Spannung zwischen Erzählzeit und erzählter Zeit auf das bezogen, was jenseits der Erzählung nicht Erzählung, sondern Leben ist. Die erzählte Zeit selbst wird als Raffung gekennzeichnet, die sich von dem Hintergrund der bedeutungslosen oder vielmehr bedeutungsneutralen „Natur" abhebt.

hervortreten zu lassen. Umgekehrt werden diese Zeitqualitäten erst durch das Spiel der Ableitungen und der Einfassungen zur Geltung gebracht, ohne daß wie bei Lawrence Sterne, Joseph Conrad, Thomas Mann oder Marcel Proust eine thematische Meditation über die Zeit hinzukommt. Die fundamentale Zeit bleibt implizit, ohne thematisch zu werden. Dennoch ist es durchaus die Lebenszeit, die durch Beziehung und Span- 372 | 373
nung zwischen den beiden Zeiten der Erzählung und durch die daraus folgenden „Formgesetze" „mitbestimmt" wird.[9] In dieser Hinsicht fühlt man sich versucht zu sagen: es gibt ebensoviele Zeit-„Erlebnisse" wie es Dichter, ja Gedichte gibt. So ist es ja auch: darum kann dieses „Erlebnis" nur indirekt durch das Zeitgerüst anvisiert werden, nämlich als dasjenige, dem sich dieses Gerüst anpaßt und für das es paßt. Offensichtlich paßt eine diskontinuierliche Struktur für eine Zeit der Gefahren und der Abenteuer, während eine kontinuierlichere lineare Zeit für den Bildungsroman geeignet ist, der von den Themen der Entwicklung und der Wandlung beherrscht wird; und eine gebrochene, durch Sprünge, Vorwegnahmen und Rückgriffe unterbrochene Chronologie, kurz eine bewußt mehrdimensionale Konfiguration paßt besser für eine Zeitanschauung, der jede Fähigkeit des Überblicks und jeder innere Zusammenhang fehlen. So ist das zeitgenössische Experimentieren im Bereich der Erzähltechniken der Sprengung der Zeiterfahrung selbst zugeordnet. Allerdings kann bei diesem Experimentieren das Spiel selbst zum Spieleinsatz werden.[10] Unaufhebbar scheint hingegen die Polarität von Zeiterlebnis und Zeitgerüst zu sein.

9 In einem anderen Aufsatz des gleichen Bandes führt Günther Müller das Begriffspaar ‚Zeiterlebnis und Zeitgerüst' ein (S. 299 ff.). Dieses *Zeitgerüst* ist eben das Spiel zwischen Erzählzeit und erzählter Zeit. Was das Zeiterlebnis angeht, so ist es in Husserlscher Terminologie der bedeutungsneutrale Lebenshintergrund; keine Anschauung erreicht den *Sinn* dieser Zeit, die immer nur interpretiert, durch die Analyse des Zeitgerüstes indirekt anvisiert wird. Neue Beispiele aus Autoren, die den Spieleinsatz ebensogut kennen wie das Spiel selbst, zeigen das. Für den einen, Andreas Gryphius, ist die Zeit nur eine Kette von unzusammenhängenden Augenblicken, die nur durch die Verweisung auf die Ewigkeit dem Nichts entrissen werden. Für andere, wie Schiller und Goethe, ist der Verlauf der Weltzeit selbst die Ewigkeit. Für Hofmannsthal ist die Zeit das Fremde, die verschlingende Unermeßlichkeit. Für Thomas Mann wiederum ist sie das Numinose schlechthin. Bei allen gelangen wir zur „poietischen Dimension" (S. 303) des „Zeiterlebnisses".

10 In einem anderen Aufsatz, ‚Über das Zeitgerüst des Erzählens' (S. 388–418), heißt es: „Seit Jos. Conrad, Joyce, Virg. Woolf, Proust, Wolfe, Faulkner ist gerade die Behandlung der Zeitverläufe ein Hauptproblem der epischen Darstellung geworden, ein Feld erzählerischer Experimente, bei denen es in erster Linie nicht um Zeitspekulationen geht, sondern um die ‚Kunst' des Erzählens" (S. 392). Das heißt nicht, daß das „Zeiterlebnis" aufhört, der Spieleinsatz zu sein, sondern daß das Spiel den Spieleinsatz in den Schatten stellt. Genette zieht eine noch radikalere Folgerung aus dieser Umkehrung. Günther Müller scheint nicht bereit zu sein, den Spieleinsatz auf das Spiel zu reduzieren: die Fokalisierung auf die Erzählkunst folgt daraus,

In allen Fällen tritt am Horizont jedes „Bedeutungsgefüges“ (S. 308) eine tatsächliche Zeitschöpfung, eine „poietische Zeit“ (S. 308) hervor. Diese Zeitschöpfung ist der Spieleinsatz der Zeitgestaltung, die sich selbst zwischen Erzählzeit und erzählter Zeit abspielt.

Aussageakt, Aussage und Gegenstand in der „Rede der Erzählung“[11]

Die *Morphologische Poetik* Günther Müllers hat uns letztlich drei Zeiten hinterlassen: die des Erzählens, die des Erzählten und die Lebenszeit. Die erste ist eine chronologische Zeit: es handelt sich eher um eine Zeit des Lesens als des Schreibens; gemessen wird nur ihr räumliches Äquivalent, das in Seiten und Zeilen gezählt wird. Die erzählte Zeit wird in Jahren, Monaten und Tagen gezählt und eventuell im Werk selbst mit Daten versehen. Sie geht wiederum durch „Raffung“ aus einer „ausgesparten“ Zeit hervor, die nicht Erzählung, sondern Leben ist. Dreistellig ist auch die von Gérard Genette vorgeschlagene Nomenklatur; dennoch stimmt sie nicht mit derjenigen von Günther Müller überein; sie beruht auf der Anstrengung der strukturalen Narratologie, alle ihre Kategorien aus Merkmalen herzuleiten, die im Text selbst enthalten sind, was für die Lebenszeit nicht zutrifft.

Die drei Stufen bei Genette sind von der mittleren her bestimmt, der narrativen *Aussage*: das ist die eigentliche Erzählung; sie besteht im Bericht von realen oder imaginären Ereignissen; in der Schriftkultur ist diese Erzählung mit dem narrativen Text identisch. Diese narrative Aussage ist wiederum durch eine zweifache Relation gekennzeichnet. Einerseits bezieht sich die Aussage auf den *Gegenstand* der Erzählung, also die fiktiven oder realen erzählten Ereignisse; das nennt man gewöhnlich die „erzählte“ Geschichte; in einem ähnlichen Sinn kann man die Welt, in der die Geschichte geschieht, *diegetisch* nennen.[12] Andererseits bezieht sich die Aussage auf das Erzählen selbst, den narrativen *Aussageakt* (das Er-

daß der Erzähler nicht über die Zeit zu spekulieren braucht, um die poietische Zeit anzuvisieren: er tut das, indem er die erzählte Zeit konfiguriert.

11 Gérard Genette, ‚Frontières du récit‘, in: *Figures II*, Paris 1969, S. 49–69; ‚Le discours du récit‘, in: *Figures III*, Paris 1972, S. 65–273; *Nouveau Discours du récit*, Paris 1983.

12 Der Begriff der Diegese ist Etienne Souriau entlehnt, der ihn 1948 vorschlug, um den Ort des Filmsignifikats der Leinwandwelt als Ort des Signifikanten entgegenzusetzen. Im *Nouveau Discours du récit* weist Gérard Genette näher darauf hin, daß das Adjektiv diegetisch nach dem Substantiv Diegese gebildet ist und sich nicht auf die Diegesis Platons bezieht: „*diēgēsis*“, versichert uns Genette 1983, „hat nichts mit Diegese zu tun“ (S. 13). In Wirklichkeit bezog sich Genette in ‚Frontières du récit‘ selbst auf Platons berühmten Text. Seine Absicht war jedoch polemisch. Es handelte sich darum, das Aristotelische Problem der *mimēsis* zu eliminieren, das mit der

zählen seiner Abenteuer ist für Odysseus ebenso eine Handlung wie das Niedermetzeln der Freier); wir können daher sagen, daß eine Erzählung eine Geschichte erzählt, sonst wäre sie keine Rede: „Als narrative lebt sie von ihrer Beziehung zu der Geschichte, die sie erzählt: als Rede lebt sie von ihrer Beziehung zu der Narration, die sie vorträgt" (‚Discours du récit', in: *Figures III*, S. 74).[13] 374 | 375

Wie verhalten sich diese Kategorien zu denen von Benveniste und Günther Müller (von Harald Weinrich zu schweigen, der hier nicht zur Debatte steht)? Wie schon der Titel des Aufsatzes andeutet, wird die Einteilung in Rede und Erzählung hier offensichtlich nur übernommen, um verworfen zu werden. Jede Erzählung enthält Rede, soweit die Er-

Illusion einer durch Handlungsdarstellung geschaffenen Wirklichkeit identifiziert wurde. „Die literarische Darstellung, die *mimēsis* der Alten …, ist die Erzählung und nichts als die Erzählung." Damit ist „die *mimēsis* die *diēgēsis*" (‚Frontières du récit', S. 55). Weniger ausführlich kehrt die Frage in ‚Le discours du récit', S. 184–186 wieder: „Die Sprache bedeutet, ohne nachzuahmen" (S. 185). Muß man zur Behebung jeder Zweideutigkeit daran erinnern, daß Platon im *Staat*, 392c ff. keineswegs die *diēgēsis* der *mimēsis* entgegensetzt? *Diēgēsis* ist der einzige Gattungsbegriff, der vorgeschlagen wird. Er teilt sich nur in die *„einfache"* *diēgēsis*, bei der der Dichter mit eigener Stimme Ereignisse oder Reden berichtet, und die *diēgēsis „durch Nachahmung" (dia mimēseos)*, bei der er spricht, „als wäre er ein anderer", indem er so weit wie möglich die Stimme eines anderen vortäuscht, was der Nachahmung gleichkommt. Umgekehrt ist das Verhältnis der Begriffe bei Aristoteles, für den die *mimēsis praxeōs* der Gattungsbegriff und die *diēgēsis* der untergeordnete „Modus" ist. Man muß sich also vor jeder Überlagerung der beiden Terminologien hüten, die sich auf zwei verschiedene Verwendungsweisen der strittigen Begriffe beziehen (vgl. *Zeit und Erzählung, Bd. 1,* München 1988, S. 59 u. 62, Anm. 13).

13 Tatsächlich hat die Theorie des Narrativen unaufhörlich zwischen Zwei- und Dreiteilung geschwankt. Die russischen Formalisten kennen die Unterscheidung zwischen *sjužet* und *fabula*, Sujet und Fabel. Šklovskij zufolge bezeichnet die Fabel das Material, das zur Formung des Sujets dient; das Sujet *Eugen Onegins* zum Beispiel ist die Bearbeitung der Fabel, also eine Konstruktion (vgl. *Théorie de la littérature, textes des formalistes russes*, Paris 1965, S. 54–55). Tomaševskij gibt eine nähere Bestimmung: die Entwicklung der Fabel kann als „Übergang von einer Situation zur anderen" gekennzeichnet werden (ebd., S. 273). Das Sujet ist das, was der Leser als aus den Kompositionsverfahren Hervorgehendes wahrnimmt (S. 208). In einem ähnlichen Sinn unterscheidet Todorov selbst zwischen Rede und Geschichte (‚Les catégories du récit littéraire', Paris 1981). Bremond spricht von einer erzählenden und einer erzählten Erzählung (*Logique du récit*, Paris 1973, S. 321, Anm. 1). Cesare Segre hingegen (*Le Strutture e il Tempo*, Turin 1974) schlägt die folgende Trias vor: Rede (Signifikant), Intrige (das Signifikat im Sinne der literarischen Komposition) und *fabula* (das Signifikat im logisch-chronologischen Sinn der Ereignisse). Als Unterscheidungsmoment dient dann die *Zeit* als unumkehrbare Abfolge: die Zeit der Rede ist die des Lesens, die der Intrige ist die Zeit der literarischen Komposition, die *fabula* die der erzählten Ereignisse. Kurz, die Paare Sujet-Fabel (Šklovskij, Tomaševskij), Rede-Geschichte (Todorov), Erzählung-Geschichte (Genette) kommen ziemlich leicht zur Deckung. Die Umdeutung in Begriffen Saussures bildet den Unterschied zwischen russischen und französischen Formalisten. Sollte man daher sagen, daß die Wiederkehr einer Dreiteilung (Cesare Segre, Genette selbst) die Rückkehr zu einer stoischen Trias bedeutet: der des Bedeutenden, des Bedeuteten und des Geschehenden?

zählung genauso vorgetragen wird wie zum Beispiel Gesang, Beichte oder Autobiographie. Auch daß der Erzähler in seinem Text nicht vorkommt, ist noch ein Aussageakt.[14] In diesem Sinne beruht der Aussageakt eher auf der Redeinstanz – in dem weiteren Sinne, den Émile Benveniste an anderer Stelle diesem Begriff gibt, um ihn in Gegensatz zu dem virtuellen System der *langue* zu bringen – als auf der Rede im engeren, der Erzählung entgegengesetzten Sinne. Man kann jedoch zugeben, daß die Unterscheidung zwischen Rede und Erzählung die Aufmerksamkeit auf eine Dichotomie gelenkt hat, die später in die Erzählung im weiteren Sinne des Wortes hineingetragen werden mußte. In diesem Sinne ist die sozusagen einschließende Dichotomie von Aussageakt und Aussage die Erbin der mehr ausschließenden Disjunktion von Rede und Erzählung im Sinn von Émile Benveniste.[15]

Die Beziehung zu Günther Müller ist komplizierter. Auch Genette übernimmt die Unterscheidung zwischen Erzählzeit und erzählter Zeit, jedoch in einer ganz neuen Form. Diese Umarbeitung beruht auf dem neuen Stellenwert der Stufen, denen die Zeitmerkmale zugewiesen werden. In der Nomenklatur von Genette verweisen die diegetische Welt und der Aussageakt auf nichts, was außerhalb des Textes wäre. Das Verhältnis zwischen der Aussage und dem Erzählten läßt sich mit dem Verhältnis zwischen dem Signifikanten und dem Signifikat in der Saussureschen Linguistik vergleichen. Was Günther Müller das Leben nennt, wird hier also ausgeschaltet. Der Aussageakt beruht seinerseits durchaus auf der Selbstbezüglichkeit der Rede und verweist auf einen Erzählenden; doch die Narratologie bemüht sich, nur die im Text bezeichneten Markierungen der Erzählstruktur zu registrieren.

Aus dieser Umordnung der Analyseebenen folgt eine völlige Neuverteilung der Zeitmerkmale. Zunächst wird das Zeiterlebnis ausgeschaltet. Es bleiben nur die textimmanenten Beziehungen zwischen Aussageakt,

14 So heißt es in ‚Frontières du récit‘: „Es könnte einer der Gegenstände dieser Untersuchung sein, die Mittel zu erfassen und zu klassifizieren, mit denen die narrative (und besonders die Roman-)Literatur die subtilen Beziehungen, die zwischen den Anforderungen der Erzählung und den Notwendigkeiten der Rede bestehen, innerhalb ihrer eigenen *lexis* auf annehmbare Weise zu gestalten versucht hat“ (S. 67). Der *Nouveau Discours du récit* ist in dieser Hinsicht von unzweideutiger Klarheit: eine Erzählung ohne Erzähler ist ganz einfach unmöglich; das wäre eine Aussage ohne Aussage-, also ohne Kommunikationsakt (S. 68); darauf beruht schon der Titel „discours du récit“.

15 Zu diesen komplexen Verhältnissen vgl. die verschiedenen Einteilungsversuche, die Seymour Chatman in *Story and Discourse: Narrative Structure in Fiction*, Ithaca 1978, Gerald Prince in *Narratology: The Form and Function of Narrative*, Den Haag 1982, und Shlomith Rimmon-Kenan in *Narrative Fiction: Contemporary Poetics*, London und New York 1983, vorschlagen.

Aussage und Geschichte (oder der diegetischen Welt). Ihnen sind die Analysen eines Beispieltextes gewidmet: *A la recherche du temps perdu.*

Das Hauptgewicht der Analyse liegt auf der Beziehung zwischen Zeit der Erzählung und Zeit der Diegese, was etwas auf Kosten der Zeit des Aussageaktes geht, und zwar aus Gründen, auf die wir später zurückkommen werden. Was ist die Zeit der Erzählung, wenn sie weder die des 376 | 377
Aussageaktes noch die der Diegese ist? Wie Günther Müller hält Gérard Genette sie für das Äquivalent und den Ersatz für die Lesezeit, also diejenige, die nötig ist, um den Textraum zu durchlaufen oder zu durchmessen: „Wie jeder andere Text hat der narrative keine andere Zeitlichkeit als diejenige, die er metonymisch seiner eigenen Lektüre entlehnt" (S. 78). Man muß daher „die Quasi-Fiktion der Erzählzeit, diese falsche Zeit, die als wahre gilt und die wir mit der gebührenden Zurückhaltung und Billigung als *Pseudozeit* behandeln werden, akzeptieren und beim Wort nehmen"[16] (S. 78).

Ich werde die Analyse der drei wesentlichen Bestimmungen – *Ordnung, Dauer, Häufigkeit* –, die der Untersuchung der Beziehungen zwischen der Pseudozeit der Erzählung und der Zeit der Geschichte als Leitfaden dienen können, nicht im einzelnen nachvollziehen. Bedeutungsvoll sind auf diesen Ebenen die Dissonanzen zwischen den Zeitcharakteren der Ereignisse in der Diegese und den entsprechenden Merkmalen der Erzählung.

Was die *Ordnung* angeht, so lassen sich diese Dissonanzen dem Generaltitel der *Anachronie*[17] zuordnen. Seit der *Ilias* ist die epische Erzählung in dieser Hinsicht für ihre Art berühmt, gleich *in medias res* zu gehen und dann zu Erklärungszwecken rückblickend zu verfahren. Bei Proust dient dieses Verfahren dazu, die zur Gegenwart gewordene Zukunft der Vorstellung gegenüberzustellen, die man in der Vergangenheit

16 In diesem Zusammenhang ist die Frage erlaubt, ob nicht die Lesezeit, der die Erzählzeit derart entlehnt wird, rechtmäßig zur Ebene des Aussageaktes gehört und ob die metonymische Transposition nicht diese Herkunft verbirgt, indem sie auf die Ebene der Aussage projiziert, was rechtens auf die Ebene des Aussageaktes gehört. Außerdem werde ich nicht von einer Pseudozeit, sondern eben von einer fiktiven Zeit sprechen, da sie für das narrative Verstehen so eng mit den Zeitkonfigurationen der Fiktion verknüpft ist. Ich würde sagen, daß man das Fiktive zum Pseudos transponiert, indem man an die Stelle des narrativen Verständnisses die rationalisierende Vortäuschung setzt, die die epistemologische Ebene der Narratologie kennzeichnet; an diesem Vorgang heben wir unaufhörlich hervor, daß er zugleich legitim und abgeleitet ist. Eine Präzisierung findet sich im *Nouveau Discours du récit*: „die Zeit der (schriftlichen) Erzählung ist eine ‚Pseudozeit' in dem Sinne, daß sie empirisch, für den Leser, in einem Textraum besteht, den nur das Lesen (wieder) in Dauer verwandeln kann" (S. 16).

17 Die Untersuchung der Anachronien (Prolepsis, Analepsis und ihre Verbindungen) läßt sich gut mit der Untersuchung der „Perspektive" (Vorwegnahme, Rückblick, Nullstufe) bei Harald Weinrich vergleichen.

davon hatte. Die Kunst des Erzählens besteht bei ihm zum Teil darin, mit der Prolepsis (vorwegerzählen) und der Analepsis (rückblickend erzählen) zu spielen und in Analepsen Prolepsen einzubauen. Aus diesem ersten Spiel mit der Zeit geht eine sehr detaillierte Typologie hervor, auf die ich hier nicht eingehe. Was den *Zweck* dieser anachronischen Variationen angeht, behalte ich für die spätere Erörterung vor. Ob es sich nun darum handelt, die Erzählung eines Ereignisses zu vervollständigen, indem man sie durch ein vorhergehendes Ereignis beleuchtet, oder darum, nachträglich eine frühere Lücke auszufüllen, die unwillkürliche Erinnerung durch wiederholte Evokation ähnlicher Ereignisse zu wecken oder eine frühere Deutung durch eine Reihe von Umdeutungen zu berichtigen, in allen diesen Fällen ist die Proustsche Analepsis kein willkürliches Spiel; sie hängt mit der Bedeutung des gesamten Werkes zusammen.[18] Diese Verwendung des Gegensatzes zwischen dem Bedeutungsvollen und dem Bedeutungslosen erhellt die narrative Zeit über die literarische Technik der Anachronie hinaus.[19]

Die Verwendung von Prolepsen innerhalb einer insgesamt rückblickenden Erzählung scheint mir diese Beziehung zur Gesamtbedeutung, die durch das narrative Verständnis ermöglicht wird, noch besser zu veranschaulichen als die Analepsis. Bestimmte Prolepsen führen Handlungsstränge so weit zu ihrem Ende, daß sie die Gegenwart des Erzählers erreichen; andere dienen dazu, die Erzählung der Vergangenheit durch das Zeugnis von ihrer Wirkung auf die gegenwärtige Erinnerung zu beglaubigen (ich sehe sie heute noch, wie sie …): hier muß man zur Beschreibung dieses Spiels mit der Zeit Auerbachs Begriff der „symbolischen Jederzeitlichkeit“ des „erinnernden Bewußtseins“[20] zu Hilfe nehmen. Damit erweist sich aber der für die Analyse gewählte theoretische Rahmen als unangemessen: „Es ist dies ein vollkommenes Beispiel“, so heißt es bei Genette, „einer fast unglaublichen Verschmelzung zwischen dem er-

18 Ich verweise auf die hervorragende Seite des ‚Discours du récit‘, auf der der Verfasser von der allgemeinen „Reprise“ der Hauptepisoden des Lebens bei Marcel Proust spricht, „die bis zu diesem Zeitpunkt in der Bedeutungslosigkeit ihrer Zerstreuung untergingen und plötzlich zusammengefaßt, durch ihre Verknüpfung bedeutungsvoll werden (…): Zufall, Kontingenz und Willkürlichkeit sind plötzlich aufgehoben, und die Biographie steht plötzlich im Zusammenhang einer Struktur und in der Kohärenz eines Sinnes“ (S. 97).

19 Dem Leser wird die Analogie zwischen dieser Bemerkung von Gérard Genette und dem Gebrauch nicht entgehen, den Günther Müller von dem oben erörterten Begriff des Sinngehalts macht; ebenso verhält es sich mit dem von Goethe stammenden Gegensatz zwischen dem Bedeutungsvollen und dem Bedeutungslosen (oder Gleichgültigen). Meiner Ansicht nach hat dieser Gegensatz nichts mit dem Saussureschen zwischen Signifikant und Signifikat zu tun.

20 Erich Auerbach, *Mimesis. Dargestellte Wirklichkeit in der abendländischen Literatur*, Bern 1946, S. 506; zitiert bei Gérard Genette, ‚Le discours du récit‘, a. a. O., S. 108.

zählten Ereignis und der Erzählinstanz, die zugleich eine späte (letzte) und ‚jederzeitliche' ist"[21] (S. 108).

Zur Gesamtheit der Anachronien in der *Recherche du temps perdu* erklärt Genette: „Die Bedeutung der ‚anachronischen' Erzählung in der *Recherche du temps perdu* hängt natürlich mit dem retrospektiv synthetischen Charakter der Proustschen Erzählung zusammen, die im Geiste des Erzählers in jedem Augenblick sich ganz gegenwärtig ist; von dem Tage an, da er in einer Extase ihre einheitliche Bedeutung erfaßt hat, hält er unaufhörlich alle Fäden zugleich zusammen, nimmt alle Orte und alle Augenblicke zugleich wahr und kann ständig vielfältige ‚teleskopische' Zusammenhänge zwischen ihnen herstellen" (S. 115). Muß man dann nicht sagen, daß das, was die Narratologie für die Pseudozeit der Erzählung hält, in der Gesamtheit der Zeitstrategien besteht, wie sie in den Dienst einer Zeitauffassung gestellt werden, deren Artikulation in der Fiktion dann auch ein Paradigma zur Neubeschreibung der erlebten und verlorenen Zeit bilden kann?

Die Untersuchung der Verzerrungen der *Dauer* führt zu den gleichen Überlegungen. Ich komme nicht auf die Unmöglichkeit zurück, die Dauer der Erzählung zu messen, wenn man darunter die Lesezeit versteht (S. 122–123). Wir wollen mit Genette annehmen, daß man nur die jeweilige *Geschwindigkeit* von Erzählung und Geschichte messen kann, wobei die Geschwindigkeit immer durch eine Beziehung zwischen einem Zeit- und einem Raummaß definiert ist. So gelangt man zur Kennzeichnung der Beschleunigungen oder Verlangsamungen der Erzählung im Verhältnis zu den erzählten Ereignissen dazu, mit Günther Müller die in Seiten und Zeiten gemessene Textdauer und die uhrzeitlich gemessene Dauer der Geschichte zu vergleichen. Wie bei Günther Müller betreffen die hier *Anisochronien* genannten Variationen die großen narrativen Artikulationen und ihre innere Chronologie, die explizit ist oder erschlossen werden muß. Man kann dann die Verzerrungen der Geschwindigkeit zwischen die äußerste Verlangsamung der *Pause* und die äußerste Beschleunigung der *Ellipse*, den klassischen Begriff der „Szene" oder der „Beschreibung" in die Nähe der Pause und den der „Zusammenfassung" in die Nähe der Ellipse stellen.[22] So kann eine fein abgestufte Typologie der komparativen Größen von Textlänge und Dauer der erzählten Ereignisse aufgestellt werden. Wichtig scheint mir

21 Der Verfasser gibt gern zu, daß „diese Antizipationen in der Gegenwart, sofern sie unmittelbar die Erzählinstanz selbst ins Spiel bringen, nicht nur auf der narrativen Zeitlichkeit, sondern auch auf der Stimme beruhen: unter diesem Gesichtspunkt werden wir sie später wiederfinden" (S. 108).

22 So findet Günther Müllers Begriff der Raffung in dem der Beschleunigung eine Entsprechung.

jedoch, daß die Beherrschung der Strategien der Beschleunigung und der Verlangsamung dazu dient, das Verständnis, das wir aufgrund unserer Vertrautheit mit den Verfahren der Fabelkomposition hinsichtlich der Funktion dieser Verfahren erworben haben, zu vertiefen. So merkt Gérard Genette an, daß bei Proust der Umfang (und daher die Langsamkeit der Erzählung, die eine Art Übereinstimmung zwischen der Textlänge und der Zeit herstellt, die der Held braucht, um von einem Schauspiel durchdrungen zu werden) eng mit den „kontemplativen Stationen" (S. 135) in der Erfahrung des Helden zusammenhängt.[23] Ebenso erhalten das Fehlen der zusammenfassenden Erzählung und der beschreibenden Pause, die Tendenz der Erzählung, eine Szene im narrativen Sinne des Wortes zu bilden, der Eröffnungscharakter der fünf ungeheuren Szenen – Matinee, Abendessen, Soiree –, die für sich allein an die sechshundert Seiten einnehmen, die Wiederholung, die sie zu typischen Szenen macht, also alle diese Strukturmerkmale der *Recherche*, die keine der traditionellen Erzähldynamiken unberührt lassen (S. 144) und die von einer präzisen narratologischen Wissenschaft erkannt, analysiert und klassifiziert werden können, ihre *Bedeutung* aus jener Art von zeitlicher Unbewegtheit, die die Erzählung auf der Ebene der Fiktion herstellt.

Die Modifikation, die der narrativen Zeitlichkeit der *Recherche* „eine ganz neue Kadenz – einen wahrhaft unerhörten Rhythmus" verleiht (S. 144), liegt jedoch gewiß im *Wiederholungs*charakter der Erzählung, den die Narratologie unter die dritte Zeitkategorie, die der *Frequenz* stellt (ein Ereignis, das einmal oder n-mal eintritt, ein- oder n-mal erzählen) und der „singulativen" Erzählung gegenüberstellt.[24] Wie läßt sich dieser „Wiederholungsrausch" deuten (S. 153)? Die starke Tendenz, zueinanderzutreten und ineinanderzufließen, die bei Proust den Augenblicken innewohnt, ist, wie Genette zugibt, „geradezu die Bedingung für die Erfahrung der ‚unwillkürlichen Erinnerung'"[25] (S. 154). Von dieser *Erfahrung* ist nun aber in diesem narratologischen Exerzitium niemals die Rede. Warum?

23 „Diese kontemplativen Stationen sind im allgemeinen von einer Dauer, die kaum hinausgehen über die des (sei es auch recht langsamen) Lesens des Textes, der sie erzählt" (S. 135).

24 In seinem Buch *Maupassant* führt Greimas die ähnlichen Kategorien des Iterativen und des Singulativen ein und wählt zu ihrer Beschreibung die grammatische Kategorie des Aspektes. Der Wechsel zwischen dem Iterativen und dem Singulativen ist auch zu der Kategorie der Reliefgebung bei Weinrich parallel zu setzen.

25 Gérard Genette zitiert die schöne Stelle aus Prousts *Gefangener*, wo es heißt: „Diese ideale Matinee erfüllte meinen Geist mit einer bleibenden Realität, derjenigen aller ähnlichen Matinees, und versetzte mich in eine Stimmung lebhafter Freude …" (S. 154).

Daß die Erinnerungspraxis des Erzählers und Helden so leicht auf einen „Faktor, ja ein Mittel für die Erzählung, sich von der diegetischen Zeitlichkeit zu befreien" (S. 179), reduziert wird, beruht darauf, daß die Untersuchung der Zeit bisher künstlich in die Grenzen der Beziehung zwischen der Erzählaussage und der Diegese eingeschlossen wurde, und zwar auf Kosten der Zeitaspekte des Verhältnisses zwischen Aussage und 380 | 381
Aussageakt, die unter die grammatische Kategorie der Stimme gestellt werden.[26]

Der Aufschub der Frage nach der Zeit der Erzählung hat doch Nachteile. So bleibt es unverständlich, warum am Wendepunkt von Prousts Werk ein Umschlag eintritt und die Geschichte mit ihrer braven Chronologie und der Vorherrschaft des „Singulativen" gegenüber der Erzählung mit ihren Anachronismen und Wiederholungen wieder die Oberhand gewinnt; das bleibt unserer Ansicht nach unverständlich, wenn man nicht die Verzerrungen der Dauer, die dann eintreten, dem Erzähler selbst zuschreibt, „der in seiner wachsenden Ungeduld und Angst seine letzten Szenen *überladen*... und zum Ende springen möchte..., das ihm endlich ein Sein verleiht und seine Rede rechtfertigt" (S. 180). Man muß daher in die Zeit der Erzählung „eine andere Zeitlichkeit" integrieren, „die nicht mehr diejenige der Erzählung ist, sie jedoch in letzter Instanz steuert: die Zeit der Narration selbst"[27] (S. 180).

Wie steht es dann mit dem Verhältnis zwischen Aussageakt und Aussage? Hat es keinerlei Zeitcharakter? Das Grundphänomen, dessen textspezifischer Stellenwert bewahrt werden kann, ist hier dasjenige der *„Stimme"*; dieser Begriff ist den Grammatikern[28] entlehnt und kennzeichnet die Tatsache, daß die Narration selbst, also die narrative Instanz (in dem Sinne, in dem Benveniste von der Redeinstanz spricht) mit ihren

26 Übrigens beklagt Gérard Genette selbst, „daß die Probleme der narrativen Zeitlichkeit damit zerstückelt werden" (S. 180, Anm. 1). Hat er jedoch recht zu sagen: „Jede andere Einteilung würde eine Unterschätzung der Bedeutung und der Eigenart der narrativen Instanz nach sich ziehen" (ebd.)?

27 Wenn jedoch die Zeitlichkeit der Narration die der Erzählung bestimmt, kann man nicht von dem „Spiel mit der Zeit" in Prousts Werk sprechen, wie es Genette auf den entscheidenden Seiten (S. 178–181) tut, auf die ich später eingehen werde, ohne vorher den Aussageakt und die ihm entsprechende Zeit behandelt zu haben. Bei einem solchen Vorgehen würden auch die Analysen der Zeitlichkeit nicht mehr zerstückelt.

28 E. Vendryès zum Beispiel definierte sie folgendermaßen: „Aspekt der verbalen Handlung in ihren Beziehungen zum Subjekt" (zitiert bei G. Genette, S. 76). Der *Nouveau Discours du récit* bringt nichts Neues zur Zeit des Aussageaktes und zur Beziehung zwischen Stimme und Aussageakt. Der Text enthält jedoch zahlreiche Bemerkungen zur Unterscheidung zwischen der Frage nach der Stimme (wer spricht hier?) und der Frage nach der Perspektive (wer sieht hier?), wobei die letztere als Fokalisierung umformuliert wird (wo ist der Fokus der Wahrnehmung?) (S. 43–52). Wir kommen darauf zurück.

beiden Protagonisten, dem Erzähler und seinem realen oder virtuellen Adressaten, in der Erzählung impliziert ist. Die Frage der Zeit stellt sich auf dieser Beziehungsebene, weil die narrative Instanz, die im Text durch die Stimme repräsentiert ist, selbst Zeitmerkmale aufweist. Daß im ‚Discours du récit' erst so spät und so kurz von der Zeit des Aussageaktes die Rede ist, beruht zum kleineren Teil auf den Schwierigkeiten, die mit der Klarstellung der Beziehungen zwischen Aussageakt, Aussage und Geschichte verbunden sind[29], und zum größeren Teil auf der Schwierigkeit, die in der *Recherche* mit der Beziehung zwischen dem realen Autor und dem fiktiven Erzähler verbunden ist, der hier mit dem Helden identisch ist, wobei die Zeit der Narration den gleichen fiktiven Charakter aufweist wie die Rolle des Erzählers und Helden. Diese Erkenntnis des Fiktionscharakters des „Ichs" des Helden und Erzählers erfordert eine Analyse, deren Gegenstand eben die *Stimme* ist. Denn wenn auch der Akt des Erzählens in sich selbst keinerlei Kennzeichen der Dauer aufweist, so sind die Variationen seines Abstands zu den erzählten Ereignissen doch wichtig für die „Bedeutung der Erzählung" (S. 228). Insbesondere finden die oben erwähnten Veränderungen der Zeitstruktur der Erzählung in diesen Variationen eine gewisse Rechtfertigung: sie machen die allmähliche Verkürzung des Gewebes spürbar, das die narrative Rede ist, als ob, fügt Genette hinzu, „die Zeit der Geschichte dazu neigte, sich immer mehr auszudehnen und zu besondern, indem sie sich ihrem Ende nähert, *das auch ihr Ursprung ist*" (S. 236). Daß nun aber die Zeit der Geschichte des Helden sich ihrer eigenen Quelle, nämlich der Gegenwart des Erzählers nähert, ohne sie erreichen zu können, dieser Aspekt gehört zur *Bedeutung* der Erzählung, der nämlich, daß sie beendet ist oder zumindest abgebrochen wird, sobald der Held zum Schriftsteller geworden ist.[30]

29 Wie wir oben schon sagten, liegt das Hauptgewicht der Analyse der Erzählzeit in der *Recherche* auf der Beziehung zwischen Erzählung und Diegese, die in den ersten drei Kapiteln (S. 77–182) unter den Rubriken der *Ordnung*, der *Dauer* und der *Frequenz* behandelt wird, während nur einige der Seiten über die *Stimme* an später Stelle der Zeit der Narration vorbehalten sind (S. 228–238). Diese Disproportion erklärt sich zum Teil dadurch, daß der Dreiteilung von Aussageakt – Aussage – Gegenstand die Trias von Zeit – Modus – Stimme hinzugefügt wird, die der Grammatik des Verbs entlehnt ist. Letztlich sind es diese drei Klassen, die die Kapiteleinteilung im ‚Discours du récit' bestimmen: „die ersten drei (Ordnung, Dauer, Frequenz) handeln von der Zeit, das vierte vom Modus, das fünfte und letzte von der Stimme" (S. 76, Anm. 4). So läßt sich eine gewisse Konkurrenz zwischen den beiden Schemata beobachten, aufgrund derer „die Zeit und der Modus beide auf die Ebene der Beziehung zwischen Geschichte und Erzählung gehören, während die Stimme die Beziehungen zwischen Narration und Erzählung (*récit*) und zwischen Narration und Geschichte bezeichnet" (S. 76). Diese Konkurrenz erklärt, daß der Hauptakzent auf die Beziehung zwischen Zeit der Erzählung und Zeit der Geschichte gelegt wird und daß die Zeit des Aussageaktes unter der Rubrik der Stimme im letzten Kapitel sozusagen in Moll behandelt wird.

Die Verwendung des Begriffs der narrativen Stimme ermöglicht es der Narratologie, der Subjektivität einen Platz einzuräumen, ohne daß sie mit derjenigen des realen Autors verwechselt würde. Daß die *Recherche* nicht als maskierte Autobiographie zu lesen ist, beruht darauf, daß das „Ich", das der Held und Erzähler ausspricht, selbst fiktiv ist. In Ermangelung eines Begriffes wie der *Welt* des Textes jedoch, den ich im folgenden Kapitel rechtfertigen werde, genügt der Begriff der narrativen Stimme nicht, um der *fiktiven Erfahrung* gerecht zu werden, die der Erzähler und Held mit der Zeit in ihren psychologischen und metaphysischen Dimensionen macht.

Ohne diese Erfahrung aber, die ebenso fiktiv ist wie das „Ich", das sie entfaltet und erzählt, und die doch aufgrund ihrer Beziehung zur von dem Werk entworfenen Welt den Titel einer „Erfahrung" verdient, ist es schwer, dem Begriff der verlorenen Zeit und der wiedergefundenen Zeit, um die es in der *Recherche* geht, einen Sinn zu verleihen.[31]

Verlegen macht mich diese stillschweigende Verwerfung des Begriffs der fiktiven Erfahrung jedesmal, wenn ich die Seiten wieder lese, die den Titel „le jeu avec le Temps", das Spiel mit der Zeit tragen (S. 178–181) und auf denen, wenn nicht der Schlüssel, so doch der Ton des Buches beruht (es sind zumindest verfrühte Seiten, denkt man an die Verschiebung der Untersuchung der Zeit der Narration auf später). Die fiktive Zeiterfahrung, die der Held und Erzähler macht, wird, da sie nicht mit der inneren Bedeutung der Erzählung verknüpft werden kann, auf eine werkexterne Rechtfertigung bezogen, die nämlich, die der Autor Proust für seine Erzähltechnik mit ihren Interpolierungen, Verzerrungen und vor allem iterativen Verdichtungen gibt. Diese Rechtfertigung selbst wird der „realistischen Motivation" assimiliert, die Proust mit einer bedeutenden Schriftstellertradition teilt. Genette unterstreicht daran nur die „Widersprüche" und die „Nachgiebigkeit" (S. 181). Es bestehe ein Widerspruch zwischen dem Bestreben, die Dinge so zu erzählen, wie sie im Augenblick erlebt wurden, und dem, sie so zu erzählen, wie sie nachträglich

30 „Die Erzählung wird einfach abgebrochen, wenn der Held die Wahrheit und den Sinn seines Lebens gefunden hat und diese ‚Geschichte einer Berufung' endet, die ja, es sei noch einmal gesagt, der erklärte Gegenstand der Proustschen Erzählung ist (…). Die Erzählung muß daher abbrechen, bevor der Held zum Erzähler geworden ist; es ist unvorstellbar, daß beide zusammen das Wort ‚Ende' schreiben" (S. 237).

31 Von der metaphysischen Zeiterfahrung in der *Recherche* muß man genau das sagen können, was Gérard Genette vom „Ich" des Helden der *Recherche* sagt, daß es sich nämlich nicht ganz um Proust, aber auch nicht ganz um einen anderen handelt. Von einer im Modus der Fiktion ausgedrückten Erfahrung wird keine „Selbsteinholung", keine „Selbstgegenwart" postuliert, sondern eine „Halb-Homonymie" zwischen realer und fiktiver Erfahrung, ähnlich derjenigen, die der Narratologe zwischen dem Erzähler-Helden und dem Unterzeichner des Werkes erkennt (S. 257).

erinnert werden. Es bestehe also ein Widerspruch zwischen einer Zurechnung der Überschneidungen, die sich in den Anachronismen der Erzählung widerspiegeln, bald zum Leben selbst, bald zur Erinnerung. Und vor allem bestehe ein Widerspruch in einer Suche, die zugleich das „Überzeitliche" und die „Zeit im Reinzustand" zum Gegenstand hat. Sind aber diese Widersprüche nicht geradezu der Kern der fiktiven Erfahrung des Erzählers und Helden? Und was die Nachgiebigkeit angeht, so wird sie den „retrospektiven Rationalisierungen" zugeschrieben, „die bei großen Künstlern die Regel sind, desto mehr, je *genialer* sie sind, also je mehr ihre Praxis jeder Theorie voraus ist, auch ihrer eigenen" (S. 181). Die narrative Praxis ist jedoch nicht die einzige, die einen Vorsprung gegenüber der ästhetischen Theorie hat: die fiktive Erfahrung, die dieser Praxis einen Sinn verleiht, ist ebenfalls auf der Suche nach einer Theorie, die ihr immer unangemessen bleibt; davon zeugen die Kommentare, mit denen der Erzähler seine Erzählung überlädt. Nur für einen theoretischen Ansatz, der der Poiesis, wie sie in der Erzählung selbst am Werk ist, fremd ist, reduziert sich die Zeiterfahrung im Sinne der *Recherche* auf die „widersprüchliche Suche" eines „ontologischen Geheimnisses".

Es ist vielleicht die Funktion der Narratologie, die Beziehungen zwischen der Erinnerung und der narrativen Technik umzukehren, in der ausdrücklich in Anspruch genommenen Motivation ein bloßes ästhetisches Medium zu erblicken, kurz, die Anschauung auf den Stil zu reduzieren. Der Roman der verlorenen und wiedergefundenen Zeit wird dann für die Narratologie ein „Roman der beherrschten, eingefangenen, gebannten, insgeheim subversiv oder besser: *pervers* behandelten Zeit" (S. 182).

Muß man aber nicht letztlich diese Umkehrung wieder umkehren und die formale Untersuchung der narrativen Techniken, die die Zeitbehandlung als pervers erscheinen lassen, als einen langen Umweg betrachten, auf dem es ein schärferes Verständnis der *verlorenen* und *wiedergefundenen* Zeit zu gewinnen gilt? Diese Erfahrung ist es, die in der *Recherche* den narrativen Techniken Sinn und Richtung verleiht. Wie könnte man sonst im Zusammenhang mit dem gesamten Roman, wie es der Erzähler selbst anläßlich des Traums tut, von „seinem ungeheuren Spiel mit der Zeit" (S. 182) sprechen? Könnte ein Spiel ohne *Spieleinsatz* „ungeheuerlich", also furchterregend sein?

Über die Erörterung der Deutung der *Recherche* hinaus, wie sie Genette vorschlägt, fragt es sich, ob man nicht zur Bewahrung der Bedeutung des Werkes die narrative Technik der *Zielrichtung* unterordnen muß, die den Text über sich hinaus zu einer gewiß fiktiven Erfahrung treibt, die sich jedoch nicht auf ein bloßes Spiel mit der Zeit reduzieren läßt. Indem man diese Frage stellt, fragt man zugleich, ob man nicht die

Dimension berücksichtigen muß, die Günther Müller in Erinnerung an Goethe *Zeiterlebnis* nannte und die von der Narratologie willkürlich und aufgrund einer methodischen Askese ausgeschaltet wird. Die Hauptschwierigkeit besteht dann darin, den Fiktionscharakter dieses Zeiterlebnisses zu bewahren und zugleich der Versuchung zu widerstehen, es auf
die bloße narrative Technik zu reduzieren. Dieser Schwierigkeit ist unsere 384 | 385
Untersuchung der *Recherche* im folgenden Kapitel gewidmet.

Weiterführende Literatur und Kontexte:

S. in diesem Band die Beiträge von GENETTE und ISER. – PAUL RICŒUR: Narrative Time. In: W. J. T. Mitchell (Hrsg.): On Narrative. Chicago, London: University of Chicago Press 1981, S. 165–186; DERS.: Mimesis and Representation. In: Annals of Scholarship 2 (1981), S. 15–32; DAVID WOOD (Hrsg.): On Paul Ricœur: Narrative and Interpretation. London: Routledge 1991; JENS MATTER: Paul Ricœur zur Einführung. Hamburg: Junius 1996. – Eine ausgezeichnete Textanthologie veranschaulicht PRs Position im Kontext französischer Historiographie nach 1945: JACQUES REVEL u. LYNN HUNT (Hrsg.): Histories. French Constructions of the Past. New York: The New Press 1995. – JÖRN STÜCKRATH u. JÜRG ZBINDEN (Hrsg.): Metageschichte. Hayden White und Paul Ricœur. Dargestellte Wirklichkeit in der europäischen Kultur im Kontext von Husserl, Weber, Auerbach und Gombrich. Baden-Baden: Nomos 1997. – F. D. VANSINA: Paul Ricœur. Bibliographie primaire et secondaire, 1935–2000. Leuven: Uitgeverij Peeters 2000.

Wolfgang Iser: Mimesis und Performanz (1991)

Wolfgang Iser (* 1926)

Studium an der Universität Heidelberg; lehrte u. a. in Würzburg, Köln und ab 1967 in Konstanz. Prof. Emeritus für Anglistik und Allgemeine Literaturwissenschaft an der Universität Konstanz und Professor für Englische Literatur an der University of California, Irvine. Mitglied der Forschergruppe ‚Poetik und Hermeneutik'; war zusammen mit Hans Robert Jauß einer der wichtigsten Exponenten der Rezeptionsästhetik: *Der implizite Leser*. München: Fink 1972; *Der Akt des Lesens*. München: Fink 1976 – beide in mehrere Sprachen übersetzt; später vor allem an Fragen der literarischen Anthropologie interessiert: *Prospecting: From Reader Response to Literary Anthropology*. Baltimore: Johns Hopkins UP 1989. Seine wichtigsten Bücher seither: *Das Fiktive und das Imaginäre*. Frankfurt: Suhrkamp 1991; *The Range of Interpretation*. New York: Columbia UP 2000.

Erstausgabe = Druckvorlage: Wolfgang Iser: *Das Fiktive und das Imaginäre. Perspektiven literarischer Anthropologie.* Frankfurt: © Suhrkamp 1991, S. 481–504.

Wenn das Textspiel als Transformation seiner Referenzwelten verläuft, dann entsteht etwas, das aus diesen nicht ableitbar ist. Folglich kann keine der Referenzwelten Gegenstand der Darstellung sein, so daß sich der Text nicht in der Repräsentation vorgegebener Gegenständlichkeit erschöpft. Das heißt zunächst: es gibt keine Repräsentation ohne Performanz, die in jedem Falle anderen Ursprungs ist als das zu Repräsentierende. Nun setzt Repräsentation im Sinne von Mimesis immer etwas voraus, das es im Darstellungsakt zu präsentieren gilt, und dabei stellt sich sogleich die Frage, ob diesem Darzustellenden eine von der Darstellung unabhängige Existenz zukommt. Sofern Darstellung als Mimesis verstanden wurde, ist diese Frage weitgehend bejaht worden. Angesichts eines solchen von der Poetik tradierten ‚stummen Wissens' wäre es gewiß unangemessen, den Mimesisgedanken durch den der Performanz rundweg ersetzen zu wollen, zumal die Aristoteles-Tradition Rezepturen für das Herstellen von Kunstwerken kennt, durch die zumindest bezeugt ist, daß Repräsentation ohne Performanz undenkbar ist.

Nun kann es hier nicht darum gehen, die Aristoteles-Tradition wieder aufzurollen, wenngleich man sich erinnern muß, warum Mimesis als Nachahmung eines Vorgegebenen durch Aristoteles zur Begrifflichkeit geronnen ist. Repräsentation als Mimesis ist von allem Anfang an ein ambivalenter Begriff gewesen, der seine schillernde Doppelheit bis heute nicht völlig verloren hat. Man muß sich Platons Abwertung der Mimesis gegenwärtig halten, um die von Aristoteles vorgenommene ‚Reparatur' in ihren Auswirkungen abschätzen zu können. Nachahmung bezeichnete für Platon den Defekt des phänomenalen Seins gegenüber dem idealen; denn Nachahmung hieß, das Nachgeahmte eben nicht zu sein. In *Timaios* erfährt das Urbild-Abbild-Gefälle seine Verschärfung, indem der Demiurg nicht als Schöpfer einer Urzeugung verstanden wird, sondern nur als Handwerker, um die ‚Verlegenheit' zu erklären, wieso es denn überhaupt eine phänomenale Welt geben kann.

Aristoteles hat darauf geantwortet. Für ihn besteht die Kunst „darin, ‚einerseits zu vollenden, andererseits (das Naturgegebene) nachzuahmen'. Die Doppelbestimmung hängt mit der Doppeldeutigkeit des Begriffs von ‚Natur' als produzierendem Prinzip (*natura naturans*) und produzierter Gestalt (*natura naturata*) eng zusammen. Es läßt sich aber leicht sehen, daß in dem Element der ‚Nachahmung' die übergreifende

Komponente liegt: denn das Aufnehmen des von der Natur Liegengelassenen fügt sich doch der Vorzeichnung der Natur, setzt bei der Entelechie des Gegebenen an und vollstreckt sie. Dieses Einspringen der ‚Kunst' für die Natur geht so weit, daß Aristoteles sagen kann: wer ein Haus baut, tut nur genau das, was die Natur *tun würde*, wenn sie Häuser sozusagen ‚wachsen' ließe. Natur und ‚Kunst' sind strukturgleich: die immanenten Wesenszüge der einen Sphäre können für die der anderen eingesetzt werden. Es ist also sachlich begründet, wenn die Tradition die aristotelische Definition auf die Form ‚ars imitatur naturam' verkürzt hat, wie schon Aristoteles selbst sie in Gebrauch nimmt."[1]

War für Platon die Minderwertigkeit der Nachahmung insofern plausibel, als der Demiurg nur das ‚Werkmodell' der Erzeugung zu imitieren vermochte, so geschah die Aufwertung der Mimesis bei Aristoteles dadurch, daß für ihn die Ewigkeit der Urbilder zur Ewigkeit der Welt wurde. Damit schwindet die Exemplarität der Ideen zugunsten einer Entsprechung von Idee und Erscheinung, welche den Inbegriff für die Vollständigkeit des Kosmos verkörpert, der folglich auch die Möglichkeiten mit umschließt. Denn möglich ist nur, was seiner *morphé* nach schon wirklich ist, weshalb die Kunst zur *techne* wird, um in der Nachahmung die Entelechie freizulegen. So vollbringt der ‚Künstler' nur, was die Natur zu leisten imstande ist, weshalb Mimesis durch die ihr eingeschriebene Wiederholung sich lediglich als die Vollendung eines noch unvollendeten Zustandes versteht. Dem ‚Künstler' kommen dabei nur Fertigkeiten zu, nicht aber die Fähigkeit, die Welt selbst zu entwerfen. „Wenn Aristoteles sagt, es sei Sache des Künstlers, die Naturdinge nachzuahmen, wie sie *sein sollen*, so bedeutet das nicht den Hinweis auf irgendeine diesen Gegenständen transzendente Norm, sondern die ‚Extrapolation' aus dem Werdeprozeß auf das Werdeziel … Damit es sich die ‚Kunst' nicht am jeweilig faktischen *Zustand* des Seienden genug sein läßt, sondern es auf das darin gestaltend wirksame *Werdeziel* … absieht, ist die generative Seite des Naturbegriffs für die Mimesis wesentlich, aber dies doch nur deshalb, weil nach und trotz der Beseitigung der Ideen eben immer noch so etwas wie ‚Idealität' benötigt wird, um zu verstehen, was den Menschen in seinem Werk, vor allem: was ihn im Kunstwerk bestimmt."[2] Dieses Moment der ‚Idealität' macht deutlich, daß bei aller Strukturgleichheit von Natur und Mimesis beide nicht identisch sind, und diese mangelnde Identität rührt daher, daß Menschenwerk – welches es durch ‚Kunst' zu rechtfertigen gilt – ein von Natur unterschiedenes ist. Zwar geschieht

1 Hans Blumenberg, *Wirklichkeiten in denen wir leben*, Stuttgart 1981, S. 55 f.
2 Ibid., S. 73.

durch die *techne* des ‚Künstlers' eine Wiederholung des Seienden im Werk; indes, diese Wiederholung – so sehr sie die Natur auch dort vollendet, wo sie Unvollendetes liegengelassen hat – ist darauf bezogen, der von Platon hinterlassenen Verlegenheit zu begegnen, warum es Menschenwerk angesichts der Ewigkeit der Welt überhaupt gibt. So hat die Mimesis eine doppelte Referenz: als Nachahmung der Natur vollzieht sie das, was sich in Natur vollzieht; doch das geschieht nicht um der Natur, sondern um des Menschen willen. Die Natur braucht die Mimesis nicht, und selbst wenn die *techne* vollkommene Extrapolation des erzeugenden Prinzips der Natur wäre, so ist sie als Extrapolation immer auch eine Differenz zur Natur. Brächte die Natur die *techne* selbst hervor, dann entstünde durch diese Verdoppelung Redundanz, weil die Natur die Möglichkeit ihrer Vollendung als Wirklichkeit immer schon in sich trägt und folglich nicht der *techne* des ‚Künstlers' bedarf, um zu erreichen, was sie ist.

Die *techne* holt lediglich die *morphé* aus ihrer Verborgenheit und vollendet die Natur dort, wo sich Unvollendetes zeigt, das wiederum nur ein solches für den Menschen sein kann. Die *techne* leistet daher keine Reparatur der Natur – was auch unnötig wäre –, sondern ist in der Nachahmung eines ihr vorgegebenen Gegenstandes dessen Vergegenständlichung. Die Nachahmung der Naturdinge, wie sie sein sollen, präsentiert sich dann als „das je faktisch *noch nicht* erreichte *Werdeziel*"[3], und das heißt, der Natur wird zwar nichts hinzugefügt, was nicht als Möglichkeit bereits in ihr wäre, aber die durch die *techne* erfolgte Extrapolation sowie die Vergegenständlichung des Nachgeahmten verkörpern performative Aktivitäten, die ihrerseits nicht Nachahmung vorgegebener Gegenstände sein können. Extrapolation und Vergegenständlichung dürfte es als Naturdinge nicht geben, denn sonst wäre Nachahmung der Natur überflüssig, während so allerdings die *techne* etwas vollbringt, das für die Natur selbst nicht gänzlich belanglos ist; denn als das ‚All des Wirklichen und Möglichen' kann sie von sich aus ihre Möglichkeiten nicht schon als realisierte präsentieren, weil diese dann bereits Wirklichkeiten wären. Extrapolation und Vergegenständlichung haben daher immer einen Doppelaspekt: Sie sind Nachahmung der Natur und Beziehung des Menschen auf die Natur zugleich, wodurch auch die Vielfalt der Werke verständlich wird, die es so nicht geben dürfte, wenn dieser Beziehbarkeit in der Natur selbst eine *morphé* unterläge – es sei denn, es gäbe das eine Werk, das diese *morphé* so vollkommen präsentierte, daß die anderen als mißglückte kenntlich würden. Die vielen Werke sind unterschiedliche Ver-

3 Ibid.

gegenständlichungen des Nachgeahmten, wobei Vergegenständlichung die Sichtbarkeit des Seinsollens erzeugt. Erzeugung aber ist ein Hervorbringen mit dem Ziel, die dem Nachgeahmten eignende ‚Idealität' hervorzukehren. Gewiß ist dieses Erzeugungsmoment in der klassischen Formulierung des Mimesisbegriffs noch minimalisiert; doch ohne die Vergegenständlichung des Nachgeahmten wäre Mimesis nicht denkbar. Die Minimalisierung beruht zum einen darauf, daß der Mensch in den Kosmos eingebettet ist, und zum anderen, daß der Ewigkeit der Welt nichts hinzugefügt werden kann. Sofern Performanz Erzeugung ist, bezieht sie sich auf die Übersetzungen dessen, was ist, so daß sich die Notwendigkeit der Performanz immer dort ergibt, wo es Differenzen zu überbrücken gilt.

Historisch folgt daraus, daß sich das Verhältnis von Mimesis und Performanz verändern dürfte, wenn die Geschlossenheit des Kosmos aufhört, Referenzbedingung einer aristotelisch verstandenen Mimesis zu sein. Statt das Seinsollen dessen zu vergegenständlichen, was in der ewigen Natur zwischen ihrer Genesis und ihrem Telos immer schon ist, wird in einer offenen Welt das *Wozu* der Nachahmung zum Problem. Die Performanz muß dann ungleich mehr als nur jene Umsetzungen leisten, ohne die allerdings auch die klassische Mimesis nicht auszukommen vermochte. Das soll nicht heißen, daß die Mimesis verschwände, obwohl es nun zu einer graduellen Umverteilung der Gewichte kommt, wenn es eine offene Welt oder gar eine sich ständig realisierende Wirklichkeit zu repräsentieren gilt. Das bezeugen prominente Repräsentationstheorien der Gegenwart, in denen der Mimesisbegriff zentral bleibt. Dabei kommt etwas zur Geltung, das sich im Prinzip schon bei Aristoteles beobachten ließ: die Performanz – obwohl unabdingbar – bleibt als Leerstelle im Mimesiskonzept zurück, da sich die Hervorbringung aus der Nachahmung nicht ableiten läßt.

So sah sich Gombrich veranlaßt, in polemischer Schärfe das Ansinnen zurückzuweisen, seine in *Kunst und Illusion* entwickelten Ansichten liefen auf eine Wirkungstheorie, nicht aber auf eine von ihm selbst so verstandene Repräsentationstheorie hinaus.[4] Gombrich zitiert in *Kunst und Illusion* eine Passage aus der auf Philostratus zurückgehenden Lebensbeschreibung des Apollonius von Tyana, einem Pythagoräer, „der das Problem der Mimesis viel tiefer durchdacht hatte als Plato oder

4 Vgl. dazu Murray Krieger, ‚Ambiguities of Representation and Illusion: An E. H. Gombrich Retrospective', in: Critical Inquiry 11 (1984), S. 181–194; E. H. Gombrich, ‚Representation and Misrepresentation', in: Critical Inquiry 11 (1984), S. 195–201; Murray Krieger, ‚Optics and Aesthetic Perception: A Rebuttal', in: Critical Inquiry 12 (1985), S. 502–508.

Aristoteles".[5] In der Unterhaltung mit einem ihm ergebenen Schüler entspinnt sich zwischen Apollonius und Damis der folgende Dialog: „,Sage mir, o Damis, gibt es etwas, was man Malerei nennt?' ,Gewiß doch', antwortet Damis. ,Und worin besteht diese Kunst?' ,Nun, in dem Mischen der Farben.' ,Und warum werden die Farben gemischt?' ,Um der Nachahmung willen; um das Abbild eines Hundes oder eines Pferdes oder eines Mannes zu erhalten, oder auch eines Schiffes oder was immer es sein mag.' ,Malerei ist also Nachahmung, Mimesis?' wiederholt Apollonius. ,Gewiß, was sonst?' bestätigt der willfährige Schüler. ,Wenn Malerei nicht Nachahmung wäre, wäre es ja eine kindische Spielerei mit Farben.' ,Sehr richtig', antwortet sein Mentor. ,Aber was für eine Bewandtnis hat es mit den Dingen, die wir am Himmel sehen, wenn die Wolken treiben: Zentauren und gehörnte Antilopen, Wölfe und Pferde? Sind diese auch Werke der Nachahmung? Ist Gott ein Maler, der sich so die Zeit vertreibt?' Beide stimmen überein, daß die Wolkengebilde an sich keinen Sinn besitzen, sondern ihr Entstehen allein dem Zufall verdanken, und stellen fest, daß *wir* erst ihnen Gestalt und Sinn unterlegen, da unserer Natur die Neigung zur Nachahmung angeboren ist. ,Aber geht daraus nicht hervor', schürft Apollonius weiter, ,daß die Kunst der Nachahmung zwiefältig ist? Besteht sie nicht auf der einen Seite in der Herstellung von Nachahmungen mit Hilfe von Hand und Geist, auf der andern jedoch in der Schaffung von Bildern mit dem Geiste allein?' Er legt dann dar, daß die geistige Mitwirkung des Betrachters beim Vorgang der Nachahmung eine wichtige Rolle spiele. Empfinde er ja doch dadurch ein monochromes Bild, ja ein Bronzerelief als etwas der Wirklichkeit Ähnliches und erlebe es als Form und Ausdruck. ,Selbst wenn wir einen dieser Inder mit weißer Kreide zeichneten, würde er schwarz aussehen, denn seine flache Nase, sein vorspringender Unterkiefer und sein steifes Kraushaar würden ihn bei allen, die zu sehen verstehen, zum Schwarzen stempeln. Aus diesem Grunde behaupte ich', faßt Apollonius-Philostrat seine Folgerung zusammen, ,daß alle, die ein Werk der Mal- oder Zeichenkunst betrachten, selbst die Gabe der Nachahmung besitzen müssen und daß niemand einen gemalten Hengst oder Stier verstehen könnte, der nicht wüßte, wie solche Geschöpfe wirklich aussehen.'"[6]

Hier geht es nun nicht mehr um ein Freilegen der *morphé* oder gar um ein Vollenden dessen, was in der Natur unvollendet geblieben ist, vielmehr rücken nun die Verfahren der Mimesis in den Blick; die aristo-

5 E. H. Gombrich, *Kunst und Illusion. Zur Psychologie der bildlichen Darstellung*, übers. v. L. Gombrich, Köln 1967, S. 209.

6 Ibid., S. 209 f.

telische *techne* wird selbst Gegenstand der Erörterung. Formen, so scheint es, sind weniger Konstitutionsbedingungen der Natur, sondern eher Erinnerungsbilder des Künstlers, der diese so in die Gegebenheiten hineinsieht, daß auch dem Betrachter die Natur im Sinne der gehegten Absicht erscheint. Daher sind selbst die Farben, die es zur Wiedergabe der Naturphänomene zu mischen gilt, auf die im Geist abgelagerten Formen bezogen, deren Nachahmung über das Mischungsverhältnis verfügt.

Die aristotelische *morphé* scheint aus der Natur in den Geist des Künstlers gewandert zu sein; denn nachgeahmt wird nicht die Natur, sondern die im Geist des Malers sedimentierten Formen, die ein Erschließen der Natur erlauben. Die Mimesis erfährt dadurch einen weitreichenden Bezugswechsel, der sich aus einem veränderten Naturverständnis ergibt. Die Natur *als* etwas zu sehen heißt, daß sie im Gegensatz zu ihrer traditionellen Auffassung nunmehr offen geworden ist, weshalb es nicht die Sichtbarkeit des Seinsollens, sondern die der Zugänglichkeit zu verdeutlichen gilt. Natur muß auf ein Formenrepertoire zurückgebracht werden, das Künstler und Betrachter des Kunstwerks gleichermaßen teilen. Solchen Formen eignet nicht mehr die Qualität der *morphé*; statt dessen bilden sie eine offene Reihe, weshalb es nun weniger Gegenstände, sondern eher Wahrnehmungsbedingungen nachzuahmen gilt, damit Naturphänomene in der vom Künstler intendierten Weise gesehen werden können. Denn bereits der einfache Wahrnehmungsvorgang lehrt, daß wir Gegenstände niemals als ganze, sondern immer nur *als* etwas wahrzunehmen vermögen, was sich auch in der zitierten Passage zeigt, wo selbst ein monochromes Bild „als Form und Ausdruck" gesehen wird. Daraus ergibt sich, daß eine Nachahmung vorgegebener Gegenständlichkeit als solche gar nicht möglich ist, da jeder Betrachter einen solchen Gegenstand stets *als* etwas anderes gewärtigen würde. Um das zu vermeiden, müssen Formen der Wahrnehmbarkeit nachgeahmt werden, die es erlauben, Naturphänomene entsprechend zu sehen, wenngleich die nachgeahmten Wahrnehmungsbedingungen wiederum nicht Gegenstand der durch das Bild beabsichtigten Mimesis sind. Denn auf die Abbildung sedimentierter Formen kommt es nicht an, und das, worauf es ankommt, läßt sich ohne Imitation von Wahrnehmungsbedingungen nicht abbilden. Folglich ist die nachgeahmte Natur nur als Vorstellungsgegenstand präsent, wenngleich die Illusion herrscht, daß Natur gegenwärtig sei. Das dürfte dann auch ein Grund dafür sein, weshalb schon in der Antike bisweilen die Mimesis als die Vortäuschung echter Gegenständlichkeit verstanden wurde, wie es sich in den gemalten Trauben des Zeuxis bekundet, an denen bekanntlich die Vögel gepickt haben sollen.

Ließ sich in der Mimesiskonzeption des Aristoteles durch die notwendige Vergegenständlichung dessen, was die *techne* als Nachahmung vorgegebener Gegenständlichkeit zu leisten hatte, ein performativer Keim erkennen, so beginnt die Performanz prominenter zu werden, wenn es die *techne* selbst zu explorieren gilt. Denn die Nachahmungen der im Geist abgelagerten Gestalten dienen der Instrumentalisierung von Wahrnehmungsbedingungen, durch die hindurch der repräsentierte Gegenstand so entsteht, als ob er in dieser Weise gegeben wäre. Zwar werden die Gestalten nicht einfach auf die Natur projiziert, aber sie bilden Leitorientierungen für deren Nachahmung, die eines solchen Als-Ob deshalb bedarf, weil die Natur zunehmend erschlossen und auf die Menschenwelt übersetzt werden muß.

Was sich hier andeutet, ist eine Umbesetzung des Mimesisbegriffs, dessen Referenz nicht mehr der aristotelische Kosmos, sondern in zunehmendem Maße die Wahrnehmung wird. Deshalb paßt das Apollonius-Beispiel auch in hervorragender Weise zu Gombrichs eigenem Festhalten am Nachahmungskonzept, das jedoch vorwiegend als performativer Akt zu denken ist. Gombrichs klassische Formulierung lautet: „daß das Bilden vor dem Nachbilden kommt [‚making comes before matching'']. Bevor der Mensch das, was er sah, *nach*bilden wollte, wollte er Gebilde um ihrer selbst willen machen. Die Formel gilt übrigens nicht nur für eine mythische Vorzeit … daß nämlich der Prozeß des Nachbildens ohne ein schon vorher bestehendes Gebilde nicht möglich ist, sondern immer auf dem Wechselspiel von Schema und Korrektur beruht. Ohne ein solches Schema zu kennen und zu beherrschen, kann kein Künstler einen Sinneseindruck wiedergeben."[7] Die Schemata laufen der Außenwelt voraus, die sich durch die Wahrnehmung des Künstlers als Korrektur in eine solche Vorgabe einträgt. Lenkt diese den Blick auf die sichtbare Welt, so wird das Auge vom Schema, nicht aber von der Entelechie der Natur informiert, mit der Konsequenz, daß es nun das gewärtigt, was der ererbte oder konstruierte Zugriff nicht mehr zu sehen erlaubt. Daher vollzieht sich die Porträtierung der sichtbaren Welt als Kette performativer Akte. Was ehedem für Aristoteles als Vergegenständlichung nur ein untergeordnetes performatives Moment im Mimesisgedanken verkörperte – weil das, worauf es sich bezog, philosophisch immer schon gewußt wurde –, wird nun als Performanz in dem Maße zum Träger der Mimesis, in dem die Wahrnehmung als Referenz die Wißbarkeit einer nachzuahmenden Natur auch nicht mehr entfernt zu beanspruchen vermag.

7 Ibid., S. 142.

Je mehr die Mimesis durch den Repräsentationsvorgang selbst fundiert wird, desto notwendiger werden performative Qualitäten zu dessen Erschließung. Die Performanz muß kompensieren, was die Mimesis durch ihre Einbettung in Weltordnungen sowie durch die Würde des großen Gegenstands an Fraglosigkeit verloren hat.

Wie aber muß man sich nun diese Performanz denken, wenn *making* dem *matching* vorangeht, um dadurch eine Korrektur in das Schema einzutragen, das seinerseits nur eine Vorbedingung der Wahrnehmbarkeit verkörpert? Sofern man diesen Vorgang als Repräsentation wahrnehmbarer Gegenständlichkeit versteht, erweist sich die Nachahmung als eine mehrgliedrige Übersetzung, die im Endeffekt durch den Betrachteranteil an der Bildvorstellung in eine Wahrnehmungsillusion mündet. Es fragt sich daher, ob es sich hier überhaupt um die Nachahmung eines vorgegebenen Gegenstands handelt, oder nicht eher darum, eine Gegenstandsillusion zu erzeugen. Am Ende lag selbst der klassischen Mimesis ein solches Verfahren zugrunde, das jedoch durch die Zuordnung der Nachahmung auf den antiken Kosmos verdeckt blieb und folglich erst dann offenkundig zu werden vermochte, als die Außenstabilisierung der Mimesis geschwunden war.

Wird die Gegenstandsillusion durch *making* und *matching* sowie durch *Schema* und *Korrektur* erzeugt, dann muß sich das Augenmerk darauf richten, wie die verschiedenen Operationen ineinandergreifen. Ein Schema zu konstruieren heißt nicht, einfach ein überliefertes zu kopieren, und wenn sich in der Regel die Konstruktion auch an eine Vorgabe anlehnt, so ist deren *Korrektur* aus ihr selbst nicht ableitbar. Das Schema wiederum muß ein Doppeltes leisten: es muß die sichtbare Welt so vorstrukturieren, daß das von ihm nicht mehr Gedeckte durch eine ihm widerfahrende *Korrektur* sichtbar gemacht werden kann. Wie aber geschieht das? Nun, die Gelenke dieses mehrgliedrigen Vorgangs sind weitgehend Leerstellen, wenngleich Gombrich in der Analyse seiner Beispiele immer auf die sich vollziehende Interaktion aufmerksam macht. Interaktion aber ist schon ein Spiel des Hin und Her, das sich zwischen *making* und *matching* genauso wie zwischen *Schema* und *Korrektur* vollzieht. So nistet sich eine Spieldimension in einer gewiß noch kaum differenzierten Form in das Nachahmungskonzept ein; denn nur wenn *making* und *matching* sowie *Schema* und *Korrektur* mit- oder gegeneinander spielen, entsteht eine illusionäre Gegenständlichkeit, die sich deshalb wie ein Gegenstand ausnimmt, weil der Betrachter des Bildes durch seinen Anteil den erzeugten Gegenstand wie eine Wahrnehmung begreift. Entsteht die Gegenständlichkeit des Gemäldes aus den beschriebenen Operationen, so weiß man zwar nie genau, wie diese verlaufen; sie vollziehen sich jedoch immer als das Wechselspiel von Anpassung und Aneignung, wobei sich das Schema den Wahrnehmungsbedingungen anpaßt, um sich die sichtbare Welt so aneignen zu können, daß sich diese wie ein Gegenstand ausnimmt.

Es gehört zu den Auffälligkeiten der Mimesis, daß in dem Augenblick, in dem es das zu erklären gilt, was Aristoteles als *techne* bezeichnet hatte, der Performanzgedanke Karriere macht, so daß am Ende die Mimesis das Objekt ihrer Nachahmung selbst erzeugt.

Die der Mimesis eignende „Illusion", meint Paul Ricœur, „stammt angeblich von dem unmöglichen Anspruch, das Innere eines Vorstellungsbildes mit der äußeren Gegebenheit eines Realen, das von außen das Vorstellungsbild lenkt, zu einer Ganzheit oder ‚Repräsentation' zusammenzuschließen."[8] Das ist für Ricœur nun auch der Grund, weshalb die Mimesis in zunehmendem Maße unter Druck geraten ist. „Demnach sollte, wie man landläufig annimmt, Repräsentation als Verdoppelung dessen, was ist, als das Re-Präsentieren von Präsenz denunziert werden. Mit meinem Vorhaben dagegen versuche ich die Repräsentation aus der Sackgasse, in die sie verbannt worden ist, wieder zu befreien, sie in ihre eigentliche Domäne als Spiel zurückzuführen, ohne jedoch in irgendeiner Weise die Kritik abzuschwächen, von der ich eben gesprochen habe."[9]

Die Mimesis gegen ihren eigenen Illusionismus sowie gegen die dekonstruktivistische Kritik stark zu machen, heißt für Ricœur, „sich aus der Geschlossenheit der Repräsentation zu befreien"[10], weshalb er Mimesis als einen Prozeß zu entfalten gedenkt, „den ich spielerisch, aber dennoch allen Ernstes *mimesis 1*, *mimesis 2*, und *mimesis 3* nennen will".[11] Nun bedarf Mimesis selbstverständlich einer Vorgabe, und dazu beruft sich Ricœur auf „den zentralen Gedanken des Aristoteles, daß Dichtung Nachahmung von Handlung sei".[12] Mimesis setzt folglich ein allgemein akzeptiertes Vorverständnis dessen voraus, was eine Handlung ist, die sodann vom Autor in einen Text umgesetzt und schließlich vom Leser realisiert wird. „Es ist in der Tat der Leser – oder besser der Akt des Lesens – der letztlich die einzigartige Schaltstelle für den unaufhörlichen Übergang von *mimesis 1* zu *mimesis 3* durch *mimesis 2* ist; das heißt: von einer präfigurierten Welt zu einer transfigurierten Welt durch die Vermittlung einer konfigurierten Welt."[13]

8 Paul Ricœur, ‚Mimesis and Representation', in: Annals of Scholarship. Metastudies of the Humanities and Social Sciences 2 (1981), S. 15.
9 Ibid.
10 Ibid.
11 Ibid., S. 17.
12 Ibid., S. 18.
13 Ibid., S. 28.

Diese Dreistufigkeit gleicht strukturell dem von Gombrich entwickelten Mimesiskonzept, das von den ererbten Schemata des Malers über das Bild bis hin zum Betrachteranteil Repräsentation als einen Phasenablauf umschreibt. Unterschiede ergeben sich nur insoweit, als Gombrich Mimesis auf die sichtbare Welt und Ricœur sie auf die Handlung bezieht. Das könnte heißen: ein Festhalten am Mimesisgedanken führt zu einer verstärkten Partialisierung der Vorgaben, die es nun nachzuahmen gilt; denn eine wahrnehmbare Welt ist etwas anderes als eine Handlung, geschweige denn eine aristotelisch verstandene *morphé.* Wechsel und Spezifizierung der Vorgaben hängen aufs engste mit dem *Wozu* der Mimesis zusammen, die sich nach dem Wegfall ihrer traditionellen Zuordnung nicht mehr so ohne weiteres konzeptualisieren läßt. Die Nachahmung als Prozeß zu begreifen nimmt sich dann geradezu wie eine ‚Demokratisierung' der Mimesis aus, indem der Leser zur Schaltstelle wird, um die Prozeßphasen ihrer Vollendung zuzuführen. Es ist daher nur konsequent, wenn Ricœur am Schluß seiner Überlegung die Frage nach der Referenz aufwirft, die eine solche Nachahmung orientiert: „Können wir weiterhin das klassische Konzept der Referenz beibehalten, … wenn wir von der transfigurierenden Handlung der *Mimesis* sprechen? Nein, wenn wir sie im Sinne deskriptiver Referenz begreifen. Aber ja, wenn wir einräumen, daß *mimesis 3* die deskriptive Referenz aufspaltet und uns nahelegt, den Begriff einer nicht-deskriptiven referentiellen Dimension zu schaffen. In einem solchen Falle müssen wir die paradoxe Idee einer produktiven Fortbildung von Referenz wagen… In diesem Verständnis ist *Mimesis* unseren Begriffen der Referenz, des Wirklichen und der Wahrheit voraus. So entzündet sie ein bislang unerfülltes Bedürfnis, über das Gegebene hinaus zu denken." [14]

Eine Mimesis, die ihre eigene Referenz erzeugt, wird transzendental zu ihren Vorgaben. Denn sie verfügt nun darüber, was eine Handlung sei, deren ursprüngliches Vorverständnis über die konfigurative Textgestalt zur Entdeckung ihrer Polysemie transfiguriert wird. Vorgaben wären dann nur noch Anlässe, um das im Vorverständnis Verdeckte zu entfalten und sich darauf zu einigen, daß man von Gleichem ausgeht. War für Gombrich noch die Wahrnehmung Referenz der Mimesis, so gilt es für eine prozessual verstandene Mimesis, deren Referenzen immer wieder zu öffnen, um in der daraus resultierenden Dynamik eine Referentialität hervorzubringen, die es erlaubt, Handlung als solche zu vergegenwärtigen. Das ist insofern konsequent, als das *Wozu* der Mimesis sich nicht mehr auf die historisch verbürgten Gewißheiten berufen kann,

14 Ibid., S. 29–31.

weshalb die Mimesis im Endeffekt in das Erzeugen ihrer eigenen Referenz umschlägt. Das aber heißt auch: selbstreferentiell darf sie nicht werden, will sie nicht einem Selbstwiderspruch verfallen; denn Mimesis impliziert das Verhältnis von Vorgabe und Nachahmung, das in sich zusammenfiele, würde sich Mimesis selbst zum Gegenstand. Eine Mimesis hingegen, die ihre eigene, sich der Beschreibbarkeit entziehende Referentialität erzeugt, „ist eine Handlung über das Handeln“.[15] Diese Ähnlichkeit mit ihrer Vorgabe dient allerdings dazu, einen solchen Vorgang zu repräsentieren, und das heißt nichts weniger, als daß nun Mimesis selbst zum Repräsentanten der Performanz wird.

Denn Mimesis muß nun ein Doppeltes leisten: aus den Figurationen der nachgeahmten Handlung eine Referenz extrapolieren, um die Figurationen ihrerseits begreifbar zu machen. Für diesen Vorgang steht der hermeneutische Begriff der ‚Vermittlung‘[16], der allerdings auch das *asylum ignorantiae* der Hermeneutik bildet. Der von der Mimesis bewirkte Wandel von der Präfiguration (Vorverständnis) über die Konfiguration (Text) bis hin zur Transfiguration (Leser) artikuliert zwar die Phasen eines Prozesses, nicht aber dessen Umschlagstellen. Diese bleiben leer, und das müssen sie wohl auch, weil der Statuswechsel der Figurationen – wenn überhaupt – sich nur als Spiel verstehen läßt, das die unterschiedlichen Konstellationen eines solchen Wechsels durch jeweils andere Formen ausspielen wird. Spiel entsteht ferner zwischen dem Figurationswandel und der daraus extrapolierten Referenz; denn diese ist ebensowenig vorgegeben, wie sich das Spiel der Figurationen bereits von selbst verstünde. Vollzieht sich das Spiel wechselnder Figurationen im Sinne der beschriebenen Spielformen des Textes sowie deren Kombination, so dürfte es zwischen extrapolierter Referenz und den sich wandelnden Figurationen kybernetisch verlaufen. Die Referenz entsteht aus dem *feed-forward* des Statuswechsels der Figurationen, die ihrerseits vom *feed-back* der sich bildenden Referenz gesteuert werden. Diesem performativen Ineinanderspielen verdankt sich der Sachverhalt, den es im Akt des Lesens einzulösen gilt.

Je mehr Mimesis als Verfahren analysiert wird, desto unabweisbarer drängt sich der performative Charakter der Darstellung auf. Nur noch die Vorgabe bindet die Performanz mimetisch, wenngleich sich die Vorgabe bisweilen so ausnimmt, als ob sie durch Performanz erzeugt worden wäre. Von da aus ist es nur noch ein Schritt, bis sich Performanz gegen die Mimesis selbst kehrt. In Adornos *Ästhetischer Theorie* wird er voll-

15 Ibid., S. 28.
16 Vgl. ibid., S. 19, wo Ricœur ausdrücklich feststellt: „To use a phrase from Clifford Geertz, human action is always symbolically mediated.“

zogen, ist hier allerdings nur insoweit von Interesse, als er die Relevanz des Textspiels zu situieren erlaubt.

„Nachahmung als ästhetische Kategorie ist so wenig einfach zu eliminieren wie zu akzeptieren. Kunst objektiviert den mimetischen Impuls. Sie hält ihn ebenso fest, wie sie ihn seiner Unmittelbarkeit entäußert und ihn negiert. Nachahmung von Gegenständen zieht aus solcher Dialektik der Objektivation die fatale Konsequenz. Vergegenständlichte Realität ist das Korrelat vergegenständlichter Mimesis ... Mimesis selbst beugt sich der Vergegenständlichung, vergeblich hoffend, den fürs vergegenständlichte Bewußtsein entstandenen Bruch zum Objekt zu schließen. Indem das Kunstwerk sich zu einem dem Anderen, Gegenständlichen, Gleichen machen will, wird es zu dessen Ungleichem."[17] Das ist „subversive Mimesis"[18], durch die sich das Kunstwerk der Natur gleich macht, um ihr dadurch opponieren zu können. Zwar bindet sich die Kunst für Adorno noch an das Naturschöne – das wie ein klassischer Reflex die *Ästhetische Theorie* durchzieht –, aber was „an Natur erscheint, das wird durch seine Verdoppelung in der Kunst eben jenes Ansichseins beraubt, an dem die Erfahrung von Natur sich sättigt".[19] „Das Ansichsein, dem die Kunstwerke nachhängen, ist nicht Imitation eines Wirklichen sondern Vorwegnahme eines Ansichseins, das noch gar nicht ist, eines Unbekannten ... Sie sagen, daß etwas an sich sei, prädizieren nichts darüber ... Kunst möchte mit menschlichen Mitteln das Sprechen des nicht Menschlichen realisieren."[20] Das ist der Grundakkord, der in der *Ästhetischen Theorie* geradezu endlos variiert und zu der Formel wird: Der der Darstellung des Kunstwerks unterliegende „Impuls (ist) nicht der von Nachahmung ... sondern von Anbeginn Einspruch gegen die Verdinglichung".[21] Denn was im Kunstwerk erscheint, ist „etwas, was es nicht gibt"[22], das allerdings, „weil es erscheint, auch möglich sein muß".[23] Folglich ist die Erscheinung nicht Abbild, sondern als „apparition"[24] die Augenblicksspur dessen, was nicht ist. Das aber muß dem Bildcharakter der Erscheinung eingeschrieben sein, weshalb das Kunstwerk, wenn

17 Theodor W. Adorno, *Ästhetische Theorie* (Gesammelte Schriften 7), Frankfurt/M. 1970, S. 424.

18 Vgl. Michael Cahn, ‚Subversive Mimesis: T. W. Adorno and the Modern Impasse of Critique', in: *Mimesis in Contemporary Thought: An Interdisciplinary Approach I. The Literary and Philosophical Debate*, Hg. Michai Spariosu, Philadelphia u. Amsterdam 1984, S. 27–64.

19 Adorno, S. 106.

20 Ibid., S. 121.

21 Ibid., S. 482.

22 Ibid., S. 127.

23 Ibid., S. 128.

24 Ibid., S. 130.

es in Sprache hineingezogen wird, der Verdinglichung des Nicht-Seienden
nur dadurch zu entgehen vermag, daß es seine eigene „imagerie“[25] zer-
stört. Denn es gilt, die in der Erscheinung liegende Illusion zu löschen,
daß es das gibt, was die Erscheinung vorgaukelt, wodurch das Kunstwerk
den Bruch mit der Natur in sich selbst hineinnimmt; denn nur in be-
stimmter Negation vermag das Kunstwerk zu demonstrieren, daß es der 404 | 405
einzige Statthalter des Nicht-Seienden inmitten des Wirklichen ist. Der
Bruch mit der Objektwelt ist als Riß im Kunstwerk gegenwärtig, das mit
dem Rätsel „die Zwieschlächtigkeit des Bestimmten und Unbestimmten“
teilt.[26] Der Riß indiziert, daß sich nur durch Abbildhaftes hindurch der
performative Charakter der Darstellung zu entfalten vermag. Im Riß, so
ließe sich in Rückwendung auf das Ricœursche Argument sagen, besitzt
das Kunstwerk seine Referenz, die ihn als die Quelle der Performanz er-
scheinen läßt. Wenn sich diese von ihrer Bindung an die Mimesis löst,
dann wird das Mimetische zur Drapierung dessen, was durch den Riß
als Nicht-Seiendes hindurchscheint und folglich immer wieder zerspielt
werden muß, damit die Verkleidung offenkundig bleibt.

So wird der Riß zum Zeichen dessen, was seiner Natur nach unversöhnlich ist: das Seiende und das Nicht-Seiende. Doch gerade um diese Unversöhnlichkeit gegenwärtig zu machen, muß das Kunstwerk den Schein der Versöhnung erzeugen, mit der Maßgabe allerdings, diesen Schein als einen solchen zu entblößen. Dazu bedürfen jedoch zunächst Unversöhnlichkeit sowie Nicht-Seiendes – die als solche ja abwesend sind – einer bestimmten Form von Anwesenheit, die sie zwar nicht bestimmen darf, wohl aber als Unmöglichkeit und Ungreifbarkeit gegenwärtig machen muß. Denn ohne eine solche Gegenwart wäre beides weder für das Bewußtsein noch als Erfahrung verfügbar. Die Anzeige einer anwesenden Abwesenheit leistet der ästhetische Schein, der zum einen die Illusion einer Gegenwart von dem erzeugt, was nicht ist, und zum anderen als Schein durchschaubar bleiben muß, damit Nicht-Seiendes nicht zum Sein werde. Folglich entpuppt sich der Schein als eine ‚Form der Vermittlung‘ zwischen dem Bewußtsein und dem, was diesem entzogen ist. Als Medium bringt der Schein zu den für Bewußtsein und Erfahrbarkeit geltenden Erfassungsbedingungen eine ‚Gegenwart‘ zustande, die allerdings eine ‚Gegenwart‘ dessen ist, das – käme es zu realer Gegenwärtigkeit – nicht mehr das Gegenwärtigsein von Abwesendem wäre. Dem Schein muß daher ständig die Affirmation entzogen werden, weil das, was er vorspiegelt, nur dann als Abwesendes zur Gegenwart kommen kann, wenn sich der Schein als gestörte Illusion präsentiert.

25 Ibid., S. 131.
26 Ibid., S. 188.

Das unterscheidet ihn sowohl vom schönen Schein als auch vom sinnlichen Scheinen der Idee. Dem schönen Schein lag immer eine schlechte Wirklichkeit voraus, von der er zwar abhing, die zu übersteigen aber zu seiner Bestimmung wurde. Das sinnliche Scheinen der Idee schafft dem Wahren die unmittelbare Einheit zwischen dem Begriff und seiner äußeren Erscheinung; deshalb ist im Sinne Hegels „die Idee nicht nur wahr, sondern *schön*".[27]

Als gestörte Illusion bleibt der Schein von dem Riß durchzogen, der – im Sinne Adornos – Seiendes und Nicht-Seiendes als das Beieinander des Unversöhnlichen zeigt. Repräsentiert der inauthentische Schein die Unversöhnlichkeit als Kennzeichen des Wirklichen, so gilt es doch zugleich, die Abbildhaftigkeit aller Repräsentation wieder aufzuheben, um vorstellbar zu machen, was sich der Mimesis entzieht. Im Horizont der Adornoschen Theorie spielt folglich die Performanz gegen die Mimesis. Das geschieht dort agonal, wo sich das Kunstwerk von dem „sich selbst einem Anderen Gleichmachen"[28] beherrscht sieht, mit der Maßgabe allerdings, dann dieser Verdinglichung zu opponieren.[29] Das geschieht dort als Maskierung, wo in der Nachahmung des Naturschönen diesem das Ansichsein entrissen werden muß, um es als „imagerie" zu verbildlichen. Und das geschieht dort karnevalistisch, wo es die „imagerie" zur „Explosion"[30] zu bringen gilt, damit das Versprochene nicht mit der Bildhaftigkeit seiner Vorstellung verwechselt werde.

Wenn in diesem Spiel die Performanz die Oberhand behält, so deshalb, weil es hier um die Vergegenwärtigung eines seiner Natur nach Nicht-Erscheinenden im Erscheinenden geht, dessen Gegenstandsunfähigkeit niemals Vorgabe einer Nachahmung werden kann. Aber auch die Mimesis kann dem Zusammenspiel mit Performanz nicht entsagen, da allein schon die Vergegenwärtigung vorgegebener Objekte deren Modifikation beinhaltet. Die Performanz wird wachsen, je unbestimmter die Referenz der Repräsentation wird, und wenn heute vom „Ende der Repräsentation"[31] die Rede ist, so bleibt zu überlegen, ob damit ledig-

27 Georg Wilhelm Friedrich Hegel, *Ästhetik*, Hg. Friedrich Bassenge, Berlin 1955, S. 146.
28 Adorno, S. 487.
29 Vgl. u.a. ibid., S. 305.
30 Ibid., S. 131.
31 Vgl. dazu Michel Foucault, *Die Ordnung der Dinge. Eine Archäologie der Humanwissenschaften*, übers. v. Ulrich Köppen, Frankfurt/M. 1971, S. 269–306; Jacques Derrida, *Die Schrift und die Differenz*, übers. v. Rodolphe Gasché, Frankfurt/M. 1972, S. 351–379, sowie Gabriele Schwab, *Samuel Becketts Endspiel mit der Subjektivität. Entwurf einer Psychoästhetik des modernen Theaters*, Stuttgart 1981, S. 4–34, die diesen Sachverhalt in eine historische und systematische Perspektive bringt. Manifestartig stellt Ian Hunter, ‚After representation: recent discussions of the relation between language and literature', in: *Ideological Representation and Power*

lich eine historische Zustandsbeschreibung oder nicht eher die Unzulänglichkeit gemeint ist, durch den Repräsentationsbegriff das fassen zu können, was in Kunst und Literatur geschieht.

Was sich in den Mimesis-Theorien als Differenz zwischen Vorgabe und Nachahmung höhlt, wird dort zum Riß, wo die Performanz[32] dominiert. Blieb in den Mimesis-Theorien die Differenz eine Leerstelle, die – weil sie Vorgabe und Nachahmung trennte – keiner der Positionen in diesem durch sie begründeten Verhältnis zugeordnet werden konnte, so ist der Riß als die Gegenläufigkeit von Unvereinbarem Spielantrieb schlechthin, in dessen Entfaltung sich nichts gleich bleibt.

Das kann jedoch nicht bedeuten, daß der Riß als Riß erscheint. Daher hat die Differenz auch keine Gegenwart, sondern ist die Ermöglichung von Unterscheidungen dessen, was durch sie zur Position wird. Indem sie so die Positionen im literarischen Text stabilisiert, entfalten sich Verhältnisse, weil die Positionen unterschiedlichen Zeichencharakter haben und daher verschiedene Verweissysteme im Text etablieren, die angesichts ihrer Verschiedenheit in Bewegung geraten. Damit löst die Differenz Antriebe zu ihrer Aufhebung aus, die nicht aus ihr, sondern aus dem kommen, was sie different gemacht hat. Denn von sich aus eignet den Positionen des Textes keine Bestimmung, die sie allererst dadurch gewinnen, daß sie voneinander unterschieden werden. Deshalb vermag nur das Spiel die geschiedenen Positionen unter Aufrechterhaltung ihrer Verschiedenheit in die wechselnde Vielfalt möglicher Beziehungen zu bringen. Das Spiel ist die einzige Präsenz, die sich selbst entspringt, weshalb es auch verlischt, wenn es zu Ende gespielt wird.

Das Spiel macht die Differenz insofern operativ, als der Versuch, diese zu überspielen, zu deren Austragung führt. Folglich sind dann die Textpositionen nicht mehr ausschließlich als Repräsentanten ihrer jeweiligen Verweissysteme gegenwärtig – zu denen sie die Differenz geschieden hat –, sondern in wechselnder Aspekt- und Beziehungshaftigkeit, wodurch das Spiel die Differenz noch einmal in die Positionen selbst hineintreibt, die dadurch als ständiges Umschlagen zwischen anwesenden und abwesenden Aspekten entfaltet werden. Erscheinen die Positionen als wechselnde Aspekthaftigkeit, dann treibt das Spiel hervor, was in ihrer

in Social Relations: Literary and Social Theory, Hg. Mike Gane, London u. New York 1989, S. 167–197, das Ende der Repräsentation heraus.

32 Zu den anthropologischen Implikationen vgl. Victor Turner, *The Anthropology of Performance*, New York 1987, der den ethnographischen Hintergrund der Performanz durch die kulturspezifische narrative Paradigmatik detailliert, bes. S. 33–71; dazu ferner Victor Turner, ‚Are there Universals of Performance?, with an introduction by Barbara Babcock, ‚The Arts and all the things common: Victor Turner's literary anthropology', in: Comparative Criticism 9 (1987), S. 35–58.

jeweiligen Repräsentation verborgen liegt. Was dadurch zum Vorschein kommt, wird seine Rückwirkung auf die Repräsentation nicht verfehlen. Spiel wird zum Modus eines Entdeckens, verändert sich aber seinerseits durch das, was es in Bewegung gebracht hat, so daß im Textspiel die Spielformen selbst in einen kaleidoskopartigen Wechsel geraten zwischen dem, was sie sind, und dem, was durch dieses Sein verdeckt wird.

Darstellung erwiese sich dann als eine Dimension, in der das zur Äquivalenz kommt, was in solchen Doppelungen auseinandergespannt ist. Da diese vom Spiel bewirkt werden, bildet Spiel die Infrastruktur der Darstellung. Denn Darstellung ist eine Figuration dessen, was sich im Spiel als die Verbindung des Gegenläufigen gezeigt hat. Die Figuration ist daher weder das Bild einer nachgeahmten Gegenständlichkeit noch reine Erfindung eines Sachverhalts, da sie auf Gegebenheiten aufruht, mit denen allerdings im Spiel etwas geschieht. So wenig diese Figuration in einer bestimmten Position des Textes gründen kann, dessen Repräsentation sie dann wäre, so wenig ist sie strukturlos. Dafür sorgt das Spiel sowohl durch die Form seiner Anlage als auch durch sein Gespieltwerden. Die Figuration wird folglich die Gegebenheiten aller Positionen des Textes sowie deren wechselseitiges Überspieltwerden gleichermaßen umfassen, wodurch Darstellung als Performanz Geschehenscharakter gewinnt.

Ist Darstellung eine durch Spiel gelenkte Performanz, so fragt es sich, wie die von ihr hervorgebrachte Figuration zu qualifizieren sei. Was der Darstellung vorgegeben ist, wird verarbeitet und vermag daher nicht konstitutive Bedingung der Figuration zu sein. Als Produkt einer solchen durch Spiel bewirkten Verarbeitung besitzt die Figuration keine Gegenstandsqualität, wenngleich sie dadurch nicht schon reine Einbildung ist. In einem von Husserl gemeinten Sinne ließe sie sich als Phantasma beschreiben: „*Das Phantasma* … gibt sich als nichtgegenwärtig, es wehrt sich gegen die Zumutung, für gegenwärtig genommen zu werden, es führt von vornherein den Charakter der Irrealität mit sich, es hat primär die Funktion, für etwas anderes zu gelten. Erst die indirekte Reflexion verleiht ihm eine akquirierte Gegenwart.“ [33] Das Phantasma besitzt keine Materialität, wenngleich es Form hat, die es zum Träger dessen macht, was es selbst nicht sein kann. Folglich ist es weder Abbild noch Halluzination, obwohl es die Aufhebung der im Spiel ausgetragenen Doppelungen zu sein scheint. Wenn aber Darstellung als die Überbrückung dessen zu verstehen sei, was durch Differenz separiert wurde, so fragt es

33 Edmund Husserl, *Phantasie, Bildbewusstsein, Erinnerung* (Gesammelte Werke XXIII), Hg. Eduard Marbach, Den Haag 1980, S. 80 f.

sich, ob die Differenz überhaupt zu beseitigen ist. Entspringt Darstellung der Aufhebung der Differenz, die sich immer nur in Spielmöglichkeiten zeigt, so wird in ihr etwas ‚aufgehoben', was seiner Natur nach ‚nicht seiend' ist. Dieser Sachverhalt ist durch Darstellung nicht zu verdecken, vielmehr wird er in diese eingehen, weshalb die von Darstellung hervorgebrachte Figuration ein Phantasma ist. Dem Phantasma bleibt die Doppelheit eingeschrieben, gleichzeitig gegenwärtig zu sein und nicht für Gegenwart gehalten zu werden, etwas zu sein und es selbst nicht zu sein, so daß es zum Medium für das Erscheinen dessen wird, was nicht ist.

Im Phantasma bezeugt sich der Widerstand, den die Differenz gegen ihre Mediatisierung setzt, und deshalb wird der in der Figuration vorgestellten Erschlossenheit die Affirmation entzogen. Depotenziert die Differenz die Figuration der Darstellung zum Phantasma, so bedarf sie dieses Phantasmas zu ihrer Manifestation. Wie anders sollte sich sonst Differenz als ‚nicht-seiend' in dem zur Geltung bringen, was ist?

Dieser Sachverhalt wird dann zur Bedingung der Rezeption, bzw. diese bezeugt durch ihre Operationen, daß die Figuration als Produkt der Darstellung ein Phantasma ist. Wenn Darstellung einer Sache gilt, die keine gegenständliche Qualität besitzt, dann wird die Figuration zur Bedingung für das Erzeugen eines Vorstellungsgegenstands. Damit aber setzt die Semantisierung der Figuration ein, wodurch dem Phantasma eine situationspragmatische Realdeckung gegeben wird. Das geschieht bald durch ein Hineinsehen in das Phantasma von etwas, das es nicht sein kann, weil es Erscheinung dessen ist, was nicht ist, und bald durch ein Symbolisieren und Analogisieren, die sich wechselweise darin unterstützen, dem Phantasma die offensichtlich ungreifbare Repräsentation zu restituieren. Das aber heißt, Rezeption ist darauf bedacht, eine nicht wahrnehmbare – wenngleich aus Gewohnheit vermutete – Gegenständlichkeit zu entdecken. Ist dem Phantasma durch seinen Status die Differenz eingeschrieben, so ist die Semantisierungsbewegung in der Rezeption – wie immer sie im einzelnen auch verlaufen mag – Aufheben der Differenz. Wenn aber die Semantisierung von Darstellung dem Aufheben der Differenz entspringt, dann kann die Differenz selbst nicht schon semantisch sein; denn die Semantik ist nicht ihr eigener Grund. Doch gerade dadurch wiederholt sich der performative Charakter der Darstellung im performativen Akt der Vorstellung, und es ist diese von der Darstellung als Figuration angestoßene Wiederholung, die den Transfer zwischen dem literarischen Text und seiner Einlösung im Vorstellungsbewußtsein des Rezipienten sichert. Nun scheint die Differenz endgültig besetzt zu sein; das Spiel ist aus. Aber da das Spiel vom gleichen Rezipienten sogleich erneut gespielt werden kann, wird zwar die Rezeptionsgestalt nicht zum Phantasma, wohl aber zur Partialität werden. Denn das, was nicht ist, stiftet durch sein phantasmatisches Erscheinen in der auf Finalität bedachten Rezeption andersartige Wiederholbarkeit.

Weiterführende Literatur und Kontexte:

S. in diesem Band die Beiträge von JAMES, ADORNO, RICŒUR. – WOLFGANG ISER: Representation: A Performative Act. In: Murray Krieger (Hrsg.): The Aims of Representation. Subject/Text/History. Columbia UP 1987, S. 217–232. – Sondernummer der Zeitschrift New Literary History 3:1 (2000): ‚On the Writings of Wolfgang Iser'; Wolfgang Iser im Gespräch mit Ellen Spielmann: Neu starten, Spurenwechsel: Poetik und Hermeneutik, ein Exportprodukt. In: Weimarer Beiträge 44 (1998), S. 92–103.

Raymond Federman: Surfiction: Eine postmoderne Position (1991)

Raymond Federman (* 1928)

In Paris geboren, 1942 als einziger seiner Familie der Deportation entkommen, 1947 Emigration in die USA; diente in der US-Armee in Korea und Japan; graduierte an der University of California in Los Angeles mit einer Arbeit über Samuel Beckett, der später auch für seine Romane maßgebliches Vorbild war. Seit 1964 lehrt er an der State University of Buffalo. Schreibt in zwei Sprachen (englisch u. französisch). Mitglied des 1973 von Ronald Sukenick, Steve Katz, Peter Spielberg u.a. gegründeten und heftig umstrittenen ‚Fiction Collective', das nach einer Krise Mitte der 80er Jahre als ‚Fiction Collective 2/FC2' reorganisiert wurde.
Von RFs Romanen wurden neben *Double or Nothing* (1971) u.a. *Take It or Leave It* (1976, dt. 1998), *The Twofold Vibration* (1982, dt. *Die Nacht zum 21. Jahrhundert*, 1988) *Smiles on Washington Square* (1985, dt. *Eine Liebesgeschichte oder sowas*, 1988) ins Deutsche übersetzt.
Er ist Mitherausgeber einer kritischen Beckett-Bibliographie (Berkeley: University of California Press 1970) und der Anthologie: *Beckett: The Critical Heritage* (London: Routledge 1979); 1993 veröffentlichte er die Essaysammlung *Critifiction. Postmodern Essays* (Albany: State University of New York UP), eine leicht modifizierte Fassung von *Surfiction*.

Dt. Erstausgabe = Druckvorlage: Raymond Federman: *Surfiction: Der Weg der Literatur. Hamburger Poetik-Lektionen.* Übers. v. Peter Torberg. Frankfurt: © Suhrkamp 1992, S. 59–76.

Nun mögen manche Leute sagen, der Zustand der Literatur von heute sei nicht sehr ermutigend, doch muß man darauf erwidern, daß sie nicht dazu da ist, diejenigen zu ermutigen, die so etwas sagen!

Raymond Federman, *Double or nothing*

Wenn man über die Gegenwartsliteratur schreibt (oder spricht), dann könnte man mit den üblichen Klischees anfangen: Der Roman ist tot, Fiktionen zu schreiben ist nicht länger möglich, da sich die WIRKLICHE Fiktion jeden Tag in den Straßen unserer Städte abspielt, in den spektakulären Flugzeugentführungen, im Weltall, auf dem Mond, in China, dem Nahen Osten, und natürlich im Fernsehen (besonders in den Nachrichtensendungen); Literatur ist obsolet und irrelevant geworden, da das Leben um so vieles interessanter ist, dramatischer, unglaublicher als alles, was der sterbende Roman je bieten könne.

Und man könnte fortfahren und sagen, daß es heutzutage unmöglich sei, Fiktionen zu Papier zu bringen (wie es so viele Theoretiker und Schriftsteller in der letzten Zeit getan haben), weil alle Möglichkeiten der Literatur aufgebraucht, mißbraucht, erschöpft seien, und daß das einzige, was noch demjenigen bliebe, der immer noch schreiben wolle, darin bestehe (Seite für Seite) ad nauseam zu wiederholen, daß es nichts mehr gebe, über das man schreiben könne, nichts mit dem sich schreiben ließe, also einfach zu schreiben, daß es nichts zu schreiben gebe (wie es der sogenannte *nouveau roman* in Frankreich in den vergangenen vierzig Jahren getan hat).

Möglicherweise sind solche Non-Fiction-Titel wie Truman Capotes *In Cold Blood* (dt.: *Kaltblütig*) oder Norman Mailers *The Day Kennedy was Shot* und *Armies of the Night* (dt.: *Heere der Nacht*) und all die anderen Bücher über Terrorismus, Drogenhandel, Gewalt, finanziellen Erfolg oder finanzielles Desaster, und all die Autobiographien von Menschen, die das WAHRE LEBEN auf den Straßen unserer Städte, in den Ghettos, den Gefängnissen, auf der politischen Bühne, an den Börsen dieser Welt angeblich gelebt haben, tatsächlich bessere Literatur als diese dummen und hohlen Geschichten (Liebesgeschichten, Mordgeschichten, Spionagegeschichten, die Geschichten von Reich und Arm, von Aben-

Double or nothing RFs Roman (dt. *Alles oder Nichts*, 1986) erschien 1971.

teuern und sexuellen Abweichungen usw.), die der Roman immer noch zu verhökern und uns weiszumachen versucht.

Ja, so könnte man anfangen und die Literatur einfach sausen lassen und den Roman für immer aufgeben. Denn wie Samuel Beckett einmal sagte: „Es ist leicht, darüber zu reden, unfähig zu sein, während es in Wahrheit nichts schwierigeres gibt."

Nun, ich behaupte, daß der Roman noch lange nicht tot ist (und ich meine jetzt den traditionellen Roman – jenen moribunden Roman, der schon von dem Tage an dahinsiechte, als er vor etwa vierhundert Jahren gezeugt wurde, als Cervantes *Don Quijote* schrieb). Ich behaupte, daß diese Art von Roman sehr GESUND ist und auch sehr WOHLHABEND. Ich kenne viele Schriftsteller, die damit prahlen können, daß ihr letzter Roman ihnen ein, zwei Millionen eingebracht habe oder mehr. James Michener und Harold Robbins sind nur zwei der vielen reichen amerikanischen Schriftsteller, an die ich hier denke. Aber was ist mit Umberto Eco? Und den vielen anderen, die Millionen von Büchern verkaufen, ohne zu wissen, warum? Nein, der Roman, der kommerzielle Roman ist nicht tot. In einigen Gegenden der Welt gedeiht er prächtig.

Aber wenn wir ERNSTHAFT über Literatur reden wollen (über ERNSTHAFTE Literatur), dann interessiert mich diese Art von Literatur nicht. Die Art von Literatur, für die ich mich interessiere, wird von den führenden Köpfen des literarischen Establishments (Verlegern, Herausgebern, Agenten, Buchhändlern, Rezensenten usw.) beiseitegeschoben, weil sie nicht IHREN Vorstellungen von dem entspricht, wie Literatur sein soll, und deshalb für den Durchschnittsleser keinen Wert hat (kommerziellen Wert in diesem Fall). Und für diese Leute ist es die einfachste Sache, diese Literatur beiseitezuschieben, indem sie sie ruckzuck mit dem Titel EXPERIMENTELL versehen.

Alles, was nicht unter die Kategorie der ERFOLGREICHEN LITERATUR fällt (was den Kommerz betrifft), die Jean-Paul Sartre einmal als *la littérature alimentaire* („nahrhafte Literatur") charakterisierte, alles, was „für unsere Leser nicht geeignet" erscheint (so reden die Verleger und Herausgeber – woher nehmen sie sich bloß das Recht zu entscheiden, was für ihre Leser *geeignet* oder *wertvoll* ist?), wird augenblicklich ins Reich des Experimentellen verbannt, an einen sicheren und nutzlosen Ort.

wie Samuel Beckett einmal sagte Zitat nicht ermittelt.
James Michener und Harold Robbins Beispielhaft nennt RF die Bestsellerautoren James A. Michener (1907–1997; 1947 Pulitzer Preis) und Harold Robbins (1916–1997).
Umberto Eco * 1932; italienischer Zeichentheoretiker, der seit seinem ersten Roman *Il nome della rosa* (1980; dt. 1982) als Autor Massenauflagen erreicht.
Jean-Paul Sartre 1905–1980.

Ich persönlich glaube nicht, daß ein Schriftsteller, der noch den kleinsten Funken von Selbstachtung und Integrität besitzt, einer, der an das glaubt, was er da tut, jemals bei sich beschließt: „Nun werde ich einen experimentellen Roman schreiben." Das sagen andere über sein Werk. Es ist der Mittelsmann, der Prokurator der Literatur (der gescheitere, zum Journalisten gewandelte Schriftsteller), der all dem das Etikett EXPERI- 418 | 419
MENTELL verleiht, was ungewöhnlich, schwierig, intellektuell, innovativ, provokativ oder gar originell ist. Tatsächlich werden die wahren Experimente (wie in den Wissenschaften) niemals veröffentlicht, sollen es auch niemals werden.

Literatur wird aus Unverständnis und Verzweiflung experimentell genannt. Becketts Romane sind nicht experimentell – nein! – Beckett konnte nicht anders schreiben; Borges' Geschichten sind nicht experimentell; Calvinos Werke sind nicht experimentell. Und wenn wir weiter zurückgehen: James Joyces Werke sind nicht experimentell (auch wenn sie seit über fünfzig Jahren so genannt werden). All diese Schriftsteller schufen erfolgreiche und abgeschlossene Kunstwerke, die nach ihren eigenen Regeln funktionieren und nicht nach vorgefertigten Regelsätzen.

Mir bedeutet heute nur die Literatur etwas, die versucht, die Möglichkeiten der Literatur jenseits ihrer Grenzen auszuloten; jene Art von Literatur, die Traditionen in Frage stellt, von denen sie beherrscht wird; jene Art von Literatur, die ständig den Glauben an die Vorstellungskraft des Menschen wachhält, statt den Glauben an die verzerrte Sicht des Menschen auf die Realität; jene Art von Literatur, die die spielerische Irrationalität des Menschen offenbart statt seine selbstgewisse Rationalität.

Diese Literatur nenne ich SURFICTION. Allerdings nicht, weil sie Realität nachahmt, sondern weil sie die Fiktionalität der Wirklichkeit offenlegt. So wie die Surrealisten jene Ebene der menschlichen Erfahrung, die im Unterbewußtsein verborgen funktioniert, SURREALITÄT nannten, nenne ich die Ebene der menschlichen Aktivitäten, die das Leben als Fiktion entlarven, SURFICTION. Es liegt schon ein Quentchen Wahrheit in dem Klischee, das da sagt, „das Leben imitiert die Fiktion" oder „das Leben ist eine Fiktion"; allerdings nicht, weil es sich in den Straßen unserer Stadt abspielt, sondern weil die Wirklichkeit als solche eigentlich nur in ihrer fiktionalisierten Form existiert, also in der Sprache, die sie zum Ausdruck bringt.

Die Erfahrungen des Lebens erlangen ihre Bedeutung erst in ihrer wiedererzählten Form, in ihren verbalisierten Versionen, oder, wie Louis Ferdinand Céline vor einigen Jahren jenen zur Antwort gab, die be-

Louis Ferdinand Céline 1894–1961; Zitat nicht ermittelt.

haupteten, seine Romane seien doch nur Autobiographien: „Das Leben also ist Fiktion … und eine Biographie ist etwas, das man im nachhinein erfindet."

Doch in welchem Sinne ist Leben Fiktion? Zu leben heißt zu begreifen, daß man lebt, und Literatur ist vor allen Dingen der Versuch, die menschliche Existenz auf der Ebene von Worten zu begreifen und zu erfassen, und zwar nur auf der Ebene von Worten. Oder wie Roland Barthes einmal feststellte: „Das Buch schafft Bedeutung und Bedeutung schafft Leben."

Anders ausgedrückt, besteht Fiktion aus dem Verstehen, was für die meisten von uns vorrangig Wörter meint – Wörter allein (gesprochen oder geschrieben). Wenn man (wenigstens sich selbst gegenüber) von der Voraussetzung ausgeht, daß es keine Bedeutung vor der Sprache gab, sondern daß die Sprache in ihrem Prozeß Bedeutungen schöpft, daß sie in gesprochener oder geschriebener Form gebraucht wird, während sie sich weiterentwickelt, dann ist das Schreiben (besonders von Literatur) der bloße Prozeß, Sprache ihre Tricks vorführen zu lassen.

Schreiben heißt also, Bedeutung zu PRODUZIEREN, und nicht, eine prä-existente Meinung zu REPRODUZIEREN. Schreiben heißt VORANSCHREITEN und nicht der Bedeutung – aus Gewohnheit oder Reflex –, die angeblich der Sprache vorangeht, untergeordnet BLEIBEN. In diesem Sinne kann Literatur nicht länger Realität sein, keine Imitation der Realität, keine Repräsentation der Realität, nicht einmal eine Neuschöpfung der Realität; sie kann nur EINE REALITÄT sein – eine autonome Realität, deren einzige Beziehung zur wirklichen Welt darin besteht, diese Welt zu verbessern. Zu schreiben meint also eine Möglichkeit, die Realität abzuschaffen, vor allem die Vorstellung, daß Realität Wahrheit sei.

Statt also als Spiegel zu dienen oder sich selbst zu verdoppeln, bietet die Literatur eine Ergänzung zur Welt und schafft eine bedeutungsvolle Beziehung, die vorher nicht existierte. Literatur ist kunstvoll, aber nicht künstlich. Schreiben ist heute vor allen Dingen der Versuch, einen UNTERSCHIED zu schaffen und nicht vorzutäuschen, Literatur sei dasselbe wie Realität. Der traditionelle, realistische Roman war eine Darstellung des IMMER GLEICHEN. Surfiction wird eine Darstellung des Unterschiedes sein, eine Befreiung dessen, was anders ist.

Aus seiner ablehnenden Haltung zum zeitgenössischen Diskurs heraus schrieb Michel Foucault: „Um den Unterschied klarzustellen, müssen wir einen kontroversen Gedanken fassen, der frei ist von Dialektik und

Roland Barthes 1915–1980; das Zitat stammt aus *Die Lust am Text* (Frankfurt: Suhrkamp 1974) und lautet in der Übersetzung Traugott Königs: „das Buch macht den Sinn, der Sinn macht das Leben", S. 54.

Negation. Einen Gedanken, der Ja sagt zur Abweichung, einen bekräftigenden Gedanken, dessen Instrumentarium die Trennung ist; einen Gedanken der Vielfalt, einen Gedanken, der nicht einem gelehrten Modell folgt, sondern innerhalb eines Spieles der Wiederholungen unlösbare Probleme anpackt."

Michel Foucault versucht hier nur, die Funktion des gegenwärtigen historischen oder philosophischen Diskurses zu definieren, doch er scheint gleichzeitig auch eine Definition dafür zu geben, wie der fiktionale Diskurs aussehen soll. Weit davon entfernt, jenes unvollständige und verschwommene Bild einer IDEE abzugeben, das seit unvordenklichen Zeiten einige absolute Antworten beinhaltete, liegt das Problem des heutigen Romans darin, eine IDEE zu kräftigen, in der die Frage niemals aufhört, sich zu ändern. Was ist die Antwort auf diese Frage? Das Problem selbst. Wie löst man dieses Problem? Indem man die Frage ständig verdrängt.

Unterschied und Wiederholung sind die Eckpfeiler der Surfiction, nicht getreue Imitation und Darstellung. Als Konsequenz daraus werden in der Literatur von heute und morgen die Unterschiede zwischen der Wirklichkeit und dem Imaginären, zwischen dem Bewußten und Unbewußten, zwischen Vergangenheit und Gegenwart aufgehoben. Vor allem werden alle Formen von Dualität negiert – ja, vor allen Dingen die Dualität: jenes doppelköpfige Ungeheuer, das uns seit Jahrhunderten ein System von Werten, ethischen und ästhetischen Werten aufdrückt, die auf dem Prinzip von Gut und Böse, Wahr und Falsch, Schön und Häßlich basieren.

Surfiction wird nicht nach solchen Kriterien bewertet werden. Sie wird nicht gut noch böse, nicht wahr noch falsch, nicht schön noch häßlich sein. Sie wird einfach SEIN, und ihr vorrangiges Ziel wird es sein, ihre eigene Fiktionalität bloßzulegen, die Metapher ihrer eigenen Betrügereien und Scheinbilder ans Licht zu zerren und nicht länger so zu tun, als sei sie Realität, Wahrheit oder Schönheit.

Michel Foucault 1926–1984; das Zitat, das RF auch in seinem Vortrag ‚Before Postmodernism and After' (in: Heide Ziegler (Hrsg.): *Stuttgart Seminar in Cultural Studies: The End of Postmodernism: New Directions*. Stuttgart: M & P 1993, S. 160) auf englisch – als seine eigene Übersetzung – anführt und auf „circa 1970" datiert, stammt aus Foucaults ‚Theatrum Philosophicum'. Übers. v. Walter Seitter. (frz. 1970). In: Gilles Deleuze/ Michel Foucault: *Der Faden ist gerissen*. Berlin: Merve 1977, S. 43: „Um die Differenz zu befreien, braucht es ein Denken ohne Widerspruch, ohne Dialektik, ohne Verneinung: ein Denken, das zur Divergenz ja sagt; ein affirmatives Denken, dessen Instrument die Disjunktion ist; ein Denken des Vielfältigen – der gestreuten und nomadischen Vielfältigkeit, die von keinem der Zwänge des Selben begrenzt und zusammengefaßt wird; ein Denken, das nicht dem Schulmodell mit seinen vorgefertigten Antworten gehorcht, sondern sich unlösbaren Problemen stellt."

Konsequenterweise wird Surfiction nicht länger als Spiegel des Lebens betrachtet werden, nicht als pseudorealistisches Dokument, das uns über das Leben informiert; sie wird auch nicht auf der Grundlage ihres möglichen sozialen, moralischen, psychologischen, metaphysischen oder kommerziellen Werts begutachtet werden, sondern auf der Grundlage dessen, was sie ist und was sie als eigenständige Kunstform aus eigener Kraft tut.

Diese Eingangsbemerkungen sollen als Einleitung zu vier Vorschlägen dienen, die ich nun zur Gegenwart und Zukunft der Literatur machen möchte. Diese bilden nur einen beliebigen Ausgangspunkt für die Möglichkeiten einer neuen Literatur. Andere Positionen und andere Vorschläge sind möglich. Meine Vorschläge sind zwar dogmatisch, aber das sollen sie auch sein, denn dieser Text ist eigentlich ein Manifest und kann daher nur dogmatisch sein. Man kann ein Manifest als ganzes akzeptieren oder ablehnen, aber man kann nicht darüber streiten. Das ist der ironische Gedanke hinter dem Epigramm zu diesem Text: „Nun mögen manche Leute sagen, der Zustand der Literatur von heute sei nicht sehr ermutigend, doch muß man darauf erwidern, daß sie nicht dazu da ist, diejenigen zu ermutigen, die so etwas sagen!"

Vorschlag eins
Das Lesen von Literatur

Der bloße Akt des Lesens, auf der ersten Seite oben anzufangen und von links nach rechts fortzufahren, von oben nach unten, Seite für Seite bis zum Ende, in einer aufeinanderfolgenden vorgefertigten Weise ist *restriktiv* und *langweilig* geworden. Jeder intelligente Leser sollte sich in diesem vorbestimmten Lesesystem frustriert und eingeengt fühlen. Deshalb muß die ganze traditionelle, konventionelle, fixierte und langweilige Art des Lesens in Frage gestellt, angegriffen und demoliert werden. Und der Schriftsteller selbst (nicht die moderne Drucktechnik) muß durch Innovationen im Schreiben selbst – in Typographie und Topologie des Textes – unser Lesesystem erneuern.

Alle Regeln und Prinzipien des Druckens und Buchmachens müssen gezwungen werden, sich als Resultat der Veränderungen beim Schreiben (oder Erzählen) einer Geschichte zu ändern, um dem Leser ein Gefühl der Eigenbeteiligung am Schreib/Leseprozeß zu vermitteln und ihm eine (aktive) Möglichkeit zu geben, sich an der Ordnung des Diskurses und der Entdeckung seiner Bedeutung zu beteiligen.

Das Konzept der Syntax selbst muß verändert werden. Die traditionelle Syntax ist die Einheit, die Kontinuität der Wörter, das Gesetz, das sie beherrscht. Die Syntax reduziert die Vielstimmigkeit der Wörter und kontrolliert ihre Kraft; sie fixiert sie auf einen Platz, einen Raum und schreibt ihnen eine Ordnung zu. Sie hält sie vom Herumwandern ab. Selbst im Verborgenen regiert die Syntax am Horizont der Wörter, die sich unter ihrer lautlosen Zwangslage krümmen.

Deshalb müssen Wort, Satz, Abschnitt, Kapitel, Seitenzahl, Zeichensetzung und ihre Position auf der Seite und im Buch neu überdacht und verändert werden, damit sich neue Wege (vielfältige und parallele Wege) eröffnen, ein Buch zu lesen.

Und auch der Raum, in dem geschrieben wird, muß verändert werden. Dieser Raum, die Seite (aber auch das aus Seiten gefertigte Buch), muß neue Dimensionen annehmen, neue Formen, neue Beziehungen, um das neue Schreiben aufzunehmen. Und innerhalb dieser veränderten Topographie des Schreibens, von dieser SEITENSYNTAX (und nicht der GRAMMATIKALISCHEN SYNTAX) aus wird der Leser seine Freiheit in Bezug auf den Leseprozeß und auch in Bezug auf Sprache und Literatur entdecken.

In allen anderen Kunstformen sind drei Grundelemente am Werk: der Schöpfer, der das Kunstwerk erstellt, das Medium, welches das Kunstwerk übermittelt, und der Empfänger (Zuhörer oder Betrachter), dem das Kunstwerk übermittelt wird. Es scheint, daß in der Literatur nur das erste und das dritte Element am Werk sind: der Schreiber und der Leser. Ich und du. Und das Medium – nicht die Geschichte oder das mentale Kino, das abläuft, wenn man liest, sondern die Sprache – wird übersehen. Sprache ist abwesend, als sei sie durchsichtig.

Dient die Sprache vielleicht nur deswegen als Transportmittel vom Autor zum Leser, weil man beim Lesen nicht an Sprache als etwas hör- oder sichtbares denkt (wie in der Musik, der Malerei und manchmal in der Poesie)? Von mir zu dir, von meiner Bedeutung zu deinem Verständnis dieser Bedeutung.

Wenn wir aus dem Roman eine Kunstform machen wollen, müssen wir das gedruckte Wort zum Medium erheben; auch wo und WIE das Wort auf der Seite gedruckt steht, verändert die Bedeutung der Literatur für den Leser.

So wird also nicht nur der Schriftsteller Literatur erschaffen, sondern auch alle, die an der Produktion und Erstellung dieser Literatur beteiligt sind; Schreibkraft, Herausgeber, Setzer, Drucker, Korrektor und natürlich Leser werden alle an der Fiktion teilhaben. Das eigentliche Medium wird das gedruckte Wort sein, so wie es auf der Seite erscheint, wie es von all den an der Herstellung des Buchs Beteiligten aufgenommen, gehört, gesehen, gelesen wird (nicht abstrakt, sondern konkret).

Vorschlag zwei
Die Form der Literatur

Wenn man Leben und Fiktion nicht länger voneinander unterscheiden kann, keines komplementär zum anderen ist, und wenn wir übereinkommen, daß das Leben niemals linear verläuft sondern stets diskontinuierlich und chaotisch, weil es nicht in einer geraden Linie oder auf geordnete Weise erfahren wird, dann ist auch die lineare, zeitlich geordnete und aufeinanderfolgende Erzählweise nicht länger möglich.

Der pseudorealistische Roman versuchte, dem Chaos des Lebens den Anschein von Ordnung zu verleihen, und er tat dies, indem er sich auf den gutgemachten Plot stützte (der sogenannte Handlungsablauf), der, wie wir nun bemerken, keine nennenswerte Bedeutung mehr für die Literatur hat. Der Plot ist verschwunden, und die Ereignisse in der Fiktion müssen nicht länger einer linearen, aufeinanderfolgenden Ordnung in Zeit und Raum gehorchen. Es ist auch nicht nötig, daß die Erzählweise sich logischen Grenzen unterwirft oder sich von einem System von Ursache und Wirkung beherrschen läßt.

Aus diesem Grund schweifen die Elemente des surfiktionalen Diskurses (Wörter, Phrasen, Sätze, Szenen, Räume, Wortentwürfe usw.) voneinander ab – vom vorausgehenden und vom nachfolgenden Element. Tatsächlich werden diese Elemente nicht nur frei durchs Buch wandern und sich gar wiederholen, an manchen Orten werden sie auch gleichzeitig auftreten. Dies wird vielfältige Möglichkeiten der Neuzusammensetzung während des Lesens schaffen.

Der surfiktionale Diskurs wird nicht länger von links nach rechts, von oben nach unten in gerader Linie und der Form eines aufgesetzten Plots verlaufen, sondern den Konturen des eigentlichen Schreibens folgen, während er im Raum der Seite Gestalt annimmt (eine unvorhersehbare Gestalt). Er wird um sich selbst kreisen, in der Entfaltung der Erzählstruktur neue und unerwartete Bewegungen und Figuren schaffen, sich selbst wiederholen, sich selbst rückwärts und vorwärts an den Kurven des Schreibens entlang projizieren – (hier kann man viel vom Filmemachen oder den Experimenten in den Bildenden Künsten lernen).

Als Ergebnis der improvisatorischen Qualitäten der Sprache in diesem Prozeß werden die Ereignisse, die beim Erzählen vermittelt werden, sich ebenfalls entlang unerwarteter und unvorhersehbarer Linien entwickeln. Form und Struktur der Geschichte werden sich nicht aus der Imitation einer Form und Struktur des Lebens ergeben, sondern aus den formalen Umwälzungen der Sprache, wenn sie aus dem Unbewußten aufsteigt.

Surfiction wird nicht länger als Spiegel fungieren, der den Pfad der Realität entlanggeschleppt wird, sondern wird nun die Bilder des Spiegels reproduzieren, der sich selbst spiegelt. Sie wird nicht länger etwas Außenstehendes darstellen, sondern sich selbst. Sie wird selbstreflexiv sein. Anders ausgedrückt: statt als unveränderliches Abbild des täglichen Lebens zu fungieren, wird Surfiction sich in einem Dauerzustand der eigenen Selbstverdoppelung befinden, um ihr Eigenleben zu offenbaren – DAS LEBEN DER LITERATUR. Surfiction wird aus sich selbst heraus, aus der eigenen Substanz heraus gedeihen – wird das, was sie sagt, imitieren, wiederholen, nachhallen, parodieren, veralbern, widerrufen.

Das heißt allerdings nicht, daß der Roman der Zukunft nur „ein Roman über den Roman" ist; statt dessen wird sich eine Art des Schreibens entwickeln, eine Art Diskurs, dessen Form die der Befragung sein wird, eine endlose Befragung dessen, was das Schreiben tut, während es das macht, und eine endlose Bloßstellung der eigenen Betrügereien, eine Befragung dessen, was ES wirklich IST: eine Illusion (eine Fiktion), so wie das Leben eine Illusion (eine Fiktion) ist.

Vorschlag drei
Der Werkstoff der Literatur

Wenn die Erfahrungen des Menschen (hier: des Schriftstellers) nur als Fiktion existieren, wenn sie im nachhinein erinnert und durchdacht werden, und dies stets auf verzerrte, glorifizierte und sublimierte Art, dann werden diese Erfahrungen zu Erfindungen. Und wenn ein Großteil der Literatur sich (mehr oder weniger stark) auf die Erfahrungen des Schreibenden stützt (Erfahrungen, die nicht notwendigerweise vor dem Schreibprozeß liegen, wohl aber parallel dazu), dann kann es keine Wahrheit oder irgendeine Realität außerhalb der Literatur geben. Anders ausgedrückt, wenn das Material der Fiktion aus Erfindungen besteht (Lügen, Simulationen, Verzerrungen, Übertreibungen, Illusionen), dann wird Dichten zu einem Prozeß, in dem das Material der Fiktion spontan hergestellt wird.

als Spiegel fungieren Anspielung auf Stendhals berühmtes Motto in *Rot und Schwarz*, Erster Teil, 13. Kapitel: „Ein Roman ist gleichsam ein Spiegel, den man einen Weg entlangträgt", das als Kurzformel für den realistischen Roman gilt.

Der Schriftsteller faßt nur die Fiktion in Worte (konkretisiert sie). Und dabei gibt es für das Material der Fiktion keine Grenzen – es gibt keine Grenzen jenseits der Vorstellungskraft des Schriftstellers und jenseits der Möglichkeiten der Sprache.

Alles kann und muß auch auf jede nur denkbare Art gesagt werden. Während er vorgibt, die Geschichte seines oder irgendeines Lebens zu erzählen, kann der Dichter zur gleichen Zeit die Geschichte der Geschichte erzählen, die zu erzählen er gerade im Begriff ist, kann die Geschichte der Sprache erzählen, die er verwendet, er kann die Geschichte des Bleistifts oder der Schreibmaschine erzählen, die er verwendet, um seine Geschichte aufzuschreiben (die Geschichte der Fiktion, die er dabei erfindet), und er kann auch die Geschichte der Qual (oder der Freude, der Abscheu, des Überschwangs) erzählen, die er empfindet, während er seine Geschichte aufschreibt.

Schreiben heißt, einen Raum füllen (Seiten schwärzen); und in den Räumen, in denen es nichts zu schreiben gibt, kann der Schriftsteller jederzeit Material einfügen (Zitate, Bilder, Diagramme, Karten, Entwürfe, Stücke aus anderen Diskursen, Kritzeleien usw.), die absolut nichts mit der Geschichte zu tun haben, die er gerade schreibt. Oder er kann einfach diese Räume weiß lassen, denn Literatur besteht zu einem ebenso großen Teil aus dem Gesagten wie aus dem Nichtgesagten, denn das Gesagte muß nicht notwendig wahr sein, da das Gesagte stets auch anders ausgedrückt werden kann.

Als Ergebnis davon werden die Wesen der Literatur, die erfundenen Wesen, nicht länger als Figuren bezeichnet werden, als wohlgeformte Figuren, die eine festgelegte Persönlichkeit mit sich schleppen, einen stabilen Satz sozialer und psychologischer Attribute (einen Namen, einen Beruf, eine Situation, eine Kondition, eine bürgerliche Existenz usw.). Diese surfiktionalen Figuren werden so veränderlich, instabil, irrational, namenlos, unbenennbar, verspielt und betrügerisch, so unvorhersehbar sein wie der sie erschaffende Diskurs. Das heißt allerdings nicht, daß sie blanke Marionetten sind. Ganz im Gegenteil, ihr Dasein wird ursprünglicher, komplexer und authentischer, dem Leben näher sein, weil sie nicht etwas zu sein vorgeben (da Leben und Fiktion nicht länger unterscheidbar sind): Imitation wirklicher Menschen; sie werden sein, was sie sind: Wort / Wesen.

Die gut gemachte Personage (Held, Protagonist) der traditionellen Literatur, die die Bürde eines Namens, einer sozialen Rolle, einer Nationalität, eines Lebensalters, elterlicher Bindungen, einer Vergangenheit und manchmal einer physischen Erscheinung und sogar einer inneren Psyche trug, wird von einer Schöpfung, oder besser gesagt einem Geschöpf verdrängt werden, das außerhalb jeglicher vorbestimmter Forderungen der Gesellschaft und außerhalb jedes präzisen Augenblicks der Geschichte fungieren wird.

Dieses Geschöpf wird in gewisser Hinsicht seiner eigenen Erschaffung und auch seiner eigenen Beseitigung beiwohnen. Dieses Geschöpf wird kein Mann, keine Frau in einer bestimmten Situation sein. Es wird die Sprache der Menschlichkeit sein. Völlig frei, zufällig und ohne Bindung, keiner Sache der äußeren Welt verpflichtet, ebenso wenig wie der fiktive Diskurs, in dem es existiert, wird dieses Geschöpf an der Fiktion nur als grammatikalisches Wesen (manchmal frei von Personalpronomina) teilnehmen. Aus linguistischen Fragmenten bestehend, die häufig ohne jegliche Bindung zueinander stehen, wird dieses fiktive Wesen irrational, unverantwortlich, ununterdrückbar, amoralisch und der realen Welt fern sein, dafür aber der Fiktion völlig verpflichtet, in der es sich befindet; es wird sich nur seiner eigenen Rolle als fiktionales Element bewußt.

Da sich die Surfiction nicht länger als soziales oder historisches Dokument anbieten wird, das den Leser über das „wirkliche" Leben und die „wirklichen" Menschen informiert, sondern als Kunstwerk, das nach eigenen Regeln funktioniert, wird der Leser nicht mehr in die Versuchung geraten, sich mit den „Charakteren" zu identifizieren. Statt dessen wird er an der Schöpfung der Fiktion in gleichem Maße beteiligt sein wie der Schöpfer, der Erzähler oder das Geschöpf dieser Fiktion. Sie alle werden Teil des fiktionalen Diskurses sein, sie alle werden dafür verantwortlich sein. Der Schriftsteller (so fiktiv wie seine Schöpfung) wird nur Schnittstelle (Quelle und Empfänger) all der Elemente der Fiktion sein.

Vorschlag vier
Die Bedeutung der Literatur

Die bisherigen Vorschläge machen deutlich: die radikalsten und offensichtlichsten Aspekte der Surfiction sind ihre Ähnlichkeit mit der Unordnung und ihre beabsichtigte Unlogik. Da, wie bereits gesagt, keine Bedeutung vor der Sprache existiert, sondern die Bedeutung im Prozeß des Schreibens und Lesens geschaffen wird, wird Surfiction *a priori* nicht versuchen, bedeutungsvoll, wahrheitsgetreu oder realistisch zu sein. Surfiction wird auch nicht versuchen, als Vehikel eines vorgefertigten Sinns zu dienen. Im Gegenteil, Surfiction wird scheinbar frei von Bedeutung sein, sie wird absichtlich unlogisch, irrational, irreal, disruptiv, abschweifend und unverständlich sein.

Und natürlich wird sich Surfiction einer kontinuierlichen und totalisierenden Art des Lesens verweigern, da sie keinen Anfang, keine Mitte und kein Ende mehr haben wird. Sie wird sich dem Einschluß widersetzen. Sie wird stets offener Diskurs bleiben – ein Diskurs offen für vielfältige Interpretationen. Surfiction wird nicht nur durch Vorstellungskraft kreiert, sie wird auch die Vorstellungskraft aktivieren. Denn erst durch die gemeinsamen Anstrengungen aller an der Fiktion Beteiligten (Autor, Erzähler, Geschöpf, Leser) wird eine Bedeutung formuliert.

Surfiction wird keinen Abklatsch von Ordnung schaffen, sondern sich selbst der Ordnung und dem Ordnen anbieten. Auf diese Weise wird der Leser keine Gelegenheit erhalten, sich mit den Menschen oder Situationen zu identifizieren, noch sich in Bezug auf die Handlungen der Personen in der Geschichte zu läutern oder reinzuwaschen. Anders ausgedrückt: Da der Leser nicht mehr länger durch einen auktorialen (und autoritären) Standpunkt manipuliert wird, wird der Leser es sein, der eine Bedeutung und eine Ordnung für die Geschöpfe und das Material der Literatur schafft, erfindet und erzeugt. Diese totale und freie Beteiligung an der Fiktion wird dem Leser das Gefühl geben, eine Bedeutung erfunden und nicht einfach eine nett vorgefertigte Meinung passiv empfangen zu haben.

Der Schriftsteller wird nicht länger als Philosoph, Theologe, Prophet oder gar Soziologe betrachtet werden, der lehrt, predigt, vorhersagt oder absolute Wahrheiten enthüllt. Er wird auch nicht länger (bewundernd und romantisch) als der allgegenwärtige, allwissende, omnipotente Schöpfer angesehen werden, sondern wird mit dem Leser auf gleichem Fuße stehen in den Bemühungen, der ihnen gemeinsamen Sprache *einen Sinn zu geben.* Anders ausgedrückt, Literatur wird nicht nur BEDEUTEN, sondern auch SEIN, was über die Dichtung bereits gesagt wurde.

Am Ende einer solchen Präsentation sollte ich versuchen, die Vorschläge, die ich gerade für die Zukunft der Literatur gemacht habe, zu begründen oder wenigstens mit Beispielen zu verdeutlichen. Doch Begründungen und Beispiele gibt es zuhauf, und viele zeitgenössische Schriftsteller haben sich bereits in Richtung Surfiction, manche nennen es auch Postmoderne Literatur, vorgewagt.

Ich muß gestehen, ich bin nicht allein bei diesem wilden Unterfangen. Viele Schriftsteller in der ganzen Welt haben bereits auf ihre ganz persönliche „verrückte" Art erfolgreich jene Art von Literatur geschaffen, die ich auf den vorangegangenen Seiten zu definieren versuchte.

Samuel Beckett natürlich, auf französisch und englisch; Jorge Luis Borges, Julio Cortázar, Gabriel García Márquez und Luisa Valenzuela

Jorge Luis Borges 1899–1986; **Julio Cortázar** 1914–1984; **Luisa Valenzuela** * 1938.

auf spanisch; Italo Calvino und Primo Levi auf italienisch; Alain Robbe-Grillet, Claude Simon, Robert Pinget, Maurice Roche, Georges Perec, Nathalie Sarraute, Hélène Cixous, Monique Wittig, Phillipe Sollers und viele andere in Frankreich; Arno Schmidt, Uwe Johnson, Peter Handke, Jürgen Becker und Thomas Bernhard auf deutsch; und auf ihre eigene individuelle Art eine Reihe von amerikanischen Autoren, darunter William Burroughs, Kurt Vonnegut Jr., John Barth, John Hawkes, Steve Katz, Ronald Sukenick, Walter Abish, George Chambers, Donald Barthelme, Robert Coover, Ishmael Reed, Clarence Major, Marianne Hauser, Madeleine Gins, Ursule Molinaro und Kathy Acker, um nur ein paar der wichtigeren Namen zu nennen.

Allerdings würde keiner der hier erwähnten Schriftsteller behaupten, alle Probleme der Gegenwartsliteratur gelöst zu haben. Und ich selber tue das auch nicht, so wenig wie ich hier den einzig möglichen Weg für die Zukunft der Literatur vorgestellt habe. Ich bin sicher, es gibt andere, einfachere und leichter begehbare. Doch wie die meisten der oben genannten Schriftsteller denke ich, daß dies der Weg ist, dem man folgen sollte, damit die Literatur eine Chance hat, als ernsthaftes Genre in unserer postmodernen Welt zu überleben.

Ich selber wandle auf diesem Pfad als Schriftsteller und Surfiktionär, aber nicht um erfolgreich zu sein (kommerziell oder sozial oder in irgendeiner anderen Hinsicht), sondern um „das Fiasko der Wirklichkeit in einen schreienden Erfolg“ umzumünzen, wie es der große Samuel Beckett einmal ausgedrückt hat.

Italo Calvino 1923–1985; **Primo Levi** 1919–1987; **Alain Robbe-Grillet** * 1922; **Claude Simon** * 1913; 1985 Nobelpreis für Literatur; **Robert Pinget** 1919–1997; **Maurice Roche** 1925–1997; **Georges Perec** 1936–1982; **Nathalie Sarraute** 1900–1999; **Hélène Cixous** * 1938; **Monique Wittig** * 1935; **Philippe Sollers** * 1936; **Arno Schmidt** 1914–1979; **Uwe Johnson** 1934–1984; **Peter Handke** * 1942; **Jürgen Becker** * 1932; **Thomas Bernhard** 1931–1989; **William Burroughs** 1914–1997; **Kurt Vonnegut Jr** * 1922; **John Barth** * 1930; **John Hawkes** 1925–1998; **Steve Katz** * 1935; **Ronald Sukenick** * 1932; **Walter Abish** * 1931; **George Chambers** (* 1931) schrieb gem. mit RF den auch auf dt. erschienenen *Penner-Rap* (1998). **Donald Barthelme** 1931–1989; **Robert Coover** * 1932; **Ishmael Reed** * 1938; **Clarence Major** * 1936; **Marianne Hauser** * 1910 in Straßburg; ihren ersten Roman *Indisches Gaukelspiel* schrieb sie noch in deutscher Sprache; ab 1937 in New York; 1947 erscheint ihr erster englisch geschriebener Roman; von 1966 bis 1979 Lehrtätigkeit an der New York University; **Madeleine Gins** recte: Madeline Gins, Lebensdaten n.e.; vor allem bekannt durch ihre Text-/Bild-Kollaboration mit Shusaku Arakawa; **Ursule Molinaro** ?–2000; in Paris geboren, lebte seit 1946 in New York, Romane und Übersetzungen (u.a. von Hesse, Sarraute, Sollers, Uwe Johnson und Lettau ins Englische); **Kathy Acker** 1947?–1997.

„das Fiasko der Wirklichkeit … Erfolg“ Zitat nicht ermittelt.

Weiterführende Literatur und Kontexte:

S. in diesem Band die Beiträge von ŠKLOVSKIJ, BARTHES, JOHNSON. – Ferner: ROLAND BARTHES: Die Lust am Text. Frankfurt: Suhrkamp 1974. – RAYMOND FEDERMAN (Hrsg.): Surfiction: Fiction Now ... and Tomorrow. Chicago: Swallow Press 1975, 2. Aufl. 1981; RF / CARL R. LOVITT (Hrsg.): Current Trends in American Fiction. Sub-Stance 27 (1980); LEO TRUCHLAR: ‚Critifiction' and ‚Pla(y)giarism'. Zum Literaturentwurf Raymond Federmans. In: Poetica 15 (1983), S. 329–341; GERHARD EFFERTZ: Text und/oder Spiel. Raymond Federmans Roman ‚The Twofold Vibration'. Bonn: Romanistischer Verlag 1987. – Zur Kontextualisierung des Konzepts ‚surfiction': PATRICIA WAUGH: Metafiction. The Theory and Practice of Self-Conscious Fiction. London, New York: Methuen 1984. – UTZ RIESE (Hrsg.): Falsche Dokumente. Postmoderne Texte aus den USA. Leipzig: Reclam 1993.

A. S. Byatt / Ignês Sodré: Träume und Fiktionen (1995)

A. S. Byatt (* 1936)

In Sheffield geboren, Studium in York und am Newnham College, Cambridge. Sie unterrichtete an der Central School of Art and Design und lehrte von 1972 bis 1983 (ab 1981 als Senior Lecturer) Englische und Amerikanische Literatur am University College in London; seit 1983 arbeitet sie hauptberuflich als Schriftstellerin, Essayistin, Literaturkritikerin. Für ihren bislang größten internationalen Erfolg, den Roman *Possession* (1990, dt. 1993) erhielt sie 1990 den Pulitzer Preis; weitere Werke: die demnächst mit *A Whistling Woman* (2002) abgeschlossene Romantetralogie *The Virgin in the Garden* (1978), *Still Life* (1985), *Babel Tower* (1996); zuletzt erschien ihr Roman *The Biographer's Tale* (2000); ferner Novellen und vier Sammlungen von Kurzgeschichten und Erzählungen.
Ihre literaturwissenschaftlichen und -kritischen Arbeiten (in Auswahl): die erstmals 1965 erschienene, später (London: Vintage 1994) erweiterte Arbeit über die Romane von Iris Murdoch: *Degrees of Freedom; Passions of the Mind: Selected Essays*. London: Chatto & Windus 1991; *On Histories and Stories: Selected Essays*. London: Chatto & Windus 2000; *The Portrait in Fiction*. London: Chatto & Windus 2001.

Ignês Sodré

Aus Brasilien gebürtige Psychoanalytikerin, Mitglied der ‚British Psycho-Analytical Society', lebt als Lehranalytikerin in London, wo sie auch eine private Praxis betreibt. Traf 1992 beim Cheltenham Festival of Literature mit A. S. Byatt anläßlich einer Diskussion über George Eliots Roman *Middlemarch* zusammen, woraus sich die Idee für das Buch *Imagining Characters* entwickelte; die Form des öffentlichen Gesprächs über literarische Gegenstände wird von den beiden Autorinnen weiterhin praktiziert. IS hat neben Arbeiten zur Klinischen Psychoanalyse mehrfach über Literatur geschrieben (u.a. über George Eliot, Gustave Flaubert u. Charlotte Brontë).

Erstausgabe: A. S. Byatt and Ignês Sodré: *Imagining Characters. Six Conversations about Women Writers*. Hrsg. v. Rebecca Swift. London: Chatto & Windus 1995, S. 230–257. © der deutschen Übersetzung für diesen Band: Wolfgang Astelbauer.

IGNiS SODRi: Dass der menschliche Geist Fiktionen braucht, beweist aus psychoanalytischer Sicht nichts schlagender als die Tatsache des Träumens, die unbewusste Fähigkeit, Geschichten hervorzubringen, die in symbolischer Form Gesichtspunkte der Innenwelt darstellen. Sigmund Freud dachte, dass Träume notwendig seien, um Wünsche zu erfüllen, die von der äußeren Alltagsrealität nicht erfüllt werden können, doch Träume sind stets mehr als die Erfüllung bestimmter Wünsche: Träume sind eine Form der unbewussten Verständigung mit sich selbst. Wenn wir träumen, bedienen wir uns fiktionaler Darstellungen in der materiellen Wirklichkeit stattfindender Ereignisse, um so Konflikte und Ängste besser durcharbeiten zu können. Ein Traum und ein Kunstwerk sind etwas völlig anderes. Träume entstehen spontan, haben eine ganz persönliche Bedeutung und sind oft schon im nächsten Augenblick wieder verschwunden. Und doch müssen beide, Traum und Kunstwerk, grundsätzlich gesehen, demselben „Ort“ des Geistes entstammen.

A. S. BYATT: Träume erzählen viele verschiedene Arten von Geschichten, und ich glaube mich aus der allerersten Zeit meiner Traumtätigkeit an zahlreiche Arten erinnern zu können. Da gibt es einmal archetypische oder mythische Träume, für die sich C. G. Jung so begeisterte – Träume von Wäldern, Bergen und Höhlen, von Sonnen, Monden und Sternen. Jung ermutigte seine Patienten, die Bäume und Seen zu zeichnen, die ihnen im Traum untergekommen waren. Cecil Day Lewis erzählte mir einmal, dass er immer wieder davon träumte, durch einen Wald zu gehen und auf eine Lichtung zu gelangen, auf der ein Kelch oder irgendein anderes Gefäß mit glasklarem Wasser stand. Er träumte diesen Traum sein ganzes Leben hindurch wieder und wieder. Dieser Traum hat etwas von einer Begegnung mit einem Mythos oder einem Märchen, die sowohl eine „allgemeine“ als auch eine private Bedeutung zu haben scheinen. Ich weiß nicht, ob er den Traum schon hatte, bevor er mit den Artus-Legenden um den Gral in Berührung gekommen war. Er vermittelte mir aber den Eindruck, dass er noch sehr klein war, als der Traum zum ersten Mal auftrat, und ich habe ähnliche Erinnerungen an geheime Gärten, an Obstgärten, Flüsse und Einöden.

Träume dieser Art unterscheiden sich sehr von jenen, in denen der Träumende mit Familienbeziehungen oder Beziehungen zu bekannten oder halb bekannten Menschen ringt. Solche Träume könnte man als

Hypothesen oder Erkundungen verborgener Gefühle bzw. Urteile bezeichnen. Das ihnen zugrunde liegende Prinzip lautet: Was werden sie tun, wenn ich ihnen dies oder jenes sage? Es findet ein Kampf statt, in dessen Rahmen sich gewissermaßen ein narratives Ausloten von Möglichkeiten, Hoffnungen oder Ängsten vollzieht.

Und dann gibt es noch Träume, die von nirgendwoher zu kommen scheinen. Vor zwei Wochen hatte ich einen Traum, der, wie mir gerade einfällt, mit *Imagining Characters* in Verbindung steht, dem Buch, an dem wir beide gerade arbeiten: Ich war in einem Dorf, und in dem Dorf gab es einen großen Teich, über den eine kleine Brücke mit einer Straße führte. Es war ein hübsches, sauberes, irgendwie südenglisches Dorf, das fast leer wirkte, so sauber war es. Am anderen Ufer des Teichs konnte ich ein Schulhaus und eine Bibliothek ausnehmen; ich war die Bibliothekarin und war es gleichzeitig nicht – manchmal fühlte ich mich wie eine Bibliothekarin und empfand deren Verantwortung, dann wieder war ich eine beobachtende Leserin oder Erzählerin. Es bedrückte mich sehr, dass es in dieser Bücherei nur so wenige Kinderbücher gab. Die Bücherei war mit der Schule verbunden, und alles wirkte schrecklich proper und rein und gut gemacht. Aber drinnen gab es keine Bücher, da war alles leer, und ich wusste nicht, was ich tun sollte, weil ich in dem kleinen Dorf war und es keinen Durchzugsverkehr zu geben schien und nichts geschah.

Ich könnte Ihnen eine moderne gesellschaftliche Deutung anbieten: nämlich dass ich irgendwie das Gefühl habe, dass das Leben unserer Kinder verarmt, weil es keine komplizierten Bücher in ihrer Bibliotheken mehr gibt. Vielleicht meinen Sie, dass sich mein Unbewusstes plötzlich aller Geschichten beraubt gefühlt hat, aber es ist interessant, dass mich der Traum gequält hat, weil ich ihn keinem *Ort* zuordnen konnte. Ich weiß noch immer nicht, wo das Dorf liegt. Es war kein Teil meines Lebens, doch ich kannte die Fenster der Bibliothek und wusste, wie der Ententeich aussah und wo der Gehsteig hinführte. Und es verschwimmt an den Rändern, als ob ich mir nur genauso viel Raum vorgestellt hätte, wie ich brauchte, um die beiden Gebäude und den Teich unterzubringen. Das ist ein Traum mit einer Bedeutung: Er erzählt mir etwas über Bibliotheken mit den falschen Büchern. Und das weiß man auch, wenn man einen solchen Traum träumt.

Und dann gibt es noch die schrecklichen Träume, die etwas beinahe Körperliches haben und meiner Ansicht nach auch vor allem mit dem Körper in Verbindung stehen, sodass man sonst nichts empfindet, als dass man zerdrückt oder irgendwohin gezogen wird, oder Angst davor hat, zerschmettert zu werden.

Noch zwei Dinge möchte ich zu Träumen und deren Beziehung zum Erzählerischen anmerken. Als Romanautorin interessiert mich die Fähigkeit des Träumenden, ein paar Schritte zurückzutreten und den Traum zu analysieren, während er stattfindet. Man meint: „Jetzt *weiß* ich, dass das eine Geschichte ist." Und manchmal glaubte man gar, die Geschehnisse vorantreiben oder kontrollieren zu können; man sagt sich: „Ich müsste 438 | 439
doch dies oder jenes sehen können, wenn ich es nur wirklich versuche", und sieht es dann auch. Wenn man beim Schreiben Räume oder Landschaften ersinnt, ist das nicht viel anders.

Und dann möchte ich Ihnen eine Traumart beschreiben, die ganz tief mit meiner Tätigkeit als Autorin verbunden ist, eine Traumart, die ich fast wie ein Gedicht erlebe – bei der alle Bilder zu einem dichten symbolischen Knoten oder Gemälde verschmelzen. In solchen Träumen sieht man alles, was einem Sorgen gemacht hat, in schönen Gegenständen, in gediegenen Metaphern ausgebreitet, die man berühren kann, und die Beziehungen zwischen den durch die Traumgegenstände symbolisierten Dingen sind wesentlich vielgestaltiger, als sie das je in einer linear verlaufenden Geschichte sein könnten. – Alle diese Traumformen finden, so kommt mir vor, in Romanen ein Ventil, gehen in Romane ein.

SODRÉ: Bemerkenswert finde ich, dass es unter all den verschiedenen Traumarten, die Sie beschrieben haben, manche gibt, bei denen Sie einen besonderen Bezug zu sich als Autorin feststellen und das Gefühl haben, dass sie Ihnen in komplizierten Bildern etwas „geben", was sich dann in Worte übersetzen lässt. Sie interessieren sich offensichtlich für Ihre Träume, weil Sie wissen, dass es sich um „wahre Fiktionen" und nicht um „Lügen" handelt.

BYATT: Das hat ganz grundsätzlich mit dem Vorwurf zu tun, mit dem sich Literatur seit jeher konfrontiert sieht: dass sie etwas Triviales oder Falsches sei. In den 1960er Jahren gab es einen Autor namens B. S. Johnson, der Bücher zu schreiben versuchte, die seinem Begriff von Roman entsprachen: In ihnen wurde nichts beschrieben, was nicht wirklich geschehen war. Er war von der möglichen Wahrheit einer Gleichung seiner Kindheit besessen, der zufolge Geschichtenerzählen Lügenerzählen hieß.

Diese Auffassung beruht auf der Verwendung von „Geschichte" und „Lüge" als Synonymen. Seine Mutter und meine Mutter sagten ja immer: „Erzähl mir nicht solche Geschichten!" Ich weiß nicht, ob das auch in Ihrer Sprache, im Portugiesischen, funktioniert. B. S. Johnson war jedenfalls zutiefst überzeugt, dass Fiktionen böse seien, weil sie eine Art Unwahrheit, eine Nichtwirklichkeit darstellen. Das verband sich in seinem Denken mit der damals modischen Vorstellung, dass die „Wirklichkeit" etwas Zufälliges, Chaotisches und Unbeschreibbares ist, was ihn wiederum – ein logisch nicht unbedingt zwingender Schritt – zu der Auffassung kommen ließ, dass die nichtnarrativen Formen von Joyce und Beckett der „Wirklichkeit" näher kommen als das Erzählen von Geschichten.

Sie hingegen sagen nichts anderes, als dass diese Geschichten einfach eine andere Art von Wirklichkeit, ein anderer Teil unserer Welt, eine andere Wahrheit sind. Wie steht es denn mit Tagträumen? Das sind doch Geschichten, die man weit mehr unter Kontrolle hat.

SODRÉ: Tagträume sind viel kontrollierter, weniger spontan als wirkliche Träume und können daher viel leichter zu Abwehrzwecken, gegen das Erkennen der inneren Wirklichkeit, eingesetzt werden. Hanna Segal sagt: „Geht der Tagträumende Konflikten durch Allmachtsphantasien der Wunscherfüllung und die Negation der äußeren wie der seelischen Wirklichkeit aus dem Weg, versucht der Künstler seinen Konflikt zu orten und ihn in seinen Schöpfungen zu lösen."

Obwohl bei uns allen im Kopf ein Tagtraumsubtext läuft, der helfen kann, Dinge in der Vorstellung durchzuspielen, ging es uns doch bei der Auseinandersetzung mit den sechs Romanen, für die wir uns entschieden haben, in erster Linie um jene Tagträume, die ausschließlich zu Abwehrzwecken dienen; sie mögen unter Umständen „realistisch" wirken, sind aber im Wesentlichen Wunscherfüllungsphantasien, tröstliche „Lügen"; Personen wie Gwendolen in George Eliots *Daniel Deronda* bedienen sich ihrer, *um nicht zu begreifen, wer sie sind.* Als ich unsere Gespräche las, fiel mir auf, wie oft wir darüber geredet haben, ob wir eine Figur oder einen bestimmten Teil einer Geschichte glaubwürdig finden oder nicht, ob bestimmte Fiktionen „der Wahrheit entsprechen" oder ob sie „lügen" – oder, um es mit Ronald Britton subtiler auszudrücken, ob es sich um Fiktionen handelt, die „die Wahrheit suchen" oder „die Wahrheit meiden".

BYATT: Ich wollte gerade sagen, dass viele populäre Liebesromane auf die gleiche Art beliebt *und* unbefriedigend sind wie schöne Tagträume. Etwa der Tagtraum, dem wir alle nachhängen, wenn wir im Lotto spielen und uns zehn Minuten hinsetzen und uns bis ins Detail ausmalen, was wir tun werden, wenn die glänzenden Bälle unsere Zahlen zeigen – was dann nicht geschieht. Wenn man eine Barbara Cartland ist, kann man den Leuten einen Tagtraum bieten, den sie umstandslos als Tagtraum verstehen. Einen Tagtraum der Art: Wenn in meiner Firma ein

Auseinandersetzung mit den sechs Romanen Jane Austen: *Mansfield Park* (1814). Übers. v. Trude Fein. Zürich 1990; Charlotte Brontë: *Villette* (1853). Übers. v. Ilse Leisi. Zürich 1984; George Eliot: *Daniel Deronda* (1876). Übers. v. Jörg Drewitz. Zürich 1994; Willa Cather: *The Professor's House* (1925). (*Das Haus des Professors*. Übers. v. Elisabeth Schnack. München 1995); Iris Murdoch: *An Unofficial Rose* (1962). Toni Morrison: *Beloved* (1987). (*Menschenkind*. Übers. v. Helga Pfetsch. Reinbek 1992).

wunderschöner Mann erscheint, wird er sofort erkennen, dass ich die attraktivste und interessanteste Frau im Betrieb bin, auch wenn das sonst im Alltag niemand bemerkt. Das Spiel kann jeder spielen und spielt es auch dann und wann. Gwendolens großer Tagtraum verheddert sich in der Wirklichkeit, als sie sich sagt: „Ich werde *jetzt* eine große Schauspielerin oder große Sängerin werden, weil es nun für mich aus finanziellen Gründen eindeutig notwendig ist, das zu haben, was mir der gewisse Tagtraum immer wieder in Aussicht gestellt hat.“ Klesmer entlarvt den Tagtraum, als er ihr sagt, dass sie weder die Stimme noch – vor allem – dafür *gearbeitet* hat. Aber das ist auch ein Stück Erziehung, das bringt Gwendolen auch weiter.

SODRÉ: Was der Tagtraum nicht tut, weil er sie daran hindert, etwas Produktives zu unternehmen, und weil er vor allem der Selbsterkenntnis entgegenwirkt.

BYATT: Ja, das stimmt, aber George Eliot ist eine unbarmherzige Moralistin, und Gwendolen muss für ihr mangelndes Selbstverständnis bezahlen. Manchmal kommt es mir so vor, als ob einem Tagträume wie gewisse leichtsinnige Fiktionen etwas Auszeit von der schrecklichen Wirklichkeit gewähren würden, damit man dann wieder leichter zurückkehren und sich dem Leben stellen kann.

Das Gesicht des Ertrunkenen in *Daniel Deronda* wirkt wie ein Traumbild – und zwar jener Art, die man als symbolische Warnung vor einer Welt empfindet, über die man nur wenig Kontrolle hat. Und doch ist man weniger hilflos, wenn es einem gelingt, den Traum ins Bewusstsein zu holen und herauszufinden, warum er einem solche Angst macht.

SODRÉ: Was ja am Ende des Romans geschieht: Für Gwendolen besteht Hoffnung, wenn sie sich mit ihrem Albtraum auseinander setzt. George Eliot weiß über unbewusste Abwehrmechanismen sehr genau Bescheid, und durch Gwendolen bringt sie ihre Überzeugung zum Ausdruck, dass man sein seelisches Gleichgewicht nur dadurch erlangen kann, dass man sich seinen schlimmsten Albträumen stellt. Gwendolen entscheidet sich allerdings nicht dafür, ihren Ängsten ins Auge zu sehen: Sie fühlt sich von ihrem Unbewussten angegriffen.

BYATT: Ja. Und das gilt in vielerlei Hinsicht auch für Lucy Snowe in Charlotte Brontës *Villette*, die von bösen Träumen, Schreckgespenstern und Dingen in sich geplagt wird, die unkontrollierbar und übermächtig geworden sind. Ihre bzw. Charlotte Brontës Geschichte von Vashti wird vom Leser als böser Traum erlebt. Das mag damit zu tun haben, dass Lucy versteinert und ohnmächtig wirkt, wenn sie Träume und Visionen beschreibt – obwohl sie immer auch ein Gefühl großer zerstörerischer Mächte oder der unterdrückten und explodierenden Kreativität vermittelt. Und das versetzt den Leser oder jedenfalls mich in den Zustand eines Träumers, der erstarrt, weil er von einem Traum angegriffen wird.

Zweifellos verstand George Eliot das Unbewusste, bevor Freud das Leben des Unbewussten und das Traumleben zu seiner Form von Geschichte verband. Wie neu war sein Ansatz?

SODRÉ: Lionel Trilling zitiert folgende Aussage Freuds: „Die Dichter haben vor mir das Unbewußte entdeckt; was ich entdeckt habe, ist die wissenschaftliche Methode, mit der man das Unbewußte erforschen kann." Wie wir wissen, fühlte sich Freud der Literatur sehr verpflichtet. Ein besonders schönes Beispiel eines literarischen Traums, in dem das Träumen als geistiges Ringen mit dem extremsten Konflikt empfunden wird, findet sich in *Krieg und Frieden*, als Prinz Andrej träumt, dass er stirbt, bevor er wirklich stirbt:

> Etwas Unmenschliches, der Tod, klopft an die Tür, und er, Andrej, muß sie zuhalten. Er erfaßt die Tür und strengt seine letzten Kräfte an, um sie, da es zum Absperren zu spät ist, wenigstens zuzuhalten. Aber seine Kräfte sind zu schwach, zu unbeholfen, und die Tür, gegen die das Entsetzliche drückt, öffnet sich – und schließt sich wieder.
>
> Noch einmal drückt *Es* von außen dagegen. Die letzten, übermenschlichen Anstrengungen sind vergeblich, und nun haben sich beide Türflügel geräuschlos geöffnet. *Es* ist eingetreten, und dieses *Es* ist der *Tod*. Und Fürst Andrej ist gestorben.
>
> Aber in demselben Augenblick, als er gestorben war, kam es ihm zum Bewußtsein, daß er nur schlafe, und in demselben Augenblick, als er gestorben war, machte er eine Anstrengung und erwachte.
>
> „Ja, das war der Tod. Ich bin gestorben – und ich bin erwacht. Ja, der Tod ist ein Erwachen!" leuchtete es auf einmal in seinem Geist auf, und der Vorhang, der bis dahin das Unbekannte verborgen hatte, hob sich vor seinem geistigen Blick. Es war ihm, als sei die bisher in seinem Innern gefesselte Kraft nun befreit, und er fühlte jene eigentümliche Leichtigkeit, die ihn von da an nicht mehr verließ. (XII. Teil, Kap. 16)

Man kann sich gar kein besseres Beispiel für einen Traum vorstellen, der sowohl eine Wunscherfüllung (der Tod ist „ein Erwachen") als auch ein Durcharbeiten unerträglicher Ängste im Hinblick auf das Hinnehmen des Unvermeidlichen darstellt.

SODRÉ: Mich würde interessieren, wie sich Ihrer Auffassung nach die Verwandlung des Rohmaterials, der grundsätzlichen Dinge, die man in sich hat, der emotionalen Erfahrungen, der unbewussten Prozesse und der Dinge, die man denkt und weiß, in ein Kunstwerk vollzieht.

BYATT: Ich glaube, ich bin der Sprache meiner Träume immer sehr nah gewesen. Ich konnte mich nie auch nur im Geringsten mit der verkürzten Vorstellung des gesellschaftlichen Realismus davon, was ein Roman leistet, anfreunden, weil ich ganz stark das Gefühl habe, dass poetische Bilder, visionäre Bilder und wie Träume strukturierte Geschichten gleichermaßen wichtig sind – ohne dass ich mich je zum Surrealismus hingezogen gefühlt hätte, der mich nicht besonders interessiert. Es gibt Autoren und Werke, die mich begeistern, vor allem Coleridge, der seine Träume in seinen Notizbüchern aufzeichnete und offensichtlich überzeugt war, dass sich seine wichtigsten Werke aus Traumbildern herleiten. Als er *Kubla Khan* schrieb, habe er, berichtet er, die Bilder ganz lebendig vor Augen gehabt. Sowohl was meine schriftstellerische Tätigkeit als auch was die Werke anderer Autoren angeht, interessieren mich Träume, in denen sich einem das, worüber man nachdenkt, in viel eindringlicheren Bildern oder Erscheinungen erschließt, wenn man wegsieht.

Ein anderes sehr aufschlussreiches Beispiel ist ein dreiteiliger Traum Descartes', den dieser in der Nacht des 10. November 1619 aufzeichnete und später als Wendepunkt seines geistigen Lebens ansah. Im ersten Teil des Traums fühlt sich Descartes „von den Böen eines gewaltigen Sturms" erfasst, schleppt sich zu seiner ehemaligen Schule und will in die Kapelle gelangen – was, wie Descartes selbst mutmaßte, unter anderem mit einer Reihe von vielleicht gegen das Christentum gerichteten Gedanken in Zusammenhang zu bringen sei. Im letzten Teil des Traums stößt er auf zwei Bücher: auf ein Wörterbuch und auf eine Sammlung von Gedichten mit dem Titel *Corpus Poetarum*. Er träumt den Vers *Quod vitae sectabor iter*. Dann erscheint ihm ein unbekannter Mann, der vorgibt, ihm einen Text von Ausonius vorlesen zu wollen, der mit den Worten *Est et non* beginnt. Ich habe die 1929 erschienene Darstellung von Maxime Leroy gelesen, der den Traum zu analysieren versuchte, Freud einen Bericht nach Wien schickte und dessen Antwort veröffentlichte. In Freuds Schreiben heißt es:

> Die Träume unseres Philosophen gehören in die Kategorie, die wir als „Träume von oben" bezeichnen, d. h., sie sind Gedankenreihen gleichzustellen, die ihrem Ursprung nach dem Wachleben ebenso zugehören können wie dem Schlafzustand und die sich nur für gewisse Anteile eine Verstärkung aus den tieferen Schichten des Seelenlebens holen. Der Trauminhalt ist in solchen Fällen ein abstrakter, poetischer oder symbolischer.
>
> Die Analyse solcher Träume ergibt für gewöhnlich folgendes: wir verstehen den Traum nicht; aber der Träumer (oder der Patient) versteht und übersetzt ihn ohne weiteres, soweit der Trauminhalt seinem

bewußten Wachdenken nahekommt. Darüber hinaus bleiben noch Traumstücke, zu denen der Träumer nichts zu sagen weiß, nämlich diejenigen Elemente, die aus dem Unbewußten stammen und in vieler Beziehung die bedeutungsvollsten sind.

Über diesen Aspekt des Freud'schen Denkens spricht man, wie mir vorkommt, im Allgemeinen nicht, am allerwenigsten die Literaturkritiker. Ich finde es äußerst spannend, dass Freud meint, manchmal davon ausgehen zu können, dass Träumende zu Bildern greifen, um zu denken – und das intensiver, als sie das mit bloß sprachlichen Mitteln tun könnten. Interessant ist auch, dass Freud der Auffassung ist, dass dem Träumer Teile seines Traums ganz oder teilweise unverständlich bleiben, wie beispielsweise die Melone, die man ihm im ersten Teil des Traums überreichen will, welche Descartes – was Freud als „(originellen) Einfall" bezeichnet – mit „Reize[n] der Einsamkeit, aber ausgedrückt in rein menschlichen Verlockungen" in Zusammenhang bringt. Freud merkt an, dass diese Erklärung, so „vage" sie auch sei, doch „zur richtigen Deutung" führen könne, die vielleicht in einer „sexuellen Vorstellung" liege.

Ich habe auch ganz klare symbolische Träume dieser Art, in denen ich Personen und Landschaften mit allen Sinnen wahrnehme; wenn ich aufwache, erinnere ich mich an den ganzen Traum und weiß, was er bedeutet. Die Traumgestalten haben allerdings eine über die „Bedeutung" hinausgehende Intensität und Komplexität und beeinflussen meine Arbeit tief und dauerhaft.

Es gibt aber auch eine viel ruhigere Spielart dieses Prozesses. Wenn ich mir den Kopf darüber zu zerbrechen beginne, wo die Figuren in dem Roman, an dem ich gerade arbeite, stehen, warum ich sie in diese Situation gebracht habe, wohin ich sie führen werde und was das Problem ausmacht, muss ich – wie mir immer klarer geworden ist – das Problem beiseite legen und darauf vertrauen, dass mein Unbewusstes die Fragen beantworten wird, die sich aufgetan haben. Ich gehe zu Bett und schlafe vielleicht sogar eine halbe Stunde lang ganz tief, und wenn ich dann aufwache, habe ich vielleicht eine Reihe ganz klarer Bilder vor mir, die Träumen viel näher sind als bedrückenden Gedanken. Als ob man eine Analyse macht und dem Analytiker einen Traum bringt und auf einmal erkennt, was man sagen, was man verstehen wollte.

Freud stellt eine Verbindung zwischen persönlichen Traumbildern und der Bildersprache der Menschheit überhaupt her. Freuds Wölfe sind Wölfe und mythische Wölfe, und der Wolfsmann steht mit allen Wölfen in allen Märchen in Beziehung …

SODRÉ: Ich würde gerne auf Descartes' Traum zurückkommen, der, wie wir annehmen, in seinen persönlichen unbewussten Phantasien (über die wir natürlich nichts wissen) seine Wurzeln hat und den er zu etwas anderem gemacht hat: zu einem faszinierenden Werkzeug für das Verständnis seines Geistes. Wir kennen bloß einige seiner *Ideen zu seinem Traum*, zu den beiden Büchern, dem Wörterbuch und der Gedichtsammlung, die auf ein Gefühl für die unterschiedlichen Seiten seines Geistes und deren Zusammenhang zu verweisen scheinen; wir erfahren, dass „er kühn genug [war], sich einzureden, der Geist der Wahrheit habe ihm durch diesen Traum die Schätze aller Wissenschaften auftun wollen". Descartes scheint seinen Traum ganz ähnlich erlebt zu haben wie Tom Outland in Willa Cathers *The Professor's House* seine Vision der Mesa (und ihres „Zaubers der Einsamkeit"), wo er, so sein Gefühl, im Besitz aller Schätze der Welt ist. („Der Mond stand am Himmel, obwohl die Sonne noch nicht untergegangen war, und glitzerte silbrig, wie das frühe Sterne in großer Höhe tun.")

BYATT: Sie haben über Freuds Träume geschrieben.

SODRÉ: In einem Artikel mit dem Titel ‚*Non Vixit* – A Ghost Story' beziehe ich mich auf einen Traum Freuds, in dem es in erster Linie um die irrationalen Schuldgefühle geht, die er wegen des Todes seines Freundes Fleischl empfindet. Freud hat im Traum den Satz „non vivit" (= er ist nicht am Leben) durch den Satz „non vixit" (= er hat nicht gelebt) ersetzt. Es ging mir dabei um die Frage des Umgangs mit unerträglichen Ereignissen der Vergangenheit durch ein keine Schranken kennendes Auslöschen ihrer Existenz (der Gedanke im Traum ist: „wenn jemand nie gelebt hat, kann ich ihn nicht getötet haben"). Doch die Vergangenheit kann nicht ausgelöscht werden, weil sie in der Erinnerung für immer lebendig bleibt – wie Toni Morrison in *Beloved* anhand von Sethes erbittertem Kampf gegen ihr Gedächtnis so eindringlich beschreibt, das nicht vergessen will. Und selbst Fanny Price kommt in Jane Austens *Mansfield Park* in ihrer „Rede über das Erinnern" darauf zu sprechen, gebärdet sich doch das „wunderbare" Gedächtnis manchmal schrecklich tyrannisch: Sie würde Portsmouth gern vergessen. Auch Gwendolen ringt erbittert mit ihrer Vergangenheit; das Öffnen der getäfelten Tür steht auch dafür, dass die Seele von fürchterlichen Erinnerungen heimgesucht wird: Die Toten verfolgen einen für immer. In diesen Romanen hätten viele Figuren gern, dass für dieses oder jenes Moment der Vergangenheit „non vixit" gilt.

SODRÉ: Der Reichtum jeder symbolischen Kommunikation liegt darin, dass sie das Denken auf vielen verschiedenen Ebenen anregt. Jeder

Traum hat – wie jeder Mythos – eine einfache universelle Grundstruktur und gleichzeitig unendliche Bedeutungen, die nicht nur verschiedenen Menschen, sondern verschiedenen Aspekten des Seelenlebens zugehörig sind. Ein literarisches Werk kann sich im besten Fall auf viele verschiedene Ebenen beziehen.

BYATT: Ja, und das gilt auch für Erzählsituationen. Als ich Ihren Artikel über diesen Traum Freuds las, dachte ich wie jetzt, als ich Ihnen zuhörte, dass Freud seinen Lesern beibringt, analytisch vorzugehen, und wahrscheinlich auch seine Patienten zu Analytikern erzogen hat. Ein Patient erzählt seinem Analytiker sein Leben, auch sein symbolisches Leben, sein Traumleben, und der Analytiker erzählt ihm dieselbe Geschichte in anderer Form wieder. Es ist, als ob jede Geschichte mannigfache, unendlich viele Formen hätte, wie Sie gerade gesagt haben, und auch Literaturkritiker können in einen Roman Dinge hineinlesen, von denen der Autor gar nicht weiß, dass er sie einfließen ließ, auch wenn sie so völlig offensichtlich sein mögen wie Freuds Versuch, mit seinen Schuldgefühlen klarzukommen. Ich glaube, dass es vor allem in *Villette*, aber auch in *Beloved* Dinge gibt, von denen die Autorinnen wussten, über die sie schreiben wollten und die sie in sonst keiner Form jemandem hätten erzählen können. Sie haben sie in erzählerischer Form dargestellt, für uns, damit wir sie lesen, sehen, fühlen und begreifen können.

Ja, wir müssen sie auch fühlen können. In Ihrem Artikel über Träumen haben Sie geschrieben, dass das Traumbild eines Wolfes im analytischen Zusammenhang ein Bild im Kopf des Patienten darstellt, das dieser dem Analytiker bringt, der sich dann, wenn er gut zuhört, ein eigenes Bild macht, das sich vom Bild des Patienten unterscheidet, wobei die beiden Bilder dennoch miteinander kommunizieren müssen. Das hat mich an etwas erinnert, was ich in meinen Romanen oft beschrieben habe, nämlich Bilder, die gewissermaßen zwischen zwei Menschen schweben, von beiden geteilt werden – wie das auch stets der Fall ist, wenn man genau liest, auch wenn man gleichzeitig weiß, dass man nicht dieselbe Szene vor Augen hat wie der Autor. Man kann ebenso wenig den Traum einer anderen Person träumen, wie man sich einen bestimmten Raum vorstellen kann, den sich beispielsweise George Eliot vorstellte, als sie ihn beschrieb. Wenn man Toni Morrisons Satz „Die Anrichte tat einen Satz nach vorn" liest, weiß man, dass jeder Leser sich eine andere Anrichte vorstellt und es aufgrund der Natur des Erzählens und der gemeinsamen Welt von Bildern dennoch möglich ist, genau zu verstehen, was vor sich geht. Insofern deckt und unterscheidet sich die Analyse vom Lesen und Schreiben und vom Träumen.

SODRÉ: Wenn man einen großen Roman liest, hat man das befriedigende Gefühl, mit dem Autor eine bestimmte Erfahrung zu teilen, und weiß gleichzeitig, dass man in seinem Kopf etwas Eigenes schafft, weil man das, was man aufnimmt, mit seinen eigenen Erlebnissen verknüpft und seine persönliche Bilderwelt für das Geschilderte hat. Wenn man einen Roman, den man gern hat, im Fernsehen als Film sieht, ist das unter anderem deshalb schmerzlich, weil man sich eines Stücks seiner inneren Welt beraubt vorkommt, das man ganz sein Eigen glauben will.

BYATT: Dafür fällt mir ein gutes Beispiel ein: Eine Freundin von mir hat sich im Fernsehen eine Verfilmung eines Romans von Rosamond Lehmann angesehen und mir wieder und wieder erzählt, dass eine bestimmte Rolle völlig fehlbesetzt sei: dass die Schultern der Schauspielerin viel zu breit sind, die Darstellerin überhaupt nicht passt. Als ich meine Freundin mit ihren schmalen, zarten Schultern so sah, wurde mir klar, dass sie sich, bis sie die Schauspielerin in der Verfilmung gesehen hatte, mit der Figur hatte körperlich identifizieren können. Das war ihr nun nicht mehr möglich. Die Schauspielerin war in der Rolle brillant, entsprach aber körperlich nicht meiner Freundin. Dieser Beobachtung ist ein für das Schreiben von Romanen wesentlicher technischer Hinweis zu entnehmen: Wenn man will, dass der Leser wirklich am Buch teilhat, muss man sehr konkret werden. Wenn ich Sie beispielsweise ganz an meinem Traum von der Schule und der Bibliothek teilhaben lassen will, muss ich Ihnen erzählen, dass die Bibliothek ein sehr hohes Gebäude war und fast einer Mühle glich und etwas von den ehemaligen Kornspeichern in Aldeburgh in Suffolk hatte, in denen heute Britten-Opern aufgeführt werden. Die Gebäude ragten hoch empor – oder schienen hoch emporzuragen, wie das große Gebäude in den Augen von Kindern tun.

Beim Sprechen ist mir jetzt bewusst geworden, dass es eine Verbindung zwischen der Bibliothek in meinem Traum und den Gebäuden in Aldeburgh gibt, aber wenn Sie sich jetzt Aldeburgh vorstellen, wäre das irreführend, das Bild zu spezifisch. Ich hatte plötzlich das Gefühl, Ihnen sagen zu müssen, dass die Bibliothek hoch war – für den Fall, dass Sie sich ein kleines Gebäude vorgestellt hatten. Würde ich fortfahren und Ihnen jedes einzelne Fenster beschreiben, würde, glaube ich, der Punkt kommen, an dem ich Sie eher ausschließen würde, als meine Bilder mit Ihnen zu teilen.

Als junge Autorin habe ich meinen Lesern immer zu viel erzählt, weil ich vom Reichtum meiner Vorstellungen so begeistert war. Wenn ich mir von einem Raum ein Bild machte, sah ich das kleinste Ding darin glänzen und glitzern und wollte meine Leser daran Anteil haben lassen. Als mir eine Lektorin einmal über eine andere Romanautorin sagte, dass diese der Phantasie der Menschen keinen Raum lasse, wurde mir schlagartig klar, dass sie damit eigentlich mich meinte und dass es Orte gibt, an denen man Platz lassen muss.

SODRÉ: Ja, entscheidend ist das Gleichgewicht, man muss genug erzählen, darf aber nicht zu viel verraten. Es kommt vor, dass Patienten in der Analyse (unbewusst) Träume zur Abwehr verwenden, indem sie wie besessen eine ungeheure Menge von Details wiedergeben, sodass sich der Analytiker überflutet fühlt und nicht denken kann. Ich frage mich, was es zu bedeuten hat, dass Sie mir diese Einzelheiten Ihres Traums erzählt haben. Ich weiß freilich nicht, was sie bedeuteten, als Sie den Traum hatten. Sie haben gesagt, dass es in der Bibliothek im Traum nicht genug Kinderbücher gab und Sie dachten, dass das mit dem Buch in Zusammenhang steht, an dem wir arbeiten. Ein Grund dafür, dass wir das Buch in dieser Form machen wollten, war der, dass unsere Gespräche über die sechs Romane unsere ursprüngliche Leseerfahrung beständig bereichert haben, sodass wir das Gefühl haben, dass es jetzt in unserer „inneren Bibliothek" mehr Bücher gibt als am Anfang. In Verbindung mit dem Einfall „Mühle" erinnert mich die Vorstellung „keine Bücher für Kinder" hingegen an unser erstes Gespräch über George Eliot und daran, wie schmerzlich wir die Szene in *The Mill on the Floss* empfanden, in der alle Bücher Maggie Tullivers verkauft werden.

BYATT: Maggie Tulliver dürfte so ungefähr die erste intellektuelle Protagonistin gewesen sein, für die Bücher alles waren.

SODRÉ: Das ist unsere letztes „offizielles" Gespräch für das Buch: Gewissermaßen nehmen wir damit von „unseren" sechs Büchern Abschied.

BYATT: Es ist schon unheimlich, wie das Bewusstsein funktioniert. Ich verbinde Aldeburgh mit dem letzten Zuhause meiner Eltern in Suffolk, wo sie hinzogen, als ich schon ziemlich groß war – einem Ort, der für mich keine Kindheitserinnerungen birgt. Als Sie gerade vom Abschied von „unseren" sechs Büchern sprachen, musste ich daran denken, wie ich das letzte Mal in dem Haus in Suffolk war: Meine Eltern waren bereits beide tot, und im Schlafzimmer meines Vaters türmte sich ein riesiger Bücherberg. Es waren Bücher meiner Kindheit, an die ich mich erinnerte, Bücher, die immer da gewesen waren. Aufgewühlt ging ich herum und brachte alte Lieblingsbücher meiner Mutter in Sicherheit: *Leaves from the Golden Bough*, das ich als kleines Mädchen gelesen hatte, eine moderne Ausgabe der *Pickwick Papers* und die Waverley-Romane, die meinem Großvater väterlicherseits gehört hatten. Es war ein Abschied und gleichzeitig der Versuch, den wichtigsten Teil meiner Kindheit zu retten.

Aber ich empfand die Schule und die Bibliothek in meinem Traum wie eine Staffage aus Karton für eine konventionelle „Kindergeschichte", in der alle Figuren zweidimensional, flach sind und strahlend lächeln. Sie waren *zu glatt*. Verlassen und *zu glatt*.

SODRÉ: Ich finde es sehr interessant, dass Ihnen jetzt zu Ihrem Traum neue Einfälle kommen. Das knüpft für mich an das an, was Sie über Ihre Schreibweise erzählt haben, bei der Sie eher unbewusste Prozesse zulassen, die Sie dann bewusst aufnehmen und weiterentwickeln. Ihre verschiedenen Gedanken sind nicht Teil ihres ursprünglichen Traums und seiner ursprünglichen Bedeutung; der Traum dient Ihnen vielmehr als Sprungbrett für andere wichtige Erinnerungen und Gedanken. Mir kommt vor, dass Ihre jetzigen Erinnerungen an Aldeburgh Sethes Vergessen diametral entgegengesetzt sind. Wenn Sie daran denken, welche besonders wertvollen Bücher welchen Menschen gehörten, retten Sie damit auch symbolisch die guten Momente Ihrer Beziehung zu diesen Menschen. Die Betonung des Flachen hingegen lässt das Thema des „Falschen" der Literatur anklingen, über das wir immer wieder gesprochen haben. Und dieses Thema steht wiederum auf komplexe Weise nicht nur mit Einsamkeitsgefühlen in Zusammenhang, die, wenn auch oft nur ganz kurz, jedes Kind hat, sondern verweist auch auf das Bedürfnis, durch Bücher emotional mit jemandem in Beziehung zu treten, wobei der Autor oder die Autorin zu einem imaginären Vater bzw. einer imaginären Mutter wird, zu einem Elternteil, der eine bedeutsame Geschichte erzählt.

Romane sind für Kinder etwas ganz Wichtiges, weil sie sie wunderbare Abenteuer erleben lassen und faszinierende neue Welten eröffnen, zu denen sie sonst keinen Zugang hätten. Mein erstes „Erwachsenenbuch" war Stevensons *Treasure Island*; die Erinnerung daran, wie meine Tante mir das Buch laut übersetzte und plötzlich voller Begeisterung aufsprang und sich (mit einem „jo, ho, ho und 'n Buddel voll Rum") in Long John Silver verwandelte, ist ungewöhnlich lebendig. Ich habe das Buch als Erwachsene nie wieder lesen wollen, weil ich Angst hatte, diese Erinnerung zu zerstören. Ich glaube, dass Romane Kindern auch dabei helfen können, komplizierte innere Situationen durchzuarbeiten, indem sie ihnen verschiedene symbolische Auflösungen unbewusster Konflikte vorführen.

BYATT: Den Gedanken finde ich sehr interessant. Könnten Sie mehr darüber erzählen, was Ihnen *Treasure Island* als Kind bedeutet hat oder welche Art von Situationen ein Kind auf diese Weise durcharbeiten kann? Arbeiten Kinder im Unterschied zu Erwachsenen Dinge durch

Lesen durch? Je älter ich werde, desto mehr will ich als Leserin mit anderen Problemen konfrontiert werden. Nur die gelungensten Darstellungen von Problemen wie etwa dem der Wahl des richtigen Partners langweilen mich heute nicht, während ich als Mädchen von verschiedenen Darstellungen ein und desselben Themas gar nicht genug bekommen konnte.

SODRÉ: Es scheint mir vor allem darauf anzukommen, dass man, wenn man die Geschichte erzählt bekommt, *selbst* wie Jim, der Held, zu einer abenteuerlichen, geheimnisvollen Reise *aufbricht* – zu einer Suche nach einem Schatz, der für die Kinder, die das Buch lesen, die Geschichte selbst ist. Da Jim ein Kind ist, können sich Kinder auch unmittelbar mit ihm identifizieren; und da er die Geschichte in der Mitvergangenheit erzählt, weiß man, dass er, so fürchterliche Wendungen die Geschichte auch nehmen mag, überleben wird. Jims Abenteuer stellen sich selbst für ihn als Geschichte dar. Und noch etwas: *Treasure Island* ist eine Geschichte, die von schrecklichen Bösewichtern beherrscht wird, von denen einige, wie sich herausstellt, entweder nicht ganz so schrecklich oder nicht ganz so böse sind, wie man meint. Über eine imaginäre Form der bedrohlichen Erwachsenenwelt den Sieg davonzutragen ist also sicher ein Grund für das Vergnügen an der Lektüre solcher Abenteuergeschichten.

BYATT: Wir haben über Bücher und vor allem über das Teilen von Erfahrungen gesprochen. Traumbilder sind etwas ungemein Persönliches und haben doch sonderbarerweise auch etwas ganz Allgemeines. Alle Menschen haben in gewissem Maß die gleichen Träume, auch wenn diese sich sehr voneinander unterscheiden. Wir haben das damit in Zusammenhang gebracht, dass, so persönlich Lesen und Schreiben auch sind, der Leser die Geschichte mit dem Autor bzw. den Charakteren des Buchs teilt. Jede Lektüre ist ein neuer Akt des Teilens. Und wenn man über Bücher spricht, wie wir das getan haben, ist das ebenfalls eine Form des Teilens. Wir bestätigen einander, dass es Dinge gibt, die uns beiden aufgefallen sind, können einander aber auch Dinge erzählen, die dem anderen vielleicht entgangen sind. Mich hat Ihre psychoanalytische Beschreibung des Christentums im Zusammenhang mit *Mansfield Park* besonders berührt. Sie haben so treffend darauf hingewiesen, wie dringend Fanny gute innere Objekte braucht. Das hätte wohl weder Jane Austen noch Lionel Trilling so gesehen, der in *The Opposing Self* davon spricht, dass Fanny „reinen Herzens“ ist. Doch im Zusammenhang unserer beider Lektüre des Buchs traf Ihr Hinweis genau zu. Genau das brauchte Fanny, sie konnte ohne gute innere Objekte nicht leben, hatte aber keine bekommen. Das war mir neu. Ich hätte ihre Erziehung als ganz schlecht und völlig verfehlt bezeichnen oder auf das schreckliche Getöse in Portsmouth hinweisen können, doch ich hätte damit die Situation nicht so genau beschrieben und nicht so *verstanden.*

SODRÉ: Wenn wir über Innenwelten sprechen, fällt mir ein, dass in drei der sechs Bücher, die wir ausgewählt haben, ausdrücklich Häuser im Mittelpunkt stehen: in *Mansfield Park*, in *The Professor's House* und in *Beloved*, das mit dem Satz beginnt: „Die 124 war böse." Die Welten dieser Romane fallen mit bestimmten Orten zusammen, die für sich ganz stark mit Bedeutung ausgestattet sind.

BYATT: In *The Professor's House* steht das Haus für die Angst vor der Ehe und vor allem für die Angst davor, seine Kräfte versiegen zu sehen.

SODRÉ: In Iris Murdochs *The Unofficial Rose* empfindet Randall wie Godfrey St. Peter die Ehe als etwas Lebensbedrohliches. Er entscheidet sich dafür, von einem Hotel zum anderen zu ziehen, er kann Beständigkeit nicht ertragen.

BYATT: Für diese Männer ist das Betreten des Hauses einer Frau eine Art Tod. In *Daniel Deronda* zieht die Frau in das tote Haus des Mannes. In diesem Fall ist der Mann der Tod. Das ist bemerkenswert. Und in *Mansfield Park* ist es trotz feministischer Versuche, Sir Thomas Bertrams Patriarchat als eine Form des Todes zu sehen, eigentlich Mrs. Norris, von der die negativere Macht ausgeht. Die beiden Frauen in *Mansfield Park* sind entweder träge oder zerstörerisch. Lady Bertram und Mrs. Norris stehen für einen rasch voranschreitenden Verfall.

SODRÉ: Und das Geschehen findet meist in Abwesenheit des Mannes statt, wenn Mansfield der Frau gehört.

BYATT: Auffällig finde ich, dass so viele Autorinnen sich dieses Bildes bedienen. Auch bei Lucy Snowe liegt auf der Hand, dass das Haus einer Frau etwas ist, vor dem eine Frau Angst hat.

SODRÉ: Auch Monsieur Paul ist im Haus einer Frau, im Haus Madame Becks, gefangen.

BYATT: Monsieur Paul baut ja ein Haus, in dem Lucy glücklich sein kann, aber sie muss offensichtlich allein darin glücklich sein. Was möglich ist. Aber der Leser teilt auch die Vorstellung, dass sie darin glücklich werden könnte, wenn sie heiratet.

SODRÉ: Wir wissen aber nicht, ob die beiden glücklich geworden wären, wenn sie gemeinsam ein Haus gebaut hätten. Ich habe das Gefühl, Sie wollen darauf hinaus, dass alle diese Autorinnen der Phantasievorstellung einer glücklichen Ehe nachhängen, dass sie Tagträume von einem Haus beschreiben, das zwei Menschen teilen – und dass es in Wirklichkeit weit häufiger vorkommt, dass das Haus einem gehört und der andere sich eingesperrt vorkommt. Das verheiratete Paar ist an einem Ort eingeschlossen, der als beengend und tödlich empfunden wird.

BYATT: Bemerkenswert finde ich, dass bei den großen kontinentaleuropäischen Romanen im Unterschied zu den englischen Romanen der Zeit ehebrecherische Frauen im Mittelpunkt stehen. Jemand hat einmal sehr zutreffend bemerkt, dass es in allen Geschichten des 19. Jahrhunderts darum gehe, sich dessen klar zu werden, „wer der Vater ist". Das scheint für die genannten Romane nicht wirklich zu gelten. Hier liegt der Schwerpunkt auf der Angst vor und der Liebe zu einem Haus. Und das Haus steht für Beständigkeit.

SODRÉ: Aber auch für die Innenwelt.

BYATT: Könnten Sie das etwas ausführen?

SODRÉ: Ich glaube, dass die drei Romane, in denen Häuser im Mittelpunkt stehen, gute Beispiele dafür sind: Was in den Häusern geschieht, symbolisiert das, was in den Köpfen der Hauptfiguren vor sich geht. „Die 124" etwa ist einerseits der Feind: Das Haus greift seine Bewohner an, ist gewissermaßen der schreckliche Vater bzw. die schreckliche Mutter, der bzw. die die Bewohner beschützen und Sicherheit bieten sollte, aber das Gegenteil tut; das Haus ist grausam und schüttelt seine Kinder, statt sie zu halten. Aber das Haus wird andererseits ebenso heimgesucht wie Sethe. Jane Austen beschreibt Mansfield ganz bewusst nicht nur als Ort, sondern als Geisteszustand.

Unsere Innenwelt ist von zahlreichen Figuren bevölkert, die Personifikationen unserer Beziehungen sind: Man hat innerlich nicht nur eine Mutter, sondern mehrere: eine großzügige, eine nachlässige, eine aufgeregte, eine idealisierte, eine in sich zurückgezogene usw. Diese Figuren stehen auch zueinander in Beziehung; so kann etwa ein innerer Konflikt als Kampf zwischen Vater und Mutter dargestellt werden, die das Haus bewohnen, das man in seinem Kopf hat.

Die „gefährlichen" Häuser in diesen Romanen werden im Allgemeinen als *Geist der anderen Person* empfunden. Wenn St. Peter in das neue Haus zieht, wird er völlig zur Kreatur seiner Frau werden und nicht mehr selbständig denken können.

BYATT: Ich verbinde diese Bilder von Häusern als Fallen für die Energie mit Freuds Aussagen über den Todestrieb. Für ihn ist der Todestrieb nichts Böses, sondern etwas völlig Natürliches. Der Todestrieb ist der Libido, dem Lebenstrieb gleichrangig. Vielleicht werden wir zu früh vom Todestrieb überrascht, doch es ist, wie Freud in ‚Jenseits des Lustprinzips' es beschreibt, in bestimmter Weise auch zutiefst angenehm, sich in nichts aufzulösen. Freud sagt, dass jeder Organismus nur das Bedürfnis habe, auf seine Art zu sterben – in den anorganischen Zustand zurückzukehren, aus dem er hervorgegangen ist.

SODRÉ: Wir haben uns mit dem Unterschied zwischen dem narrativen Charakter der Analyse und der Literatur beschäftigt und den „Text“ als das bezeichnet, was der Patient dem Analytiker als „Leser“ zur Verfügung stellt. Dazu ist mir eingefallen, dass sich Freud, als er seine ersten Untersuchungen über Hysterie veröffentlichte, dafür entschuldigte, dass sich seine Fallstudien wie Kurzgeschichten lesen. Für mich hingegen sind diese Fallstudien vor allem deshalb so großartig, weil sie sich wie Kurzgeschichten lesen, weil sie lebendige, interessante Texte sind und ein sinnvolles Ganzes bilden. Hätte Freud jedes Detail „wissenschaftlich“ und ganz objektiv beschrieben, würde man das Wesen der beschriebenen Person gar nicht verstehen. Als ich meinen ersten klinischen Artikel schrieb, hatte ich das schreckliche Gefühl, der Wahrheit nicht Genüge zu tun, wenn ich nicht auf jedes Detail des Patienten einging. Ich brauchte lange, bis ich begriff, dass ich durch eine bruchstückhafte Anhäufung endloser Gesichtspunkte kein getreueres Bild zeichnen würde. Wenn es mir gelang, einen Gesichtspunkt, der mir sinnvoll erschien, eines der vielen Bilder der Innenwelt des Patienten realistisch, aber mit Phantasie so darzustellen, dass das beim Leser genau das richtige Bild erzeugte, konnte ich hingegen etwas vermitteln, was es dem Leser erlauben würde, einen sinnvollen Bezug herzustellen und in verschiedene Richtungen zu denken.

Ein Analytiker ist geschult, zuzuhören und verschiedene Versionen ein und derselben Geschichte zu erkennen. Jeder Mensch hat verschiedene Lebensgeschichten, und natürlich ändert sich mit dem Fortgang der Analyse die Biografie – es gibt verschiedene Versionen der Vergangenheit, und der Analytiker, der diese Texte „liest“, hat nicht die Aufgabe, tatsächliche Ereignisse der Vergangenheit, sondern andere, reichere, der Wahrheit eher entsprechende Versionen derselben Geschichte aufzudecken. Der Analytiker erschließt allgemeine Muster, denkt über verschiedene Beziehungen nach und baut Bilder der Innenwelt auf. Eine hilfreiche Analyse lässt den Patienten nicht mit einem einzigen starren, unabänderlichen Bild der Vergangenheit allein, sondern setzt ihn in die Lage, in seiner Vorstellung mit verschiedenen Möglichkeiten verschiedener Beziehungen zu spielen. Das geschieht vor allem dadurch, dass der Patient unterschiedliche Aspekte seiner Person zu integrieren und die Vielfalt seiner komplexen und oft schmerzlichen und furchterregenden Gefühle anzuerkennen lernt. Der Analytiker bietet gewissermaßen als „Geschichtenerzähler“ dem Patienten verschiedene Versionen seiner selbst an.

BYATT: Auf ein, zwei Punkte möchte ich näher eingehen. Sie haben angedeutet, dass die Wahrhaftigkeit der Freud'schen Kurzgeschichte bzw. der Geschichte des Analytikers für den Patienten von einer Art Kohärenz, ja fast einer Art *ästhetischen* Komposition abhängt. Und Sie haben darauf hingewiesen, dass ein Analytiker keine sinnvolle Geschichte anbietet, sondern mit dem Patienten mehrere sinnvolle Varianten durchspielt. Ich finde es wunderbar, dass Sie Psychoanalyse als eine Art Spiel beschreiben: Ich bin überzeugt, dass Literatur das Lustprinzip ansprechen soll, sonst taugt sie nichts. Die Psychoanalyse ist ja dem Lustprinzip nicht offensichtlich verpflichtet; sie beschäftigt sich damit, die Realität aufzudecken.

SODRÉ: Die beiden Seiten hängen natürlich zusammen, beruht doch die große Freude beim Lesen auf der Fähigkeit des Autors, Aspekte der Wirklichkeit, auch der seelischen, auf ursprüngliche und komplexe Art zu erfassen und zu vermitteln. Es gibt nicht nur eine Wirklichkeit, sondern mehrere Versionen der Wirklichkeit, die einander nicht unbedingt widersprechen, gleichzeitig in einem wirken und die Denkfähigkeit und Vorstellungskraft bereichern.

BYATT: Schriftsteller haben ein merkwürdiges Gefühl dafür, was an der Fiktion, die sie konstruieren, wirklich und unwirklich, was wahr und unwahr ist. Als ich an meinem zweiten Roman schrieb, glaubte ich lange, dass einmal, etwa gegen Ende des zweiten Drittels, ein Punkt kommen würde, an dem die beiden Hauptpersonen miteinander schlafen. Als ich dann tatsächlich an die Stelle kam, wurde mir klar, dass der gesamte Charakter des Romans und das Wesen der beiden Personen das ausschlossen. Die Szene, auf welche die gesamte Geschichte, wie ich geglaubt hatte, zugesteuert war, fand nicht statt. Es kam nicht dazu. Es entsprach für mich der Wahrheit, dass ich es nicht zuließ. Selbstverständlich hat sich nichts von der Geschichte wirklich zugetragen, es ist ja eine Fiktion. Dennoch hätte ich es *geschehen lassen* können, indem ich die *Szene geschrieben* hätte. Eines ist mir als Autorin und als Leserin klar: Etwas „Unwahres" kann die Stimmigkeit, Kraft und Integrität einer Geschichte weitgehend zerstören. Integrität ist ein gutes Wort. Erzählungen sind im doppelten Sinn integer. Freud forderte seine Patienten auf, ihm so getreu und so vollständig wie möglich die Wahrheit zu erzählen – mehr verlangte er nicht. Es ist natürlich unmöglich, die ganze Wahrheit zu erzählen. Sonderbar, dass man, wenn man sich zum ersten Mal verliebt, den Drang verspürt, dem anderen seine ganze Lebensgeschichte mitzuteilen. Das tut man beinahe nie mehr wieder in dem Maß – als ob eine Art des Erzählens, die einen stimmig erscheinen lässt, Teil dessen wäre, dass man sich verliebt. Diese Art des Erzählens ist auch Teil des analytischen Prozesses.

SODRÉ: In dieser Situation des „Sichverliebens" verknüpft sich der Wunsch, zu verstehen und verstanden zu werden, mit Sexualität (und Freud sah sich natürlich, ehe er die Bedeutung der Übertragung erkannte und diese für das Verständnis seiner Patienten produktiv nutzbar machen konnte, damit konfrontiert, dass seine hysterischen Patienten ihre Beziehung zu ihm erotisierten). Aber ich vermute, dass man seine Geschichte nicht nur erzählt, weil man den Wunsch verspürt, ganz in die Seele des anderen einzugehen, sondern dem anderen auch unbewusst ziemlich idealisierte Versionen seiner selbst vermitteln will.

BYATT: Das Verlangen, ganz in die Seele des anderen einzugehen, in der Beziehung ganz präsent zu sein, kann als *gefährlich* nahe erfahren werden.

SODRÉ: In vielen Romanen, über die wir gesprochen haben, haben Nähe und Wissen etwas grundsätzlich Ambivalentes. Das heftige Verlangen nach Nähe ruft klaustrophobische Ängste hervor. In der Analyse mag der Patient das Bedürfnis haben, ganz verstanden – im Sinn von geistig erfasst und akzeptiert – zu werden, gleichzeitig aber will er seine destruktiven, nicht liebenswerten Züge nicht ganz preisgeben. Der Wunsch nach einer engen Beziehung und der Wunsch nach Unabhängigkeit und Privatheit bestehen nebeneinander. Oder vielleicht sollte man den Zusammenhang eher mit Ebbe und Flut vergleichen und von einer Bewegung auf den anderen zu und einem Rückzug in die Privatheit des Ichs sprechen. Ich denke an Lucy und Paul Emanuel und daran, wie stark dieses An- und Abschwellen von Nähe und Distanz in ihrer Beziehung ist, wie verzweifelt sie zusammen sein wollen und wie verzweifelt sie kämpfen, ihre seelische Unabhängigkeit zu bewahren. Was den Leser angeht, ist es unter anderem deshalb unbedingt lohnend, Charaktere und Geschichte des Romans in sich aufzunehmen und bis zu einem bestimmten Grad damit zu leben, weil man, indem man sich mit den Personen identifiziert, in solche Konflikte verwickelt wird. Ein Teil von uns will über die Befriedigung der Wünsche des „Helden" Befriedigung erlangen; man will zum Beispiel, dass Lucy und Paul heiraten und bis ans Ende ihrer Tage miteinander glücklich werden. Das würde jedoch zu einem oberflächlichen, letzten Endes langweiligen Ergebnis führen; damit ein „Happyend" befriedigend sein kann, muss es verdient sein – ohne Hexen und Drachen gäbe es keine Märchen. Es sind mit anderen Worten die Erfahrung von Konflikten – zwischen verschiedenen Seiten einer Person und zwischen verschiedenen Menschen – und deren psychologisch wahrhafte Auflösung, die ein Werk ergreifend machen, die garantieren, dass, „was in der Geschichte geschieht", einen auch wirklich berührt.

SODRÉ: Ich möchte auf einen Punkt zurückkommen, den Sie zuvor angesprochen haben: dass Sie plötzlich feststellen, dass ein Teil der Geschichte, den sie schreiben, nicht stimmt, unwahr ist. Sie bewegen sich auf eine bestimmte Szene oder Lösung zu, und auf einmal wird Ihnen klar, dass Sie nicht hinkommen. Könnten Sie näher auf den Unterschied zwischen „Inventionen" und „Entdeckungen" eingehen, um es so auszudrücken? Sie meinten doch, dass Ihnen der Leser falsche „Inventionen" nicht abnimmt, oder?

BYATT: Ja, genau. Der Begriff „Invention" ist etymologisch interessant, weil das lateinische „invenire" doch „finden, entdecken" bedeutet. Virginia Woolf hingegen verwendet in ihren Tagebüchern meistens das Verb „make up", wenn sie über ihre Charaktere schreibt. Mir war dieses Verb immer ein wenig suspekt, weil es für mich einerseits mit Schneidern und andererseits mit dem Erfinden imaginärer Spielkameraden durch Kinder verbunden ist. Ich spreche lieber davon, Charaktere zu beobachten oder zu entdecken, sich einen Zugang zu einer bisher unbekannten Welt zu erschließen, weil man so das Gefühl hat, dass diese Welt immer da war. Während „make up" für Tagträumen steht, haben Inventionen, Entdeckungen für mich mit Träumen zu tun. Ein Unterschied zwischen guten und schlechten Büchern liegt darin, dass man bei einem wirklich guten Buch das Gefühl hat, in der Welt eine Art Ordnung oder eine schreckliche Unordnung zu entdecken, die für einen zu ordnen aber dennoch jemand den Mut oder die Kraft hatte. Schlechte Bücher hingegen schwelgen bloß in Tagträumen oder Phantasien. Wie Iris Murdoch manchmal betont, ist nur wirklich große Kunst nicht Trost und Phantasie, sondern eine Form des Wissens. Ich glaube, dass alle Bücher, über die wir gesprochen haben, mir die Welt erschlossen haben. Wenn man sagt, dass man durch das Schreiben eines Romans etwas entdeckt hat, kann man das, was man entdeckt hat, nicht wirklich begrifflich bezeichnen, weil sich einem ja eine gesamte Welt aufgetan hat – ja, „Welt" ist der richtige Ausdruck. Und die Welten „unserer" Romane sind sehr verschieden.

SODRÉ: Wir sprechen immer wieder die Frage an, warum wir ohne diese „neuen Welten" nicht auskommen, warum die Lektüre eines guten Romans seelisch so bereichernd ist. Die Lektüre eines Romans ist, wie Sie gesagt haben, keine Therapie, und doch gibt es etwas, was einen persönlich bereichert und nicht nur geistig anregt. George Eliot wollte mit ihren Romanen erreichen, dass die Leser sich in die verschiedensten Menschen einfühlen und deren Situation verstehen können. Sie glaubte, dass ihre Leser bessere Menschen werden, wenn sie sich das Leben und die Gefühle und Gedanken anderer Personen in all ihren Besonderheiten vorstellen können. Das ist ein moralischer Zugang, der jedoch die Überzeugung impliziert, dass einen die Lektüre eines Romans verändert. Man hat George Eliot natürlich vorgeworfen, zu predigen, aber ich glaube nicht, dass es ihr darum ging, die Leser zu belehren; sie dachte, dass die Leser andere Standpunkte in sich aufnehmen können, indem sie sich mit den Charakteren ihrer Romane identifizieren: So würden sie verstehen, dass andere „ebenso einen Mittelpunkt ihres Ichs haben wie sie, weshalb Schatten und Licht stets anders fallen müssen".

BYATT: Ich wollte zwei Dinge sagen, die einander auszuschließen scheinen, es aber nicht tun: Zum einen ist das Lesen eines Romans eine Tätigkeit, die kompromisslos die Innenwelt ins Spiel bringt. Aber ein Roman ist zum anderen, wie Sie betont haben, auch hilfreich, wenn es darum geht, sich eine Gesellschaft oder Menschen so vorzustellen, als ob man ihre Innenwelt betreten könnte. Von den Autorinnen, über die wir gesprochen haben, bemühen sich Eliot und Murdoch äußerst gezielt, die Zahl und Art der Menschen, die der Leser im Auge zu behalten hat, zu erweitern. Beide tun das aus moralischen Beweggründen, aber auch aus Freude daran, das zu können – dazu imstande zu sein, sich diese fremden Wesen vorzustellen. Das erinnert mich an Entdeckungen, die ich als Kind machte. George Eliot habe ich erst als Erwachsene gelesen, Charlotte Brontë und Jane Austen aber, als ich noch ziemlich klein war. Als wir über *Mansfield Park* sprachen, sagte ich, dass mir bei der ersten Begegnung mit Fanny bewusst geworden sei, dass Frauen still zu sein haben – und das lange bevor mir im Leben klar wurde, dass das so war. Auf ähnliche Weise gab mir Charlotte Brontë mit *Villette* die Möglichkeit, mir zu überlegen, was ein unerfülltes Leben ist. Mit *Jane Eyre* tut sie das nicht, weil der Tagtraum am Ende so eindringlich ist. Aber Lucy Snowe setzt sich hin und reflektiert ihre Lage: Ich habe kein Geld, ich bin nicht schön, ich kann nicht besonders gut auf andere zugehen, ich werde nichts haben. Und es ist tatsächlich sehr gut, sich diese hypothetischen Situationen in ihrer ganzen Tragweite durch den Kopf gehen zu lassen und sich tief in sie einzufühlen, bevor man tatsächlich mit ihnen konfrontiert ist. Deshalb habe ich auch über Menschen geträumt, die keine Bücher hatten, als sie Kinder waren und ihr Bewusstsein geformt wurde.

SODRÉ: Als Sie sagten, dass George Eliot und Iris Murdoch die Autorinnen sind, die den Leser andere Personen erfahren lassen wollen, habe ich mich gefragt, wie es in diesem Punkt um Toni Morrison bestellt ist. Ich denke vor allem an *Beloved*, das sich sowohl an Menschen richtet, die Teil dieser Geschichte sind, als auch an Menschen, auf die das nicht zutrifft.

BYATT: Toni Morrison öffnet dem Leser durch ihre Wahrhaftigkeit – eine Qualität, auf die wir immer wieder zurückkommen – einen Zugang zu dieser Geschichte. Man hat das Gefühl, dass sie in einer umfassend dichterischen Art die Wahrheit dessen wiedergibt, was es hieß, eine schwarze Frau des 19. Jahrhunderts zu sein, die ihre Kinder nicht behalten kann. Sie hat sich die Arbeit, die Vorstellungsarbeit, gemacht und *durchgedacht*, was es hieß, jemandes Eigentum zu sein, Kinder zu haben, die einem weggenommen und wie Ferkel verkauft werden, und sie hat das mit einem Mut getan, den in seiner Vorstellung zu teilen beinahe unerträglich ist. Wir haben auch im Zusammenhang mit *Beloved* darüber gesprochen, dass die schwarzen Personen in vielerlei Hinsicht fast zu gut sind, fanden das aber angemessen, weil Morrison eine mythische Tiefe erreicht, in der diese Güte real und notwendig ist. Sie haben darauf hingewiesen, dass Sethe gute innere Objekte braucht und diese auch so gut wie hat, und das mit dem Christentum und der Art in Zusammenhang gebracht, in der die Autorin Sprache und Erzählformen der Bibel einsetzt. Ich glaube, dass unsere Diskussion mein Verständnis des Romans ungemein vertieft hat.

SODRÉ: *Beloved* ist übrigens eines der wenigen Bücher, das mich beim Wiederlesen noch mehr beeindruckt hat als beim ersten Mal. Es kam keine Distanz auf, wie das sonst bei Geschichten geschieht, die man bereits kennt, sondern ich hatte das Gefühl, dass das Buch nun tiefere Schichten meines Ichs ansprach, was, wie wir festgestellt haben, teils mit der komplexen und kompakten Schreibweise Morrisons zu tun hat, die diese ungeheure emotionale Wucht hat, teils jedoch meiner Meinung nach auch mit der Ungeschminktheit der dargestellten Erlebnisse in Verbindung zu bringen ist, gegen die man sich seelisch zur Wehr setzt.

Dass Morrison eine große Autorin ist, zeigt sich eben daran, dass sie den Leser dazu bringt, sich nicht nur mit ihm unbekannten, sondern mit grauenhaften Erfahrungen wie etwa denen einer Mutter, die ihr eigenes Kind umbringt, zu identifizieren.

BYATT: Ich wollte noch etwas zum Wiederlesen sagen. Jedes Mal, wenn man eines „unserer" Bücher wieder liest, entdeckt man nicht nur die Menschen und die Geschichte wieder, sondern auch den Geist der Autorin – und zwar als Ort, an dem alle Fäden des Romans zusammenlaufen. Ich glaube, dass alle Figuren eines Buchs stets in gewissem Maße Gesichtspunkte eines zentralen Bewusstseins darstellen wie die verschiedenen Menschen in einem Traum: Der Vater, von dem man träumt, ist man selbst, nicht der Vater. Mich erinnert das nochmalige Lesen eines Buchs irgendwie daran, wie der Patient dem Analytiker wiederholt denselben Teil seines Lebens erzählt. Auch in diesem Fall macht das Verständnis die Sache sowohl stimmiger als auch schillernder, was die Bedeutung angeht… Ich glaube, wir haben uns diese Romane ausgesucht, weil es Bücher sind, zu denen wir immer wieder zurückkehren, damit sie ein Teil von uns werden – was sich leicht anhört, aber sehr schwierig ist. Man wird so viel reicher dadurch, dass man in die Haut vieler Menschen schlüpft.

Ergänzen möchte ich noch, dass ich glaube, dass man den Figuren und Geschichten von Theaterstücken und Filmen im Großen und Ganzen nicht die gleichen Gefühle entgegenbringt. Und zwar deshalb, weil man ihnen nicht allein begegnet wie Personen in Träumen und Tagträumen. Die Begegnung findet in der Öffentlichkeit statt, und dazu kommt das Problem der Beziehung der Schauspieler zu den Figuren und zum Publikum. Bei Shakespeare hat man natürlich beides, und dazu kommt noch die Wucht von Rhythmus und Reim …

SODRÉ: Wir haben über den Besitz an Bildern gesprochen, über den ein Autor verfügt, und darüber, wie dieser Besitz verloren geht, sobald die „Geschichte" nach außen getragen wird. Sie haben gesagt, dass Sie sich beim Lesen Ihrer Innenwelt zuwenden – in der Sie dann diese andere Welt vorfinden, die Teil der Innenwelt des Autors ist, zu der Sie auf einmal Zugang haben. Große Autoren vermitteln einem das Gefühl, dass man an der Erschaffung dieser Welt teilhat. Das ist natürlich kein bewusster Gedanke, aber dieses Bündel mit kleinen schwarzen Zeichen übersäter Blätter aus Papier in der Hand zu halten und zu erleben, wie einem wunderbare Geschichten in den Kopf kommen, vermittelt einem (vermutlich seinem allmächtigen kindlichen Ich!) die befriedigende Vorstellung, an der Entstehung dieser Welt mitzuwirken.

Der Autor gibt einem die Geschichte, und man selbst stattet etwa Lady Macbeth beim Lesen mit einem purpurnen Kleid aus, das man selbst entworfen hat, während sie, wenn man das Stück im Theater sieht, vielleicht ein schwarzes Kleid trägt. Wenn es einem gelingt, im Theater ganz in ein Stück einzutauchen, verschwimmt andererseits die Grenze zwischen einem selbst und der Welt auf der Bühne; die Unterscheidung zwischen dem, was man ist, und dem, was man nicht ist, wird unwesentlich, und schließlich verfolgt man die Geschehnisse auf der Bühne in derselben Verfassung, in der man die Geschichte eines Romans auf der Bühne in seinem Kopf verfolgt.

BYATT: Ich glaube, dass man Romane schreibt, weil es kein größeres Vergnügen auf der Welt gibt, als diese strahlenden stimmigen Welten in seinem Kopf zu erschaffen. Dazu muss man allein sein, während Dramatiker mit Schauspielern, Theaterdirektoren, Ausstattern und anderen Menschen zurecht kommen müssen, die ihnen helfen, das Stück auf die Bühne zu bringen. Man kann keinen Roman schreiben, wenn man nicht längere Abschnitte seines Lebens hindurch allein sein kann. Ich setze gewissermaßen jetzt in meiner Arbeit die Lebensweise fort, die ein einsames Kind entdeckt hat, als es in Büchern Zuflucht suchte. Nachdem ich die erste Hälfte meines Lebens als Autorin pflichtbewusst den Standpunkt vertreten hatte, dass Bücher schlecht seien, weil sie eine Fluchtmöglichkeit bieten, kam ich zu dem Schluss, dass sie das nicht sind, ja, dass sie viel interessanter sind als der Großteil des übrigen Lebens. Ich habe manchmal das Gefühl, dass wir in einer Welt leben, in der Einsamkeit immer weniger geschätzt oder gar mit Argwohn betrachtet wird.

SODRÉ: Es gibt verschiedene Arten des Alleinseins. Allein zu sein, ohne sich durch seine Kreativität oder die Kreativität eines anderen Menschen eine Welt vergegenwärtigen zu können, kann unerträglich sein. Was *Sie* beschreiben, hat mit Einsamkeit nichts zu tun, weil Sie ja als Leserin in geistiger Gesellschaft eines Autors sind oder als Autorin zu ihren Figuren in Beziehung stehen, die Sie nicht nur als ihre Geschöpfe, sondern auch als Menschen empfinden. Das ist keine Leere, in der Sie dann leben. Es wäre schrecklich, mit einer leeren Seele ganz allein zu sein. Obwohl es also zutrifft, dass man als Autor allein sein können muss, um etwas zu schaffen, bevölkert sich die Seele, sobald man etwas zu schaffen beginnt. Ich glaube, dass das mit der Frage der guten inneren Objekte zu tun hat, weil man – wenn auch nicht für immer, so doch für bestimmte Abschnitte seines Lebens – allein sein kann, wenn man von den Erfahrungen, die man in der Vergangenheit gemacht hat, unterstützt wird: Man hat Menschen in sich, die an einem festhalten, die einen geliebt haben oder einen noch immer lieben.

BYATT: Wir sind darauf zu sprechen gekommen, dass Fanny ein kleines Zimmer hat, in das sie sich zurückziehen, in dem sie allein sein kann – und Jane Austen erwartet von uns, dass wir sie auch lieben, weil sie das Bedürfnis danach hat, das zu tun, und wir lieben sie zum Teil auch aus diesem Grund. Doch dann sind wir allein, wenn wir uns mit ihr beschäftigen. Lucy Snowe hat eine Dachstube, in die sie sich zurückzieht, und der Leser weiß, dass sie ohne diesen Zufluchtsort nicht überleben könnte, und doch hat Lucy Angst, dass sich die Zuflucht in einen Ort der Einsamkeit verwandeln könnte.

SODRÉ: Die Dachstube im Haus Madame Becks ist für mich ein grauenhafter Ort, hat Monsieur Paul Lucy dort doch am Tag der Aufführung des Stücks eingeschlossen und sieht sie doch dort die Nonne. Lucy braucht in diesem Haus, in dem einer dem anderen nachspioniert, in dem Madame Beck sogar Lucys Briefe stiehlt, um sie in aller Ruhe lesen zu können, und Lucys Schreibtisch aufgebrochen wird, dringend eine persönliche Zuflucht. Lucys Dachstube ist in ihrem Kopf – in einem mit aller Entschlossenheit bewachten geistigen Raum, in den niemand eindringen darf; für sich denken und – auch vor dem Leser! – Geheimnisse bewahren zu können ist lebenswichtig für sie. In ihren frühen, in der Biografie Lyndall Gordons zitierten Briefen und Aufzeichnungen schildert Charlotte Brontë, wie verzweifelt sie ist, dass sie in dem ihr verhassten Lehrerinnenberuf keine Privatsphäre hat; sie schreibe mit geschlossenen Augen und schaffe sich so eine „Dachstube" hinter ihren Lidern:

> Ich schreibe nur, weil ich nicht anders kann. Wiggins [Branwell] würde gewiss eine Kritzlomanie diagnostizieren, wenn er mich jetzt inmitten der Kühe sehen könnte … sie wundern sich, warum ich mit geschlossenen Augen schreibe, starren mich an, kommen aus dem Staunen nicht heraus. E. Cook auf einer Seite, E. Lister auf der anderen und Miss W[oole]r im Hintergrund. Die Stimmung: der reinste Stumpfsinn, den Geist mit Schulbüchern befasst, von Dummköpfen umgeben. Was von all dem könnte mich an das himmlische, stille, unsichtbare Reich der Gedanken erinnern, das nun verschwommen ist wie der Traum eines Traums, der Schatten eines Schattens?

Aber Charlotte Brontë hatte auch Angst davor, allein zu sein, weg von zu Hause, von ihren Schwestern, war sich dessen bewusst, dass die Welt von Angria für sie eine Art Zuflucht war, und konnte dennoch nicht loslassen. Sie wusste, dass sie eine andere, nicht defensive Art der Fiktion ersinnen musste, und deswegen damit zurecht kommen musste, allein zu sein.

> Wenn ich diese [Traumgestalten] verlasse, habe ich fast das Gefühl, an der Schwelle eines Heims zu stehen und mich von dessen Bewohnern zu verabschieden. Versuche ich, neue Bewohner hervorzuzaubern, ist das, als ob ich ein fernes Land betreten hätte, in dem mir jedes Gesicht unbekannt und das Wesen der gesamten Bevölkerung ein Rätsel ist, das zu verstehen es vieler Studien und das zu erläutern es eines großen Talents bedürfte. Und dennoch sehne ich mich danach, dem brennend heißen Landstrich für eine Zeit lang den Rücken zu kehren, in dem ich mich zu lange aufgehalten habe – immer liegt er unter flammendem Himmel im Glühen des Sonnenuntergangs da.

BYATT: Dieser Gesichtspunkt ist mir immer besonders nahe gegangen. Cassandra, die Protagonistin von *The Game*, meinem zweiten Roman, ist in großer Gefahr, in ihren Phantasien bzw. ihrer Lektüre zu ertrinken. Wie Lucy droht sie ihren bösen Tagträumen und ihrer obsessiven, beinahe schon verrückten Vorstellungskraft zu erliegen. Umgekehrt will der Professor im Roman Willa Cathers ganz allein sein, um seine historischen Erkenntnisse zu Papier zu bringen – seine Welt ist bevölkerter, wenn er allein ist, und sehr arm, wenn nur seine Frau, seine Töchter und seine Schwiegersöhne darin leben. Wie Sie gesagt haben, schwebt Tom Outland so etwas wie eine völlige Einsamkeit als völlige Fülle vor. Und der wunderbare Augenblick am Ende von *Beloved*, in dem Paul D Sethe sich selbst zurückgibt und sagt: „Du bist das Beste, was du hast", hat sehr viel mit Einsamkeit und Unabhängigkeit zu tun. Bis dahin war Sethe nicht in der Lage, mit sich allein zu sein und mit den Gestalten in ihrem Kopf und ihrer Erinnerung friedlich zusammenzuleben. Es ist merkwürdig, wie *An Unofficial Rose* nicht dem Muster der Beziehungen entspricht, die für mich zwischen den Texten bestehen. Das Buch hat eher etwas von einem Stück – als ob seine Figuren vielmehr in einer allegorischen Moralität gefangen als in einer einsamen Betrachtung ihrer Seele versunken wären. Als ob Iris Murdoch die Seele lieber dadurch zeigen würde, dass sie sie aufspaltet und in endlosen Variationen ein und desselben Themas kleine Stücke davon gegeneinander ausspielt – in einer *Psychomachia*, einer Schlacht der Seele, um einen alten Begriff für eine geistliche Allegorie zu verwenden. Murdoch bietet dem Leser zumindest in diesem Roman keine Hauptfigur, die allein ist oder das Bedürfnis nach Alleinsein hat und mit der sich der Leser identifizieren könnte.

BYATT: Am Beginn unserer Gespräche habe ich gesagt, dass Romanschriftsteller etwas für Einzelheiten an Menschen überhaben und gern darüber tratschen. John Forrester zitiert am Anfang seines ausgezeichneten Buchs *Language and the Origins of Psychoanalysis* Freuds Beschreibung seiner Methode als „Gesprächstherapie". Ich finde, dass wir das Gespräch als eine Form der gemeinsamen Lektüre entdeckt oder wiederentdeckt haben – als Vergnügen und als eine Art des Lernens, die es schon fast nicht mehr gibt. Wir haben uns erlaubt, über die Romanfiguren zu sprechen, als ob es wirkliche Menschen wären – eine beinahe primitive Form des Diskurses, welche die Literaturwissenschaft lange gescheut hat. Wir wissen heute nur allzu gut, dass die Personen eines Romans *nicht* wirklich sind. Man hält uns ständig vor Augen, dass es sich um Hypothesen, um Verkörperungen erzählerischer Absichten handelt. Wir haben die Fähigkeit verloren, über sie zu sprechen, wie das wohl ihre Schöpfer von uns wollten und wie wir das auch in normalen, nichtakademischen Gesprächen tun. Ich finde, dass die Gespräche, die wir geführt haben, einerseits sehr anspruchsvoll und andererseits bewusst primitiv und naiv waren, wodurch sich die Welt dieser Romane – zumindest vorübergehend für uns – von neuem zusammengesetzt hat. Finden Sie, dass der Begriff Tratschen das gut zum Ausdruck bringt?

SODRÉ: Ja. Wir wollten uns die Freiheit nehmen, uns diese Personen vorzustellen und über sie zu sprechen, als ob es Menschen wären, die wir kennen, Menschen, die wir gerade an der Ecke getroffen haben. Wir wollten unsere Phantasie spielen lassen und uns über sie austauschen und – wie man das auch beim Lesen tut – einen Augenblick lang vergessen, dass wir über etwas sprechen, was es nicht gibt. Wir konnten – und mir hat das ein ungemeines Vergnügen bereitet – so tun, als ob wir uns über wirkliche Personen unterhalten, weil wir die Figuren so empfinden. Wir haben Bücher gewählt, die uns beiden sehr am Herzen liegen, weil wir wussten, dass es uns nicht schwer fallen wird, darüber zu „tratschen". Das hat wiederum mit dem Erzählen von Geschichten, einer ursprünglich eher mündlichen als schriftlichen Tradition, und mit der Kindheit zu tun, in der man Geschichten erzählt bekommt, bevor man lesen kann: Die Person, die einem die Geschichte erzählt, wird im Kopf des Kinds zu einer Figur. Mir gefällt an diesem Buch unter anderem sehr, dass wir sowohl über die Personen der Romane als auch über uns und darüber gesprochen haben, wie wir auf unterschiedliche Erfahrungen reagieren – dass wir eine andere Art der Lektüre und dadurch verschiedene „Geschichten innerhalb einer Geschichte", Unterschiede wie Parallelen und Übereinstimmungen in unserem Denken kennen gelernt haben.

BYATT: Mir kommt vor, wir haben mehr Parallelen als Unterschiede entdeckt und haben uns auf das Gespräch eingelassen, weil wir das gespürt haben. Sie haben einmal gesagt, dass wir das getan haben, weil wir beide auf George Eliot und ihre Klugheit instinktiv sehr ähnlich reagiert haben. Ich habe das Gefühl, im Laufe unserer Unterhaltungen die verschiedensten Dinge erfahren und verstanden zu haben – und das hat nicht nur damit zu tun, dass Sie im Unterschied zu mir einen professionellen Zugang haben: Sie haben mich immer wieder auf Details hingewiesen, die mir nicht aufgefallen waren und hätten auffallen sollen und die ich nicht vergessen werde. Als wir über *An Unofficial Rose* sprachen, haben Sie zum Beispiel beiläufig angemerkt, dass der Streit zwischen den Geschwistern über das deutsche Messer an den Streit zwischen den Geschwistern über das kleine Silbermesser in *Mansfield Park* erinnert. Das war mir nie in den Sinn gekommen – auch wenn es mir dann völlig auf der Hand zu liegen schien, als Sie es erwähnten. Mir war zwar eine allgemeine Analogie zwischen den beiden Romanen aufgefallen; diese Verwandtschaft erschien mir aber erst bemerkenswert, als ich darauf zu sprechen kam. Ich finde es wunderbar, wie man durch bloßes Reden mehr und mehr begreift und dass dieser Lernprozess allem Anschein nach kein Ende hat.

SODRÉ: Ich wäre nie auf den Gedanken gekommen, dass *An Unofficial Rose* überhaupt etwas mit *Mansfield Park* zu tun hat, wenn Sie mich nicht darauf hingewiesen hätten. Erst nachdem Sie davon gesprochen hatten, bin ich zu dem Buch zurückgekehrt und habe es wieder gelesen und nach Hinweisen gesucht. Für mich war es völlig überraschend, dass ich Sie auf etwas aufmerksam gemacht haben sollte, an das Sie nicht gedacht hatten: Ich hatte den Eindruck, von Ihnen auf die Beziehung zwischen den beiden Büchern hingewiesen worden zu sein.

BYATT: Das ist die beste Art von Gespräch. In den heutigen Universitäten scheinen die Studenten infolge von erdrückenden Besucherzahlen und Personalmangel immer mehr in Form von Vorlesungen und nicht in Form von Gesprächen unterrichtet zu werden. Der Gesprächsunterricht wird beschnitten oder überhaupt abgeschafft. Als ich unterrichtete (und ich finde, Unterrichten ist wie Romanschreiben ein Rahmen zum Tratschen), habe ich aus den Gesprächen mit meinen Studenten am meisten gelernt: Sie haben mir Dinge erzählt, die ich nicht wusste, und haben Dinge anders verstanden, als ich sie ihnen erzählte. Vorlesungen zu schreiben war eine Art, sich Wissen anzueignen und zu ordnen, aber mit jemandem im Gespräch etwas zu entwickeln war etwas ganz anderes und für mich ebenso wertvoll. Wenn ich heute an den Universitäten etwas ändern könnte, würde ich alle Vorlesungen abschaffen, sie ein für allemal auf Video aufzeichnen lassen und wieder Seminare einführen. Wenn man nicht diskutiert, versteht man nichts.

SODRÉ: Vielleicht sollten wir, ehe unser letztes Gespräch zu Ende geht, darüber reden, wie Romane enden. Jemand hat einmal gesagt, dass für den Autor eines Romans das Ende das Schwierigste sei. Wie sehen Sie das?

BYATT: Das ist, glaube ich, teils damit zu erklären, dass einem der Fluss der Erzählung weniger künstlich vorkommt als das Ende. Es gibt keinen *Grund* dafür, dass welche Geschichte auch immer enden soll, sofern es sich nicht entweder um eine Tragödie handelt, an deren Ende der Tod steht, oder wir es mit einer Märchenkomödie zu tun haben, die mit einer Hochzeit schließt. Das Ende ist, wie Sie angedeutet haben, auf die Erwartungen des Lesers abzustimmen, der, rein *als Leser*, bestimmte Bedürfnisse hat: ein Bedürfnis nach Glück und Befriedigung – sowie ein ebenso starkes Bedürfnis nach einem *Abschluss*, ein Bedürfnis zu spüren, dass das Ende der Geschichte gekommen ist, und ein Bedürfnis danach, das Ende zu erfahren. Das ist ein ästhetisches Bedürfnis, das mit Ganzheit zu tun hat – und dem viele moderne ästhetische Theorien widersprechen, die dem Leser jede emotionale und ästhetische Befriedigung nachdrücklich verweigern. Mehrere der Romane, über die wir gesprochen haben, scheinen die Sache mit einem doppelten Ende zu lösen: einem glücklichen, definitiven und einem offenen, unsicheren.

SODRÉ: Ja, darauf sind wir bei *Villette* im Zusammenhang mit dem Happyend für Paulina und Graham zu sprechen gekommen, das am Ende des Buchs eine sarkastische Wiederholung erfährt, als die Autorin den empfindlichen Lesern, welche die Tragödie nicht ertragen können, ein falsches Happyend für Lucy und Paul anbietet; und wir haben festgestellt, dass man bei der neuerlichen Lektüre des Romans die Art, wie Lucy Pauls Ertrinken erlebt, in der Bildersprache der (unsäglichen) Leiden in der Fremde vorweggenommen findet. Daher habe ich mir überlegt, ob es auch in den anderen Romanen ein solches Bedürfnis nach Tragödie *und* Komödie gibt: In *Daniel Deronda* gibt es einerseits Gwendolens Tragödie und andererseits das ziemlich sentimentale Ende von Deronda und Mirah. In *Mansfield Park*, das eher zum Komischen neigt, enden (fast) alle tragisch; nur Fanny und Edmund erleben ein seliges, märchenhaftes Happyend – und das, obwohl die Autorin gewisse Zweifel aufkommen lässt, was die Wahrhaftigkeit des Glücks angeht. Willa Cather findet für ihren Roman meiner Meinung nach ein zutiefst befriedigendes Ende, das gleichermaßen offen und geschlossen ist: Der Professor ist einen „kleinen Tod" gestorben, wie Sie es ausgedrückt haben. Er setzt sich mit einem Teil seiner selbst auseinander und trauert um ihn, und doch lauten die letzten Worte: „Er glaubte zu wissen, wo er stand, und fühlte sich stark genug, sich der *Berengaria* und der Zukunft zu stellen." Die Stelle zeigt, wie großartig die Autorin ist: Während – worauf auch der tragische Tod Tom Outlands hinweist – etwas zum Abschluss kommt, eröffnet sich etwas Neues, deutet sich ein Stück Zukunft an. Da fällt mir der Anfang des Finales von *Middlemarch* ein: „Jede Grenze ist ein Anfang und ein Ende zugleich." Willa Cather greift freilich zu Formulierungen, die wieder alles durcheinander bringen: „glaubte zu wissen", „fühlte sich stark genug". Dadurch tut sich eine Kluft auf, die ein tragisches Ende möglich erscheinen lässt; schließlich hat Godfrey St. Peter ja kurz zuvor an Selbstmord gedacht.

Die letzte Seite von *An Unofficial Rose* bietet dem Leser ein glückliches und ein tragisches Ende: Hugh segelt mit Mildred einer glücklichen Zukunft entgegen und versetzt unterwegs der gescheiterten Romanze zwischen Felix und Ann den Gnadenstoß, als er in seiner Selbstzufriedenheit Felix unsensibel erklärt, dass Ann „auf ihre bescheidene Art recht lustig ist. Eine recht muntere kleine Person, eigentlich". In Hughs innerem Monolog offenbart Murdoch seine Fähigkeit, alle schmerzlichen Erfahrungen, jedes Schuld- und Verantwortungsgefühl auszulöschen:

> Als Felix gegangen war, stand Hugh auf und schlenderte aus der nun leeren Bar aufs Deck. Er trat an die Reling. Hinter dem Schiff führte die fahle Straße des Kielwassers zurück in die Nacht. Das

schwarze leere Wasser umgab sie, das alte, ewige, besorgte, unbarmherzige Meer. Hugh verehrte seine Dunkelheit, seine Weite, seine absolute Gleichgültigkeit. Er fühlte sich leichter und glücklicher als jemals, seit Fanny krank geworden war; vielleicht leichter und glücklicher als überhaupt je zuvor. Doch wie konnte man das schon wissen? Man vergaß, vergaß. Welche Macht hatte man denn über die Vergangenheit? Der gegenwärtige Augenblick war ein kleines Licht, das sich durch die Finsternis bewegte. Penn Graham würde vergessen und glauben, dass er seine Zeit in England genoss. Wahrscheinlich hatte Ann jetzt schon den wirklichen Randall vergessen und Randall die wirkliche Ann. Hugh hatte Emma aus bestimmten Gründen abgewiesen und vergessen, warum. Sein Bewusstsein war ein feines und trübes Gefäß, das es bald nicht mehr geben würde. Inzwischen gab es jedoch das Jetzt, den Wind und die Sternennacht und die große, alles auslöschende See. Und vor ihm lag Indien und die ungewisse Zukunft, wie kurz diese auch sein mochte. Und da war die bequeme, behagliche Mildred und der lustige verliebte Felix. Vielleicht war er verwirrt gewesen, vielleicht hatte er nichts verstanden, aber er hatte überlebt, das stand fest. Er war frei. (Kapitel 36)

Dass Hugh Felix als „lustig verliebt“ bezeichnet, versetzt dem Leser seines tragischen Schicksals wegen einen Stich. Murdoch beschreibt Hughs erstaunliche Fähigkeit, die Vergangenheit aufzuheben, indem sie Schritt für Schritt seinem Gedankengang folgt und, was ich noch eindringlicher finde, genauestens sein Verhältnis zum Meer wiedergibt: vom doppeldeutigen *wake* der „Straße des Kielwassers“, die „in die Nacht zurückführt“, über das „ewige, besorgte, unbarmherzige Meer“ bis zur „absoluten Gleichgültigkeit“ und „großen, alles auslöschenden See“. Hugh ist ein Meister des Vergessens. Es gibt ein glückliches Ende, doch Murdoch lässt den Leser die Tragödie im „Kielwasser“ der Geschichte nicht vergessen.

BYATT: Wollen Sie damit andeuten, dass neben den traditionellen glücklichen bzw. unglücklichen, märchenhaften bzw. tragischen Enden, die der Leser von Romanen erwartet, eine subtilere „Befreiung“ stattfindet, dass am Ende Leser wie Autor – und im Fall Hughs auf komische, ironische Weise auch die Charaktere – des Romans von der Last der *Erinnerung* an die Geschichten, ihre Ereignisse und ihre Form befreit werden? Hughs Schiff und das Näherkommen der *Berengaria* sind vielleicht mit einem alten Bild des Meeres als Grenze des menschlichen Bewusstseins, als einer Welt, aus der wir kommen und in die wir zurückkehren, in Zusammenhang zu bringen. Die verschiedenen Bezeichnungen des Meeres, die einander in Hughs Bewusstsein bzw. im Bewusstsein des Lesers ablösen, spannen sich vom Anthropomorphen, mit menschlichem Gefühl Aufgeladenen („besorgt, unbarmherzig") über das vermittelnde *halb*-anthropomorphe „Gleichgültigkeit" zum unmenschlichen „alles Auslöschenden", in dem das Meer sowohl von den Lesarten unseres Schicksals getrennt als auch zum Mittel des Vergessens wird. Iris Murdoch liebt Bilder des Meeres, und zwar sowohl des Meeres als eines verschlingenden Schicksals, gegen das man kämpfen muss (viele ihrer Personen entgehen beim Schwimmen nur knapp dem Tod durch Ertrinken), als auch des Meeres als des Unmenschlichen, das uns übersteigt. In *The Sea, The Sea* wie in *Time of the Angels* bezieht sich Murdoch auf die schöne, geheimnisvolle Zeile in Valérys *Le cimetière marin*, in der Horizont und Küste „La mer, la mer, toujours recommencée" sind – eine für ein Gedicht über die Endgültigkeit des Todes und die Möglichkeit der Dauer in der Erinnerung wunderbare Stelle.

SODRÉ: Der Wunsch, das Tragische zu vergessen, ist ungemein stark, wie ich gerade auf besonders überraschende Weise habe feststellen müssen: Als ich das Ende von *Beloved* wieder las, ist mir aufgefallen, dass ich etwas ganz Wichtiges vergessen hatte: nämlich dass der Roman, der ein äußerst befriedigendes, bewegendes glückliches Ende hat, das einzige glückliche Ende „unserer" sechs Romane, das völlig verdient erscheint („Du bist das Beste, was du hast, Sethe. Du selbst bist es."), *damit nicht zu Ende ist.* In einem letzten, kurzen Kapitel geht es um Beloved: „der Erinnerung entfallen und durch nichts belegt". Sie zu vergessen ist der Preis, den Sethe zahlen muss, um überleben zu können, und ich bin erstaunt, dass auch ich sie „vergessen" hatte. Ich glaube, wir haben nie über das letzte Kapitel gesprochen.

BYATT: Ich bin ebenso erfreut wie erschrocken und zufrieden wie Sie, dass wir beide im Einklang das letzte Kapitel des Buchs von Toni Morrison *vergessen* haben. Ich habe *Beloved*, wie es die Autorin vielleicht vorhergesehen haben mag, immer zu schnell und mit halb abgewandtem Blick gelesen. Ich glaube, das hat damit zu tun, dass *Beloved* eine Geschichte ist, die ein Tabu bricht, die uns etwas erzählt, von dem wir eigentlich nichts wissen wollen, uns in den Mord an einem Kind einweiht, den wir gleich wieder vergessen wollen – aber die Autorin liegt auf der Lauer.

Auch Toni Morrison verwendet Wasser als – wenn auch zweideutiges – Bild des Auslöschens und Vergessens. Der Satz nach „Es war keine Geschichte zum Weitererzählen" lautet: „Sie vergaßen sie wie einen bösen Traum." Ich finde, der Satz passt sehr gut zu unseren Gesprächen darüber, wie Geschichten und Erinnerung und Träume und Erzählen zusammengehen – wie vielleicht Albträume, Vergessen und *Nicht*erzählen.

Quellenangaben [modifiziert für den deutschsprachigen Kontext]:

Zum Thema Psychoanalyse und Kreativität s. Ronald Britton: ‚Wordsworth's Best Conjecture: A Theory of Psychic Development' u. ‚Reality and Unreality in Phantasy and Fiction: a Comment on Freud's Creative Writers and Day-Dreaming'. In: *Belief and Imagination. Explorations in Psychoanalysis* (=The New Library of Psychoanalysis 31). London: Routledge 1998 (*Glaube, Phantasie und psychische Realität. Psychoanalytische Erkundungen*. Übers. v. Antje Vaihinger. Stuttgart: Klett-Cotta 2001), sowie Hanna Segal: ‚A Psychoanalytic Approach to Aesthetics' (1952) u. ‚Delusion and Artistic Creativity' (1974). In: *The Work of Hanna Segal. A Kleinian Approach to Clinical Practice: Delusion and Artistic Creativity and Other Psychoanalytic Essays.* London: Karnac, Free Association Books 1981 (*Wahnvorstellung und künstlerische Kreativität. Ausgewählte Aufsätze.* Übers. v. Annegrete Lösch. Stuttgart: Klett-Cotta 1992). Zum Thema Erzählen in der Psychoanalyse s. Roy Schafer: *The Analytic Attitude*. London: Hogarth Press 1983; zum Thema Sprache s. John Forrester: *Language and the Origins of Psychoanalysis*. London: Macmillan 1980.
Die Zitate über den Traum Descartes' sind dem „Brief an Maxime Leroy über einen Traum des Cartesius (1929)" entnommen; s. Sigmund Freud: *Schriften über Träume und Traumdeutungen*. Frankfurt: Fischer 1994. Ignês Sodrés Aufsatz ‚Non-vixit: a ghost story' findet sich in dem Band: Rosine Jozef Perelberg (Hrsg.): *Dreaming and thinking.* London: Institute of Psycho-Analysis 2000, S. 20–32. Zu Jane Austen s. u. a. Lionel Trilling: ‚Mansfield Park'. In: *The Opposing Self: Nine Essays in Criticism*. London: Secker & Warburg 1955; zu Charlotte Brontë über Träume s. Lyndall Gordon: *Charlotte Brontë: A Passionate Life*. London: Chatto & Windus 1994. Zu den Theorien Melanie Kleins im Allgemeinen s. Hanna Segal: *Introduction to the Work of Melanie Klein*. London: Hogarth Press 1978 (*Melanie Klein. Eine Einführung in ihr Werk*. Übers. v. Gerhard Vorkamp, Frankfurt: Fischer 1983), sowie Elizabeth Bott Spillius (Hrsg.): *Melanie Klein Today. Developments in Theory and Practice*. London: Routledge 1988 (*Melanie Klein heute. Entwicklungen in Theorie und Praxis*. 2., durchges. Aufl. Übers. v. Elisabeth Vorspohl. Stuttgart: Verlag Internationale Psychoanalyse 1995).

Weiterführende Literatur und Kontexte:

S. in diesem Band die Beiträge von JAMES, WOOLF, GENETTE, RICŒUR und FEDERMAN. – Ferner A. S. BYATT: People in Paper Houses: Attitudes to ‚Realism' and ‚Experiment' in English Post-war Fiction. In: Passions of the Mind. London: Vintage 1993 (1991), S. 165–188. – Zum kontrovers diskutierten Status literarischer Figuren s. u. a. THOMAS KOCH: Literarische Menschendarstellung. Studien zu ihrer Theorie und Praxis. Tübingen: Stauffenburg 1991; zum ‚dekonstruktionistischen' Figuren-Konzept s. JOSEPH HILLIS MILLER: Ariadne's Thread. Story Lines. New Haven, London: Yale UP 1992, bes. S. 28–143; zur Kritik an diesem Konzept s. Harold Blooms Skizze ‚The Analysis of Character', die als generelle Einleitung jedem Einzelband der von ihm herausgegebenen Serie ‚Major Literary Characters', vorangestellt ist. – Zum narratologischen Aktanten-Modell, das sich v. VLADIMIR PROPP: Morphologie des Märchens (1928) herleitet, s. ALGIRDAS-JULIEN GREIMAS: Sémantique structurale. Paris 1966 (dt. 1971) bzw. den konzisen Überblick bei GERALD GRAFF: Narratology. In: Raman Selden (Hrsg.). The Cambridge History of Literary Criticism. Vol. 8: From Formalism to Poststructuralism. Cambridge: Cambridge UP 1995, S. 110–130.

1. Lexika und Textsammlungen zur Literatur- und Erzähltheorie

1.1. Lexika

Encyclopedia of Contemporary Literary Theory. Approaches, Scholars, Terms. Hrsg. v. Irena R. Makaryk. Toronto: University of Toronto Press 1993.

The Johns Hopkins Guide to Literary Theory and Criticism. Hrsg. v. Michael Groden u. Martin Kreiswirth. Baltimore: Johns Hopkins UP 1994.

Lexikon literaturtheoretischer Werke. Hrsg. v. Rolf Günter Renner u. Engelbert Haberkost. Stuttgart: Kröner 1995.

Encyclopedia of Aesthetics. 4 Bde. Hrsg. v. Michael Kelly. Oxford, New York: Oxford UP 1998.

Metzler Lexikon Literatur- und Kulturtheorie. Ansätze, Personen, Grundbegriffe. Hrsg. v. Ansgar Nünning. 2., überarb. u. erw. Aufl. Stuttgart: Metzler 2001.

1.2. Textsammlungen

The Novel Today. Contemporary Writers on Modern Fiction. Hrsg. v. Malcolm Bradbury. London: Fontana 1977.

Modern Criticism and Theory. A Reader. Hrsg. v. David Lodge. London, New York: Longman 1989.

Narratology: An Introduction. Hrsg. v. Susana Onega u. José Angel García Landa. London, New York: Longman 1999 (zuerst 1996).

Essentials of the Theory of Fiction. Hrsg. v. Michael J. Hoffman u. Patrick D. Murphy. 2. Aufl. London: Leicester UP 1996.

Texte zur Literaturtheorie der Gegenwart. Hrsg. u. komm. v. Dorothee Kimmich, Rolf Günter Renner u. Bernd Stiegler. Stuttgart: Reclam 1996.

The Narrative Reader. Hrsg. v. Martin McQuillan. London: Routledge 2000.

Theory of the Novel. A Historical Approach. Hrsg. v. Michael McKeon. Baltimore, London: Johns Hopkins UP 2000.

Texte zur Theorie der Autorschaft. Hrsg. u. komm. v. Fotis Jannidis, Gerhard Lauer, Matias Martinez u. Simone Winko. Stuttgart: Reclam 2000.

2. Einführungen und Überblicksdarstellungen zur Erzähltheorie

ABBOT, H. PORTER: The Cambridge Introduction to Narrative. Cambridge: Cambridge UP 2002.

BAL, MIEKE: Narratology: Introduction to the Theory of Narrative. Übers. v. Christine van Beheemen. Toronto: University of Toronto Press 1985.

BAUER, MATTHIAS: Romantheorie. Stuttgart: Metzler 1997.

COBLEY, PAUL: The New Critical Idiom: Narrative. London: Routledge 2001.

MARTIN, WALLACE: Recent Theories of Narrative. Ithaca, London: Cornell UP 1986.

MARTINEZ, MATIAS/MICHAEL SCHEFFEL: Einführung in die Erzähltheorie. 2. Aufl. München: Beck 2000.

PRINCE, GERALD: A Dictionary of Narratology. Lincoln: University of Nebraska Press 1987.

VOGT, JOCHEN: Aspekte erzählender Prosa. Eine Einführung in Erzähltechnik und Romantheorie. 8., durchges. u. aktualisierte Aufl. Opladen: Westdeutscher Verlag 1998.

3. Theoretische Studien

Vorbemerkung: S. auch die bio-bibliographischen Hinweise und die weiterführende Literatur bei jedem Beitrag dieses Bandes; dort zitierte Arbeiten werden in der Regel hier nicht wiederholt. Weitere Literaturhinweise auch in den Anmerkungen.

ADORNO s.o.

BACHTIN s.o.

BACHTIN, MICHAIL M.: Formen der Zeit im Roman. Untersuchungen zur historischen Poetik. Hrsg. v. Edward Kowalski u. Michael Wegner. Übers. v. Michael Dewey. Frankfurt: Fischer 1989.

BANFIELD, ANN: Unspeakable Sentences: Narration and Representation in the Language of Fiction. London: Routledge 1983.

BANFIELD, ANN: The Phantom Table. Woolf, Fry, Russell and the Epistemology of Modernism. Cambridge: Cambridge UP 2000.

BARTH, JOHN: The Friday Book. Essays and Other Nonfiction. Baltimore, London: Johns Hopkins UP 1997 (zuerst 1984; enthält ‚The Literature of Exhaustion' (1968) u. ‚The Literature of Replenishment' (1979)).

BARTH, JOHN: Further Fridays. Essays, Lectures, and Other Nonfiction 1984–1994. Boston u.a.: Little, Brown & Co 1995.

BARTHES s.o.

BARTHES, ROLAND: Poétique du récit. Paris: Éditions du Seuil 1977.

BARTHES, ROLAND: S/Z. Übers. v. Jürgen Hoch. Frankfurt: Suhrkamp 1976 (frz. 1970).

BENJAMIN, WALTER: Der Erzähler. Betrachtungen zum Werk Nikolai Lesskows (1936). In: Gesammelte Schriften, Bd. II.1. Hrsg. v. Rolf Tiedemann u. Hermann Schweppenhäuser. Frankfurt: Suhrkamp 1980, S. 438–465.

BENVENISTE, ÉMILE: Probleme der allgemeinen Sprachwissenschaft. Übers. v. Wilhelm Bolle. München: List 1974 (frz. 1972).

BOOTH, WAYNE C.: The Self-Conscious Narrator in Comic Fiction before ‚Tristram Shandy'. In: PMLA 67 (1952), S. 163–185.

BOOTH, WAYNE C.: The Rhetoric of Fiction. Chicago: University of Chicago Press 1961 (dt. 1974).

BORDWELL, DAVID: Narration in the Fiction Film. Madison: University of Wisconsin Press 1985.

BREMOND, CLAUDE: Logique du récit. Paris: Éditions du Seuil 1973.

BROOKS, PETER: Reading for the Plot. Design and Intention in Narrative. Oxford: Clarendon 1984.

BROOKS, PETER: Psychoanalysis and Storytelling. Oxford: Blackwell 1994.

BYATT, A. S. s.o.

CAVE, TERENCE: Recognitions. A Study in Poetics. Oxford: Clarendon 1988.

CHATMAN, SEYMOUR: Story and Discourse. Narrative Structure in Fiction and Film. Ithaca, London: Cornell UP 1978.

CHATMAN, SEYMOUR: Coming to Terms. The Rhetoric of Narrative in Fiction and Film. Ithaca, London: Cornell UP 1990.

COHN, DORRIT: Transparent Minds: Narrative Modes for Presenting Consciousness in Fiction. Princeton: Princeton UP 1978.

COHN, DORRIT: The Distinction of Fiction. Baltimore, London: Johns Hopkins UP 1999.

CULLER, JONATHAN: Structuralist Poetics, Structuralism, Linguistics and the Study of Literature. London: Routledge 1975.

CULLER, JONATHAN: Saussure. Rev. Aufl. London: Fontana 1990.

CULLER, JONATHAN: Barthes. Rev. Aufl. London: Fontana 1990.
CURRIE, MARK: Postmodern Narrative Theory. London: Palgrave Macmillan 1998.
DODERER, HEIMITO VON s.o.
DOLEŽEL, LUBOMIR: Heterocosmica. Fiction and Possible Worlds. Baltimore, London: Johns Hopkins UP 1998.
ECO, UMBERTO: Lector in fabula. Die Mitarbeit der Interpretation in erzählenden Texten. München, Wien: Hanser 1987.
EFFE, OTTMAR: Roland Barthes. Eine intellektuelle Biographie. Frankfurt: Suhrkamp 1998.
FEDERMAN, RAYMOND s.o.
FEHN, ANN/INGEBORG HOESTEREY/MARIA TATAR (Hrsg.): Neverending Stories. Toward a Critical Narratology. Princeton: Princeton UP 1992.
FORSTER, EDWARD MORGAN: Aspects of the Novel (1927). Harmondsworth: Penguin 1971.
FLUDERNIK, MONIKA: The Fictions of Language and the Languages of Fiction. London, New York: Routledge 1993.
FLUDERNIK, MONIKA: Toward a „Natural" Narratology. London: Routledge 1996.
FRANK, JOSEPH: The Voices of Mikhail Bakhtin. In: Through the Russian Prism. Princeton: Princeton UP 1990, S. 18–33.
GENETTE, GÉRARD s.o.
GASS, WILLIAM H.: Der Tod des Autors (1984). In: Heide Ziegler/Susan Bernofsky (Hrsg.) Wie man aus Wörtern eine Welt macht. Übers. v. Sylvia Morawetz. Salzburg, Wien: Residenz 1995, S. 129–166.
GASS, WILLIAM H.: The Concept of Character in Fiction. In: Fiction and the Figures of Life. Boston: Godine 1989 (zuerst 1979).
GRAFF, GERALD: Narratology. In: Raman Selden (Hrsg.): The Cambridge History of Literary Criticism. Vol. 8: From Formalism to Poststructuralism. Cambridge: Cambridge UP 1995, S. 110–130.
GREIMAS, ALGIRDAS JULIEN: Sémantique structurale. Paris: Larousse 1966 (dt. 1971).
GREIMAS, ALGIRDAS JULIEN: Maupassant. The Semiotics of Text. Practical Exercises. Übers. v. Paul Perron. Amsterdam Philadelphia: John Benjamins 1988.
GRÜBEL, RAINER: Methode, Wertbegriff und Wertung in der Kunsttheorie des Leningrader Bachtinkreises: Interpersonalität, Dialogizität und Ambivalenz des ästhetischen Aktes. In: Bernd Lenz/Bernd Schulte-Middelich (Hrsg.): Beschreiben, Interpretieren, Werten. München: Fink 1982, S. 95–133.

HAMBURGER, KÄTE: Die Logik der Dichtung. Stuttgart: Klett 1957 (rev. Aufl. 1968).

HAMON, PHILIPPE: Introduction à l'analyse du descriptif. Paris: Hachette 1981.

HANSEN-LÖVE, SVEN AAGE A.: Der russische Formalismus. Wien: Vlg. der Österr. Akademie d. Wissenschaften 1996 (zuerst 1978).

HAUBRICHS, WOLFGANG (Hrsg.): Erzählforschung. Theorien, Modelle und Methoden der Narrativik. 3 Bde. Göttingen: Vandenhoeck & Ruprecht 1976–1978.

HEATH, STEPHEN: Narrative Space (1976). In: Questions of Cinema. Bloomington: Indiana UP 1981, S. 19–75.

HENRICH, DIETER / WOLFGANG ISER (Hrsg.): Funktionen des Fiktiven. München: Fink 1983.

HUTCHEON, LINDA: A Poetics of Postmodernism. History, Theory, Fiction. New York, London: Routledge 1989.

ISER, WOLFGANG s. o.

JAKOBSON, ROMAN: Poetik. Ausgewählte Aufsätze 1921–1971. Hrsg. v. Elmar Holenstein u. Tarcisius Schelbert. Frankfurt: Suhrkamp 1979.

JAKOBSON, ROMAN: Semiotik. Ausgewählte Texte 1919–1982. Hrsg. v. Elmar Holenstein. Frankfurt: Suhrkamp 1992.

JAMES, HENRY s. o.

JAMES, HENRY: The Critical Muse: Selected Literary Criticism. Hrsg. v. Roger Gard. London: Penguin 1987.

JEFFERSON, ANN: Literariness, Dominance and Violence in Formalist Aesthetics. In: Peter Collier/Helga Geyer-Ryan (Hrsg.): Literary Theory Today. Ithaca, New York: Cornell UP 1990, S. 125–141.

JOHNSON, BARBARA s. o.

KABLITZ, ANDREAS: Erzählperspektive – Point of View – Focalisation. Überlegungen zu einem Konzept der Erzähltheorie. In: Zeitschrift für französische Sprache und Literatur 98 (1988), S. 237–255.

KABLITZ, ANDREAS / GERHARD NEUMANN (Hrsg.): Mimesis und Simulation. Freiburg: Rombach 1998.

KERMODE, FRANK: The Sense of an Ending: Studies in the Theory of Fiction. Oxford: Oxford UP 1966.

KERMODE, FRANK: The Genesis of Secrecy. On the Interpretation of Narrative. Cambridge, Mass., London: Harvard UP 1979.

KERMODE, FRANK: Essays on Fiction 1971–82. London: Routledge & Kegan Paul 1983 (bes.: The Uses of the Codes, S. 72–91).

KLUGE, ALEXANDER s. o.

KRÄMER, SIBYLLE: Sprache, Sprechakt, Kommunikation. Sprachtheoretische Positionen des 20. Jahrhunderts. Frankfurt: Suhrkamp 2001.

KRISTEVA, JULIA: Une poétique ruinée. Présentation de la poétique de Dostoievski. In: Mikhail Bakhtine: Problèmes de la poétique de Dostoievski. Übers. v. Isabella Kolitcheff. Paris: Éditions du Seuil 1970, S. 5–27.

KRISTEVA, JULIA: Bachtin, das Wort, der Dialog und der Roman (frz. 1967). In: Bruno Hillebrand (Hrsg.): Zur Struktur des Romans. Darmstadt: Wiss. Buchgesellschaft 1978, S. 388–407.

LA CAPRA, DOMINICK: Geschichte und Roman. In: Ders.: Geschichte und Kritik. Übers. v. Ludwig Hirt. Frankfurt: Fischer 1987, S. 102–120.

LACHMANN, RENATE: Die ‚Verfremdung' und das ‚Neue Sehen' bei Viktor Šklovskij. In: Poetica 3 (1970), S. 226–249.

LACHMANN, RENATE: Gedächtnis und Literatur. Frankfurt: Suhrkamp 1990.

LANSER, SUSAN SNIADER: The Narrative Act: Point of View in Fiction. Princeton: Princeton UP 1981.

LANSER, SUSAN SNIADER: Fictions of Authority: Women Writers and Narrative Voice. Ithaca: Cornell UP 1992.

LÄMMERT, EBERHARD: Bauformen des Erzählens. Stuttgart: Metzler 1972 (zuerst 1955).

LÄMMERT, EBERHARD (Hrsg.): Die erzählerische Dimension. Eine Gemeinsamkeit der Künste. Berlin: Akademie Verlag 1999.

LÉVI-STRAUSS, CLAUDE: Strukturale Anthropologie. 2 Bde. Frankfurt: Suhrkamp 1978/1992.

LODGE, DAVID: After Bakhtin. Essays on Fiction and Criticism. London, New York: Routledge 1990.

LODGE, DAVID: The Art of Fiction. London: Penguin 1992 (dt. 1993).

LODGE, DAVID: The Practice of Writing. London: Secker & Warburg 1996.

LOTHE, JACOB: Narrative in Fiction and Film. Oxford: Oxford UP 2000.

LOTMAN, JURIJ: Die Struktur des künstlerischen Textes. Übers. v. Rainer Grübel, Walter Kroll u. Hans-Eberhard Seidel. Frankfurt: Suhrkamp 1973.

LUKÁCS, GEORG: Die Theorie des Romans. Ein geschichtsphilosophischer Versuch über die Formen der großen Epik. Neuwied, Berlin: Luchterhand 1971 (zuerst 1920).

MANTHEY, JÜRGEN: Die Unsterblichkeit Achills. Vom Ursprung des Erzählens. München, Wien: Hanser 1997.

MARTÍNEZ-BONATI, FÉLIX: Fictive Discourse and the Structures of Literature. A Phenomenological Approach. Übers. v. Philipp W. Silver. Ithaca, London: Cornell UP 1981.

MEDVEDEV, PAVEL: Die formale Methode in der Literaturwissenschaft. Hrsg. u. übers. v. Helmut Glück. Stuttgart: Metzler 1976 (russ. 1928).

MEZEI, KATHY (Hrsg.): Ambiguous Discourse: Feminist Narratology and British Women Writers. Chapel Hill: University of North Carolina Press 1996.

MILLER, J. HILLIS (Hrsg.): Aspects of Narrative. New York: Columbia UP 1971.

MILLER, J. HILLIS: Character in the Novel. A "Real Illusion". In: From Smollet to James: Studies in the Novel and Other Essays Presented to Edgar Johnson. Hrsg. v. Samuel J. Mintz u.a. Charlottesville: UP of Virginia 1981, S. 277–285.

MILLER, J. HILLIS: Ariadne's Thread. Story Lines. New Haven, London: Yale UP 1992.

MILLER, J. HILLIS: Speech Acts in Literature. Stanford: Stanford UP 2001.

MITCHELL, W. J. T. (Hrsg.): On Narrative. Chicago, London: University of Chicago Press 1981.

MÜLLER, GÜNTHER: Erzählzeit und erzählte Zeit (1948). In: Ders.: Morphologische Poetik. Gesammelte Aufsätze. 2. Aufl. Tübingen: Niemeyer 1974, S. 269–286.

MÜLLER, GÜNTHER: Aufbauformen des Romans, dargelegt an den Entwicklungsromanen G. Kellers und A. Stifters (1953). In: Ebda, S. 556–569.

NORRIS, CHRISTOPHER: Narrative Theory or Theory-as-Narrative. In: Ders.: The Contest of Faculties. Philosophy and Theory after Deconstruction. London: Methuen 1985.

PEARCE, LYNNE: Reading Dialogics. London: Edward Arnold 1994.

PETERSEN, JÜRGEN H.: Erzählsysteme. Eine Poetik epischer Texte. Stuttgart, Weimar: Metzler 1993.

PHELAN, JAMES: Reading People, Reading Plots: Character, Progression, and the Interpretation of Narrative. Chicago: University of Chicago Press 1989.

POOLE, BRIAN: Objective Narrative Theory – The Influence of Spielhagen's Theory of 'Narrative Objectivity' on Bakhtin's Study of Dostoevsky. In: Jørgen Bruhn/Jan Lundquist (Hrsg.): The Novelness of Bakhtin. Perspectives and Possibilities. Copenhagen: Museum Tusculum Press 2001, S. 107–162.

PRENDERGAST, CHRISTOPHER: The Order of Mimesis. Cambridge: Cambridge UP 1986.

PRINCE, GERALD: Narratology: The Form and Functioning of Narrative. Berlin: Mouton 1982.

PROPP, VLADIMIR: Morphologie des Märchens. Übers. v. Christel Wendt. Frankfurt: Suhrkamp 1975 (russ. 1928).

PUTNAM, HILARY: Representation and Reality. Cambridge, Mass., London: MIT Press 1988.

RICŒUR, PAUL s.o.

RIMMON-KENAN, SHLOMITH: Narrative Fiction: Contemporary Poetics. London: Routledge 1983.

RON, MOSHE: Free Indirect Discourse, Mimetic Language Games and The Subject of Fiction. In: Poetics Today 2.2 (1981), S. 17–39.

ROSSI, PIETRO (Hrsg.): Theorie der modernen Geschichtsschreibung. Frankfurt: Suhrkamp 1987.

RYAN, MARIE-LAURE: Possible Worlds, Artificial Intelligence and Narrative Theory. Bloomington: Indiana UP 1991.

SARTRE, JEAN-PAUL: Was ist Literatur? Übers. v. Traugott König. Reinbek: Rowohlt 1981 (frz. 1947).

SEARLE, JOHN R.: Der logische Status fiktionalen Diskurses. In: Ausdruck und Bedeutung. Übers. v. Andreas Kemmerling. Frankfurt: Suhrkamp 1982, S. 80–97.

ŠKLOVSKIJ, VIKTOR S. s.o.

SMITH, BARBARA HERRNSTEIN: On the Margins of Discourse: The Relation of Literature to Language. Chicago: University of Chicago Press 1978.

SPIELHAGEN, FRIEDRICH: Beiträge zur Theorie und Technik des Romans. Leipzig: Staackmann 1883.

SPILKA, MARK (Hrsg.): Towards a Poetics of Fiction. Bloomington, London; Indiana UP 1977.

STANZEL, FRANZ K. s.o.

STANZEL, FRANZ K.: Erlebte Rede. Prolegomena zu einer Wirkungsgeschichte des Begriffs. In: Jörg Hienger (Hrsg.): Erzählen und Erzähltheorie im 20. Jahrhundert. Festschrift f. Wilhelm Füger. Heidelberg: Winter 2001, S. 153–167.

STIERLE, KARLHEINZ s.o.

STURGESS, PHILIP J. M.: Narrativity: Theory and Practice. Oxford: Oxford UP 1992.

TODOROV, TZVETAN: Poetik der Prosa. Übers. v. Helene Müller. Frankfurt: Athenäum 1972 (frz. 1971).

TODOROV, TZVETAN (Hrsg.): French Literary Theory Today. A Reader. Übers. v. R. Carter. Cambridge: Cambridge UP 1982.

TODOROV, TZVETAN: Genres of Discourse. Übers. v. Catherine Porter. Cambridge: Cambridge UP 1990 (frz. 1978).

TOOLAN, MICHAEL J.: Narrative: A Critical Linguistic Introduction. London: Routledge 1988 (rev. Aufl. 2001).
TORGOVNICK, MARIANA: Closure in the Novel. Princeton: Princeton UP 1981.
USPENSKIJ, BORIS A.: Poetik der Komposition. Hrsg. v. Karl Eimermacher. Übers. v. Georg Mayer. Frankfurt: Suhrkamp 1975 (russ. 1970).
VOLOŠINOV, VALENTIN N.: Das Wort im Leben und das Wort in der Poesie. Zu Fragen einer soziologischen Poetik (1926). Übers. v. Wolf-Dietrich Junghanns. In: Deutsche Zeitschrift f. Philosophie 43 (1995), 1, S. 109–130 (mit einer Einleitung von Janette Friedrich: Die Poetik des Bachtin-Kreises und ihr Kontext. In: Ebda, 103–108).
VOLOŠINOV, VALENTIN N.: Marxismus und Sprachphilosophie. Hrsg. u. eingel. v. Samuel Weber. Frankfurt, Berlin, Wien: Ullstein 1975 (russ. 1929).
WARNING, RAINER (Hrsg.): Rezeptionsästhetik. München: Fink 1975.
WARNING, RAINER: Die Fantasie der Realisten. München: Fink 1999.
WAUGH, PATRICIA: Metafiction. The Theory and Practice of Self-Conscious Fiction. London: Methuen 1984.
WEBER, DIETRICH: Erzählliteratur. Schriftwerk – Kunstwerk – Erzählwerk. Göttingen: Vandenhoeck & Ruprecht 1998.
WEIMAR, KLAUS: Kritische Bemerkungen zur ‚Logik der Dichtung'. In: Deutsche Vierteljahresschrift f. Literaturwissenschaft und Geistesgeschichte 48 (1974), S. 10–24.
WEIMAR, KLAUS: Diegesis. In: Reallexikon der deutschen Literaturwissenschaft. Bd 1. Berlin, New York: de Gruyter 1997, S. 360–363.
WEINRICH, HARALD: Tempus. Besprochene und erzählte Welt. 6., neubearb. Aufl. München: Beck 2001 (zuerst 1964).
WHITE, HAYDEN: Die Bedeutung der Form. Erzählstrukturen in der Geschichtsschreibung. Übers. v. Margit Smuda. Frankfurt: Fischer 1990.
WHITE, HAYDEN: Metahistory. Die historische Einbildungskraft im 19. Jahrhundert in Europa. Übers. v. Peter Kohlhaas. Frankfurt: Fischer 1991 (engl. 1975).
WHITE, HAYDEN: Figural Realism. Studies in the Mimesis Effect. Baltimore: Johns Hopkins UP 1999.
WOOLF, VIRGINIA s. o.

Personenregister